TEMAS DE
DIREITOS HUMANOS

Flávia Piovesan é Professora Doutora da Faculdade de Direito da PUC-SP nas disciplinas de Direito Constitucional e de Direitos Humanos. É professora de Direitos Humanos da Pós-Graduação da PUC-SP e da PUC-PR. Foi Professora do Programa de Doutorado em Direitos Humanos e Desenvolvimento da Universidade Pablo de Olavide (Sevilha, Espanha) e é Professora do Programa de Doutorado (modalidade intensiva) da Universidade de Buenos Aires. Professora da Academy on Human Rights na American University Washington College of Law (Washington, DC) e Professora da Vienna School of International Studies (Diplomatische Akademie Wien). Mestre e Doutora em Direito Constitucional pela PUC-SP. Desenvolveu seu doutoramento na Harvard Law School, na qualidade de *visiting fellow* do Human Rights Program, em 1995, tendo a este programa retornado em 2000 e 2002. Foi *visiting fellow* do Centre for Brazilian Studies, na University of Oxford, em 2005. Foi *visiting fellow* do Max-Planck-Institute for Comparative Public Law and International Law, em Heidelberg, em 2007, 2008, 2015, 2016, 2017, 2018, 2019, 2021, 2022 e 2023 e Humboldt Foundation Georg Forster Research Fellow no Max-Planck-Institute for Comparative Public Law and International Law de 2009 a 2014. Em 2018 foi Lemann Visiting Scholar no David Rockefeller Center for Latin American Studies da Harvard University. Em 2022, recebeu o Georg Forster Research Award da Humboldt Foundation.

É Procuradora do Estado de São Paulo desde 1991, tendo sido a primeira colocada no concurso de ingresso. Foi coordenadora do Grupo de Trabalho de Direitos Humanos da Procuradoria-Geral do Estado de 1996 a 2001. Foi Secretária Especial de Direitos Humanos na esfera federal de 2016 a 2017. Foi Presidente da Comissão Nacional para a Erradicação do Trabalho Escravo de 2016 a 2017. Eleita para integrar a Comissão Interamericana de Direitos Humanos, no período de 2018 a 2021 e 2ª Vice-Presidente da Comissão Interamericana de Direitos Humanos (2020-2021). Desde 2021 é Coordenadora Científica da Unidade de Monitoramento e Fiscalização das Decisões da Corte Interamericana no Conselho Nacional de Justiça (UMF/CNJ).

Foi membro do Comitê Latino-Americano e do Caribe para a Defesa dos Direitos da Mulher (CLADEM), do Conselho de Defesa dos Direitos da Pessoa Humana (CDDPH), da Comissão Justiça e Paz, da Associação dos Constitucionalistas Democráticos, da SUR – Human Rights University Network e do *governing board* da International Association of Law Schools (IALS). Foi membro da UN High Level Task Force on the Implementation of the Right to Development e do OAS Working Group para o monitoramento do Protocolo de San Salvador em matéria de direitos econômicos, sociais e culturais.

Foi observadora das Nações Unidas na 42ª sessão da Comissão do *Status* da Mulher. Recebeu menção honrosa do Prêmio Franz de Castro Holzwarth, conferido pela Comissão de Direitos Humanos da OAB/SP em 1997. Foi assessora científica da FAPESP (Fundação de Amparo à Pesquisa do Estado de São Paulo) e consultora *ad hoc* do CNPq. Prestou consultoria em direitos humanos para a Fundação Ford, Fundação Heinrich Boll, European Human Rights Foundation, United Nations High Commissioner for Human Rights e Comissão Interamericana de Direitos Humanos.

É autora dos livros *Direitos humanos e o direito constitucional internacional* (22. ed.); *Direitos humanos e justiça internacional* (10. ed.); e *Proteção judicial contra omissões legislativas*: ação direta de inconstitucionalidade por omissão e mandado de injunção (2. ed.). Coautora do livro *A figura/personagem mulher em processos de família.* Coorganizadora dos livros: *The Impact of the Inter-American System: transformations on the ground; Transformative constitutionalism in Latin America; International Law and Social Rights; Social Rights Jurisprudence in the Case Law of Regional Human Rights Monitoring Institutions; Constitucionalismo transformador, inclusão e direitos sociais; Comentários à Convenção Americana sobre Direitos Humanos; Liberdade de Expressão e Constitucionalismo Multinível; Impacto das decisões da Corte Interamericana de Direitos humanos na jurisprudência do STF; Ius Constitutionale Commune na América Latina* (volume I – *Marco conceptual;* volume II – *Pluralismo e inclusão;* volume III – *Diálogos jurisdicionais e controle de convencionalidade); Direitos humanos atual; Direito, cidadania e justiça; O sistema interamericano de proteção dos direitos humanos: direito brasileiro; Nos limites da vida; Ordem jurídica e igualdade étnico-racial; Direito ao desenvolvimento; Empresas e direitos humanos; Mulheres, direito e protagonismo cultural; Direito humano à alimentação adequada; Direitos humanos:* fundamento, proteção e implementação; *Direitos humanos, igualdade e diferença; Direitos humanos:* proteção nacional, regional e global; *Direitos humanos e direito do trabalho; Direitos humanos, democracia e integração jurídica na América do Sul; Direitos humanos, democracia e integração jurídica:* avançando no diálogo constitucional e regional; *Direitos humanos, democracia e integração jurídica:* emergência de um novo direito público. Coordenadora dos livros *Direitos humanos, globalização econômica e integração regional: desafios do direito constitucional internacional; Direitos humanos, v. 1;* e *Código de Direito Internacional dos Direitos Humanos anotado.* Possui diversos artigos publicados em jornais, revistas e livros jurídicos.

Tem participado de conferências, seminários e cursos sobre temas de direitos humanos no Brasil e no exterior, particularmente na Alemanha, Áustria, Argentina, Bolívia, Barbados, Uruguai, Colômbia, Peru, Venezuela, Costa Rica, República Dominicana, México, Estados Unidos, Canadá, Índia, Turquia, Zimbábue, África do Sul, Portugal, Espanha, França, Itália, Bélgica, Holanda, Suíça e Inglaterra.

FLÁVIA PIOVESAN

TEMAS DE DIREITOS HUMANOS

Prefácio de Fábio Konder Comparato

13ª edição
revista e atualizada
2025

- A autora deste livro e a editora empenharam seus melhores esforços para assegurar que as informações e os procedimentos apresentados no texto estejam em acordo com os padrões aceitos à época da publicação, *e todos os dados foram atualizados pela autora até a data da entrega dos originais à editora.* Entretanto, tendo em conta a evolução das ciências, as atualizações legislativas, as mudanças regulamentares governamentais e o constante fluxo de novas informações sobre os temas que constam do livro, recomendamos enfaticamente que os leitores consultem sempre outras fontes fidedignas, de modo a se certificarem de que as informações contidas no texto estão corretas e de que não houve alterações nas recomendações ou na legislação regulamentadora.

- Data do fechamento do livro: 01/10/2024

- A autora e a editora se empenharam para citar adequadamente e dar o devido crédito a todos os detentores de direitos autorais de qualquer material utilizado neste livro, dispondo-se a possíveis acertos posteriores caso, inadvertida e involuntariamente, a identificação de algum deles tenha sido omitida.

- Direitos exclusivos para a língua portuguesa
  Copyright ©2025 by
  Saraiva Jur, um selo da SRV Editora Ltda.
  Uma editora integrante do GEN | Grupo Editorial Nacional
  Travessa do Ouvidor, 11
  Rio de Janeiro – RJ – 20040-040

- **Atendimento ao cliente: https://www.editoradodireito.com.br/contato**

- Reservados todos os direitos. É proibida a duplicação ou reprodução deste volume, no todo ou em parte, em quaisquer formas ou por quaisquer meios (eletrônico, mecânico, gravação, fotocópia, distribuição pela Internet ou outros), sem permissão, por escrito, da **SRV Editora Ltda.**

- Capa: Lais Soriano
  Diagramação: SBNigri Artes e Textos Ltda

- **DADOS INTERNACIONAIS DE CATALOGAÇÃO NA PUBLICAÇÃO (CIP)**
  VAGNER RODOLFO DA SILVA – CRB-8/9410

P662t   Piovesan, Flavia
Temas de Direitos Humanos / Flavia Piovesan. – 13. ed. – São Paulo: Saraiva Jur, 2025.

680 p.
ISBN 978-85-5362-642-7 (Impresso)

1. Direito. 2. Direitos Humanos. I. Título.

	CDD 341.4
2024-3063	CDU 341.4

Índices para catálogo sistemático:
1. Direitos Humanos   341.4
2. Direitos Humanos   341.4

Prefácio

A descoberta do mundo dos valores, a partir dos trabalhos seminais de Lotze e Brentano no século passado, transformou inteiramente o quadro da reflexão filosófica contemporânea e, por via de consequência, todo o labor cultural em matéria de ciências humanas. Até então, o saber científico desenvolvia-se, ou pelo menos pretendia desenvolver-se, no plano puramente racional, mantendo-se o sujeito cognoscente, por assim dizer, alheio ou indiferente ao objeto conhecido. O ideal proclamado e sempre louvado do cientista era o de desempenhar a sua tarefa de modo impassível, *sine ira ac studio*.

A revelação do universo valorativo tornou caduca essa falsa concepção da objetividade do saber, notadamente no vasto campo das ciências do homem. Tivemos que nos render à evidência de que a maior parte de nossa vida desenvolve-se não no campo intelectual, mas sim no plano afetivo, sentimental, emotivo; e que o ser humano, antes de ser um animal racional, é um ente sensível à beleza, à justiça, à generosidade e aos seus correspondentes contravalores.

A revolução axiológica, no entanto, ainda não transformou, como seria de esperar, o panorama da ciência jurídica contemporânea. Por força, sobretudo, da predominância positivista no século XX, continuamos a tratar o fenômeno jurídico como se fora puro pensamento expresso em palavras, mero conjunto de proposições normativas, a serem analisadas no registro exclusivo da lógica formal.

A reconstrução da ciência jurídica sobre novos fundamentos, encetada por Jhering e a *Interessenjurisprudenz*, foi secamente interrompida pelo positivismo puro e duro, que vigeu hegemonicamente durante a maior parte deste século.

Assim como a axiologia transformou a ética contemporânea, assim também, segundo se esperava, deveria ela transformar a ciência jurídica. Se os fundamentos do dever-ser não são ideias nem fatos, mas valores, é preciso reconhecer que tanto a Moral quanto o Direito alimentam-se da mesma fonte axiológica, são partes componentes do mesmo sistema normativo. O Direito afinal, em sua essência, como elegantemente afirmou Celso, nada mais é do que *ars boni et aequi* (D. 1, 1).

Ora, os valores não se apreendem por via de puras operações intelectuais, mas graças a uma especial sensibilidade, que ultrapassa os limites da razão raciocinante. A insensibilidade diante da hediondez ou sublimidade das ações humanas é uma verdadeira loucura moral.

Pois bem, foi somente com o advento da teoria axiológica que se pôde compreender o lugar especial que ocupam os direitos humanos, no sistema jurídico. São eles que formam a base ética da vida social, e é pelo grau de sua vigência na consciência coletiva que se pode aferir o caráter de uma civilização.

Tudo isso explica a singular importância da contribuição feminina ao trabalho de edificação dos direitos humanos. A sensibilidade específica da mulher para as questões éticas, num mundo até há pouco avassalado pela onipresença masculina, enriquece e revigora o labor jurídico, permitindo doravante a apreciação das instituições e condutas humanas sob um ângulo inteiramente novo.

A prova concludente do que se acaba de dizer nos é dada justamente pelos trabalhos jurídicos da Professora Flávia Piovesan. Dela já tínhamos a esplêndida monografia *Direitos humanos e o direito constitucional internacional*. Ganhamos agora mais a presente obra, onde são discutidos importantes temas da defesa jurídica da pessoa humana.

Nas duas primeiras partes, a Autora retoma e aprofunda algumas das questões centrais do sistema internacional de direitos humanos, e ressalta a transformação provocada em nosso direito constitucional por força da internalização dos tratados internacionais sobre a matéria.

A terceira parte é consagrada à questão da igualdade, que está no cerne do próprio conceito de direito da pessoa humana. A Autora sublinha aí, com toda razão, a distinção capital entre desigualdades e diferenças. Enquanto aquelas representam a negação da dignidade comum do ser humano, estas, muito ao contrário, são expressões de sua inesgotável capacidade criadora. As civilizações, como os sistemas biológicos, são tanto mais vigorosas quanto mais complexos e variados os grupos humanos que as compõem. A homogeneização das espécies vivas é o caminho fatal de sua extinção. Por isso mesmo, a discriminação fundada na diferença de sexo, raça ou cultura não ofende apenas os discriminados: ela fragiliza a sociedade como um todo.

Na quarta e última parte desta obra, a Professora Flávia Piovesan enfrenta o problema – velho e sempre atual – da responsabilidade do Estado quanto ao respeito e promoção dos direitos humanos. A finalidade das Constituições modernas, como ressaltaram os revolucionários franceses de

1789, consiste em proteger a pessoa humana contra o arbítrio, o desprezo e a violência dos poderosos. Por isso mesmo, proclamou o art. 16 da Declaração dos Direitos do Homem e do Cidadão, "toda sociedade, em que a garantia dos direitos não é assegurada nem a separação de poderes determinada, não tem Constituição".

É a grande verdade, que ainda não logrou contudo penetrar na consciência perra de nossos governantes, nestes tempos de neoegoísmo capitalista e privatizador.

São Paulo, fevereiro de 1998.

Fábio Konder Comparato
Professor Titular da Faculdade de Direito
da Universidade de São Paulo.
Doutor em Direito pela Universidade de Paris.

Nota à 13ª Edição

Uma vez mais, em meu sabático acadêmico no Max Planck Institute for Comparative Public Law and International Law, na sempre encantadora Heidelberg, mergulho no tempo, percorrendo os temas centrais de direitos humanos, na detida revisão e atualização desta obra para a sua 13ª edição.

Busco aliar a lente retrospectiva com a lente prospectiva, revisando o passado, o presente e o futuro, ao longo da história de afirmação dos direitos humanos, marcada por luzes e sombras, avanços e recuos.

Além de revisitada na íntegra e atualizada, esta nova edição é enriquecida com dois novos capítulos, que ecoam temas de destacada relevância na agenda contemporânea dos direitos humanos, resultando na reestruturação da Parte IV, agora voltada ao tema dos "Direitos Humanos, Estado e Transformação Social: Desafios Emergentes".

Um deles se refere aos direitos humanos e às novas tecnologias, ambicionando compreender o impacto das novas tecnologias nos direitos humanos, bem como o impacto dos direitos humanos nas novas tecnologias, com destaque à internet, à inteligência artificial e à neurotecnologia. O estudo ainda enfoca a contribuição das ciências das humanidades no fortalecimento da incorporação do *human rights approach* em relação às novas tecnologias. Esse novo capítulo, 28, teve por base conferência que proferi em Heidelberg, no Max Planck Institute, no seminário internacional sobre *Impacto del Sistema Interamericano de Derechos Humanos*, organizado em parceria com a Corte Interamericana e a Konrad Adenauer Stiftung, em 18 de julho de 2024.

Outro tema de especial relevância atém-se aos direitos humanos e à justiça climática, considerando a expansão da normatividade protetiva do direito ao meio ambiente e a inovadora jurisprudência regional sobre o tema, à luz da crescente litigância climática, sob a perspectiva multinível e o *human rights approach*. São ainda enfocados os desafios centrais da emergência climática à luz do Direito Internacional dos Direitos Humanos. Esse novo capítulo, 29, teve por inspiração os intensos debates sobre o tema na conferência anual do ICON-S *"The Future of International Law: resilience, sustainability and artificial intelligence"*, realizada em Madrid, de 08 a 10 de julho de 2024, bem como conferência que proferi sobre o tema em Colóquio internacional sobre Justiça Climática e Democracia, no Supremo Tribunal Federal, em 12 de setembro de 2022.

Por fim, expresso minha mais profunda gratidão ao Max Planck Institute for Comparative Public Law and International Law pela tão especial acolhida acadêmica, caracterizada pelo vigor intelectual dos instigantes e qualificados debates, pelo elevado rigor metodológico e pelo intenso estímulo de um diálogo jurídico plural, visionário e transnacional, que tem como mantra maior o valor emancipatório da ciência. Ao professor Armin von Bogdandy, receba o meu maior reconhecimento e a minha maior gratidão pelo inestimável apoio, por seu brilhantismo intelectual, por seu pensamento vibrante, pela abertura a fascinantes ideias e pelos tantos projetos compartilhados. À professora Anne Peters, expresso a minha especial gratidão pelo tão estimulante diálogo acadêmico e pelo intercâmbio de ideias, especialmente sobre um *"global constitutionalism"*. A ambos deixo as palavras de Isaac Newton: *"If a have seen further it is by standing on the shoulders of Giants"*. Aos tão queridos amigos Mariela Morales (minha *"amiga de alma"*), Henry Jimenez, Holger Hestermeyer, Matthias Hartwig e Christina Binder, recebam o meu maior carinho por nossa preciosa amizade de décadas e por tanto compartilhar de vida, de projetos acadêmicos e de buscas emancipatórias.

Com devoção à ciência e ao potencial inovador das ideias, esta obra ambiciona fortalecer a cultura dos direitos humanos e o seu poder de transformar realidades, ecoando a visão de Nietzsche: *"Those who were seen dancing were thought to be insane by those who could not hear the music"*. E assim são semeadas ideias, conceitos, teorias e valores, na incessante busca de proteger a dignidade inerente a toda e qualquer pessoa, com seu valor único e infinito.

Heidelberg, julho de 2024.

A Autora

Sumário

Prefácio – Fábio Konder Comparato V
Nota à 13ª Edição IX

PARTE I
A PROTEÇÃO INTERNACIONAL DOS DIREITOS HUMANOS E O DIREITO BRASILEIRO

Capítulo 1
A CONSTITUIÇÃO BRASILEIRA DE 1988 E OS TRATADOS INTERNACIONAIS DE PROTEÇÃO DOS DIREITOS HUMANOS

1. Tratados Internacionais de Proteção dos Direitos Humanos: Gênese e Principiologia 3
2. O Estado Brasileiro em face do Sistema Internacional de Proteção dos Direitos Humanos 12
3. A Incorporação dos Tratados Internacionais de Proteção de Direitos Humanos pelo Direito Brasileiro 14
4. O Impacto dos Tratados Internacionais de Proteção dos Direitos Humanos na Ordem Jurídica Brasileira 27
5. Considerações Finais 35

Capítulo 2
O DIREITO INTERNACIONAL DOS DIREITOS HUMANOS E A REDEFINIÇÃO DA CIDADANIA NO BRASIL

1. O Movimento de Internacionalização dos Direitos Humanos 37
2. O Direito Internacional dos Direitos Humanos e o seu Impacto no Direito Brasileiro 41
3. A Redefinição da Cidadania no Brasil 46

Capítulo 3
BRASIL E O SISTEMA INTERAMERICANO DE PROTEÇÃO DOS DIREITOS HUMANOS

1. Introdução 48

2. Sistema Interamericano de Proteção dos Direitos Humanos: Origem, Perfil e Objetivos 48
3. Impacto do Sistema Interamericano de Proteção dos Direitos Humanos na Experiência Latino-Americana 52
4. Sistema Interamericano de Proteção dos Direitos Humanos: Desafios e Perspectivas 75

Capítulo 4
SISTEMA INTERAMERICANO DE DIREITOS HUMANOS:
IMPACTO TRANSFORMADOR E DIÁLOGOS JURISDICIONAIS

1. Introdução 81
2. Impacto Transformador do Sistema Interamericano no Contexto Latino-Americano 82
3. O Empoderamento do Sistema Interamericano Mediante a Efetividade do Diálogo Jurisdicional e Crescente Legitimação Social 84
4. Desafios do Sistema Interamericano e a Pavimentação de um *Ius Commune* Latino-Americano em Direitos Humanos" 92

Capítulo 5
DIREITOS HUMANOS E DIÁLOGO JURISDICIONAL
NO CONTEXTO LATINO-AMERICANO

1. Introdução 97
2. Emergência de um Novo Paradigma Jurídico: da Hermética Pirâmide Centrada no *State Approach* à Permeabilidade do Trapézio Centrado no *Human Rights Approach* 98
3. Diálogo Jurisdicional em Matéria de Direitos Humanos 103
4. Diálogo entre Jurisdições e Controle de Convencionalidade: Desafios para o *Ius Commune* Latino-Americano em Matéria de Direitos Humanos 106

Parte II
A PROTEÇÃO INTERNACIONAL
DOS DIREITOS HUMANOS

Capítulo 6
O VALOR JURÍDICO DOS TRATADOS E SEU IMPACTO
NA ORDEM INTERNACIONAL

1. Introdução 113

2. O Valor Jurídico dos Tratados Internacionais........................... 113
   2.1. O conceito de tratados.. 113
   2.2. O processo de formação dos tratados.............................. 115
   2.3. Os tratados internacionais na Constituição brasileira de 1988: o processo de formação dos tratados, a sistemática de incorporação e a hierarquia... 117
3. Impacto Jurídico dos Tratados na Ordem Internacional.............. 120

Capítulo 7
PROTEÇÃO DOS DIREITOS SOCIAIS: DESAFIOS DOS SISTEMAS GLOBAL, REGIONAL E SUL-AMERICANO

1. Introdução... 126
2. A Afirmação Histórica dos Direitos Humanos e os Direitos Sociais ... 127
3. A Proteção dos Direitos Sociais no Sistema Global 131
4. A Proteção dos Direitos Sociais no Sistema Regional Interamericano... 143
5. A Proteção dos Direitos Sociais no Âmbito Sul-Americano: Desafios do *Ius Commune*.. 151

Capítulo 8
DIREITO AO DESENVOLVIMENTO: DESAFIOS CONTEMPORÂNEOS

1. Introdução... 162
2. A Construção dos Direitos Humanos e o Direito ao Desenvolvimento... 162
3. Direito ao Desenvolvimento: Desafios e Perspectivas............... 169

Capítulo 9
EMPRESAS E DIREITOS HUMANOS: DESAFIOS E PERSPECTIVAS À LUZ DO DIREITO INTERNACIONAL DOS DIREITOS HUMANOS
Flávia Piovesan e Victoriana Gonzaga

1. Introdução... 180
2. Direito Internacional dos Direitos Humanos: Os Processos de Internacionalização dos Direitos Humanos e de Humanização do Direito Internacional... 182
3. Princípios da ONU referentes a Empresas e Direitos Humanos e o Direito Internacional dos Direitos Humanos 187
   3.1. Densificar o alcance e o sentido do pilar "respeitar" endereçado às empresas à luz do Direito Internacional dos Direitos Humanos 198

3.2. Promover uma interpretação sistemática e integral do Direito Internacional dos Direitos Humanos, de modo a incluir o dever das empresas de prevenir violações e promover direitos humanos 204
4. Empresas e Direitos Humanos: Desafios e Perspectivas à Luz do Direito Internacional dos Direitos Humanos.................................... 206

Capítulo 10
PROTEÇÃO INTERNACIONAL DOS DIREITOS HUMANOS E PROPRIEDADE INTELECTUAL

1. Introdução 209
2. Sistema Internacional de Proteção dos Direitos Humanos............... 209
3. Sistema Internacional de Proteção dos Direitos Humanos e Propriedade Intelectual.. 214
4. Direitos Humanos e Propriedade Intelectual: Desafios e Perspectivas .. 230

Capítulo 11
O DIREITO DE ASILO E A PROTEÇÃO INTERNACIONAL DOS REFUGIADOS

1. Introdução 233
2. O Art. 14 da Declaração Universal de 1948: o Direito de Asilo.......... 234
3. O Direito de Asilo e a Convenção sobre o Estatuto dos Refugiados 235
4. A Convenção sobre o Estatuto dos Refugiados e a Concepção Contemporânea de Direitos Humanos.. 240
5. A Proteção Internacional dos Direitos Humanos dos Refugiados.... 243
6. A Responsabilidade do Estado na Concessão de Asilo..................... 248
7. As Diferenças entre o Instituto Internacional do Refúgio e o Instituto Latino-Americano do Asilo 251
8. Direitos Humanos dos Refugiados: Desafios e Perspectivas Contemporâneas 254
9. Conclusões... 256

Capítulo 12
O TRIBUNAL PENAL INTERNACIONAL E O DIREITO BRASILEIRO
Flávia Piovesan e Daniela Ribeiro Ikawa

1. Introdução 260
2. Precedentes Históricos 261
3. Estrutura e Jurisdição do Tribunal Penal Internacional 266

4. A Relação entre o Tribunal Penal Internacional e os Estados-partes: os Princípios da Complementaridade e da Cooperação 270
5. A Relação entre o Tribunal Penal Internacional e o Conselho de Segurança das Nações Unidas 280
6. O Estatuto de Roma e a Constituição Brasileira de 1988 283
   6.1. Prisão perpétua 285
   6.2. Imunidades 289
   6.3. Entrega de nacionais 293
   6.4. Reserva legal 294
7. Conclusão 295

Capítulo 13
DIREITOS HUMANOS EM FACE DO TERRORISMO DE BASE RELIGIOSA
Flávia Piovesan e Melina Girardi Fachin

1. Introdução 298
2. Processo de Internacionalização dos Direitos Humanos e o Impacto do Terrorismo 300
3. Combate ao Terrorismo e Direitos Humanos 307
4. Desafios e Perspectivas para o Enfrentamento do Terrorismo de Base Religiosa sob a Ótica do Direito Internacional dos Direitos Humanos 310
5. Conclusão 323

Parte III
DIREITOS HUMANOS E IGUALDADE

Capítulo 14
IGUALDADE, PROIBIÇÃO DA DISCRIMINAÇÃO E AÇÕES AFIRMATIVAS

1. Introdução 327
2. Igualdade, Proibição da Discriminação e Ações Afirmativas no Direito Internacional dos Direitos Humanos 327
3. Ações Afirmativas: Desafios Contemporâneos 336

Capítulo 15
AÇÕES AFIRMATIVAS NO BRASIL: DESAFIOS E PERSPECTIVAS

1. Introdução 342

2. Direito à Igualdade e Direito à Diferença: Sistema Especial de Proteção dos Direitos Humanos 342
3. Direito Brasileiro e Ações Afirmativas 349
4. Ações Afirmativas no Brasil: Desafios e Perspectivas 353

Capítulo 16
DIVERSIDADE ÉTNICO-RACIAL, CONSTITUCIONALISMO TRANSFORMADOR E IMPACTO DO SISTEMA INTERAMERICANO DE DIREITOS HUMANOS

1. Introdução 356
2. Direitos Humanos, Diversidade Étnico-Racial e Constitucionalismo Transformador Latino-Americano 357
3. Direitos Humanos, Diversidade Étnico-Racial e Impacto do Sistema Interamericano 363
4. Fortalecimento da Proteção dos Direitos Humanos sob a Perspectiva Étnico-Racial: Potencialidades e Desafios 371

Capítulo 17
OS DIREITOS HUMANOS DA MULHER NA ORDEM INTERNACIONAL

1. Introdução 379
2. O Processo de Especificação do Sujeito de Direito 379
3. A Convenção sobre a Eliminação de todas as Formas de Discriminação contra a Mulher 380
4. A Convenção Interamericana para Prevenir, Punir e Erradicar a Violência contra a Mulher ("Convenção de Belém do Pará") 386
5. Conclusão 391

Capítulo 18
LITIGÂNCIA INTERNACIONAL E AVANÇOS LOCAIS: VIOLÊNCIA CONTRA A MULHER E A LEI "MARIA DA PENHA"

1. Introdução 392
2. Processo de Democratização, Movimento de Mulheres e a Constituição Brasileira de 1988 393
3. Agenda Feminista na Consolidação Democrática: Direitos Humanos das Mulheres e Reinvenção do Marco Normativo no Pós-1988 397

4. Violência contra a Mulher e o Caso Maria da Penha.......................	400
5. Litigância Internacional e Avanços Locais: a Lei "Maria da Penha" .	405
6. Conclusão...	409

Capítulo 19
INTEGRANDO A PERSPECTIVA DE GÊNERO NA DOUTRINA JURÍDICA BRASILEIRA: DESAFIOS E PERSPECTIVAS

1. Introdução...	414
2. Integrando a Perspectiva de Gênero na Doutrina Jurídica Brasileira: Obstáculos e Desafios..	415
2.1. Os anacronismos da ordem jurídica brasileira e a urgência de seu saneamento...	415
2.2. O perfil conservador dos agentes jurídicos e a urgência de mudanças no ensino jurídico...	417
3. Integrando a Perspectiva de Gênero na Doutrina Jurídica Brasileira: Possibilidades e Perspectivas..	419
3.1. A necessidade de criar uma doutrina jurídica sob a perspectiva de gênero...	419
3.2. O estudo do impacto dos instrumentos internacionais de proteção dos direitos da mulher na ordem jurídica nacional.........	421
3.3. Estratégias para a advocacia dos instrumentos internacionais de proteção dos direitos da mulher...	423
4. A Urgência da Mudança de Paradigmas...	424

Capítulo 20
PROIBIÇÃO DA DISCRIMINAÇÃO POR ORIENTAÇÃO SEXUAL NOS SISTEMAS REGIONAIS EUROPEU E INTERAMERICANO DE PROTEÇÃO DOS DIREITOS HUMANOS

1. Introdução...	425
2. O Direito à Diferença à Luz da Concepção Contemporânea de Direitos Humanos	425
3. Proteção dos Direitos à Diversidade Sexual no Sistema Global de Proteção dos Direitos Humanos	427
4. Proteção dos Direitos à Diversidade Sexual nos Sistemas Regionais Europeu e Interamericano de Proteção dos Direitos Humanos..........	431
5. Conclusões...	443

Capítulo 21
OS DIREITOS HUMANOS DAS CRIANÇAS E DOS ADOLESCENTES NO DIREITO INTERNACIONAL E NO DIREITO INTERNO
Flávia Piovesan e Wilson Ricardo Buquetti Pirotta

1. Introdução 446
2. A Proteção Internacional dos Direitos das Crianças e dos Adolescentes 447
3. A Proteção dos Direitos das Crianças e dos Adolescentes no Direito Brasileiro 450
   3.1. Os principais direitos humanos garantidos às crianças e aos adolescentes pela legislação brasileira 452
      3.1.1. Dos direitos à vida e à saúde 452
      3.1.2. Dos direitos à liberdade, ao respeito e à dignidade 455
      3.1.3. Do direito à convivência familiar e comunitária 456
      3.1.4. Dos direitos à educação, à cultura, ao esporte e ao lazer 457
      3.1.5. Dos direitos à profissionalização e à proteção no trabalho 459
4. Considerações Finais 461

Capítulo 22
A PROTEÇÃO DOS DIREITOS DAS PESSOAS COM DEFICIÊNCIA NO BRASIL
Flávia Piovesan, Beatriz Pereira da Silva e Heloisa Borges Pedrosa Campoli

1. Introdução 463
2. A Proteção dos Direitos das Pessoas com Deficiência nas Constituições Brasileiras 463
3. A Proteção Internacional dos Direitos das Pessoas com Deficiência 466
4. O Poder Legislativo e a Proteção dos Direitos das Pessoas com Deficiência 470
5. O Poder Executivo e a Proteção dos Direitos das Pessoas com Deficiência 471
6. O Poder Judiciário e a Proteção dos Direitos das Pessoas com Deficiência 472
7. O Acesso à Justiça e as Pessoas com Deficiência 478
8. Conclusão 481

Capítulo 23
PROTEÇÃO INTERNACIONAL DOS DIREITOS HUMANOS DAS PESSOAS IDOSAS
Flávia Piovesan e Akemi Kamimura

1. Introdução 483
2. Proteção Internacional dos Direitos Humanos das Pessoas Idosas no Sistema ONU 484
3. Proteção Internacional dos Direitos Humanos das Pessoas Idosas no Sistema OEA: a Convenção Interamericana sobre a Proteção dos Direitos Humanos das Pessoas Idosas 499
4. Considerações Finais 501

PARTE IV
DIREITOS HUMANOS, ESTADO E TRANSFORMAÇÃO SOCIAL: DESAFIOS EMERGENTES

Capítulo 24
A FORÇA NORMATIVA DOS PRINCÍPIOS CONSTITUCIONAIS FUNDAMENTAIS: A DIGNIDADE DA PESSOA HUMANA
Flávia Piovesan e Renato Stanziola Vieira

1. Introdução 505
2. O Panorama Atual do Direito Constitucional Brasileiro 506
3. Os Princípios e sua Relação com o Direito 509
4. A Evolução da Tratativa dos Princípios Jurídicos 512
5. A Atual Hermenêutica Constitucional: a Concretização 520
6. Os Princípios, os Valores e as Regras 524
7. O Princípio Constitucional Fundamental da Dignidade da Pessoa Humana 529
8. Conclusões 532

Capítulo 25
PODER JUDICIÁRIO E DIREITOS HUMANOS

1. Introdução 537
2. O Direito à Proteção Judicial no Marco dos Direitos Humanos 537
3. Desafios e Perspectivas para o Fortalecimento do Poder Judiciário na Proteção dos Direitos Humanos 540

Capítulo 26
LEIS DE ANISTIA, DIREITO À VERDADE E À JUSTIÇA: IMPACTO DO SISTEMA INTERAMERICANO E PERSPECTIVAS DA JUSTIÇA DE TRANSIÇÃO NO CONTEXTO SUL-AMERICANO

1. Introdução 553
2. Impacto do Sistema Interamericano no Processo de Justiça de Transição no Contexto Sul-Americano 553
3. Proteção dos Direitos à Justiça e à Verdade no Marco da Justiça de Transição no Contexto Sul-Americano 560
   3.1. Argentina 561
   3.2. Brasil 562
4. Desafios e Perspectivas da Justiça de Transição no Contexto Sul-Americano 568

Capítulo 27
A ERA (PÓS)DIGITAL: O PAPEL DOS SISTEMAS DE JUSTIÇA COMO GARANTIDORES DE DIREITOS HUMANOS NO CONTEXTO DAS NOVAS E EMERGENTES TECNOLOGIAS
Flávia Piovesan e Letícia Quixadá

1. Introdução 571
2. As Novas e Emergentes Tecnologias e os Impactos nos Direitos Humanos 573
3. Os Desafios de Regulação e o Papel dos Sistemas de Justiça 580
4. Desafios Contemporâneos do STF e Perspectivas de Atuação 584
5. Considerações Finais 586

Capítulo 28
O IMPACTO DOS DIREITOS HUMANOS NAS NOVAS TECNOLOGIAS: INTERNET, INTELIGÊNCIA ARTIFICIAL E NEUROTECNOLOGIA
Flávia Piovesan e Luiz Eduardo Camargo Outeiro Hernandes

1. Introdução 588
2. Como Compreender o Impacto das Novas Tecnologias em Relação aos Direitos Humanos? 589
3. Como Compreender o Impacto dos Direitos Humanos em Relação às Novas Tecnologias? 591
4. Como Fortalecer a Incorporação do *Human Rights Approach* em Relação às Novas Tecnologias? 603

Capítulo 29
DIREITOS HUMANOS E JUSTIÇA CLIMÁTICA: PERSPECTIVAS E DESAFIOS EM UM SISTEMA MULTINÍVEL

Flávia Piovesan e Isabelle Magalhães

1. Introdução 606
2. A Proteção ao Meio Ambiente e o Enfrentamento à Emergência Climática sob a Perspectiva Multinível dos Direitos Humanos 607
   2.1. Emergência climática e direitos humanos no âmbito do Sistema Global 608
   2.2. Emergência climática e direitos humanos no âmbito dos Sistemas Regionais 612
      2.2.1. A litigância climática no Sistema Europeu de Proteção dos Direitos Humanos 614
      2.2.2. A litigância climática no Sistema Interamericano de Proteção dos Direitos Humanos 618
      2.2.3. A litigância climática no Sistema Africano de Proteção dos Direitos Humanos 623
3. Desafios e Perspectivas da Emergência Climática à luz do Direito Internacional dos Direitos Humanos 624
   3.1. Fortalecer a universalidade dos direitos humanos 624
   3.2. Fortalecer a justiciabilidade do direito ao meio ambiente saudável 625
   3.3. Proteger direitos das gerações futuras à luz do princípio da equidade geracional 626
   3.4. Proteger a natureza como sujeito de direitos 627
   3.5. Adotar enfoques diferenciados 627
   3.6. Fortalecer os deveres estatais em matéria ambiental 629
   3.7. Fortalecer o dever de cooperação internacional a partir do princípio da solidariedade 629
4. Considerações Finais 630

Referências 633

PARTE I

A PROTEÇÃO INTERNACIONAL DOS DIREITOS HUMANOS E O DIREITO BRASILEIRO

Capítulo 1

A CONSTITUIÇÃO BRASILEIRA DE 1988 E OS TRATADOS INTERNACIONAIS DE PROTEÇÃO DOS DIREITOS HUMANOS

A proposta deste capítulo é enfocar os tratados internacionais de proteção dos direitos humanos, à luz da Constituição brasileira de 1988, com destaque às inovações introduzidas pela Emenda Constitucional n. 45/2004.

Nesse sentido, primeiramente serão apresentadas as especificidades desses tratados, bem como de sua fonte – o chamado Direito Internacional dos Direitos Humanos. Em um segundo momento, o destaque será dado à posição do Brasil, em face dos instrumentos internacionais de proteção dos direitos humanos. Em sequência, será desenvolvida a avaliação do modo pelo qual a Constituição brasileira de 1988 tece a incorporação desses tratados, e, por fim, qual o impacto jurídico que apresentam – momento no qual serão examinados casos concretos em que esses tratados foram aplicados.

1. Tratados Internacionais de Proteção dos Direitos Humanos: Gênese e Principiologia

Os tratados internacionais de direitos humanos têm como fonte um campo do Direito extremamente recente, denominado "Direito Internacional dos Direitos Humanos", que é o Direito do pós-guerra, nascido como resposta às atrocidades e aos horrores cometidos pelo nazismo[1].

---

[1] Como explica Louis Henkin: "Subsequentemente à Segunda Guerra Mundial, os acordos internacionais de direitos humanos têm criado obrigações e responsabilidades para os Estados, com respeito às pessoas sujeitas à sua jurisdição, e um direito costumeiro internacional tem se desenvolvido. O emergente Direito Internacional dos Direitos Humanos institui obrigações aos Estados para com todas as pessoas humanas e não apenas para com estrangeiros. Este Direito reflete a aceitação geral de que todo indivíduo deve ter direitos, os quais todos os Estados devem respeitar e proteger. Logo, a observância dos direitos humanos é não apenas um assunto de

Em face do regime de terror, no qual imperava a lógica da destruição e no qual as pessoas eram consideradas descartáveis, ou seja, em face do flagelo da Segunda Guerra Mundial, emerge a necessidade de reconstrução do valor dos direitos humanos, como paradigma e referencial ético a orientar a ordem internacional.

O "Direito Internacional dos Direitos Humanos" surge, assim, em meados do século XX, em decorrência da Segunda Guerra Mundial, e seu desenvolvimento pode ser atribuído às monstruosas violações de direitos humanos da era Hitler e à crença de que parte dessas violações poderia ser prevenida, se um efetivo sistema de proteção internacional de direitos humanos existisse[2].

Ao tratar do Direito Internacional dos Direitos Humanos, afirma Richard B. Bilder: "O movimento do direito internacional dos direitos humanos é baseado na concepção de que toda nação tem a obrigação de respeitar os direitos humanos de seus cidadãos e de que todas as nações e a comunidade internacional têm o direito e a responsabilidade de protestar, se um Estado não cumprir suas obrigações. O Direito Internacional dos Direitos Humanos consiste em um sistema de normas internacionais, procedimentos e instituições desenvolvidas para implementar esta concepção e promover o respeito dos direitos humanos em todos os países, no âmbito mundial. (...) Embora a ideia de que os seres humanos têm direitos e liberdades fundamentais que lhes são inerentes tenha há muito tempo surgido no pensamento humano, a concepção de que os direitos humanos são objeto próprio de uma regulação internacional, por sua vez, é bastante recente. (...) Muitos dos direitos que hoje constam do 'Direito Internacional dos Direitos Humanos' surgiram apenas em 1945, quando, com as implicações do holocausto e de outras violações de direitos humanos cometidas pelo nazismo, as nações do mundo decidiram que a promoção de direitos

---

interesse particular do Estado (e relacionado à jurisdição doméstica), mas é matéria de interesse internacional e objeto próprio de regulação do Direito Internacional" (HENKIN, Louis et al. *International law*: cases and materials. 3. ed. Minnesota: West Publishing, 1993, p. 375-376).

[2] Na lição de Thomas Buergenthal: "Este código, como já observei em outros escritos, tem humanizado o direito internacional contemporâneo e internacionalizado os direitos humanos, ao reconhecer que os seres humanos têm direitos protegidos pelo direito internacional e que a denegação desses direitos engaja a responsabilidade internacional dos Estados independentemente da nacionalidade das vítimas de tais violações" (BUERGENTHAL, Thomas. Prólogo. In: CANÇADO TRINDADE, Antônio Augusto. *A proteção internacional dos direitos humanos*: fundamentos jurídicos e instrumentos básicos. São Paulo: Saraiva, 1991, p. XXXI).

humanos e liberdades fundamentais deve ser um dos principais propósitos da Organização das Nações Unidas"[3].

Neste cenário, fortalece-se a ideia de que a proteção dos direitos humanos não se deve reduzir ao domínio reservado do Estado, isto é, não se deve restringir à competência nacional exclusiva ou à jurisdição doméstica exclusiva, porque revela tema de legítimo interesse internacional. Por sua vez, esta concepção inovadora aponta para duas importantes consequências:

1ª) a revisão da noção tradicional de soberania absoluta do Estado, que passa a sofrer um processo de relativização, na medida em que são admitidas intervenções no plano nacional, em prol da proteção dos direitos humanos; isto é, permitem-se formas de monitoramento e responsabilização internacional, quando os direitos humanos forem violados[4];

2ª) a cristalização da ideia de que o indivíduo deve ter direitos protegidos na esfera internacional, na condição de sujeito de Direito.

Prenuncia-se, deste modo, o fim da era em que a forma pela qual o Estado tratava seus nacionais era concebida como um problema de jurisdição doméstica, decorrência de sua soberania.

Inspirada por estas concepções, surge, a partir do pós-guerra, em 1945, a Organização das Nações Unidas. Em 1948 é adotada a Declaração Universal dos Direitos Humanos, pela aprovação unânime de 48 Estados, com oito

---

[3] BILDER, Richard B. An overview of international human rights law. In: HANNUM, Hurst (Editor). *Guide to international human rights practice*. 2. ed. Philadelphia: University of Pennsylvania Press, 1992, p. 3-5.

[4] A respeito, destaque-se a afirmação do Secretário-Geral das Nações Unidas, no final de 1992: "Ainda que o respeito pela soberania e integridade do Estado seja uma questão central, é inegável que a antiga doutrina da soberania exclusiva e absoluta não mais se aplica e que esta soberania jamais foi absoluta, como era então concebida teoricamente. Uma das maiores exigências intelectuais de nosso tempo é a de repensar a questão da soberania (...). Enfatizar os direitos dos indivíduos e os direitos dos povos é uma dimensão da soberania universal, que reside em toda a humanidade e que permite aos povos um envolvimento legítimo em questões que afetam o mundo como um todo. É um movimento que, cada vez mais, encontra expressão na gradual expansão do Direito Internacional" (BOUTROS-GHALI, Boutros. Empowering the United Nations. *Foreign Affairs*, v. 89, p. 98-99, 1992/1993. Apud HENKIN, Louis et al. *International law*: cases and materials, cit., p. 18). Transita-se, assim, de uma concepção "hobbesiana" de soberania, centrada no Estado, para uma concepção "kantiana" de soberania, centrada na cidadania universal. Para Celso Lafer, de uma visão *ex parte principe*, fundada nos deveres dos súditos com relação ao Estado, passa-se a uma visão *ex parte populi*, fundada na promoção da noção de direitos do cidadão (LAFER, Celso. *Comércio, desarmamento, direitos humanos*: reflexões sobre uma experiência diplomática. São Paulo: Paz e Terra, 1999, p. 145).

abstenções[5]. A inexistência de qualquer questionamento ou reserva feita pelos Estados aos princípios da Declaração e a inexistência de qualquer voto contrário às suas disposições conferem à Declaração Universal o significado de um código e plataforma comum de ação. A Declaração consolida a afirmação de uma ética universal[6], ao consagrar um consenso sobre valores de cunho universal, a serem seguidos pelos Estados.

A Declaração de 1948 introduz a concepção contemporânea de direitos humanos, marcada pela universalidade e indivisibilidade desses direitos. Universalidade porque a condição de pessoa é o requisito único e exclusivo para a titularidade de direitos, sendo a dignidade humana o fundamento dos direitos humanos. Indivisibilidade porque, ineditamente, o catálogo dos direitos civis e políticos é conjugado ao catálogo dos direitos econômicos, sociais e culturais. Ao consagrar direitos civis e políticos e direitos econômicos, sociais e culturais, a Declaração ineditamente combina o

---

[5] A Declaração Universal foi aprovada pela Resolução n. 217 A (III), da Assembleia Geral, em 10 de dezembro de 1948, por 48 votos a zero e oito abstenções. Os oito Estados que se abstiveram foram: Bielorrússia, Checoslováquia, Polônia, Arábia Saudita, Ucrânia, União Soviética, África do Sul e Iugoslávia. Observe-se que em Helsinki, em 1975, no Ato Final da Conferência sobre Segurança e Cooperação na Europa, os Estados comunistas da Europa expressamente aderiram à Declaração Universal. Sobre o caráter universal da Declaração, observa René Cassin: "Séame permitido, antes de concluir, resumir a grandes rasgos los caracteres de la declaración surgida de nuestros debates de 1947 a 1948. Esta declaración se caracteriza, por una parte, por su amplitud. Comprende el conjunto de derechos y facultades sin los cuales un ser humano no puede desarrolar su personalidad física, moral y intelectual. Su segunda característica es la universalidad: es aplicable a todos los hombres de todos los países, razas, religiones y sexos, sea cual fuere el régimen político de los territorios donde rija. De ahí que al finalizar los trabajos, pese a que hasta entonces se había hablado siempre de declaración 'internacional', la Asamblea General, gracias a mi proposición, proclamó la declaración 'Universal'. Al hacerlo conscientemente, subrayó que el individuo es miembro directo de la sociedad humana y que es sujeto directo del derecho de gentes. Naturalmente, es ciudadano de su país, pero también lo es del mundo, por el hecho mismo de la protección que el mundo debe brindarle. Tales son los caracteres esenciales de la declaración. (...) La Declaración, por el hecho de haber sido, como fue el caso, adoptada por unanimidad (pues sólo hubo 8 abstenciones, frente a 48 votos favorables), tuvo inmediatamente una gran repercusión en la moral de las naciones. Los pueblos empezaron a darse cuenta de que el conjunto de la comunidad humana se interesaba por su destino" (CASSIN, René. El problema de la realización de los derechos humanos en la sociedad universal. In: *Veinte años de evolución de los derechos humanos*. México: Instituto de Investigaciones Jurídicas, 1974, p. 397).

[6] Cf. Eduardo Muylaert Antunes: "A Declaração Universal dos Direitos Humanos se impõe com 'o valor da afirmação de uma ética universal' e conservará sempre seu lugar de símbolo e de ideal" (Natureza jurídica da Declaração Universal de Direitos Humanos. *Revista dos Tribunais*, São Paulo, n. 446, p. 35, dez. 1972).

discurso liberal e o discurso social da cidadania, conjugando o valor da liberdade ao valor da igualdade[7]. Nas palavras de Louis B. Sohn e Thomas

---

[7] Quanto à classificação dos direitos constantes da Declaração, adverte Antonio Cassesse: "Mas vamos examinar o conteúdo da Declaração de forma mais aprofundada. Para este propósito, é melhor nos deixarmos orientar, ao menos em determinado sentido, por um dos pais da Declaração, o francês René Cassin, que descreveu seu escopo do modo a seguir. Primeiramente, trata a Declaração dos direitos pessoais (os direitos à igualdade, à vida, à liberdade e à segurança, etc. – arts. 3º a 11). Posteriormente, são previstos direitos que dizem respeito ao indivíduo em sua relação com grupos sociais no qual ele participa (o direito à privacidade da vida familiar e o direito ao casamento; o direito à liberdade de movimento no âmbito nacional ou fora dele; o direito à nacionalidade; o direito ao asilo, na hipótese de perseguição; direitos de propriedade e de praticar a religião – arts. 12 a 17). O terceiro grupo de direitos se refere às liberdades civis e aos direitos políticos exercidos no sentido de contribuir para a formação de órgãos governamentais e participar do processo de decisão (liberdade de consciência, pensamento e expressão; liberdade de associação e assembleia; direito de votar e ser eleito; direito ao acesso ao governo e à administração pública – arts. 18 a 21). A quarta categoria de direitos se refere aos direitos exercidos nos campos econômicos e sociais (ex.: aqueles direitos que se operam nas esferas do trabalho e das relações de produção, o direito à educação, o direito ao trabalho e à assistência social e à livre escolha de emprego, a justas condições de trabalho, ao igual pagamento para igual trabalho, o direito de fundar sindicatos e deles participar; o direito ao descanso e ao lazer; o direito à saúde, à educação e o direito de participar livremente na vida cultural da comunidade – arts. 22 a 27)" (CASSESSE, Antonio. *Human rights in a changing world*. Philadelphia: Temple University Press, 1990. p. 38-39). Sobre o tema, observa José Augusto Lindgren Alves que "mais acurada é a classificação feita por Jack Donnelly, quando sustenta que a Declaração de 1948 enuncia as seguintes categorias de direitos: 1) direitos pessoais, incluindo os direitos à vida, à nacionalidade, ao reconhecimento perante a lei, à proteção contra tratamentos ou punições cruéis, degradantes ou desumanas e à proteção contra a discriminação racial, étnica, sexual ou religiosa (arts. 2º a 7º e 15); 2) direitos judiciais, incluindo o acesso a remédios por violação dos direitos básicos, a presunção de inocência, a garantia de processo público justo e imparcial, a irretroatividade das leis penais, a proteção contra a prisão, detenção ou exílio arbitrários, e contra a interferência na família, no lar e na reputação (arts. 8º a 12); 3) liberdades civis, especialmente as liberdades de pensamento, consciência e religião, de opinião e expressão, de movimento e resistência, e de reunião e de associação pacífica (arts. 13 e de 18 a 20); 4) direitos de subsistência, particularmente os direitos à alimentação e a um padrão de vida adequado à saúde e ao bem-estar próprio e da família (art. 25); 5) direitos econômicos, incluindo principalmente os direitos ao trabalho, ao repouso e ao lazer, e à segurança social (arts. 22 a 26); 6) direitos sociais e culturais, especialmente os direitos à instrução e à participação na vida cultural da comunidade (arts. 26 e 28); 7) direitos políticos, principalmente os direitos a tomar parte no governo e a eleições legítimas com sufrágio universal e igual (art. 21), acrescido dos aspectos políticos de muitas liberdades civis" (DONNELLY, Jack. International human rights: a regime analysis. In: *International organization*. Massachusetts Institute of Technology, Summer 1986. p. 599-642. Apud LINDGREN ALVES, José Augusto. O sistema internacional de proteção dos direitos humanos e o Brasil. *Arquivos do Ministério da Justiça*, Brasília, v. 46, n. 182, p. 89, jul./dez. 1993). Na lição de Celso D. de Albuquerque Mello, a Declaração Universal

Buergenthal: "A Declaração Universal de Direitos Humanos se distingue das tradicionais Cartas de direitos humanos que constam de diversas normas fundamentais e constitucionais dos séculos XVIII e XIX e começo do século XX, na medida em que ela consagra não apenas direitos civis e políticos, mas também direitos econômicos, sociais e culturais, como o direito ao trabalho e à educação"[8].

Ao conjugar o valor da liberdade com o valor da igualdade, a Declaração demarca a concepção contemporânea de direitos humanos, pela qual os direitos humanos passam a ser concebidos como uma unidade interdependente, inter-relacionada e indivisível. Assim, partindo-se do critério metodológico, que classifica os direitos humanos em gerações[9], adota-se o entendimento de que uma geração de direitos não substitui a outra, mas com ela interage. Isto é, afasta-se a ideia da sucessão "geracional" de direitos, na medida em que se acolhe a ideia da expansão, cumulação e fortalecimento dos direitos humanos consagrados, todos essencialmente complementares e em constante dinâmica de interação. Logo, apresentando os direitos humanos uma unidade indivisível, revela-se esvaziado o direito à liberdade, quando não assegurado o direito à igualdade e, por

---

"tem sido dividida pelos autores em quatro partes: a) normas gerais (arts. 1º e 2º, 28, 29 e 30); b) direitos e liberdades fundamentais (arts. 3º a 20); c) direitos políticos (art. 21); d) direitos econômicos e sociais (arts. 22 e 27)" (*Curso de direito internacional público*. 6. ed. Rio de Janeiro: Freitas Bastos, 1979, p. 531).

[8] *International protection of human rights*. Indianapolis: Bobbs-Merrill, 1973, p. 516.

[9] A partir desse critério, os direitos de primeira geração correspondem aos direitos civis e políticos, que traduzem o valor da liberdade; os direitos de segunda geração correspondem aos direitos sociais, econômicos e culturais, que traduzem, por sua vez, o valor da igualdade; já os direitos de terceira geração correspondem ao direito ao desenvolvimento, direito à paz, à livre determinação, que traduzem o valor da solidariedade. Sobre a matéria, ver Hector Gross Espiell, *Estudios sobre derechos humanos*. Madrid: Civitas, 1988, p. 328-332. Do mesmo autor, *Los derechos econômicos sociales y culturales en el sistema interamericano*, San José: Libro Libre, 1986. Ainda sobre a ideia de gerações de direitos humanos, explica Burns H. Weston: "A este respeito, particularmente útil é a noção de 'três gerações de direitos humanos' elaborada pelo jurista francês Karel Vasak. Sob a inspiração dos três temas da Revolução francesa, estas três gerações de direitos são as seguintes: a primeira geração se refere aos direitos civis e políticos (*liberté*); a segunda geração aos direitos econômicos, sociais e culturais (*égalité*); e a terceira geração se refere aos novos direitos de solidariedade (*fraternité*)" (WESTON, Burns H. Human rights. In: CLAUDE, Richard Pierre, WESTON, Burns H. (Editores). *Human rights in the world community*: issues and action. Philadelphia: University of Pennsylvania Press, 1989. p. 16-17). Sobre a matéria consultar ainda A. E. Pérez Luño (*Los derechos fundamentales*. Madrid: Tecnos, 1988) e T. H. Marshall (*Cidadania, classe social e status*. Rio de Janeiro: Zahar, 1967).

sua vez, esvaziado revela-se o direito à igualdade, quando não assegurada a liberdade[10].

Vale dizer, sem a efetividade dos direitos econômicos, sociais e culturais, os direitos civis e políticos se reduzem a meras categorias formais, enquanto, sem a realização dos direitos civis e políticos, ou seja, sem a efetividade da liberdade entendida em seu mais amplo sentido, os direitos econômicos e sociais carecem de verdadeira significação. Não há mais como cogitar da liberdade divorciada da justiça social, como também infrutífero pensar na justiça social divorciada da liberdade. Em suma, todos os direitos humanos constituem um complexo integral, único e indivisível, em que os diferentes direitos estão necessariamente inter-relacionados e interdependentes entre si.

Como estabeleceu a Resolução n. 32/130 da Assembleia Geral das Nações Unidas: "todos os direitos humanos, qualquer que seja o tipo a que pertencem, se inter-relacionam necessariamente entre si, e são indivisíveis e interdependentes"[11]. Esta concepção foi reiterada na Declaração de Viena de 1993, quando afirma, em seu § 5º, que os direitos humanos são universais, indivisíveis, interdependentes e inter-relacionados.

Seja por fixar a ideia de que os direitos humanos são universais, inerentes à condição de pessoa e não relativos às peculiaridades sociais e

---

[10] Sobre a indivisibilidade dos direitos humanos, afirma Louis Henkin: "Os direitos considerados fundamentais incluem não apenas limitações que inibem a interferência dos governos nos direitos civis e políticos, mas envolvem obrigações governamentais de cunho positivo em prol da promoção do bem-estar econômico e social, pressupondo um Governo que seja ativo, interventor, planejador e comprometido com os programas econômico-sociais da sociedade que, por sua vez, os transforma em direitos econômicos e sociais para os indivíduos" (*The age of rights*. New York: Columbia University Press, 1990, p. 6-7). No entanto, difícil é a conjugação destes valores, e em particular difícil é a conjugação dos valores da igualdade e liberdade. Como pondera Norberto Bobbio: "As sociedades são mais livres na medida em que são menos justas e mais justas na medida em que são menos livres" (*A era dos direitos*. Trad. Carlos Nelson Coutinho. Rio de Janeiro: Campus, 2004, p. 43)

[11] Sobre a Resolução n. 32/130 afirma Antônio Augusto Cançado Trindade: "Aquela resolução (32/130), ao endossar a asserção da Proclamação de Teerã de 1968, reafirmou a indivisibilidade a partir de uma perspectiva globalista, e deu prioridade à busca de soluções para as violações maciças e flagrantes dos direitos humanos. Para a formação deste novo *ethos*, fixando parâmetros de conduta em torno de valores básicos universais, também contribuiu o reconhecimento da interação entre os direitos humanos e a paz consignado na Ata Final de Helsinque de 1975" (A proteção internacional dos direitos humanos no limiar do novo século e as perspectivas brasileiras. In: *Temas de política externa brasileira*, 1994. v. 1, t. II, p. 169).

culturais de determinada sociedade, seja por incluir em seu elenco não só direitos civis e políticos, mas também direitos sociais, econômicos e culturais, a Declaração de 1948 demarca a concepção contemporânea dos direitos humanos.

Uma das principais qualidades da Declaração é constituir-se em parâmetro e código de atuação para os Estados integrantes da comunidade internacional. Ao consagrar o reconhecimento universal dos direitos humanos pelos Estados, a Declaração consolida um parâmetro internacional para a proteção desses direitos. Nesse sentido, a Declaração é um dos parâmetros fundamentais pelos quais a comunidade internacional "deslegitima" os Estados. Um Estado que sistematicamente viola a Declaração não é merecedor de aprovação por parte da comunidade mundial[12].

A partir da aprovação da Declaração Universal de 1948 e da concepção contemporânea de direitos humanos por ela introduzida, começa a se desenvolver o Direito Internacional dos Direitos Humanos, mediante a adoção de inúmeros tratados internacionais voltados à proteção de direitos fundamentais. Os instrumentos internacionais de proteção refletem, sobretudo, a consciência ética contemporânea compartilhada pelos Estados, na medida em que invocam o consenso internacional acerca de temas centrais aos direitos humanos. Nesse sentido, cabe destacar que, até 2024, o Pacto Internacional dos Direitos Civis e Políticos contava com 173 Estados-partes; o Pacto Internacional dos Direitos Econômicos, Sociais e Culturais contava com 171 Estados-partes; a Convenção contra a Tortura contava com 173 Estados-partes; a Convenção sobre a Eliminação da Discriminação Racial contava com 182 Estados-partes; a Convenção sobre a Eliminação da Discriminação contra a Mulher contava com 189 Estados-partes e a Convenção

---

[12] Cf. CASSESSE, Antonio. *Human rights in a changing world*, cit., p. 46-47. Na afirmação de Louis B. Sohn e Thomas Buergenthal: "A Declaração Universal de Direitos Humanos tem, desde sua adoção, exercido poderosa influência na ordem mundial, tanto internacional como nacionalmente. Suas previsões têm sido citadas como justificativa para várias ações adotadas pelas Nações Unidas e têm inspirado um grande número de Convenções internacionais no âmbito das Nações Unidas ou fora dele. Estas previsões também exercem uma significativa influência nas Constituições nacionais e nas legislações locais e, em diversos casos, nas decisões das Cortes. Em algumas instâncias, o texto das previsões da Declaração tem sido incorporado em instrumentos internacionais ou na legislação nacional e há inúmeras instâncias que adotam a Declaração como um código de conduta e um parâmetro capaz de medir o grau de respeito e de observância relativamente aos parâmetros internacionais de direitos humanos" (SOHN, Louis B. e BUERGENTHAL, Thomas, op. cit., p. 516).

sobre os Direitos da Criança apresentava a mais ampla adesão, com 196 Estados-partes[13].

Forma-se o sistema normativo global de proteção dos direitos humanos, no âmbito das Nações Unidas. Esse sistema normativo, por sua vez, é integrado por instrumentos de alcance geral (como os Pactos Internacionais de Direitos Civis e Políticos e de Direitos Econômicos, Sociais e Culturais de 1966) e por instrumentos de alcance específico, como as Convenções internacionais que buscam responder a determinadas violações de direitos humanos, como a tortura, a discriminação racial, a discriminação contra as mulheres, a violação dos direitos das crianças, dentre outras formas de violação.

Firma-se assim, no âmbito do sistema global, a coexistência dos sistemas geral e especial de proteção dos direitos humanos, como sistemas de proteção complementares. O sistema especial de proteção realça o processo da especificação do sujeito de direito, no qual o sujeito passa a ser visto em sua especificidade e concreticidade (ex.: protegem-se as crianças, os grupos étnicos minoritários, os grupos vulneráveis, as mulheres etc.). Já o sistema geral de proteção (ex.: os Pactos da ONU de 1966) tem por endereçada toda e qualquer pessoa, concebida em sua abstração e generalidade.

Ao lado do sistema normativo global, surge o sistema normativo regional de proteção, que busca internacionalizar os direitos humanos no plano regional, particularmente na Europa, América e África. Consolida-se, assim, a convivência do sistema global – integrado pelos instrumentos das Nações Unidas, como a Declaração Universal de Direitos Humanos, o Pacto Internacional dos Direitos Civis e Políticos, o Pacto Internacional dos Direitos Econômicos, Sociais e Culturais e as demais Convenções internacionais – com instrumentos do sistema regional, por sua vez integrado pelos sistemas interamericano, europeu e africano de proteção aos direitos humanos.

Os sistemas global e regional não são dicotômicos, mas complementares. Inspirados pelos valores e princípios da Declaração Universal, compõem o universo instrumental de proteção dos direitos humanos no plano internacional. Em face desse complexo universo de instrumentos internacionais, cabe ao indivíduo que sofreu violação de direito a escolha do aparato mais favorável, tendo em vista que, eventualmente, direitos idênticos são tutelados por dois ou mais instrumentos de alcance global ou regional, ou, ainda, de alcance geral

---

[13] Alto Comissariado de Direitos Humanos das Nações Unidas. *Status of Ratifications of the Principal International Human Rights Treaties*. Disponível em: <http://www.unhchr.ch/pdf/report.pdf>.

ou especial. Nesta ótica, os diversos sistemas de proteção de direitos humanos interagem em benefício dos indivíduos protegidos. Na visão de Antônio Augusto Cançado Trindade: "O critério da primazia da norma mais favorável às pessoas protegidas, consagrado expressamente em tantos tratados de direitos humanos, contribui em primeiro lugar para reduzir ou minimizar consideravelmente as pretensas possibilidades de 'conflitos' entre instrumentos legais em seus aspectos normativos. Contribui, em segundo lugar, para obter maior coordenação entre tais instrumentos em dimensão tanto vertical (tratados e instrumentos de direito interno), quanto horizontal (dois ou mais tratados). (...) Contribui, em terceiro lugar, para demonstrar que a tendência e o propósito da coexistência de distintos instrumentos jurídicos – garantindo os mesmos direitos – são no sentido de ampliar e fortalecer a proteção"[14].

Feitas essas breves considerações a respeito dos tratados internacionais de direitos humanos, passa-se à análise do modo pelo qual o Brasil se relaciona com o aparato internacional de proteção dos direitos humanos.

2. O Estado Brasileiro em face do Sistema Internacional de Proteção dos Direitos Humanos

No que se refere à posição do Brasil em relação ao sistema internacional de proteção dos direitos humanos, observa-se que somente a partir do processo de democratização do País, deflagrado em 1985, é que o Estado brasileiro passou a ratificar relevantes tratados internacionais de direitos humanos.

O marco inicial do processo de incorporação de tratados internacionais de direitos humanos pelo Direito brasileiro foi a ratificação, em 1989, da Convenção contra a Tortura e Outros Tratamentos Cruéis, Desumanos ou Degradantes. A partir dessa ratificação, inúmeros outros importantes instrumentos internacionais de proteção dos direitos humanos foram também incorporados pelo Direito brasileiro, sob a égide da Constituição Federal de 1988.

Assim, a partir da Carta de 1988, importantes tratados internacionais de direitos humanos foram ratificados pelo Brasil. Dentre eles, destaque-se a ratificação: a) da Convenção Interamericana para Prevenir e Punir a Tortura, em 20 de julho de 1989; b) da Convenção contra a Tortura e outros Tratamentos Cruéis, Desumanos ou Degradantes, em 28 de setembro de 1989; c) da

---

[14] CANÇADO TRINDADE, Antônio Augusto. A interação entre o direito internacional e o direito interno na proteção dos direitos humanos. In: Arquivos do Ministério da Justiça, Brasília, v. 46, n. 182, p. 52-53, jul./dez. 1993.

Convenção sobre os Direitos da Criança, em 24 de setembro de 1990; d) do Pacto Internacional dos Direitos Civis e Políticos, em 24 de janeiro de 1992; e) do Pacto Internacional dos Direitos Econômicos, Sociais e Culturais, em 24 de janeiro de 1992; f) da Convenção Americana de Direitos Humanos, em 25 de setembro de 1992; g) da Convenção Interamericana para Prevenir, Punir e Erradicar a Violência contra a Mulher, em 27 de novembro de 1995; h) do Protocolo à Convenção Americana referente à Abolição da Pena de Morte, em 13 de agosto de 1996; i) do Protocolo à Convenção Americana referente aos Direitos Econômicos, Sociais e Culturais (Protocolo de San Salvador), em 21 de agosto de 1996; j) da Convenção Interamericana para Eliminação de todas as formas de Discriminação contra Pessoas Portadoras de Deficiência, em 15 de agosto de 2001; k) do Estatuto de Roma, que cria o Tribunal Penal Internacional, em 20 de junho de 2002; l) do Protocolo Facultativo à Convenção sobre a Eliminação de todas as formas de Discriminação contra a Mulher, em 28 de junho de 2002; m) do Protocolo Facultativo à Convenção sobre os Direitos da Criança sobre o Envolvimento de Crianças em Conflitos Armados, em 27 de janeiro de 2004; n) do Protocolo Facultativo à Convenção sobre os Direitos da Criança sobre Venda, Prostituição e Pornografia Infantis, também em 27 de janeiro de 2004; o) do Protocolo Facultativo à Convenção contra a Tortura, em 11 de janeiro de 2007; p) da Convenção sobre os Direitos das Pessoas com Deficiência e seu Protocolo Facultativo, em 1º de agosto de 2008; q) do Protocolo Facultativo ao Pacto Internacional dos Direitos Civis e Políticos, bem como do Segundo Protocolo ao mesmo Pacto visando à Abolição da Pena de Morte, em 25 de setembro de 2009; r) da Convenção Internacional para Proteção de Todas as Pessoas contra o Desaparecimento Forçado, em 29 de novembro de 2010; s) da Convenção Interamericana sobre o Desaparecimento Forçado de Pessoas, em 3 de fevereiro de 2014; t) do Protocolo Facultativo à Convenção sobre os Direitos da Criança relativo ao procedimento de comunicações, em 29 de setembro de 2017; e u) da Convenção Interamericana contra o Racismo, a Discriminação Racial e formas correlatas de Intolerância, em 13 de maio de 2021.

As inovações introduzidas pela Carta de 1988 – especialmente no que tange ao primado da prevalência dos direitos humanos, como princípio orientador das relações internacionais – foram fundamentais para a ratificação desses importantes instrumentos de proteção dos direitos humanos[15].

---

[15] Para J. A. Lindgren Alves: "Com a adesão aos dois Pactos Internacionais da ONU, assim como ao Pacto de São José, no âmbito da OEA, em 1992, e havendo anteriormente ratificado todos os

Além das inovações constitucionais, como importante fator para a ratificação desses tratados internacionais, acrescente-se a necessidade do Estado brasileiro de reorganizar sua agenda internacional, de modo mais condizente com as transformações internas decorrentes do processo de democratização. Este esforço se conjuga com o objetivo de compor uma imagem mais positiva do Estado brasileiro no contexto internacional, como país respeitador e garantidor dos direitos humanos. Adicione-se que a subscrição do Brasil aos tratados internacionais de direitos humanos simboliza ainda o aceite do Brasil para com a ideia contemporânea de globalização dos direitos humanos, bem como para com a ideia da legitimidade das preocupações da comunidade internacional, no tocante à matéria. Por fim, há que se acrescer o elevado grau de universalidade desses instrumentos, que contam com significativa adesão dos demais Estados integrantes da ordem internacional.

Logo, faz-se clara a relação entre o processo de democratização no Brasil e o processo de incorporação de relevantes instrumentos internacionais de proteção dos direitos humanos, tendo em vista que, se o processo de democratização permitiu a ratificação de relevantes tratados de direitos humanos, por sua vez essa ratificação permitiu o fortalecimento do processo democrático, mediante a ampliação e o reforço do universo de direitos por ele assegurado.

3. A Incorporação dos Tratados Internacionais de Proteção de Direitos Humanos pelo Direito Brasileiro

Preliminarmente, é necessário frisar que a Constituição de 1988 constitui o marco jurídico da transição democrática e da institucionalização dos direitos humanos no Brasil. O texto de 1988, ao simbolizar a ruptura com o regime autoritário, empresta aos direitos e garantias ênfase extraordinária, situando-se como o documento mais avançado,

---

instrumentos jurídicos internacionais significativos sobre a matéria, o Brasil já cumpriu praticamente todas as formalidades externas necessárias à sua integração ao sistema internacional de proteção aos direitos humanos. Internamente, por outro lado, as garantias aos amplos direitos entronizados na Constituição de 1988, não passíveis de emendas e, ainda, extensivas a outros decorrentes de tratados de que o país seja parte, asseguram a disposição do Estado democrático brasileiro de conformar-se plenamente às obrigações internacionais por ele contraídas" (*Os direitos humanos como tema global*. São Paulo: Perspectiva/Fundação Alexandre de Gusmão, 1994, p. 108).

abrangente e pormenorizado sobre a matéria, na história constitucional do País.

O valor da dignidade humana – ineditamente elevado a princípio fundamental da Carta, nos termos do art. 1º, III – impõe-se como núcleo básico e informador do ordenamento jurídico brasileiro, como critério e parâmetro de valoração a orientar a interpretação e compreensão do sistema constitucional instaurado em 1988. A dignidade humana e os direitos fundamentais vêm a constituir os princípios constitucionais que incorporam as exigências de justiça e dos valores éticos, conferindo suporte axiológico a todo o sistema jurídico brasileiro. Na ordem de 1988, esses valores passam a ser dotados de uma especial força expansiva, projetando-se por todo universo constitucional e servindo como critério interpretativo de todas as normas do ordenamento jurídico nacional.

É nesse contexto que se há de interpretar o disposto no art. 5º, § 2º do texto, que, de forma inédita, tece a interação entre o Direito brasileiro e os tratados internacionais de direitos humanos. Ao fim da extensa Declaração de Direitos enunciada pelo art. 5º, a Carta de 1988 estabelece que os direitos e garantias expressos na Constituição "não excluem outros decorrentes do regime e dos princípios por ela adotados, ou dos tratados internacionais em que a República Federativa do Brasil seja parte". À luz desse dispositivo constitucional, os direitos fundamentais podem ser organizados em três distintos grupos: a) o dos direitos expressos na Constituição; b) o dos direitos implícitos, decorrentes do regime e dos princípios adotados pela Carta constitucional; e c) o dos direitos expressos nos tratados internacionais subscritos pelo Brasil. A Constituição de 1988 inova, assim, ao incluir, dentre os direitos constitucionalmente protegidos, os direitos enunciados nos tratados internacionais de que o Brasil seja signatário. Ao efetuar tal incorporação, a Carta está a atribuir aos direitos internacionais uma hierarquia especial e diferenciada, qual seja, a de norma constitucional.

Essa conclusão advém de interpretação sistemática e teleológica do texto, especialmente em face da força expansiva dos valores da dignidade humana e dos direitos fundamentais, como parâmetros axiológicos a orientar a compreensão do fenômeno constitucional[16]. A esse raciocínio se

---

[16] Para José Joaquim Gomes Canotilho: "A legitimidade material da Constituição não se basta com um 'dar forma' ou 'constituir' de órgãos; exige uma fundamentação substantiva para os actos dos poderes públicos e daí que ela tenha de ser um parâmetro material, directivo e inspirador desses actos. A fundamentação material é hoje essencialmente fornecida pelo

acrescentam o princípio da máxima efetividade das normas constitucionais referentes a direitos e garantias fundamentais e a natureza materialmente constitucional dos direitos fundamentais[17], o que justifica estender aos direitos enunciados em tratados o regime constitucional conferido aos demais direitos e garantias fundamentais. Essa conclusão decorre também do processo de globalização, que propicia e estimula a abertura da Constituição à normação internacional – abertura que resulta na ampliação do "bloco de constitucionalidade", que passa a incorporar preceitos asseguradores de direitos fundamentais. Adicione-se ainda o fato de as Constituições latino-americanas recentes conferirem aos tratados de direitos humanos um *status* jurídico especial e diferenciado, destacando-se, neste sentido, a Constituição da Argentina que, em seu art. 75, § 22, eleva os principais tratados de direitos humanos à hierarquia de norma constitucional.

Logo, por força do art. 5º, §§ 1º e 2º, a Carta de 1988 atribui aos direitos enunciados em tratados internacionais a hierarquia de norma constitucional, incluindo-os no elenco dos direitos constitucionalmente garantidos, que apresentam aplicabilidade imediata. A hierarquia constitucional dos tratados de proteção dos direitos humanos decorre da previsão constitucional do art. 5º, § 2º, à luz de uma interpretação sistemática e teleológica da Carta, particularmente da prioridade que atribui aos direitos fundamentais e ao princípio da dignidade da pessoa humana. Essa opção do constituinte

---

catálogo de direitos fundamentais (direitos, liberdades e garantias e direitos econômicos, sociais e culturais)" (*Direito constitucional*. 6. ed. rev. Coimbra: Almedina, 1993, p. 74).

[17] Sobre o tema, afirma José Joaquim Gomes Canotilho: "Ao apontar para a dimensão material, o critério em análise coloca-nos perante um dos temas mais polêmicos do direito constitucional: qual é o conteúdo ou matéria da Constituição? O conteúdo da Constituição varia de época para época e de país para país e, por isso, é tendencialmente correto afirmar que não há reserva de Constituição no sentido de que certas matérias têm necessariamente de ser incorporadas na Constituição pelo Poder Constituinte. Registre-se, porém, que, historicamente (na experiência constitucional), foram consideradas matérias constitucionais, *par excellence*, a organização do poder político (informada pelo princípio da divisão de poderes) e o catálogo dos direitos, liberdades e garantias. Posteriormente, verificou-se o 'enriquecimento' da matéria constitucional através da inserção de novos conteúdos, até então considerados de valor jurídico-constitucional irrelevante, de valor administrativo ou de natureza subconstitucional (direitos econômicos, sociais e culturais, direitos de participação e dos trabalhadores e constituição econômica)" (*Direito constitucional*, cit., p. 68). Prossegue o mesmo autor: "Um *topos* caracterizador da modernidade e do constitucionalismo foi sempre o da consideração dos 'direitos do homem' como *ratio essendi* do Estado Constitucional. Quer fossem considerados como 'direitos naturais', 'direitos inalienáveis' ou 'direitos racionais' do indivíduo, os direitos do homem, constitucionalmente reconhecidos, possuíam uma dimensão projectiva de comensuração universal" (*Direito constitucional*, cit., p. 18).

de 1988 se justifica em face do caráter especial dos tratados de direitos humanos e, no entender de parte da doutrina, da superioridade desses tratados no plano internacional, tendo em vista que integrariam o chamado *jus cogens* (direito cogente e inderrogável).

Enfatize-se que, enquanto os demais tratados internacionais têm força hierárquica infraconstitucional[18], nos termos do art. 102, III, *b*, do texto (que admite o cabimento de recurso extraordinário de decisão que declarar a inconstitucionalidade de tratado), os direitos enunciados em tratados internacionais de proteção dos direitos humanos detêm natureza de norma constitucional. Esse tratamento jurídico diferenciado se justifica, na medida em que os tratados internacionais de direitos humanos apresentam um caráter especial, distinguindo-se dos tratados internacionais comuns. Enquanto estes buscam o equilíbrio e a reciprocidade de relações entre Estados-partes, aqueles transcendem os meros compromissos recíprocos entre os Estados pactuantes, tendo em vista que objetivam a salvaguarda dos direitos do ser humano e não das prerrogativas dos Estados. No mesmo sentido, argumenta Juan Antonio Travieso: "Los tratados modernos sobre derechos humanos en general, y, en particular, la Convención Americana no son tratados multilaterales del tipo tradicional concluidos en función de un intercambio recíproco de derechos para el beneficio mutuo de los Estados contratantes. Su objeto y fin son la protección de los derechos fundamentales de los seres humanos independientemente de su nacionalidad, tanto frente a su propio Estado como frente a los otros Estados contratantes. Al aprobar estos tratados sobre derechos humanos, los Estados se someten a una orden legal dentro del cual ellos, por el bién común, asumen varias obligaciones, no en relación con otros Estados, sino hacia los individuos bajo su jurisdicción. Por tanto, la Convención no sólo vincula a los Estados partes, sino que otorga garantías a las personas. Por ese motivo, justificadamente, no puede interpretarse como cualquier otro tratado"[19]. Esse caráter especial vem a justificar o

---

[18] Sustenta-se que os tratados tradicionais têm hierarquia infraconstitucional, mas supralegal. Esse posicionamento se coaduna com o princípio da boa-fé, vigente no direito internacional (o *pacta sunt servanda*), que tem como reflexo o art. 27 da Convenção de Viena, segundo o qual não cabe ao Estado invocar disposições de seu direito interno como justificativa para o não cumprimento de tratado.

[19] TRAVIESO, Juan Antonio. *Derechos humanos y derecho internacional*. Buenos Aires: Heliasta, 1990, p. 90. Compartilhando do mesmo entendimento, leciona Jorge Reinaldo Vanossi: "La declaración de la Constitución argentina es concordante con as Declaraciones que han adoptado los organismos

status constitucional atribuído aos tratados internacionais de proteção dos direitos humanos.

Conclui-se, portanto, que o Direito brasileiro faz opção por um sistema misto, que combina regimes jurídicos diferenciados: um regime aplicável aos tratados de direitos humanos e um outro aplicável aos tratados tradicionais. Enquanto os tratados internacionais de proteção dos direitos humanos – por força do art. 5º, §§ 1º e 2º – apresentam hierarquia de norma constitucional e aplicação imediata, os demais tratados internacionais apresentam hierarquia infraconstitucional e se submetem à sistemática da incorporação legislativa. No que se refere à incorporação automática, diversamente dos tratados tradicionais, os tratados internacionais de direitos humanos irradiam efeitos concomitantemente na ordem jurídica internacional e nacional, a partir do ato da ratificação. Não é necessária a produção de um ato normativo que reproduza no ordenamento jurídico nacional o conteúdo do tratado, pois sua incorporação é automática, nos termos do art. 5º, § 1º, que consagra o princípio da aplicabilidade imediata das normas definidoras de direitos e garantias fundamentais.

Observe-se, contudo, que há quatro correntes doutrinárias acerca da hierarquia dos tratados internacionais de proteção dos direitos humanos, que sustentam: a) a hierarquia supraconstitucional destes tratados; b) a hierarquia constitucional; c) a hierarquia infraconstitucional, mas supralegal e d) a paridade hierárquica entre tratado e lei federal[20].

No sentido de responder à polêmica doutrinária e jurisprudencial concernente à hierarquia dos tratados internacionais de proteção dos direitos humanos, a Emenda Constitucional n. 45, de 8 de dezembro de 2004, introduziu um § 3º no art. 5º, dispondo: "Os tratados e convenções internacionais sobre direitos humanos que forem aprovados, em cada Casa do Congresso Nacional, em dois turnos, por três quintos dos votos dos respectivos membros, serão equivalentes às emendas à Constituição".

Em face de todos os argumentos expostos, sustenta-se que hierarquia constitucional já se extrai de interpretação conferida ao próprio art. 5º, § 2º,

---

internacionales, y se refuerza con la ratificación argentina a las convenciones o pactos internacionales de derechos humanos destinados a hacerlos efectivos y brindar protección concreta a las personas a través de instituciones internacionales" (*La Constitución Nacional y los derechos humanos*. 3. ed. Buenos Aires: Eudeba, 1988, p. 35).

[20] A respeito, ver PIOVESAN, Flávia. *Direitos humanos e o direito constitucional internacional*. 20. ed. rev., ampl. e atual. São Paulo: Saraiva, 2022, p. 137-174.

da Constituição de 1988. Vale dizer, seria mais adequado que a redação do aludido § 3º do art. 5º endossasse a hierarquia formalmente constitucional de todos os tratados internacionais de proteção dos direitos humanos ratificados, afirmando – tal como o fez o texto argentino – que os tratados internacionais de proteção de direitos humanos ratificados pelo Estado brasileiro têm hierarquia constitucional[21].

No entanto, estabelece o § 3º do art. 5º que os tratados internacionais de direitos humanos aprovados, em cada Casa do Congresso Nacional, em dois turnos, por três quintos dos votos dos respectivos membros, serão equivalentes às emendas à Constituição.

Desde logo, há que afastar o entendimento segundo o qual, em face do § 3º do art. 5º, todos os tratados de direitos humanos já ratificados seriam recepcionados como lei federal, pois não teriam obtido o *quorum* qualificado de três quintos, demandado pelo aludido parágrafo.

Observe-se que os tratados de proteção dos direitos humanos ratificados anteriormente à Emenda Constitucional n. 45/2004 contaram com ampla maioria na Câmara dos Deputados e no Senado Federal, excedendo, inclusive, o *quorum* dos três quintos dos membros em cada Casa. Todavia, não foram aprovados por dois turnos de votação, mas em um único turno de votação em cada Casa, uma vez que o procedimento de dois turnos não era sequer previsto.

Reitere-se que, por força do art. 5º, § 2º, todos os tratados de direitos humanos, independentemente do *quorum* de sua aprovação, são materialmente constitucionais, compondo o bloco de constitucionalidade. O *quorum* qualificado está tão somente a reforçar tal natureza, ao adicionar um lastro formalmente constitucional aos tratados ratificados, propiciando a "constitucionalização formal" dos tratados de direitos humanos no âmbito jurídico interno. Como já defendido por este trabalho, na hermenêutica emancipatória dos direitos há que imperar uma lógica material e não formal, orientada por valores, a celebrar o valor fundante da prevalência da dignidade humana. À hierarquia de valores deve corresponder uma hierarquia de normas[22], e não o oposto. Vale dizer, a preponderância material de um bem jurídico, como é o caso de um direito fundamental, deve

---

[21] Defendi essa posição em parecer sobre o tema, aprovado em sessão do Conselho Nacional de Defesa dos Direitos da Pessoa Humana, em março de 2004.

[22] MELLO, Celso D. de Albuquerque. O parágrafo 2º do art. 5º da Constituição Federal. In: *Teoria dos direitos fundamentais*. Rio de Janeiro: Renovar, 1999, p. 25.

condicionar a forma no plano jurídico-normativo, e não ser condicionado por ela.

Não seria razoável sustentar que os tratados de direitos humanos já ratificados fossem recepcionados como lei federal, enquanto os demais adquirissem hierarquia constitucional exclusivamente em virtude de seu *quorum* de aprovação. A título de exemplo, destaque-se que o Brasil é parte do Pacto Internacional de Direitos Econômicos, Sociais e Culturais desde 1992. Por hipótese, se vier a ratificar – como se espera – o Protocolo Facultativo ao Pacto Internacional dos Direitos Econômicos, Sociais e Culturais, adotado pela ONU, em 10 de dezembro de 2008, não haveria qualquer razoabilidade a se conferir a este último – um tratado complementar e subsidiário ao principal – hierarquia constitucional e ao instrumento principal, hierarquia meramente legal. Tal situação importaria em agudo anacronismo do sistema jurídico, afrontando, ainda, a teoria geral da recepção acolhida no Direito brasileiro[23].

Ademais, como realça Celso Lafer, "o novo parágrafo 3º do art. 5º pode ser considerado como uma lei interpretativa destinada a encerrar as controvérsias jurisprudenciais e doutrinárias suscitadas pelo parágrafo 2º do art. 5º. De acordo com a opinião doutrinária tradicional, uma lei interpretativa nada mais faz do que declarar o que preexiste, ao clarificar a lei existente"[24].

Uma vez mais, corrobora-se o entendimento de que os tratados internacionais de direitos humanos ratificados anteriormente ao mencionado parágrafo, ou seja, anteriormente à Emenda Constitucional n. 45/2004, têm hierarquia constitucional, situando-se como normas material e formalmente constitucionais. Esse entendimento decorre de quatro argumentos: a) a interpretação sistemática da Constituição, de forma a dialogar os §§ 2º e 3º do art. 5º, já que o último não revogou o primeiro, mas deve, ao revés, ser interpretado à luz do sistema constitucional; b) a lógica e racionalidade material que devem orientar a hermenêutica dos direitos humanos; c) a necessidade de evitar interpretações que apontem a agudos anacronismos da ordem jurídica; e d) a teoria geral da recepção do Direito brasileiro.

---

[23] A título de exemplo, cite-se o Código Tributário Nacional (Lei n. 5.172, de 25-10-1966), que, embora seja lei ordinária, foi recepcionado como lei complementar, nos termos do art. 146 da Constituição Federal.

[24] LAFER, Celso. A *internacionalização dos direitos humanos*: Constituição, racismo e relações internacionais. São Paulo: Manole, 2005, p. 16.

A respeito do impacto do art. 5º, § 3º, destaca-se decisão do Superior Tribunal de Justiça, quando do julgamento do RHC 18.799, tendo como relator o Ministro José Delgado, em maio de 2006: "(...) o § 3º do art. 5º da CF/88, acrescido pela EC n. 45, é taxativo ao enunciar que 'os tratados e convenções internacionais sobre direitos humanos que forem aprovados, em cada Casa do Congresso Nacional, em dois turnos, por três quintos dos votos dos respectivos membros, serão equivalentes às emendas constitucionais". Ora, apesar de à época o referido Pacto ter sido aprovado com *quorum* de lei ordinária, é de ressaltar que ele nunca foi revogado ou retirado do mundo jurídico, não obstante a sua rejeição decantada por decisões judiciais. De acordo com o citado § 3º, a Convenção continua em vigor, desta feita com força de emenda constitucional. A regra emanada pelo dispositivo em apreço é clara no sentido de que os tratados internacionais concernentes a direitos humanos nos quais o Brasil seja parte devem ser assimilados pela ordem jurídica do País como normas de hierarquia constitucional. Não se pode escantear que o § 1º *supra* determina, peremptoriamente, que "as normas definidoras dos direitos e garantias fundamentais têm aplicação imediata". Na espécie, devem ser aplicados, imediatamente, os tratados internacionais em que o Brasil seja parte. O Pacto de São José da Costa Rica foi resgatado pela nova disposição (§ 3º do art. 5º), a qual possui eficácia retroativa. A tramitação de lei ordinária conferida à aprovação da mencionada Convenção "(...) não constituirá óbice formal de relevância superior ao conteúdo material do novo direito aclamado, não impedindo a sua retroatividade, por se tratar de acordo internacional pertinente a direitos humanos"[25].

Este julgado revela a hermenêutica adequada a ser aplicada aos direitos humanos, inspirada por uma lógica e racionalidade material, ao afirmar o primado da substância sob a forma[26].

---

[25] RHC 18.799, j. em 9-5-2006, *DJ*, 8-6-2006.
[26] Em sentido contrário, destaca-se o RHC 19.087, j. em 18-5-2006, *DJ*, 29-5-2006, julgado proferido pelo Superior Tribunal de Justiça, tendo como relator o Min. Albino Zavascki. A argumentação do referido julgado, ao revés, inspirou-se por uma lógica e racionalidade formal, afirmando o primado da forma em detrimento da matéria. A respeito, destaca-se o seguinte trecho: "Quanto aos tratados de direitos humanos preexistentes à EC 45/2004, a transformação de sua força normativa – de lei ordinária para constitucional – também supõe a observância do requisito formal de ratificação pelas Casas do Congresso, por quórum qualificado de três quintos. Tal requisito não foi atendido, até a presente data, em relação ao Pacto de São José da Costa Rica (Convenção Americana de Direitos Humanos)".

O impacto da inovação introduzida pelo art. 5º, § 3º, e a necessidade de evolução e atualização jurisprudencial foram também realçados no Supremo Tribunal Federal, quando do julgamento do RE 466.343[27], em 3 de dezembro de 2008, em emblemático voto proferido pelo Ministro Gilmar Ferreira Mendes, ao destacar: "(...) a reforma acabou por ressaltar o caráter especial dos tratados de direitos humanos em relação aos demais tratados de reciprocidade entre Estados pactuantes, conferindo-lhes lugar privilegiado no ordenamento jurídico. (...) a mudança constitucional ao menos acena para a insuficiência da tese da legalidade ordinária dos tratados já ratificados pelo Brasil, a qual tem sido preconizada pela jurisprudência do Supremo Tribunal Federal desde o remoto julgamento do RE n. 80.004/SE, de relatoria do Ministro Xavier de Albuquerque (julgado em 1.6.1977; DJ 29.12.1977) e encontra respaldo em largo repertório de casos julgados após o advento da Constituição de 1988. (...) Tudo indica, portanto, que a jurisprudência do Supremo Tribunal Federal, sem sombra de dúvidas, tem de ser revisitada criticamente. (...) Assim, a premente necessidade de se dar efetividade à proteção dos direitos humanos nos planos interno e internacional torna imperiosa uma mudança de posição quanto ao papel dos tratados internacionais sobre direitos na ordem jurídica nacional. É necessário assumir uma postura jurisdicional mais adequada às realidades emergentes em âmbitos supranacionais, voltadas primordialmente à proteção do ser humano. (...) Deixo acentuado, também, que a evolução jurisprudencial sempre foi uma marca de qualquer jurisdição constitucional. (...) Tenho certeza de que o espírito desta Corte, hoje, mais que que nunca, está preparado para essa atualização jurisprudencial". Por fim, concluiu o Ministro pela supralegalidade dos tratados de direitos humanos.

Ao avançar no enfrentamento do tema, merece ênfase o primoroso voto do Ministro Celso de Mello a respeito do impacto do art. 5º, § 3º, e da necessidade de atualização jurisprudencial do Supremo Tribunal Federal, quando do julgamento do HC 87.585-8, em 12 de março de 2008, envolvendo

---

[27] Ver RE 466.343-1, São Paulo, rel. Min. Cezar Peluso. Note-se que o julgamento envolvia a temática da prisão civil por dívida e a aplicação da Convenção Americana de Direitos Humanos. Por unanimidade, decidiu o Supremo Tribunal Federal pela inconstitucionalidade da prisão para o devedor em alienação fiduciária, conferindo aos tratados de direitos humanos um regime jurídico especial e privilegiado na ordem jurídica. Em 1995, diversamente, no julgamento do HC 72.131-RJ, o Supremo Tribunal Federal, ao enfrentar a mesma temática, sustentou a paridade hierárquica entre tratado e lei federal, admitindo a possibilidade da prisão civil por dívida, pelo voto de oito dos onze ministros.

a problemática da prisão civil do depositário infiel. À luz do princípio da máxima efetividade constitucional, advertiu o Ministro Celso de Mello que "o Poder Judiciário constitui o instrumento concretizador das liberdades constitucionais e dos direitos fundamentais assegurados pelos tratados e convenções internacionais subscritos pelo Brasil. Essa alta missão, que foi confiada aos juízes e Tribunais, qualifica-se como uma das mais expressivas funções políticas do Poder Judiciário. (...) É dever dos órgãos do Poder Público – e notadamente dos juízes e Tribunais – respeitar e promover a efetivação dos direitos humanos garantidos pelas Constituições dos Estados nacionais e assegurados pelas declarações internacionais, em ordem a permitir a prática de um constitucionalismo democrático aberto ao processo de crescente internacionalização dos direitos básicos da pessoa humana".

É sob esta perspectiva, inspirada na lente *ex parte populi* e no valor ético fundamental da pessoa humana, que o Ministro Celso de Mello reavaliou seu próprio entendimento sobre a hierarquia dos tratados de direitos humanos, para sustentar a existência de um regime jurídico misto, baseado na distinção entre os tratados tradicionais e os tratados de direitos humanos, conferindo aos últimos hierarquia constitucional. Nesse sentido, argumentou: "Após longa reflexão sobre o tema (...), julguei necessário reavaliar certas formulações e premissas teóricas que me conduziram a conferir aos tratados internacionais em geral (qualquer que fosse a matéria neles veiculadas), posição juridicamente equivalente à das leis ordinárias. As razões invocadas neste julgamento, no entanto, convencem-me da necessidade de se distinguir, para efeito de definição de sua posição hierárquica em face do ordenamento positivo interno, entre as convenções internacionais sobre direitos humanos (revestidas de 'supralegalidade', como sustenta o eminente Ministro Gilmar Mendes, ou impregnadas de natureza constitucional, como me inclino a reconhecer) e tratados internacionais sobre as demais matérias (compreendidos estes numa estrita perspectiva de paridade normativa com as leis ordinárias). (...) Tenho para mim que uma abordagem hermenêutica fundada em premissas axiológicas que dão significativo realce e expressão ao valor ético-jurídico – constitucionalmente consagrado (CF, art. 4º, II) – da 'prevalência dos direitos humanos' permitirá, a esta Suprema Corte, rever a sua posição jurisprudencial quanto ao relevantíssimo papel, à influência e à eficácia (derrogatória e inibitória) das convenções internacionais sobre direitos humanos no plano doméstico e infraconstitucional do ordenamento positivo do Estado brasileiro. (...) Em decorrência dessa reforma constitucional, e ressalvadas as hipóteses a ela anteriores (considerado, quanto a estas, o disposto no parágrafo 2º do art. 5º da Constituição), tornou-se possível, agora, atribuir, formal e materialmente, às convenções internacionais sobre direitos humanos, hierarquia jurídico-constitucional, desde que observado, quanto ao processo de incorporação de tais convenções, o 'iter' procedimental concernente ao rito de apreciação e de aprovação das propostas de Emenda à Constituição, consoante prescreve o parágrafo 3º do art. 5º da Constituição (...). É preciso ressalvar, no entanto, como precedentemente já enfatizado, as convenções internacionais de direitos humanos celebradas antes do advento da EC n. 45/2004, pois, quanto a elas, incide o parágrafo 2º do art. 5º da Constituição, que lhes confere natureza materialmente constitucional, promovendo sua integração e fazendo com que se subsumam à noção mesma de bloco de constitucionalidade".

A decisão proferida no Recurso Extraordinário n. 466.343 rompe com a jurisprudência anterior do Supremo Tribunal Federal, que, desde 1977, por mais de três décadas, parificava os tratados internacionais às leis ordinárias, mitigando e desconsiderando a força normativa dos tratados internacionais. Vale realçar que a jurisprudência do Supremo Tribunal Federal pertinente à hierarquia dos tratados de direitos humanos tem se revelado marcadamente oscilante, cabendo apontar quatro relevantes precedentes jurisprudenciais: a) ao entendimento jurisprudencial até 1977, que consagrava o primado do Direito Internacional; b) à decisão do Recurso Extraordinário n. 80.004, em 1977, que equiparou juridicamente tratado e lei federal; c) à decisão do *Habeas Corpus* n. 72.131, em 1995, que manteve, à luz da Constituição de 1988, a teoria da paridade hierárquica entre tratado e lei federal; e, finalmente, d) à decisão do Recurso Extraordinário n. 466.343, em 2008, que conferiu aos tratados de direitos humanos uma hierarquia especial e privilegiada, com realce às teses da supralegalidade e da constitucionalidade desses tratados, sendo a primeira a majoritária.

O julgado proferido em dezembro de 2008 constitui uma decisão paradigmática, tendo a força catalisadora de impactar a jurisprudência nacional, a fim de assegurar aos tratados de direitos humanos um regime privilegiado no sistema jurídico brasileiro, propiciando a incorporação de parâmetros protetivos internacionais no âmbito doméstico e o advento do controle da convencionalidade das leis.

Como enfatiza a Corte Interamericana de Direitos Humanos: "Quando um Estado ratifica um tratado internacional como a Convenção Americana, seus juízes, como parte do aparato do Estado, também estão submetidos a ela, o que lhes obriga a zelar para que os efeitos dos dispositivos da Convenção não se vejam mitigados pela aplicação de leis contrárias a seu objeto, e que desde o início carecem de efeitos jurídicos. (...) o Poder Judiciário deve exercer uma espécie de 'controle da convencionalidade das leis' entre as normas jurídicas internas que aplicam nos casos concretos e a Convenção Americana sobre Direitos Humanos. Nesta tarefa, o Poder Judiciário deve ter em conta não somente o tratado, mas também a interpretação que do mesmo tem feito a Corte Interamericana, intérprete última da Convenção Americana"[28].

Acredita-se que o novo dispositivo do art. 5º, § 3º, vem a reconhecer de modo explícito a natureza materialmente constitucional dos tratados de direitos humanos, reforçando, desse modo, a existência de um regime jurídico misto, que distingue os tratados de direitos humanos dos tratados tradicionais de cunho comercial. Isto é, ainda que fossem aprovados pelo elevado *quorum* de três quintos dos votos dos membros de cada Casa do Congresso Nacional, os tratados comerciais não passariam a ter *status* formal de norma constitucional tão somente pelo procedimento de sua aprovação. Note-se que a Convenção sobre os Direitos das Pessoas com Deficiência e seu Protocolo Facultativo foram os primeiros tratados internacionais de direitos humanos aprovados nos termos do § 3º do art. 5º, por meio do Decreto Legislativo n. 186, de 10 de julho de 2008.

---

[28] Corte Interamericana de Direitos Humanos, caso Almonacid Arellano e outros *vs.* Chile, sentença de 26 de setembro de 2006. Escassa ainda é a jurisprudência do Supremo Tribunal Federal que implementa a jurisprudência da Corte Interamericana, destacando-se até março de 2010 apenas e tão somente dois casos: a) um relativo ao direito do estrangeiro detido de ser informado sobre a assistência consular como parte do devido processo legal criminal, com base na Opinião Consultiva da Corte Interamericana n. 16 de 1999 (ver decisão proferida pelo Supremo Tribunal Federal em 2006, na Extradição n. 954/2006); e b) outro caso relativo ao fim da exigência de diploma para a profissão de jornalista, com fundamento no direito à informação e na liberdade de expressão, à luz da Opinião Consultiva da Corte Interamericana n. 5 de 1985 (ver decisão proferida pelo Supremo Tribunal Federal em 2009, no RE 511.961). Levantamento realizado acerca das decisões do Supremo Tribunal Federal baseadas em precedentes judiciais de órgãos internacionais e estrangeiros constata que 80 casos aludem à jurisprudência da Suprema Corte dos EUA, ao passo que 58 casos aludem à jurisprudência do Tribunal Constitucional Federal da Alemanha – enquanto, reitere-se, apenas 2 casos amparam-se na jurisprudência da Corte Interamericana. Nesse sentido, Virgílio Afonso da Silva, Integração e diálogo constitucional na América do Sul. In: Armin von Bogdandy, Flávia Piovesan e Mariela Morales Antoniazzi (Coord.). *Direitos humanos, democracia e integração jurídica na América do Sul*, Rio de Janeiro: Lumen Juris, 2010, p. 529. Apenas são localizados julgados que remetem à incidência de dispositivos da Convenção Americana – nessa direção, foram localizados 79 acórdãos versando sobre: prisão do depositário infiel; duplo grau de jurisdição; uso de algemas; individualização da pena; presunção de inocência; direito de recorrer em liberdade; razoável duração do processo, entre outros temas especialmente afetos ao garantismo penal.

Se os tratados de direitos humanos ratificados anteriormente à Emenda n. 45/2004, por força dos §§ 2º e 3º do art. 5º da Constituição, são normas material e formalmente constitucionais, com relação aos novos tratados de direitos humanos a serem ratificados, por força do § 2º do mesmo art. 5º, independentemente de seu *quorum* de aprovação, serão normas materialmente constitucionais. Contudo, para converterem-se em normas também formalmente constitucionais deverão percorrer o procedimento demandado pelo § 3º. No mesmo sentido, afirma Celso Lafer: "Com a vigência da Emenda Constitucional n. 45, de 08 de dezembro de 2004, os tratados internacionais a que o Brasil venha a aderir, para serem recepcionados formalmente como normas constitucionais, devem obedecer ao *iter* previsto no novo parágrafo 3º do art. 5º"[29].

Isto porque, a partir de um reconhecimento explícito da natureza materialmente constitucional dos tratados de direitos humanos, o § 3º do art. 5º permite atribuir o *status* de norma formalmente constitucional aos tratados de direitos humanos que obedecerem ao procedimento nele contemplado. Logo, para que os tratados de direitos humanos a serem ratificados obtenham assento formal na Constituição, requer-se a observância de *quorum* qualificado de três quintos dos votos dos membros de cada Casa do Congresso Nacional, em dois turnos – que é justamente o *quorum* exigido para a aprovação de emendas à Constituição, nos termos do art. 60, § 2º, da Carta de 1988. Nessa hipótese, os tratados de direitos humanos formalmente constitucionais são equiparados às emendas à Constituição, isto é, passam a integrar formalmente o Texto Constitucional.

Vale dizer, com o advento do § 3º do art. 5º surgem duas categorias de tratados internacionais de proteção de direitos humanos: a) os materialmente constitucionais; e b) os material e formalmente constitucionais. Frise-se: todos os tratados internacionais de direitos humanos são materialmente constitucionais, por força do § 2º do art. 5º[30]. Para além de serem materialmente constitucionais, poderão, a partir do § 3º do mesmo dispositivo,

---

[29] LAFER, Celso. A *internacionalização dos direitos humanos*: Constituição, racismo e relações internacionais, cit., p. 17.

[30] Como leciona Ingo Wolfgang Sarlet: "Inobstante não necessariamente ligada à fundamentalidade formal, é por intermédio do direito constitucional positivo (art. 5º, parágrafo 2º da CF) que a noção de fundamentalidade material permite a abertura da Constituição a outros direitos fundamentais não constantes de seu texto, e, portanto, apenas materialmente fundamentais, assim como há direitos fundamentais situados fora do catálogo, mas integrantes da Constituição formal" (A *eficácia dos direitos fundamentais*. Porto Alegre: Livraria do Advogado, 2006, p. 81).

acrescer a qualidade de formalmente constitucionais, equiparando-se às emendas à Constituição, no âmbito formal.

4. O Impacto dos Tratados Internacionais de Proteção dos Direitos Humanos na Ordem Jurídica Brasileira

Relativamente ao impacto jurídico dos tratados internacionais de direitos humanos no Direito brasileiro, e considerando a hierarquia constitucional desses tratados, três hipóteses poderão ocorrer. O direito enunciado no tratado internacional poderá:

a) coincidir com o direito assegurado pela Constituição (neste caso a Constituição reproduz preceitos do Direito Internacional dos Direitos Humanos);

b) integrar, complementar e ampliar o universo de direitos constitucionalmente previstos;

c) contrariar preceito do Direito interno.

Na primeira hipótese, o Direito interno brasileiro, em particular a Constituição de 1988, apresenta dispositivos que reproduzem fielmente enunciados constantes dos tratados internacionais de direitos humanos. A título de exemplo, merece referência o disposto no art. 5º, III, da Constituição de 1988 que, ao prever que "ninguém será submetido a tortura, nem a tratamento cruel, desumano ou degradante", é reprodução literal do artigo V da Declaração Universal de 1948, do art. 7º do Pacto Internacional dos Direitos Civis e Políticos e ainda do art. 5º (2) da Convenção Americana. Por sua vez, o princípio da inocência presumida, ineditamente previsto pela Constituição de 1988 em seu art. 5º, LVII, também é resultado de inspiração no Direito Internacional dos Direitos Humanos, nos termos do art. XI da Declaração Universal, art. 14 (3) do Pacto Internacional dos Direitos Civis e Políticos e art. 8º (2) da Convenção Americana. Estes são apenas alguns exemplos que buscam comprovar o quanto o Direito interno brasileiro tem como inspiração, paradigma e referência o Direito Internacional dos Direitos Humanos.

A reprodução de disposições de tratados internacionais de direitos humanos na ordem jurídica brasileira reflete não apenas o fato de o legislador nacional buscar orientação e inspiração nesse instrumental, mas ainda revela a preocupação do legislador em equacionar o Direito interno, de modo a que se ajuste, com harmonia e consonância, às obrigações internacionalmente assumidas pelo Estado brasileiro. Nesse caso, os tratados internacionais de direitos humanos estarão a reforçar o valor jurídico de direitos constitucionalmente assegurados, de forma que eventual violação do direito importará não apenas em responsabilização nacional, mas também em responsabilização internacional.

Já na segunda hipótese, os tratados internacionais de direitos humanos estarão a integrar, complementar e estender a declaração constitucional de direitos. Com efeito, a partir dos instrumentos internacionais ratificados pelo Estado brasileiro, é possível elencar inúmeros direitos que, embora não previstos no âmbito nacional, encontram-se enunciados nesses tratados e, assim, passam a se incorporar ao Direito brasileiro. A título de ilustração, cabe menção aos seguintes direitos: a) direito de toda pessoa a um nível de vida adequado para si próprio e sua família, inclusive à alimentação, vestimenta e moradia, nos termos do art. 11 do Pacto Internacional dos Direitos Econômicos, Sociais e Culturais; b) proibição de qualquer propaganda em favor da guerra e proibição de qualquer apologia ao ódio nacional, racial ou religioso, que constitua incitamento à discriminação, à hostilidade ou à violência, em conformidade com o art. 20 do Pacto Internacional dos Direitos Civis e Políticos e art. 13 (5) da Convenção Americana; c) direito das minorias étnicas, religiosas ou linguísticas de ter sua própria vida cultural, professar e praticar sua própria religião e usar sua própria língua, nos termos do art. 27 do Pacto Internacional dos Direitos Civis e Políticos e art. 30 da Convenção sobre os Direitos da Criança; d) proibição do restabelecimento da pena de morte nos Estados que a hajam abolido, de acordo com o art. 4º (3) da Convenção Americana; e) possibilidade de adoção pelos Estados de medidas, no âmbito social, econômico e cultural, que assegurem a adequada proteção de certos grupos raciais, no sentido de que a eles seja garantido o pleno exercício dos direitos humanos e liberdades fundamentais, em conformidade com o art. 1º (4) da Convenção sobre a Eliminação de todas as formas de Discriminação Racial; f) possibilidade de adoção pelos Estados de medidas temporárias e especiais que objetivem acelerar a igualdade de fato entre homens e mulheres, nos termos do art. 4º da Convenção sobre a Eliminação de todas as formas de Discriminação contra a Mulher; g) vedação da utilização de meios destinados a obstar a comunicação e a circulação de ideias e opiniões, nos termos do art. 13 da Convenção Americana[31]; h) direito ao duplo grau de juris-

---

[31] Sobre o tema, ver ADPF 130, julgada procedente pelo Supremo Tribunal Federal, para o efeito de declarar como não recepcionado pela Constituição de 1988 todo o conjunto de dispositivos da Lei de Imprensa (Lei n. 5.250, de 9 de fevereiro de 1967). A decisão amparou-se na principiologia

dição como garantia judicial mínima, nos termos dos arts. 8, *h*, e 25, § 1º, da Convenção Americana³²; i) direito de o acusado ser ouvido, nos termos do art. 8º, § 1º, da Convenção Americana³³; j) direito de toda pessoa detida ou retida de ser julgada em prazo razoável ou ser posta em liberdade, sem prejuízo de que prossiga o processo, nos termos do art. 7 (5) da Convenção Americana³⁴; e k) proibição da extradição ou expulsão de pessoa a outro Estado quando houver fundadas razões que poderá ser submetida à tortura ou a outro tratamento cruel, desumano ou degradante, nos termos do art. 3º da Convenção contra a Tortura e do art. 22, VIII, da Convenção Americana³⁵.

Esse elenco de direitos enunciados em tratados internacionais de que o Brasil é parte inova e amplia o universo de direitos nacionalmente assegurados, na medida em que não se encontram previstos no Direito interno. Observe-se que esse elenco não é exaustivo, mas tem como finalidade apenas apontar, exemplificativamente, direitos que são consagrados nos instrumentos internacionais ratificados pelo Brasil e que se incorporaram à ordem jurídica interna brasileira. Desse modo, percebe-se como o Direito Interna-

---

e nos valores consagrados pela Constituição Federal de 1988, com destaque ao seu art. 220, bem como no art. 14 da Convenção Americana de Direitos Humanos (ADPF 130, Relator: Min. Carlos Britto, Tribunal Pleno, julgado em 30.4.2009, D*Je* 5-11-2009, vol. 02381-01, p. 00001, RTJ, vol. 00213, p. 00020). Ver também julgamento do TRF 3ª R., RHC 96.03.060213-2-SP, 2ª T., relatora para o acórdão Juíza Sylvia Steiner, *DJU*, 19-3-1997.

³² Com fundamento nestes preceitos, há julgados que afirmam o direito de apelar em liberdade, determinando fosse afastada a incidência do então art. 594 do Código de Processo Penal, que estabelecia a exigência do recolhimento do réu à prisão para apelar – tal dispositivo foi revogado em 2008. Nesse sentido, ver Ap. 1.011.673/4, julgada em 29-5-1996, 5ª Câmara, relator designado Dr. Walter Swensson, *RJTACrim*, 31/120.

³³ A este respeito, ver RHC 7463/DF (98/0022262-6), de 23-6-1998, tendo como relator o Min. Luiz Vicente Cernicchiaro. Ver também o julgamento proferido pelo STF na ADPF n. 347, em 9 de setembro de 2015, que determinou a realização de audiências de custódia no prazo de 90 dias em todo o país, de modo a viabilizar o comparecimento do preso perante a autoridade judiciária em até 24 horas contadas do momento da prisão. Ineditamente o STF declarou existir "um estado de coisas inconstitucional" no que se refere à crise do sistema carcerário, em face de um quadro permanente e sistemático de violação a direitos fundamentais.

³⁴ Sobre a matéria, ver STJ, RHC 5.239-BA, rel. Min. Edson Vidigal, 5ª Turma, v. u., j. 7-5-1996, *DJU*, 29-9-1997. Note-se que esse direito acabou por ser formalmente constitucionalizado em virtude da inclusão do inciso LXXVIII no art. 5º, fruto da Emenda Constitucional n. 45/2004.

³⁵ A respeito, ver Extradição 633, setembro/1998, rel. Min. Celso de Mello, em que foi negada a extradição à República Popular da China de pessoa acusada de crime de estelionato, lá punível com a pena de morte.

cional dos Direitos Humanos inova, estende e amplia o universo dos direitos constitucionalmente assegurados.

Nesse sentido, merece realce o julgamento proferido pelo Supremo Tribunal Federal na ADPF n. 347, em 9 de setembro de 2015, em que a Suprema Corte, ao enfrentar a situação degradante das penitenciárias no Brasil, as condições desumanas de custódia e a violação massiva de direitos humanos, acolheu ineditamente o instituto do "estado de coisas inconstitucional" e determinou a realização de audiências de custódia, viabilizando o comparecimento do preso perante a autoridade judiciária no prazo máximo de 24 horas, contado do momento da prisão, tendo por fundamento o art. 9.3 do Pacto Internacional de Direitos Civis e Políticos e o art. 7.5 da Convenção Americana de Direitos Humanos. Na visão da Corte, a Convenção Americana, ao dispor que "toda pessoa presa, detida ou retida deve ser conduzida, sem demora, à presença de um juiz", legitima a denominada "audiência de custódia" no marco do "direito convencional", no qual o juiz apreciará a legalidade da prisão à vista do preso que lhe é apresentado, tendo a Convenção Americana "eficácia geral e efeito *erga omnes*". Na mesma direção, merecem destaque o *Habeas Corpus* n. 186.490, o *Habeas Corpus* n. 185.051 e o *Habeas Corpus* n. 187.225, todos julgados em 10 de outubro de 2020, tendo como relator o Ministro Celso de Mello, em que se afirmou constituir a audiência de custódia um direito público subjetivo de caráter fundamental, assegurado por convenções internacionais de direitos humanos a que o Estado brasileiro aderiu (Convenção Americana de Direitos Humanos, art. 7.5 e Pacto Internacional de Direitos Civis e Políticos, art. 9.3). Enfatizou-se, ainda, o dever do Estado brasileiro de cumprir fielmente os compromissos assumidos na ordem internacional, com base na cláusula geral de observância e execução dos tratados internacionais, o *pacta sunt servanda* (Convenção de Viena sobre Direito dos Tratados, art. 26). Ressaltou o Ministro Celso de Mello a hierarquia constitucional dos tratados de direitos humanos, na defesa do bloco de constitucionalidade, expandido com os instrumentos internacionais de direitos humanos.

Adicione-se, ainda, o julgamento proferido pelo Supremo Tribunal Federal na ADPF 635, em 18 de agosto de 2020, tendo como relator o Ministro Fachin, em que a Corte reconheceu a omissão do Poder estrutural do Poder Público na adoção de medidas para a redução da letalidade policial, resultando em graves violações a direitos humanos, sobretudo em face de crianças e adolescentes, merecedores de absoluta prioridade. Ao dialogar com a Corte Interamericana, destacou que esta, no caso Favela Nova Brasília, havia caracterizado a omissão relevante do Estado do Rio de Janeiro relativamente à elaboração de um plano para a redução da letalidade dos agentes de segurança. Concluiu o Supremo Tribunal Federal que a omissão estrutural é a causa de uma violação generalizada, cuja solução demanda uma resposta complexa do Estado. Ao enfrentar a violência e a letalidade da atuação policial nas favelas durante a pandemia, o Supremo determinou que não fossem realizadas operações policiais nas favelas do Rio de Janeiro durante a pandemia de Covid-19, salvo em hipóteses absolutamente excepcionais, dando cumprimento "à sentença interamericana no caso Favela Nova Brasília, a fim de resguardar o direito à vida, à integridade física e à segurança dos moradores, considerando ainda a discriminação racial de caráter estrutural que atinge essas comunidades".

O Direito Internacional dos Direitos Humanos ainda permite, em determinadas hipóteses, o preenchimento de lacunas apresentadas pelo Direito brasileiro. A título de exemplo, merece destaque decisão proferida pelo Supremo Tribunal Federal acerca da existência jurídica do crime de tortura contra criança e adolescente, no HC 70.389-5 (São Paulo, Tribunal Pleno, 23-6-1994, rel. Min. Sydney Sanches, relator para o acórdão Min. Celso de Mello). Nesse caso, o Supremo Tribunal Federal enfocou a norma constante no Estatuto da Criança e do Adolescente que estabelece como crime a prática de tortura contra criança e adolescente (art. 233 do Estatuto). A polêmica se instaurou dado o fato de essa norma consagrar um "tipo penal aberto", passível de complementação no que se refere à definição dos diversos meios de execução do delito de tortura. Nesse sentido, entendeu o Supremo Tribunal Federal que os instrumentos internacionais de direitos humanos – em particular, a Convenção de Nova York sobre os Direitos da Criança (1990), a Convenção contra a Tortura, adotada pela Assembleia Geral da ONU (1984), a Convenção Interamericana contra a Tortura, concluída em Cartagena (1985), e a Convenção Americana sobre Direitos Humanos (Pacto de São José da Costa Rica), formada no âmbito da OEA (1969) – permitem a integração da norma penal em aberto, a partir do reforço do universo conceitual relativo ao termo "tortura". Note-se que apenas em 7 de abril de 1997 foi editada a Lei n. 9.455, que define o crime de tortura.

Como essa decisão claramente demonstra, os instrumentos internacionais de direitos humanos podem integrar e complementar dispositivos normativos do Direito brasileiro, permitindo o reforço de direitos nacionalmente previstos – no caso, o direito de não ser submetido à tortura.

Contudo, ainda se faz possível uma terceira hipótese no campo jurídico: a hipótese de um eventual conflito entre o Direito Internacional dos Direitos Humanos e o Direito interno. Esta terceira hipótese é a que encerra maior problemática, suscitando a seguinte indagação: como solucionar eventual conflito entre a Constituição e determinado tratado internacional de proteção dos direitos humanos?

Poder-se-ia imaginar, como primeira alternativa, a adoção do critério "lei posterior revoga lei anterior com ela incompatível", considerando a hierarquia constitucional dos tratados internacionais de direitos humanos. Todavia, um exame mais cauteloso da matéria aponta a um critério de solução diferenciado, absolutamente peculiar ao conflito em tela, que se situa no plano dos direitos fundamentais. E o critério a ser adotado se orienta pela escolha da norma mais favorável à vítima. Vale dizer, prevalece a norma mais benéfica ao indivíduo, titular do direito. O critério ou princípio da aplicação do dispositivo mais favorável às vítimas é não apenas consagrado pelos próprios tratados internacionais de proteção dos direitos humanos, mas também encontra apoio na prática ou jurisprudência dos órgãos de supervisão internacionais. Isto é, no plano de proteção dos direitos humanos interagem o Direito internacional e o Direito interno, movidos pelas mesmas necessidades de proteção, prevalecendo as normas que melhor protejam o ser humano, tendo em vista que a primazia é da pessoa humana. Os direitos internacionais constantes dos tratados de direitos humanos apenas vêm a aprimorar e fortalecer, nunca a restringir ou debilitar, o grau de proteção dos direitos consagrados no plano normativo constitucional. Na lição lapidar de Antônio Augusto Cançado Trindade: "(...) desvencilhamo-nos das amarras da velha e ociosa polêmica entre monistas e dualistas; neste campo de proteção, não se trata de primazia do direito internacional ou do direito interno, aqui em constante interação: a primazia é, no presente domínio, da norma que melhor proteja, em cada caso, os direitos consagrados da pessoa humana, seja ela uma norma de direito internacional ou de direito interno"[36].

---

[36] CANÇADO TRINDADE, Antônio Augusto. A *proteção dos direitos humanos nos planos nacional e internacional*: perspectivas brasileiras. San José de Costa Rica/Brasília: Instituto Interamericano de Derechos Humanos, 1992, p. 317-318. No mesmo sentido, afirma Arnaldo Süssekind: "No campo do Direito do Trabalho e no da Seguridade Social, todavia, a solução dos conflitos entre normas internacionais é facilitada pela aplicação do princípio da norma mais favorável aos trabalhadores. (...) mas também é certo que os tratados multilaterais, sejam universais (p. ex.: Pacto da ONU sobre direitos econômicos, sociais e culturais e Convenções da OIT), sejam regionais (p. ex.: Carta Social Europeia), adotam a mesma concepção quanto aos institutos jurídicos de proteção do trabalhador, sobretudo no âmbito dos direitos humanos, o que facilita a aplicação do princípio da norma mais favorável" (*Direito internacional do trabalho*, São Paulo: LTr, 1983, p. 57). A respeito, elucidativo é o disposto no art. 29 da Convenção Americana de Direitos Humanos que, ao esta-

Logo, na hipótese de eventual conflito entre o Direito Internacional dos Direitos Humanos e o Direito interno, adota-se o critério da norma mais favorável à vítima. Em outras palavras, a primazia é da norma que melhor proteja, em cada caso, os direitos da pessoa humana. A escolha da norma mais benéfica ao indivíduo é tarefa que caberá fundamentalmente aos Tribunais nacionais e a outros órgãos aplicadores do direito, no sentido de assegurar a melhor proteção possível ao ser humano.

Ao endossar a hierarquia constitucional dos tratados de direitos humanos, o Ministro Celso de Mello, no julgamento do HC 96.772, em 9 de junho de 2009, aplica a hermenêutica vocacionada aos direitos humanos inspirada na prevalência da norma mais favorável à vítima como critério a reger a interpretação do Poder Judiciário. No dizer do Ministro Celso de Mello: "Os magistrados e Tribunais, no exercício de sua atividade interpretativa, especialmente no âmbito dos tratados internacionais de direitos humanos, devem observar um princípio hermenêutico básico (tal como aquele proclamado no Artigo 29 da Convenção Americana de Direitos Humanos), consistente em atribuir primazia à norma que se revele mais favorável à pessoa humana, em ordem a dispensar-lhe a mais ampla proteção jurídica. O Poder Judiciário, nesse processo hermenêutico que prestigia o critério da norma mais favorável (que tanto pode ser aquela prevista no tratado internacional como a que se acha positivada no próprio direito interno do Estado), deverá extrair a máxima eficácia das declarações internacionais e das proclamações constitucionais de direitos, como forma de viabilizar o acesso dos indivíduos e dos grupos sociais, notadamente os mais vulneráveis, a sistemas institucionalizados de proteção aos direitos fundamentais da pessoa humana (...)".

A título de exemplo, um caso a merecer enfoque refere-se à previsão do art. 11 do Pacto Internacional dos Direitos Civis e Políticos, ao dispor que "ninguém poderá ser preso apenas por não poder cumprir com uma obrigação contratual". Enunciado semelhante é previsto pelo art. 7º (7) da Convenção Americana, ao estabelecer que ninguém deve ser detido por

---

belecer regras interpretativas, determina: "Nenhuma disposição da presente Convenção pode ser interpretada no sentido de: a) permitir a qualquer dos Estados-partes, grupo ou indivíduo, suprimir o gozo e o exercício dos direitos e liberdades reconhecidos na Convenção ou limitá-los em maior medida do que a nela prevista; b) limitar o gozo e exercício de qualquer direito ou liberdade que possam ser reconhecidos em virtude de leis de qualquer dos Estados-partes ou em virtude de Convenções em que seja parte um dos referidos Estados (...)".

dívidas, acrescentando que este princípio não limita os mandados judiciais expedidos em virtude de inadimplemento de obrigação alimentar.

Novamente, há que se lembrar que o Brasil ratificou ambos os instrumentos internacionais em 1992, sem efetuar qualquer reserva sobre a matéria.

Ora, a Carta constitucional de 1988, no art. 5º, LXVII, determina que "não haverá prisão civil por dívida, salvo a do responsável pelo inadimplemento voluntário e inescusável de obrigação alimentícia e a do depositário infiel". Assim, a Constituição brasileira consagra o princípio da proibição da prisão civil por dívidas, admitindo, todavia, duas exceções – a hipótese do inadimplemento de obrigação alimentícia e a do depositário infiel.

Observe-se que, enquanto o Pacto Internacional dos Direitos Civis e Políticos não prevê qualquer exceção ao princípio da proibição da prisão civil por dívidas, a Convenção Americana excepciona o caso de inadimplemento de obrigação alimentar. Ora, se o Brasil ratificou esses instrumentos sem qualquer reserva no que tange à matéria, há que se questionar a possibilidade jurídica da prisão civil do depositário infiel.

Mais uma vez, atendo-se ao critério da norma mais favorável à vítima no plano da proteção dos direitos humanos, conclui-se que merece ser afastado o cabimento da possibilidade de prisão do depositário infiel[37], conferindo-se prevalência à norma do tratado. Isto é, no conflito entre os valores da liberdade e da propriedade, o primeiro há de prevalecer. Ressalte-se que se a situação fosse inversa – se a norma constitucional fosse mais benéfica que a normatividade internacional – aplicar-se-ia a norma constitucional, inobstante os aludidos tratados tivessem hierarquia constitucional e tivessem sido ratificados após o advento da Constituição. Vale dizer, as próprias regras interpretativas dos tratados internacionais de proteção aos direitos humanos apontam a essa direção, quando afirmam

---

[37] Nesse sentido, merece destaque o louvável voto do Juiz Antonio Carlos Malheiros, do 1º Tribunal de Alçada do Estado de São Paulo, na Ap. 613.053-8. Ver também Ap. 601.880-4, São Paulo, 1ª Câmara, 16-9-1996, rel. Juiz Elliot Akel, v. u., e HC n. 3.545-3 (95.028458-8), Distrito Federal, 10-10-1995, rel. Min. Adhemar Maciel. A mudança na jurisprudência do Supremo Tribunal Federal a respeito da matéria adveio com o julgamento do já citado RE 466.343-1, em que, por unanimidade, a Corte entendeu pela inconstitucionalidade da prisão para o devedor em alienação fiduciária, em 3 de dezembro de 2008. Note-se que em dezembro de 2009 foi editada a Súmula Vinculante n. 25: "É ilícita a prisão civil de depositário infiel, qualquer que seja a modalidade do depósito".

que os tratados internacionais só se aplicam se ampliarem e estenderem o alcance da proteção nacional dos direitos humanos. Note-se que, no caso da prestação alimentícia, o conflito de valores envolve os termos liberdade e solidariedade (que assegura muitas vezes a sobrevivência humana), merecendo prevalência o valor da solidariedade, como assinalam a Constituição brasileira de 1988 e a Convenção Americana de Direitos Humanos.

Em síntese, os tratados internacionais de direitos humanos inovam significativamente o universo dos direitos nacionalmente consagrados – ora reforçando sua imperatividade jurídica, ora adicionando novos direitos, ora suspendendo preceitos que sejam menos favoráveis à proteção dos direitos humanos. Em todas essas três hipóteses, os direitos internacionais constantes dos tratados de direitos humanos apenas vêm a aprimorar e fortalecer, nunca a restringir ou debilitar, o grau de proteção dos direitos consagrados no plano normativo constitucional.

5. Considerações Finais

Como demonstrado por este estudo, os tratados internacionais de direitos humanos podem contribuir de forma decisiva para o reforço da promoção dos direitos humanos no Brasil. No entanto, o sucesso da aplicação deste instrumental internacional de direitos humanos requer a ampla sensibilização dos agentes operadores do Direito, no que se atém à relevância e à utilidade de advogar esses tratados perante as instâncias nacionais e internacionais, o que pode viabilizar avanços concretos na defesa do exercício dos direitos da cidadania.

A partir da Constituição de 1988, intensifica-se a interação e conjugação do Direito Internacional e do Direito interno, que fortalecem a sistemática de proteção dos direitos fundamentais, com uma principiologia e lógica próprias, fundadas no princípio da primazia dos direitos humanos. Testemunha-se o processo de internacionalização do Direito Constitucional somado ao processo de constitucionalização do Direito Internacional.

A Carta de 1988 e os tratados de direitos humanos lançam um projeto democratizante e humanista, cabendo aos operadores do direito introjetar e incorporar os seus valores inovadores. Os agentes jurídicos hão de se converter em agentes propagadores de uma ordem renovada, democrática e respeitadora dos direitos humanos, impedindo que se perpetuem os antigos valores do regime autoritário, juridicamente repudiado e abolido.

Hoje, mais do que nunca, os operadores do Direito estão à frente do desafio de resgatar e recuperar no aparato jurídico seu potencial ético e transformador, aplicando a Constituição e os instrumentos internacionais de proteção de direitos humanos por ela incorporados. Estão, portanto, à frente do desafio de reinventar, reimaginar e recriar seu exercício profissional, a partir deste novo paradigma e referência: a prevalência dos direitos humanos.

Capítulo 2

O DIREITO INTERNACIONAL DOS DIREITOS HUMANOS E A REDEFINIÇÃO DA CIDADANIA NO BRASIL*

1. O Movimento de Internacionalização dos Direitos Humanos

Pretende este ensaio tecer uma reflexão sobre o Direito Internacional dos Direitos Humanos e a redefinição da cidadania no Brasil. Isto é, objetiva-se examinar a dinâmica da relação entre o processo de internacionalização dos direitos humanos e seu impacto no processo de redefinição da cidadania no âmbito brasileiro.

O Direito Internacional dos Direitos Humanos constitui um movimento extremamente recente na história, surgindo, a partir do pós-guerra, como resposta às atrocidades cometidas pelo nazismo. É neste cenário que se desenha o esforço de reconstrução dos direitos humanos, como paradigma e referencial ético a orientar a ordem internacional contemporânea.

Nesse sentido, uma das principais preocupações desse movimento foi converter os direitos humanos em tema de legítimo interesse da comunidade internacional, o que implicou os processos de universalização e internacionalização desses direitos. Como afirma Kathryn Sikkink: "O Direito Internacional dos Direitos Humanos pressupõe como legítima e necessária a preocupação de atores estatais e não estatais a respeito do modo pelo qual os habitantes de outros Estados são tratados. A rede de proteção dos direitos humanos internacionais busca redefinir o que é matéria de exclusiva jurisdição doméstica dos Estados"[1].

---

* Este capítulo é baseado no livro *Direitos humanos e o direito constitucional internacional*. 20. ed. São Paulo: Saraiva, 2022.

[1] SIKKINK, Kathryn. Human rights: principled issue-networks and sovereignty in Latin America. In: *International Organizations*. Massachusetts: IO Foundation/Massachusetts Institute of Technology, 1993, p. 413. Acrescenta a mesma autora: "Os direitos individuais básicos não são do domínio exclusivo do Estado, mas constituem uma legítima preocupação da comunidade internacional" (p. 441).

Esse processo de universalização de direitos humanos permitiu, por sua vez, a formação de um sistema normativo internacional de proteção de direitos humanos. Na lição de André Gonçalves Pereira e Fausto de Quadros: "Em termos de Ciência Política, tratou-se apenas de transpor e adaptar ao Direito Internacional a evolução que no Direito Interno já se dera, no início do século, do Estado-Polícia para o Estado-Providência. Mas foi o suficiente para o Direito Internacional abandonar a fase clássica, como o Direito da Paz e da Guerra, para passar à era nova ou moderna da sua evolução, como Direito Internacional da Cooperação e da Solidariedade"[2].

O sistema internacional de proteção de direitos humanos apresenta instrumentos de âmbito global e regional, como também de âmbito geral e específico. Adotando o valor da primazia da pessoa humana, esses sistemas se complementam, interagindo com o sistema nacional de proteção, a fim de proporcionar a maior efetividade possível na tutela e promoção de direitos fundamentais. A sistemática internacional, como garantia adicional de proteção, institui mecanismos de responsabilização e controle internacional, acionáveis quando o Estado se mostra falho ou omisso na tarefa de implementar direitos e liberdades fundamentais.

Ao acolher o aparato internacional de proteção, bem como as obrigações internacionais dele decorrentes, o Estado passa a aceitar o monitoramento internacional, no que se refere ao modo pelo qual os direitos fundamentais são respeitados em seu território[3]. O Estado passa, assim,

---

[2] PEREIRA, André Gonçalves, QUADROS, Fausto de. *Manual de direito internacional público*. 3. ed. Coimbra: Almedina, 1993. p. 661. Acrescentam os autores: "As novas matérias que o Direito Internacional tem vindo a absorver, nas condições referidas, são de índole variada: política, econômica, social, cultural, científica, técnica, etc. Mas dentre elas o livro mostrou que há que se destacar três: a proteção e a garantia dos Direitos do Homem, o desenvolvimento e a integração econômica e política" (p. 661). Na visão de Hector Fix-Zamudio: "(...) *el establecimiento de organismos internacionales de tutela de los derechos humanos, y que el destacado tratadista italiano* Mauro Cappelletti *ha calificado como jurisdicción constitucional trasnacional, en cuanto el control judicial de la constitucionalidad de las disposiciones legislativas y de los actos concretos de autoridad, ha rebasado al derecho interno, particularmente en la esfera de los derechos humanos y se ha proyectado en el ámbito internacional e inclusive comunitario*" (*Protección jurídica de los derechos humanos*. México: Comisión Nacional de Derechos Humanos, 1991, p. 184).

[3] Neste sentido, observa Kathryn Sikkink: "A doutrina da proteção internacional dos direitos humanos é uma das críticas mais poderosas à soberania, ao modo pelo qual é tradicionalmente concebida, e a prática do Direito Internacional dos Direitos Humanos e da política internacional de direitos humanos apresenta exemplos concretos de renovados entendimentos sobre o escopo da soberania. (...) a política e a prática de direitos humanos têm contribuído para uma transformação gradual, significativa e provavelmente irreversível da soberania, no mundo moderno" (op. cit., p. 411).

a consentir no controle e na fiscalização da comunidade internacional, quando, em casos de violação a direitos fundamentais, a resposta das instituições nacionais se mostra insuficiente e falha, ou, por vezes, inexistente. Enfatize-se, contudo, que a ação internacional é sempre uma ação suplementar, constituindo uma garantia adicional de proteção dos direitos humanos.

Estas transformações decorrentes do movimento de internacionalização dos direitos humanos contribuíram ainda para o processo de democratização do próprio cenário internacional, já que, além do Estado, novos atores passam a participar da arena internacional, como os indivíduos[4] e as organizações não governamentais, compondo a chamada "sociedade civil internacional". Os indivíduos convertem-se em sujeitos de direito internacional – tradicionalmente, uma arena em que só os Estados podiam participar. Com efeito, à medida que guardam relação direta com os instrumentos internacionais de direitos humanos – que lhes atribuem direitos fundamentais imediatamente aplicáveis – os indivíduos passam a ser concebidos como sujeitos de direito internacional. Nessa qualidade, cabe aos

---

[4] Em sentido contrário, José Francisco Rezek afirma: "A proposição, hoje frequente, do indivíduo como sujeito de direito das gentes pretende fundar-se na assertiva de que certas normas internacionais criam direitos para as pessoas comuns, ou lhes impõem deveres. É preciso lembrar, porém, que os indivíduos – diversamente dos Estados e das organizações – não se envolvem, a título próprio, na produção do acervo normativo internacional, nem guardam qualquer relação direta e imediata com esse corpo de normas. Muitos são os textos internacionais voltados à proteção do indivíduo. Entretanto, a flora e a fauna também constituem objeto de proteção por normas de direito das gentes, sem que se lhes tenha pretendido, por isso, atribuir personalidade jurídica. É certo que indivíduos e empresas já gozam de personalidade em direito interno, e que essa virtude poderia repercutir no plano internacional na medida em que o direito das gentes não se teria limitado a protegê-los, mas teria chegado a atribuir-lhes a titularidade de direitos e deveres – o que é impensável no caso de coisas juridicamente protegidas, porém despersonalizadas, como as florestas e os cabos submarinos" (*Direito internacional público*: curso elementar. São Paulo: Saraiva, 1989, p. 158-159). Para Celso Ribeiro Bastos e Ives Gandra da Silva Martins: "A regra ainda continua sendo a de negar ao indivíduo a condição de sujeito internacional. Faz-se necessária ainda a mediação do Estado para que o pleito do indivíduo possa ressoar internacionalmente. Ora, é bem de ver que como no mais das vezes é o próprio Estado que é o agente perpetrador destas lesões, as possíveis queixas daí decorrentes não encontram um canal natural para desaguar. Elas morrem no próprio Estado" (*Comentários à Constituição do Brasil*. São Paulo: Saraiva, 1988. v. 1, p. 453). Este artigo defende, todavia, que o indivíduo é efetivo sujeito de direito internacional. O ingresso do indivíduo, como novo ator no cenário internacional, pode ser evidenciado especialmente quando do encaminhamento de petições e comunicações às instâncias internacionais, denunciando a violação de direito internacionalmente assegurado.

indivíduos o acionamento direto de mecanismos internacionais, como é o caso da petição ou comunicação individual, mediante a qual um indivíduo, grupos de indivíduos ou, por vezes, entidades não governamentais podem submeter aos órgãos internacionais competentes denúncia de violação de direito enunciado em tratados internacionais.

É correto afirmar, no entanto, que ainda se faz necessário democratizar determinados instrumentos e instituições internacionais[5], de modo a que possam prover um espaço participativo mais eficaz, que permita maior atuação de indivíduos e de entidades não governamentais[6], mediante

---

[5] A propósito, ilustrativa é a Convenção Americana ao estabelecer, no art. 61, que apenas os Estados-partes e a Comissão Interamericana podem submeter um caso à decisão da Corte Interamericana de Direitos Humanos. Isto é, a Convenção Americana, lamentavelmente, não atribui ao indivíduo ou a entidades não governamentais legitimidade para encaminhar um caso à apreciação da Corte. Outro exemplo é a Corte Internacional de Justiça que, nos termos do art. 34 de seu Estatuto, tem a competência restrita ao julgamento de demandas entre Estados, não reconhecendo a capacidade processual dos indivíduos. Sobre as razões históricas desse dispositivo, explica Celso D. de Albuquerque Mello: "Quando foi elaborado o projeto de estatuto da Corte Permanente de Justiça Internacional, antecessora da Corte Internacional de Justiça, no Comitê de Juristas de Haia, Loder propôs que se reconhecesse o direito do indivíduo de comparecer como parte perante a Corte. Esta proposta encontrou de imediato a oposição da grande maioria de juristas que faziam parte do Comitê, entre eles Ricci Busatti. Os argumentos contrários foram os seguintes: 1) o domínio da Corte era o Direito Internacional Público e os indivíduos não eram sujeitos internacionais; 2) o recurso à justiça internacional era inadmissível, porque o indivíduo já tinha a proteção dos Tribunais nacionais e se não a tivesse não poderia o Direito Internacional Público dar mais do que era concedido pelo direito interno; 3) na vida internacional o indivíduo já possuía a proteção diplomática" (*Curso de direito internacional público*. Rio de Janeiro: Freitas Bastos, 1979, p. 582-583). Contudo, como já ressaltado, a criação do Direito Internacional dos Direitos Humanos fez com que os indivíduos se tornassem verdadeiros sujeitos internacionais, capazes de recorrer às instâncias internacionais, quando as instituições nacionais se mostram falhas ou omissas.

[6] Sobre a atuação das entidades não governamentais, acentua David Weissbrodt: "Atuando no plano internacional e/ou nacional, essas organizações funcionam como *ombudsman* não oficial, resguardando os direitos humanos ante a infringência governamental, através de técnicas, como iniciativas diplomáticas, relatórios, declarações públicas, esforços para influenciar as deliberações de direitos humanos efetuadas por organizações intergovernamentais, campanhas para mobilizar a opinião pública, e tentativas de afetar a política internacional de alguns países, com respeito à sua relação com Estados que são regularmente responsáveis pelas violações de direitos humanos. As ONGs compartilham dos mesmos propósitos básicos, no sentido de obter informações que possam efetivamente – seja de forma direta ou indireta – influenciar a implementação dos direitos humanos pelos Governos" (WEISSBRODT, David. The contribution of international non-governmental organizations to the protection of human rights. In: MERON, Theodor (Editor). *Human rights in international law*: legal and policy issues. Oxford: Clarendon Press, 1984, p. 404).

legitimação ampliada nos procedimentos e instâncias internacionais. Ao defender a democratização do acesso às Cortes Internacionais, afirma Richard B. Bilder: "Primeiramente, é importante ampliar a competência das Cortes Internacionais na tarefa de implementação dos direitos humanos, na medida em que as Cortes simbolizam e fortalecem a ideia de que o sistema internacional de direitos humanos é, de fato, um sistema de direitos legais, que envolve direitos e obrigações juridicamente vinculantes. As pessoas associam a ideia de Estado de Direito com a existência de Cortes imparciais, capazes de proferir decisões obrigatórias e vinculantes. (...) Em segundo lugar, a experiência internacional já demonstra que as Cortes internacionais, se oferecida a possibilidade, podem contribuir de modo fundamental e crucial na implementação do sistema internacional dos direitos humanos. (...) Em terceiro lugar, as Cortes, como administradoras imparciais do Estado de Direito, tradicionalmente são concebidas como detentoras de uma especial legitimidade, constituindo um dos instrumentos mais poderosos no sentido de persuadir os Estados a cumprir suas obrigações de direitos humanos. (...) Considerando que os indivíduos e os grupos são aqueles diretamente afetados pelas violações de direitos humanos, e consequentemente aqueles que mais diligente e efetivamente buscam o respeito de direitos, devem ter eles direto acesso às Cortes. Além disso, como indicado, tanto por razões políticas como por outras de natureza diversa, os Estados têm sido notoriamente relutantes em submeter casos de direitos humanos perante as Cortes. Consequentemente, muitos acreditam que o único meio de fazer com que o sistema internacional de direitos humanos possa operar é mediante a garantia, aos indivíduos e aos grupos, do acesso direto às Cortes"[7].

2. O Direito Internacional dos Direitos Humanos e o seu Impacto no Direito Brasileiro

No caso brasileiro, o processo de incorporação do Direito Internacional dos Direitos Humanos e de seus importantes instrumentos é consequência

---

[7] BILDER, Richard B. Possibilities for development of new international judicial mechanisms. In: HENKIN, Louis; HARGROVE, John Lawrence (Editors). Human rights: an agenda for the next century. *Studies in Transnational Legal Policy*, Washington, n. 26, p. 326-327 e 334, 1994. A respeito, cabe menção à Convenção Europeia de Direitos Humanos, que, após o Protocolo n. 11, de 1º de novembro de 1998, estabelece que qualquer pessoa, grupo de pessoas ou organização não governamental podem encaminhar denúncias de violação de direitos humanos diretamente à Corte Europeia de Direitos Humanos.

do processo de democratização, iniciado em 1985. O processo de democratização possibilitou a reinserção do Brasil na arena internacional de proteção dos direitos humanos – embora relevantes medidas ainda necessitem ser adotadas pelo Estado brasileiro para o completo alinhamento do país à causa da plena vigência dos direitos humanos[8].

Não obstante ações serem essenciais para o completo alinhamento do país à causa dos direitos humanos, há que reiterar que na experiência brasileira faz-se clara a relação entre o processo de democratização e a reinserção do Estado brasileiro no cenário internacional de proteção dos direitos humanos. Percebem-se a dinâmica e a dialética da relação entre democracia e direitos humanos[9], tendo em vista que, se o processo de democratização permitiu a ratificação de relevantes tratados internacionais de direitos humanos, por sua vez a incorporação desses tratados permitiu o fortalecimento do processo democrático, mediante a ampliação e o reforço do universo de direitos por ele assegurado. Se a busca democrática não se atém apenas ao modo pelo qual o poder político é exercido, mas envolve também a forma pela qual direitos fundamentais são implementados[10],

---

[8] Com efeito, para que o Brasil se alinhe efetivamente à sistemática internacional de proteção dos direitos humanos, relativamente aos tratados ratificados, é emergencial uma mudança de atitude política, de modo a que o Estado brasileiro não mais se recuse a aceitar procedimentos que permitam acionar de forma direta e eficaz a *international accountability*. Superar esta postura de recuo e retrocesso é fundamental à plena e integral proteção dos direitos humanos no âmbito nacional. Nesse sentido, é prioritária ao Estado brasileiro a revisão de declarações restritivas elaboradas, por exemplo, quando da ratificação da Convenção Americana. É também prioritária a reavaliação da posição do Estado brasileiro quanto a cláusulas e procedimentos facultativos – destacando-se a premência do Brasil em aceitar os mecanismos de petição individual e comunicação interestatal previstos nos tratados já ratificados. Deve ainda o Estado brasileiro adotar medidas que assegurem eficácia aos direitos constantes nos instrumentos internacionais de proteção. A estas providências adicione-se a urgência de o Brasil incorporar relevantes tratados internacionais ainda pendentes de ratificação, como o Protocolo Facultativo ao Pacto Internacional dos Direitos Econômicos, Sociais e Culturais.

[9] Para Ian Martin: "O movimento de direitos humanos atua para garantir a democracia. Os direitos humanos universais pressupõem a democracia" (*The new world order: opportunity or threat for human rights?* A lecture by the Edward A. Smith Visiting Fellow presented by the Harvard Law School Human Rights Program. 1993, p. 21).

[10] Afirma Roberto Mangabeira Unger: "Nós temos que entender a democracia como muito mais do que pluralismo político e *accountability* eleitoral de um Governo por parte do respectivo eleitorado. Concebido de forma mais ampla, o projeto democrático tem sido o esforço de efetuar o sucesso prático e moral da sociedade, mediante a reconciliação de duas famílias de bens fundamentais: o bem do progresso material, libertando-nos da monotonia e da incapacidade e dando

é manifesta a contribuição da sistemática internacional de proteção dos direitos humanos para o aperfeiçoamento do sistema de tutela desses direitos no Brasil. Neste prisma, o aparato internacional permite intensificar as respostas jurídicas em face dos casos de violação de direitos humanos e, consequentemente, ao reforçar a sistemática de proteção de direitos, o aparato internacional permite o aperfeiçoamento do próprio regime democrático. Atenta-se, assim, para o modo pelo qual os direitos humanos internacionais inovam a ordem jurídica brasileira, complementando e integrando o elenco de direitos nacionalmente consagrados e nele introduzindo novos direitos, até então não previstos pelo ordenamento jurídico interno.

Enfatize-se que a Constituição brasileira de 1988, como marco jurídico da institucionalização dos direitos humanos e da transição democrática do País, ineditamente, consagra o primado do respeito aos direitos humanos como paradigma propugnado para a ordem internacional. Esse princípio invoca a abertura da ordem jurídica brasileira ao sistema internacional de proteção dos direitos humanos e, ao mesmo tempo, exige uma nova interpretação de princípios tradicionais como a soberania nacional e a não intervenção, impondo a flexibilização e relativização desses valores. Se para o Estado brasileiro a prevalência dos direitos humanos é princípio a reger o Brasil no cenário internacional, está-se consequentemente admitindo a concepção de que os direitos humanos constituem tema de legítima preocupação e interesse da comunidade internacional. Os direitos humanos, para a Carta de 1988, surgem como tema global.

O texto democrático ainda rompe com as Constituições anteriores, ao estabelecer um regime jurídico diferenciado, aplicável aos tratados internacionais de proteção dos direitos humanos. À luz desse regime, os tratados de direitos humanos são incorporados automaticamente pelo Direito brasileiro e passam a apresentar *status* de norma constitucional, diversamente dos tratados tradicionais, os quais se sujeitam à sistemática da incorporação legislativa e detêm *status* hierárquico infraconstitucional. A Carta de 1988 acolhe, desse modo, um sistema misto, que combina regimes jurídicos diferenciados – um aplicável aos tratados internacionais de proteção dos direitos humanos e o outro aplicável aos tratados tradicionais. Esse

---

braços e asas para nossos desejos, e o bem da emancipação individual, libertando-nos da opressão sistemática da divisão e hierarquia social que nos impede de lidar um com o outro como plenos indivíduos" (*What should legal analysis become*? Cambridge: Harvard Law School, 1995, p. 9).

sistema misto se fundamenta na natureza especial dos tratados internacionais de direitos humanos que – distintamente dos tratados tradicionais que objetivam assegurar uma relação de equilíbrio e reciprocidade entre Estados pactuantes – priorizam assegurar a proteção da pessoa humana, até mesmo contra o próprio Estado pactuante.

Quanto ao impacto jurídico do Direito Internacional dos Direitos Humanos no Direito brasileiro, acrescente-se que os direitos internacionais – por força do princípio da norma mais favorável à vítima, que assegura a prevalência da norma que melhor e mais eficazmente proteja os direitos humanos – apenas vêm aprimorar e fortalecer, jamais restringir ou debilitar, o grau de proteção dos direitos consagrados no plano normativo constitucional. A sistemática internacional de proteção vem ainda permitir a tutela, a supervisão e o monitoramento de direitos por organismos internacionais[11]. Eis aqui o duplo impacto dos tratados internacionais de proteção dos direitos humanos, na medida em que, de um lado, consolidam parâmetros protetivos mínimos voltados à defesa da dignidade humana (parâmetros capazes de impulsionar avanços e impedir recuos ou retrocessos no sistema nacional de proteção) e, por outro lado, constituem instância internacional de proteção dos direitos humanos, quando as instituições nacionais mostram-se falhas ou omissas.

Embora incipiente no Brasil, verifica-se que a advocacia do Direito Internacional dos Direitos Humanos tem sido capaz de propor relevantes

---

[11] Cf. DONNELLY, Jack. *Universal human rights in theory and practice*. Ithaca, NY: Cornell University Press, 1989. p. 267. Como observa Paulo Sérgio Pinheiro: "Por mais que o recurso ao sistema de proteção internacional possa ser limitado, os órgãos internacionais de investigação de direitos humanos, na medida em que se tornaram mais numerosos e especializados, têm sempre o *power to embarass* os governos que perpetram violações. Nenhum governo se sente à vontade ao ver expostas violações sistemáticas de direitos humanos por parte de agências sob sua responsabilidade ou sua omissão em promover obrigações que se comprometeu a promover. A Comissão Teotônio Vilela e o Núcleo de Estudos da Violência (NEV), apesar de manterem um diálogo construtivo com o Estado e agências governamentais, julgam que é essencial fortalecer a *accountability* perante a comunidade internacional. Nesse sentido iniciou-se nos últimos anos diversas queixas à Comissão Interamericana de Direitos Humanos contra o governo do Brasil, com fundamento nas obrigações assumidas ao ratificar os tratados internacionais. O Núcleo de Estudos da Violência (NEV) integra e apoia um escritório legal em Washington, o Centro pela Justiça e o Direito Internacional, CEJIL, dedicado exclusivamente à apresentação de queixas contra os Estados latino-americanos" (PINHEIRO, Paulo Sérgio. Direitos humanos no ano que passou: avanços e continuidades. In: *Os direitos humanos no Brasil*. São Paulo: Universidade de São Paulo, Núcleo de Estudos da Violência e Comissão Teotônio Vilela, 1995, p. 15).

ações internacionais[12], invocando a atenção da comunidade internacional para a fiscalização e controle de sérios casos de violação de direitos humanos. No momento em que tais violações são submetidas à arena internacional, elas se tornam mais visíveis, salientes e públicas[13]. Diante da publicidade de casos de violações de direitos humanos e de pressões internacionais, o Estado se vê "compelido" a prover justificações, o que tende a implicar alterações na própria prática do Estado relativamente aos direitos humanos, permitindo, por vezes, um sensível avanço na forma pela qual esses direitos são nacionalmente respeitados e implementados[14].

---

[12] Na visão de Richard B. Lillich: "Usar as Cortes domésticas para implementar o Direito Internacional dos Direitos Humanos, tanto direta como indiretamente, é uma nova e desafiadora área na advocacia dos direitos humanos. (...) A advocacia dos direitos humanos tem alcançado progresso considerável, ao longo dos vinte últimos anos, ao submeter as normas do Direito Internacional dos Direitos Humanos às Cortes nacionais, e, com ideias imaginativas, mediante pesquisa e habilidosa advocacia – em outras palavras, com boa advocacia – futuros avanços esperam ser alcançados" (The role of domestic courts in enforcing international human rights law. In: HANNUM, Hurst (Editor). *Guide to international human rights practice*. 2. ed. Philadelphia: University of Pennsylvania Press, 1992, p. 241). Para Richard B. Bilder: "O movimento dos direitos humanos internacionais continuará a encontrar oposições, como também avanços e, por isso, dedicação, persistência e muito trabalho são necessários. Algumas das direções que este trabalho deve incluir são: a) esforços crescentes para incorporar, de modo mais efetivo, as normas internacionais de direitos humanos aos sistemas legais nacionais, sensibilizando advogados, juízes e outros agentes oficiais para a relevância e utilidade do Direito Internacional dos Direitos Humanos como instrumento de reforço dos direitos humanos nas sociedades nacionais; b) fortalecer as instituições internacionais existentes, tais como as Comissões e Cortes de direitos humanos, desenvolvendo e revisando seus procedimentos e utilizando-se destes de forma plena" (BILDER, Richard B. An overview of international human rights law. In: HANNUM, Hurst (Editor). *Guide to international human rights practice*. 2. ed. Philadelphia: University of Pennsylvania Press, 1992, p. 16).

[13] Afirma David Weissbrodt: "(...) uma vez que uma ONG denuncia um problema à atenção governamental, torna-se mais difícil ignorar as violações de direitos humanos. (...) Quando o Governo torna-se ciente do problema e do possível risco de constrangimento, oficiais diplomáticos devem tomar medidas para remediar a situação. (...) A publicidade é, claramente, um importante fator para a implementação dos direitos humanos por parte das ONGs" (op. cit., p. 413 e 415). Sobre a matéria, e para assegurar a efetividade dos instrumentos internacionais de proteção dos direitos humanos, Anne F. Bayefsky propõe "desenvolver uma regra clara de cobertura da mídia em relação ao cumprimento dos tratados; permitir a cobertura da televisão; organizar conferências de imprensa e entrevistas na mídia com respeito a cada Estado-parte; negar aos Estados, que se recusem a admitir a atuação da mídia, acesso ao regime dos tratados" (Making the human rights treaties work. In: HENKIN, Louis; HARGROVE, John Lawrence (Editors). Human rights: an agenda for the next century. *Studies in Transnational Legal Policy*, Washington, n. 26, p. 265, 1994).

[14] No dizer de Sandra Coliver: "Com um grande envolvimento das ONGs – em suprir informações aos membros do Comitê, compartilhar informações com outras organizações nacionais

A ação internacional constitui, portanto, um importante fator para o fortalecimento da sistemática de implementação dos direitos humanos. Para Jack Donnelly: "A ação internacional tem auxiliado na publicidade de diversas violações de direitos humanos e, em alguns casos, tem sido um importante suporte e estímulo para as reformas internas e para a contestação ante regimes repressivos. A ação política internacional pode contribuir – e tem contribuído – de forma efetiva para a luta pelos direitos humanos"[15].

3. A Redefinição da Cidadania no Brasil

Seja em face da sistemática de monitoramento internacional que proporciona, seja em face do extenso universo de direitos que assegura, o Direito Internacional dos Direitos Humanos vem instaurar o processo de redefinição do próprio conceito de cidadania, no âmbito brasileiro.

O conceito de cidadania se vê, assim, alargado e ampliado, na medida em que passa a incluir não apenas direitos previstos no plano nacional, mas também direitos internacionalmente enunciados. A sistemática internacional de *accountability* vem ainda integrar este conceito renovado de cidadania, tendo em vista que, ao lado das garantias nacionais, são adicionadas garantias de natureza internacional. Consequentemente, o

---

e publicar as discussões do Comitê – os tratados internacionais podem se converter em poderosos mecanismos para focar a atenção em violações e promover melhorias concretas na proteção dos direitos humanos" (International reporting procedures. In: HANNUM, Hurst (Editor). *Guide to international human rights practice*. 2. ed. Philadelphia: University of Pennsylvania Press, 1992, p. 191). Sobre a matéria, ver ainda Kathryn Sikkink, Human rights: principled issue-networks and sovereignty in Latin America. In: *International Organizations*. Massachusetts: IO Foundation/Massachusetts Institute of Technology, 1993, p. 414-415. Nesse estudo, Kathryn Sikkink tece uma análise comparada sobre o impacto das pressões internacionais em prol dos direitos humanos na Argentina e no México, ao longo das décadas de 70 e 80, e conclui que as pressões internacionais, nesses casos, contribuíram para alterar o comportamento desses Estados, especialmente no que se refere à política de direitos humanos por eles adotada. Ver também THOMAZ, Dan. *Social movements and the strategic use of human rights norms*: a comparison of East European cases, 1995, que analisa a contribuição das normas internacionais de direitos humanos – particularmente o impacto do Ato Final de Helsinki de 1975 – para a democratização do Leste Europeu, a partir do declínio e desaparecimento do comunismo no Leste Europeu e na então União Soviética. Ver também RISSE, Thomas, ROOP, Stephen C., SIKKINK, Kathryn (Editors). *The power of human rights*: International norms and domestic change. Cambridge: Cambridge University Press, 1999.

[15] DONNELLY, Jack. *Universal human rights in theory and practive*, cit., p. 4.

desconhecimento dos direitos e garantias internacionais importa no desconhecimento de parte substancial dos direitos da cidadania, por significar a privação do exercício de direitos acionáveis e defensáveis na arena internacional.

Hoje pode-se afirmar que a realização plena, e não apenas parcial dos direitos da cidadania, envolve o exercício efetivo e amplo dos direitos humanos, nacional e internacionalmente assegurados.

Capítulo 3

BRASIL E O SISTEMA INTERAMERICANO DE PROTEÇÃO DOS DIREITOS HUMANOS

1. Introdução

Como compreender o impacto do sistema interamericano na experiência brasileira? Em que medida a litigância perante o sistema interamericano tem permitido avanços internos no campo dos direitos humanos? Quais são os atores deste ativismo transnacional em prol dos direitos humanos, quais as suas demandas e quais as respostas do sistema? Quais são os principais desafios e perspectivas do sistema interamericano?

São estas as questões centrais a inspirar este capítulo.

Inicialmente, será introduzido o sistema interamericano, sua origem, seu perfil e seus objetivos.

Em um segundo momento, será desenvolvida análise a respeito do impacto do sistema interamericano na experiência latino-americana, sobretudo a brasileira.

Por fim, serão destacados os principais desafios e perspectivas do sistema interamericano enquanto eficaz instrumento para o fortalecimento de direitos, a revelar uma força catalisadora capaz de promover avanços e evitar retrocessos no regime doméstico de proteção de direitos humanos.

2. Sistema Interamericano de Proteção dos Direitos Humanos: Origem, Perfil e Objetivos

A análise do sistema interamericano de proteção dos direitos humanos demanda sejam considerados o seu contexto histórico, bem como as peculiaridades da região. Trata-se de uma região marcada por elevado grau de exclusão e desigualdade social ao qual se somam democracias em fase de consolidação. A região ainda convive com as reminiscências do legado dos regimes autoritários ditatoriais, com uma cultura de violência e de impunidade, com a baixa densidade de Estados de Direito e com a precária tradição de respeito aos direitos humanos no âmbito doméstico.

Dois períodos demarcam, assim, o contexto latino-americano: o período dos regimes ditatoriais e o período da transição política aos regimes democráticos, marcado pelo fim das ditaduras militares na década de 80, na Argentina, no Chile, no Uruguai e no Brasil[1].

Ao longo dos regimes ditatoriais que assolaram os Estados da região, os mais básicos direitos e liberdades foram violados, sob as marcas das execuções sumárias; dos desaparecimentos forçados[2]; das torturas sistemáticas; das prisões ilegais e arbitrárias; da perseguição político-ideológica; e da abolição das liberdades de expressão, reunião e associação.

Nas lições de Guillermo O'Donnell: "É útil conceber o processo de democratização como um processo que implica em duas transições. A primeira é a transição do regime autoritário anterior para a instalação de um Governo democrático. A segunda transição é deste Governo para a consolidação democrática ou, em outras palavras, para a efetiva vigência do regime democrático"[3]. Nesse sentido, sustenta-se que, embora a primeira etapa do processo de democratização já tenha sido alcançada na região – a transição do regime autoritário para a instalação de um regime democrático –, a segunda etapa do processo de democratização, ou seja, a efetiva consolidação do regime democrático, ainda está em curso.

Isto significa que a região latino-americana tem um duplo desafio: romper em definitivo com o legado da cultura autoritária ditatorial e consolidar o regime democrático, com o pleno respeito aos direitos humanos,

---

[1] Ver o Prefácio de Thomas Buergenthal. In: PASQUALUCCI, Jo M. *The practice and procedure of the Inter-American Court on Human Rights*. Cambridge: Cambridge University Press, 2003, p. XV.

[2] Na Guatemala, após o golpe militar, estima-se que em média 30.000 pessoas tenham desaparecido. Na Nicarágua a prática dos desaparecimentos forçados foi uma constante no governo Somoza; no Brasil, após o golpe militar de 1964; no Chile, após o golpe militar de 1973; e na Argentina, particularmente após o golpe militar de 1976, estima-se que mais de 9.000 pessoas desapareceram. Na década de 80, estas práticas se estenderam a El Salvador, Peru e persistem ainda hoje na Colômbia (NOVELLI, Mario; CELEYTA, Berenice. Latin America: the reality of human rights. In: SMITH, Rhona K. M.; ANKER, Christien van den (Editors). *The Essentials Of human rights*. London: Hodder Arnold, 2005, p. 219)

[3] O'DONNELL, Guillermo. Transitions, continuities, and paradoxes. In: MAINWARING, Scott; O'DONNEL, Guillermo; VALENZUELA, J. Samuel (Orgs.). *Issues in democratic consolidation*: the new south American democracies in comparative perspective. Notre Dame: University of Notre Dame Press, 1992, p. 18.

amplamente considerados – direitos civis, políticos, econômicos, sociais e culturais[4]. Como reitera a Declaração de Direitos Humanos de Viena de 1993, há uma relação indissociável entre democracia, direitos humanos e desenvolvimento. Ao processo de universalização dos direitos políticos, em decorrência da instalação de regimes democráticos, deve ser conjugado o processo de universalização dos direitos civis, sociais, econômicos e culturais. Em outras palavras, a densificação do regime democrático na região requer o enfrentamento do elevado padrão de violação aos direitos econômicos, sociais e culturais, em face do alto grau de exclusão e desigualdade social, que compromete a vigência plena dos direitos humanos na região, sendo fator de instabilidade ao próprio regime democrático.

É à luz destes desafios que há de ser compreendido o sistema interamericano de proteção dos direitos humanos.

O instrumento de maior importância no sistema interamericano é a Convenção Americana de Direitos Humanos, também denominada Pacto de San José da Costa Rica[5]. Esta Convenção foi assinada em San José, Costa Rica, em 1969, entrando em vigor em 1978[6]. Apenas Estados-membros da Organização dos Estados Americanos têm o direito de aderir à Conven-

---

[4] A respeito, afirma Christina M. Cerna: "Todos os instrumentos internacionais de direitos humanos pressupõem um Estado democrático como condição para o exercício de direitos humanos. A Comissão Interamericana tem sido um ator fundamental no processo de democratização das Américas. A OEA, criada em 1959, foi o primeiro organismo internacional a definir os atributos de uma Democracia, em sua primeira Declaração de Santiago, (...) embora muitos Estados da região à época não fossem democráticos" (CERNA, Christina M. The Inter-American Commission on Human Rights. In: SMITH, Rhona K. M.; ANKER, Christien van den (Editors). *The essentials of human rights*. London: Hodder Arnold, 2005, p. 184).

[5] Note-se que o sistema interamericano consiste em dois regimes: um baseado na Convenção Americana e o outro baseado na Carta da Organização dos Estados Americanos. O enfoque do presente artigo se concentrará exclusivamente no regime instaurado pela Convenção Americana de Direitos Humanos.

[6] Cf. Thomas Buergenthal: "A Convenção Americana de Direitos Humanos foi adotada em 1969 em uma Conferência intergovernamental celebrada pela Organização dos Estados Americanos (OEA). O encontro ocorreu em San José, Costa Rica, o que explica o porquê da Convenção Americana ser também conhecida como 'Pacto de San José da Costa Rica'. A Convenção Americana entrou em vigor em julho de 1978, quando o 11º instrumento de ratificação foi depositado" (The inter-american system for the protection of human rights. In: MERON, Theodor (Editon). *Human rights in international law*: legal and policy issues. Oxford: Clarendon Press, 1984, p. 440). Segundo dados da Organização dos Estados Americanos, dos 35 Estados-membros da OEA, 23 Estados são hoje partes da Convenção Americana (2017). Neste universo, o Estado brasileiro foi um dos Estados que mais tardiamente aderiram à Convenção, fazendo-o apenas em 25 de setembro de 1992.

ção Americana. Como observa Thomas Buergenthal: "Em 1978, quando a Convenção Americana de Direitos Humanos entrou em vigor, muitos dos Estados da América Central e do Sul eram governados por Ditaduras, tanto de direita como de esquerda. Dos 11 Estados-partes da Convenção à época, menos que a metade tinha governos eleitos democraticamente. A outra metade dos Estados havia ratificado a Convenção por diversas razões de natureza política. (...) O fato de hoje quase a totalidade dos Estados latino-americanos na região, com exceção de Cuba, ter governos eleitos democraticamente tem produzido significativos avanços na situação dos direitos humanos nesses Estados. Estes Estados ratificaram a Convenção e reconheceram a competência jurisdicional da Corte"[7].

Substancialmente, a Convenção Americana reconhece e assegura um catálogo de direitos civis e políticos similar ao previsto pelo Pacto Internacional dos Direitos Civis e Políticos. No universo de direitos, destacam-se: o direito à personalidade jurídica; o direito à vida; o direito a não ser submetido à escravidão; o direito à liberdade; o direito a um julgamento justo; o direito à compensação em caso de erro judiciário; o direito à privacidade; o direito à liberdade de consciência e religião; o direito à liberdade de pensamento e expressão; o direito à resposta; o direito à liberdade de associação; o direito ao nome; o direito à nacionalidade; o direito à liberdade de movimento e residência; o direito de participar do governo; o direito à igualdade perante a lei; e o direito à proteção judicial[8].

A Convenção Americana não enuncia de forma específica qualquer direito social, cultural ou econômico, limitando-se a determinar aos Estados que alcan-

---

[7] Prefácio de Thomas Buergenthal. In: PASQUALUCCI, Jo M. *The practice and procedure of the Inter-American Court on Human Rights*. Cambridge: Cambridge University Press, 2003, p. XV.

[8] Na visão de Hector Gross Espiell: "Os direitos previstos no capítulo II são: o direito à personalidade jurídica, o direito à vida, o direito ao tratamento humano, a proibição da escravidão e servidão, o direito à liberdade pessoal, o direito a um julgamento justo, o princípio da não retroatividade, o direito à compensação, o direito de ter a própria honra e dignidade protegidas, a liberdade de consciência e religião, a liberdade de pensamento e expressão, o direito de resposta, o direito de assembleia, a liberdade de associação, o direito de se casar e de fundar uma família, o direito ao nome, os direitos da criança, o direito à nacionalidade, o direito à propriedade privada, a liberdade de movimento e residência, direitos políticos, igualdade perante a lei e o direito à proteção judicial (arts. 4º a 25). (...) O artigo 26 trata dos direitos sociais, econômicos e culturais" (The Organization of American States (OAS). In: VASAK, Karel (Editor). *The international dimensions of human rights*. Revisado e editado para a edição inglesa por Philip Alston. Connecticut: Greenwood Press, 1982, v. 1, p. 558-559). Ver ainda HARRIS, David; LIVINGSTONE, Stephen. *The Inter-American System of Human Rights*. Oxford: Clarendon Press, 1998.

cem, progressivamente, a plena realização desses direitos, mediante a adoção de medidas legislativas e outras medidas que se mostrem apropriadas, nos termos do artigo 26 da Convenção. Posteriormente, em 1988, a Assembleia Geral da Organização dos Estados Americanos adotou um Protocolo Adicional à Convenção, concernente aos direitos sociais, econômicos e culturais (Protocolo de San Salvador), que entrou em vigor em novembro de 1999, quando do depósito do 11º instrumento de ratificação, nos termos do artigo 21 do Protocolo[9].

Em face desse catálogo de direitos constantes da Convenção Americana, cabe ao Estado-parte a obrigação de respeitar e assegurar o livre e pleno exercício desses direitos e liberdades, sem qualquer discriminação. Cabe ainda ao Estado-parte adotar todas as medidas legislativas e de outra natureza que sejam necessárias para conferir efetividade aos direitos e liberdades enunciados.

A Convenção Americana estabelece um aparato de monitoramento e proteção dos direitos que enuncia, integrado pela Comissão e pela Corte Interamericana de Direitos Humanos, como será examinado a seguir.

3. Impacto do Sistema Interamericano de Proteção dos Direitos Humanos na Experiência Latino-Americana

No caso latino-americano, o processo de democratização na região deflagrado na década de 80 é que propiciou a incorporação de importantes instrumentos internacionais de proteção dos direitos humanos pelos Estados latino-americanos. A título de exemplo, note-se que a Convenção Americana de Direitos Humanos, adotada em 1969, foi ratificada pela Ar-

---

[9] Até 2024, o Protocolo de San Salvador contava com 18 Estados-partes. Dentre os direitos enunciados no Protocolo, destacam-se: o direito ao trabalho e a justas condições de trabalho; a liberdade sindical; o direito à seguridade social; o direito à saúde; o direito ao meio ambiente; o direito à nutrição; o direito à educação; direitos culturais; proteção à família; direitos das crianças; direitos dos idosos; e direitos das pessoas portadoras de deficiência. Note-se que, além do Protocolo de San Salvador (1988), outros tratados de direitos humanos foram adotados no âmbito do sistema interamericano, com destaque ao Protocolo para a Abolição da Pena de Morte (1990); à Convenção Interamericana para Prevenir e Punir a Tortura (1985); à Convenção Interamericana sobre o Desaparecimento Forçado de Pessoas (1994); à Convenção Interamericana para Prevenir, Punir e Erradicar a Violência contra a Mulher (1994); à Convenção Interamericana sobre a Eliminação de todas as formas de Discriminação contra Pessoas com Deficiência (1999). à Convenção Interamericana contra o Racismo, a Discriminação Racial e formas correlatas de Intolerância (2013); à Convenção Interamericana contra todas as formas de Discriminação e Intolerância (2013); e à Convenção Interamericana para Proteção dos Direitos das Pessoas Idosas (2015).

gentina em 1984, pelo Uruguai em 1985, pelo Paraguai em 1989 e pelo Brasil em 1992. Já o reconhecimento da jurisdição da Corte Interamericana de Direitos Humanos deu-se na Argentina em 1984, no Uruguai em 1985, no Paraguai em 1993 e no Brasil em 1998. Atualmente constata-se que os países latino-americanos subscreveram os principais tratados de direitos humanos adotados pela ONU e pela OEA.

Quanto à incorporação dos tratados internacionais de proteção dos direitos humanos, observa-se que, em geral, as Constituições latino-americanas conferem a estes instrumentos uma hierarquia especial e privilegiada, distinguindo-os dos tratados tradicionais. Nesse sentido, merecem destaque o art. 75, 22, da Constituição Argentina, que expressamente atribui hierarquia constitucional aos mais relevantes tratados de proteção de direitos humanos, e o art. 5º, §§ 2º e 3º, da Carta brasileira, que incorpora estes tratados no universo de direitos fundamentais constitucionalmente protegidos.

As Constituições latino-americanas estabelecem cláusulas constitucionais abertas, que permitem a integração entre a ordem constitucional e a ordem internacional, especialmente no campo dos direitos humanos. Ao processo de constitucionalização do Direito Internacional conjuga-se o processo de internacionalização do Direito Constitucional.

O sistema regional interamericano simboliza a consolidação de um "constitucionalismo regional", que objetiva salvaguardar direitos humanos no plano interamericano. A Convenção Americana, como um verdadeiro "código interamericano de direitos humanos", acolhida por 24 Estados, traduz a força de um consenso a respeito do piso protetivo mínimo e não do teto máximo de proteção. Serve a um duplo propósito: a) promover e encorajar avanços no plano interno dos Estados; e b) prevenir recuos e retrocessos no regime de proteção de direitos.

Ao acolher o sistema interamericano, bem como as obrigações internacionais dele decorrentes, o Estado passa a aceitar o monitoramento internacional no que se refere ao modo pelo qual os direitos fundamentais são respeitados em seu território. O Estado tem sempre a responsabilidade primária relativamente à proteção dos direitos humanos, constituindo a ação internacional uma ação suplementar, adicional e subsidiária. É sob esta perspectiva que se destaca a atuação da Comissão e da Corte Interamericana de Direitos Humanos.

Promover a observância e a proteção dos direitos humanos na América é a principal função da Comissão Interamericana. Para tanto, cabe à Comissão fazer recomendações aos governos dos Estados-partes, prevendo a adoção de medidas adequadas à proteção desses direitos; preparar estudos e relatórios que se mostrem necessários; solicitar aos governos informações relativas às medidas por eles adotadas concernentes à efetiva aplicação da Convenção; e submeter um relatório anual à Assembleia Geral da Organização dos Estados Americanos[10]. É também da competência da Comissão examinar as comunicações, encaminhadas por indivíduo ou grupos de indivíduos, ou ainda entidade não governamental, que contenham denúncia de violação a direito consagrado pela Convenção, por Estado que dela seja parte, nos termos dos arts. 44 e 41. O Estado, ao se tornar parte da Convenção, aceita automática e obrigatoriamente a competência da Comissão para examinar estas comunicações, não sendo necessário elaborar qualquer declaração expressa e específica para este fim.

Atente-se que a Comissão exerceu um extraordinário papel na realização de investigações *in loco*, denunciando, por meio de relatórios, graves e maciças violações de direitos durante regimes ditatoriais na América Latina, especialmente na década de 70[11]. A título de exemplo, cite-se o impacto de importantes

---

[10] Sobre os relatórios produzidos pela Comissão Interamericana de Direitos Humanos, leciona Monica Pinto: "Diversamente do que ocorre no âmbito universal, em que o sistema de informes é um método de controle regular, que consiste na obrigação dos Estados-partes em um tratado de direitos humanos de comunicar ao competente órgão de controle o estado de seu direito interno em relação aos compromissos assumidos em decorrência do tratado e a prática que tem se verificado com respeito às situações compreendidas no tratado, no sistema interamericano, os informes são elaborados pela Comissão Interamericana de Direitos Humanos. Além de se constituir em um método para determinar atos, precisar e difundir a objetividade de uma situação, os informes da Comissão servem para modificar a atitude de Governos resistentes à vigência dos direitos humanos, através do debate interno que eles proporcionam ou, a depender do caso, do debate internacional. A CIDH elabora dois tipos de informes: um sobre a situação dos direitos humanos em um determinado país e outro que encaminha anualmente à Assembleia da OEA. Os informes sobre a situação dos direitos humanos em um Estado-membro da OEA são decididos pela própria Comissão ante situações que afetem gravemente a vigência dos direitos humanos. (...) Por outro lado, os informes anuais para a Assembleia Geral da OEA atualizam a situação dos direitos humanos em distintos países, apresentam o trabalho da Comissão, elencam as resoluções adotadas com respeito a casos particulares e revelam a opinião da Comissão sobre as áreas nas quais é necessário redobrar esforços e propor novas normas" (PINTO, Monica. Derecho internacional de los derechos humanos: breve visón de los mecanismos de protección en el sistema interamericano. In: *Derecho internacional de los derechos humanos*. Comision Internacional de Juristas, Colegio de Abogados del Uruguay, 1993, p. 84-85).

[11] Para Christof Heyns e Frans Viljoen: "Ao utilizar métodos inovadores, como as investigações *in loco*, a Comissão Interamericana teve uma importante atuação na transição de ditaduras militares para regimes democráticos na América Latina, na década de 80" (An overview of human rights protection in Africa. *South African Journal on Human Rights*, v. 11, part 3, 1999, p. 427). Note-se que,

relatórios sobre a repressão no Chile (1973) e desaparecimentos forçados na Argentina (1979). A Comissão tem sido um relevante ator no processo de democratização nas Américas.

A partir da democratização na região, a Comissão passou a ter uma função cada vez mais jurídica e não política, se comparada com a sua marcada atuação política no período dos regimes militares na América Latina. Contudo, a ascensão de regimes populistas autoritários na região devolveu à Comissão o seu protagonismo mais político, demandando investigações "in loco", relatórios, recomendações e a criação de mecanismos inovadores – como é o caso do Meseni (mecanismo de seguimento de Nicarágua) e do Mesevi (mecanismo de seguimento de Venezuela).

Na experiência brasileira, até 2023, apenas 24 casos haviam sido encaminhados à Corte Interamericana contra o Estado brasileiro, enquanto mais de 140 casos haviam sido submetidos à Comissão Interamericana. Do universo de casos apreciados pela Corte Interamericana em face do Estado brasileiro, 12 são casos contenciosos e outros 12 casos envolvem medidas provisórias, nos termos do art. 63.2 da Convenção Americana, com a adoção pela Corte de 50 resoluções[12]. Em um dos casos contenciosos – caso Damião Ximenes Lopes – a Corte proferiu a primeira sentença condenatória contra o

---

em 1961, a Comissão Interamericana começou a realizar visitas *in loco* para observar a situação geral de direitos humanos no país, ou para investigar uma situação particular. Desde então, foram realizadas mais de 90 visitas a 23 Estados-membros. A respeito de suas observações gerais sobre a situação de um país, a Comissão Interamericana publica informes especiais.

[12] No que se refere aos 12 casos contenciosos, destacam-se: a) caso Damião Ximenes Lopes, referente à denúncia de morte por espancamento em clínica psiquiátrica no Ceará, encaminhado pela Comissão Interamericana à Corte em 13 de outubro de 2004 (Caso 12.237); b) caso Gilson Nogueira de Carvalho, referente à denúncia de assassinato de defensor de direitos humanos por grupo de extermínio no Rio Grande do Norte, encaminhado pela Comissão Interamericana à Corte em 19 de janeiro de 2005 (Caso 12.058); c) caso Escher e outros, referente à denúncia de interceptações telefônicas de integrantes do MST, encaminhado pela Comissão Interamericana à Corte em 20 de dezembro de 2007 (Caso 12.353); d) caso Garibaldi, referente à denúncia de execução sumária, encaminhado pela Comissão Interamericana à Corte em 24 de dezembro de 2007 (Caso 12.478); e) caso Gomes Lund, referente ao desaparecimento de pessoas na guerrilha do Araguaia e à incompatibilidade da lei de anistia brasileira com a Convenção Americana de Direitos Humanos, encaminhado pela Comissão Interamericana à Corte em 26 de março de 2009 (Caso 11.552); f) caso Cosme Rosa Genoveva, Evandro Oliveira e outros, referente à denúncia de execução extrajudicial envolvendo 26 pessoas, inclusive 6 adolescentes, na atuação da Polícia Civil do Estado do Rio de Janeiro de 18 de outubro de 1994 a 8 de maio de 1995, na Favela Nova Brasília, encaminhado pela Comissão Interamericana à Corte em19 de maio de 2015 (Caso 11.566); g) caso Trabalhadores da Fazenda Brasil Verde, relativo a trabalho escravo, encaminhado pela Comissão Interamericana à Corte em 4 de março de 2015 (Caso 12.066); h) caso Povo Indígena Xucuru, relativo à demarcação de terras e ao

Brasil, em 4 de julho de 2006, em virtude de maus-tratos sofridos pela vítima, portadora de transtorno mental, em clínica psiquiátrica no Ceará. A decisão

---

direito à propriedade coletiva, encaminhado pela Comissão Interamericana à Corte em 16 de março de 2016 (Caso 12.728); i) caso Vladimir Herzog e outros, relativo ao direito a conhecer a verdade e ao dever do Estado de esclarecer fatos afetos a crimes perpetrados em contextos ditatoriais, encaminhado pela Comissão Interamericana à Corte em 22 de abril de 2016 (Caso 12.879); j) caso Empregados da Fábrica de Fogos de Santo Antônio de Jesus e seus familiares, relativo à falta de inspeção e fiscalização de atividade laboral perigosa, encaminhado pela Comissão Interamericana à Corte em 19 de setembro de 2018 (Caso 12.428); k) caso Barbosa de Souza e outros, relativo à impunidade de crime de homicídio por razões de gênero, encaminhado pela Comissão Interamericana à Corte em 11 de junho de 2019 (Caso 12.263); e l) caso Sales Pimenta, relativo à impunidade de homicídio de defensor de direitos humanos, encaminhado pela Comissão Interamericana à Corte em 4 de dezembro de 2020 (Caso 12.675). Quanto aos 12 casos envolvendo medidas provisórias, destacam-se: a) assunto do Presídio Urso Branco, referente à denúncia de morte e maus-tratos de detentos no presídio de Rondônia, em que, em virtude da extrema gravidade e urgência e para evitar dano irreparável à vítima (ver art. 74 do Regulamento da Comissão Interamericana), a Corte decidiu ordenar medidas provisórias de proteção de detentos do referido presídio – medidas provisórias já levantadas; b) assunto dos adolescentes privados de liberdade no "Complexo do Tatuapé" da FEBEM, em que a Corte ordenou medidas provisórias para determinar ao Estado brasileiro que adotasse de forma imediata as medidas necessárias para proteger a vida e a integridade pessoal dos adolescentes internos no "Complexo do Tatuapé" da FEBEM, assim como a de todas as pessoas que se encontrem em seu interior – medidas provisórias já levantadas; c) assunto da Penitenciária "Dr. Sebastião Martins Silveira", em Araraquara, em que a Corte ordenou ao Estado que adotasse de forma imediata as medidas necessárias para proteger a vida e a integridade de todas as pessoas privadas de liberdade na Penitenciária de Araraquara, bem como das pessoas que possam ingressar no futuro, na qualidade de detentos – medidas provisórias já levantadas; d) assunto da Unidade de Internação Socioeducativa, em Cariacica, no Espírito Santo, conforme Resolução da Corte de 25 de fevereiro de 2011 e seguintes, relativa aos direitos à vida e à integridade pessoal dos adolescentes privados de liberdade; e) caso Gomes Lund e outros (Guerrilha do Araguaia), conforme Resolução da Corte de 15 de julho de 2009, relativa à solicitação de revogação de ato normativo que regulamentava grupo de trabalho para identificação dos corpos de participantes da guerrilha; f) assunto do Complexo Penitenciário do Curado, conforme Resolução da Corte de 22 de maio de 2014 e seguintes, relativa aos direitos à vida e à integridade pessoal das pessoas privadas de liberdade no estabelecimento; g) assunto do Complexo Penitenciário de Pedrinhas, conforme Resolução da Corte de 14 de novembro de 2014 e seguintes, relativa aos direitos à vida e à integridade pessoal das pessoas privadas de liberdade no estabelecimento; h) assunto do Instituto Penal Plácido de Sá Carvalho, no Rio de Janeiro, conforme Resolução da Corte de 13 de fevereiro de 2017 e seguintes, relativa aos direitos à vida e à integridade pessoal das pessoas privadas de liberdade no estabelecimento; i) caso Tavares Pereira e outros, conforme Resolução da Corte de 24 de junho de 2021, relativa à proteção de monumento relevante para eventuais medidas de reparação do caso; j) caso Favela Nova Brasília, conforme Resolução da Corte de 21 de junho de 2021, relativa à solicitação de proteção do direito de acesso à justiça de familiares das vítimas de operação policial realizada em favela do Rio de Janeiro, em 2021; k) assunto dos membros dos Povos Indígenas Yanomami, Ye'kwana e Munduruku, conforme Resolução da Corte de 1 de julho de 2022, relativa à necessária proteção de diferentes direitos dos referidos povos indígenas; e l) assunto das pessoas privadas de liberdade na Penitenciária Evaristo de Moraes, no Rio de Janeiro, conforme Resolução da Corte de 21 de março de 2023, relativa aos direitos à vida, à integridade pessoal, à saúde, ao acesso à água e à alimentação das pessoas privadas de liberdade no estabelecimento.

da Corte condenou o Brasil pela violação aos direitos à vida, à integridade física e à proteção judicial, visto que a vítima, pela violência sofrida, faleceu três dias após sua internação na clínica[13]. A sentença constitui uma decisão paradigmática para a defesa dos direitos das pessoas com deficiência mental e para avanços na política pública de saúde mental.

Quanto aos casos submetidos à Comissão Interamericana, foram encaminhados, via de regra, por entidades não governamentais de defesa dos direitos humanos, de âmbito nacional ou internacional e, por vezes, pela atuação conjunta dessas entidades. O universo destes casos pode ser classificado em dez categorias, que correspondem a casos de:

1) detenção arbitrária, tortura e assassinato cometidos durante o regime autoritário militar;

2) violação dos direitos dos povos indígenas;

3) violência rural;

4) violência policial e outras violações praticadas por agentes estatais;

5) violação dos direitos de crianças e adolescentes;

6) violação dos direitos das mulheres;

7) discriminação racial;

8) violência contra defensores de direitos humanos;

9) violação de direitos de outros grupos vulneráveis; e

10) violação a direitos sociais.

---

[13] Caso Damião Ximenes Lopes vs. Brasil, Sentença de 4 de julho de 2006, Série C, n. 150. A Corte ressaltou que a sentença constitui *per se* uma forma de reparação. A Corte ainda determinou ao Estado: a) garantir, em um prazo razoável, que o processo interno destinado a investigar e sancionar os responsáveis pelos fatos deste caso surta seus devidos efeitos; b) publicar, no prazo de seis meses, no *Diário Oficial* e em outro jornal de ampla circulação nacional, uma só vez, o Capítulo VII relativo aos fatos provados da sentença da Corte; c) continuar a desenvolver um programa de formação e capacitação para o pessoal médico, de psiquiatria e psicologia, de enfermagem e auxiliares de enfermagem e para todas as pessoas vinculadas ao atendimento de saúde mental, em especial sobre os princípios que devem reger o trato das pessoas portadoras de deficiência mental, conforme os padrões internacionais sobre a matéria e aqueles dispostos na Sentença; d) pagar em dinheiro para os familiares da vítima, no prazo de um ano, a título de indenização por dano material e imaterial, as quantias fixadas em sentença; e e) pagar em dinheiro, no prazo de um ano, a título de custas e gastos gerados no âmbito interno e no processo internacional perante o sistema interamericano de proteção dos direitos humanos. A Corte ressaltou também que supervisionará o cumprimento íntegro da sentença, cabendo ao Estado, no prazo de um ano, apresentar à Corte relatório sobre as medidas adotadas para o seu cumprimento.

Note-se que mais de 45% dos casos referem-se à violência da polícia militar, o que demonstra que o processo de democratização foi incapaz de romper com as práticas autoritárias do regime repressivo militar, apresentando como reminiscência um padrão de violência sistemática praticada pela polícia militar, que não consegue ser controlada pelo aparelho estatal. Tal como no regime militar, não se verifica a punição dos responsáveis. A insuficiência, ou mesmo, em alguns casos, a inexistência de resposta por parte do Estado brasileiro é o fator que enseja a denúncia dessas violações de direitos perante a Comissão Interamericana.

Ao lado dos casos de violência da polícia militar, constata-se que os casos restantes revelam violência cometida em face de grupos socialmente vulneráveis, como os povos indígenas, a população afrodescendente, as mulheres, as crianças e os adolescentes. Em 90% dos casos examinados, as vítimas podem ser consideradas pessoas socialmente pobres, sem qualquer liderança destacada, o que inclui tanto aqueles que viviam em favelas, nas ruas, nas estradas, nas prisões, ou mesmo em regime de trabalho escravo no campo, com exceção aos casos de violência contra defensores de direitos humanos e contra lideranças rurais. As denúncias se concentram fundamentalmente em casos de violações a direitos civis e/ou políticos, sendo ainda incipiente a apresentação de denúncias atinentes à violação a direitos sociais, econômicos ou culturais.

Quanto ao impacto da litigância internacional no âmbito brasileiro, os casos submetidos à Comissão Interamericana têm apresentado relevante impacto no que tange à mudança de legislação e de políticas públicas de direitos humanos, propiciando significativos avanços internos. A título ilustrativo, cabe menção a oito avanços:

a) os casos de violência policial, especialmente denunciando a impunidade de crimes praticados por policiais militares, foram fundamentais para a adoção da Lei n. 9.299/96, que determinou a transferência da Justiça Militar para a Justiça Comum do julgamento de crimes dolosos contra a vida cometidos por policiais militares;

b) casos envolvendo tortura e desaparecimento forçado encorajaram a adoção da Lei n. 9.140/95, que estabeleceu indenização aos familiares dos mortos e desaparecidos políticos;

c) caso relativo a assassinato de uma jovem estudante por deputado estadual foi essencial para a adoção da Emenda Constitucional n. 35/2001, que restringe o alcance da imunidade parlamentar no Brasil;

d) caso envolvendo denúncia de discriminação contra mães adotivas e seus respectivos filhos – em face de decisão definitiva proferida pelo Supremo

Tribunal Federal que negou direito à licença-gestante à mãe adotiva – foi também fundamental para a aprovação da Lei n. 10.421/2002, que estendeu o direito à licença-maternidade às mães de filhos adotivos;

e) o caso que resultou na condenação do Brasil por violência doméstica sofrida pela vítima (Caso Maria da Penha Maia Fernandes) culminou na adoção da Lei n. 11.340/2006 (Lei "Maria da Penha"), que cria mecanismos para coibir a violência doméstica e familiar contra a mulher;

f) os casos envolvendo violência contra defensores de direitos humanos contribuíram para a adoção do Programa Nacional de Proteção aos Defensores de Direitos Humanos;

g) os casos envolvendo violência rural e trabalho escravo contribuíram para a adoção do Programa Nacional para a Erradicação do Trabalho Escravo e da Comissão Nacional para a Erradicação do Trabalho Escravo; e

h) casos envolvendo direitos dos povos indígenas foram essenciais para a demarcação e homologação de suas terras.

Quanto à Corte Interamericana, órgão jurisdicional do sistema regional, apresenta competência consultiva e contenciosa.

No plano consultivo, qualquer membro da OEA – parte ou não da Convenção – pode solicitar o parecer da Corte relativamente à interpretação da Convenção ou de qualquer outro tratado relativo à proteção dos direitos humanos nos Estados americanos. A Corte ainda pode opinar sobre a compatibilidade de preceitos da legislação doméstica em face dos instrumentos internacionais, efetuando, assim, o "controle da convencionalidade das leis". A Corte Interamericana tem desenvolvido análises aprofundadas a respeito do alcance e do impacto dos dispositivos da Convenção Americana[14].

No plano contencioso, a competência da Corte para o julgamento de casos é, por sua vez, limitada aos Estados-partes da Convenção que reconheçam tal jurisdição expressamente, nos termos do artigo 62 da Convenção. Apenas a Comissão Interamericana e os Estados-partes podem submeter um caso à Corte Interamericana[15], não estando prevista a legitimação do indivíduo, nos termos do artigo 61 da Convenção Americana.

---

[14] Até 2023, a Corte havia emitido 29 opiniões consultivas.

[15] Como afirma Monica Pinto: "Até a presente data, somente a Comissão tem submetido casos perante a Corte: em 1987, três casos de desaparecimento forçado de pessoas em Honduras (casos Velasquez Rodriguez, Godinez Cruz, Fairen Garbi e Solis Corrales); em 1990, um caso de desaparecimento de pessoas detidas no estabelecimento penal conhecido como El Frontón no Peru (caso

A Corte tem jurisdição para examinar casos que envolvam a denúncia de que um Estado-parte violou direito protegido pela Convenção. Se reconhecer que efetivamente ocorreu a violação à Convenção, determinará a adoção de medidas que se façam necessárias à restauração do direito então violado. A Corte pode ainda condenar o Estado a pagar uma justa compensação à vítima. Note-se que a decisão da Corte tem força jurídica vinculante e obrigatória, cabendo ao Estado seu imediato cumprimento[16]. Se a Corte fixar uma compensação à vítima, a decisão valerá como título executivo, em conformidade com os procedimentos internos relativos à execução de sentença desfavorável ao Estado[17].

Ressalte-se que três são as dimensões essenciais do sistema interamericano: a centralidade das vítimas (o *"victim centric approach"*); os estândares interamericanos a formar o *"corpus juris* interamericano"; e o instituto da reparação integral a envolver medidas de restituição (visando restabelecer a situação anterior à violação); reabilitação (visando à reabilitação física, psicológica e social das vítimas); compensação (visando ao pagamento de indenização financeira decorrente dos danos materiais e morais sofridos pela vítima); satisfação (visando a medidas de reparação simbólica para restaurar a dignidade, a honra e a memória histórica das vítimas); medidas de acesso à justiça (visando ao dever do Estado de investigar, processar e punir violações de direitos humanos); e garantias de não repetição (visando ao dever de prevenir violações de direitos humanos por parte do Estado). É

Neira Alegria e outros) e dois casos de execuções extrajudiciais no Suriname (caso Gangaram Panday e Aloeboetoe e outros). Em 1992 a Comissão submeteu à Corte um caso a respeito da Colômbia. Previamente, a Corte já havia se pronunciado em uma questão de conflito de competência, no caso Viviana Gallardo e outras, submetido pela Costa Rica diretamente à Corte, renunciando ao esgotamento dos recursos internos e ao procedimento ante a Comissão" (Derecho internacional de los derechos humanos: breve visión de los mecanismos..., cit., p. 94-95).

[16] Na lição de Paul Sieghart: "a Corte Europeia de Direitos Humanos e a Corte Interamericana de Direitos Humanos têm o poder de proferir decisões juridicamente vinculantes contra Estados soberanos, condenando-os pela violação de direitos humanos e liberdades fundamentais de indivíduos, e ordenando-lhes o pagamento de justa indenização ou compensação às vítimas" (SIEGHART, Paul. International human rights law: some current problems. In: Blackburiu, Robert; TAYLOR, John (Editors). Human rights for the 1990s: legal political and ethical issues. London: Mansell Publishings, 1991, p. 35).

[17] No exercício de sua jurisdição contenciosa, até 2017, a Corte Interamericana havia proferido 339 sentenças, das quais 275 referem-se a exceções preliminares, sentenças de mérito (que avaliam fundamentalmente se houve violação ou não) e sentenças sobre reparação, enquanto 64 são relacionadas à interpretação de sentença e outras questões. Havia ainda adotado 590 resoluções referentes a 138 casos.

no âmbito das garantias de não repetição e com fundamento no dever do Estado de prevenir violações de direitos humanos que o sistema interamericano tem sido capaz de fomentar transformações estruturais, demandando do Estado a adoção de políticas públicas e marcos normativos. Sustenta-se que violações estruturais têm causas estruturais, exercendo o sistema interamericano um impacto transformador ao contribuir para o desmantelamento das causas estruturais, evitando sua perpetuação.

Até 2024, dos 24 Estados-partes da Convenção Americana de Direitos Humanos, 22 Estados haviam reconhecido a competência contenciosa da Corte[18]. Como já mencionado, o Estado brasileiro finalmente reconheceu a competência jurisdicional da Corte Interamericana em dezembro de 1998, por meio do Decreto Legislativo n. 89, de 3 de dezembro de 1998[19].

Considerando a atuação da Corte Interamericana, é possível criar uma tipologia de casos baseada em decisões concernentes a seis diferentes categorias de violação a direitos humanos:

1) Violações que refletem o legado do regime autoritário ditatorial

Esta categoria compreende a maioria significativa das decisões da Corte Interamericana, que tem por objetivo prevenir arbitrariedades e controlar o excessivo uso da força, impondo limites ao poder punitivo do Estado.

A título de exemplo, destaca-se o *leading case* – Velasquez Rodriguez *vs.* Honduras concernente a desaparecimento forçado. Em 1989 a Corte condenou o Estado de Honduras a pagar uma compensação aos familiares da vítima, bem como ao dever de prevenir, investigar, processar, punir e reparar as violações cometidas[20].

Outro caso é o Loayza Tamayo *vs.* Peru, em que a Corte em 1997 reconheceu a incompatibilidade dos decretos-leis que tipificavam os delitos de "traição da pátria" e de "terrorismo" com a Convenção Americana, ordenando ao Estado reformas legais[21].

---

[18] Disponível em: <http://www.corteidh.or.cr/paises/index.html>.

[19] O Decreto Legislativo n. 89, de 3 de dezembro de 1998, aprovou a solicitação de reconhecimento da competência obrigatória da Corte Interamericana de Direitos Humanos em todos os casos relativos à interpretação ou aplicação da Convenção Americana de Direitos Humanos, para fatos ocorridos a partir do reconhecimento, de acordo com o previsto no parágrafo 1º do art. 62 da Convenção Americana.

[20] CASE, Velasquez Rodriguez. *Inter-American Court of Human Rights*. 1988, Ser. C, n. 4.

[21] Loayza Tamayo *vs.* Peru case. Judgment of 17 September 1997.

Adicionem-se ainda decisões da Corte que condenaram Estados em face de precárias e cruéis condições de detenção e da violação à integridade física, psíquica e moral de pessoas detidas; ou em face da prática de execução sumária e extrajudicial; ou tortura. Estas decisões enfatizaram o dever do Estado de investigar, processar e punir os responsáveis pelas violações, bem como de efetuar o pagamento de indenizações.

No plano consultivo, merecem menção as opiniões a respeito da impossibilidade de adoção da pena de morte pelo Estado da Guatemala[22] e da impossibilidade de suspensão da garantia judicial de *habeas corpus* inclusive em situações de emergência, de acordo com o art. 27 da Convenção Americana[23].

2) Violações que refletem questões da justiça de transição (*transitional justice*)

Nesta categoria de casos estão as decisões relativas ao combate à impunidade, às leis de anistia e ao direito à verdade.

No caso Barrios Altos (massacre que envolveu a denúncia de execução de 15 pessoas por agentes policiais), em virtude da promulgação e aplicação de leis de anistia (uma que concede anistia geral aos militares, policiais e civis, e outra que dispõe sobre a interpretação e alcance da anistia), o Peru foi condenado a reabrir investigações judiciais sobre os fatos em questão, relativos ao "massacre de Barrios Altos", de forma a derrogar ou a tornar sem efeito as leis de anistia mencionadas. O Peru foi condenado, ainda, à reparação integral e adequada dos danos materiais e morais sofridos pelos familiares das vítimas[24].

Esta decisão apresentou um elevado impacto na anulação de leis de anistia e na consolidação do direito à verdade, pelo qual os familiares das vítimas e a sociedade como um todo devem ser informados das violações, realçando o dever do Estado de investigar, processar, punir e reparar violações aos direitos humanos.

Concluiu a Corte que as leis de "autoanistia" perpetuam a impunidade, propiciam uma injustiça continuada, impedem às vítimas e aos seus familiares o acesso à justiça e o direito de conhecer a verdade e de receber a reparação correspondente, o que constituiria uma manifesta afronta à Convenção

---

[22] Advisory Opinion n. 3/83, of 8 September 1983.
[23] Advisory Opinion n. 08/87, of 30 January 1987.
[24] Barrios Altos case (Chumbipuma Aguirre and others *vs*. Peru). Judgment of 14 March 2001.

Americana. As leis de anistia configurariam, assim, um ilícito internacional, e sua revogação, uma forma de reparação não pecuniária.

No mesmo sentido, destaca-se o caso Almonacid Arellano *versus* Chile[25] cujo objeto era a validade do Decreto-Lei n. 2.191/78 – que perdoava os crimes cometidos entre 1973 e 1978 durante o regime Pinochet – à luz das obrigações decorrentes da Convenção Americana de Direitos Humanos. Decidiu a Corte pela invalidade do mencionado decreto-lei de "autoanistia", por implicar a denegação de justiça às vítimas, bem como por afrontar os deveres do Estado de investigar, processar, punir e reparar graves violações de direitos humanos que constituem crimes de lesa-humanidade.

Cite-se, ainda, o caso argentino, em que decisão da Corte Suprema de Justiça de 2005 anulou as leis de ponto final (Lei n. 23.492/86) e obediência devida (Lei n. 23.521/87), invocando como precedente o caso Barrios Altos.

Em 24 de novembro de 2010, no caso Gomes Lund e outros *versus* Brasil[26], a Corte Interamericana de Direitos Humanos condenou o Brasil em virtude do desaparecimento de integrantes da guerrilha do Araguaia durante as operações militares ocorridas na década de 70. Realçou a Corte que as disposições da lei de anistia de 1979 são manifestamente incompatíveis com a Convenção Americana, carecem de efeitos jurídicos e não podem seguir representando um obstáculo para a investigação de graves violações de direitos humanos, nem para a identificação e punição dos responsáveis. Enfatizou que leis de anistia relativas a graves violações de direitos humanos são incompatíveis com o Direito Internacional e as obrigações jurídicas internacionais contraídas pelos Estados. Respaldou sua argumentação em vasta e sólida jurisprudência produzida por órgãos das Nações Unidas e do sistema interamericano, destacando também decisões judiciais emblemáticas invalidando leis de anistia na Argentina, no Chile, no Peru, no Uruguai e na Colômbia.

Na mesma direção, em 2011, no caso Gelman *versus* Uruguai, a Corte Interamericana decidiu que a "Lei de Caducidade da Pretensão Punitiva" carecia de efeitos jurídicos por sua incompatibilidade com a Convenção Americana e com a Convenção Interamericana sobre o Desaparecimento Forçado de Pessoas, não podendo impedir ou obstar a investigação dos fatos, a identificação e eventual sanção dos responsáveis por graves violações a direitos humanos[27].

---

[25] Caso Almonacid Arellano e outros *vs*. Chile. Julgado em 26 de setembro de 2006.
[26] Gomes Lund e outros *vs*. Brasil, Inter-American Court, 24-11-2010.
[27] Caso Gelman *versus* Uruguai, judgment of 24 February 2011.

3) Violações que refletem desafios acerca do fortalecimento de instituições e da consolidação do Estado de Direito (*rule of law*)

Esta terceira categoria de casos remete ao desafio do fortalecimento de instituições e da consolidação do *rule of law*, particularmente no que se refere ao acesso à justiça, proteção judicial e fortalecimento e independência do Poder Judiciário.

Destaca-se aqui o caso do Tribunal Constitucional contra o Peru (2001)[28], envolvendo a destituição de juízes, em que a Corte reconheceu necessário garantir a independência de qualquer juiz em um Estado de Direito, especialmente em Cortes constitucionais, o que demanda: a) um adequado processo de nomeação; b) um mandato com prazo certo; e c) garantias contra pressões externas.

Tal decisão contribuiu decisivamente para o fortalecimento de instituições nacionais e para a consolidação do Estado de Direito.

Outros relevantes casos concernentes à independência judicial e, especialmente, à destituição de juízes merecem destaque, como o caso *Chocrón – Chocrón vs. Venezuela* (2011), o caso *Corte Suprema de Justiça* (Quintana Coello et al.) *vs. Ecuador* (2013) e o caso *Tribunal Constitucional* (Camba Campos et al.) *vs. Ecuador* (2013). O caso *Chocrón – Chocrón vs. Venezuela*[29] envolve a destituição arbitrária de juíza da 1ª instância criminal em Caracas. A Corte concluiu que o Estado da Venezuela havia violado os arts. 8º e 25 da Convenção Americana de Direitos Humanos, determinando a reintegração da vítima a um cargo similar ao que exercia. O caso da *Corte Suprema de Justiça* (Quintana Coello et al.) *v. Ecuador*[30] refere-se à destituição arbitrária de 27 juízes da Suprema Corte de Justiça do Equador mediante uma resolução legislativa. A Corte condenou o Estado a pagar compensação às 27 vítimas. No mesmo sentido, o caso *Tribunal Constitucional* (Camba Campos et al.) *v. Ecuador*[31] trata da destituição arbitrária de 8 membros da Corte Constitucional do Equador por meio de decisão do Congresso Nacional. Uma vez mais, a Corte condenou o Estado do Equador por afrontar as garantias de independência e imparcialidade judicial, apontando a *standards* protetivos relativos à independência judicial, bem como a aspectos institucionais da independência judicial, separação dos poderes

---

[28] Aguirre Roca and others *vs.* Peru case (Constitutional Court Case). Judgment of 31 January 2001.

[29] Case of Chocrón – Chocrón *vs.* Venezuela. Preliminary Objection, Merits, Reparations, and Costs. Judgment of 1 July 2011. Series C, n. 227.

[30] Case of the Supreme Court of Justice (Quintana Coello et al.) *vs.* Ecuador. Preliminary Objection, Merits, Reparations, and Costs. Judgment of 23 August 2013. Series C, n. 266.

[31] Case of the Constitutional Tribunal (Camba Campos et al.) *vs.* Ecuador. Preliminary Objections, Merits, Reparations, and Costs. Judgment of 28 August 2013. Series C, n. 268.

e democracia. Nesses casos, a Corte Interamericana consolidou a sua relevante jurisprudência acerca dos princípios relativos à independência judicial.

4) Violações de direitos de grupos vulneráveis

Há decisões que afirmam a proteção de direitos de grupos socialmente vulneráveis, como os povos indígenas, as crianças, os migrantes, os presos, dentre outros.

Quanto aos direitos dos povos indígenas, destaca-se o relevante caso da comunidade indígena Mayagna Awas Tingni contra a Nicarágua (2001)[32], em que a Corte reconheceu o direitos dos povos indígenas à propriedade coletiva da terra, como uma tradição comunitária, e como um direito fundamental e básico à sua cultura, à sua vida espiritual, à sua integridade e à sua sobrevivência econômica. Acrescentou que para os povos indígenas a relação com a terra não é somente uma questão de possessão e produção, mas um elemento material e espiritual de que devem gozar plenamente, inclusive para preservar seu legado cultural e transmiti-lo às gerações futuras.

Em outro caso – caso da comunidade indígena Yakye Axa contra o Paraguai (2005)[33] –, a Corte sustentou que os povos indígenas têm direito a medidas específicas que garantam o acesso aos serviços de saúde, que devem ser apropriados sob a perspectiva cultural, incluindo cuidados preventivos, práticas curativas e medicinas tradicionais. Adicionou que para os povos indígenas a saúde apresenta uma dimensão coletiva, sendo que a ruptura de sua relação simbiótica com a terra exerce um efeito prejudicial sobre a saúde destas populações.

No caso da comunidade indígena Xákmok Kásek contra o Paraguai (2010)[34], a Corte Interamericana condenou o Estado do Paraguai pela afronta aos direitos à vida, à propriedade comunitária e à proteção judicial (arts. 4º, 21 e 25 da Convenção Americana, respectivamente), em face da não garantia do direito de propriedade ancestral à aludida comunidade indígena, o que afetaria seu direito à identidade cultural. Ao motivar a sentença, destacou que os conceitos tradicionais de propriedade privada e de possessão não se aplicam às comunidades indígenas, pelo significado coletivo da terra, eis que a relação de pertença não se centra no indivíduo, senão no grupo e na comunidade – o direito à

---

[32] Mayagna (Sumo) Awas Tingni Community vs. Nicaragua, Inter-American Court, 2001, Ser. C, n. 79.

[33] Yakye Axa Community vs. Paraguay, Inter-American Court, 2005, Ser. C, n. 125.

[34] Corte Interamericana de Direitos Humanos, Caso Comunidad Indígena Xákmok Kásek vs. Paraguay, Fondo, Reparaciones y Costas. Sentença de 24 de agosto de 2010, Ser. C, n. 214.

propriedade coletiva estaria ainda a merecer igual proteção pelo art. 21 da Convenção. Afirmou o dever do Estado em assegurar especial proteção às comunidades indígenas, à luz de suas particularidades próprias, suas características econômicas e sociais e suas especiais vulnerabilidades, considerando o direito consuetudinário, os valores, os usos e os costumes dos povos indígenas, de forma a assegurar-lhes o direito à vida digna, contemplando o acesso a água potável, alimentação, saúde, educação, dentre outros.

Em 27 de junho de 2012, no caso da comunidade indígena Kichwa de Sarayaku contra Equador, a Corte Interamericana condenou o Estado sob o argumento de violação do direito à consulta prévia dos povos indígenas, bem como pela afronta aos direitos de identidade cultural. No entender da Corte, o Estado ainda seria responsável por ter colocado em grave risco os direitos à vida e à integridade pessoal dos povos indígenas Sarayaku. Na hipótese, a comunidade indígena Sarayaku – integrada por 1200 membros – habita a região amazônica do Equador (floresta tropical), vivendo por meio da propriedade coletiva da terra, bem como da caça e da pesca, em plena observância de costumes ancestrais e tradições. Contudo, na década de 90, o Estado do Equador teria outorgado permissão a um consórcio petrolífero, formado por entes privados, para a exploração de atividades econômicas no território dos povos Sarayaku, sem que houvesse a prévia consulta, o que acabou por implicar violações a direitos desses povos. A Corte condenou o Estado do Equador a realizar uma consulta à referida comunidade indígena, de forma prévia, adequada e efetiva, em total consonância com os relevantes parâmetros internacionais, nos casos a envolver atividades ou projetos de exploração dos recursos naturais de seu território, ou qualquer investimento, ou, ainda, desenvolvimento de planos com potencial impacto em seu território.

No caso dos direitos das crianças, cabe menção ao caso Villagrán Morales contra a Guatemala (1999)[35], em que este Estado foi condenado pela Corte, em virtude da impunidade relativa à morte de cinco meninos de rua, brutalmente torturados e assassinados por dois policiais nacionais da Guatemala. Dentre as medidas de reparação ordenadas pela Corte estão: o pagamento de indenização pecuniária aos familiares das vítimas; a reforma no ordenamento jurídico interno visando à maior proteção dos direitos das crianças e adolescentes guatemaltecos; e a construção de uma escola em memória das vítimas.

---

[35] Villagrán Morales et al. *vs.* Guatemala (The Street Children Case), Inter-American Court, 19 November 1999, Ser. C, n. 63.

Também merece realce a Opinião Consultiva n. 21, de 19 de agosto de 2014, a respeito dos direitos e garantias de crianças no contexto da migração e/ou em necessidade de proteção especial. Neste caso, o parecer foi solicitado pela República Argentina, República Federativa do Brasil, República do Paraguai e República Oriental do Uruguai para que a Corte determinasse com maior precisão quais são as obrigações dos Estados com relação às medidas passíveis de serem adotadas a respeito de meninos e meninas, associadas à sua condição migratória, ou à de seus pais, à luz da interpretação autorizada dos artigos 1.1, 2, 4.1, 5, 7, 8, 11, 17, 19, 22.7, 22.8, 25 e 29 da Convenção Americana sobre Direitos Humanos e dos artigos 1, 6, 8, 25 e 27 da Declaração Americana dos Direitos e Deveres do Homem e do artigo 13 da Convenção Interamericana para Prevenir e Punir a Tortura.

Adicionem-se, ainda, as opiniões consultivas sobre a condição jurídica e os direitos humanos das crianças (OC 17, emitida em agosto de 2002, por solicitação da Comissão Interamericana de Direitos Humanos) e sobre a condição jurídica e os direitos de migrantes sem documentos (OC 18, emitida em setembro de 2003, por solicitação do México).

Mencione-se o parecer emitido, por solicitação do México (OC 16, de 1º-10-1999), em que a Corte considerou violado o direito ao devido processo legal, quando um Estado não notifica um preso estrangeiro de seu direito à assistência consular. Na hipótese, se o preso foi condenado à pena de morte, isso constituiria privação arbitrária do direito à vida. Note-se que o México embasou seu pedido de consulta nos vários casos de presos mexicanos condenados à pena de morte nos Estados Unidos.

Com relação aos direitos das mulheres, emblemático é o caso González e outras contra o México (caso "Campo Algodonero"), em que a Corte Interamericana condenou o México em virtude do desaparecimento e morte de mulheres em Ciudad Juarez, sob o argumento de que a omissão estatal contribuía para a cultura da violência e da discriminação contra a mulher. No período de 1993 a 2003, estima-se que de 260 a 370 mulheres tenham sido vítimas de assassinatos, em Ciudad Juarez. A sentença da Corte condenou o Estado do México ao dever de investigar, sob a perspectiva de gênero, as graves violações ocorridas, garantindo direitos e adotando medidas preventivas necessárias de forma a combater a discriminação contra a mulher[36]. Destacam-se, ainda, relevantes decisões do sistema interamericano sobre

---

[36] Ver sentença de 16 de novembro de 2009. Disponível em: <www.cortdeidh.or.cr/docs/casos/articulos/seriec_205_esp.pdf>.

discriminação e violência contra mulheres, o que fomentou a reforma do Código Civil da Guatemala, a adoção de uma lei de violência doméstica no Chile e no Brasil, dentre outros avanços[37].

No caso Gutiérrez Hernández e outros contra a Guatemala, concernente a desaparecimento forçado e violência contra a mulher, em sentença proferida em 24 de agosto de 2017, a Corte Interamericana condenou o Estado da Guatemala pela violação aos direitos à igual proteção da lei e não discriminação, aos direitos às garantias judiciais e proteção judicial, bem como aos direitos à vida e integridade pessoal, tendo por fundamento a Convenção Americana de Direitos Humanos, a Convenção Interamericana para Prevenir, Punir e Erradicar a Violência contra a Mulher e a Convenção Interamericana sobre Desaparecimento Forçado de Pessoas. Determinou ao Estado o dever de conduzir, em prazo razoável, eficaz investigação "livre de estereótipos de gênero", adotando procedimento penal para identificar, processar e punir os responsáveis pelo desaparecimento da vítima Mayra Gutiérrez Hernandez, dentre outras medidas[38].

Ineditamente, em 24 de fevereiro de 2012, a Corte Interamericana reconheceu a responsabilidade internacional do Estado do Chile em face do tratamento discriminatório e da interferência indevida na vida privada e familiar da vítima Karen Atala devido à sua orientação sexual[39]. O caso foi objeto de intenso litígio judicial no Chile, que culminou com a decisão da Corte Suprema de Justiça em determinar a custódia das três filhas ao pai, sob o argumento de que a Sra. Atala não deveria manter a custódia por conviver com pessoa do mesmo sexo, após o divórcio. No entender unânime da Corte Interamericana, o Chile violou os arts. 1º, parágrafo 1º, e 14 da Convenção Americana, por afrontar o princípio da igualdade e da proibição da discriminação.

No caso Duque contra Colômbia, em sentença de 26 de fevereiro de 2016, a Corte Interamericana reconheceu a responsabilidade internacional do Estado da Colômbia por violação ao direito à igualdade perante a lei e à proibição de discriminação em face de Angel Alberto Duque. Na hipótese, foi negado o direito à pensão à vítima, sob o argumento de que o companheiro era do mesmo sexo. Naquele momento, a legislação colombiana previa o direito à pensão exclusivamente ao cônjuge, companheiro ou companheira permanente sobrevivente que fosse de sexo diferente.

---

[37] A respeito, ver caso María Eugenia *vs.* Guatemala e caso Maria da Penha *vs.* Brasil, decididos pela Comissão Interamericana.

[38] Corte IDH. Caso Gutiérrez Hernández y otros *vs.* Guatemala. Excepciones Preliminares, Fondo, Reparaciones y Costas. Sentencia de 24 de agosto de 2017. Serie C, n. 339.

[39] Caso Atala Riffo and daughters *vs.* Chile, Inter-American Court, 24 February 2012, Series C, n. 239.

Em 31 de agosto de 2016, a Corte Interamericana, no caso Flor Freire contra Equador, condenou o Estado por violação ao direito à igualdade perante a lei e à proibição da discriminação e aos direitos à honra e à dignidade, bem como por afronta à garantia de imparcialidade, em face de processo disciplinar militar sofrido pela vítima, culminando em sua exoneração das Forças Armadas, por supostamente haver cometido práticas sexuais homossexuais no âmbito de instalações militares – punidas de formas mais gravosas se comparadas com práticas sexuais não homossexuais, o que estaria a caracterizar discriminação[40].

5) Violações a direitos sociais

Nesta quinta categoria de casos emergem decisões da Corte que protegem direitos sociais. Importa reiterar que a Convenção Americana de Direitos Humanos estabelece direitos civis e políticos, contemplando apenas a aplicação progressiva dos direitos sociais (art. 26). Já o Protocolo de San Salvador, ao dispor sobre direitos econômicos, sociais e culturais, prevê que somente os direitos à educação e à liberdade sindical seriam tuteláveis pelo sistema de petições individuais (art. 19, § 6º).

À luz de uma interpretação dinâmica e evolutiva, compreendendo a Convenção Americana como um *living instrument*, no já citado caso Villagran Morales contra a Guatemala (1999), a Corte afirmou que o direito à vida não pode ser concebido restritivamente[41]. Introduziu a visão de que o direito à vida compreende não apenas uma dimensão negativa – o direito a não ser privado da vida arbitrariamente –, mas uma dimensão positiva, que demanda dos Estados medidas positivas apropriadas para proteger o direito à vida digna – o "direito a criar e desenvolver um projeto de vida". Essa interpretação lançou um importante horizonte para a proteção dos direitos sociais.

Em outros julgados, a Corte tem endossado o dever jurídico dos Estados de conferir aplicação progressiva aos direitos sociais, com fundamento no art. 26 da Convenção Americana de Direitos Humanos, especialmente em se tratando de grupos socialmente vulneráveis. No caso Niñas Yean y Bosico *versus* República Dominicana (2005), a Corte enfatizou o dever dos Estados no tocante à aplicação progressiva dos direitos sociais, a fim de assegurar o direito à educação, com destaque à especial vulnerabilidade de meninas. Susten-

---

[40] Corte IDH. Caso Flor Freire *vs.* Ecuador. Excepción Preliminar, Fondo, Reparaciones y Costas. Sentencia de 31 de agosto de 2016. Serie C, n. 315.

[41] Villagrán Morales et al. *versus* Guatemala (The Street Children Case), Inter-American Court, 19 November 1999, Ser. C, n. 63.

tou que: "en relación con el deber de desarrollo progresivo contenido en el artículo 26 de la Convención, el Estado debe prover educación primaria gratuita a todos los menores, en un ambiente y condiciones propicias para su pleno desarrollo intelectual"[42].

No caso Acevedo Buendía y otros ("Cesantes y Jubilados de la Contraloría") *versus* Peru (2009)[43], a Corte condenou o Peru pela violação aos direitos à proteção judicial (art. 25 da Convenção Americana) e à propriedade privada (art. 21 da Convenção), em caso envolvendo denúncia dos autores relativamente ao não cumprimento pelo Estado de decisão judicial concedendo a eles remuneração, gratificação e bonificação similar aos percebidos pelos servidores da ativa em cargos idênticos. Em sua fundamentação, a Corte reconheceu que os direitos humanos devem ser interpretados sob a perspectiva de sua integralidade e interdependência, a conjugar direitos civis e políticos e direitos econômicos, sociais e culturais, inexistindo hierarquia entre eles e sendo todos direitos exigíveis. Realçou ser a aplicação progressiva dos direitos sociais (art. 26 da Convenção) suscetível de controle e fiscalização pelas instâncias competentes, destacando o dever dos Estados de não regressividade em matéria de direitos sociais. Endossou o entendimento do Comitê da ONU sobre Direitos Econômicos, Sociais e Culturais de que as medidas de caráter deliberadamente regressivo requerem uma cuidadosa análise, sendo justificáveis somente quando considerada a totalidade dos direitos previstos no Pacto, bem como a máxima utilização dos recursos disponíveis.

No caso Suárez Peralta *vs.* Equador, julgado em 2013, a Corte declarou a responsabilidade internacional do Estado do Equador, por violação às garantias judiciais e ao direito à proteção judicial previstos nos artigos 25 e 8º da Convenção Americana, bem como por afronta ao direito à integridade pessoal enunciado no artigo 5º, em caso envolvendo o alcance do direito à saúde, devido a uma negligente prática médica que acabou por afetar gravemente a saúde da vítima, mulher de 22 anos e mãe de três filhos, provocando diversas intervenções cirúrgicas em detrimento de sua dignidade humana. Note-se que, neste caso, debateu-se o artigo 26 da Convenção à luz das obrigações constantes dos artigos 1º e 2º, a partir de uma interpretação dinâmica

---

[42] Caso de las niñas Yean y Bosico *vs.* República Dominicana, Inter-American Court, 8 November 2005, Ser. C, n. 130.

[43] Corte Interamericana de Direitos Humanos, Caso Acevedo Buendía y otros ("Cesantes y Jubilados de la Contraloría") *vs.* Peru, Excepción Preliminar, Fondo, Reparaciones y Costas. Sentença de 1º de julho de 2009, Ser. C, n. 198.

e evolutiva, a endossar a interdependência e a indivisibilidade de todos os direitos humanos, inexistindo hierarquia entre eles, com especial destaque ao direito à saúde, tendo como precedente o caso Acevedo Buendía y otros, bem como o *corpus juris* interamericano em sua integralidade. Na mesma linha, merece menção o caso Gonzales Lluy y otros vs. Equador, julgado pela Corte Interamericana em 1º de setembro de 2015.

Há, ademais, um conjunto de decisões que consagram a proteção indireta de direitos sociais, mediante a proteção de direitos civis, o que confirma a ideia da indivisibilidade e da interdependência dos direitos humanos.

No caso Albán Cornejo y otros *versus* Ecuador (2007), referente à suposta negligência médica em hospital particular – mulher deu entrada no hospital com quadro de meningite bacteriana e foi medicada, vindo a falecer no dia seguinte, provavelmente em decorrência do medicamento prescrito –, a Corte decidiu o caso com fundamento na proteção ao direito à integridade pessoal e não no direito à saúde[44]. No mesmo sentido, no caso Myrna Mack Chang *versus* Guatemala (2003), concernente a danos à saúde decorrentes de condições de detenção, uma vez mais a proteção ao direito à saúde deu-se sob o argumento da proteção do direito à integridade física[45].

Outros casos de proteção indireta de direitos sociais atêm-se à proteção ao direito ao trabalho, tendo como fundamento o direito ao devido processo legal e a proteção judicial. A respeito, destaca-se o caso Baena Ricardo y otros *versus* Panamá (2001), envolvendo a demissão arbitrária de 270 funcionários públicos que participaram de manifestação (greve)[46]. A Corte condenou o Estado do Panamá pela violação da garantia do devido processo legal e proteção judicial, determinando o pagamento de indenização e a reintegração dos 270 trabalhadores. No caso Trabajadores cesados del congreso (Aguado Alfaro y otros) *versus* Peru (2006), envolvendo a despedida arbitrária de 257 trabalhadores, a Corte condenou o Estado do Peru também pela afronta ao devido processo legal e proteção judicial. Em ambos os casos, a condenação dos Estados teve como argumento central a violação à garantia do devido processo legal, e não a violação ao direito do trabalho[47].

---

[44] Albán Cornejo y otros vs. Ecuador, Inter-American Court, 22 November 2007, Ser. C, n. 171.

[45] Myrna Mack Chang vs. Guatemala, Inter-American Court, 25 November 2003, Ser. C, n. 101.

[46] Baena Ricardo y otros vs. Panamá, Inter-American Court, 02 February 2001, Ser. C, n. 72.

[47] Caso Trabajadores cesados del congreso (Aguado Alfaro y otros) vs. Peru, Inter-American Court, 24 November 2006, Ser. C, n. 158.

Adicione-se também o caso "Cinco pensionistas" *versus* Peru (2003), envolvendo a modificação do regime de pensão no Peru, em que a Corte condenou o Estado com fundamento na violação ao direito de propriedade privada e não com fundamento na afronta ao direito de seguridade social, em face dos danos sofridos pelos cinco pensionistas[48].

Cabe ainda particular destaque ao caso Lagos del Campo *vs*. Peru, decidido em 31 de agosto de 2017, em que a Corte Interamericana declarou a responsabilidade internacional do Estado em face da demissão injustificada da vítima, senhor Alfredo Lagos del Campo, em decorrência de entrevista concedida a periódico, por afronta ao direito à estabilidade nas relações trabalhistas, ineditamente com base no artigo 26, combinado com os artigos 1º, 13, 8º e 16 da Convenção Americana de Direitos Humanos. Entendeu, também, estarem violados os direitos à liberdade de expressão e à liberdade de associação, nos termos dos artigos 13 e 16 da Convenção Americana, bem como o direito ao acesso à justiça (artigos 8º e 25 da Convenção). É a primeira vez que a Corte proferiu uma condenação específica tendo por fundamento o artigo 26 da Convenção Americana. Uma vez mais, a Corte reiterou a interdependência, a indivisibilidade e a integralidade de todos os direitos humanos, frisando inexistir hierarquia entre eles, sendo todos os direitos humanos exigíveis. Em sentido similar, destaca-se a sentença proferida em 8 de março de 2018 no caso Poblete Vilches y Otros contra o Estado do Chile, que consolidou relevantes parâmetros interamericanos a respeito do direito à saúde envolvendo pessoa idosa, com ênfase ao direito ao consentimento informado. Para a Corte Interamericana, o direito à saúde invoca como dimensões a disponibilidade, a acessibilidade, a aceitabilidade e a qualidade, tendo exigibilidade e justiciabilidade direta, na qualidade de direito autônomo. Adicionou, ainda, a importância de conferir visibilidade às pessoas idosas como sujeitos de direitos a merecer especial proteção. De forma inédita, a Corte se pronunciou sobre a saúde como um direito autônomo, integrante dos direitos econômicos, sociais, culturais e ambientais, com base no artigo 26 e no dever do Estado de conferir observância aos direitos das pessoas idosas. No mesmo sentido, cabe menção à sentença do caso Cuscul Pivaral contra o Estado da Guatemala, proferida em 2018, em que, também ineditamente, a Corte condenou um Estado por violar o dever de progressivamente implementar o direito à saúde, em situação

---

[48] Caso "Cinco pensionistas" *vs*. Peru, Inter-American Court, 28 February 2003, Ser. C, n. 98.

envolvendo pessoas vivendo com HIV na Guatemala[49]. Em 06 de fevereiro de 2020, no caso Comunidades Indígenas Miembros de la Asociación Lhaka Honhat (Nuestra Tierra) contra o Estado da Argentina, a Corte Interamericana, de forma inédita, reconheceu a responsabilidade internacional do Estado por violação autônoma dos direitos econômicos, sociais, culturais e ambientais de comunidades indígenas, com destaque aos direitos ao meio ambiente saudável, à alimentação e à água, no contexto da pandemia, tendo por fundamento o artigo 26 da Convenção Americana.

6) Violações a novos direitos da agenda contemporânea

Finalmente, esta sexta categoria de casos compreende novos direitos da agenda contemporânea, com especial destaque aos direitos reprodutivos.

Em sentença proferida em 28 de novembro de 2012, a Corte Interamericana de Direitos Humanos, no caso Artavia Murillo e outros contra a Costa Rica[50], enfrentou, de forma inédita, a temática da fecundação *in vitro* sob a ótica dos direitos humanos. O caso foi submetido pela Comissão Interamericana, sob o argumento de que a proibição geral e absoluta de praticar a "fecundação *in vitro*" na Costa Rica desde 2000 estaria a implicar violação a direitos humanos. Com efeito, por decisão da Sala Constitucional da Corte Suprema de Justiça de 15 de março de 2000, a prática da fertilização *in vitro* atentaria claramente contra a vida e a dignidade do ser humano. Todavia, no entender da Comissão, tal proibição estaria a constituir uma ingerência arbitrária com relação aos direitos à vida privada e familiar, bem como ao direito de formar uma família. A proibição estaria ainda a afetar o direito de igualdade das vítimas, visto que o Estado estaria a impedir o acesso a tratamento que permitiria superar uma situação de desvantagem relativamente a ter filhas e filhos biológicos, com impacto desproporcional nas mulheres. O argumento da Comissão é de que a proibição da fertilização *in vitro* afrontaria os direitos à vida privada e familiar; à integridade pessoal; à saúde sexual e reprodutiva; bem como o direito de gozar dos benefícios do progresso científico e tecnológico e o princípio da não discriminação.

A partir de uma interpretação sistemática e histórica, com destaque à normatividade e à jurisprudência dos sistemas universal, europeu e africano, concluiu a Corte Interamericana não ser possível sustentar que o embrião

---

[49] Caso Cuscul Pivaral *vs.* Guatemala, Inter-American Court, 08 de fevereiro de 2018, série C n. 348.
[50] Caso Artavia Murillo e outros ("fecundación *in vitro*") *vs.* Costa Rica, Corte Interamericana de Direitos Humanos, sentença proferida em 28 de novembro de 2012).

possa ser considerado pessoa. Recorrendo a uma interpretação evolutiva, a Corte observou que o procedimento da fertilização *in vitro* não existia quando a Convenção foi elaborada, conferindo especial relevância ao Direito Comparado, por meio do diálogo com a experiência jurídica latino-americana e de outros países, como os EUA e a Alemanha, a respeito da matéria. Concluiu que ter filhos biológicos, por meio de técnica de reprodução assistida, decorre dos direitos à integridade pessoal, liberdade e vida privada e familiar. Argumentou que o direito absoluto à vida do embrião – como base para restringir direitos – não encontra respaldo na Convenção Americana. Condenou, assim, a Costa Rica por violação aos arts. 5º, § 1º, 7º, 11, § 2º, e 17, § 2º, da Convenção Americana, determinando ao Estado adotar com a maior celeridade possível medidas apropriadas para que fique sem efeito a proibição de praticar a fertilização *in vitro*, assegurando às pessoas a possibilidade de valer-se deste procedimento sem impedimentos. Determinou também ao Estado a implementação da fertilização *in vitro*, tornando disponíveis os programas e os tratamentos de infertilidade, com base no princípio da não discriminação. Adicionou o dever do Estado de proporcionar às vítimas atendimento psicológico de forma imediata, fomentando, ademais, programas e cursos de educação e capacitação em direitos humanos, no campo dos direitos reprodutivos, sobretudo aos funcionários judiciais.

Ainda no campo dos direitos reprodutivos, em 29 de maio de 2013, ineditamente, a Corte concedeu medidas provisórias em face de El Salvador[51], em conformidade com os arts. 63.2 da Convenção Americana de Direitos Humanos e 27 do Regulamento da Corte, em caso envolvendo interrupção de gravidez em virtude de anencefalia fetal. Na hipótese, a Senhora "B"[52] encontrava-se na 26ª semana de gravidez de um feto anencefálico, portador de anomalia incompatível com a vida extrauterina. A Senhora "B" apresentava enfermidade materna grave com risco de morte materna.

A Corte determinou ao Estado de El Salvador a concessão de medidas necessárias para proteger a vida, a integridade pessoal e a saúde da Senhora "B", considerando o urgente e iminente risco de dano irreparável. Endossou a necessidade do Estado de El Salvador de adotar e garantir, com urgência, todas as medidas que sejam necessárias e efetivas para que a equipe médica

---

[51] Medidas provisórias em face do Estado de El Salvador, Corte Interamericana de Direitos Humanos, 29 de maio de 2013.
[52] Por solicitação da Comissão Interamericana, em respeito à identidade e à privacidade da vítima, a mesma é identificada como Senhora "B".

responsável pela Senhora "B" pudesse adotar, sem qualquer interferência, as medidas médicas para assegurar a devida proteção aos direitos consagrados nos arts. 4º e 5º da Convenção Americana, evitando, assim, danos que possam ser irreparáveis aos direitos à vida, à integridade pessoal e à saúde da Senhora "B".

4. Sistema Interamericano de Proteção dos Direitos Humanos: Desafios e Perspectivas

O sistema interamericano está se consolidando como importante e eficaz estratégia de proteção dos direitos humanos, quando as instituições nacionais se mostram falhas ou omissas. A Comissão e a Corte Interamericana contribuem para a denúncia dos mais sérios abusos e pressionam os governos para que cessem com as violações de direitos humanos, fortalecendo a *accountability* dos Estados.

Como foi examinado, o sistema interamericano invoca um parâmetro de ação para os Estados, legitimando o encaminhamento de comunicações de indivíduos e entidades não governamentais se esses *standards* internacionais são desrespeitados. Nesse sentido, a sistemática internacional estabelece a tutela, a supervisão e o monitoramento do modo pelo qual os Estados garantem os direitos humanos internacionalmente assegurados.

Verificou-se ainda que os instrumentos internacionais constituem relevante estratégia de atuação para as organizações não governamentais, nacionais e internacionais, ao adicionar uma linguagem jurídica ao discurso dos direitos humanos. Esse fator é positivo na medida em que os Estados são convocados a responder com mais seriedade aos casos de violação de direitos.

A experiência brasileira revela que a ação internacional tem também auxiliado a publicidade das violações de direitos humanos, o que oferece o risco do constrangimento político e moral ao Estado violador, e, nesse sentido, surge como significativo fator para a proteção dos direitos humanos. Ademais, ao enfrentar a publicidade das violações de direitos humanos, bem como as pressões internacionais, o Estado é praticamente "compelido" a apresentar justificativas a respeito de sua prática. A ação internacional e as pressões internacionais podem, assim, contribuir para transformar uma prática governamental específica, no que se refere aos direitos humanos, conferindo suporte ou estímulo para reformas internas. Como realça James L. Cavallaro, "estratégias bem articuladas de litigância internacional que diferenciem vitórias meramente processuais de ganhos substantivos, mediante a adoção de medidas para mobilizar a mídia e a opinião pública, têm permitido o avanço da causa dos direitos humanos no Brasil"[53]. Na percepção de Kathryn Sikkink: "O trabalho das ONGs torna as práticas repressivas dos Estados mais visíveis e públicas, exigindo deles, que se manteriam calados, uma resposta. Ao enfrentar pressões crescentes, os Estados repressivos buscam apresentar justificativas. (...) Quando um Estado reconhece a legitimidade das intervenções internacionais na questão dos direitos humanos e, em resposta a pressões internacionais, altera sua prática com relação à matéria, fica reconstituída a relação entre Estado, cidadãos e atores internacionais"[54]. Adiciona a autora: "(...) pressões e políticas transnacionais no campo dos direitos humanos, incluindo *network* de ONGs, têm exercido uma significativa diferença no sentido de permitir avanços nas práticas dos direitos humanos em diversos países do mundo. Sem os regimes internacionais de proteção dos direitos humanos e suas normas, bem como sem a atuação das *networks* transnacionais que operam para efetivar tais normas, transformações na esfera dos direitos humanos não teriam ocorrido"[55].

O sucesso do sistema reflete o intenso comprometimento das ONGs (envolvendo movimentos sociais e estratégias de mídia), a boa resposta do sistema e a implementação de suas decisões pelo Estado, propiciando transformações e avanços no regime interno de proteção dos direitos humanos.

Enfim, considerando a experiência brasileira, pode-se afirmar que, com o intenso envolvimento das organizações não governamentais, a partir de articuladas e competentes estratégias de litigância, os instrumentos internacionais constituem poderosos mecanismos para a efetiva promoção e proteção dos direitos humanos no âmbito nacional.

Entretanto, o fortalecimento do sistema interamericano requer a adoção de medidas em duas direções: seja para o reforço e aprimoramento interno do sistema; seja para a maior abertura dos regimes internos, assegurando-se a plena implementação das decisões internacionais. Para tanto, destacam-se sete propostas:

---

[53] CAVALLARO, James L. Toward play: a decade of transformation and resistance in international human rights advocacy in Brazil. *Chicago Journal of International Law*, v. 3, n. 2, fall 2002, p. 492.

[54] Ver SIKKINK, Kathryn. Human rights, principled issue-networks, and sovereignty in Latin America. In: *International organizations*. Massachusetts: IO Foundation and the Massachusetts Institute of Technology, 1993, p. 414-415.

[55] SIKKINK, Kathryn; RISSE, Thomas. Conclusions. In: RISSE, Thomas; ROPP, Stephen C.; SIKKINK, Kathryn (Orgs.). *The power of human rights*: international norms and domestic change. Cambridge: Cambridge University Press, 1999, p. 275.

1) Democratização do sistema interamericano

O acesso à Corte Interamericana remanesce restrito apenas à Comissão Interamericana e aos Estados, sendo negado aos indivíduos e às ONGs. Note-se que, no sistema regional europeu, mediante o Protocolo n. 11, que entrou em vigor em 1º de novembro de 1998, qualquer pessoa física, organização não governamental ou grupo de indivíduos pode submeter diretamente à Corte Europeia demanda veiculando denúncia de violação por Estado-parte de direitos reconhecidos na Convenção (conforme o art. 34 da Convenção Europeia).

Como afirmam Antônio Augusto Cançado Trindade e Manuel E. Ventura Robles: "O direito de acesso à justiça no plano internacional é aqui entendido *lato sensu*, configurando um direito autônomo do ser humano à prestação jurisdicional, a obter justiça, à própria realização da justiça, no marco da Convenção Americana. Com efeito, o acesso direto dos indivíduos à jurisdição internacional constitui, em nossos dias, uma grande conquista no universo conceptual do Direito, que possibilita ao ser humano reivindicar direitos, que lhe são inerentes, contra todas as manifestações de poder arbitrário, dando, assim, um conteúdo ético às normas tanto de direito público interno, como de direito internacional"[56]. Acrescentam os autores: "(...) ao reconhecimento de direitos deve corresponder a capacidade processual de reivindicá-los, devendo o indivíduo peticionário estar dotado de *locus standi in judicio*, em todas as etapas do procedimento perante a Corte. (...) a cristalização deste direito de acesso direto dos indivíduos à jurisdição da Corte deve ser assegurado mediante um Protocolo Adicional à Convenção Americana de Direitos Humanos para este fim"[57].

O acesso direto à Corte permitiria uma arena mais participativa e aberta à relevante atuação das ONGs e dos indivíduos no sistema. O protagonismo da sociedade civil tem se mostrado vital ao sucesso do sistema interamericano.

2) Composição da Corte e da Comissão Interamericana

Outra medida importante é assegurar a elevada independência dos membros integrantes da Comissão e da Corte Interamericana, que devem atuar a título pessoal e não governamental.

---

[56] CANÇADO TRINDADE, Antônio Augusto; ROBLES, Manuel E. Ventura. *El futuro de la Corte Interamericana de Derechos Humanos*. 2. ed. atual. e ampl. San José da Costa Rica: Corte Interamericana de Direitos Humanos/ACNUR, 2004, p. 10-11.

[57] CANÇADO TRINDADE, Antônio Augusto; ROBLES, Manuel E. Ventura, op. cit., p. 36. Sobre o tema, defendem os autores a necessidade de se avançar "no sentido da evolução do *locus standi in judicio* ao *jus standi* dos indivíduos ante a Corte" (op. cit., p. 96).

A sociedade civil deveria ter uma atuação mais atenta ao monitoramento do processo de indicação de tais integrantes, doando-lhe maior publicidade, transparência e *accountability*.

3) Jurisdição automática e compulsória da Corte Interamericana

O direito à proteção judicial é um direito humano não apenas sob a perspectiva nacional, mas também sob a perspectiva internacional. O acesso à justiça deve, pois, ser assegurado nas esferas nacional, regional e global.

O sistema interamericano deve estabelecer a jurisdição automática e compulsória da Corte, não mais aceitando seja o reconhecimento de sua jurisdição uma cláusula facultativa. Reitere-se que, atualmente, dos 34 Estados-membros da OEA, 22 aceitam a jurisdição da Corte.

4) Implementação das decisões da Comissão e da Corte Interamericana

No sistema interamericano há uma séria lacuna concernente à supervisão das decisões da Corte e da Comissão. No sistema europeu, a título exemplificativo, o Comitê de Ministros (órgão político) tem a função de supervisionar a execução das decisões da Corte Europeia, atuando coletivamente em nome do Conselho da Europa[58].

No sistema interamericano, são seus próprios órgãos que realizam o *follow up* das decisões que eles próprios proferem. Isto porque a Convenção Americana não estabelece mecanismo específico para supervisionar o cumprimento das decisões da Comissão ou da Corte, embora a Assembleia Geral da OEA tenha o mandato genérico a este respeito, nos termos do art. 65 da Convenção Americana[59].

Na avaliação de Cançado Trindade e Robles: "(...) a Corte Interamericana tem atualmente uma especial preocupação quanto ao cumprimento de suas sentenças. Os Estados, em geral, cumprem as reparações que se referem a indenizações de caráter pecuniário, mas o mesmo não ocorre necessariamente com as reparações de caráter não pecuniário, em especial as que se referem às investigações efetivas dos fatos que originaram tais

---

[58] Para uma análise comparativa dos sistemas regionais, ver PIOVESAN, Flávia. *Direitos humanos e justiça internacional*: um estudo comparativo dos sistemas regionais europeu, interamericano e africano. 10. ed. São Paulo: Saraiva, 2024.

[59] De acordo com o art. 65 da Convenção: "A Corte submeterá à consideração da Assembleia Geral da OEA, em cada período ordinário de sessões, um relatório sobre as suas atividades no ano anterior. De maneira especial, e com as recomendações pertinentes, indicará os casos em que um Estado não tenha dado cumprimento a suas sentenças".

violações, bem como à identificação e sanção dos responsáveis – imprescindíveis para pôr fim à impunidade (e suas consequências negativas para o tecido social como um todo). (...) Atualmente, dada a carência institucional do sistema interamericano de proteção dos direitos humanos nesta área específica, a Corte Interamericana vem exercendo *motu proprio* a supervisão da execução de suas sentenças, dedicando-lhe um ou dois dias de cada período de sessões. Mas a supervisão – como exercício de garantia coletiva – da fiel execução das sentenças e decisões da Corte é uma tarefa que recai sobre o conjunto dos Estados-partes da Convenção"[60].

5) Medidas logísticas e recursos

Uma quinta proposta, de natureza logística, seria a instituição de funcionamento permanente da Comissão e da Corte, com recursos financeiros[61], técnicos e administrativos suficientes.

6) Adoção de medidas internas visando à plena implementação das decisões internacionais no plano doméstico

A sexta proposta atém-se à exigibilidade de cumprimento das decisões internacionais no âmbito interno, com a adoção pelos Estados de legislação relativa à implementação das decisões internacionais em matéria de direitos humanos. Os Estados devem garantir o integral cumprimento destas decisões, sendo inadmissível sua indiferença, omissão e silêncio.

As decisões internacionais em matéria de direitos humanos devem produzir efeitos jurídicos imediatos e obrigatórios no âmbito do ordenamento jurídico interno, cabendo aos Estados sua fiel execução e cumprimento, em conformidade com o princípio da boa-fé, que orienta a ordem

---

[60] CANÇADO TRINDADE, Antônio Augusto; ROBLES, Manuel E. Ventura, op. cit., p. 434. Propõem os autores: "Para assegurar o monitoramento contínuo do fiel cumprimento de todas as obrigações convencionais de proteção, em particular das decisões da Corte, deve ser acrescentado ao final do artigo 65 da Convenção Americana, a seguinte frase: 'A Assembleia Geral os remeterá ao Conselho Permanente, para estudar a matéria e elaborar um informe, a fim de que a Assembleia Geral delibere a respeito'. Deste modo, se supre uma lacuna com relação a um mecanismo, a operar em base permanente (e não apenas uma vez por ano, ante a Assembleia Geral da OEA), para supervisionar a fiel execução, por todos os Estados-partes demandados, das sentenças da Corte" (op. cit., p. 91-92).

[61] A título ilustrativo, o orçamento da Corte Europeia corresponde aproximadamente a 20% do orçamento do Conselho da Europa, envolvendo 41 milhões de euros, enquanto o orçamento conjunto da Comissão e da Corte Interamericana corresponde aproximadamente a 5% do orçamento da OEA, envolvendo apenas 4 milhões de dólares norte-americanos.

internacional. A efetividade da proteção internacional dos direitos humanos está absolutamente condicionada ao aperfeiçoamento das medidas nacionais de implementação.

7) Fortalecimento do regime doméstico de proteção dos direitos humanos

A última proposta refere-se ao fortalecimento da proteção dos direitos humanos no plano local, a partir da consolidação de uma cultura de direitos humanos.

O desafio é aumentar o comprometimento dos Estados para com a causa dos direitos humanos, ainda vista, no contexto latino-americano, como uma agenda contra o Estado. Há que se endossar a ideia – tão vital à experiência europeia – da indissociabilidade entre direitos humanos, democracia e Estado de Direito. Isto é, há que se reforçar a concepção de que o respeito aos direitos humanos é condição essencial para a sustentabilidade democrática e para a capilaridade do Estado de Direito na região.

Diversamente do contexto europeu, em que há uma relação indissociável entre democracia, Estado de Direito e direitos humanos, a realidade latino-americana reflete democracias políticas incompletas e Estados de Direito de baixa densidade, que convivem com um grave padrão de violação a direitos.

É neste cenário que o sistema interamericano se legitima como importante e eficaz instrumento para a proteção dos direitos humanos, quando as instituições nacionais se mostram falhas ou omissas. Com a atuação da sociedade civil, a partir de articuladas e competentes estratégias de litigância, o sistema interamericano tem a força catalisadora de promover avanços no regime de direitos humanos. Permitiu a desestabilização dos regimes ditatoriais; exigiu justiça e o fim da impunidade nas transições democráticas; e agora demanda o fortalecimento das instituições democráticas com o necessário combate às violações de direitos humanos.

Considerando o contexto latino-americano – marcado por graves e sistemáticas violações de direitos humanos; por profundas desigualdades sociais; e por democracias ainda em fase de consolidação, que intentam romper com o denso legado dos regimes autoritários e que se veem desafiadas pela ascensão de regimes populistas autoritários – pode-se concluir que o sistema interamericano salvou e continua salvando muitas vidas; tem contribuído de forma decisiva para a consolidação do Estado de Direito e das democracias na região; tem combatido a impunidade; e tem assegurado às vítimas o direito à esperança de que a justiça seja feita e os direitos humanos respeitados.

Capítulo 4

SISTEMA INTERAMERICANO DE DIREITOS HUMANOS: IMPACTO TRANSFORMADOR E DIÁLOGOS JURISDICIONAIS*

1. Introdução

Objetiva este capítulo enfocar o sistema interamericano de direitos humanos, com destaque ao seu impacto transformador no contexto latino-americano e ao seu crescente empoderamento na região, fruto da efetividade do diálogo jurisdicional em um sistema multinível.

É sob esta perspectiva multinível que emergem quatro vertentes do diálogo jurisdicional, a compreender o diálogo com o sistema global (mediante a incorporação de parâmetros protetivos de direitos humanos); o diálogo com os sistemas regionais (a envolver a "europeicização" do sistema interamericano e a "interamericanização" do sistema europeu); o diálogo com os sistemas nacionais (a abranger o controle da convencionalidade); e o diálogo com a sociedade civil (a emprestar ao sistema interamericano crescente legitimação social).

Por fim, pretende-se identificar os principais desafios do sistema interamericano visando ao fortalecimento do sistema e à pavimentação de um *ius commune* latino-americano em matéria de direitos humanos.

---

* Um especial agradecimento é feito a Alexander von Humboldt Foundation pela *fellowship* que tornou possível este estudo e ao Max-Planck Institute for Comparative Public Law and International Law por prover um ambiente acadêmico de extraordinário vigor intelectual. Este capítulo tem como base a conferência "Diálogo en el Sistema Interamericano de Derechos Humanos: Retos cara a la Reforma", proferida no seminário internacional "Diálogo sobre diálogos jurisdiccionales: Ius Constitucionale Commune Latinoamericanum", no Max-Planck-Institute, em Heidelberg (Alemanha), em 4 de dezembro de 2012. Observe-se que este capítulo foi atualizado à luz da conferência proferida no Max-Planck-Institute for Comparative Public Law and International Law, em 9 de julho de 2022, no seminário a respeito dos "Impactos Transformadores del Sistema Interamericano de Derechos Humanos".

2. Impacto Transformador do Sistema Interamericano no Contexto Latino--Americano

A América Latina ostenta o maior grau de desigualdade do mundo. Cinco dos dez países mais desiguais do mundo estão na América Latina, dentre eles o Brasil[1]. Estudos da CEPAL de 2021 apontam que a pobreza na região alcança 33,7% e a pobreza extrema alcança 14,9% da população na região.

Não bastando o acentuado grau de desigualdade, a região ainda se destaca por ser a mais violenta do mundo. Concentra 38% dos homicídios, tendo apenas 8% da população mundial. Dez dos vinte países com maiores taxas de homicídio do mundo são latino-americanos[2].

A pesquisa Latinobarómetro 2021 sobre o apoio à democracia na América Latina revela que apenas 48% dos entrevistados consideraram a democracia preferível a qualquer outra forma de governo. De acordo com pesquisa de 2015, 31% consideram que pode haver democracia sem partidos políticos e 27% consideram que a democracia pode funcionar sem Congresso Nacional.

A região latino-americana marcada por sociedades pós-coloniais tem assim sido caracterizada por elevado grau de exclusão e violência ao qual se somam democracias em fase de consolidação. A região sofre com um centralismo autoritário de poder, o que vem a gerar o fenômeno do "hiperpresidencialismo" ou formas de "democracia delegativa", desafiados, ainda, pela ascensão do populismo autoritário. A democratização fortaleceu a proteção de direitos, sem, contudo, efetivar reformas institucionais profundas necessárias à consolidação do Estado Democrático de Direito. A região ainda convive com as reminiscências do legado dos regimes autoritários ditatoriais, com uma cultura de violência e de impunidade, com a baixa densidade de Estados de Direito e com a precária tradição de respeito aos direitos humanos no âmbito doméstico.

Dois períodos demarcam o contexto latino-americano: o período dos regimes ditatoriais; e o período da transição política aos regimes democráticos, marcado pelo fim das ditaduras militares na década de 80, na Argentina, no Chile, no Uruguai e no Brasil.

---

[1] LAGOS, Marta; DAMMERT, Lucía, La seguridad ciudadana: el problema principal de América Latina, Latinobarómetro, 9 de maio de 2012, p. 3.

[2] LAGOS, Marta; DAMMERT, Lucía La seguridad ciudadana: el problema principal de América Latina, Latinobarómetro, 9 de maio de 2012, p. 3.

Em 1978, quando a Convenção Americana de Direitos Humanos entrou em vigor, muitos dos Estados da América Central e do Sul eram governados por ditaduras. Dos 11 Estados-partes da Convenção à época, menos que a metade tinha governos eleitos democraticamente, ao passo que hoje quase a totalidade dos Estados latino-americanos na região tem governos eleitos democraticamente[3]. Diversamente do sistema regional europeu que teve como fonte inspiradora a tríade indissociável Estado de Direito, Democracia e Direitos Humanos, o sistema regional interamericano tem em sua origem o paradoxo de nascer em um ambiente acentuadamente autoritário, que não permitia qualquer associação direta e imediata entre Democracia, Estado de Direito e Direitos Humanos. Ademais, neste contexto, os direitos humanos eram tradicionalmente concebidos como uma agenda contra o Estado. Diversamente do sistema europeu, que surge como fruto do processo de integração europeia e tem servido como relevante instrumento para fortalecer este processo de integração, no caso interamericano havia tão somente um movimento ainda embrionário de integração regional.

É neste cenário que o sistema interamericano gradativamente se legitima como importante e eficaz instrumento para a proteção dos direitos humanos, quando as instituições nacionais se mostram falhas ou omissas. Com a atuação da sociedade civil, a partir de articuladas e competentes estratégias de litigância, o sistema interamericano tem a força catalisadora de promover avanços no regime de direitos humanos.

Permitiu a desestabilização dos regimes ditatoriais; exigiu justiça e o fim da impunidade nas transições democráticas; e agora demanda o fortalecimento das instituições democráticas com o necessário combate às violações de direitos humanos e proteção aos grupos mais vulneráveis. A título ilustrativo, destaca-se a tipologia de casos proposta no Capítulo 3 desta obra (particularmente no tópico 3) baseada em decisões concernentes a seis diferentes categorias de violações a direitos humanos: a) violações que refletem o legado do regime autoritário ditatorial; b) violações que refletem questões

---

[3] Como observa Thomas Buergenthal: "O fato de hoje quase a totalidade dos Estados latino-americanos na região, com exceção de Cuba, terem governos eleitos democraticamente tem produzido significativos avanços na situação dos direitos humanos nesses Estados. Estes Estados ratificaram a Convenção e reconheceram a competência jurisdicional da Corte" (Prefácio de Thomas Buergenthal, In: PASQUALUCCI, Jo M., *The practice and procedure of the Inter-American Court on Human Rights*, Cambridge: Cambridge University Press, 2003, p. XV). Em 2016, 22 Estados haviam reconhecido a competência da Corte Interamericana de Direitos Humanos. De acordo com: <http://www.cidh.oas.org/Basicos/English/Basic4.Amer.Conv.Ratif.htm>.

da justiça de transição (*transitional justice*); c) violações que refletem desafios acerca do fortalecimento de instituições e da consolidação do Estado de Direito (*rule of law*); d) violações de direitos de grupos vulneráveis; e) violações a direitos sociais; e f) violações a novos direitos da agenda contemporânea.

3. O Empoderamento do Sistema Interamericano Mediante a Efetividade do Diálogo Jurisdicional e Crescente Legitimação Social

O sistema interamericano é capaz de revelar as peculiaridades e especificidades das lutas emancipatórias por direitos e por justiça na região latino-americana. O sistema apresenta uma particular institucionalidade marcada pelo protagonismo de diversos atores, em um palco em que interagem Estados, vítimas, organizações da sociedade civil nacionais e internacionais, a Comissão e a Corte Interamericana no âmbito da Organização dos Estados Americanos.

Neste contexto, o sistema interamericano gradativamente se empodera, mediante diálogos a permitir o fortalecimento dos direitos humanos em um sistema multinível. É sob esta perspectiva multinível que emergem quatro vertentes do diálogo jurisdicional, a compreender:

a) o diálogo com o sistema global (mediante a incorporação de parâmetros protetivos de direitos humanos);

b) o diálogo com os sistemas regionais (a envolver a "europeização" do sistema interamericano e a "interamericanização" do sistema europeu);

c) o diálogo com os sistemas nacionais (a abranger o controle da convencionalidade); e

d) o diálogo com a sociedade civil (a emprestar ao sistema interamericano crescente legitimação social).

No que se refere ao diálogo com o sistema global, constata-se a incorporação crescente de parâmetros protetivos de direitos humanos do sistema global (ONU) nas sentenças proferidas pela Corte Interamericana, com realce à *soft jurisprudence* fomentada pelos *treaties bodies*. A título ilustrativo, destaque-se menção à Declaração da ONU sobre Povos Indígenas de 2007, bem como à jurisprudência do Comitê Geral n. 17/2005 do Comitê da ONU sobre Direitos Econômicos, Sociais e Culturais, na sentença proferida pela Corte Interamericana no caso Pueblo Indígena Kichwa de Sarayaku *vs.* Equador, de 27 de junho de 2012. Outro exemplo atém-se à sentença do caso Atala Riffo y ninas *vs.* Chile, de 24 de fevereiro de 2012, em que a Corte Interamericana incorpora a jurisprudência dos Comitês da ONU de Direitos

Humanos, de Direitos Econômicos, Sociais e Culturais, contra a Tortura, sobre a Eliminação da Discriminação contra a Mulher e sobre a Eliminação de todas as formas de Discriminação Racial, tecendo, ainda, menção à Declaração da ONU sobre Orientação Sexual e Identidade de Gênero, de 2008. Na sentença do caso Geman *vs.* Uruguai, de 24 de fevereiro de 2012, a Corte menciona a Convenção da ONU para a Proteção de todas as Pessoas contra o Desaparecimento Forçado de 2006, bem como a Convenção sobre os Direitos da Criança e a jurisprudência do respectivo Comitê. Também na sentença do caso Artavia Murillo e outros (fecundación *in vitro*) *vs.* Costa Rica, em 28 de novembro de 2012, a Corte Interamericana argumentou com base na interpretação histórica e sistemática, tecendo diálogo com o sistema universal de direitos humanos, em especial com a Declaração Universal de 1948, o Pacto Internacional de Direitos Civis e Políticos, a Convenção sobre a Eliminação de todas as formas de Discriminação contra a Mulher e a Convenção sobre os Direitos da Criança.

Quanto ao diálogo com os sistemas regionais, faz-se cada vez mais intenso com os processos de *"interamericanização"* do sistema europeu e de *"europeização"* do sistema interamericano.

A inclusão dos países do Leste Europeu no sistema europeu, com sua agenda própria de violações, está a deflagrar a crescente abertura da Corte Europeia à jurisprudência interamericana relativa a graves violações de direitos perpetradas por regimes autoritários, envolvendo a prática de tortura, execução sumária e desaparecimento forçado de pessoas. Como demonstra relatório produzido pelo Conselho da Europa, ao analisar 25 sentenças proferidas pela Corte Europeia, há expressiva referência à jurisprudência da Corte Interamericana, sobretudo em matéria de desaparecimento forçado, combate à impunidade e justiça de transição, com destaque às sentenças dos casos Velásquez Rodrigues *vs.* Honduras, Godinez Gruz *vs.* Honduras, Loyaza Tamayo *vs.* Peru e Barrios Altos *vs.* Peru, na jurisprudência da Corte Europeia. Também foram localizados julgados da Corte Europeia concernentes a direitos sociais, com menção às sentenças da Corte Interamericana nos casos Acevedo Buendia *vs.* Peru e Cinco Pensionistas *vs.* Peru[4].

---

[4] A respeito, ver Council of Europe. *Research Report, References to the Inter-American Court of Human Rights in the case-law of the European Court of Human Rights.* 2012. Disponível em: <http://www.echr.coe.int/NR/rdonlyres/7EB3DE1F-C43E-4230-980D-63F127E6A7D9/0/RAPPORT_RECHERCHE_InterAmerican_Court_and_the_Court_caselaw.pdf>, acesso em: 1º dez. 2012.

Por sua vez, a Corte Interamericana ao enfrentar novos temas de direitos humanos – emergentes na agenda contemporânea – passa a aludir aos precedentes da Corte Europeia, como bem ilustra o *leading case* Karen Atala y hijas *vs*. Chile, decidido em 24 de fevereiro de 2012[5]. Trata-se de inédita e emblemática sentença concernente à proibição da discriminação fundada em orientação sexual, em que a Corte Interamericana no campo argumentativo alude ao relevante repertório jurisprudencial firmado pela Corte Europeia em caso similar[6]. De igual modo, no caso Artavia Murillo e outros *vs*. Costa Rica, em sentença de 28 de novembro de 2012, a Corte, ao enfocar a temática da fertilização *in vitro*, em sua argumentação adotou precedentes da Corte Europeia de Direitos Humanos a respeito do alcance do direito à vida. Também no caso Pueblo Indígena Kichwa de Sarayaku *vs*. Equador, de 27 de junho de 2012, a Corte Interamericana vale-se de precedente da Corte Europeia em matéria de direito à identidade cultural, endossando o entendimento de que o direito à identidade cultural deve ser respeitado em sociedades multiculturais, pluralistas e democráticas. Na sentença do caso Gelman *vs*. Uruguai, de 24 de fevereiro de 2012, a Corte Interamericana alude à jurisprudência da Corte Europeia em casos contra a Turquia e a Hungria.

O diálogo entre as Cortes Interamericana e Europeia de Direitos Humanos tem sido fomentado por permeabilidades e aberturas mútuas, por referências e influências recíprocas, que permitem avançar na proteção de temas centrais da agenda de direitos humanos. É a partir de interlocuções e empréstimos jurisprudenciais, que cada qual dos sistemas regionais desenvolve o refinamento de argumentos, interpretações e princípios voltados à afirmação da dignidade humana. O resultado é a transformação dos sistemas regionais, por meio da inovação jurisprudencial e do fortalecimento da capacidade de responder a desafios concernentes a violações de direitos, propiciando proteção mais efetiva aos direitos das vítimas.

---

[5] Caso Atala Riffo and daughters *vs*. Chile, Inter-American Court, 24 February 2012, Series C, n. 239.
[6] Com efeito, a Corte Interamericana recorreu ao caso Salgueiro da Silva Mouta *vs*. Portugal, sustentando que: "Respecto a la inclusión de la orientación sexual como categoria de discriminación prohibido, el Tribunal Europeo de Derechos Humanos há señalado que la orientación sexual es 'otra condición' mencionada en el artículo 14 del Convenio Europeu para la Protección de los Derechos Humanos e de las Libertades Fundamentales, el cual prohíbe tratos discriminatorios. En particular, en el caso Salgueira da Silva Mouta *vs*. Portugal, el Tribunal Europeo concluyo que la orientación sexual es un concepto que se encuentra cubierto por el artículo 14 del Convenio Europeu. Además, reiteró que el listado de categorias que se realiza em dicho artículo es ilustrativa y no exhaustiva" (Caso Atala Riffo and daughters *vs*. Chile, Inter-American Court, 24 February 2012, Series C, n. 239).

Ao enfocar a dinâmica do diálogo entre as Cortes Interamericana e Europeia em temas centrais à agenda dos direitos humanos, observa-se que ambas compartilham da interpretação sistemática, considerando o sistema protetivo internacional de direitos humanos de forma holística e integral. Sob esta perspectiva do Direito Internacional dos Direitos Humanos, temas desafiadores são enfrentados pelas Cortes regionais com base nos parâmetros protetivos globais da ONU, com destaque aos tratados e declarações de direitos humanos; à jurisprudência dos *treaty bodies*; e aos *reports* elaborados pelas Relatorias Temáticas Especiais da ONU.

No caso Artavia Murillo e outros *vs.* Costa Rica, a Corte Interamericana sustenta a relevância e o alcance da interpretação sistemática: "(...) según el argumento sistemático, las normas deben ser interpretadas como parte de un todo cuyo significado y alcance deben fijarse en función del sistema jurídico al cual pertenecen. En este sentido, el Tribunal ha considerado que 'al dar interpretación a un tratado no sólo se toman en cuenta los acuerdos e instrumentos formalmente relacionados con éste (inciso segundo del artículo 31 de la Convención de Viena), sino también el sistema dentro del cual se inscribe (inciso tercero del artículo 31)' esto es, el Derecho Internacional de los Derechos Humanos. La Corte entra a analizar este alegato a partir de una valoración general de lo dispuesto por los sistemas de protección respecto a la protección del derecho a la vida. Por tanto, se analizará: i) el Sistema Interamericano; ii) el Sistema Universal; iii) el Sistema Europeo, y iv) el Sistema Africano".

A Corte Interamericana, com base na interpretação sistemática, adota como referência interpretativa o Direito Internacional dos Direitos Humanos (compreendendo o sistema global e os sistemas regionais europeu, interamericano e africano), com forte alusão ao Direito Comparado e especialmente aos sistemas jurídicos latino-americanos. Como será adiante enfocado, sentenças paradigmáticas da Corte Interamericana têm realizado o diálogo regional-local, com ênfase nos marcos constitucionais latino-americanos, bem como na jurisprudência de Cortes latino-americanas. Com isto, o sistema interamericano – norteado pelo chamado "controle da convencionalidade" – vê-se crescentemente legitimado em suas decisões, por meio do diálogo regional-local. Já no caso do sistema europeu, a doutrina da "margem de apreciação" vem a caracterizar o diálogo da Corte Europeia com os Estados. A doutrina da "margem de apreciação" assegura aos Estados uma margem maior de liberdade para que, em respeito às suas instituições e tradições, implementem ao seu modo internamente as decisões por ela proferidas.

No marco da interpretação sistemática centrada no Direito Internacional dos Direitos Humanos holisticamente compreendido, o diálogo entre as Cortes Europeia e Interamericana tem fomentado a transformação mútua dos sistemas regionais, mediante a "interamericanização" do sistema europeu e a "europeização" do sistema interamericano. A partir de empréstimos, influências, interações e impactos recíprocos, o diálogo inter-regional tem fortalecido a jurisprudência protetiva de direitos, a capacidade dos sistemas de enfrentar novas agendas de direitos e a efetiva proteção dos direitos das vítimas, consolidando o potencial emancipatório do diálogo a ressignificar o alcance da justiça regional.

A respeito do diálogo com os sistemas nacionais, como já mencionado, consolida-se o chamado "controle de convencionalidade". Tal controle é reflexo de um novo paradigma a nortear a cultura jurídica latino-americana na atualidade: da hermética pirâmide centrada no State approach à permeabilidade do trapézio centrado no human rights approach.

Isto é, aos parâmetros constitucionais somam-se os parâmetros convencionais, na composição de um trapézio jurídico aberto ao diálogo, aos empréstimos e à interdisciplinaridade, a ressignificar o fenômeno jurídico sob a inspiração do human rights approach.

No caso latino-americano, o processo de democratização na região, deflagrado na década de 80, é que propiciou a incorporação de importantes instrumentos internacionais de proteção dos direitos humanos pelos Estados latino-americanos. Hoje constata-se que os países latino-americanos subscreveram os principais tratados de direitos humanos adotados pela ONU e pela OEA.

De um lado, despontam Constituições latino-americanas com cláusulas constitucionais abertas, com destaque à hierarquia especial dos tratados de direitos humanos, à sua incorporação automática e às regras interpretativas alicerçadas no princípio pro persona.

Com efeito, as Constituições latino-americanas estabelecem cláusulas constitucionais abertas, que permitem a integração entre a ordem constitucional e a ordem internacional, especialmente no campo dos direitos humanos, ampliando e expandindo o bloco de constitucionalidade. Ao processo de constitucionalização do Direito Internacional conjuga-se o processo de internacionalização do Direito Constitucional. A título exemplificativo, a Constituição da Argentina, após a reforma constitucional de 1994, dispõe, no art. 75, inciso 22, que, enquanto os tratados em geral têm hierarquia infraconstitucional, mas supralegal, os tratados de proteção dos direitos humanos têm hierarquia constitucional, complementando os direitos e garantias constitucionalmente reconhecidos. A Constituição brasileira de 1988, no art. 5º, § 2º, consagra que os direitos e garantias expressos na Constituição não excluem os direitos decorrentes dos princípios e do regime a ela aplicável e os direitos enunciados em tratados internacionais ratificados pelo Brasil, permitindo, assim, a expansão do bloco de constitucionalidade. A então Constituição do Peru de 1979, no mesmo sentido, determinava, no art. 105, que os preceitos contidos nos tratados de direitos humanos têm hierarquia constitucional e não podem ser modificados senão pelo procedimento que rege a reforma da própria Constituição. Já a atual Constituição do Peru de 1993 consagra que os direitos constitucionalmente reconhecidos devem ser interpretados em conformidade com a Declaração Universal de Direitos Humanos e com os tratados de direitos humanos ratificados pelo Peru. Decisão proferida em 2005 pelo Tribunal Constitucional do Peru endossou a hierarquia constitucional dos tratados internacionais de proteção dos direitos humanos, adicionando que os direitos humanos enunciados nos tratados conformam a ordem jurídica e vinculam os poderes públicos. A Constituição da Colômbia de 1991, reformada em 1997, confere, no art. 93, hierarquia especial aos tratados de direitos humanos, determinando que estes prevaleçam na ordem interna e que os direitos humanos constitucionalmente consagrados serão interpretados em conformidade com os tratados de direitos humanos ratificados pelo país. Também a Constituição do Chile de 1980, em decorrência da reforma constitucional de 1989, passou a consagrar o dever dos órgãos do Estado de respeitar e promover os direitos garantidos pelos tratados internacionais ratificados por aquele país. Acrescente-se a Constituição da Bolívia de 2009, ao estabelecer que os direitos e deveres reconhecidos constitucionalmente serão interpretados em conformidade com os tratados de direitos humanos ratificados pela Bolívia, que prevalecerão em relação à própria Constituição se enunciarem direitos mais favoráveis (arts. 13, IV, e 256). Na mesma direção, destaca-se a Constituição do Equador de 2008, ao consagrar que a Constituição e os tratados de direitos humanos ratificados pelo Estado que reconheçam direitos mais favoráveis aos previstos pela Constituição têm prevalência em relação a qualquer outra norma jurídica ou ato do Poder Público (art. 424), adicionando que serão aplicados os princípios *pro ser humano*, de não restrição de direitos, de aplicabilidade direta e de cláusula constitucional aberta (art. 416). A Constituição do México, com a reforma de junho de 2011, passou a contemplar a hierarquia constitucional dos tratados de direitos humanos e a regra interpretativa fundada no princípio *pro persona*.

Por outro lado, o sistema interamericano revela permeabilidade e abertura ao diálogo mediante as regras interpretativas do art. 29 da Convenção

Americana, em especial as que asseguram o princípio da prevalência da norma mais benéfica, mais favorável e mais protetiva à vítima. Ressalte-se que os tratados de direitos humanos fixam parâmetros protetivos mínimos, constituindo um piso mínimo de proteção e não um teto protetivo máximo. Daí a hermenêutica dos tratados de direitos humanos endossar o princípio *pro* ser humano. Às regras interpretativas consagradas no art. 29 da Convenção Americana, somem-se os tratados de direitos humanos do sistema global – que, por sua vez, também enunciam o princípio *pro persona* fundado na prevalência da norma mais benéfica, como ilustram o art. 23 da Convenção sobre a Eliminação da Discriminação contra a Mulher, o art. 41 da Convenção sobre os Direitos da Criança, o art. 16, § 2º, da Convenção contra a Tortura e o art. 4º, § 4º, da Convenção sobre os Direitos das Pessoas com Deficiência.

Cláusulas de abertura constitucional e o princípio *pro* ser humano inspirador dos tratados de direitos humanos compõem os dois vértices – nacional e internacional – a fomentar o diálogo em matéria de direitos humanos. No sistema interamericano este diálogo é caracterizado pelo fenômeno do "controle da convencionalidade", na sua forma difusa e concentrada.

Como enfatiza a Corte Interamericana: "Quando um Estado ratifica um tratado internacional como a Convenção Americana, seus juízes, como parte do aparato do Estado, também estão submetidos a ela, o que lhes obriga a zelar para que os efeitos dos dispositivos da Convenção não se vejam mitigados pela aplicação de leis contrárias a seu objeto, e que desde o início carecem de efeitos jurídicos. (...) o Poder Judiciário deve exercer uma espécie de 'controle da convencionalidade das leis' entre as normas jurídicas internas que aplicam nos casos concretos e a Convenção Americana sobre Direitos Humanos. Nesta tarefa, o Poder Judiciário deve ter em conta não somente o tratado, mas também a interpretação que do mesmo tem feito a Corte Interamericana, intérprete última da Convenção Americana"[7].

Como sustenta Eduardo Ferrer Mac-Gregor[8], o juiz nacional agora é também juiz interamericano, tendo como mandato exercer o controle de convencionalidade na modalidade difusa. Cortes nacionais exercem o controle da convencionalidade na esfera doméstica, mediante a incorporação da normatividade, principiologia e jurisprudência protetiva internacional em

---

[7] Ver caso Almonacid Arellano and others *vs.* Chile. Judgment of 26 September 2006.

[8] MAC-GREGOR, Eduardo Ferrer. Interpretación conforme y control difuso de convencionalidad: El nuevo paradigma para el juez mexicano. In: BOGDANDY, Armin von; PIOVESAN, Flávia; ANTONIAZZI, Mariela Morales. *Estudos avançados de direitos humanos – Democracia e integração jurídica*: emergência de um novo Direito Público. São Paulo: Campus Elsevier, 2013, p. 627-705.

matéria de direitos humanos no contexto latino-americano. Frise-se: quando um Estado ratifica um tratado, todos os órgãos do poder estatal a ele se vinculam, comprometendo-se a cumpri-lo de boa-fé.

A Corte Interamericana exerce o controle da convencionalidade na modalidade concentrada, tendo a última palavra sobre a interpretação da Convenção Americana. Na realização do controle de convencionalidade, a Corte Interamericana guia-se pelo princípio *pro persona*, conferindo prevalência à norma mais benéfica, destacando, em diversas sentenças, decisões judiciais proferidas pelas Cortes constitucionais latino-americanas, bem como menção a dispositivos das Constituições latino-americanas, como podem revelar os casos Pueblo Indígena Kichwa de Sarayaku *vs.* Equador (sentença proferida em 27 de junho de 2012), Atala Riffo y niñas *vs.* Chile (sentença proferida em 24 de fevereiro de 2012) e Gelman *vs.* Uruguai (sentença proferida em 24 de fevereiro de 2012)[9].

Por fim, adicione-se o profícuo diálogo do sistema interamericano com a sociedade civil, o que lhe confere gradativa legitimação social e crescente empoderamento. O sistema enfrenta o paradoxo de sua origem – nasceu em um ambiente marcado pelo arbítrio de regimes autoritários com a expectativa estatal de seu reduzido impacto – e passa a ganhar credibilidade, confiabilidade e elevado impacto. A força motriz do sistema interamericano tem sido a sociedade civil organizada por meio de um *transnational network*, a empreender exitosos litígios estratégicos.

Na experiência brasileira, por exemplo, 100% dos casos submetidos à Comissão Interamericana foram fruto de uma articulação a reunir vítimas e organizações não governamentais locais e internacionais[10], com intenso protagonismo na seleção de um caso paradigmático, na litigância deste (aliando estratégias jurídicas e políticas) e na implementação doméstica de eventuais ganhos internacionais.

---

[9] A título ilustrativo, cabe menção à sentença proferida pela Corte Interamericana no caso Pueblo Indígena Kichwa de Sarayaku *vs.* Equador, de 27 de junho de 2012, em que a Corte incorpora precedentes judiciais em matéria indígena da Corte Constitucional Colombiana (sentencia C-169/01), no que se refere ao direito à consulta prévia dos povos indígenas, bem como ao pluralismo. Empresta ainda destaque às Constituições da Argentina, da Bolívia, do Brasil, do Peru e do Chile. Outro exemplo atém-se à sentença do caso Atala Riffo y niñas *vs.* Chile, de 24 de fevereiro de 2012, em que a Corte Interamericana faz alusão à jurisprudência da Suprema Corte de Justicia de la Nación do México, na AI 2/2010, concernente à proibição da discriminação por orientação sexual. No caso Guelman *vs.* Uruguai, por sua vez, a Corte destaca a jurisprudência da Venezuela, do México, do Chile, da Argentina e da Bolívia, reconhecendo a natureza pluriofensiva e permanente do delito de desaparecimento forçado, bem como a jurisprudência latino-americana invalidando leis de anistia.

[10] PIOVESAN, Flávia. *Direitos humanos e o direito constitucional internacional*. 20. ed. rev. e atual. São Paulo: Saraiva, 2022.

Transita-se, deste modo, ao enfoque dos desafios centrais ao sistema interamericano, com vistas à pavimentação de um "ius commune latino-americano en derechos humanos".

4. Desafios do Sistema Interamericano e a Pavimentação de um "*Ius Commune* Latino-Americano em Direitos Humanos"

A partir da análise do impacto da jurisprudência da Corte Interamericana de Direitos Humanos na região latino-americana, sob a perspectiva de um sistema multinível e dialógico a envolver as esferas global, regional e local, tendo ainda como força impulsionadora o ativismo transnacional da sociedade civil, vislumbra-se a pavimentação de um *ius commune* latino-americano em direitos humanos.

É à luz desta dinâmica que emergem três desafios centrais à pavimentação dos *ius commune* latino-americano em direitos humanos:

i) Fomentar uma cultura jurídica inspirada em novos paradigmas jurídicos e na emergência de um novo Direito Público: estatalidade aberta, diálogo jurisdicional e prevalência da dignidade humana em um sistema multinível[11]

A existência de cláusulas constitucionais abertas a propiciar o diálogo entre as ordens jurídicas local, regional e global, por si só, não assegura a efetividade do diálogo jurisdicional em direitos humanos. Se, de um lado, constata-se o maior refinamento das cláusulas de abertura constitucional – a contemplar a hierarquia, a incorporação e as regras interpretativas de instrumentos internacionais de direitos humanos – por outro lado, esta tendência latino-americana não é suficiente para o êxito do diálogo jurisdicional em matéria de direitos humanos.

---

[11] Ver BOGDANDY, Armin von; PIOVESAN, Flávia; ANTONIAZZI, Mariela Morales (coords.). *Estudos avançados de direitos humanos – Democracia e integração jurídica: emergência de um novo Direito Público*. São Paulo: Campus Elsevier, 2013. Ver também BOGDANDY, Armin von; PIOVESAN, Flávia; ANTONIAZZI, Mariela Morales (coords.). *Ius constitutionale commune na América Latina* (volume I: *Marco conceptual*; volume II: *Pluralismo e inclusão*; volume III: *Diálogos jurisdicionais e controle de convencionalidade*). Curitiba: Juruá, 2016. Ver ainda BOGDANDY, Armin von; FERRER MAC-GREGOR, Eduardo; ANTONIAZZI, Mariela Morales; PIOVESAN, Flávia (coords.), *Transformative Constitutionalism in Latin America*. Oxford: Oxford University Press, 2017. Consultar também BOGDANDY, Armin von; PIOVESAN, Flávia; FERRER MAC-GREGOR, Eduardo; ANTONIAZZI, Mariela Morales (coords.), *The Impact of the Inter-American System: transformations on the ground*. Oxford: Oxford University Press, 2024.

Isto porque interpretações jurídicas reducionistas e restritivas das ordens constitucionais podem comprometer o avanço e a potencialidade de cláusulas abertas.

Daí a necessidade de fomentar uma doutrina e uma jurisprudência emancipatórias no campo dos direitos humanos inspiradas na prevalência da dignidade humana[12] e na emergência de um novo Direito Público marcado pela estatalidade aberta em um sistema jurídico multinível. A formação de uma nova cultura jurídica, baseada em uma nova racionalidade e ideologia, surge como medida imperativa à afirmação do *ius commune* latino-americano em direitos humanos.

ii) **Fortalecer o sistema interamericano de proteção de direitos humanos: universalidade, institucionalidade, independência, sustentabilidade e efetividade**

Outro importante desafio à consolidação de um *ius commune* latino-americano em direitos humanos atém-se ao aprimoramento do sistema interamericano.

Com relação à universalidade do sistema interamericano há de se ex-pandir o universo de Estados-partes da Convenção Americana (que contava com 24 Estados-partes em 2024) e sobretudo do Protocolo de San Salvador em matéria de direitos econômicos, sociais e culturais (que contava apenas com 18 Estados-partes em 2024). Outra medida essencial é ampliar o grau de reconhecimento da jurisdição da Corte Interamericana de Direitos Humanos, a contar com o aceite de 22 Estados, em 2024. Observa-se que a OEA compre-ende 34 Estados-membros.

Outra relevante medida é assegurar a elevada independência e autonomia dos membros integrantes da Comissão e da Corte Interamericana, que devem atuar a título pessoal e não governamental. Faz-se necessário densificar a participação da sociedade civil no monitoramento do processo de indicação de tais membros, dando-lhe maior publicidade, transparência e *accountability*.

---

[12] Para Habermas, o princípio da dignidade humana é a fonte moral da qual os direitos fundamentais extraem seu conteúdo. Adiciona Habermas: "The appeal to human rights feeds off the outrage of the humiliated at the violation of their human dignity (...) The origin of human rights has always been resistance to despotism, oppression and humiliation (...)" (HABERMAS, Jurgen. *The crisis of the European Union: a response*. Cambridge: Polity Press, 2012, p. 75).

Também fundamental é fortalecer a efetividade do sistema interamericano, no que se refere à supervisão das decisões da Corte e da Comissão[13]. Diversamente do sistema europeu, no sistema interamericano são seus próprios órgãos que realizam o *follow up* das decisões que eles próprios proferem. Isto porque a Convenção Americana não estabelece mecanismo específico para supervisionar o cumprimento das decisões da Comissão ou da Corte, embora a Assembleia Geral da OEA tenha o mandato genérico a este respeito, nos termos do artigo 65 da Convenção Americana[14]. Na avaliação de Antônio Augusto Cançado Trindade: "(...) a Corte Interamericana tem atualmente uma especial preocupação quanto ao cumprimento de suas sentenças. Os Estados, em geral, cumprem as reparações que se referem a indenizações de caráter pecuniário, mas o mesmo não ocorre necessariamente com as reparações de caráter não pecuniário, em especial as que se referem às investigações efetivas dos fatos que originaram tais violações, bem como à identificação e sanção dos responsáveis – imprescindíveis para pôr fim à impunidade (e suas consequências negativas para o tecido social como um todo). (...) Atualmente, dada a carência institucional do sistema interamericano de proteção dos direitos humanos nesta área específica, a Corte Interamericana vem exercendo *motu propio* a supervisão da execução de suas sentenças, dedicando-lhe um ou dois dias de cada período de sessões. Mas a supervisão – como exercício de garantia coletiva – da fiel execução das sentenças e decisões da Corte é uma tarefa que recai sobre o conjunto dos Estados-partes da Convenção"[15].

---

[13] No sistema europeu, a título exemplificativo, o Comitê de Ministros (órgão político) tem a função de supervisionar a execução das decisões da Corte Europeia, atuando coletivamente em nome do Conselho da Europa. Para uma análise comparativa dos sistemas regionais, ver PIOVESAN, Flávia. *Direitos humanos e justiça internacional*: um estudo comparativo dos sistemas regionais europeu, interamericano e africano. 10. ed. rev., ampl. e atual. São Paulo: Saraiva, 2024.

[14] De acordo com o artigo 65 da Convenção: "A Corte submeterá à consideração da Assembleia Geral da OEA, em cada período ordinário de sessões, um relatório sobre as suas atividades no ano anterior. De maneira especial, e com as recomendações pertinentes, indicará os casos em que um Estado não tenha dado cumprimento a suas sentenças".

[15] TRINDADE, Antônio Augusto Cançado; ROBLES, Manuel E. Ventura. *El futuro de la Corte Interamericana de Derechos Humanos*, 2. ed. atual. e ampl. San Jose/Costa Rica: Corte Interamericana de Direitos Humanos e ACNUR, 2004, p. 434. Propõe o autor: "Para assegurar o monitoramento contínuo do fiel cumprimento de todas as obrigações convencionais de proteção, em particular das decisões da Corte, deve ser acrescentado ao final do artigo 65 da Convenção Americana, a seguinte frase: 'A Assembleia Geral os remeterá ao Conselho Permanente, para estudar a matéria e elaborar um informe, a fim de que a Assembleia Geral delibere a respeito'. Deste modo, se supre uma lacuna com relação a um mecanismo, a operar em base permanente (e não apenas

Ademais, as decisões internacionais em matéria de direitos humanos devem produzir eficácia jurídica direta, imediata e obrigatória no âmbito do ordenamento jurídico interno, cabendo aos Estados sua fiel execução e cumprimento, em conformidade com o princípio da boa-fé, que orienta a ordem internacional. Para Antônio Augusto Cançado Trindade: "O futuro do sistema internacional de proteção dos direitos humanos está condicionado aos mecanismos nacionais de implementação"[16].

Outra medida emergencial atém-se à sustentabilidade do sistema interamericano, mediante o funcionamento permanente da Comissão e da Corte, com recursos financeiros[17], técnicos e administrativos suficientes.

iii) Avançar na proteção dos direitos humanos, da democracia e do Estado de Direito na região

Finalmente, considerando o contexto latino-americano marcado por acentuada desigualdade social e violência sistêmica, fundamental é avançar na afirmação dos direitos humanos, da democracia e do Estado de Direito na região.

Ao enfrentar os desafios de sociedades pós-coloniais latino-americanas – em que direitos humanos tradicionalmente constituíam uma agenda contra o Estado – o sistema interamericano empodera-se e com sua força invasiva contribui para o fortalecimento dos direitos humanos, da democracia e do Estado de Direito na região.

O sistema interamericano rompe com o paradoxo de sua origem. Nascido em um contexto regional marcado por regimes ditatoriais – seguramente com a expectativa de reduzido impacto por parte dos então Estados autoritários – o sistema se consolida e se fortalece como ator regional democratizante, provocado por competentes estratégias de litigância da so-

---

uma vez por ano, ante a Assembleia Geral da OEA), para supervisionar a fiel execução, por todos os Estados-partes demandados, das sentenças da Corte" (op. cit., p. 91-92).

[16] TRINDADE, Antônio Augusto Cançado; ROBLES, Manuel E. Ventura. El futuro de la Corte Interamericana de Derechos Humanos. 2. ed. rev. e atual., San José/Costa Rica: Corte Interamericana de Direitos Humanos e UNHCR, 2004, p. 91.

[17] A título ilustrativo, o orçamento da Corte Europeia corresponde aproximadamente a 20% do orçamento do Conselho da Europa, envolvendo 41 milhões de euros, enquanto o orçamento conjunto da Comissão e da Corte Interamericana corresponde aproximadamente a 5% do orçamento da OEA, envolvendo apenas 4 milhões de dólares norte-americanos. Observe-se, ainda, que os 5% de orçamento da OEA cobre tão somente 55% das despesas da Comissão e 46% das despesas da Corte Interamericana.

ciedade civil em um *transnational network* a lhe conferir elevada carga de legitimação social.

Como evidenciado por este estudo, o sistema interamericano permitiu a desestabilização dos regimes ditatoriais; exigiu justiça e o fim da impunidade nas transições democráticas; e agora demanda o fortalecimento das instituições democráticas com o necessário combate às violações de direitos humanos e proteção aos grupos mais vulneráveis. O sistema interamericano tem assim concretizado o potencial emancipatório dos direitos humanos. Como lembra Habermas, *the origin of human rights has always been resistance to despotism, oppression and humiliation* (...)[18].

O seu impacto transformador na região – fruto sobretudo do papel vital da sociedade civil organizada em sua luta por justiça e por direitos – é fomentado pela efetividade do diálogo regional-local em um sistema multinível com abertura e permeabilidade mútuas. De um lado, o sistema interamericano se inspira no princípio *pro* ser humano, mediante regras convencionais interpretativas baseadas no princípio da norma mais protetiva e favorável à vítima, endossando contemplar parâmetros protetivos mínimos. Por outro lado, as Constituições latino-americanas estabelecem cláusulas de abertura constitucional a propiciar o diálogo em matéria de direitos humanos, concernentes à hierarquia, incorporação e impacto dos tratados de direitos humanos. No sistema interamericano este diálogo é ainda caracterizado pelo fenômeno do "controle da convencionalidade", na sua forma difusa e concentrada. Constata-se também a crescente abertura da Corte Interamericana ao incorporar em suas decisões a normatividade e a jurisprudência latino-americana em direitos humanos, com alusão a dispositivos de Constituições latino-americanas e à jurisprudência das Cortes Constitucionais latino-americanas. O diálogo jurisdicional se desenvolve em dupla via: movido pelos vértices de cláusulas constitucionais abertas e do princípio *pro persona*.

É neste contexto que o sistema interamericano tem a potencialidade de exercer um extraordinário impacto na pavimentação de um *ius commune* latino-americano, contribuindo para o fortalecimento dos direitos humanos, da democracia e do Estado de Direito na região mais desigual e violenta do mundo.

---

[18] Adiciona Habermas: "The appeal to human rights feeds off the outrage of the humiliated at the violation of their human dignity". Para o autor, o princípio da dignidade humana é a fonte moral da qual os direitos fundamentais extraem seu conteúdo (HABERMAS, Jurgen, *The crisis of the European Union*: a response. Cambridge: Polity Press, 2012, p. 75).

Capítulo 5

DIREITOS HUMANOS E DIÁLOGO JURISDICIONAL NO CONTEXTO LATINO-AMERICANO*

> "*State sovereignty is becoming diluted. Public power is being rearticulated in pluralistic and polycentric forms. (...) This pluralism requires an order to fill in the gaps, reduce fragmentation and induce cooperation between different systems; to establish hierarchies of values and principles; and to introduce rules of the recognition, validity and effectiveness of norms*" (Antonio Cassesse, When legal orders collide: the role of the Courts, *Global Law Press*, editorial Derecho Global, Sevilha, 2010, p. 15).

1. Introdução

O diálogo jurisdicional em matéria de direitos humanos assume especial relevância e complexidade na ordem contemporânea, compreendendo o diálogo entre os sistemas regionais interamericano e europeu; entre os sistemas regionais e nacionais; e entre os sistemas nacionais.

De um lado, constata-se a crescente tendência de abertura ao diálogo entre as Cortes Europeia e Interamericana baseado na referência recíproca de precedentes jurisprudenciais, no intercâmbio de argumentação jurídica e de experiências no enfrentamento de violações de direitos, culminando nos fenômenos da "interamericanização" do sistema regional europeu e da "europeicização" do sistema regional interamericano.

---

* Um especial agradecimento é feito a Alexander von Humboldt Foundation, pela *fellowship* que tornou possível este estudo, e à Max-Planck-Institute for Comparative Public Law and International Law, por prover um ambiente acadêmico de extraordinário vigor intelectual. Este capítulo tem como base a conferência "Diálogo Jurisdiccional: impacto y desafios para el *ius commune* latinoamericano", no seminário internacional Justicia Constitucional y diálogo jurisdiccional, no Max-Planck-Institute, em Heidelberg (Alemanha), em 25 de novembro de 2011.

Por outro lado, no âmbito do diálogo entre as Cortes regionais e nacionais, emerge o instigante fenômeno do "controle da convencionalidade", envolvendo o modo pelo qual as Cortes regionais exercem o controle da convencionalidade com relação às ordens jurídicas nacionais, bem como o modo pelo qual as Cortes nacionais exercem o controle da convencionalidade na esfera doméstica, mediante a incorporação da normatividade, principiologia e jurisprudência protetiva internacional em matéria de direitos humanos no contexto latino-americano.

No campo dos direitos humanos e do diálogo jurisdicional, também se destaca o diálogo horizontal a envolver jurisdições nacionais.

Considerando esse contexto, o foco deste capítulo será concentrado no controle de convencionalidade desenvolvido no marco do diálogo entre a Corte Interamericana e as esferas locais, à luz da experiência latino-americana.

Ao constituir temática de especial relevância e complexidade para a cultura jurídica contemporânea, direitos humanos e diálogo entre jurisdições refletem a emergência de um novo paradigma. Nesse sentido, o item 2 deste capítulo enfrentará o desafio concernente aos delineamentos de um novo paradigma a nortear a cultura jurídica latino-americana na atualidade, no qual aos parâmetros constitucionais somam-se os parâmetros convencionais, na composição de um trapézio aberto ao diálogo, aos empréstimos e à interdisciplinaridade, a ressignificar o fenômeno jurídico sob a inspiração do *human rights approach*.

Sob a lente da emergência desse novo paradigma, o item 3 deste capítulo transitará para a análise dos direitos humanos e do diálogo entre jurisdições, abrangendo o diálogo regional-regional, regional-nacional e nacional-nacional, avaliando, particularmente, o controle da convencionalidade exercido pela Corte Interamericana no cenário latino-americano.

Por fim, serão destacados os principais desafios e perspectivas para a pavimentação de um *ius commune* latino-americano que tenha sua centralidade na força emancipatória dos direitos humanos.

2. Emergência de um Novo Paradigma Jurídico: da Hermética Pirâmide Centrada no *State Approach* à Permeabilidade do Trapézio Centrado no *Human Rights Approach*

Por mais de um século, a cultura jurídica latino-americana tem adotado um paradigma jurídico fundado em 3 (três) características essenciais:

a) a pirâmide com a Constituição no ápice da ordem jurídica, tendo como maior referencial teórico Hans Kelsen, na afirmação de um sistema jurídico endógeno e autorreferencial (observa-se que, em geral, Hans Kelsen tem sido equivocadamente interpretado, já que sua doutrina defende o monismo com a primazia do Direito Internacional[1] – o que tem sido tradicionalmente desconsiderado na América Latina);

b) o hermetismo de um Direito purificado, com ênfase no ângulo interno da ordem jurídica e na dimensão estritamente normativa (mediante um dogmatismo jurídico a afastar elementos "impuros" do Direito); e

c) o State approach (State centered perspective), sob um prisma que abarca como conceitos estruturais e fundantes a soberania do Estado no âmbito externo e a segurança nacional no âmbito interno, tendo como fonte inspiradora a *lente ex parte principe*, radicada no Estado e nos deveres dos súditos, na expressão de Norberto Bobbio[2].

Testemunham-se a crise desse paradigma tradicional e a emergência de um novo paradigma a guiar a cultura jurídica latino-americana, que, por sua vez, adota como 3 (três) características essenciais:

a) o trapézio com a Constituição e os tratados internacionais de direitos humanos no ápice da ordem jurídica (com repúdio a um sistema jurídico endógeno e autorreferencial);

As Constituições latino-americanas estabelecem cláusulas constitucionais abertas, que permitem a integração entre a ordem constitucional e a ordem internacional, especialmente no campo dos direitos humanos, ampliando e expandindo o bloco de constitucionalidade. Ao processo de constitucionalização do Direito Internacional conjuga-se o processo de internacionalização do Direito Constitucional.

A título exemplificativo, a Constituição da Argentina, após a reforma constitucional de 1994, dispõe, no art. 75, inciso 22, que, enquanto os tratados

---

[1] Para Hans Kelsen: "(...) partindo-se da ideia da superioridade do Direito Internacional em relação às diferentes ordens jurídicas estatais (...), o tratado internacional aparece como uma ordem jurídica superior aos Estados contratantes (...). Desse modo, o tratado em face da lei e mesmo da Constituição tem uma preeminência, podendo derrogar uma lei ordinária ou constitucional, enquanto que o inverso é impossível. Segundo as regras de Direito Internacional, um tratado não pode perder sua força obrigatória senão em virtude de outro tratado ou de certos fatos determinados por lei, mas não por um ato unilateral de uma das partes contratantes, especialmente por uma lei. Se uma lei, mesmo uma lei constitucional, violar um tratado, ela é inválida, a saber, contrária ao Direito Internacional. Ela afronta diretamente o tratado e indiretamente o princípio do *pacta sunt servanda*" (La garantie juridictionelle de la Constitution: la justice constitutionelle. *Revue du Droit Public*, avr/mai/juin, 1928, p. 211-212).

[2] BOBBIO, Norberto. *Era dos direitos*. Trad. Carlos Nelson Coutinho. Rio de Janeiro: Campus, 1988.

em geral têm hierarquia infraconstitucional, mas supralegal, os tratados de proteção dos direitos humanos têm hierarquia constitucional, complementando os direitos e as garantias constitucionalmente reconhecidos. A Constituição Brasileira de 1988, no art. 5º, § 2º, consagra que os direitos e garantias expressos na Constituição não excluem os direitos decorrentes dos princípios e do regime a ela aplicável e os direitos enunciados em tratados internacionais ratificados pelo Brasil, permitindo, assim, a expansão do bloco de constitucionalidade. A então Constituição do Peru, de 1979, no mesmo sentido, determinava, no art. 105, que os preceitos contidos nos tratados de direitos humanos têm hierarquia constitucional e não podem ser modificados senão pelo procedimento que rege a reforma da própria Constituição. Já a atual Constituição do Peru, de 1993, consagra que os direitos constitucionalmente reconhecidos devem ser interpretados em conformidade com a Declaração Universal de Direitos Humanos e com os tratados de direitos humanos ratificados pelo Peru. Decisão proferida em 2005 pelo Tribunal Constitucional do Peru endossou a hierarquia constitucional dos tratados internacionais de proteção dos direitos humanos, adicionando que os direitos humanos enunciados nos tratados conformam a ordem jurídica e vinculam os poderes públicos. A Constituição da Colômbia de 1991, reformada em 1997, confere, no art. 93, hierarquia especial aos tratados de direitos humanos, determinando que estes prevaleçam na ordem interna e que os direitos humanos constitucionalmente consagrados serão interpretados em conformidade com os tratados de direitos humanos ratificados pelo país. Também a Constituição do Chile, de 1980, em decorrência da reforma constitucional de 1989, passou a consagrar o dever dos órgãos do Estado de respeitar e promover os direitos garantidos pelos tratados internacionais ratificados por aquele país. Acrescente-se a Constituição da Bolívia, de 2009, ao estabelecer que os direitos e deveres reconhecidos constitucionalmente serão interpretados em conformidade com os tratados de direitos humanos ratificados pela Bolívia, que prevalecerão em relação à própria Constituição se enunciarem direitos mais favoráveis (arts. 13, IV, e 256). Na mesma direção, destaca-se a Constituição do Equador, de 2008, ao consagrar que a Constituição e os tratados de direitos humanos ratificados pelo Estado que reconheçam direitos mais favoráveis aos previstos pela Constituição têm prevalência em relação a qualquer outra norma jurídica ou ato do Poder Público (art. 424), adicionando que serão aplicados os princípios *pro* ser humano, de não restrição de direitos, de aplicabilidade direta e de cláusula constitucional aberta (art. 416).

Logo, é nesse contexto – marcado pela tendência de Constituições latino-americanas em assegurar um tratamento especial e diferenciado aos direitos e garantias internacionalmente consagrados – que se delineia a visão do trapézio jurídico contemporâneo a substituir a tradicional pirâmide jurídica;

b) a crescente abertura do Direito – agora "impuro" –, marcado pelo diálogo do ângulo interno com o ângulo externo (há a permeabilidade do Direito mediante o diálogo entre jurisdições; empréstimos constitucionais; e a interdisciplinaridade, a fomentar o diálogo do Direito com outros saberes e diversos atores sociais, ressignificando, assim, a experiência jurídica);

No caso brasileiro, por exemplo, crescente é a realização de audiências públicas pelo Supremo Tribunal Federal, contando com os mais diversos atores sociais, para enfrentar temas complexos e de elevado impacto social, como: a) a utilização de células-tronco embrionárias para fins de pesquisa científica (tema da primeira audiência pública concernente ao julgamento da ação direta de inconstitucionalidade relativa ao art. 5º da Lei de Biossegurança, em maio de 2007); b) a justicialização do direito à saúde (audiência pública realizada em 2009); c) as cotas para afrodescendentes em Universidades (audiência pública concernente ao julgamento de ação direta de inconstitucionalidade de leis estaduais determinando a fixação de cotas raciais em Universidades, realizada em março de 2010); d) o reconhecimento constitucional às uniões homoafetivas (audiência pública realizada em junho de 2011), dentre outras. Para adotar a terminologia de Peter Häberle, há a abertura da Constituição a uma sociedade plural de intérpretes[3].

É a partir do diálogo a envolver saberes e atores diversos que se verifica a democratização da interpretação constitucional a ressignificar o Direito;

c) o *human rights approach* (*human centered approach*), sob um prisma que abarca como conceitos estruturais e fundantes a soberania popular e a segurança cidadã no âmbito interno, tendo como fonte inspiradora a *lente ex parte populi*, radicada na cidadania e nos direitos dos cidadãos, na expressão de Norberto Bobbio[4].

Para Luigi Ferrajoli: "A dignidade humana é referência estrutural para o constitucionalismo mundial, a emprestar-lhe fundamento de validade, seja qual for o ordenamento, não apenas dentro, mas também fora e contra todos

---

[3] Consultar Peter Häberle, *Hermenêutica constitucional*, trad. Gilmar Ferreira Mendes, Porto Alegre, Sergio Antonio Fabris, 1997. Sobre a concepção de Constituição aberta, ver também Konrad Hesse, A *força normativa da Constituição*, trad. Gilmar Ferreira Mendes, Porto Alegre, Sergio Antonio Fabris, 1991.
[4] BOBBIO, Norberto. A *era dos direitos*. Trad. Carlos Nelson Coutinho. Rio de Janeiro: Campus, 2004.

os Estados". Para o mesmo autor: "A liberdade absoluta e selvagem do Estado se subordina a duas normas fundamentais: o imperativo da paz e a tutela dos direitos humanos"[5].

No mesmo sentido, ressalta José Joaquim Gomes Canotilho: "Os direitos humanos articulados com o relevante papel das organizações internacionais fornecem um enquadramento razoável para o constitucionalismo global. (...) O constitucionalismo global compreende a emergência de um Direito Internacional dos Direitos Humanos e a tendencial elevação da dignidade humana a pressuposto ineliminável de todos os constitucionalismos. (...) É como se o Direito Internacional fosse transformado em parâmetro de validade das próprias Constituições nacionais (cujas normas passam a ser consideradas nulas se violadoras das normas do *jus cogens* internacional)"[6].

No plano internacional, vislumbram-se a humanização do Direito Internacional e a internacionalização dos direitos humanos[7]. Para Ruti Teitel: "The law of humanity reshapes the discourse in international relations"[8]. Nessa direção, emblemática é a decisão do International Criminal Tribunal for the

---

[5] FERRAJOLI, Luigi. *Diritti fondamentali*: um dibattito teórico, a cura di Ermanno Vitale. Roma/Bari: Laterza, 2002, p. 338. Para Luigi Ferrajoli, os direitos humanos simbolizam a lei do mais fraco contra a lei do mais forte, na expressão de um contrapoder em face dos absolutismos, advenham do Estado, do setor privado ou mesmo da esfera doméstica.

[6] Canotilho, José Joaquim Gomes. *Direito constitucional*. 6. ed. rev. Coimbra: Almedina, 1993. No mesmo sentido, Peter Häberle sustenta que "o Estado Cooperativo adiciona à sua estrutura elementos de abertura, cooperação e integração que descaracterizam o Estado Nacional como estrutura fechada, centrada na soberania nacional" (Peter Häberle, O *Estado constitucional cooperativo*). Para Konrad Hesse: "A transformação profunda é inequívoca: o desenvolvimento do Estado, do Estado nacional tradicional, soberano, fechado em si, para o Estado atual, internacionalmente entrelaçado e supranacionalmente atado, encontra sua correspondência na perda da supremacia e do alcance, até agora, de sua Constituição" (*Elementos de direito constitucional da República Federal da Alemanha*. Porto Alegre: SAFE, 1998, p. 105-106).

[7] Para Thomas Buergenthal: "Este código, como já observei em outros escritos, tem humanizado o direito internacional contemporâneo e internacionalizado os direitos humanos, ao reconhecer que os seres humanos têm direitos protegidos pelo direito internacional e que a denegação desses direitos engaja a responsabilidade internacional dos Estados independentemente da nacionalidade das vítimas de tais violações" (Prólogo. In: TRINDADE, Antonio Augusto Cançado. A *proteção internacional dos direitos humanos*: fundamentos jurídicos e instrumentos básicos. São Paulo: Saraiva, 1991, p. XXXI).

[8] TEITEL, Ruti. *Humanity's Law*. Oxford: Oxford University Press, 2011, p. 225. Acrescenta a autora: "We observe greater interdependence and interconnection of diverse actors across state boundaries (...) There is interconnection without integration. (...) What we see is the emergente of transnacional rights, implying the equal recognition of peoples across borders. Such solidarity exists across state lines and in normative terms, constituting an emergent global human society".

former Yugoslavia (caso Prosecutor *versus* Tadic, 1995): "A State Sovereignty oriented approach has been gradually supplanted by a human being oriented approach".

Desse modo, a interpretação jurídica vê-se pautada pela força expansiva do princípio da dignidade humana e dos direitos humanos, conferindo prevalência ao *human rights approach* (*human centered approach*).

Essa transição paradigmática, marcada pela crise do paradigma tradicional e pela emergência de um novo paradigma jurídico, surge como o contexto a fomentar o diálogo entre jurisdições no espaço interamericano – o que permite avançar para o horizonte de pavimentação de um *ius commune* latino-americano.

3. Diálogo Jurisdicional em Matéria de Direitos Humanos

Na ótica contemporânea, o diálogo entre jurisdições revela 3 (três) dimensões:

1) o diálogo entre as jurisdições regionais (*cross cultural dialogue* entre as Cortes Europeia e Interamericana de Direitos Humanos);

2) o diálogo entre as jurisdições regionais e as jurisdições constitucionais; e

3) o diálogo entre as jurisdições constitucionais.

Importa realçar que, no tocante ao diálogo entre as jurisdições regionais de direitos humanos, este faz-se cada vez mais intenso, inclusive mediante os chamados processos de "interamericanização" do sistema europeu e de "europeicização" do sistema interamericano. A inclusão dos países do leste europeu no sistema europeu, com sua agenda própria de violações, está a deflagrar a crescente abertura da Corte Europeia à jurisprudência interamericana relativa a graves violações de direitos perpetradas por regimes autoritários, envolvendo a prática de tortura, execução sumária e desaparecimento forçado de pessoas. Por sua vez, a Corte Interamericana ao enfrentar novos temas de direitos humanos – emergentes na agenda contemporânea – passa a aludir aos precedentes da Corte Europeia, como bem ilustra o *leading case* Karen Atala y hijas *versus* Chile, decidido em 24 de fevereiro de 2012[9].

---

[9] Caso Atala Riffo and daughters *versus* Chile, Inter-American Court, 24 February 2012, Series C, n. 239.

Trata-se de inédita e emblemática sentença concernente à proibição da discriminação fundada em orientação sexual, em que a Corte Interamericana no campo argumentativo alude ao relevante repertório jurisprudencial firmado pela Corte Europeia em caso similar[10].

Também instigantes estudos têm sido elaborados a respeito do grau de implementação das decisões dos sistemas regionais, com a finalidade de identificar suas debilidades e fortalezas, visando ao mútuo aprimoramento a partir do diálogo inter-regional[11].

No que se refere especificamente ao diálogo horizontal de jurisdições no âmbito latino-americano, este ainda se mostra incipiente. Por vezes – como revela o caso brasileiro –, as alusões ao Direito Comparado e aos seus precedentes têm como foco preferencial a jurisprudência europeia e norte-americana (e não a latino-americana)[12]. Nesse sentido, considerando que a região compartilha dos mesmos desafios com relação à consolidação democrática, baixa densidade do Estado de Direito e precária tradição de respeito dos direitos humanos, essencial mostra-se avançar e fortalecer o

---

[10] Com efeito, a Corte Interamericana recorreu ao caso Salgueiro da Silva Mouta *versus* Portugal, sustentando que: "Respecto a la inclusión de la orientación sexual como categoria de discriminación prohibido, el Tribunal Europeo de Derechos Humanos há señalado que la orientación sexual es 'outra condición' mencionada en el artículo 14 del Convenio Europeu para la Protección de los Derechos Humanos e de las Libertades Fundamentales, el cual prohíbe tratos discriminatórios. En particular, en el caso Salgueiro da Silva Mouta *vs.* Portugal, el Tribunal Europeo concluyo que la orientación sexual es un concepto que se encuentra cubierto por el articulo 14 del Convenio Europeu. Además, reiteró que el listado de categorias que se realiza en dicho artículo es ilustrativa y no exhaustiva" (Caso Atala Riffo and daughters *versus* Chile, Inter-American Court, 24 February 2012, Series C, n. 239).

[11] Consultar o estudo de David C. Baluarte e Christian De Vos, From Judgment to Justice: Implementation of International and Regional Human Rights Decisions, *Open Society Foundations*, november 2010. Ver ainda Flávia Piovesan, *Direitos humanos e justiça internacional*: um estudo comparativo dos sistemas regionais europeu, interamericano e africano, 9. ed. revisada, ampliada e atualizada, São Paulo, Saraiva, 2020.

[12] Levantamento realizado em 2009 acerca das decisões do Supremo Tribunal Federal do Brasil baseadas em precedentes judiciais de órgãos internacionais e estrangeiros aponta que 80 casos aludem à jurisprudência da Suprema Corte dos EUA, ao passo que 58 casos aludem à jurisprudência do Tribunal Constitucional Federal da Alemanha – enquanto apenas 2 casos remetem à jurisprudência da Corte Interamericana. Ver Virgilio Afonso da Silva, Integração e diálogo constitucional na América do Sul, In: Armin Von Bogdandy, Flávia Piovesan e Mariela Morales Antoniazzi (coord.), *Direitos humanos*: democracia e integração jurídica na América do Sul, Rio de Janeiro, Lumen Juris, 2010, p. 530.

diálogo horizontal entre jurisdições latino-americanas[13]. Um caso exemplar refere-se à extraordinária jurisprudência em matéria de direitos sociais fomentada pela Corte Constitucional da Colômbia, que em muito poderia contribuir com a maior proteção judicial desses direitos na região, com o aumento de seu impacto.

Quanto ao controle da convencionalidade, a Corte Interamericana, por meio de sua jurisprudência, permitiu a desestabilização dos regimes ditatoriais na região latino-americana; exigiu justiça e o fim da impunidade nas transições democráticas; e agora demanda o fortalecimento das instituições democráticas com o necessário combate às violações de direitos humanos e a proteção aos grupos mais vulneráveis na região.

Nota-se, ainda, que a obrigatoriedade das sentenças da Corte Interamericana e das normas internacionais de direitos humanos no âmbito doméstico é realçada por uma expressiva jurisprudência regional. Cabe menção: a) ao caso decidido pelo Tribunal Constitucional da Bolívia, em maio de 2004, que sustenta a aplicação das normas e da jurisprudência interamericana de direitos humanos no âmbito interno; b) ao caso decidido pelo Tribunal Constitucional do Peru, em março de 2004, que realça o sistema normativo e jurisprudencial internacional em direitos humanos e seu valor na interpretação dos direitos constitucionais; e c) ao caso decidido pela Corte Suprema da Justiça da Argentina, em julho de 1992, que enfatiza a obrigatoriedade das normas internacionais de direitos humanos no sistema de fontes do ordenamento jurídico.

Outro tema de peculiar destaque regional atém-se à imprescritibilidade de crimes de lesa-humanidade, à invalidação de leis de anistia e ao desaparecimento forçado de pessoas como delito permanente. Nesse universo, despontam decisões que invalidam as leis de anistia em nome do direito à justiça e do direito à verdade, reafirmando o dever do Estado de investigar, processar e punir graves violações a direitos humanos, com a necessária observância do *jus cogens*, da normatividade e da jurisprudência protetiva internacional. Adicionam que o crime de desaparecimento forçado de pessoas tem

---

[13] Como analisa Virgilio Afonso da Silva: "a jurisprudência do Supremo Tribunal Federal (do Brasil) é altamente permeável a argumentos utilizados em alguns Tribunais de outros países, mas ignora por completo a jurisprudência dos Tribunais vizinhos" (Ver Virgilio Afonso da Silva, Integração e Diálogo Constitucional na América do Sul. In: Armin Von Bogdandy, Flávia Piovesan e Mariela Morales Antoniazzi (coord.), *Direitos humanos*: democracia e integração jurídica na América do Sul, Rio de Janeiro, Lumen Juris, 2010, p. 530).

natureza permanente e caráter continuado – o que afastaria a tese da prescrição penal. Nessa direção, destacam-se: a) sentença da Corte Suprema de Justiça do Chile, de 24 de setembro de 2009; b) sentença do Tribunal Supremo de Justiça da Venezuela, de 10 de agosto de 2007 (sustentando a tese de que o desaparecimento forçado de pessoas é delito permanente, sendo exceção ao princípio da irretroatividade da lei penal, merecendo observância as obrigações dos Estados concernentes aos tratados de direitos humanos, ainda que inexista legislação interna sobre a matéria); c) sentença da Corte Suprema de Justiça do Paraguai, de 5 de maio de 2008; d) sentença da Corte Suprema de Justiça da Argentina, de 2 de novembro de 1995 (apontando às consequências do *jus* cogens em relação aos crimes contra a humanidade).

Por fim, transita-se à reflexão concernente ao processo de pavimentação de um *ius commune* latino-americano em direitos humanos, fomentado pelo diálogo entre jurisdições e pelo exercício do controle da convencionalidade.

4. Diálogo entre Jurisdições e Controle de Convencionalidade: Desafios para o *Ius Commune* Latino-Americano em Matéria de Direitos Humanos

A fim de avançar no diálogo entre jurisdições e no controle da convencionalidade, fortalecendo a proteção dos direitos humanos na região, destacam-se 7 desafios centrais para o *ius commune* latino-americano:

a) Promover a ampla ratificação dos tratados internacionais de proteção dos direitos humanos da ONU e da OEA.

Com a democratização na região sul-americana, os Estados passaram a ratificar os principais tratados de direitos humanos. Ao longo dos regimes autoritários ditatoriais, os direitos humanos eram concebidos como uma agenda contra o Estado; apenas com a democratização é que passaram a ser incorporados na agenda estatal, sendo criada uma institucionalidade inspirada nos direitos humanos (compreendendo a adoção de Programas Nacionais de Direitos Humanos, Secretarias especiais, Ministérios e Comissões em casas do Poder Legislativo em diversos Estados latino-americanos). Emerge a concepção de que os direitos humanos são um componente essencial ao fortalecimento da democracia e do Estado de Direito na região.

Ao compartilhar dessa base consensual, os Estados latino-americanos estariam a aceitar o mesmo piso protetivo mínimo no campo da proteção de direitos humanos, o que se converte em um ponto de partida comum para a composição de um *ius commune*.

b) Fortalecer a incorporação dos tratados de direitos humanos com um *status* privilegiado na ordem jurídica doméstica

O constitucionalismo sul-americano tem se caracterizado por contemplar cláusulas constitucionais abertas a fomentar o diálogo constitucional-internacional, bem como a recepção privilegiada de tratados de direitos humanos na ordem doméstica.

É nesse contexto – marcado pela tendência de Constituições latino-americanas em assegurar um tratamento especial e diferenciado aos direitos e garantias internacionalmente consagrados – que se insere o desafio de encorajar todos os textos constitucionais latino-americanos a incluir cláusulas abertas a conferir aos tratados de direitos humanos *status* hierárquico constitucional, bem como aplicação automática.

Faz-se fundamental transitar da pirâmide jurídica hermética fundada no *State approach* para a permeabilidade do trapézio jurídico fundado no *Human rights approach*.

A emergência desse novo paradigma demanda o desafio de projetar uma nova visão do Direito, o que requer profundas transformações no ensino jurídico, na metodologia e na pesquisa jurídica.

c) Fomentar uma cultura jurídica orientada pelo controle da convencionalidade

Além da ratificação de tratados de direitos humanos, a serem recepcionados de forma privilegiada pela ordem jurídica local, fundamental é transformar a cultura jurídica tradicional, por vezes refratária e resistente ao Direito Internacional, a fim de que realize o controle de convencionalidade. Sobre o tema, instigante estudo de Néstor P. Sagués, acerca da "Situación (en los Tribunales nacionales) de la Doctrina del Control de Convencionalidad en el Sistema Interamericano"[14], propõe uma classificação baseada em quatro categorias de controle de convencionalidade: a) admissão expressa (com destaque à Argentina); b) admissão tácita (com destaque à Costa Rica, Peru, Chile, El Salvador e Bolívia); c) silêncio (com destaque ao Equador, Brasil, México e Colômbia); e d) negação tácita (com destaque ao grave caso vene-

---

[14] Ver "Situación (en los Tribunales nacionales) de la Doctrina del Control de Convencionalidad en el Sistema Interamericano", encuesta realizada por Néstor P. Sagués, noviembre de 2010. Este estudo foi apresentado no simpósio "Construcción y papel de los derechos sociales fundamentales. Hacia un *ius comune* latinoamericano", no Max-Planck-Institute, em Heidelberg, em 25 de novembro de 2010.

zuelano, em que a Sala Constitucional do Tribunal Supremo de Justiça declarou não executável uma sentença da Corte Interamericana, encorajando o Poder Executivo a retirar-se da Convenção Americana de Direitos Humanos, em 18 de dezembro de 2008 (caso "Apitz Barbera").

O pressuposto básico para a existência do controle de convencionalidade é a hierarquia diferenciada dos instrumentos internacionais de direitos humanos em relação à legalidade ordinária. A isto se soma o argumento de que, quando um Estado ratifica um tratado, todos os órgãos do poder estatal a ele se vinculam, comprometendo-se a cumpri-lo de boa-fé.

Como enfatiza a Corte Interamericana: "Quando um Estado ratifica um tratado internacional como a Convenção Americana, seus juízes, como parte do aparato do Estado, também estão submetidos a ela, o que lhes obriga a zelar para que os efeitos dos dispositivos da Convenção não se vejam mitigados pela aplicação de leis contrárias a seu objeto, e que desde o início carecem de efeitos jurídicos. (...) o poder Judiciário deve exercer uma espécie de 'controle da convencionalidade das leis' entre as normas jurídicas internas que aplicam nos casos concretos e a Convenção Americana sobre Direitos Humanos. Nessa tarefa, o Poder Judiciário deve ter em conta não somente o tratado, mas também a interpretação que do mesmo tem feito a Corte Interamericana, intérprete última da Convenção Americana"[15].

O controle de convencionalidade contribuirá para que se implementem no âmbito doméstico os *standards*, princípios, normatividade e jurisprudência internacional em matéria de direitos humanos. Também essencial é assegurar que as sentenças internacionais condenatórias de Estados sejam obrigatórias e diretamente executáveis no âmbito doméstico.

---

[15] Ver caso Almonacid Arellano and others *versus* Chile, judgment of 26 September 2006. A título ilustrativo, em 24 de novembro de 2010, no caso Gomes Lund e outros *versus* Brasil, a Corte Interamericana entendeu que a decisão proferida pelo Supremo Tribunal Federal na Arguição de Descumprimento de Preceito Fundamental (ADPF) 153, em 29 de abril de 2010 – que manteve a interpretação de que a Lei de Anistia, de 1979, teria assegurado anistia ampla, geral e irrestrita, alcançando tanto as vítimas como os algozes –, afeta o dever internacional do Estado de investigar e punir graves violações a direitos humanos, afrontando, ainda, o dever de harmonizar a ordem interna à luz dos parâmetros da Convenção Americana. Concluiu a Corte que "não foi exercido o controle de convencionalidade pelas autoridades jurisdicionais do Estado brasileiro", tendo em vista que o Supremo Tribunal Federal confirmou a validade da interpretação da lei de anistia sem considerar as obrigações internacionais do Brasil decorrentes do Direito Internacional, particularmente aquelas estabelecidas nos arts. 1º, 2º, 8º e 25 da Convenção Americana de Direitos Humanos.

d) Fomentar programas de capacitação para que os Poderes Legislativo, Executivo e Judiciário apliquem os parâmetros protetivos internacionais em matéria de direitos humanos

A transformação da cultura jurídica requer a realização de programas de capacitação endereçados aos agentes públicos dos diversos poderes, a fim de que os instrumentos internacionais de proteção aos direitos humanos, a principiologia específica aplicável a esses direitos e a jurisprudência protetiva internacional convertam-se em referência e parâmetros a guiar a conduta de tais agentes.

A elaboração de normas, a adoção de políticas públicas e a formulação de decisões judiciais devem louvar o princípio da boa-fé no âmbito internacional, buscando sempre harmonizar a ordem doméstica à luz dos parâmetros protetivos mínimos assegurados na ordem internacional no campo dos direitos humanos.

e) Dinamizar o diálogo entre os sistemas regionais objetivando seu fortalecimento

Fortalecer o diálogo entre os sistemas regionais interamericano e europeu surge como especial estratégia para o aprimoramento mútuo dos sistemas regionais.

A partir do diálogo inter-regional será possível identificar as fortalezas, potencialidades, bem como as debilidades e limitações de cada sistema, permitindo intercâmbios voltados ao refinamento de cada sistema. Verifica-se o crescente diálogo entre os sistemas, com referências jurisprudenciais recíprocas, culminando nos processos de "interamericanização" do sistema europeu e "europeização" do sistema interamericano, na medida em que as agendas de violação de direitos humanos – ainda que diversas – passam a apresentar similitudes. Como já examinado por este estudo, a título ilustrativo, cabe menção aos graves casos de violação de direitos humanos decorrentes da inserção dos países do leste europeu no sistema europeu – cuja jurisprudência alude aos paradigmáticos casos julgados pelo sistema interamericano envolvendo graves violações de direitos. Por sua vez, o sistema interamericano passa a enfrentar temas inovadores, como é o caso da primeira sentença proferida pela Corte Interamericana em caso envolvendo discriminação por orientação sexual (caso Atala Riffo y hijas *versus* Chile, sentença de 24 de fevereiro de 2012) – temática enfrentada pelo sistema europeu desde a década de 1980.

f) Aprimorar os mecanismos de implementação das decisões internacionais no âmbito interno

Para Antônio Augusto Cançado Trindade: "O futuro do sistema internacional de proteção dos direitos humanos está condicionado aos mecanismos nacionais de implementação"[16].

Com efeito, faz-se fundamental aprimorar os mecanismos de implementação das decisões internacionais no âmbito doméstico, seja assegurando-lhes eficácia direta e imediata no plano interno, seja reforçando a capacidade fiscalizadora e sancionatória dos sistemas regionais.

g) Dinamizar o diálogo horizontal entre as jurisdições constitucionais

Identificar as *best practices* regionais organizando e sistematizando um repertório de decisões emblemáticas em matéria de direitos humanos no âmbito latino-americano surge como relevante medida para fortalecer o controle de convencionalidade e o *ius commune* regional em matéria de direitos humanos.

Para Julie Allard e Antoine Garapon, "o comércio entre os juízes vai-se intensificando, impelidos por um sentimento ou consciência crescente de um patrimônio democrático ou civilizacional comum. Os juízes afirmam-se como agentes de primeiro plano na mundialização do direito em uma sociedade de tribunais"[17].

A abertura da ordem local ao diálogo horizontal com outras jurisdições e ao diálogo vertical com jurisdições supranacionais é condição, requisito e pressuposto para a formação de um *ius commune* em matéria de direitos sociais.

De um lado, é essencial que os sistemas latino-americanos possam enriquecer-se mutuamente, por meio de empréstimos constitucionais e intercâmbio de experiências, argumentos, conceitos e princípios vocacionados à proteção dos direitos humanos. Por outro lado, a abertura das ordens locais aos parâmetros protetivos mínimos fixados pela ordem global e regional, mediante a incorporação de princípios, jurisprudência e *standards* protetivos internacionais, é fator a dinamizar a pavimentação de um *ius commune* em direitos humanos na região.

Para a criação de um *ius commune* fundamental é avançar na interação entre as esferas global, regional e local, potencializando o impacto entre elas, mediante o fortalecimento do controle da convencionalidade e do diálogo entre jurisdições, sob a perspectiva emancipatória dos direitos humanos.

---

[16] TRINDADE, Antônio Augusto Cançado; ROBLES, Manuel E. Ventura. El *futuro de la Corte Interamericana de Derechos Humanos*. 2. ed., revista e atualizada. San José/Costa Rica: Corte Interamericana de Direitos Humanos/ UNHCR, 2004, p. 91.

[17] Ver Julie Allard e Antoine Garapon, Os *juízes na mundialização*, Lisboa, Instituto Piaget, 2009.

PARTE II

A PROTEÇÃO INTERNACIONAL
DOS DIREITOS HUMANOS

Capítulo 6

O VALOR JURÍDICO DOS TRATADOS E SEU IMPACTO NA ORDEM INTERNACIONAL

1. Introdução

A proposta deste capítulo é enfocar o valor jurídico dos tratados internacionais e o seu impacto na ordem internacional.

Inicialmente será desenvolvida análise dos tratados internacionais, abordando o seu conceito, processo de formação, incorporação e hierarquia, com especial destaque à ordem jurídica brasileira.

Em um segundo momento será feito o exame do impacto jurídico dos tratados no plano internacional.

2. O Valor Jurídico dos Tratados Internacionais

2.1. O conceito de tratados

Os tratados internacionais, enquanto acordos internacionais juridicamente obrigatórios e vinculantes, constituem a principal fonte de obrigação do Direito Internacional. O termo "tratado" é um termo genérico, usado para incluir as Convenções, os Pactos, as Cartas e demais acordos internacionais.

Os tratados são acordos internacionais celebrados entre sujeitos de Direito Internacional, sendo regulados pelo regime jurídico do Direito Internacional.

A necessidade de disciplinar e regular o processo de formação dos tratados internacionais estimulou a celebração da Convenção de Viena, que teve como finalidade servir como a "Lei dos Tratados". A Convenção de Viena, concluída em 23 de maio de 1969, contava em 2024 com 116 Estados-partes. O Brasil assinou a Convenção em 23 de maio de 1969, ratificando-a apenas em 25 de outubro de 2009. Contudo, a Convenção de Viena limitou-se aos tratados celebrados entre os Estados, não envolvendo os tratados dos quais participam organizações internacionais[1].

Para os fins da Convenção de Viena, o termo "tratado" significa um acordo internacional concluído entre Estados, na forma escrita e regulado pelo regime do Direito Internacional[2]. Nesse sentido, cabe observar que esta análise ficará restrita tão somente aos tratados celebrados pelos Estados, já que são estes os tratados que importam para o estudo do sistema internacional de proteção dos direitos humanos.

A primeira regra a ser fixada é a de que os tratados internacionais só se aplicam aos Estados-partes, ou seja, aos Estados que expressamente consentiram com sua adoção. Os tratados não podem criar obrigações aos Estados que com eles não consentiram, ao menos que preceitos constantes do tratado tenham sido incorporados pelo costume internacional. Como dispõe a Convenção de Viena: "Todo tratado em vigor é obrigatório em relação às partes e deve ser observado por elas de boa-fé". Complementa o art. 27 da Convenção: "Uma parte não pode invocar disposições de seu direito interno como justificativa para o não cumprimento do tratado". Consagra-se, assim, o princípio da boa-fé, pelo qual cabe ao Estado conferir plena observância ao tratado de que é parte, na medida em que, no livre

---

[1] Cada vez mais, a ordem internacional contempla tratados entre Estados e organizações internacionais e organizações internacionais entre si. Esse fato rompeu com a noção tradicional de que o tratado era exclusivamente um acordo entre Estados, substituindo-a pelo conceito de que o tratado é um acordo entre dois ou mais sujeitos de direito internacional.

[2] No dizer de Arnaldo Sussekind: "A Convenção de Viena sobre o Direito dos Tratados conceitua o tratado como o 'acordo internacional celebrado por escrito entre Estados e regido pelo direito internacional, constante de um instrumento único ou de dois ou mais instrumentos conexos e qualquer que seja sua denominação particular (art. 2º, I, alínea 'a')'" (*Direito internacional do trabalho*. São Paulo: LTr, 1983. p. 38). Sobre os tratados multilaterais, leciona o mesmo autor: "Entende-se por tratado multilateral o tratado que, com base nas suas estipulações ou nas de um instrumento conexo, haja sido aberto à participação de qualquer Estado, sem restrição, ou de um considerável número de partes e que tem por objeto declarado estabelecer normas gerais de direito internacional ou tratar, de modo geral, de questões de interesse comum" (Anuário da Comissão de Direito Internacional. New York, 1962. v. 2, p. 36. Apud Arnaldo Sussekind, op. cit. *supra*, p. 38). Na visão de João Grandino Rodas: "Dos inúmeros conceitos doutrinários existentes sobre tratado internacional é particularmente elucidativo o fornecido por Reuter: 'uma manifestação de vontades concordantes imputável a dois ou mais sujeitos de direito internacional e destinada a produzir efeitos jurídicos, segundo as regras do Direito Internacional'" (Tratados internacionais: sua executoriedade no direito interno brasileiro, *Revista do Curso de Direito da Universidade Federal de Uberlândia*, n. 21, p. 313, dez. 1992).

exercício de sua soberania, o Estado contraiu obrigações jurídicas no plano internacional[3].

Logo, os tratados são, por excelência, expressão de consenso. Apenas pela via do consenso podem os tratados criar obrigações legais, uma vez que Estados soberanos, ao aceitá-los, comprometem-se a respeitá-los. A exigência de consenso é prevista pelo art. 52 da Convenção de Viena, quando dispõe que o tratado será nulo se sua conclusão for obtida mediante ameaça ou o uso da força, em violação aos princípios de Direito Internacional consagrados pela Carta da ONU.

2.2. O processo de formação dos tratados

Cabe inicialmente assinalar que a sistemática concernente ao exercício do poder de celebrar tratados é deixada a critério de cada Estado. Por isso, as exigências constitucionais variam enormemente.

Em geral, o processo de formação dos tratados tem início com os atos de negociação, conclusão e assinatura do tratado, que são da competência do órgão do Poder Executivo (ex.: Presidente da República ou Ministro das Relações Exteriores). A assinatura do tratado, por si só, traduz o aceite precário e provisório, não irradiando efeitos jurídicos vinculantes. Trata-se da mera aquiescência do Estado com relação à forma e conteúdo final do tratado. A assinatura do tratado, via de regra, indica tão somente que o tratado é autêntico e definitivo.

Após a assinatura do tratado pelo Poder Executivo, o segundo passo é a sua apreciação e aprovação pelo Poder Legislativo.

Em sequência, aprovado o tratado pelo Legislativo, há o ato de ratificação do mesmo pelo Poder Executivo. A ratificação significa a subsequente confirmação formal (após a assinatura) por um Estado de que está

---

[3] Observe-se que o art. 3º, § 1º, da Convenção de Viena estabelece regra fundamental de interpretação dos tratados, ao determinar: "Um tratado deve ser interpretado de boa-fé e de acordo com o significado de seus termos em seu contexto, à luz de seu objeto e propósitos". Sobre a matéria, afirma Antônio Augusto Cançado Trindade: "Como em outros campos do direito internacional, no domínio da proteção internacional dos direitos humanos os Estados contraem obrigações internacionais no livre e pleno exercício de sua soberania, e uma vez que o tenham feito não podem invocar dificuldades de ordem interna ou constitucional de modo a tentar justificar o não cumprimento destas obrigações. Pode-se recordar o dispositivo da Convenção de Viena sobre o Direito dos Tratados de 1969 nesse sentido (art. 27)" (A proteção internacional dos direitos humanos: fundamentos jurídicos e instrumentos básicos. São Paulo: Saraiva, 1991, p. 47).

obrigado a um tratado. Significa, pois, o aceite definitivo, pelo qual o Estado obriga-se pelo tratado no plano internacional. A ratificação é ato jurídico que irradia necessariamente efeitos no plano internacional.

Como etapa final, o instrumento de ratificação há de ser depositado em um órgão que assuma a custódia do instrumento – por exemplo, na hipótese de um tratado das Nações Unidas, o instrumento de ratificação deve ser depositado na própria ONU; se o instrumento for do âmbito regional interamericano, deve ser ele depositado na OEA.

Desse modo, o poder de celebrar tratados é uma autêntica expressão da sistemática de *checks and balances*. Ao atribuir o poder de celebrar tratados ao Poder Executivo, mas apenas mediante o referendo do Legislativo, busca--se limitar e descentralizar o poder de celebrar tratados, prevenindo o abuso desse poder.

Discute-se ainda se após a ratificação seria necessário um ato normativo interno, a fim de que o tratado passasse a irradiar efeitos também no plano nacional. Vale dizer, discute-se a necessidade de ato jurídico nacional que "transportaria" o conteúdo do tratado internacional para o plano do ordenamento jurídico interno, reproduzindo-o sob a roupagem de ato normativo interno.

Esse debate remete à reflexão sobre as correntes monista e dualista. Para a corrente monista, o Direito Internacional e Interno compõem uma mesma e única ordem jurídica. Já para os dualistas, o Direito Internacional e Interno constituem ordens separadas, incomunicáveis e distintas. Consequentemente, para a corrente monista, o ato de ratificação do tratado, por si só, irradia efeitos jurídicos nos planos internacional e interno, concomitantemente – o tratado ratificado obriga nos planos internacional e interno. Para a corrente dualista, a ratificação só irradia efeitos no plano internacional, sendo necessário ato jurídico interno para que o tratado passe a irradiar efeitos no cenário interno.

Na visão monista há a incorporação automática dos tratados no plano interno, enquanto na corrente dualista a incorporação não é automática. A incorporação automática é adotada pela maioria dos países europeus, como a França, a Suíça e os Países-Baixos, no continente americano pelos Estados Unidos e alguns países latino-americanos, e ainda por países africanos e asiáticos. Essa forma de incorporação é amplamente considerada como a mais efetiva e avançada sistemática de assegurar implementação aos tratados internacionais no plano interno.

2.3. Os tratados internacionais na Constituição brasileira de 1988: o processo de formação dos tratados, a sistemática de incorporação e a hierarquia

No caso brasileiro, a Constituição de 1988, em seu art. 84, VIII, determina que é da competência privativa do Presidente da República celebrar tratados, convenções e atos internacionais, sujeitos a referendo do Congresso Nacional. Por sua vez, o art. 49, I, da mesma Carta, prevê ser da competência exclusiva do Congresso Nacional resolver definitivamente sobre tratados, acordos ou atos internacionais.

Consagra-se, assim, a colaboração entre Executivo e Legislativo na conclusão de tratados internacionais, que não se aperfeiçoa enquanto a vontade do Poder Executivo, manifestada pelo Presidente da República, não se somar à vontade do Congresso Nacional. Logo, os tratados internacionais demandam, para seu aperfeiçoamento, um ato complexo, onde se integram a vontade do Presidente da República, que os celebra, e a do Congresso Nacional, que os aprova, mediante decreto legislativo.

Ressalte-se que, considerando o histórico das Constituições anteriores, no Direito brasileiro, a conjugação de vontades entre Executivo e Legislativo sempre se fez necessária para a conclusão de tratados internacionais[4].

---

[4] Sobre a interpretação dos arts. 49, I, e 84, VIII, ver Paulo Roberto de Almeida (As relações internacionais na ordem constitucional. *Revista de Informação Legislativa*, Brasília, n. 101, p. 47-70, jan./mar. 1989); Celso A. Mello (O direito constitucional internacional na Constituição de 1988. *Contexto Internacional*, Rio de Janeiro, p. 9-21, jul./dez. 1988); João Grandino Rodas (op. cit., p. 311-323); Arthur de Castilho Neto (A revisão constitucional e as relações internacionais. *Revista da Procuradoria-Geral da República*, São Paulo, p. 51-78, 1993); Manoel Gonçalves Ferreira Filho (*Comentários à Constituição Brasileira de 1988*. São Paulo: Saraiva, 1992. v. 2, arts. 44 a 103) e Arnaldo Sussekind (op. cit., p. 49 e s.). Quanto ao histórico constitucional pertinente à matéria, note-se que a Constituição de 1891, no art. 34, estabelecia a competência privativa do Congresso Nacional para "resolver definitivamente sobre os tratados e convenções com as nações estrangeiras", atribuindo ao Presidente da República a competência de "celebrar ajustes, convenções e tratados, sempre *ad referendum* do Congresso". A Constituição de 1934, por sua vez, reiterava o mesmo entendimento, ao fixar, no art. 40, a competência exclusiva do Poder Legislativo de "resolver definitivamente sobre os tratados e convenções com as nações estrangeiras, celebrados pelo Presidente da República, inclusive os relativos à paz", reafirmando no art. 56 a competência do Presidente da República para "celebrar convenções e tratados internacionais, *ad referendum* do Poder Legislativo". A Constituição de 1946 corroborava a mesma concepção, quando, no art. 66, previa ser da competência exclusiva do Congresso Nacional "resolver definitivamente sobre os tratados e convenções celebradas com os Estados estrangeiros pelo Presidente da República". Por fim, a Constituição de 1967, com as emendas de 1969, estabelecia no art. 44, I, a competência exclusiva do

Não gera efeitos a simples assinatura de um tratado se não for referendado pelo Congresso Nacional, já que o Poder Executivo só pode promover a ratificação depois de aprovado o tratado pelo Congresso Nacional. Há, portanto, dois atos completamente distintos: a aprovação do tratado pelo Congresso Nacional, por meio de um decreto legislativo, e a ratificação pelo Presidente da República, seguida da troca ou depósito do instrumento de ratificação. Assim, celebrado por representante do Poder Executivo, aprovado pelo Congresso Nacional e, por fim, ratificado pelo Presidente da República, passa o tratado a produzir efeitos jurídicos.

Contudo, a Constituição, ao estabelecer apenas esses dois dispositivos supracitados (os arts. 49, I, e 84, VIII), traz uma sistemática lacunosa, falha e imperfeita, ao não prever, por exemplo, prazo para que o Presidente da República encaminhe ao Congresso o tratado por ele assinado (a título ilustrativo, destaca-se o caso da Convenção de Viena sobre Direito dos Tratados, que foi assinada em 1969 e encaminhada à apreciação do Congresso somente em 1992). Não há ainda previsão de prazo para que o Congresso aprecie o tratado assinado e nem mesmo previsão de prazo para que o Presidente da República ratifique o tratado, se aprovado pelo Congresso. Essa sistemática constitucional, ao manter ampla discricionariedade aos Poderes Executivo e Legislativo no processo de formação dos tratados, acaba por contribuir para a afronta ao princípio da boa-fé vigente no Direito Internacional. A respeito, cabe mencionar o emblemático caso da Convenção de Viena sobre o Direito dos Tratados, assinada pelo Estado brasileiro em 1969 e encaminhada à apreciação do Congresso Nacional apenas em 1992, tendo sido aprovada pelo Decreto Legislativo n. 496, em 17 de julho de 2009 – dezessete anos depois. Em 25 de setembro de 2009, o Estado Brasileiro finalmente efetuou o depósito do instrumento de ratificação[5].

Além disso, salvo na hipótese de tratados de direitos humanos, no texto não há qualquer dispositivo constitucional que enfrente a questão da

---

Congresso Nacional de "resolver definitivamente sobre os tratados, convenções e atos internacionais celebrados pelo Presidente da República", acrescentando no art. 81 a competência privativa do Presidente da República para "celebrar tratados, convenções e atos internacionais, *ad referendum* do Congresso Nacional". Esse histórico das Constituições anteriores revela que, no Direito brasileiro, a conjugação de vontades entre Executivo e Legislativo sempre se fez necessária para a conclusão de tratados internacionais.

[5] Note-se que o Brasil formulou reservas com relação aos arts. 25 e 66 da Convenção de Viena. Em 14 de dezembro de 2009, foi expedido o Decreto de promulgação n. 7.030/2009. Até 2021, a Convenção de Viena contava com 116 Estados-partes.

relação entre o Direito Internacional e Interno. Vale dizer, não há menção expressa a qualquer das correntes, seja à monista, seja à dualista. Por isso, controvertida é a resposta à sistemática de incorporação dos tratados – se a Carta de 1988 adotou a incorporação automática ou não automática.

A doutrina predominante tem entendido que, em face da lacuna e silêncio constitucional, o Brasil adota a corrente dualista, pela qual há duas ordens jurídicas diversas: a ordem interna e a ordem internacional. Para que o tratado ratificado produza efeitos no ordenamento jurídico interno, faz-se necessária a edição de um ato normativo nacional. No caso brasileiro, esse ato tem sido um decreto de execução, adotado pelo Presidente da República, com a finalidade de promulgar o tratado ratificado na ordem jurídica interna, conferindo-lhe execução, cumprimento e publicidade no âmbito interno. A expedição de tal decreto tem sido exigida pela jurisprudência do STF, como um "momento culminante" no processo de incorporação dos tratados, sendo uma "manifestação essencial e insuprimível", por assegurar a promulgação do tratado internamente, garantir o princípio da publicidade e conferir executoriedade ao texto do tratado ratificado, que passa, somente então, a vincular e a obrigar no plano do direito positivo interno[6].

Sustenta-se, todavia, que essa visão não se aplica aos tratados de direitos humanos que, por força do art. 5º, § 1º, têm aplicação imediata, isto é, diante do princípio da aplicabilidade imediata das normas definidoras de direitos e garantias fundamentais, os tratados de direitos humanos, assim que ratificados, irradiam efeitos no cenário internacional e interno, dispensando-se a edição de decreto de execução. Já no caso dos tratados tradicionais, há a exigência do aludido decreto. Logo, a Constituição adota um sistema jurídico misto, na medida em que, para os tratados de direitos humanos, acolhe a sistemática de incorporação automática, enquanto, para os tratados tradicionais, acolhe a sistemática da incorporação não automática.

---

[6] Para o STF: "O decreto presidencial que sucede à aprovação congressual do ato internacional e à troca dos respectivos instrumentos de ratificação, revela-se – enquanto momento culminante do processo de incorporação desse ato internacional ao sistema jurídico doméstico – manifestação essencial e insuprimível, especialmente se considerados os três efeitos básicos que lhe são pertinentes: a) a promulgação do tratado internacional; b) a publicação oficial de seu texto; e c) a executoriedade do ato internacional, que passa, então, e somente então, a vincular e a obrigar no plano do direito positivo interno" (ADI 1.480-DF, Rel. Min. Celso de Mello, *Informativo STF*, n. 109, DJU, 13-5-1998).

No que diz respeito à hierarquia dos tratados, também percebe-se que a Carta Constitucional acolhe um sistema misto, de modo a conjugar regimes jurídicos diferenciados – um atinente aos tratados de direitos humanos e outro aos tratados tradicionais.

Por força do art. 5º, §§ 2º e 3º, a Carta de 1988 atribui aos direitos enunciados em tratados internacionais hierarquia de norma constitucional, incluindo-os no elenco dos direitos constitucionalmente garantidos, que apresentam aplicabilidade imediata. Os demais tratados internacionais têm força hierárquica infraconstitucional, nos termos do art. 102, III, *b*, do texto (que admite o cabimento de recurso extraordinário de decisão que declarar a inconstitucionalidade de tratado), e se submetem à sistemática de incorporação legislativa.

Conclui-se, portanto, que o Direito brasileiro faz opção por um sistema misto, que combina regimes jurídicos diferenciados: um regime aplicável aos tratados de direitos humanos e um outro aplicável aos tratados tradicionais. Enquanto os tratados internacionais de proteção dos direitos humanos – por força do art. 5º, §§ 1º, 2º e 3º – apresentam hierarquia de norma constitucional e são incorporados automaticamente, os demais tratados internacionais apresentam hierarquia infraconstitucional, não sendo incorporados de forma automática pelo ordenamento jurídico brasileiro.

3. Impacto Jurídico dos Tratados na Ordem Internacional

Além de fortalecerem e ampliarem o catálogo de direitos previstos pelo Direito brasileiro, os instrumentos internacionais também apresentam relevantes garantias para a proteção de direitos.

Os instrumentos internacionais de proteção dos direitos humanos envolvem quatro dimensões:

1) a celebração de um consenso internacional sobre a necessidade de adotar parâmetros mínimos de proteção dos direitos humanos (os tratados não são o "teto máximo" de proteção, mas o "piso mínimo" para garantir a dignidade humana, constituindo o "mínimo ético irredutível");

2) a relação entre a gramática de direitos e a gramática de deveres; ou seja, os direitos internacionais impõem deveres jurídicos aos Estados (prestações positivas e/ou negativas), no sentido de respeitar, proteger e implementar os direitos humanos[7];

---

[7] A obrigação de respeitar os direitos humanos demanda dos Estados que se abstenham de violar direitos; a obrigação de proteger demanda dos Estados que evitem que terceiros (atores não

3) a criação de órgãos de proteção (ex.: Comitês, Comissões, Cortes internacionais); e

4) a criação de mecanismos de monitoramento voltados à implementação dos direitos internacionalmente assegurados.

Dentre os mecanismos de monitoramento dos direitos internacionalmente assegurados, destacam-se três instrumentos: a) os relatórios; b) as comunicações interestatais; e c) o direito de petição a organismos internacionais. Tais instrumentos devem ser submetidos à apreciação dos chamados "Comitês".

No âmbito das Nações Unidas, os tratados de proteção de direitos humanos, sejam gerais (ex.: Pacto Internacional dos Direitos Civis e Políticos e Pacto Internacional dos Direitos Econômicos, Sociais e Culturais), sejam especiais (ex.: Convenção contra a Tortura, Convenção sobre os Direitos da Criança, Convenção sobre a Eliminação de todas as Formas de Discriminação Racial, Convenção sobre a Eliminação de todas as Formas de Discriminação contra a Mulher), estabelecem órgãos de monitoramento – os "Comitês"–, integrados por *experts*, eleitos pelos Estados-partes. Estes *experts* são pessoas de reconhecida competência em matéria de direitos humanos e devem servir ao Comitê de forma independente e autônoma, e não como representantes do Estado. Os Comitês são órgãos políticos ou "quase judiciais", que, todavia, não apresentam caráter jurisdicional. Isto é, as decisões dos Comitês são de natureza recomendatória e não têm natureza jurídica sancionatória, de modo que se aplicam ao Estado violador sanções de caráter moral e político, mas não jurídico, no enfoque estrito.

No que se refere aos mecanismos de monitoramento, os relatórios devem ser elaborados pelos Estados-partes dos tratados de proteção de direitos humanos, a fim de esclarecerem, perante os "Comitês", o modo pelo qual estão dando cumprimento às obrigações internacionais assumidas. Os relatórios devem conter as medidas legislativas, administrativas e judiciais adotadas pelo Estado para implementar o tratado, bem como os fatores e dificuldades enfrentadas. Essa sistemática é prevista em todos os tratados de direitos humanos. A respeito do significado da sistemática dos relatórios, comenta Henry Steiner: "Os relatórios elaborados pelos Estados sobre os direitos humanos internacionais tornaram-se hoje um lugar-comum

---

estatais) afrontem direitos; por fim, a obrigação de implementar demanda dos Estados que adotem todas as medidas necessárias para a realização dos direitos humanos.

no plano dos tratados internacionais de direitos humanos. Mas considere quão revolucionária uma ideia como essa pode ter parecido, para grande parte dos Estados do mundo, quase inconcebível, na medida em que deveriam periodicamente submeter um relatório a órgãos internacionais, sobre seus problemas internos de direitos humanos, envolvendo governo e cidadãos, e posteriormente participar de discussões a respeito do relatório com membros daquele órgão, perante o mundo como um todo"[8].

Por sua vez, por meio das comunicações interestatais um Estado-parte pode alegar haver um outro Estado-parte incorrido em violação aos direitos humanos enunciados no tratado. Este mecanismo vem previsto sob a forma de cláusula facultativa, exigindo que o Estado-parte faça uma declaração específica admitindo essa sistemática. Vale dizer, em se tratando de cláusula facultativa, as comunicações interestatais só podem ser admitidas se os Estados envolvidos, ambos ("denunciador" e "denunciado"), reconhecerem e aceitarem tal sistemática.

Quanto ao direito de petição a organismos internacionais pode-se afirmar que constitui a via mais eficaz, dentre os mecanismos de monitoramento. Por ela, na hipótese de violação de direitos humanos e respeitados determinados requisitos de admissibilidade (como o esgotamento prévio dos recursos internos e a inexistência de litispendência internacional), é possível recorrer a instâncias internacionais competentes, que poderão adotar medidas que restaurem ou reparem os direitos então violados. Nas palavras de Antônio Augusto Cançado Trindade, o sistema de petições vem cristalizar a capacidade processual internacional dos indivíduos, constituindo "um mecanismo de proteção de marcante significação, além de conquista de transcendência histórica"[9].

---

[8] STEINER, Henry. *Note on periodic reports of States*. Cambridge: Harvard Law School, Spring 1994 (Material do Curso International Law and Human Rights). Considerando que através do sistema de relatórios o Estado pode "mascarar" a real situação dos direitos humanos, seria conveniente que o processo de elaboração dos relatórios contasse com a participação de expressivos segmentos da sociedade civil, o que viria a contribuir para a maior eficácia do monitoramento internacional dos direitos humanos.

[9] CANÇADO TRINDADE, Antônio Augusto, A *proteção internacional dos direitos humanos*, cit., p. 8. Na lição de Karel Vasak: "Desde que o indivíduo é concebido, ele tem, em minha opinião, adquirido de uma vez e para sempre o direito de deflagrar o aparato de implementação de direitos humanos internacionais. O direito individual à ação internacional é sempre exercido através do direito de petição, o qual, ainda que não seja um direito humano, é hoje um mecanismo empregado para a implementação internacional dos direitos humanos" (Toward a specific international human

Enfatize-se que o mecanismo das petições individuais, em geral, também vem sob a forma de cláusula facultativa, exigindo que o Estado expressamente o admita. Com exceção do art. 44 da Convenção Americana, que prevê a qualquer pessoa ou grupo de pessoas o direito de recorrer à Comissão Interamericana (independentemente de declaração especial do Estado), os demais tratados de direitos humanos incluem o direito de petição sob a forma de cláusula facultativa[10], que exige do Estado um reconhecimento expresso do mecanismo.

Faz-se fundamental, todavia, que todos os tratados de direitos humanos possam contar com uma eficaz sistemática de monitoramento, prevendo os relatórios, as petições individuais e as comunicações interestatais[11]. Insiste-se na adoção do mecanismo de petição individual por todos os tratados internacionais de proteção de direitos humanos, já que este mecanismo permite o acesso direto de indivíduos aos órgãos internacionais de monitoramento. Seria importante acrescentar ainda a sistemática das investigações *in loco*, apenas prevista na Convenção contra a Tortura e no Protocolo Facultativo à Convenção sobre a Eliminação de todas as Formas de Discriminação contra a Mulher.

Além disso, o desejável seria que tais mecanismos fossem veiculados sob a forma de cláusulas obrigatórias e não facultativas – ainda que isto pudesse oferecer como risco a redução do número de Estados-partes.

---

rights law. In: VASAK, Karel (Editor). *The international dimensions of human rights*. Revised and edited for the English edition by Philip Alston. Connecticut: Greenwood Press, 1982, v. 1, p. 676-677).

[10] Por vezes, o direito de petição vem previsto por meio de Protocolo Facultativo, como é o caso do Protocolo Facultativo ao Pacto Internacional dos Direitos Civis e Políticos, do Protocolo Facultativo ao Pacto dos Direitos Econômicos, Sociais e Culturais e do Protocolo Facultativo à Convenção sobre a Eliminação de todas as Formas de Discriminação contra a Mulher.

[11] Observe-se que nem todos os principais tratados de proteção de direitos humanos da ONU contemplam os mecanismos das petições individuais e das comunicações interestatais. Por exemplo, a Convenção sobre os Direitos da Criança só apresentava a sistemática dos relatórios. Apenas em 19 de dezembro de 2011 foi adotado o Protocolo Facultativo à Convenção sobre os Direitos da Criança relativo ao procedimento de comunicações. Com o objetivo de instituir *"child-sensitive procedures"* e sempre endossando o princípio do interesse superior da criança, o Protocolo habilita o Comitê de Direitos da Criança a apreciar petições individuais (inclusive no caso de violação a direitos econômicos, sociais e culturais); adotar *"interim measures"* quando houver urgência, em situações excepcionais e para evitar danos irreparáveis às vítimas de violação; a apreciar comunicações interestatais; e a realizar investigações *in loco*, nas hipóteses de graves ou sistemáticas violações aos direitos humanos das crianças.

Em síntese, resta enfatizar que o aprimoramento do sistema internacional de proteção dos direitos humanos requer: a) o fortalecimento dos mecanismos internacionais existentes, utilizando-se destes de forma plena; e b) a democratização dos instrumentos internacionais, a fim de que se assegurem a indivíduos e a entidades não governamentais possibilidades ampliadas de atuação e um espaço participativo mais eficaz na ordem internacional.

Neste cenário, é fundamental encorajar os Estados a aceitar estes mecanismos. Não é mais admissível que Estados aceitem direitos e neguem as garantias de sua proteção.

Note-se que, em 2002, o Brasil finalmente acolheu a sistemática de petição individual prevista pela Convenção sobre a Eliminação de todas as Formas de Discriminação Racial. Também em 2002 o Brasil ratificou o Protocolo Facultativo à Convenção sobre a Eliminação da Discriminação contra a Mulher e o Estatuto de Roma, que cria o Tribunal Penal Internacional. Em 2006, elaborou a declaração específica exigida pela Convenção contra a Tortura e outros Tratamentos ou Penas Cruéis, Desumanos ou Degradantes (para o fim de habilitar o Comitê contra a Tortura a receber petições individuais), e em 2009 ratificou o Protocolo Facultativo ao Pacto Internacional de Direitos Civis e Políticos (que também introduz o direito de petição individual a instâncias internacionais – no caso, ao Comitê de Direitos Humanos). Em 29 de setembro de 2017, ratificou o Protocolo Facultativo à Convenção sobre os Direitos da Criança relativo ao procedimento de comunicações. Resta, contudo, a ratificação do Protocolo Facultativo ao Pacto Internacional dos Direitos Econômicos, Sociais e Culturais, que fortalece a proteção desses direitos no plano internacional, mediante a introdução da sistemática de petições individuais, comunicações interestatais, investigações *in loco* e medidas de urgência.

Para que o Brasil se alinhe efetivamente à sistemática internacional de proteção dos direitos humanos, relativamente aos tratados ratificados, é emergencial uma mudança de atitude política, de modo que o Estado brasileiro não mais se recuse a aceitar procedimentos que permitam acionar de forma direta e eficaz a *international accountability*, como a sistemática de petições individuais e comunicações interestatais[12].

---

[12] Observe-se que ainda é grande a resistência de muitos Estados em aceitar as cláusulas facultativas referentes às petições individuais e comunicações interestatais. Em 2024, destaque-se que: a) dos 173 Estados-partes do Pacto Internacional dos Direitos Civis e Políticos apenas 117 Estados aceitavam o mecanismo das petições individuais (tendo ratificado o Protocolo Facultativo para

Não há mais como admitir que o Brasil ratifique tratados de direitos humanos e se recuse a aceitar o aparato normativo internacional de garantia, implementação e fiscalização desses direitos. Superar esta postura de recuo e retrocesso é fundamental à plena e integral proteção dos direitos humanos no âmbito nacional.

Por fim, há que se ressaltar que essas ações são essenciais para a efetiva reinserção do Brasil, na condição de Estado Democrático de Direito, no cenário internacional de proteção dos direitos humanos. Embora avanços extremamente significativos tenham ocorrido ao longo do processo de democratização brasileira, no que tange à incorporação dos principais instrumentos internacionais de proteção de direitos humanos, ainda resta o importante desafio – decisivo ao futuro democrático – do pleno, sincero e total comprometimento do Estado brasileiro à causa dos direitos humanos.

---

este fim); b) dos 173 Estados-partes na Convenção contra a Tortura, apenas 67 Estados aceitavam o mecanismo das comunicações interestatais e das petições individuais (nos termos dos arts. 21 e 22 da Convenção); c) dos 182 Estados-partes na Convenção sobre a Eliminação de Todas as Formas de Discriminação Racial, apenas 55 Estados aceitavam o mecanismo das petições individuais (nos termos do art. 14 da Convenção); e, finalmente, d) dos 189 Estados-partes na Convenção sobre a Eliminação de todas as Formas de Discriminação contra a Mulher, apenas 114 Estados aceitavam o mecanismo das petições individuais, tendo ratificado o Protocolo Facultativo à Convenção sobre a Eliminação de todas as Formas de Discriminação contra a Mulher.

Capítulo 7

PROTEÇÃO DOS DIREITOS SOCIAIS: DESAFIOS DOS SISTEMAS GLOBAL, REGIONAL E SUL-AMERICANO*

1. Introdução

Como compreender os direitos sociais sob a perspectiva da concepção contemporânea de direitos humanos? Em que medida merecem o mesmo grau de importância dos direitos civis e políticos? Qual é a principiologia aplicável aos direitos sociais? São direitos acionáveis e justiciáveis? Qual é o alcance de sua proteção nos sistemas internacional e regional interamericano? Como fortalecer a projeção e a incorporação de parâmetros protetivos globais e regionais no âmbito sul-americano? Como intensificar o diálogo vertical e horizontal de jurisdições visando à pavimentação de um *ius commune* em direitos sociais na região sul-americana?

São estas as questões centrais a inspirar o presente estudo, que tem por objetivo maior enfocar a proteção dos direitos sociais sob o prisma internacional e regional interamericano, com destaque aos desafios da implementação dos direitos sociais no contexto sul-americano, visando à criação de um constitucionalismo regional amparado em um *ius commune* social.

---

* Um especial agradecimento é feito a Alexander von Humboldt Foundation pela *fellowship* que tornou possível este estudo e ao Max-Planck-Institute for Comparative Public Law and International Law por prover um ambiente acadêmico de extraordinário vigor intelectual. Este capítulo é baseado na palestra "Implementação dos direitos econômicos, sociais e culturais: desafios nacionais para o *ius commune*", proferida no simpósio "Construcción y papel de los derechos sociales fundamentales – Hacia um *ius constitutionale commune* latinoamericano", no Max-Planck-Institute for Comparative Public Law and International Law, em Heidelberg (Alemanha), em 25 de novembro de 2010.

2. A Afirmação Histórica dos Direitos Humanos e os Direitos Sociais

Como reivindicações morais, os direitos humanos nascem quando devem e podem. Como realça Norberto Bobbio, os direitos humanos não nascem todos de uma vez e nem de uma vez por todas[1]. Para Hannah Arendt, os direitos humanos não são um dado, mas um construído, uma invenção humana, em constante processo de construção e reconstrução[2]. Simbolizam os direitos humanos, para parafrasear Luigi Ferrajoli[3], a lei do mais fraco contra a lei do mais forte, na expressão de um contrapoder em face dos absolutismos, advenham do Estado, do setor privado ou mesmo da esfera doméstica.

Considerando a historicidade dos direitos humanos, destaca-se a chamada concepção contemporânea de direitos humanos, que veio a ser introduzida pela Declaração Universal de 1948 e reiterada pela Declaração de Direitos Humanos de Viena de 1993, marcada pela universalidade e indivisibilidade desses direitos. Universalidade porque clama pela extensão universal dos direitos humanos, sob a crença de que a condição de pessoa é o requisito único para a titularidade de direitos, considerando o ser humano como um ser essencialmente moral, dotado de unicidade existencial e dignidade, esta como valor intrínseco à condição humana. Indivisibilidade porque a garantia dos direitos civis e políticos é condição para a observância dos direitos sociais, econômicos e culturais e vice-versa. Quando um

---

[1] BOBBIO, Norberto. Era dos direitos. Trad. Carlos Nelson Coutinho. Rio de Janeiro: Campus, 1988.
[2] ARENDT, Hannah. As origens do totalitarismo. Trad. Roberto Raposo. Rio de Janeiro: Documentário, 1979. A respeito, ver também LAFER, Celso. A reconstrução dos direitos humanos: um diálogo com o pensamento de Hannah Arendt. São Paulo: Cia. das Letras, 1988, p. 134. No mesmo sentido, afirma Ignacy Sachs: "Não se insistirá nunca o bastante sobre o fato de que a ascensão dos direitos é fruto de lutas, que os direitos são conquistados, às vezes, com barricadas, em um processo histórico cheio de vicissitudes, por meio do qual as necessidades e as aspirações se articulam em reivindicações e em estandartes de luta antes de serem reconhecidos como direitos" (SACHS, Ignacy. Desenvolvimento, direitos humanos e cidadania. In: Direitos humanos no século XXI, 1998, p. 156). Para Allan Rosas: "O conceito de direitos humanos é sempre progressivo. (...) O debate a respeito do que são os direitos humanos e como devem ser definidos é parte e parcela de nossa história, de nosso passado e de nosso presente" (ROSAS, Allan. So-Called rights of the third generation. In: EIDE, Asbjorn; KRAUSE, Catarina e ROSAS, Allan. Economic, social and cultural rights. Dordrecht, Boston e Londres: Martinus Nijhoff Publishers, 1995, p. 243).
[3] FERRAJOLI, Luigi. Diritti fondamentali – uno dibattito teorico, a cura di Ermanno Vitale. Roma, Bari: Laterza, 2002, p. 338.

deles é violado, os demais também o são. Os direitos humanos compõem, assim, uma unidade indivisível, interdependente e inter-relacionada, capaz de conjugar o catálogo de direitos civis e políticos com o catálogo de direitos sociais, econômicos e culturais. Sob esta perspectiva integral, identificam-se dois impactos: a) a inter-relação e interdependência das diversas categorias de direitos humanos; e b) a paridade em grau de relevância de direitos sociais, econômicos e culturais e de direitos civis e políticos.

Para Asbjorn Eide: "O termo 'direitos sociais', por vezes chamado 'direitos econômicos-sociais', refere-se a direitos cujo objetivo é proteger e avançar no exercício das necessidades humanas básicas e assegurar condições materiais para uma vida com dignidade. O fundamento deste direito no Direito dos Direitos Humanos encontra-se na Declaração Universal de Direitos Humanos, que, no art. 22, enuncia: "Toda pessoa, como membro da sociedade, tem direito à segurança social e à realização, pelo esforço nacional, pela cooperação internacional e de acordo com a organização e recursos de cada Estado, dos direitos econômicos, sociais e culturais indispensáveis à sua dignidade e ao livre desenvolvimento de sua personalidade"[4].

Ao examinar a indivisibilidade e a interdependência dos direitos humanos, leciona Héctor Gros Espiell: "Só o reconhecimento integral de todos estes direitos pode assegurar a existência real de cada um deles, já

---

[4] EIDE, Asbjorn. Social rights. In: Rhona K.M. Smith e Christien van den Anker. *The essentials of human rights*. London: Hodder Arnold, 2005, p. 234. Para Asborn Eide: "Direitos econômicos, sociais e culturais constituem três componentes inter-relacionados de uma concepção mais ampla. Os diferentes componentes têm também relação com os direitos civis e políticos. O núcleo dos direitos sociais corresponde ao direito a um adequado padrão de vida. O exercício destes direitos requer, no mínimo, que cada pessoa desfrute dos direitos necessários à sua subsistência – direitos à alimentação e à nutrição adequadas, à vestimenta, à moradia e às necessárias condições de saúde. Relacionado a estes direitos está o direito de famílias à assistência (...). A fim de exercer estes direitos, é necessário o exercício de certos direitos econômicos, como o direito de propriedade, o direito ao trabalho e o direito à seguridade social. (...) A noção de direitos culturais é mais complexa (...). Direitos culturais contemplam os seguintes elementos: o direito de participar da vida cultural, o direito de desfrutar dos benefícios científicos e de seus progressos, o direito de beneficiar-se da proteção de interesses morais e materiais resultantes de produção científica, literária ou artística do qual o beneficiário é o autor e a liberdade indispensável à pesquisa científica e à atividade criativa" (EIDE, Asbjorn. Economic, social and cultural rights as human rights. In: Eide, A, C. Krause and A. Rosas (eds.), *Economic, social and cultural rights*: a textbook. 2nd revised edition, Dordrecht: Martinus Nijhoff Publishers, 2001, p. 17-18).

que sem a efetividade de gozo dos direitos econômicos, sociais e culturais, os direitos civis e políticos se reduzem a meras categorias formais. Inversamente, sem a realidade dos direitos civis e políticos, sem a efetividade da liberdade entendida em seu mais amplo sentido, os direitos econômicos, sociais e culturais carecem, por sua vez, de verdadeira significação. Esta ideia da necessária integralidade, interdependência e indivisibilidade quanto ao conceito e à realidade do conteúdo dos direitos humanos, que de certa forma está implícita na Carta das Nações Unidas, se compila, se amplia e se sistematiza em 1948, na Declaração Universal de Direitos Humanos, e se reafirma definitivamente nos Pactos Universais de Direitos Humanos, aprovados pela Assembleia Geral em 1966, e em vigência desde 1976, na Proclamação de Teerã de 1968 e na Resolução da Assembleia Geral, adotada em 16 de dezembro de 1977, sobre os critérios e meios para melhorar o gozo efetivo dos direitos e das liberdades fundamentais (Resolução n. 32/130)"[5].

A partir da Declaração de 1948, começa a se desenvolver o Direito Internacional dos Direitos Humanos, mediante a adoção de diversos instrumentos internacionais de proteção. A Declaração de 1948 confere lastro axiológico e unidade valorativa a este campo do Direito, com ênfase na universalidade, indivisibilidade e interdependência dos direitos humanos.

O processo de universalização dos direitos humanos permitiu a formação de um sistema internacional de proteção desses direitos. Este sistema é integrado por tratados internacionais de proteção que refletem, sobretudo, a consciência ética contemporânea compartilhada pelos Estados, na medida em que invocam o consenso internacional acerca de temas centrais aos direitos humanos, na busca da salvaguarda de parâmetros protetivos mínimos – do "mínimo ético irredutível". Neste sentido, cabe destacar que, até 2024, o Pacto Internacional dos Direitos Civis e Políticos contava com 173 Estados-partes; o Pacto Internacional dos Direitos Econômicos, Sociais e Culturais, com 171; a Convenção contra a Tortura, com 173; a Convenção sobre a Eliminação da Discriminação Racial, com 182; a Convenção sobre a Eliminação da Discriminação contra a Mulher, com 189; e a Convenção sobre os Direitos da Criança apresentava a mais ampla adesão, com 196 Estados-partes[6].

---

[5] ESPIELL, Hector Gros. *Los derechos económicos, sociales y culturales en el sistema interamericano*: San José, Libro Libre, 1986, p. 16-17.

[6] A respeito, consultar *Human development report*, UNDP. New York/Oxford: Oxford University Press.

Ao lado do sistema normativo global, surgem os sistemas regionais de proteção, que buscam internacionalizar os direitos humanos nos planos regionais, particularmente na Europa, América e África. Adicionalmente, há um incipiente sistema árabe e a proposta de criação de um sistema regional asiático. Consolida-se, assim, a convivência do sistema global da ONU com instrumentos do sistema regional, por sua vez, integrado pelos sistemas americano, europeu e africano de proteção aos direitos humanos.

Os sistemas global e regional não são dicotômicos, mas complementares. Inspirados pelos valores e princípios da Declaração Universal, compõem o universo instrumental de proteção dos direitos humanos, no plano internacional. Nessa ótica, os diversos sistemas de proteção de direitos humanos interagem em benefício dos indivíduos protegidos. O propósito da coexistência de distintos instrumentos jurídicos – garantindo os mesmos direitos é, pois, no sentido de ampliar e fortalecer a proteção dos direitos humanos. O que importa é o grau de eficácia da proteção, e, por isso, deve ser aplicada a norma que, no caso concreto, melhor proteja a vítima. Ao adotar o valor da primazia da pessoa humana, esses sistemas se complementam, interagindo com o sistema nacional de proteção, a fim de proporcionar a maior efetividade possível na tutela e promoção de direitos fundamentais. Esta é inclusive a lógica e a principiologia próprias do Direito Internacional dos Direitos Humanos, todo ele fundado no princípio maior da dignidade humana.

A concepção contemporânea de direitos humanos caracteriza-se pelos processos de universalização e internacionalização desses direitos, compreendidos sob o prisma de sua indivisibilidade[7]. Ressalte-se que a Declaração de Direitos Humanos de Viena, de 1993, reitera a concepção da Declaração de 1948, quando, em seu § 5º, afirma: "Todos os direitos humanos são universais, interdependentes e inter-relacionados. A comunidade internacional deve tratar os direitos humanos globalmente de forma justa e equitativa, em pé de igualdade e com a mesma ênfase".

Logo, a Declaração de Viena de 1993, subscrita por 171 Estados, endossa a universalidade e a indivisibilidade dos direitos humanos, revigo-

---

[7] Note-se que a Convenção sobre a Eliminação de todas as formas de Discriminação Racial, a Convenção sobre a Eliminação da Discriminação contra a Mulher, a Convenção sobre os Direitos da Criança, a Convenção sobre os Direitos das Pessoas com Deficiência e a Convenção para a Proteção dos Direitos dos Trabalhadores Migrantes e dos Membros de suas Famílias contemplam não apenas direitos civis e políticos, mas também direitos sociais, econômicos e culturais, o que vem a endossar a ideia da indivisibilidade dos direitos humanos.

rando o lastro de legitimidade da chamada concepção contemporânea destes direitos, introduzida pela Declaração de 1948. Note-se que, como consenso do "pós-Guerra", a Declaração de 1948 foi adotada por 48 Estados, com oito abstenções. Assim, a Declaração de Viena de 1993 estende, renova e amplia o consenso sobre a universalidade e indivisibilidade dos direitos humanos.

Em face da indivisibilidade dos direitos humanos, há de ser definitivamente afastada a equivocada noção de que uma classe de direitos (a dos direitos civis e políticos) merece inteiro reconhecimento e respeito, enquanto outra classe (a dos direitos sociais, econômicos e culturais), ao revés, não merece qualquer observância. Sob a ótica normativa internacional, está definitivamente superada a concepção de que os direitos sociais, econômicos e culturais não são direitos legais. A ideia da não acionabilidade dos direitos sociais é meramente ideológica e não científica. São eles autênticos e verdadeiros direitos fundamentais, acionáveis, exigíveis e demandam séria e responsável observância. Por isso, devem ser reivindicados como direitos e não como caridade, generosidade ou compaixão.

Como aludem Asbjorn Eide e Allan Rosas: "Levar os direitos econômicos, sociais e culturais a sério implica, ao mesmo tempo, um compromisso com a integração social, a solidariedade e a igualdade, incluindo a questão da distribuição de renda. Os direitos sociais, econômicos e culturais incluem como preocupação central a proteção aos grupos vulneráveis. (...) As necessidades fundamentais não devem ficar condicionadas à caridade de programas e políticas estatais, mas devem ser definidas como direitos"[8].

Feitas essas considerações a respeito da concepção contemporânea de direitos humanos e o modo pelo qual se relaciona com os direitos sociais, transita-se à análise da proteção dos direitos sociais no sistema global, com ênfase no Pacto Internacional dos Direitos Econômicos, Sociais e Culturais, no seu Protocolo e na principiologia aplicável aos direitos sociais.

3. A Proteção dos Direitos Sociais no Sistema Global

Preliminarmente, faz-se necessário ressaltar que a Declaração Universal de 1948, ao introduzir a concepção contemporânea de direitos humanos,

---

[8] EIDE, Asbjorn; ROSAS, Allan. Economic, social and cultural rights: a universal challenge. In: EIDE, Asbjorn; KRAUSE, Catarina e ROSAS, Allan. *Economic, social and cultural rights*. Dordrecht, Boston e Londres: Martinus Nijhoff Publishers, 1995, p. 17-18.

foi o marco de criação do chamado "Direito Internacional dos Direitos Humanos", como sistema jurídico normativo de alcance internacional, com o objetivo de proteger os direitos humanos.

Após a sua adoção, em 1948, instaurou-se uma larga discussão sobre qual seria a maneira mais eficaz para assegurar a observância universal dos direitos nela previstos. Prevaleceu o entendimento de que a Declaração deveria ser "juridicizada" sob a forma de tratado internacional, que fosse juridicamente obrigatório e vinculante no âmbito do Direito Internacional.

Esse processo de "juridicização" da Declaração começou em 1949 e foi concluído apenas em 1966, com a elaboração de dois distintos tratados internacionais no âmbito das Nações Unidas – o Pacto Internacional dos Direitos Civis e Políticos e o Pacto Internacional dos Direitos Econômicos, Sociais e Culturais –, que passavam a incorporar, com maior precisão e detalhamento, os direitos constantes da Declaração Universal, sob a forma de preceitos juridicamente obrigatórios e vinculantes.

A elaboração de dois Pactos, por si só, revela as ambivalências e as resistências dos Estados em conferir igual proteção às diversas categorias de direitos.

O Pacto Internacional dos Direitos Econômicos, Sociais e Culturais, que até 2024 contemplava a adesão de 171 Estados-partes, enuncia um extenso catálogo de direitos, que inclui o direito ao trabalho e à justa remuneração, o direito a formar e a filiar-se a sindicatos, o direito a um nível de vida adequado, o direito à moradia, o direito à educação, à previdência social, à saúde etc. Como afirma David Trubek: "Os direitos sociais, enquanto social *welfare rights*, implicam a visão de que o Estado tem a obrigação de garantir adequadamente tais condições para todos os indivíduos. A ideia de que o *welfare* é uma construção social e de que as condições de *welfare* são em parte uma responsabilidade governamental, repousa nos direitos enumerados pelos diversos instrumentos internacionais, em especial pelo Pacto Internacional dos Direitos Econômicos, Sociais e Culturais. Ela também expressa o que é universal neste campo, na medida em que se trata de uma ideia acolhida por quase todas as nações do mundo, ainda que exista uma grande discórdia acerca do escopo apropriado da ação e responsabilidade governamental, e da forma pela qual o *social welfare* pode ser alcançado em específicos sistemas econômicos e políticos"[9].

---

[9] TRUBEK, David. Economic, social and cultural rights in the third world: human rights law and human needs programs. In: MERON, Theodor (Ed.). *Human rights in international law*: legal and policy

Se os direitos civis e políticos devem ser assegurados de plano pelo Estado, sem escusa ou demora – têm a chamada autoaplicabilidade –, os direitos sociais, econômicos e culturais, por sua vez, nos termos em que estão concebidos pelo Pacto, apresentam realização progressiva. Vale dizer, são direitos que estão condicionados à atuação do Estado, o qual deve adotar todas as medidas, tanto por esforço próprio como por assistência e cooperação internacionais, principalmente nos planos econômicos e técnicos, até o máximo de seus recursos disponíveis, com vistas a alcançar progressivamente a completa realização desses direitos (art. 2º, § 1º, do Pacto)[10].

No entanto, cabe realçar que tanto os direitos sociais como os direitos civis e políticos demandam do Estado prestações positivas e negativas, sendo equivocada e simplista a visão de que os direitos sociais só demandariam prestações positivas, enquanto os direitos civis e políticos demandariam prestações negativas, ou a mera abstenção estatal. A título de exemplo, cabe indagar qual o custo do aparato de segurança, mediante o qual se asseguram direitos civis clássicos, como os direitos à liberdade e à propriedade, ou ainda qual o custo do aparato eleitoral, que viabiliza os direitos políticos, ou do aparato de justiça, que garante o direito ao acesso ao Judiciário. Isto é, os direitos civis e políticos não se restringem a demandar a mera omissão estatal, já que a sua implementação requer políticas públicas direcionadas, que contemplam também um custo.

Sobre o custo dos direitos e a justiciabilidade dos direitos sociais, compartilha-se da visão de David Bilchitz: "Um número significativo de

---

issues. Oxford: Clarendon Press, 1984. p. 207. A respeito, ainda afirma David Trubek: "Eu acredito que o Direito Internacional está se orientando no sentido de criar obrigações que exijam dos Estados a adoção de programas capazes de garantir um mínimo nível de bem-estar econômico, social e cultural para todos os cidadãos do planeta, de forma a progressivamente melhorar este bem-estar" (op. cit., p. 207). Sobre o tema, consultar ainda A. Chapman and S. Russell (eds.), *Core obligations*: building a framework for economic, social and cultural rights. Antwerp: Intersentia, 2002 e M. Craven. *The international covenant on economic, social and cultural rights*: a perspective on its development. Oxford: Clarendon Press, 1995.

[10] A expressão "aplicação progressiva" tem sido frequentemente mal interpretada. Em seu "General Comment n. 03" (1990), a respeito da natureza das obrigações estatais concernentes ao art. 2º, § 1º, o Comitê sobre Direitos Econômicos, Sociais e Culturais afirmou que, se a expressão "realização progressiva" constitui um reconhecimento do fato de que a plena realização dos direitos sociais, econômicos e culturais não pode ser alcançada em um curto período de tempo, esta expressão deve ser interpretada à luz de seu objetivo central, que é estabelecer claras obrigações aos Estados-partes, no sentido de adotarem medidas, tão rapidamente quanto possível, para a realização destes direitos (General Comment n. 03, UN doc. E/1991/23).

autores aceita a legitimidade do *judicial review* no tocante às decisões finais concernentes a direitos civis e políticos. Objetam, contudo, decisões concernentes a direitos sociais e econômicos. Uma das mais importantes objeções feitas com relação ao envolvimento de juízes em decisões a respeito de direitos sociais e econômicos tem sido o argumento de que é inapropriado aos juízes decidir como o orçamento de uma sociedade será alocado. (...) Juízes não são tradicionalmente especialistas em políticas econômicas ou em questões complexas envolvendo a dotação orçamentária. Sustenta-se que eles não estão bem situados para fazer determinações concernentes à alocação de recursos. Como resposta, a *judicial review* em um significativo número de países, por muitos anos, envolveu juízes proferindo decisões no campo dos direitos civis e políticos. A realização de muitos destes direitos tem demandado gastos expressivos, que tem um impacto na total distribuição de recursos. (...) Juízes, assim, têm geralmente se dedicado à interpretação e à implementação destes direitos e seu papel neste sentido não tem sofrido a crítica de que eles seriam não qualificados para esta tarefa, inobstante as implicações orçamentárias de suas decisões. (...) A racionalidade desta distinção repousa no fato de que os críticos defendem que os direitos econômicos e sociais são, de alguma forma, inferiores aos direitos civis e políticos e não são munidos de igual proteção (...). Não há base justificável para esta crítica, já que a mesma base jurídica oferece suporte às duas diferentes categorias de direitos"[11]. Acrescenta o autor: "(...) se uma sociedade é justificada pelo reconhecimento de direitos fundamentais e tem boas razões para assegurar aos juízes *review powers*, consequentemente esta sociedade deve permitir aos seus juízes que assegurem que recursos sejam alocados de acordo com as demandas de direitos fundamentais. (...) Aos juízes é conferido o poder de revisar tais decisões, avaliando se estão em conformidade com as prioridades consagradas na Constituição. Juízes são acionados a avaliar a alocação de recursos em uma área na qual têm elevada especialidade: a aplicação de parâmetros de direitos humanos"[12].

O Pacto Internacional dos Direitos Econômicos, Sociais e Culturais apresenta uma peculiar sistemática de monitoramento e implementação dos direitos que contempla. Essa sistemática inclui o mecanismo dos relatórios a serem encaminhados pelos Estados-partes. Os relatórios devem

---

[11] BILCHITZ, David. *Poverty and Fundamental Rights*: The justification and enforcement of socioeconomic rights, Oxford/NY: Oxford University Press, 2007. p. 128-129.

[12] BILCHITZ, David, op. cit., p. 132.

consignar as medidas legislativas, administrativas e judiciais adotadas pelo Estado-parte no sentido de conferir observância aos direitos reconhecidos pelo Pacto. Devem ainda expressar os fatores e as dificuldades no processo de implementação das obrigações decorrentes do Pacto Internacional dos Direitos Econômicos, Sociais e Culturais.

Diversamente do Pacto dos Direitos Civis, o Pacto dos Direitos Sociais não estabelece o mecanismo de comunicação interestatal, mediante o qual um Estado-parte pode alegar haver outro Estado-parte incorrido em violação aos direitos humanos enunciados no tratado. Até 2008 tampouco era previsto o direito de petição – instrumento que tem permitido a proteção internacional dos direitos civis e políticos desde 1966 por meio do Protocolo Facultativo ao Pacto Internacional dos Direitos Civis e Políticos.

A respeito do monitoramento dos direitos sociais e seu impacto na justiciabilidade desses direitos, afirma Martin Scheinin que a íntima relação entre a existência de um sistema de petição internacional (que fomenta uma prática institucionalizada de interpretação) e o desenvolvimento da justiciabilidade de direitos no plano doméstico já foi devidamente explicada pelo Comitê de Direitos Econômicos, Sociais e Culturais: "Na medida em que a maioria das disposições da Convenção não é objeto de um detalhado escrutínio jurisprudencial no plano internacional, é muito provável que também não seja objeto de tal controle no plano doméstico"[13].

Somente em 10 de dezembro de 2008 foi finalmente adotado o Protocolo Facultativo ao Pacto Internacional de Direitos Econômicos, Sociais e Culturais, que introduz a sistemática das petições individuais, das medidas de urgência (*interim measures*), das comunicações interestatais e das investigações *in loco* em caso de graves e sistemáticas violações a direitos sociais por um Estado-parte. Em 1996, o Comitê de Direitos Econômicos, Sociais e Culturais já adotava um projeto de Protocolo, contando com o apoio dos países da América Latina, da África e do Leste Europeu e, ainda, com a resistência do Reino Unido, dos EUA, do Canadá, da Austrália, dentre outros. Até 2024, o Protocolo contava com 26 Estados-partes[14], tendo entrado em vigor em 5 de maio de 2013, nos termos do seu artigo 18 (1).

---

[13] SCHEININ, Martin. Economic and social rights as legal rights. Eide, A, Krause C. and Rosas A. (Eds.), *Economic, social and cultural rights: a textbook*. 2nd revised edition, Dordrecht: Martinus Nijhoff Publishers, 2001, p. 49. Ver também UN doc A/CONF.157/PC/62/Add.5/, para. 24.

[14] Dentre eles: Equador, Mongólia, Espanha, Argentina, Bolívia, Bósnia e Herzegovina, El Salvador, Portugal, Eslováquia, Uruguai e Montenegro.

Reitere-se que, desde 1966, os direitos civis e políticos contam com o mecanismo das petições individuais, mediante a adoção do Protocolo Facultativo ao Pacto Internacional dos Direitos Civis e Políticos, o que fortaleceu a justiciabilidade desses direitos nas esferas global, regional e local. Já os direitos sociais, apenas em 2008 passam a contar com tal sistemática, que virá a impactar positivamente o grau de justiciabilidade desses direitos. O Protocolo Facultativo é uma relevante iniciativa para romper com a proteção desigual conferida aos direitos civis e políticos e aos direitos econômicos, sociais e culturais na esfera internacional.

Ademais, para fortalecer a efetividade dos direitos econômicos, sociais e culturais, a Declaração de Viena de 1993 também recomenda o exame de outros critérios, como a aplicação de um sistema de indicadores, para medir o progresso alcançado na realização dos direitos previstos no Pacto Internacional de Direitos Econômicos, Sociais e Culturais. Para Katarina Tomasevski: "A criação de indicadores para direitos econômicos e sociais permite a oportunidade de estender o *rule of law* e as obrigações internacionais no plano dos direitos humanos para o centro da esfera econômica que tem remanescido largamente imune de demandas de democratização, *accountability* e plena aplicação de parâmetros de direitos humanos. Indicadores podem ser conceptualizados à luz dos tratados internacionais de direitos humanos, posto que deles decorrem obrigações aos Estados"[15]. O sistema de indicadores contribuirá para fomentar informações pelo Estado, o que permitirá com maior precisão a formulação e a avaliação de políticas públicas, propiciando, sobretudo, a incorporação da perspectiva de direitos humanos na formulação de tais políticas.

Recomenda ainda a Declaração de Viena que seja empreendido um esforço harmonizado, para garantir o reconhecimento dos direitos econômicos, sociais e culturais nos planos nacional, regional e internacional.

Sob a perspectiva integral, aplica-se aos direitos sociais o regime jurídico dos direitos humanos, com sua lógica e principiologia próprias. Extraem-se da jurisprudência internacional, produzida especialmente pelo Comitê de Direitos Econômicos, Sociais e Culturais, cinco relevantes princípios específicos concernentes aos direitos sociais: a) o princípio da observância do *minimum core obligation*; b) o princípio da aplicação progressiva;

---

[15] TOMASEVSKI, Katarina. Indicators. In: Eide, A. Krause C. and Rosas A. (eds.), *Economic, social and cultural rights: a textbook*. 2nd revised edition, Dordrecht: Martinus Nijhoff Publishers, 2001, p. 531-532.

c) o princípio da inversão do ônus da prova; d) o princípio da participação, transparência e *accountability*; e e) o princípio da cooperação internacional.

a) Princípio da observância do *minimum core obligation*

A jurisprudência internacional, fomentada pelo Comitê de Direitos Econômicos, Sociais e Culturais, tem endossado o dever dos Estados de observar um *minimum core obligation* no tocante aos direitos sociais. O Comitê sustenta que o *"minimum core obligation* relativo a cada direito requer a satisfação ao menos dos níveis essenciais mínimos de cada direito pelos Estados-partes. (...) O núcleo essencial mínimo demanda obrigações que satisfaçam o 'mínimo essencial de cada direito'".

O dever de observância do mínimo essencial concernente aos direitos sociais tem como fonte o princípio maior da dignidade humana, que é o princípio fundante e nuclear do direito dos direitos humanos, demandando absoluta urgência e prioridade.

A respeito da implementação dos direitos sociais, o Comitê adota os seguintes critérios: acessibilidade; disponibilidade; adequação; qualidade e aceitabilidade cultural. O Comitê ainda tem desenvolvido o conteúdo jurídico dos direitos sociais (moradia – recomendação geral n. 4; alimentação adequada – recomendação geral n. 12; saúde – recomendação geral n. 14; e educação – recomendação geral n. 13).

b) Princípio da aplicação progressiva dos direitos sociais do qual decorrem os princípios da proibição do retrocesso social e da proibição da inação estatal

O General Comment n. 3 do Comitê de Direitos Econômicos, Sociais e Culturais afirma a obrigação dos Estados de adotar medidas, por meio de ações concretas, deliberadas e focadas, de modo mais efetivo possível, voltadas à implementação dos direitos sociais. Por consequência, cabe aos Estados o dever de evitar medidas de retrocesso social. Para o Comitê: "Qualquer medida de retrocesso deve envolver a mais criteriosa consideração e deve apenas ser justificável tendo como referência a totalidade dos direitos previstos pela Convenção no contexto da máxima aplicação dos recursos disponíveis".

Cabe reafirmar que o Pacto dos Direitos Econômicos, Sociais e Culturais estabelece a obrigação dos Estados em reconhecer e progressivamente implementar os direitos nele enunciados, utilizando o máximo dos recursos disponíveis. Da aplicação progressiva dos direitos econômicos, sociais e culturais resulta a cláusula de proibição do retrocesso social em matéria de direitos sociais, como também a proibição da inação ou omissão estatal. Para J. J. Gomes Canotilho: "O princípio da proibição do retrocesso social pode formular-se assim: o núcleo essencial dos direitos sociais já realizado e efetivado através de medidas legislativas deve considerar-se constitucionalmente garantido, sendo inconstitucionais quaisquer medidas que, sem a criação de esquemas alternativos ou compensatórios, se traduzam na prática em uma anulação, revogação ou aniquilação pura e simples desse núcleo essencial. A liberdade do legislador tem como limite o núcleo essencial já realizado"[16].

Ainda no General Comment n. 3, como destaca David Bilchitz: "O Comitê da ONU tem identificado várias categorias de obrigações impostas aos Estados no campo dos direitos econômicos e sociais. No Comentário Geral n. 3, o Comitê reconhece a distinção entre obrigações de conduta e obrigações de resultado. Obrigações de conduta demandam a adoção de medidas 'razoavelmente calculadas para realizar o exercício de um direito particular'. Obrigações de resultado demandam 'dos Estados que alcancem objetivos específicos para satisfazer parâmetros substantivos' (...) Direitos econômicos e sociais tipicamente impõem ambas as obrigações de conduta e de resultado"[17].

Note-se que há medidas de aplicação imediata concernentes aos direitos sociais, como é o caso da cláusula da proibição da discriminação. Como realçam os Princípios de Limburg: "Algumas obrigações à luz do Pacto requerem a imediata implementação pelos Estados-partes, como a obrigação de proibição da discriminação constante no artigo 2 (2) do Pacto. (...) Embora a plena realização dos direitos reconhecidos no Pacto deva ser alcançada progressivamente, determinados direitos podem ser imediatamente justiciáveis, ao passo que outros direitos podem se tornar justiciáveis ao longo do tempo"[18].

---

[16] CANOTILHO, José Joaquim Gomes. *Direito constitucional e teoria da Constituição*. Coimbra: Livraria Almedina, 1998.

[17] BILCHITZ, David. *Poverty and fundamental rights*: the justification and enforcement of socio-economic rights, Oxford/NY: Oxford University Press, 2007. p. 183-184.

[18] The Limburg Principles on the implementation of the International Convenant on Economic, Social and Cultural Rights, paragraph 22 (UN doc.E/CN.4/1987/17). Como observa Asbjorn Eide: "Obrigações dos Estados no campo dos direitos sociais e econômicos foram elaboradas por um grupo de especialistas, reunidos pela Comissão Internacional de Juristas, em Limburg (Holanda),

Do princípio da aplicação progressiva dos direitos sociais a demandar dos Estados que aloquem o máximo de recursos disponíveis para a implementação de tais direitos, decorrem a proibição do retrocesso social e a proibição da inação estatal. A censura jurídica à violação ao princípio da aplicação progressiva dos direitos sociais pode, ademais, fundamentar-se no princípio da proporcionalidade, com destaque à afronta à proporcionalidade estrita sob o prisma da proibição da insuficiência[19].

c) Princípio da inversão do ônus da prova

Nos termos do art. 2º (1) do Pacto Internacional dos Direitos Econômicos, Sociais e Culturais, os Estados têm a obrigação de adotar todas as medidas necessárias, utilizando o máximo disponível de recursos, para a realização dos direitos sociais.

É com base nesse dever que emerge o princípio da inversão do ônus da prova. Como leciona Asbjorn Eide: "Um Estado que clame não ter a possibilidade de satisfazer suas obrigações por motivos de força maior tem o ônus de provar que este é o caso e que tem sem sucesso buscado obter suporte internacional para assegurar a disponibilidade e a acessibilidade de direitos"[20].

d) Princípio da participação, transparência e *accountability*

O componente democrático é essencial para a adoção de políticas públicas em matéria de direitos sociais. Tais políticas devem inspirar-se nos princípios da participação, transparência e *accountability*.

---

em junho de 1986. O resultado do encontro foi o chamado 'Princípios de Limburg', que representam o melhor guia para avaliar as obrigações estatais em decorrência do Pacto Internacional dos Direitos Econômicos, Sociais e Culturais. (...) Uma década depois, especialistas no campo dos direitos econômicos, sociais e culturais se encontraram em Maastricht e adotaram *guidelines* no campo das violações aos direitos sociais e econômicos (The Maastricht Guidelines on Violations of Economic, Social and Cultural Rights)" (EIDE, Asbjorn. Economic, social and cultural rights as human rights. In: Eide, A., Krause C. and Rosas A. (eds.). *Economic, social and cultural rights*: a textbook. 2nd revised edition, Dordrecht: Martinus Nijhoff Publishers, 2001, p. 25).

[19] Note-se que o princípio da proporcionalidade compreende três dimensões: a) adequação; b) necessidade; e c) proporcionalidade estrita – da qual resultam, de um lado, a proibição do excesso e, do outro, a proibição da insuficiência.

[20] EIDE, Asbjorn. Economic, social and cultural rights as human rights. In: EIDE, A, Krause C. and Rosas A. (eds.), *Economic, social and cultural rights*: a textbook. 2nd revised edition, Dordrecht: Martinus Nijhoff Publishers, 2001, p. 27.

Como explica Amartya Sen: "Political liberties and democratic rights are among the constituent components of development"[21]. Democracia requer participação política, diálogo e interação pública, conferindo o direito à voz aos grupos mais vulneráveis. Realça ainda Amartya Sen: "The protective power of political liberty reveals that no famine has ever taken place in the history of the world in a functioning democracy"[22]. Daí a relação indissociável entre o exercício dos direitos civis e políticos e o exercício dos direitos sociais, econômicos e culturais.

No entender de José Joaquim Gomes Canotilho: "A ideia de procedimento/processo continua a ser valorada como dimensão indissociável dos direitos fundamentais", acrescendo que "a participação no e através do procedimento já não é um instrumento funcional e complementar da democracia, mas sim uma dimensão intrínseca dos direitos fundamentais"[23].

Considerando o princípio da participação[24], fundamental é promover o direito à participação tanto no âmbito local como no âmbito internacional, particularmente nas instituições financeiras internacionais, de forma a ampliar a participação da sociedade civil internacional e fortalecer a participação dos países em desenvolvimento[25]. Ressalte-se que as políticas

---

[21] SEN, Amartya. *The idea of justice.* Cambridge: Harvard University Press, 2009, p. 347. "Democracy is assessed in terms of public reasoning, which leads to an understanding of democracy as 'government by discussion'. But democracy must also be seen more generally in terms of capacity to enrich reasoned engagement through enhancing informational availability and the feasibility of interactive discussions. Democracy has to be judged not just by the institutions that formally exist but by the extent to which different voices form diverse sections of the peoples can actually be heard" (Amartya Sen, op. cit., p. XIII).

[22] SEN, Amartya. *The idea of justice.* Cambridge: Harvard University Press, 2009, p. 343.

[23] CANOTILHO, José Joaquim Gomes. *Estudos sobre direitos fundamentais.* Coimbra: Coimbra Editora, 2008.

[24] O direito à participação é consagrado em diversos instrumentos internacionais de proteção dos direitos humanos, incluindo o art. 21 da Declaração Universal de Direitos Humanos; o art. 25 do Pacto Internacional dos Direitos Civis e Políticos; o art. 7º da Convenção sobre a Eliminação de todas as formas de Discriminação contra a Mulher, dentre outros.

[25] Sobre a matéria, ver *Analytical study of the High Commissioner for Human Rights on the fundamental principle of participation and its application in the context of globalization,* E/CN.4/2005/41, 23 December 2004. Como observa Joseph E. Stiglitz: "(...) we have a system that might be called global governance without global government, one in which a few institutions – the World Bank, the IMF, the WTO – and a few players – the finance, commerce, and trade ministries, closely linked to certain financial and commercial interests – dominate the scene, but in which many of those affected by their decisions are left almost voiceless. It's time to change some of the rules governing the international

adotadas pelas instituições financeiras internacionais são elaboradas pelos mesmos Estados que assumem obrigações jurídicas internacionais em matéria de direitos sociais ao ratificarem o Pacto Internacional de Direitos Econômicos, Sociais e Culturais[26]. Nesse contexto, emergencial é um novo multilateralismo por meio de reformas da arquitetura financeira global, a fim de que se alcance um balanço mais adequado de poder na esfera global, fortalecendo a democratização, a transparência e a *accountability* das instituições financeiras internacionais[27].

e) Princípio da cooperação internacional

O Comitê de Direitos Econômicos, Sociais e Culturais, em seu General Comment n. 12, realça as obrigações do Estado no campo dos direitos econômicos, sociais e culturais: respeitar, proteger e implementar.

Quanto à obrigação de respeitar, obsta ao Estado que viole tais direitos. No que tange à obrigação de proteger, cabe ao Estado evitar e impedir que terceiros (atores não estatais) violem estes direitos. Finalmente, a obrigação de implementar demanda do Estado a adoção de medidas voltadas à realização destes direitos[28].

Na visão de Katarina Tomasevski: "As obrigações de respeitar, proteger e implementar contêm elementos da obrigação de conduta e da obrigação de resultado. (...) A obrigação de proteger contempla a responsabilidade

---

economic order (...)" (STIGLITZ, Joseph. E. *Globalization and its discontents*. New York/London: WW Norton Company, 2003, p. 21-22).

[26] O "Maastricht Guidelines on Violations of Economic, Social and Cultural Rights" considera uma violação de direitos humanos baseada em omissão estatal *"the failure of a State to take into account its international legal obligations in the field of economic, social and cultural rights when entering into bilateral or multilateral agreements with other States, international organizations or multinational corporations"*.

[27] Para Joseph E. Stiglitz: "We have a chaotic, uncoordinated system of global governance without global government" (STIGLITZ, Joseph E. *Making globalization work*. New York/London: Penguin Books, 2007. p. 21). O autor defende a adoção das seguintes medidas: "1) changes in voting structure at the IMF and the World Bank, giving more weight to developing countries; 2) changes in representations (who represents each country); 3) adopting principles of representation; 4) increase transparency (since there is no direct democratic accountability for these institutions; 5) improving accountability; and 6) ensuring a better enforcement of the international rule of law" (STIGLITZ, Joseph E. *Making globalization work*. New York/London: Penguin Books, 2007, p. 21).

[28] Observe-se que: "Em alguns comentários gerais, o Comitê tem distinguido a obrigação de implementar em duas partes: a obrigação de facilitar e a obrigação de prover" (BILCHITZ, David. *Poverty and fundamental rights*: the justification and enforcement of socio-economic rights. Oxford/NY: Oxford University Press, 2007, p. 184).

do Estado de assegurar que entidades privadas ou indivíduos, incluindo corporações transnacionais sob a qual exerçam sua jurisdição, não privem indivíduos de seus direitos econômicos, sociais e culturais. Estados são responsáveis por violações a direitos econômicos, sociais e culturais que resultem de seu fracasso em adotar medidas necessárias para controlar a atuação de atores não estatais"[29].

No campo dos direitos sociais, além das clássicas obrigações de respeitar, proteger e implementar direitos, destaca-se a obrigação de cooperar. Isto porque, tal como o direito ao desenvolvimento, os direitos sociais têm como valor fundante a solidariedade, que, em uma ordem cada vez mais global, invoca o dever de cooperação internacional. A própria Declaração Universal de 1948, em seu art. XXII, consagra o direito à segurança social e à realização, mediante o esforço nacional e a *cooperação internacional*, dos direitos econômicos, sociais e culturais indispensáveis à sua dignidade e ao livre desenvolvimento de sua personalidade. O princípio da cooperação internacional vem contemplado ainda no art. 2º do Pacto Internacional dos Direitos Econômicos, Sociais e Culturais: "Cada Estado no presente Pacto compromete-se a adotar medidas, tanto por esforço próprio como pela *assistência e cooperação internacional*, principalmente nos planos econômico e técnico, até o máximo de seus recursos disponíveis, que visem a assegurar, progressivamente, por todos os meios apropriados, o pleno exercício dos direitos reconhecidos no presente Pacto (...)". Na mesma direção, realça o Protocolo de San Salvador em matéria de direitos econômicos, sociais e culturais, em seu art. 1º, que os "Estados-partes comprometem-se a adotar as medidas necessárias, tanto de ordem interna como por meio da *cooperação entre os Estados*, especialmente econômica e técnica, até o máximo dos recursos disponíveis (...), a fim de conseguir, progressivamente (...), a plena efetividade dos direitos reconhecidos no Protocolo". A necessidade de cooperação internacional ainda vem realçada pela Convenção Americana, em seu art. 26, quando trata da aplicação progressiva dos direitos econômicos, sociais e culturais.

A respeito, observam Philip Alston e Gerard Quinn: "O Pacto Internacional dos Direitos Econômicos, Sociais e Culturais consagra três previsões que podem ser interpretadas no sentido de sustentar uma obrigação por

---

[29] TOMASEVSKI, Katarina. Indicators. In: EIDE, A. C. Krause and A. Rosas (eds.). *Economic, social and cultural rights*: a textbook. 2nd revised edition. Dordrecht: Martinus Nijhoff Publishers, 2001, p. 729 e 732.

parte dos Estados-partes ricos de prover assistência aos Estados-partes pobres, não dotados de recursos para satisfazer as obrigações decorrentes do Pacto. O artigo 2 (1) contempla a frase 'individualmente ou através de assistência internacional e cooperação, especialmente econômica e técnica'. A segunda é a previsão do artigo 11 (1), de acordo com a qual os Estados--partes concordam em adotar medidas apropriadas para assegurar a plena realização do direito à adequada condição de vida, reconhecendo para este efeito a importância da cooperação internacional baseada no livre consenso. Similarmente, no artigo 11 (2) os Estados-partes concordam em adotar 'individualmente ou por meio de cooperação internacional medidas relevantes para assegurar o direito de estar livre da fome'"[30].

Portanto, em matéria de direitos sociais, o princípio da cooperação internacional merece especial destaque.

4. A Proteção dos Direitos Sociais no Sistema Regional Interamericano

O sistema regional interamericano simboliza a consolidação de um "constitucionalismo regional", que objetiva salvaguardar direitos humanos fundamentais no plano interamericano. A Convenção Americana, como um verdadeiro "código interamericano de direitos humanos", foi ratificada por 24 Estados, traduzindo a força de um consenso a respeito do piso protetivo mínimo e não do teto máximo de proteção. Serve a um duplo propósito: a) promover e encorajar avanços no plano interno dos Estados; e b) prevenir recuos e retrocessos no regime de proteção de direitos.

No contexto sul-americano, o sistema regional interamericano se legitima como importante e eficaz instrumento para a proteção dos direitos humanos quando as instituições nacionais se mostram falhas ou omissas. Com a atuação da sociedade civil, a partir de articuladas e competentes estratégias de litigância, este sistema tem tido a força catalisadora de promover avanços no regime de direitos humanos. Permitiu a desestabilização dos regimes ditatoriais; exigiu justiça e o fim da impunidade nas transições democráticas; e agora demanda o fortalecimento das instituições democráticas com o necessário combate às violações de direitos humanos e proteção aos grupos mais vulneráveis.

---

[30] ALSTON, Philip; QUINN, Gerard. The nature and scope of Staties Parties' obligations under the ICESCR, 9 Human Rights Quartely 156, 1987, p. 186. *Apud* STEINER, Henry; ALSTON, Philip. *International human rights in context*: law, politics and morals. 2nd edition. Oxford: Oxford University Press, 2000, p. 1327.

No que se refere à proteção dos direitos sociais no sistema interamericano, há que se mencionar o Protocolo de San Salvador, em matéria de direitos econômicos, sociais e culturais, que entrou em vigor em novembro de 1999. Uma vez mais, constata-se a ambivalência dos Estados no diverso tratamento conferido aos direitos civis e políticos e aos direitos sociais. Enquanto os primeiros foram consagrados exaustivamente pela Convenção Americana de Direitos Humanos em 1969, contando em 2024 com 24 Estados-partes, os segundos só vieram consagrados pelo Protocolo de San Salvador em 1988 – quase vinte anos depois, contando com apenas 17 Estados-partes. A mesma ambivalência há no sistema europeu, em que a Convenção Europeia de Direitos Humanos, que prevê exclusivamente direitos civis e políticos, apresenta 47 Estados-partes em 2024, ao passo que a Carta Social Europeia revisada apresenta somente 36 Estados-partes.

Tal como o Pacto Internacional dos Direitos Econômicos, Sociais e Culturais, este tratado da Organização dos Estados Americanos (OEA) reforça os deveres jurídicos dos Estados-partes no tocante aos direitos sociais, que devem ser aplicados progressivamente, sem recuos e retrocessos, para que se alcance sua plena efetividade. O Protocolo de San Salvador estabelece um amplo rol de direitos econômicos, sociais e culturais, compreendendo o direito ao trabalho, direitos sindicais, direito à saúde, à previdência social, à educação, à cultura, dentre outros.

Esse Protocolo acolhe – tal como o Pacto Internacional dos Direitos Econômicos, Sociais e Culturais – a concepção de que cabe aos Estados investir o máximo dos recursos disponíveis para alcançar, progressivamente, mediante esforços internos e por meio da cooperação internacional, a plena efetividade dos direitos econômicos, sociais e culturais. Este Protocolo permite o recurso ao direito de petição a instâncias internacionais para a proteção de dois dos direitos nele previstos – o direito à educação e os direitos sindicais, de acordo com o art. 19, § 6º.

No que se refere à jurisprudência da Corte Interamericana de Direitos Humanos na proteção de direitos sociais, é possível criar uma tipologia de casos baseada em decisões que adotam três diferentes estratégias e argumentos:

a) dimensão positiva do direito à vida

Este argumento foi desenvolvido pela Corte no caso Villagrán Morales *versus* Guatemala (*Street Children Case*, 1999)[31], em que este Estado foi condenado

---

[31] Villagrán Morales et al. *versus* Guatemala (*The Street Children Case*), Inter-American Court, 19 November 1999, Ser. C, n. 63.

pela Corte, em virtude da impunidade relativa à morte de cinco meninos de rua, brutalmente torturados e assassinados por dois policiais nacionais da Guatemala. Dentre as medidas de reparação ordenadas pela Corte estão: o pagamento de indenização pecuniária aos familiares das vítimas; a reforma no ordenamento jurídico interno visando à maior proteção dos direitos das crianças e adolescentes guatemaltecos; e a construção de uma escola em memória das vítimas.

À luz de uma interpretação dinâmica e evolutiva, compreendendo a Convenção como um *living instrument*, a Corte afirma que o direito à vida não pode ser concebido restritivamente. Introduz a visão de que o direito à vida compreende não apenas uma dimensão negativa – o direito a não ser privado da vida arbitrariamente –, mas uma dimensão positiva, que demanda dos Estados medidas positivas apropriadas para proteger o direito à vida digna – o "direito a criar e desenvolver um projeto de vida". Esta interpretação lança um importante horizonte para a proteção dos direitos sociais.

b) princípio da aplicação progressiva dos direitos sociais, especialmente para a proteção de grupos socialmente vulneráveis

Em outros julgados, a Corte endossa o dever jurídico dos Estados de conferir aplicação progressiva aos direitos sociais, com fundamento no art. 26 da Convenção Americana de Direitos Humanos, especialmente em se tratando de grupos socialmente vulneráveis.

No caso da comunidade indígena Yakye Axa *versus* Paraguai (2005)[32], a Corte sustentou que os povos indígenas têm direito a medidas específicas que garantam o acesso aos serviços de saúde, que devem ser apropriados sob a perspectiva cultural, incluindo cuidados preventivos, práticas curativas e medicinas tradicionais. Adicionou que para os povos indígenas a saúde apresenta uma dimensão coletiva, sendo que a ruptura de sua relação simbiótica com a terra exerce um efeito prejudicial sobre a saúde dessas populações. A Corte afirmou o dever do Estado de adotar medidas positivas apropriadas para assegurar o direito dessa comunidade indígena à existência digna, com proteção às suas vulnerabilidades específicas; o direito à identidade cultural; o direito à saúde; o direito ao meio ambiente sadio; o direito à alimentação (incluindo o direito à água limpa); o direito à educação e à cultura, com fundamento no art. 26 da Convenção Americana (aplicação progressiva dos direitos sociais) e no Protocolo de San Salvador.

---

[32] Yakye Axa Community *vs.* Paraguay, Inter-American Court, 2005, Ser. C, n. 125.

No caso da comunidade indígena Xákmok Kásek *versus* Paraguai (2010)[33], a Corte Interamericana condenou o Estado do Paraguai pela afronta aos direitos à vida, à propriedade comunitária e à proteção judicial (arts. 4º, 21 e 25 da Convenção Americana, respectivamente), dentre outros direitos, em face da não garantia do direito de propriedade ancestral à aludida comunidade indígena, o que estaria a afetar seu direito à identidade cultural. Ao motivar a sentença, destacou que os conceitos tradicionais de propriedade privada e de possessão não se aplicam às comunidades indígenas, pelo significado coletivo da terra, eis que a relação de pertença não se centra no indivíduo, senão no grupo e na comunidade – o direito à propriedade coletiva estaria ainda a merecer igual proteção pelo art. 21 da Convenção. Afirmou o dever do Estado em assegurar especial proteção às comunidades indígenas, à luz de suas particularidades, suas características econômicas e sociais e suas especiais vulnerabilidades, considerando o direito consuetudinário, os valores, os usos e os costumes dos povos indígenas, de forma a assegurar-lhes o direito à vida digna, contemplando o acesso a água potável, alimentação, saúde, educação, dentre outros.

No caso das meninas Yean e Bosico *versus* República Dominicana (2005), a Corte enfatizou o dever dos Estados no tocante à aplicação progressiva dos direitos sociais, a fim de assegurar o direito à educação, com destaque à especial vulnerabilidade de meninas. Sustentou que: "en relación con el deber de desarrollo progresivo contenido en el artículo 26 de la Convención, el Estado debe prover educación primaria gratuita a todos los menores, en un ambiente y condiciones propicias para su pleno desarrollo intelectual"[34].

No caso Acevedo Buendía e outros ("Cesantes y Jubilados de la Contraloría") *versus* Peru (2009)[35], a Corte condenou o Peru pela violação aos direitos à proteção judicial (art. 25 da Convenção Americana) e à propriedade privada

---

[33] Corte Interamericana de Direitos Humanos, Caso Comunidad Indígena Xákmok Kásek vs. Paraguai, Fondo, Reparaciones y Costas. Sentencia de 24 de agosto de 2010, Ser. C, n. 214. Note-se que, no sistema africano, merece menção um caso emblemático que, ineditamente, em nome do direito ao desenvolvimento, assegurou a proteção de povos indígenas às suas terras. Em 2010, a Comissão Africana dos Direitos Humanos e dos Povos considerou que o modo pelo qual a comunidade Endorois no Quênia foi privada de suas terras tradicionais, tendo negado acesso a recursos, constitui uma violação a direitos humanos, especialmente ao direito ao desenvolvimento.

[34] Caso de las niñas Yean y Bosico vs. República Dominicana, Inter-American Court, 8 November 2005, Ser. C, n. 130.

[35] Corte Interamericana de Direitos Humanos, Caso Acevedo Buendía y otros ("Cesantes y Jubilados de la Contraloría") vs. Peru, Excepción Preliminar, Fondo, Reparaciones y Costas. Sentencia de 1 de julio de 2009, Ser. C, n. 198.

(art. 21 da Convenção), em caso envolvendo denúncia dos autores relativamente ao não cumprimento pelo Estado de decisão judicial concedendo a eles remuneração, gratificação e bonificação similar aos percebidos pelos servidores da ativa em cargos idênticos. Em sua fundamentação, a Corte reconheceu que os direitos humanos devem ser interpretados sob a perspectiva de sua integralidade e interdependência, a conjugar direitos civis e políticos e direitos econômicos, sociais e culturais, inexistindo hierarquia entre eles e sendo todos direitos exigíveis. Realçou ser a aplicação progressiva dos direitos sociais (art. 26 da Convenção) suscetível de controle e fiscalização pelas instâncias competentes, destacando o dever dos Estados de não regressividade em matéria de direitos sociais. Endossou o entendimento do Comitê da ONU sobre Direitos Econômicos, Sociais e Culturais de que as medidas de caráter deliberadamente regressivo requerem uma cuidadosa análise, somente sendo justificáveis quando considerada a totalidade dos direitos previstos no Pacto, bem como a máxima utilização dos recursos disponíveis.

No caso Suárez Peralta *vs.* Equador, julgado em 2013, a Corte declarou a responsabilidade internacional do Estado do Equador, por violação às garantias judiciais e ao direito à proteção judicial previstos nos artigos 25 e 8º da Convenção Americana, bem como por afronta ao direito à integridade pessoal enunciado no artigo 5º, em caso envolvendo o alcance do direito à saúde, devido a uma negligente prática médica que acabou por afetar gravemente a saúde da vítima, mulher de 22 anos e mãe de três filhos, provocando diversas intervenções cirúrgicas em detrimento de sua dignidade humana. Note-se que, neste caso, debateu-se o artigo 26 da Convenção à luz das obrigações constantes dos artigos 1º e 2º, a partir de uma interpretação dinâmica e evolutiva, a endossar a interdependência e a indivisibilidade de todos os direitos humanos, inexistindo hierarquia entre eles, com especial destaque ao direito à saúde, tendo como precedente o caso Acevedo Buendía y otros, bem como o *corpus juris* interamericano em sua integralidade. Na mesma linha, merece menção o caso Gonzales Lluy y otros *vs.* Equador, julgado pela Corte Interamericana em 1º de setembro de 2015.

c) proteção indireta dos direitos sociais (mediante a proteção de direitos civis)

Há, ainda, um conjunto de decisões que consagram a proteção indireta de direitos sociais, mediante a proteção de direitos civis, o que confirma a ideia da indivisibilidade e da interdependência dos direitos humanos.

No caso Albán Cornejo e outros *versus* Equador (2007)[36] referente à suposta negligência médica em hospital particular – mulher deu entrada no hospital com quadro de meningite bacteriana e foi medicada, vindo a falecer no dia seguinte, provavelmente em decorrência do medicamento prescrito – a Corte decidiu o caso com fundamento na proteção ao direito à integridade pessoal e não no direito à saúde. No mesmo sentido, no caso Myrna Mack Chang *versus* Guatemala (2003)[37], concernente a danos à saúde decorrentes de condições de detenção, uma vez mais a proteção ao direito à saúde deu-se sob o argumento da proteção do direito à integridade física.

Outros casos de proteção indireta de direitos sociais atêm-se à proteção ao direito ao trabalho, tendo como fundamento o direito ao devido processo legal e à proteção judicial. A respeito, destaca-se o caso Baena Ricardo e outros *versus* Panamá (2001)[38], envolvendo a demissão arbitrária de 270 funcionários públicos que participaram de manifestação (greve). A Corte condenou o Estado do Panamá pela violação da garantia do devido processo legal e da proteção judicial, determinando o pagamento de indenização e a reintegração dos 270 trabalhadores. No caso Trabajadores cesados del congreso (Aguado Alfaro y otros) *versus* Peru (2006)[39], envolvendo também a demissão arbitrária de 257 trabalhadores, a Corte condenou o Estado do Peru também pela afronta ao devido processo legal e à proteção judicial. Em ambos os casos, a condenação dos Estados teve como argumento central a violação à garantia do devido processo legal e não a violação ao direito do trabalho.

Adicione-se o emblemático caso dos "cinco pensionistas" *versus* Peru (2003)[40], envolvendo a modificação do regime de pensão no Peru, em que a Corte condenou o Estado com fundamento na violação ao direito de propriedade privada e não com fundamento na afronta ao direito de seguridade social, em face dos danos sofridos pelos cinco pensionistas. Em um sentido similar, destaca-se a jurisprudência da Corte Europeia, ao assegurar a proteção de direitos sociais por via indireta, como obrigações positivas decorrentes de

---

[36] Albán Cornejo y otros *vs.* Ecuador, Inter-American Court, 22 November 2007, Ser. C, n. 171.
[37] Myrna Mack Chang *v.* Guatemala, Inter-American Court, 25 November 2003, Ser. C, n. 101.
[38] Baena Ricardo y otros *vs.* Panamá, Inter-American Court, 02 February 2001, Ser. C, n. 72.
[39] Caso Trabajadores cesados del congreso (Aguado Alfaro y otros) *v.* Peru, Inter-American Court, 24 November 2006, Ser. C, n. 158.
[40] Caso "cinco pensionistas" *vs.* Peru, Inter-American Court, 28 February 2003, Ser. C, n. 98.

direitos civis notadamente do direito à vida privada e familiar[41]. Para Martin Scheinin: "Other similar fields can be identified and elaborated on through the interpretation of treaty provisions on the right to life or the right to private and family life. The right to housing, or at least some dimensions of this right, seems particularly suitable for receiving protection under these provisions. In Lopez Ostra v. Spain, the European Court on Human Rights found a serious case of environmental damage by accompanying health problems to be a violation of Article 8 on the protection of private and family life"[42].

d) proteção direta dos direitos sociais

Finalmente, cabe particular destaque ao caso Lagos del Campo *vs.* Peru, decidido em 31 de agosto de 2017, em que a Corte Interamericana declarou a responsabilidade internacional do Estado em face da demissão injustificada da vítima, senhor Alfredo Lagos del Campo, em decorrência de entrevista concedida a periódico, por afronta ao direito à estabilidade nas relações trabalhistas, ineditamente com base no artigo 26, combinado com os artigos 1º, 13, 8º e 16 da Convenção Americana de Direitos Humanos. Entendeu, também, estarem violados os direitos à liberdade de expressão e à liberdade de associação, nos termos dos artigos 13 e 16 da Convenção Americana, bem

---

[41] Como lecionam Luke Clements e Alan Simmons: "Although Article 8 does not guarantee the right to have one's housing problem solved by the authorities, a refusal of the authorities to provide assistance in this respect to an individual suffering from a severe disease might in certain circumstances raise an issue under Article 8 of the Convention because of the impact of such a refusal on the private life of the individual" (CLEMENTS, Luke; SIMMONS, Alan. European Court of human rights: sympathetic unease. In: LANGFORD, Malcolm (Ed.). *Social Rights Jurisprudence*: emerging trends in International and Comparative Law. Cambridge: Cambridge University Press, 2008, p. 415). Na mesma direção, afirma Dinah L. Shelton: "In the case Taskin and Others v. Turkey (Appl. N. 46117/99, Eur. Ct. H.R., Nov. 10, 2004), the Court points out that Article 8 applies to severe environmental pollution which may affect individuals well-being and prevent them from enjoying their homes in such a way as to affect their private and family life adversely, without, however, seriously endangering their health (see also López Ostra v. Spain, judgment of 9 December 1994, Series A, n. 303-C, paragraph 51). (...) As the Taskin case indicates, despite the fact that the European Convention contains neither a right to health nor a right to environment, cases have been brought for injury due to pollution, invoking the right to life (Art. 2) and the right to information (Art. 10), as well as the right to privacy and family life (Art. 8). (...) Decisions indicate that environmental harm attributable to state action or inaction that has significant injurious effect on a person's home or private and family life constitutes a breach of Article 8 (1)" (SHELTON, Dinah L. *Regional protection of human rights*. Oxford: Oxford University Press, 2008, p. 203).

[42] SCHEININ, Martin. Economic and social rights as legal rights, In: Asbjorn Eide, Catarina Krause and Allan Rosas, *Economic, Social and Cultural Rights*. Dordrecht/Boston/London: Martinus Nijhoff Publishers, 2001, p. 41.

como o direito ao acesso à justiça (artigos 8º e 25 da Convenção). É a primeira vez que a Corte proferiu uma condenação específica tendo por fundamento o artigo 26 da Convenção Americana. Uma vez mais, a Corte reiterou a interdependência, a indivisibilidade e a integralidade de todos os direitos humanos, frisando inexistir hierarquia entre eles, sendo todos os direitos humanos exigíveis.

Em sentido similar, destaca-se a sentença proferida em 8 de março de 2018 no caso Poblete Vilches y Otros contra o Estado do Chile, que consolidou relevantes parâmetros interamericanos a respeito do direito à saúde envolvendo pessoa idosa, com ênfase ao direito ao consentimento informado. Para a Corte Interamericana, o direito à saúde invoca como dimensões a disponibilidade, a acessibilidade, a aceitabilidade e a qualidade, tendo exigibilidade e justiciabilidade direta, na qualidade de direito autônomo. Adicionou, ainda, a importância de conferir visibilidade às pessoas idosas como sujeitos de direitos a merecer especial proteção. De forma inédita, a Corte se pronunciou sobre a saúde como um direito autônomo, integrante dos direitos econômicos, sociais, culturais e ambientais, com base no artigo 26 e no dever do Estado de conferir observância aos direitos das pessoas idosas.

No mesmo sentido, cabe menção à sentença do caso Cuscul Pivaral contra o Estado da Guatemala, proferida em 2018, em que, também ineditamente, a Corte condenou um Estado por violar o dever de progressivamente implementar o direito à saúde, em situação envolvendo pessoas vivendo com HIV na Guatemala[43].

Em 06 de fevereiro de 2020, no caso Comunidades Indígenas Miembros de la Asociación Lhaka Honhat (Nuestra Tierra) contra o Estado da Argentina, a Corte Interamericana, de forma inédita, reconheceu a responsabilidade internacional do Estado por violação autônoma dos direitos econômicos, sociais, culturais e ambientais de comunidades indígenas, com destaque aos direitos ao meio ambiente saudável, à alimentação e à água, no contexto da pandemia, tendo por fundamento o artigo 26 da Convenção Americana.

A Corte Interamericana, por meio de uma interpretação dinâmica e evolutiva, inspirada na indivisibilidade e interdependência dos direitos humanos, tem permitido avanços na proteção dos direitos sociais. Tem desenvolvido seu próprio *framework* para a proteção desses direitos, ao consagrar a dimensão

---

[43] Caso Cuscul Pivaral vs. Guatemala, Inter-American Court, 08 de fevereiro de 2018, série C n. 348.

positiva do direito à vida, o princípio da progressividade dos direitos sociais (em especial para a proteção de grupos socialmente vulneráveis), a proteção indireta de direitos sociais e mais recentemente a proteção direta de direitos sociais, inaugurando, assim, um novo horizonte jurisprudencial.

5. A Proteção dos Direitos Sociais no Âmbito Sul-Americano: Desafios do *Ius Commune*

Considerando os direitos sociais sob a perspectiva da concepção contemporânea de direitos humanos, a principiologia aplicável aos direitos sociais e os parâmetros protetivos do sistema global e regional interamericano, transita-se, neste tópico, ao exame da proteção dos direitos sociais no âmbito sul-americano. O foco central desta análise é identificar estratégias para fortalecer o diálogo global, regional e local na defesa dos direitos sociais, com vistas à pavimentação de um *ius commune* sul-americano em matéria de direitos sociais.

A análise da experiência sul-americana de proteção dos direitos sociais demanda sejam consideradas as peculiaridades da região. A América Latina é a região com o mais elevado grau de desigualdade no mundo, em termos de distribuição de renda[44]. A este elevado grau de exclusão e desigualdade social somam-se democracias em fase de consolidação. A região ainda convive com as reminiscências do legado dos regimes autoritários ditatoriais, com uma cultura de violência e de impunidade, com a baixa densidade de Estados

---

[44] Para o ECLAC: "Latin America's highly inequitable and inflexible income distribution has historically been one of its most prominent traits. Latin American inequality is not only greater than that seen in other world regions, but it also remained unchanged in the 1990s, then took a turn for the worse at the start of the current decade" (ECLAC. *Social Panorama of Latin America* – 2006, chapter I, page 84. http://www.eclac.org/cgibin/getProd.asp?xml=/publicaciones/xml/4/27484/P27484.xml&xsl=/dds/tpli/p9f.xsl&base=/tpl-i/top-bottom.xslt (access on July 30, 2010). No mesmo sentido, advertem Cesar P. Bouillon e Mayra Buvinic: "(...) In terms of income, the countries in the region are among the most inequitable in the world. In the late 1990s, the wealthiest 20 percent of the population received some 60 percent of the income, while the poorest 20 percent only received about 3 percent. Income inequality deepened somewhat during the 1990s (...). Underlying income inequality, there are huge inequities in the distribution of assets, including education, land and credit. According to recent studies, the average length of schooling for the poorest 20 percent is only four years, while for the richest 20 percent is 10 years" (Cesar P. Bouillon and Mayra Buvinic, *Inequality, Exclusion and Poverty in Latin America and the Caribbean: Implications for Development*, Background document for EC/IADB "Seminar on Social Cohesion in Latin America", Brussels, June 5-6, 2003, p. 3-4, par. 2.8). Available at: http://www.iadb.org/sds/doc/soc-idb--socialcohesion-e.pdf, accessed on July 26, 2010.

de Direitos e com a precária tradição de respeito aos direitos humanos no âmbito doméstico.

Dois períodos demarcam, assim, o contexto latino-americano: o período dos regimes ditatoriais e o período da transição política aos regimes democráticos, marcado pelo fim das ditaduras militares na década de 1980, na Argentina, no Chile, no Uruguai e no Brasil.

No caso latino-americano, o processo de democratização na região, deflagrado na década de 1980, é que propiciou a incorporação de importantes instrumentos internacionais de proteção dos direitos humanos pelos Estados latino-americanos. A título de exemplo, note-se que a Convenção Americana de Direitos Humanos, adotada em 1969, foi ratificada pela Argentina em 1984, pelo Uruguai em 1985, pelo Paraguai em 1989 e pelo Brasil em 1992. Já o reconhecimento da jurisdição da Corte Interamericana de Direitos Humanos deu-se na Argentina em 1984, no Uruguai em 1985, no Paraguai em 1993 e no Brasil em 1998. Atualmente, constata-se que os países latino-americanos subscreveram os principais tratados de direitos humanos adotados pela ONU e pela OEA.

Quanto à incorporação dos tratados internacionais de proteção dos direitos humanos, observa-se que, em geral, as Constituições latino-americanas conferem a estes instrumentos uma hierarquia especial e privilegiada, distinguindo-os dos tratados tradicionais. Nesse sentido, merecem destaque o art. 75, 22, da Constituição argentina, que expressamente atribui hierarquia constitucional aos mais relevantes tratados de proteção de direitos humanos, e o art. 5º, §§ 2º e 3º, da Constituição brasileira, que incorpora estes tratados no universo de direitos fundamentais constitucionalmente protegidos.

As Constituições latino-americanas estabelecem cláusulas constitucionais abertas, que permitem a integração entre a ordem constitucional e a ordem internacional, especialmente no campo dos direitos humanos, ampliando e expandindo o bloco de constitucionalidade. Ao processo de constitucionalização do Direito Internacional conjuga-se o processo de internacionalização do Direito Constitucional.

À luz desse contexto, serão destacados dez desafios voltados ao fortalecimento do diálogo dos sistemas global e regional com a ordem local, por meio da incorporação dos parâmetros protetivos internacionais pela ordem local, visando a contribuir para a pavimentação de um *ius commune* em matéria de direitos sociais no âmbito sul-americano.

1) *Promover a ampla ratificação dos tratados internacionais de proteção dos direitos humanos da ONU e da OEA*

Com a democratização na região sul-americana, os Estados passaram a ratificar os principais tratados de direitos humanos. Ao longo dos regimes autoritários ditatoriais, os direitos humanos eram concebidos como uma agenda contra o Estado; apenas com a democratização é que passaram a ser incorporados na agenda estatal, sendo criada uma institucionalidade inspirada nos direitos humanos (compreendendo a adoção de Programas Nacionais de Direitos Humanos, Secretarias especiais, Ministérios e Comissões em Casas do Poder Legislativo em diversos Estados latino-americanos). Emerge a concepção de que os direitos humanos são um componente essencial ao fortalecimento da democracia e do Estado de Direito na região.

Contudo, embora os Estados sul-americanos tenham aderido a um universo significativo de instrumentos internacionais de proteção, resta ainda o desafio de ampliar a base consensual de ratificação do Protocolo de San Salvador em matéria de direitos econômicos, sociais e culturais – que até 2024 contava apenas com 17 Estados-partes – e do Protocolo Facultativo ao Pacto Internacional de Direitos Econômicos, Sociais e Culturais – que até 2024 contava apenas com 26 Estados-partes.

Ao compartilhar desta base consensual, os Estados sul-americanos aceitariam o mesmo piso protetivo mínimo no campo da proteção de direitos sociais, o que se converte em um ponto de partida para a composição de um *ius commune*.

2) *Fortalecer a incorporação dos tratados de direitos humanos com um status privilegiado na ordem jurídica doméstica*

O constitucionalismo sul-americano tem se caracterizado por contemplar cláusulas constitucionais abertas a fomentar o diálogo constitucional internacional, bem como a recepção privilegiada de tratados de direitos humanos na ordem doméstica.

A título exemplificativo, a Constituição da Argentina, após a reforma constitucional de 1994, dispôs, no art. 75, inciso 22, que, enquanto os tratados em geral têm hierarquia infraconstitucional, mas supralegal, os tratados de proteção dos direitos humanos têm hierarquia constitucional, complementando os direitos e garantias constitucionalmente reconhecidos. A Constituição brasileira de 1988, no art. 5º, § 2º, consagra que os direitos e garantias nela expressos não excluem os direitos decorrentes dos princípios e do regime a ela aplicável e os direitos enunciados em tratados internacionais ratificados pelo Brasil, permitindo, assim, a expansão do bloco de constitucionalidade. A então Constituição do

Peru de 1979, no mesmo sentido, determinava, no art. 105, que os preceitos contidos nos tratados de direitos humanos têm hierarquia constitucional e não podem ser modificados senão pelo procedimento que rege a reforma da própria Constituição. Já a atual Constituição do Peru de 1993 consagra que os direitos constitucionalmente reconhecidos devem ser interpretados em conformidade com a Declaração Universal de Direitos Humanos e com os tratados de direitos humanos ratificados pelo país. Decisão proferida em 2005 pelo Tribunal Constitucional do Peru endossou a hierarquia constitucional dos tratados internacionais de proteção dos direitos humanos, adicionando que os direitos humanos enunciados nos tratados conformam a ordem jurídica e vinculam os poderes públicos. A Constituição da Colômbia de 1991, reformada em 1997, confere, no art. 93, hierarquia especial aos tratados de direitos humanos, determinando que estes prevaleçam na ordem interna e que os direitos humanos constitucionalmente consagrados serão interpretados em conformidade com os tratados de direitos humanos ratificados pelo país. Também a Constituição do Chile de 1980, em decorrência da reforma constitucional de 1989, passou a consagrar o dever dos órgãos do Estado de respeitar e promover os direitos garantidos pelos tratados internacionais ratificados por aquele país. A Constituição da Bolívia de 2009 enuncia que os tratados internacionais de direitos humanos prevalecem na ordem interna, adicionando que os direitos consagrados na Constituição devem ser interpretados em conformidade com os tratados internacionais de direitos humanos ratificados pelo Estado. Por sua vez, a Constituição do Equador de 2008 estabelece que serão observados os princípios *pro ser humano* de não restrição de direitos, de aplicabilidade direta e de cláusula aberta, no que se refere aos tratados internacionais de direitos humanos ratificados pelo Estado. A Constituição do México, com a reforma de junho de 2011, passou também a contemplar a hierarquia constitucional dos tratados de direitos humanos e a regra interpretativa fundada no princípio *pro persona*.

Logo, é nesse contexto – marcado pela tendência de Constituições latino--americanas em assegurar um tratamento especial e diferenciado aos direitos e garantias internacionalmente consagrados – que se insere o desafio de encorajar todos os textos constitucionais latino-americanos a incluir cláusulas abertas que confiram aos tratados de direitos humanos *status* hierárquico constitucional.

3) *Fomentar uma cultura jurídica orientada pelo controle da convencionalidade das leis*

Além da ratificação de tratados de direitos humanos, a serem recepcionados de forma privilegiada pela ordem jurídica local, fundamental é transformar a cultura jurídica tradicional, por vezes refratária e resistente ao Direito Internacional, a fim de que realize o controle de convencionalidade. Sobre o tema, instigante estudo de Néstor P. Sagüés, acerca da "Situación (en los Tribunales nacionales) de la Doctrina del Control de Convencionalidad en el Sistema Interamericano"[45], propõe uma classificação baseada em quatro categorias de controle de convencionalidade: a) admissão expressa (com destaque à Argentina); b) admissão tácita (com destaque a Costa Rica, Peru, Chile, El Salvador e Bolívia); c) silêncio (com destaque a Equador, Brasil, México e Colômbia); e d) negação tácita (com destaque ao grave caso venezuelano, em que a Sala Constitucional do Tribunal Supremo de Justiça declarou não executável uma sentença da Corte Interamericana, encorajando o Poder Executivo a retirar-se da Convenção Americana de Direitos Humanos, em 18 de dezembro de 2008 (caso Apitz Barbera).

O pressuposto básico para a existência do controle de convencionalidade é a hierarquia diferenciada dos instrumentos internacionais de direitos humanos em relação à legalidade ordinária. A isto se soma o argumento de que, quando um Estado ratifica um tratado, todos os órgãos do poder estatal a ele se vinculam, comprometendo-se a cumpri-lo de boa-fé.

Como enfatiza a Corte Interamericana: "Quando um Estado ratifica um tratado internacional como a Convenção Americana, seus juízes, como parte do aparato do Estado, também estão submetidos a ela, o que lhes obriga a zelar para que os efeitos dos dispositivos da Convenção não se vejam mitigados pela aplicação de leis contrárias a seu objeto, e que desde o início carecem de efeitos jurídicos. (...) o Poder Judiciário deve exercer uma espécie de 'controle da convencionalidade das leis' entre as normas jurídicas internas que aplicam nos casos concretos e a Convenção Americana sobre Direitos Humanos. Nesta tarefa, o Poder Judiciário deve ter em conta não somente o tratado, mas também a interpretação que do mesmo tem feito a Corte Interamericana, intérprete última da Convenção Americana"[46].

---

[45] Ver "Situación (en los Tribunales nacionales) de la Doctrina del Control de Convencionalidad en el Sistema Interamericano", *encuesta realizada* por Néstor P. Sagüés, *noviembre* de 2010. Este estudo foi apresentado no simpósio "Construcción y papel de los derechos sociales fundamentales. Hacia un *ius commune* latinoamericano", no Max-Planck-Institute, em Heidelberg, em 25 de novembro de 2010.

[46] Ver caso Almonacid Arellano e outros *vs.* Chile. *Judgment of* 26 *September* 2006. A título ilustrativo, em 24 de novembro de 2010, no caso Gomes Lund e outros *vs.* Brasil, a Corte Interamericana entendeu que a decisão proferida pelo Supremo Tribunal Federal na Arguição de Descumprimento de Preceito Fundamental (ADPF) n. 153, em 29 de abril de 2010 – que manteve a interpretação de que a lei de anistia de 1979 teria assegurado anistia ampla, geral e irrestrita, alcançando

O controle de convencionalidade das leis contribuirá para que se implemente no âmbito doméstico os *standards*, os princípios e a jurisprudência internacional em matéria de direitos sociais. Também é essencial assegurar que as sentenças internacionais condenatórias de Estados sejam obrigatórias e diretamente executáveis, otimizando a justiciabilidade dos direitos sociais.

4) *Fomentar programas de capacitação para que os Poderes Legislativo, Executivo e Judiciário apliquem os parâmetros protetivos internacionais em matéria de direitos sociais*

A transformação da cultura jurídica requer a realização de programas de capacitação endereçados aos agentes públicos dos diversos poderes, a fim de que os instrumentos internacionais de proteção aos direitos sociais, a principiologia específica aplicável a esses direitos e a jurisprudência protetiva internacional convertam-se em referência e parâmetros a guiar a conduta de tais agentes.

A elaboração de normas, a formulação de políticas públicas e a formulação de decisões judiciais devem louvar o princípio da boa-fé no âmbito internacional, buscando sempre harmonizar a ordem doméstica à luz dos parâmetros protetivos mínimos assegurados na ordem internacional no campo dos direitos sociais.

5) *Assegurar o reconhecimento dos direitos sociais como direitos humanos fundamentais na ordem constitucional com a previsão de instrumentos e remédios constitucionais que garantam sua justiciabilidade*

Para fortalecer o diálogo entre a ordem internacional, regional e local em matéria de direitos sociais, fundamental é que o marco jurídico constitucional acolha a concepção contemporânea de direitos humanos. Isto é, endosse a visão integral dos direitos humanos, baseada na indivisibilidade, interdependência e inter-relação dos direitos civis e políticos e dos direitos sociais, econômicos e culturais. Fundamental ainda é enfatizar a paridade hierárquica desses direitos.

---

tanto as vítimas como os algozes –, afeta o dever internacional do Estado de investigar e punir graves violações a direitos humanos, afrontando, ainda, o dever de harmonizar a ordem interna à luz dos parâmetros da Convenção Americana. Concluiu a Corte que "não foi exercido o controle de convencionalidade pelas autoridades jurisdicionais do Estado brasileiro", tendo em vista que o Supremo Tribunal Federal confirmou a validade da interpretação da Lei de Anistia sem considerar as obrigações internacionais do Brasil decorrentes do Direito Internacional, particularmente aquelas estabelecidas nos arts. 1°, 2°, 8° e 25 da Convenção Americana de Direitos Humanos.

Em decorrência da visão integral dos direitos humanos, o devido reconhecimento constitucional aos direitos sociais surge como medida imperativa, bem como a previsão de remédios que assegurem a sua proteção, em casos de violação. A proteção aos direitos sociais requer a existência de remédios efetivos voltados à sua garantia, enfatizando a fórmula "there is no right without remedies". Nesse sentido, o papel das Cortes não é o de formular políticas públicas em matéria de direitos sociais, mas o de fiscalizar, supervisionar e monitorar tais políticas considerando os parâmetros constitucionais e internacionais[47].

Note-se que a própria jurisprudência do Comitê da ONU de Direitos Econômicos, Sociais e Culturais, ao interpretar o art. 2º do Pacto, adverte ser dever dos Estados a adoção de medidas que visem a assegurar, progressivamente, por todos os meios apropriados, o pleno exercício dos direitos reconhecidos no Pacto – o que estaria a incluir medidas legislativas, administrativas e também judiciais[48].

Há que se fortalecer a perspectiva integral dos direitos humanos, que tem nos direitos sociais uma dimensão vital e inalienável, aprimorando os mecanismos de sua proteção e justiciabilidade, dignificando, assim, a racionalidade emancipatória dos direitos sociais como direitos humanos, nacional e internacionalmente garantidos.

---

[47] A respeito, merece destaque decisão do Supremo Tribunal Federal do Brasil que consagra o direito à saúde como prerrogativa constitucional indisponível, garantido mediante a implementação de políticas públicas, impondo ao Estado a obrigação de criar condições objetivas que possibilitem o efetivo acesso a tal serviço. Acrescenta a decisão que "é possível ao Poder Judiciário determinar a implementação pelo Estado, quando inadimplente, de políticas públicas constitucionalmente previstas, sem que haja ingerência em questão que envolve o poder discricionário do Poder Executivo" (AI 734487, Rel. Min. Ellen Gracie, j. em 3-8-2010, DJe-154, publicado em 20-8-2010). Também merece menção decisão proferida pelo Superior Tribunal de Justiça do Brasil a respeito da possibilidade do controle judicial de políticas públicas, em caso envolvendo a obrigação do Poder Público no fornecimento de medicamentos, com a conclusão de que a reserva do possível não pode opor-se ao mínimo existencial. De acordo com o julgado: "Não podem os direitos sociais ficar condicionados à boa vontade do Administrador, sendo de fundamental importância que o Judiciário atue como órgão controlador da atividade administrativa. Seria uma distorção que o princípio da separação dos poderes, originalmente concebido com o escopo de garantia dos direitos fundamentais, pudesse ser utilizado justamente como óbice à realização dos direitos sociais, igualmente fundamentais" (AgRg no REsp 1136549/RS, Rel. Min. Humberto Martins, 2ª Turma, j. em 8-6-2010, DJe 21-6-2010).

[48] O Comitê de Direitos Econômicos, Sociais e Culturais sustenta que a expressão "por todos os meios apropriados" deve ser interpretada da forma mais ampla possível, de forma a abranger remédios judiciais (General Comment n. 3, UN doc. E/1991/23).

6) *Garantir uma prioridade orçamentária para a implementação dos direitos sociais*

O princípio da utilização do máximo de recursos disponíveis voltados à implementação dos direitos sociais demanda seja fixada uma dotação orçamentária específica para a implementação de direitos sociais.

A título ilustrativo, a Constituição do Brasil estabelece um percentual da receita proveniente de impostos para a educação e para a saúde, sob pena, inclusive, de intervenção federal, nos termos do art. 34, VII, *e*. Na Constituição da Colômbia também é estabelecida a prioridade para gastos em educação e saúde no campo orçamentário, nos termos dos arts. 347 e 356 a 357. Na mesma linha, a Constituição do Equador prevê, no campo das finanças públicas, que os recursos para a saúde, a educação e a justiça são prioritários, nos termos do art. 286.

Imperioso é fomentar nos textos constitucionais latino-americanos previsões que assegurem dotação orçamentária específica para os direitos sociais, sobretudo a educação e a saúde, em respeito ao princípio da utilização do máximo de recursos disponíveis voltados à implementação dos direitos sociais, consagrado no Pacto Internacional de Direitos Econômicos, Sociais e Culturais – ratificado por 28 Estados da região[49]. A este princípio soma-se também o princípio da observância do *minimum core obligation*, na medida em que é dever dos Estados prover, ao menos, um núcleo essencial mínimo concernente aos direitos sociais, em defesa da prevalência da dignidade humana.

7) *Aplicar indicadores para avaliar a progressividade na aplicação de direitos sociais*

Indicadores técnico-científicos capazes de mensurar a progressividade na aplicação dos direitos sociais surgem como uma medida de especial relevância voltada à plena implementação desses direitos[50].

Além de conferir maior rigor metodológico, a utilização de indicadores permite realizar o *human rights impact assessment* em relação às políticas, aos programas e às medidas adotados pelo Estado, permitindo a *accountability* com relação às obrigações contraídas pelo Estado no âmbito internacional e doméstico. Fomenta, ainda, a geração de dados, estatísticas e informações, que

---

[49] Note-se que, dos 171 Estados-partes do referido Pacto, 28 são Estados-membros da OEA.

[50] A respeito, consultar o documento "Indicadores de progreso para medición de derechos contemplados en el Protocolo de San Salvador", OEA/Ser.L/XXV.2.1, GT/PSSI/doc.2/11, 11 de março de 2011. Ver, ainda, relatório do UN High Level Task Force, sobre a aplicação do direito ao desenvolvimento, incluindo os atributos do direito ao desenvolvimento e uma lista de critérios, subcritérios e indicadores – A/HRC/15/WG.2/TF/2. Add 2.

compõem a base sólida para a composição de um preciso diagnóstico sobre a progressividade dos direitos sociais. Fundamental, nesse sentido, é gerar dados desagregados compreendendo os critérios de gênero, raça, etnia, idade, orientação sexual, dentre outros – o que permitirá aliar políticas especiais às políticas universalistas.

Por meio da utilização de indicadores é possível identificar avanços, retrocessos e inações dos Poderes Públicos em matéria de direitos sociais. É condição para compor um diagnóstico preciso do enquadramento das ações e inações públicas no marco dos direitos sociais, permitindo um balanço crítico de programas e medidas implementadas. É a partir de um diagnóstico preciso que também é possível identificar prioridades e estratégias visando ao aprimoramento da realização de direitos sociais, o que poderá compreender uma melhor e mais eficaz interlocução dos Poderes Públicos, mediante arranjos interinstitucionais orientados à plena implementação dos direitos sociais[51].

8) *Impulsionar o componente democrático no processo de implementação dos direitos sociais*

Em matéria de direitos sociais não bastam apenas os resultados, mas também o processo de sua realização. No campo da principiologia dos direitos sociais, especial relevância merece o princípio da participação, transparência e *accountability*.

O componente democrático é essencial para a adoção de ações, políticas e programas em direitos sociais. O componente participativo é estruturante aos direitos sociais, de forma a propiciar especialmente a participação dos grupos mais vulneráveis na formulação, implementação e monitoramento desses direitos.

---

[51] Sobre o tema, destaca-se, a título ilustrativo, audiência pública no Supremo Tribunal Federal do Brasil para debater as questões relativas às demandas judiciais que objetivam prestações de saúde, contando com 49 especialistas, em abril de 2009. Posteriormente, o Conselho Nacional de Justiça adotou a Resolução n. 107, em 6 de abril de 2010, instituindo o Fórum Nacional do Judiciário para monitoramento e resolução das demandas de assistência à saúde, com a atribuição de elaborar estudos e propor medidas concretas e normativas para o aperfeiçoamento, o reforço à efetividade dos processos judiciais e à prevenção de novos conflitos. Destaca-se também a sistemática de reenvio, mediante a qual, em demandas de alta complexidade e litígios estruturais, cabe ao Poder Judiciário identificar os parâmetros jurídicos a serem observados, remanescendo ao Poder Executivo avaliar, sob o prisma técnico, a solução concreta a ser dada – o que expressa o diálogo entre os Poderes Públicos na implementação dos direitos sociais.

Nesse sentido, a Constituição do Brasil assegura a participação da comunidade nas ações e serviços públicos de saúde, nos termos do art. 198. A Constituição da Bolívia, no art. 18, afirma que o sistema único de saúde será universal, gratuito, equitativo, intracultural, intercultural, participativo e com controle social, realçando que os povos indígenas e campesinos têm direito a um sistema de saúde que respeite sua cosmovisão e suas práticas tradicionais. Por sua vez, a Constituição do Equador enuncia que a prestação de serviços de saúde será regida por princípios de universalidade, solidariedade, interculturalidade, qualidade, eficiência, precaução e bioética, com enfoque de gênero e geracional. Prevê também a Constituição da Colômbia que os serviços de saúde serão organizados com a participação da comunidade, nos termos do art. 49. A respeito, destaca-se, ainda, emblemática decisão proferida pela Corte Constitucional colombiana (T-760-2008), ao frisar, em caso envolvendo a ampla revisão do sistema geral de seguridade social, que a progressividade dos direitos sociais demanda a existência de programas, ações e políticas públicas orientadas à realização gradativa desses direitos (sendo inaceitável a inação continuada do Estado), com a necessária observância da participação democrática, no processo de elaboração, implementação e avaliação de políticas públicas.

9) *Fortalecer o princípio da cooperação internacional em matéria de direitos sociais*

Defende este artigo que, tal como o direito ao desenvolvimento, os direitos sociais também demandam não apenas ações, programas e políticas nacionais, mas também assistência e cooperação internacional. O princípio da cooperação internacional encontra respaldo jurídico na Declaração Universal, no Pacto Internacional de Direitos Econômicos, Sociais e Culturais, na Convenção Americana de Direitos Humanos e no Protocolo de San Salvador, como já enfocado.

Daí a importância em avançar na arena da cooperação internacional vocacionada à proteção dos direitos sociais, a partir de uma agenda de prioridades regionais em matéria de direitos sociais.

10) *Avançar nos diálogos vertical e horizontal de jurisdições*

A abertura da ordem local ao diálogo horizontal com outras jurisdições e ao diálogo vertical com jurisdições supranacionais é condição, requisito e pressuposto para a formação de um *ius commune* em matéria de direitos sociais.

De um lado, é essencial que os sistemas sul-americanos possam enriquecer-se mutuamente, por meio de empréstimos constitucionais e intercâmbio de experiências, argumentos, conceitos e princípios vocacionados à proteção dos direitos sociais. Também relevante seria identificar as *best practices* em direitos sociais, estimulando sua adoção, com os ajustes necessários e considerando as especificidades e particularidades de cada país.

Por outro lado, a abertura das ordens locais aos parâmetros protetivos mínimos fixados pela ordem global e regional, mediante a incorporação de princípios, jurisprudência e *standards* protetivos internacionais, é fator a dinamizar a pavimentação de um *ius commune* em direitos sociais na região.

Para a criação de um *ius commune*, fundamental é avançar no diálogo entre as esferas global, regional e local, potencializando o impacto entre elas, para assegurar a maior efetividade possível aos direitos sociais sob a perspectiva emancipatória dos direitos humanos.

Por fim, se os direitos humanos não são um dado, mas um construído, as violações a estes direitos também o são. As violações, as exclusões, as injustiças são um construído histórico a ser desconstruído. É emergencial assumir o risco de romper com uma cultura que trivializa, naturaliza e banaliza a desigualdade e a exclusão social – especialmente em um contexto regional que ostenta a maior desigualdade do mundo.

Hannah Arendt afirma ser possível modificar pacientemente o deserto com as faculdades da paixão e do agir. Afinal, se "all human must die; each is born to begin"[52].

---

[52] ARENDT, Hannah. *The human condition*. Chicago: The University of Chicago Press, 1998. Para a autora: "Fluindo na direção da morte, a vida humana arrastaria consigo, inevitavelmente, todas as coisas humanas para a ruína e destruição, se não fosse a faculdade humana de interrompê-las e iniciar algo novo, faculdade inerente à ação como perene advertência de que os homens, embora devam morrer, não nascem para morrer, mas para começar" (A *condição humana*. Trad. Roberto Raposo. 10. ed. Rio de Janeiro: Forense Universitária, 2004, p. 258).

Capítulo 8

DIREITO AO DESENVOLVIMENTO: DESAFIOS CONTEMPORÂNEOS*

1. Introdução

Como compreender o direito ao desenvolvimento sob a perspectiva da concepção contemporânea de direitos humanos? Quais são seus principais atributos? Qual é a principiologia aplicável ao direito ao desenvolvimento? Qual é o alcance de sua proteção nos sistemas internacional e regionais? Quais são os principais desafios para a sua efetiva implementação?

São essas as questões centrais a inspirar este estudo, que tem por objetivo maior enfocar a proteção do direito ao desenvolvimento sob o prisma internacional e regional, com ênfase em sua principiologia, no marco da concepção contemporânea de direitos humanos.

2. A Construção dos Direitos Humanos e o Direito ao Desenvolvimento

Os direitos humanos refletem um construído axiológico, a partir de um espaço simbólico de luta e ação social. No dizer de Joaquín Herrera Flores[1], compõem uma racionalidade de resistência, na medida em que traduzem processos que abrem e consolidam espaços de luta pela dignidade humana. Invocam uma plataforma emancipatória voltada à proteção da dignidade humana. No mesmo sentido, Celso Lafer[2], lembrando Danièle Lochak, realça que os direitos humanos não traduzem uma história linear,

---

* Este capítulo é baseado na intervenção "Implementation of the Right to Development: perspectives at the global level", proferida no *Referentenbesprechung*, no Max-Planck-Institute for Comparative Public Law and International Law, em Heidelberg (Alemanha), em 4 de maio de 2009.

[1] Joaquín Herrera Flores, *Direitos humanos, interculturalidade e racionalidade de resistência*, mimeo, p. 7.

[2] Celso Lafer, prefácio ao livro *Direitos humanos e justiça internacional* (Flávia Piovesan), 9. ed. São Paulo: Saraiva, 2019, p. 22.

não compõem a história de uma marcha triunfal, nem a história de uma causa perdida de antemão, mas a história de um combate.

Considerando a historicidade dos direitos humanos, destaca-se a chamada concepção contemporânea de direitos humanos, que veio a ser introduzida pela Declaração Universal de 1948 e reiterada pela Declaração de Direitos Humanos de Viena de 1993.

A Declaração de 1948 inova a gramática dos direitos humanos, ao introduzir a chamada concepção contemporânea de direitos humanos, marcada pela universalidade e pela indivisibilidade desses direitos. Universalidade porque clama pela extensão universal dos direitos humanos, sob a crença de que a condição de pessoa é o requisito único para a titularidade de direitos, considerando o ser humano como um ser essencialmente moral, dotado de unicidade existencial e dignidade, esta como valor intrínseco à condição humana. Indivisibilidade porque a garantia dos direitos civis e políticos é condição para a observância dos direitos sociais, econômicos e culturais e vice-versa. Quando um deles é violado, os demais também o são. Os direitos humanos compõem, assim, unidade indivisível, interdependente e inter-relacionada, capaz de conjugar o catálogo de direitos civis e políticos com o catálogo de direitos sociais, econômicos e culturais. Sob essa perspectiva integral, identificam-se dois impactos: a) a inter-relação e a interdependência das diversas categorias de direitos humanos; e b) a paridade em grau de relevância de direitos sociais e de direitos civis e políticos.

A concepção contemporânea de direitos humanos caracteriza-se pelos processos de universalização e internacionalização desses direitos, compreendidos sob o prisma de sua indivisibilidade[3]. Ressalte-se que a Declaração de Direitos Humanos de Viena, de 1993, reitera a concepção da Declaração de 1948, quando, em seu § 5º, afirma: "Todos os direitos humanos são universais, interdependentes e inter-relacionados. A comunidade internacional deve tratar os direitos humanos globalmente de forma justa e equitativa, em pé de igualdade e com a mesma ênfase".

---

[3] Note-se que a Convenção sobre a Eliminação de Todas as Formas de Discriminação Racial, a Convenção sobre a Eliminação da Discriminação contra a Mulher, a Convenção sobre os Direitos da Criança, a Convenção para a Proteção dos Direitos dos Trabalhadores Migrantes e dos Membros de suas Famílias e a Convenção sobre os Direitos das Pessoas com Deficiência contemplam não apenas direitos civis e políticos, mas também direitos sociais, econômicos e culturais, o que vem a endossar a ideia da indivisibilidade dos direitos humanos.

Logo, a Declaração de Viena de 1993, subscrita por 171 Estados, endossa a universalidade e a indivisibilidade dos direitos humanos, revigorando o lastro de legitimidade da chamada concepção contemporânea de direitos humanos, introduzida pela Declaração de 1948. Note-se que, enquanto consenso do "pós-Guerra", a Declaração de 1948 foi adotada por 48 Estados, com 8 abstenções. Assim, a Declaração de Viena de 1993 estende, renova e amplia o consenso sobre a universalidade e a indivisibilidade dos direitos humanos. A Declaração de Viena afirma ainda a interdependência entre os valores dos direitos humanos, da democracia e do desenvolvimento.

Não há direitos humanos sem democracia, nem tampouco democracia sem direitos humanos. Vale dizer, o regime mais compatível com a proteção dos direitos humanos é o regime democrático. Atualmente, 140 Estados, dos quase 200 Estados que integram a ordem internacional, realizam eleições periódicas. Contudo, apenas 82 Estados (o que representa 57% da população mundial) são considerados plenamente democráticos. Em 1985, esse percentual era de 38%, compreendendo 44 Estados[4]. O pleno exercício dos direitos políticos pode implicar o "empoderamento" das populações mais vulneráveis, o aumento de sua capacidade de pressão, articulação e mobilização políticas.

Quanto ao direito ao desenvolvimento, como afirma Celso Lafer, a consequência de um sistema internacional de polaridades definidas – Leste/Oeste, Norte/Sul – foi a batalha ideológica entre os direitos civis e políticos (herança liberal patrocinada pelos EUA) e os direitos econômicos, sociais e culturais (herança social patrocinada pela então URSS). Nesse cenário surge o "empenho do Terceiro Mundo de elaborar uma identidade cultural própria, propondo direitos de identidade cultural coletiva, como o direito ao desenvolvimento"[5].

É, assim, adotada pela ONU a Declaração sobre o Direito ao Desenvolvimento, em 1986, por 146 Estados, com um voto contrário (EUA) e 8 abstenções. Para Allan Rosas: "A respeito do conteúdo do direito ao desenvolvimento, três aspectos devem ser mencionados. Em primeiro lugar, a Declaração de 1986 endossa a importância da participação. (...) Em segundo

---

[4] Consultar UNDP, Human Development Report 2002: Deepening democracy in a fragmented world, New York/Oxford: Oxford University Press, 2002.
[5] Celso Lafer, *Comércio, desarmamento, direitos humanos*: reflexões sobre uma experiência diplomática, São Paulo: Paz e Terra, 1999.

lugar, a Declaração deve ser concebida no contexto das necessidades básicas de justiça social. (...) Em terceiro lugar, a Declaração enfatiza tanto a necessidade de adoção de programas e políticas nacionais, como da cooperação internacional"[6].

O direito ao desenvolvimento contempla, assim, três dimensões centrais:

a) Justiça social

De acordo com o art. 28 da Declaração de Direitos Humanos: "Toda pessoa tem direito a uma ordem social e internacional em que os direitos e liberdades estabelecidos na Declaração possam ser plenamente realizados".

A justiça social é um componente central à concepção do direito ao desenvolvimento. A realização do direito ao desenvolvimento, inspirado no valor da solidariedade, há de prover igual oportunidade a todos no acesso a recursos básicos, educação, saúde, alimentação, moradia, trabalho e distribuição de renda.

Para a Declaração sobre o Direito ao Desenvolvimento, o desenvolvimento compreende um processo econômico, social, cultural e político, com o objetivo de assegurar a constante melhoria do bem-estar da população e dos indivíduos, com base em sua ativa, livre e significativa participação nesse processo, orientada pela justa distribuição dos benefícios dele resultantes. Reconhece o art. 2º da Declaração que: "A pessoa humana é o sujeito central do desenvolvimento e deve ser ativa participante e beneficiária do direito ao desenvolvimento".

Na promoção do desenvolvimento, igual consideração deve ser conferida à implementação, promoção e proteção dos direitos civis, políticos, econômicos, sociais e culturais. Medidas efetivas devem ser ainda adotadas a fim de proporcionar às mulheres um papel ativo no processo de desenvolvimento.

b) Participação e *accountability*

Além do componente de justiça social, o componente democrático é essencial ao direito ao desenvolvimento.

---

[6] Allan Rosas, The right to development, in Asbjorn Eide, Catarina Krause e Allan Rosas. *Economic, social and cultural rights*, Dordrecht, Boston, London: Martinus Nijhoff Publishers, 1995, p. 254-255.

É dever dos Estados encorajar a participação popular em todas as esferas como um importante fator ao direito ao desenvolvimento e à plena realização dos direitos humanos. Estados devem promover e assegurar a livre, significativa e ativa participação de indivíduos e grupos na elaboração, implementação e monitoramento de políticas de desenvolvimento.

Para Amartya Sen, os direitos políticos (incluindo a liberdade de expressão e de discussão) são não apenas fundamentais para demandar respostas políticas às necessidades econômicas, mas centrais para a própria formulação dessas necessidades econômicas[7]. Realça ainda Amartya Sen que *"political liberties and democratic rights are among the constituent components of development (...) The protective power of political liberty reveals that 'no famine has ever taken place in the history of the world in a functioning democracy'"*[8]. Daí a relação indissociável entre o exercício dos direitos civis e políticos e o exercício dos direitos sociais, econômicos e culturais.

Nesse contexto, os princípios da participação e da *accountability* são centrais ao direito ao desenvolvimento.

c) Programas e políticas nacionais e cooperação internacional

O direito ao desenvolvimento compreende tanto uma dimensão nacional como uma dimensão internacional.

Prevê a Declaração sobre o Direito ao Desenvolvimento que os Estados devem adotar medidas – individual e coletivamente – para criar um ambiente a permitir, nos planos internacional e nacional, a plena realização do direito ao desenvolvimento. Ressalta a Declaração que os Estados devem adotar medidas para eliminar os obstáculos ao desenvolvimento resultantes da não observância de direitos civis e políticos, bem como da afronta a direitos econômicos, sociais e culturais. Ainda que a Declaração reconheça serem os Estados os responsáveis primários na realização do direito ao desenvolvimento, enfatiza a importância da cooperação internacional para a realização do direito ao desenvolvimento.

Adiciona o art. 4º da Declaração que os Estados têm o dever de adotar medidas, individual ou coletivamente, voltadas a formular políticas de desenvolvimento internacional, com vistas a facilitar a plena realização de direitos, acrescentando que a efetiva cooperação internacional é essencial

---

[7] Amartya Sen, Prefácio ao livro *Pathologies of power* (Paul Farmer), Berkeley: University of California Press, 2003.

[8] Amartya Sen, *The idea of justice*, Cambridge, Harvard University Press, 2009.

para prover aos países em desenvolvimento meios que encorajem o direito ao desenvolvimento.

O direito ao desenvolvimento demanda uma globalização ética e solidária. No entender de Mohammed Bedjaoui: "Na realidade, a dimensão internacional do direito ao desenvolvimento é nada mais que o direito a uma repartição equitativa concernente ao bem-estar social e econômico mundial. Reflete uma demanda crucial de nosso tempo, na medida em que os quatro quintos da população mundial não mais aceitam o fato de um quinto da população mundial continuar a construir sua riqueza com base em sua pobreza"[9]. As assimetrias globais revelam que a renda dos 1% mais ricos supera a renda dos 57% mais pobres na esfera mundial[10].

Como atenta Joseph E. Stiglitz: "The actual number of people living in poverty has actually increased by almost 100 million. This occurred at the same time that total world income increased by an average of 2.5 percent annually"[11]. Para a World Health Organization: "Poverty is the world's greatest killer. Poverty wields its destructive influence at every stage of human life, from the moment of conception to the grave. It conspires with the most deadly and painful diseases to bring a wretched existence to all those who suffer from it"[12].

Um dos mais extraordinários avanços da Declaração de 1986 é lançar o *human rights-based approach* ao direito ao desenvolvimento. Sob a perspectiva

---

[9] Mohammed Bedjaoui, The right to development, in M. Bedjaoui (ed.), *International law*: achievements and prospects, 1991, p. 1182.

[10] A respeito, consultar *Human Development Report* 2002, UNDP, New York/Oxford: Oxford University Press, 2002, p. 19.

[11] Joseph E. Stiglitz, *Globalization and its discontents*, New York/London: WW Norton Company, 2003, p. 6. Acrescenta o autor: "Development is about transforming societies, improving the lives of the poor, enabling everyone to have a chance at success and access to health care and education" (op. cit., p. 252).

[12] Paul Farmer, *Pathologies of power*, Berkeley: University of California Press, 2003, p. 50.

De acordo com dados do relatório "Sinais vitais", do Worldwatch Institute (2003), a desigualdade de renda se reflete nos indicadores de saúde: a mortalidade infantil nos países pobres é 13 vezes maior que nos países ricos; a mortalidade materna é 150 vezes maior nos países de menor desenvolvimento com relação aos países industrializados; a falta de água limpa e saneamento básico mata 1,7 milhão de pessoas por ano (90% crianças), ao passo que 1,6 milhão de pessoas morrem de doenças decorrentes da utilização de combustíveis fósseis para aquecimento e preparo de alimentos. O relatório ainda atenta para o fato de que a quase totalidade dos conflitos armados se concentra no mundo em desenvolvimento, que produziu 86% de refugiados na última década.

dos direitos humanos, o direito ao desenvolvimento compreende como relevantes princípios[13]:

a) o princípio da inclusão, igualdade e não discriminação (especial atenção deve ser dada à igualdade de gênero e às necessidades dos grupos vulneráveis);

b) o princípio da *accountability* e da transparência;

c) o princípio da participação e do empoderamento (*empowerment*), mediante livre, significativa e ativa participação; e

d) o princípio da cooperação internacional.

Esses são também os valores que inspiram os princípios fundamentais do Direito aos Direitos Humanos. O *human rights-based approach* é uma concepção estrutural ao processo de desenvolvimento, amparada normativamente nos parâmetros internacionais de direitos humanos e diretamente voltada à promoção e à proteção dos direitos humanos. O *human rights-based approach* ambiciona integrar normas, *standards* e princípios do sistema internacional de direitos humanos nos planos, políticas e processos relativos ao desenvolvimento. A perspectiva de direitos endossa o componente da justiça social, realçando a proteção dos direitos dos grupos mais vulneráveis e excluídos como um aspecto central do direito ao desenvolvimento.

No dizer de Mary Robinson: "The great merit of the human rights approach is that it draws attention to discrimination and exclusion. It permits policy makers and observers to identify those who do not benefit from development. (...) so many development programmes have caused misery and impoverishment – planners only looked for macro-scale outcomes and did not consider the consequences for particular communities or groups of people"[14].

O desenvolvimento há de ser concebido como um processo de expansão das liberdades reais que as pessoas podem usufruir, para adotar a concepção de Amartya Sen[15]. A Declaração de Viena de 1993 enfatiza ser

---

[13] Sobre o tema, ver Mary Robinson, What rights can add to good development practice, in Philip Alston e Mary Robinson (eds.), *Human rights and development*: towards mutual reinforcement, Oxford: Oxford University Press, 2005, p. 37. Para Mary Robinson: "Lawyers should not be the only voice in human rights and, equally, economists should not be the only voice in development" (op. cit.)

[14] Mary Robinson, What rights can add to good development practice, in: Philip Alston e Mary Robinson (eds.), *Human rights and development*, cit., p. 36.

[15] Ao conceber o desenvolvimento como liberdade, sustenta Amartya Sen: "Neste sentido, a expansão das liberdades é vista concomitantemente como 1) uma finalidade em si mesma e

o direito ao desenvolvimento um direito universal e inalienável, parte integral dos direitos humanos fundamentais, reconhecendo a relação de interdependência entre a democracia, o desenvolvimento e os direitos humanos.

Feitas essas considerações a respeito da concepção de direitos humanos e o modo pelo qual se relaciona com o direito ao desenvolvimento, com realce aos componentes essenciais do direito ao desenvolvimento e à sua principiologia, transita-se à análise dos desafios centrais à sua implementação na ordem contemporânea.

3. Direito ao Desenvolvimento: Desafios e Perspectivas

1) *Elaboração de indicadores para mensurar a implementação do direito ao desenvolvimento*

Uma das maiores fragilidades do sistema internacional de direitos humanos atém-se às dificuldades de implementação de direitos – o chamado *"implementation gap"*. Nesse sentido, destaca-se o desafio de implementação do direito ao desenvolvimento.

A UN High Level Task Force on the Implementation of the Right to Development dedicou esforços substantivos ao processo de produção de indicadores e critérios voltados a avaliar e mensurar a implementação do direito ao desenvolvimento. A UN High Level Task Force reconhece ser imperativo elaborar critérios, *standards* e *guidelines* para a implementação do direito ao desenvolvimento com base em uma rigorosa base conceptual e metodológica.

Para Katarina Tomasevski: "The creation of indicators provides an opportunity to extend the rule of law, and thereby international human rights

---

2) o principal significado do desenvolvimento. Tais finalidades podem ser chamadas, respectivamente, como a função constitutiva e a função instrumental da liberdade em relação ao desenvolvimento. A função constitutiva da liberdade relaciona-se com a importância da liberdade substantiva para o engrandecimento da vida humana. As liberdades substantivas incluem as capacidades elementares, como a de evitar privações como a fome, a subnutrição, a mortalidade evitável, a mortalidade prematura, bem como as liberdades associadas com a educação, a participação política, a proibição da censura... Nesta perspectiva constitutiva, o desenvolvimento envolve a expansão destas e de outras liberdades fundamentais. Desenvolvimento, nesta visão, é o processo de expansão das liberdades humanas" (op. cit., p. 35, 36 e 297). Sobre o direito ao desenvolvimento, ver também Karel Vasak, For third generation of human rights: the rights of solidarity, International Institute of Human Rights, 1979.

obligations, to the realm of economics which has thus far remained by and large immune from demands of democratization, accountability and full application of human rights standards. Indicators can be conceptualized on the basis of international human rights treaties because these lay down obligations for governments"[16].

A criação de indicadores para mensurar a implementação do direito ao desenvolvimento permitirá reforçar a responsabilidade dos Estados em respeitar, proteger e implementar esse direito. Permitirá ainda que políticas e programas sejam avaliados à luz do direito ao desenvolvimento.

2) Adoção de um tratado internacional para a proteção do direito ao desenvolvimento

Esta proposta tem causado uma polaridade e uma tensão político--ideológica entre Estados favoráveis apenas à Declaração sobre o Direito ao Desenvolvimento e Estados que ambicionam o fortalecimento da proteção jurídica do direito ao desenvolvimento mediante a adoção de um instrumento que tenha força jurídica vinculante (sob a roupagem de um tratado internacional). Esse debate envolve a controvérsia entre a dimensão nacional e a internacional do direito ao desenvolvimento. Em geral, os países desenvolvidos enfatizam a dimensão nacional desse direito, defendendo que sua tutela seja mantida mediante *soft law* (no caso, a Declaração de 1986), sem a necessidade de adotar um tratado para esse fim, ao passo que os países em desenvolvimento enfatizam a dimensão internacional desse direito, defendendo a adoção de um tratado para sua melhor proteção.

Nesse contexto, são favoráveis à adoção de um tratado para a proteção do direito ao desenvolvimento fundamentalmente os Estados membros do Non-Aligned Movement (NAM), envolvendo os países integrantes do G77 e a China. São esses os atores mais ativos na defesa de uma Convenção para a proteção do Direito ao Desenvolvimento com força jurídica vinculante. Contudo, Canadá, União Europeia e Austrália expressam sua resistência e oposição à proposta. Note-se que 53 Estados votaram contra a proposta relativa à Convenção, incluindo sobretudo os países desenvolvidos (todos os membros da OECD e EC), cujo empenho mostra-se essencial à cooperação internacional.

---

[16] Katarina Tomasevski, Indicators, in Eide, A., C. Krause and A. Rosas (eds.), Economic, social and cultural rights: a textbook. 2nd revised edition, Dordrecht: Martinus Nijhoff Publishers, 2001, p. 531-532.

Os países em desenvolvimento, no entanto, enfatizam que a maioria dos Estados membros da Assembleia Geral da ONU é favorável à adoção de um instrumento com força jurídica vinculante – o que fortaleceria a dimensão internacional do direito ao desenvolvimento.

Argumentam que um instrumento vinculante representaria a cristalização e consolidação de um regime jurídico de direitos aplicável ao direito ao desenvolvimento, adicionando que na história de afirmação dos direitos humanos no plano internacional o primeiro passo de proteção envolve a adoção de uma declaração e posteriormente a de um tratado – o que aprimora o grau de proteção jurídica do direito. Acrescentam que a existência de um tratado internacional pode ter ainda um elevado impacto no âmbito doméstico, propiciando uma especial oportunidade para a fixação de parâmetros para a implementação do direito.

3) *Ratificação do Protocolo Facultativo ao Pacto Internacional dos Direitos Econômicos, Sociais e Culturais*

Uma das maiores lacunas do aparato legal a obstar os órgãos de monitoramento dos tratados de direitos humanos (os chamados *treaty bodies*) a tutelar o direito ao desenvolvimento correspondia à inexistência do mecanismo de direito de petição para a proteção dos direitos econômicos, sociais e culturais. Na percepção de Asbjorn Eide, "social rights refer to rights whose function is to protect and to advance the enjoyment of basic human needs and to ensure the material conditions for a life in dignity". Pobreza, enfermidades e analfabetismo impedem o livre e pleno desenvolvimento das potencialidades humanas.

Diversamente do Pacto dos Direitos Civis e Políticos, o Pacto dos Direitos Econômicos, Sociais e Culturais não estabelece o mecanismo de comunicação interestatal nem tampouco, mediante Protocolo Facultativo, permite a sistemática das petições individuais. Atente-se que, mediante as comunicações interestatais, um Estado-parte pode alegar haver outro Estado-parte incorrido em violação aos direitos humanos enunciados no tratado, enquanto por meio do direito de petição, na hipótese de violação de direitos humanos e respeitados determinados requisitos de admissibilidade (como o esgotamento prévio dos recursos internos e a inexistência de litispendência internacional), é possível recorrer a instâncias internacionais competentes, que adotarão medidas que restaurem ou reparem os direitos então violados.

A respeito do monitoramento dos direitos econômicos, sociais e culturais e seu impacto na justiciabilidade desses direitos, afirma Martin

Scheinin: "The intimate relationship between the existence of a functioning system of international complaints, giving rise to an institutionalized practice of interpretation, and the development of justiciability on the domestic level, has been explained very accurately by the Committee on Economic, Social and Cultural Rights: 'As long as the majority of the provisions of the Convenant are not subject of any detailed jurisprudential scrutiny at the international level, it is most unlikely that they will be subject to such examination at the national level either'"[17].

Somente em 10 de dezembro de 2008 foi finalmente adotado o Protocolo Facultativo ao Pacto dos Direitos Econômicos, Sociais e Culturais, que introduz a sistemática das petições individuais, das medidas de urgência (*interim measures*), das comunicações interestatais e das investigações *in loco* em caso de graves e sistemáticas violações a direitos sociais por um Estado-parte. Em 1996, o Comitê de Direitos Econômicos, Sociais e Culturais já adotava um projeto de Protocolo, contando com o apoio dos países da América Latina, África e Leste Europeu e com a resistência de Reino Unido, EUA, Canadá, Austrália, entre outros.

Desde 1966 os direitos civis e políticos contam com o mecanismo das petições individuais, mediante a adoção do Protocolo Facultativo ao Pacto Internacional dos Direitos Civis e Políticos, o que fortaleceu a justiciabilidade desses direitos nas esferas global, regional e local. Já os direitos sociais, apenas em 2008 passam a contar com tal sistemática, que virá a impactar positivamente o grau de justiciabilidade desses direitos.

O Protocolo Facultativo é uma relevante iniciativa para romper com a proteção desigual conferida aos direitos civis e políticos e aos direitos econômicos, sociais e culturais na esfera internacional.

Observam-se nos sistemas regionais de proteção dos direitos humanos as mesmas ambivalências no tocante à diversidade de trato dos direitos civis e políticos e dos direitos econômicos, sociais e culturais. No sistema interamericano, enquanto os direitos civis e políticos foram consagrados exaustivamente pela Convenção Americana de Direitos Humanos em 1969 (contando em 2022 com 24 Estados-partes), os direitos econômicos, sociais e culturais só vieram consagrados pelo Protocolo de San Salvador em 1988 – quase 20 anos depois, contando com apenas 17 Estados-partes em 2024.

---

[17] Martin Scheinin, Economic and social rights as legal rights, in Eide, A., C. Krause and A. Rosas (eds.), Economic, social and cultural rights, cit., p. 49. Ver também UN doc A/CONF.157/PC/62/Add.5/, par. 24.

A mesma ambivalência há no sistema europeu, em que a Convenção Europeia de Direitos Humanos, que prevê exclusivamente direitos civis e políticos, apresenta 47 Estados-partes, ao passo que a Carta Social Europeia revisada apresenta somente 36 Estados-partes (dados de 2024).

Para a implementação do direito ao desenvolvimento, é fundamental encorajar os Estados à ratificação do Protocolo Facultativo ao Pacto Internacional dos Direitos Econômicos, Sociais e Culturais[18], que poderá contribuir extraordinariamente para a proteção, acionabilidade e justiciabilidade desses direitos nas esferas internacional, regional e local.

4) *Reforma das instituições financeiras internacionais*

A atuação das instituições financeiras internacionais – especialmente no que se refere ao comércio, à dívida e à transferência tecnológica – mostra-se vital à realização do direito ao desenvolvimento.

Desde sua primeira sessão, a UN High Level Task Force tem considerado a dívida como um obstáculo central aos países pobres em desenvolvimento no que se refere ao cumprimento das obrigações decorrentes do Pacto Internacional dos Direitos Econômicos, Sociais e Culturais, comprometendo o direito ao desenvolvimento[19]. O Comitê dos Direitos Econômicos, Sociais e Culturais, em seu General Comment n. 02, acerca do art. 22 do Pacto, atenta: "international measures to deal with the debt crisis should take full account of the need to protect economic, social and cultural rights through, *inter alia*, international cooperation. In many situations, this might point to the need for major debt relief initiatives". Para a UN High Level Task Force as iniciativas de alívio da dívida têm contribuído de forma significativa para a realização do direito ao desenvolvimento. Contudo, apenas o cancelamento da dívida não é medida suficiente para a implementação do direito ao desenvolvimento. Tal medida deve vir acompanhada do fortalecimento do Estado, de sua governabilidade, do respeito aos direitos humanos e da promoção do crescimento equitativo. Por isso, há uma relevante conexão entre o direito ao desenvolvimento e as iniciativas de alívio da dívida com desafios de natureza não econômica, particularmente aqueles concernentes à instabilidade política, conflitos armados e precária governança – que são fatores impeditivos do direito ao desenvolvimento.

---

[18] O Protocolo Facultativo ao Pacto Internacional dos Direitos Econômicos, Sociais e Culturais foi aprovado pela Resolução da Assembleia Geral A/RES/63/117, em 10 de dezembro de 2008. Até 2022, contava com 26 Estados-partes, tendo entrado em vigor em 5 de maio de 2013.

[19] A respeito, ver E/CN.4/2005/WG.18/2, par. 48.

Estados que se beneficiem do cancelamento da dívida devem também estabelecer mecanismos que assegurem um processo de planejamento orçamentário transparente e participativo.

O Comitê dos Direitos Econômicos, Sociais e Culturais e o *Special Rapporteur on the Effects of Foreign Debt* advertem ainda que as políticas das instituições financeiras internacionais e da Organização Mundial do Comércio são determinadas pelos mesmos Estados que assumiram obrigações jurídicas vinculantes ao ratificar o Pacto dos Direitos Econômicos, Sociais e Culturais em matéria de direitos humanos, incluindo o direito à alimentação, à saúde, aos serviços sociais e demais áreas[20].

O Banco Mundial e o Fundo Monetário Internacional têm operado com diligência para reduzir o impacto da dívida e têm introduzido programas inovadores[21]. Todavia, a perspectiva dos direitos humanos demanda que, em nenhuma circunstância, seja reduzida a receita de Estados a ponto de propiciar a violação de direitos, como o direito à alimentação, à saúde, à educação, à previdência social. Isto é, há que assegurar que ao menos um orçamento mínimo e básico seja mantido para a salvaguarda desses direitos.

Ademais, verifica-se a crescente pressão para que as agências financeiras internacionais, como o FMI e o Banco Mundial, atuem com maior transparência, democratização e *accountability*. Enfatiza-se que o princípio das responsabilidades compartilhadas entre devedores e credores é o vértice de um sistema financeiro internacional justo. Os princípios da participação, inclusão, transparência, *accountability, rule of law*, igualdade e não discriminação devem ser observados por ambos (devedores e credores).

Com relação às agências financeiras internacionais, há o desafio de que os direitos humanos possam permear a política macroeconômica, de forma a envolver a política fiscal, a política monetária e a política cambial. As instituições econômicas internacionais devem levar em grande consideração a

---

[20] Ver Maastricht guidelines on violations of economic, social and cultural rights, ao considerar violação de direitos humanos pelo Estado, quando há "the failure of a State to take into account its international legal obligations in the field of economic, social and cultural rights when entering into bilateral or multilateral agreements with other States, international organizations or multinational corporations".

[21] A respeito, destacam-se a Heavily Indebted Poor Countries Initiative (HIPC), lançada em 1996 pelo Banco Mundial e pelo FMI, e a Multilateral Debt Relief Initiative (MDRI), lançada em 2005, a fim de assistir os Heavily indebted poor countries na satisfação dos MDG (millenium development goals).

dimensão humana de suas atividades e o forte impacto que as políticas econômicas podem ter nas economias locais, especialmente em um mundo cada vez mais globalizado[22].

Há que romper com os paradoxos que decorrem das tensões entre a tônica includente voltada para a promoção dos direitos humanos, consagrada nos relevantes tratados de proteção dos direitos humanos da ONU (com destaque ao Pacto Internacional dos Direitos Econômicos, Sociais e Culturais) e, por outro lado, a tônica por vezes excludente ditada pela atuação do Fundo Monetário Internacional, na medida em que a sua política, orientada pela chamada "condicionalidade", submete países em desenvolvimento a modelos de ajuste estrutural incompatíveis com os direitos humanos. Além disso, deverá se fortalecer a democratização, a transparência e a *accountability* dessas instituições[23]. Note-se que 48% do poder de voto no FMI concentra-se nas mãos de 7 Estados (Estados Unidos, Japão, França, Inglaterra, Arábia Saudita, China e Rússia) e no Banco Mundial 46% do poder de voto concentra-se nas mãos também desses Estados[24]. Na percepção crítica de Joseph E. Stiglitz: "(...) we have a system that might be called global governance without global government, one in which a few institutions – the World Bank, the IMF, the WTO – and a few players – the finance, commerce, and trade ministries, closely linked to certain financial and commercial interests – dominate the scene, but in which many of those

---

[22] Cf. Mary Robinson, Constructing an international financial, trade and development architecture: the human rights dimension, Zurich, 1 July 1999, www.unhchr.org. Adiciona Mary Robinson: "A título de exemplo, um economista já advertiu que o comércio e a política cambial podem ter maior impacto no desenvolvimento dos direitos das crianças que propriamente o alcance do orçamento dedicado à saúde e educação. Um incompetente diretor do Banco Central pode ser mais prejudicial aos direitos das crianças que um incompetente Ministro da Educação" (op. cit.).

[23] A respeito, consultar Joseph E. Stiglitz, *Globalization and its discontents*, New York/London: WW Norton Company, 2003. Para o autor: "When crises hit, the IMF prescribed outmoded, inappropriate, if standard solutions, without considering the effects they would have on the people in the countries told to follow these policies. Rarely did I see forecasts about what the policies would do to poverty. Rarely did I see thoughtful discussions and analyses of the consequences of alternative policies. There was a single prescription. Alternative opinions were not sought. Open, frank discussion was discouraged – there is no room for it. Ideology guided policy prescription and countries were expected to follow the IMF guidelines without debate. These attitudes made me cringe. It was not that they often produced poor results; they were antidemocratic" (op. cit., p. XIV).

[24] A respeito, consultar Human Development Report 2002, UNDP, New York/Oxford: Oxford University Press, 2002.

affected by their decisions are left almost voiceless. It's time to change some of the rules governing the international economic order (...)"[25].

5) *Promover a cooperação e a assistência internacionais*

Observa Thomas Pogge que, "em 2000, os países ricos gastaram em média US$ 4,650 bilhões em assistência ao desenvolvimento dos países pobres; contudo, venderam aos países em desenvolvimento, em média, US$ 25,438 bilhões em armamentos – o que representa 69% do total do comércio internacional de armas. Os maiores vendedores de armas são: EUA (com mais de 50% das vendas), Rússia, França, Alemanha e Reino Unido"[26]. No mesmo sentido, afirma Amartya Sen: "Os principais vendedores de armamentos no mercado global são os países do G8, responsáveis por 84% da venda de armas no período de 1998 a 2003. (...) Os EUA sozinhos foram responsáveis pela venda de metade das armas comercializadas no mercado global, sendo que dois terços destas exportações foram direcionados aos países em desenvolvimento, incluindo a África"[27].

Nesse contexto, é fundamental que os países desenvolvidos invistam 0,7% de seu Produto Interno Bruto em um *"Vulnerability Fund"* para socorrer os países em desenvolvimento, satisfazendo os compromissos assumidos na Conferência de Monterrey de 2002 (Monterrey Conference on Financing for Development – "Monterrey Consensus").

Atualmente, cerca de 80% da população mundial vive em países em desenvolvimento. Dois deles – Índia e China – totalizam quase 1/3 da população mundial. Contudo, os 15% mais ricos concentram 85% da renda mundial, enquanto os 85% mais pobres concentram apenas 15%, sendo a pobreza a principal *causa mortis* do mundo. Instaura-se um círculo vicioso

---

[25] Joseph E. Stiglitz, op. cit., p. 21-22. Para Joseph Stiglitz: "We have a chaotic, uncoordinated system of global governance without global government" (STIGLITZ, Joseph E. *Making globalization work*. London: Penguin Books, 2007. p. 21). O autor defende um pacote de mudanças, compreendendo: "1) changes in voting structure at the IMF and the World Bank, giving more weight to developing countries; 2) changes in representations (who represents each country); 3) adopting principles of representation; 4) increase transparency (since there is no direct democratic accountability for these institutions; 5) improving accountability; and 6) ensuring a better enforcement of the international rule of law" (STIGLITZ, Joseph E. *Making globalization work*, cit., p. 21).

[26] Thomas Pogge, *World poverty and human rights*, Cambridge: Polity Press, 2002.

[27] Amartya Sen, *Identity and violence*: the illusion of destiny, New York/London: W.W. Norton & Company, 2006, p. 97.

em que a desigualdade econômica fomenta a desigualdade política no exercício do poder no plano internacional e vice-versa[28].

É essencial que a cooperação internacional seja concebida não como mera caridade ou generosidade, mas como solidariedade, no marco do princípio de responsabilidades compartilhadas (*shared responsibilities*) na ordem global.

6) *Fomentar a atuação dos atores privados na promoção dos direitos humanos*

No que se refere ao setor privado, há também a necessidade de acentuar sua responsabilidade social, especialmente das empresas multinacionais, na medida em que se constituem nas grandes beneficiárias do processo de globalização, bastando citar que das 100 maiores economias mundiais, 69 são empresas multinacionais e 31 são Estados nacionais. Por exemplo, importa encorajar empresas a adotarem códigos de direitos humanos relativos à atividade de comércio; demandar sanções comerciais a empresas violadoras dos direitos sociais; adotar a "taxa Tobin" sobre os investimentos financeiros internacionais, entre outras medidas.

O cenário de profundo colapso financeiro internacional está a demandar a reinvenção do papel do Estado, a maior responsabilidade dos mercados e uma nova arquitetura financeira internacional.

Faz-se, pois, fundamental que o setor privado, particularmente as corporações transnacionais, ampliem sua responsabilidade na promoção dos direitos humanos, com respeito aos direitos trabalhistas (*social responsibility*); ao meio ambiente (*environmental responsibility*); e a outros direitos diretamente impactados por suas atividades (*ethical responsibility*).

7) *Consolidação das* best practices

Para a implementação do direito ao desenvolvimento é ainda crucial identificar, intercambiar e promover as *best practices*, conferindo-lhes um efeito catalisador.

---

[28] Para Jeffrey Sachs: "eight milion people around the world die each year because they are too poor to stay alive" (SACHS, Jeffrey. T*he end of poverty*: economic possibilities for our time. New York: The Penguin Press, 2005, p. 1). Adiciona o autor que: "One sixth of the world remains trapped in extreme poverty unrelieved by global economic growth and the poverty trap poses tragic hardships for the poor themselves and great risks for the rest of the world" (SACHS, Jeffrey. *Common wealth*: economics for a crowed planet. London: Penguin Books, 2008, p. 6).

Por fim, conclui-se que a implementação do direito ao desenvolvimento envolve desafios de natureza jurídica e cultural; política; e econômica.

No âmbito jurídico e cultural, vislumbra-se que o direito ao desenvolvimento abarca uma multiplicidade de atores, que transcende os atores envolvidos na realização de outros direitos humanos.

O direito ao desenvolvimento requer a ruptura da visão tradicional a inspirar a arquitetura protetiva internacional, na qual as violações de direitos humanos apontam, de um lado, ao Estado (como agente violador) e, de outro, ao indivíduo singularmente considerado (como vítima). Em sua complexidade, ao compreender tanto uma dimensão nacional como uma dimensão internacional, o direito ao desenvolvimento tem como violador não apenas o Estado e como vítima não apenas o indivíduo, mas comunidades e grupos. Vale dizer, o direito ao desenvolvimento invoca um padrão de conflituosidade diverso do padrão clássico e tradicional que inspira o sistema de proteção internacional dos direitos humanos.

Em sua essência, o direito ao desenvolvimento traduz o direito a um ambiente nacional e internacional que assegure aos indivíduos e aos povos o exercício de seus direitos humanos básicos, bem como de suas liberdades fundamentais.

Não bastando tal desafio jurídico e cultural, soma-se ainda o desafio de natureza política. Como enfocado por este artigo, o processo de implementação do direito ao desenvolvimento tem sido caracterizado por tensões ideológicas e ambivalências políticas. Destaca-se a recusa de Estados em conferir aos direitos econômicos, sociais e culturais o mesmo tratamento dado aos direitos civis e políticos. Nesse sentido, merece menção a resistência de Estados em ratificar o Protocolo Facultativo ao Pacto Internacional dos Direitos Econômicos, Sociais e Culturais, bem como em adotar uma Convenção sobre o Direito ao Desenvolvimento.

A esses desafios conjuga-se o desafio de natureza econômica, considerando que a crise financeira e econômica global afeta primariamente os mais pobres e vulneráveis. Enquanto países desenvolvidos introduzem *counter-cyclical policies* e planos de incentivos, os países mais pobres não dispõem de recursos para adotar medidas similares. Estados enfrentam, assim, o desafio de adotar medidas e ações individuais e coletivas para a implementação do direito ao desenvolvimento no âmbito nacional e no internacional.

Em uma arena cada vez mais complexa, fundamental é avançar na afirmação do direito ao desenvolvimento e da justiça global nos campos social, econômico e político, a compor uma nova arquitetura, capaz de responder aos desafios da agenda contemporânea, da nova dinâmica de poder no âmbito internacional e da necessária transformação das organizações internacionais, em um crescente quadro de responsabilidades compartilhadas.

A Declaração de 1986 sobre o Direito ao Desenvolvimento deve ser compreendida como um instrumento vivo e dinâmico (*dynamic and living instrument*) capaz de responder aos desafios lançados pela ordem contemporânea. A defesa do princípio da dignidade humana demanda prioridade e urgência na implementação do direito ao desenvolvimento, a fim de assegurar o direito de povos, coletividades e indivíduos a exercer seu potencial humano de forma livre, autônoma e plena.

Capítulo 9

EMPRESAS E DIREITOS HUMANOS: DESAFIOS E PERSPECTIVAS À LUZ DO DIREITO INTERNACIONAL DOS DIREITOS HUMANOS

Flávia Piovesan e Victoriana Gonzaga*

1. Introdução

Na ordem contemporânea, das 100 maiores economias mundiais 31 são Estados e 69 são multinacionais, cujo faturamento anual excede o PIB de Estados, conforme dados de 2015[1]. Estudos de 2000[2] apontavam que das 100 maiores economias mundiais 49 eram Estados e 51 multinacionais, o que reflete a crescente e acentuada expansão das atividades corporativas.

O faturamento do Walmart, em 2014, correspondia ao PIB da Austrália (em torno de 490 bilhões de dólares); e o faturamento da Royal Dutch Shell

---

* Advogada. Graduada em Direito pela Pontifícia Universidade Católica de São Paulo/SP. Especialista em direitos humanos, desenvolvimento sustentável e responsabilidade corporativa. Mestranda em Direito e Desenvolvimento e pesquisadora do Núcleo de Governança Corporativa da FGV Direito SP.

[1] Dados baseados em comparação direta da receita anual das empresas e da receita anual dos países, disponíveis no CIA World Factbook 2015 e Fortune Global 500; conforme *Global Justice Now*: "Today, of the 100 wealthiest economic entities in the world, 69 are now corporations and only 31 countries. This is up from 63 to 37 a year ago. At this rate, within a generation we will be living in a world entirely dominated by giant corporations". Disponível em: <http://www.globaljustice.org.uk/blog/2016/sep/12/corporations-running-world-used-be-science-fiction-now-its-reality>, acesso em 16 out. 2017.

Dados obtidos pela Fortune Global 500. Disponível em: <http://fortune.com/global500> e em CIA World Factbook 2015: <https://www.cia.gov/library/publications/the-world-factbook/fields/2056.html>, acesso em 16 out. 2017.

[2] Estudo de 2000, realizado por Anderson and Cavanagh, apontava que "Of the 100 largest economies in the world, 51 are corporations; only 49 are countries. WalMart – the number 12 corporation – is bigger than 161 countries, including Israel, Poland, and Greece. Mitsubishi is larger than the fourth most populous nation on earth: Indonesia. General Motors is bigger than Denmark. Ford is bigger than South Africa. Toyota is bigger than Norway"; Global Policy Forum. Disponível em: <https://www.globalpolicy.org/component/content/article/221/47211.html>, acesso em 14 out. 2017.

superava o PIB da Rússia (em torno de 417 bilhões de dólares)[3]. Ainda, dados recentes do portal Foreign Policy indicam, por exemplo, que o Uber tem lucro anual de cerca de R$ 229 bilhões (US$ 62,5 bilhões) por ano, superando o PIB do Uruguai, que gira em torno de R$ 208,6 bilhões (US$ 56,8 bilhões); por sua vez, a loja virtual Amazon tem lucro anual de R$ 392,8 bilhões (US$ 107 bilhões), superando o PIB da Croácia, que chegou a R$ 331,6 bilhões (US$ 90,3 bilhões) em 2015; dentre outras[4].

Para John Ruggie: "As empresas multinacionais estão ultrapassando economias meramente 'nacionais' e suas transações internacionais. (...) desde a década de 1990 – considerada 'época de ouro' para a mais recente onda de globalização corporativa – as empresas multinacionais emergiram de forma robusta, em maiores quantidade e escala, tecendo núcleos de atividade econômica transnacionais, sujeitos a uma única visão global estratégica, operando em tempo real, conectadas e de forma concomitante"[5].

A crescente globalização econômica impacta os contextos social, cultural e político, impulsionando a emergência de novos atores internacionais, como as organizações internacionais, as organizações não governamentais, os indivíduos e as empresas transnacionais[6]. Nesse sentido, destaca o Comitê da ONU de Direitos Econômicos, Sociais e Culturais (Comitê DESC), no General Comment n. 24, adotado em 23 de junho de 2017[7]: "Businesses play an important role in

---

[3] Disponível em: <http://www.corporationsandhealth.org/wp-content/uploads/2015/08/Top-100--Corps-and-Govts-2_Page_2.png>, acesso em 15 out. 2017.

[4] Disponível em: <http://r7.com/V26i>, acesso em 15 out. 2017.

[5] RUGGIE, John Gerard. *Quando negócios não são apenas negócios: as corporações multinacionais e os direitos humanos*. São Paulo: Planeta Sustentável, 2014, p. 17.

[6] "As grandes multinacionais têm o poder de trazer grandes benefícios para as comunidades carentes, mas também têm o poder de causar profundos malefícios, como a degradação ambiental, a exploração das comunidades economicamente fracas e o uso do trabalho infantil. Nos últimos anos tem crescido a consciência do setor privado de que é necessário assumir responsabilidades no campo dos direitos humanos. (...) O setor privado tem incorporado os direitos humanos mediante códigos éticos internos, códigos de conduta, acordos setoriais a respeito do trabalho infantil, ou mesmo, códigos mais amplos como o Social Accountability 8000, o International Code of Ethics for Canadian Business e o New Sullivan Principles." (ROBINSON, Mary. *Constructing an International Financial, Trade and Development Architecture: The Human Rights Dimension*, Zurich, 1 July 1999. Disponível em: <http://hack.tion.free.fr/mvtsoc/Attac/www.attac.org/fra/orga/doc/unhchr.htm>, acesso em 20 fev. 2018.)

[7] E/C.12/GC/24 (General Comment n. 24, 2017). *State Obligations under the International Covenant on Economic, Social and Cultural Rights in the Context of Business Activities*. Disponível em: <http://www.right--to-education.org/sites/right-to-education.org/files/resource-attachments/CESCR_ General_ comment_24_HR_in_context_of_business_activities_EN.pdf>, acesso em 20 fev. 2018.

the realization of economic, social and cultural rights, by contributing to the creation of employment opportunities and, through private investment, to development. However, the Committee has been regularly presented with situations in which, as a result of States' failure to ensure compliance with internationally recognized human rights under their jurisdiction, corporate activities negatively affected economic, social and cultural rights. The Committee has previously considered the growing impact of business activities on the enjoyment of specific Covenant rights relating to health, housing, food, water, social security, the right to work, the right to just and favorable conditions of work and the right to form and join trade unions".

Neste contexto, indaga-se: Qual é o alcance da responsabilidade das empresas em matéria de direitos humanos sob a ótica do Direito Internacional dos Direitos Humanos? Quais são os limites e as potencialidades da arquitetura protetiva internacional ao enfrentar o desafio de impulsionar o papel das empresas no campo dos direitos humanos? Qual deve ser a responsabilidade do Estado na relação empresas e direitos humanos? Qual há de ser o alcance dos direitos e das garantias das vítimas na hipótese de violação perpetrada por empresas? Quais são as estratégias para fortalecer a proteção e a promoção dos direitos humanos, bem como a prevenção de violações por partes das empresas?

São estas as questões centrais a inspirar o presente capítulo, que tem por objetivo maior enfocar a temática das empresas e direitos humanos à luz do Direito Internacional dos Direitos Humanos, com destaque para os desafios e perspectivas contemporâneas.

2. Direito Internacional dos Direitos Humanos: Os Processos de Internacionalização dos Direitos Humanos e de Humanização do Direito Internacional

O sistema internacional de proteção dos direitos humanos constitui o legado maior da chamada "era dos direitos"[8], que tem permitido a internacionalização dos direitos humanos e a humanização do direito internacional contemporâneo.

---

[8] Acerca dessa travessia dos direitos humanos, cumpre frisar: "No final desse processo, os direitos do cidadão terão se transformado, realmente, positivamente, em direitos do homem. Ou, pelo menos, serão os direitos do cidadão daquela cidade que não tem fronteiras, porque compreende toda humanidade; ou, em outras palavras, serão os direitos do homem enquanto direitos do cidadão do mundo" (BOBBIO, Norberto. A *era dos direitos*. Rio de Janeiro: Campus Elsevier, 2004, p. 50).

Considerando a historicidade dos direitos, destaca-se a chamada concepção contemporânea de direitos humanos, que veio a ser introduzida pela Declaração Universal de 1948 e reiterada pela Declaração de Direitos Humanos de Viena de 1993. Esta concepção é fruto do movimento de internacionalização dos direitos humanos, que constitui um movimento recente na história, surgindo, a partir do pós-guerra, como resposta às atrocidades e aos horrores cometidos durante o nazismo. O legado do nazismo foi condicionar a titularidade de direitos, ou seja, a condição de sujeito de direito, à pertença à determinada raça – a raça pura ariana. Para Ignacy Sachs, o século XX foi marcado por duas guerras mundiais e pelo horror absoluto do genocídio concebido como projeto político e industrial[9].

É neste cenário que se vislumbra o esforço de reconstrução dos direitos humanos, como paradigma e referencial ético a orientar a ordem internacional contemporânea. Com efeito, no momento em que os seres humanos se tornam supérfluos e descartáveis, no momento em que vige a lógica da destruição, em que cruelmente se abole o valor da pessoa humana, torna-se necessária a reconstrução dos direitos humanos, como paradigma ético capaz de restaurar a lógica do razoável.

Fortalece-se a ideia de que a proteção dos direitos humanos não deve se reduzir ao domínio reservado do Estado, porque revela tema de legítimo interesse internacional. Prenuncia-se, deste modo, o fim da era em que a forma pela qual o Estado tratava seus nacionais era concebida como um problema de jurisdição doméstica, decorrência de sua soberania. Para Andrew Hurrell, "O aumento significativo das ambições normativas da sociedade internacional é particularmente visível no campo dos direitos humanos e da democracia, com base na ideia de que as relações entre governantes e governados, Estados e cidadãos, passam a ser suscetíveis de legítima preocupação da comunidade internacional; de que os maus-tratos a cidadãos e a inexistência de regimes democráticos devem demandar ação internacional; e que a legitimidade internacional de um Estado passa crescentemente a depender do modo pelo qual as sociedades domésticas são politicamente ordenadas"[10].

Neste cenário, a Declaração de 1948 vem inovar a gramática dos direitos humanos, ao introduzir a chamada concepção contemporânea de direitos

---

[9] SACHS, Ignacy. *Caminhos para o desenvolvimento sustentável*. Rio de Janeiro: Garamond, 2009, p. 47-48.
[10] HURREL, Andrew. Power, Principles and Prudence: Protecting Human Rights in a Deeply Divided World. In: DUNNE, Tim; WHEELER, Nicholas J. *Human Rights in Global Politics*. Cambridge: Cambridge University Press, 1999, p. 277.

humanos, marcada pela universalidade e indivisibilidade de tais direitos. Universalidade porque clama pela extensão universal dos direitos humanos, sob a crença de que a condição de pessoa é o requisito único para a titularidade de direitos, considerando o ser humano como um ser essencialmente moral, dotado de unicidade existencial e dignidade, esta como valor intrínseco à condição humana. Indivisibilidade porque a garantia dos direitos civis e políticos é condição para a observância dos direitos sociais, econômicos e culturais e vice-versa. Quando um deles é violado, os demais também o são. Os direitos humanos compõem, assim, uma unidade indivisível, interdependente e inter-relacionada, capaz de conjugar o catálogo de direitos civis e políticos com o catálogo de direitos sociais, econômicos e culturais.

A partir da Declaração de 1948, começa a se desenvolver o Direito Internacional dos Direitos Humanos, mediante a adoção de inúmeros instrumentos internacionais de proteção. O processo de universalização dos direitos humanos permitiu a formação de um sistema internacional de proteção desses direitos. Esse sistema é integrado por tratados internacionais de proteção que refletem, sobretudo, a consciência ética contemporânea compartilhada pelos Estados, na medida em que invocam o consenso internacional acerca de temas centrais aos direitos humanos, na busca da salvaguarda de parâmetros protetivos mínimos – do "mínimo ético irredutível". O Direito Internacional dos Direitos Humanos é capaz de estabelecer parâmetros protetivos mínimos; de compensar déficits nacionais; e de fomentar novas dinâmicas envolvendo os diversos atores sociais.

Ao lado do sistema normativo global, surgem os sistemas regionais de proteção, que buscam internacionalizar os direitos humanos nos planos regionais, particularmente na Europa, América e África, somados a incipientes esforços de criação de sistemas regionais no mundo árabe e asiático. Consolida-se, assim, a convivência do sistema global da ONU com instrumentos do sistema regional, por sua vez, integrado pelos sistemas interamericano, europeu e africano de proteção aos direitos humanos.

Os sistemas global e regional não são dicotômicos, mas complementares. Inspirados pelos valores e princípios da Declaração Universal, compõem o universo instrumental de proteção dos direitos humanos no plano internacional. Nesta ótica, os diversos sistemas de proteção de direitos humanos interagem em benefício dos indivíduos protegidos. Ao adotar o valor da primazia da pessoa humana, esses sistemas se complementam, somando-se ao sistema nacional de proteção, a fim de proporcionar a maior efetividade possível na tutela e promoção de direitos fundamentais. Esta é inclusive a lógica e principiologia próprias do Direito dos Direitos Humanos. Emerge, dessa forma, um novo paradigma baseado em um sistema jurídico multinível marcado por diálogos, permeabilidade e incidências mútuas e recíprocas, sob a inspiração do princípio maior da dignidade humana.

Ressalte-se que a Declaração de Direitos Humanos de Viena, de 1993, reitera a concepção da Declaração de 1948, quando, em seu parágrafo 5º, afirma: "Todos os direitos humanos são universais, interdependentes e inter-relacionados. A comunidade internacional deve tratar os direitos humanos globalmente de forma justa e equitativa, em pé de igualdade e com a mesma ênfase". A Declaração de Viena afirma ainda a interdependência entre os valores dos direitos humanos, democracia e desenvolvimento.

Não há direitos humanos sem democracia, nem tampouco democracia sem direitos humanos. Vale dizer, o regime mais compatível com a proteção dos direitos humanos é o regime democrático. Atualmente, apenas 40% dos Estados são considerados efetivamente livres, consolidando uma década de declínio da liberdade democrática no mundo, segundo relatório anual da Freedom House, enquanto 36% dos Estados não são considerados plenamente democráticos. Houve mais declínios do que ganhos democráticos e em 2015 os retrocessos políticos atingiram mais de sete dezenas de países no mundo[11].

O pleno exercício dos direitos políticos é capaz de implicar o "empoderamento" das populações mais vulneráveis, o aumento de sua capacidade de pressão, articulação e mobilização políticas. Para Amartya Sen, os direitos políticos (incluindo a liberdade de expressão e de discussão) são não apenas fundamentais para demandar respostas políticas às necessidades econômicas, mas são centrais para a própria formulação dessas necessidades econômicas[12].

---

[11] "The world was battered in 2015 by overlapping crises that fueled xenophobic sentiment in democratic countries, undermined the economies of states dependent on the sale of natural resources, and led authoritarian regimes to crack down harder on dissent. These unsettling developments contributed to the 10th consecutive year of decline in global freedom" (FREEDOM HOUSE. *Freedom in the World 2016: Anxious Dictators, Wavering Democracies*. Disponível em: <https://freedomhouse.org/report/freedom-world-2016/overview-essay-anxious-dictators-wavering-democracies>, acesso em 20 fev. 2018).

[12] Afirma Amartya Sen: "In the domain of political ideas perhaps the most important change to occur has been the recognition of democracy as an acceptable form of government that can serve any nation" (SEN, Amartya. What's the Point of Democracy?, *Bulletin of the American Academy of Arts and Sciences*, Cambridge, v. 57, n. 3, p. 9, Spring 2004. Disponível em: http://www.jstor.org/stable/3824528, acesso em 20 fev. 2018). Amartya Sen, prefácio a FARMER, Paul. *Pathologies of Power*. Berkeley: University of California Press, 2003.

Por sua vez, o direito ao desenvolvimento demanda uma globalização ética e solidária. No entender de Mohammed Bedjaoui: "Na realidade, a dimensão internacional do direito ao desenvolvimento é nada mais que o direito a uma repartição equitativa concernente ao bem-estar social e econômico mundial. Reflete uma demanda crucial de nosso tempo, na medida em que os quatro quintos da população mundial não mais aceitam o fato de um quinto da população mundial continuar a construir sua riqueza com base em sua pobreza"[13].

As assimetrias globais revelam que a renda dos 1% mais ricos supera a renda dos 57% mais pobres na esfera mundial[14]. Para a Organização Mundial de Saúde: "A pobreza é a maior *causa mortis* do mundo. A pobreza dissemina sua influência destrutiva desde os primeiros estágios da vida humana, do momento da concepção ao momento da morte"[15].

O desenvolvimento, por sua vez, há de ser concebido como um processo de expansão das liberdades reais que as pessoas podem usufruir, para adotar a concepção de Amartya Sen[16]. Acrescente-se ainda que a Declaração

---

[13] BEDJAOUI, Mohammed. The Right to Development. In: BEDJAOUI, Mohammed (ed.). *International Law: Achievements and Prospects*. Paris/Dordrecht: Unesco e Martinus Nijhoff Publishers, 1991, p. 1182, 1193. Para Thomas W. Pogge: "A atual apropriação da riqueza de nosso planeta é muito desigual. As classes economicamente favorecidas utilizam muitíssimo mais os recursos mundiais, e o fazem de forma unilateral, sem dar qualquer compensação às classes menos favorecidas por seu consumo desproporcional" (POGGE, Thomas. Para erradicar a pobreza sistêmica: em defesa de um Dividendo dos Recursos Globais, SUR, *Revista Internacional de Direitos Humanos*, São Paulo, n. 6, p. 142, 2007).

Para Joseph E. Stiglitz: "Desenvolvimento significa transformação social, com a melhoria das condições de vida das populações mais pobres, assegurando a todos uma oportunidade de sucesso e acesso à saúde e à educação".

[14] A respeito, consultar UNDP, *Human Development Report 2002*, New York/Oxford, Oxford University Press, 2002, p. 19.

[15] "Human rights violations are not accidents; they are not random in distribution or effect. Rights violations are, rather, symptoms of deeper pathologies of power and are linked intimately to the social conditions that so often determine who will suffer abuse and who will be shielded from harm" (FARMER, Paul. *Pathologies of Power*. Berkeley: California University Press, 2003, p. xiii).

[16] SEN, Amartya. *Desenvolvimento como liberdade*. São Paulo: Companhia das Letras, 2000, p. 17. O desenvolvimento como processo aparece no consenso internacional: "(...) Recognizing that development is a comprehensive economic, social, cultural and political process, which aims at the constant improvement of the well-being of the entire population and of all individuals on the basis of their active, free and meaningful participation in development and in the fair distribution of benefits resulting therefrom (...)". Disponível em: <http://www2.ohchr.org/english/law/rtd.htm>, acesso em 20 fev. 2018.

de Viena de 1993 consagra ser o direito ao desenvolvimento um direito universal e inalienável, parte integral dos direitos humanos fundamentais. Reitere-se que a Declaração de Viena reconhece a relação de interdependência entre a democracia, o desenvolvimento e os direitos humanos.

Constata-se que a arquitetura protetiva internacional dos direitos humanos foi delineada para responder a um padrão de conflituosidade que envolve, de um lado, o Estado e, de outro, a vítima singularmente considerada. São esses os atores clássicos que integram a arena protetiva internacional sob um paradigma tradicional, marcado pela lógica de deveres conferidos aos Estados e direitos conferidos aos indivíduos. No âmbito dos deveres estatais, três são as obrigações jurídicas: respeitar; proteger; e implementar direitos internacionalmente assegurados.

No que se refere ao dever de respeitar os direitos humanos, não pode o Estado ser agente violador de direitos. Quanto ao dever de proteger, cabe ao Estado prevenir e obstar que os direitos humanos sejam violados por terceiros, atores não estatais. Por sua vez, o dever de implementar demanda do Estado a adoção de todas as medidas para a plena realização dos direitos humanos.

É nesse contexto que o Direito Internacional dos Direitos Humanos enfrenta o desafio da emergência de um novo ator – as empresas – e de sua responsabilidade em matéria de direitos humanos.

3. Princípios da ONU referentes a Empresas e Direitos Humanos e o Direito Internacional dos Direitos Humanos

Se tradicionalmente o aparato protetivo dos direitos humanos ambicionava responder à relação entre Estados e indivíduos – endossando os deveres dos Estados de respeitar, proteger e implementar direitos –, na atualidade emergem relações mais complexas que envolvem, de um lado, empresas e, de outro, coletividades e grupos vulneráveis.

Somadas às relações mais complexas atuais, constata-se a expansão da sociedade internacional e do Direito Internacional dos Direitos Humanos. Neste cenário, as Nações Unidas ocupam papel central na formulação de medidas que buscam a consolidação da responsabilidade de agentes econômicos. Destaca-se, nesse sentido, a criação, em 1974, do Centro sobre Empresas Transnacionais da Organização das Nações Unidas (UN Centre on Transnational Corporations – UNCTC), com o escopo de problematizar a regulação dos impactos dos negócios transnacionais, especialmente nos direitos humanos. Acrescentem-se, ainda, as Diretrizes da Organização para

Cooperação e Desenvolvimento Econômico (OCDE) para Empreendimentos Multinacionais, de 1976[17], com recomendações às empresas multinacionais que operem dentro ou a partir de países aderentes[18], assim como a adoção, pela Organização Internacional do Trabalho (OIT), em 1977, da "Declaração Tripartida de Princípios Relativos a Empreendimentos Multinacionais e Política Social", com o objetivo de encorajar as empresas a respeitarem a Declaração Universal de Direitos Humanos e outros instrumentos internacionais de direitos humanos.

Nas décadas de 1980 e 1990, as transnacionais cresceram exponencialmente, o que gerou o aumento de campanhas da sociedade civil denunciando efeitos nocivos de políticas bancárias e de financiamento, destruição ambiental, violações de direitos humanos, condições degradantes de trabalho, bem como disputas judiciais para o reconhecimento de responsabilidade de empresas[19]. Merece ainda menção o Código de Conduta sobre Empresas

---

[17] "As Diretrizes para Empresas Multinacionais (Diretrizes) são uma parte da Declaração da OCDE sobre Investimento Internacional e Empresas Multinacionais, que é um compromisso político abrangente adotado em 1976 para promover o investimento entre os países da OCDE. As Diretrizes descrevem padrões voluntários para uma conduta empresarial responsável em uma ampla gama de questões sociais e ambientais, tal como direitos humanos, divulgação de informações, trabalho e meio ambiente. Desde sua adoção em 1976, as Diretrizes foram revistas cinco vezes. A última revisão em 2000 resultou em várias mudanças importantes. As Diretrizes agora se aplicam às operações globais de empresas multinacionais sediadas em países aderentes, incluindo suas empresas subsidiárias." Disponível em: <http://www.balancosocial.org.br/media/OCDE_GUIA_ONGs.pdf>, acesso em 16 out. 2017.

[18] Ao tratar das diretrizes, observa Feeney: "Embora de fato tenhamos incorporado alguns direitos trabalhistas, não há referência explícita alguma a outros direitos humanos" (FEENEY, Patricia. Business and Human Rights: The Struggle for Accountability in the UN and the Future Direction of the Advocacy Agenda, SUR, *Revista Internacional de Direitos Humanos*, vol. 6, n. 11, São Paulo, dez. 2009; FEENEY, Patricia. *Accountable Aid: Local Participation in Major Projects*. Oxford: Oxfam International Publications, 1998).

[19] "Em 1995, Ken Saro-Wiwa, ativista de direitos humanos, juntamente com outros oito ativistas foram executados depois de um julgamento injusto referente aos protestos contra a empresa Shell Oil na Nigéria. No final da década de 90, foram realizados grandes protestos em todo o mundo. A marcha de 100.000 pessoas em Seattle em protesto contra a Organização Mundial do Comércio (OMC), acusada pelos ativistas de ser um organismo criado sob o intuito de aumentar a mobilidade e a influência de empresas no âmbito global, constitui o melhor exemplo deste tipo de ativismo. Isto ocorreu em meio a uma onda de litígios frente a cortes nacionais, em especial nos Estados Unidos e Europa, contra empresas acusadas de cometerem diretamente violações de direitos humanos ou serem cúmplices de violações cometidas pelos Estados em que atuam (International Council on Human Rights Policy, 2002). Esta luta para obter de cortes nacionais, de organizações internacionais e das próprias empresas o reconhecimento da responsabilidade

Transnacionais, elaborado pela UNCTC em 1983, que abordava a responsabilidade das empresas de respeitar os direitos humanos. Embora fosse uma tentativa de estabelecer diretrizes sociais e ambientais, no âmbito global, para companhias transnacionais, o Código nunca foi aprovado pelo Conselho de Direitos Humanos da ONU.

Na mesma época houve uma série de conferências e cúpulas – como a ECO 92 (Rio de Janeiro, 1992); a Conferência Mundial de Direitos Humanos (Viena, 2003); a Cúpula sobre a Mulher (Beijing, 2006) – que, embora não tratassem especificamente das responsabilidades das empresas, sensibilizaram para as questões de direitos humanos e desenvolvimento.

A partir dos anos 2000, há o fortalecimento da agenda sobre Responsabilidade Social Empresarial (RSE) – Corporate Social Responsibility (CSR) –, que é "comumente entendida como um conjunto de princípios, diretrizes, valores e práticas compartilhadas que buscam ressignificar o papel dos negócios privados sobre o bem-estar mais amplo das pessoas e da sociedade. A partir desse racional, as empresas e as associações empresariais, de maneira isolada ou em parceria com governos e sociedade civil, passaram a desenvolver uma variedade de iniciativas"[20].

Destaca-se que a RSE compreende instrumentos e iniciativas voluntárias, tal como o Pacto Global das Nações Unidas (2005); a ISO 26000 (2010); e as Diretrizes da OCDE para Empresas Multinacionais[21].

---

de empresas por violações de direitos humanos foi realizada em paralelo a uma série de cúpulas e conferências da ONU ocorridas nos anos 90, o que estreitou os laços entre ONGs e movimentos sociais, além de ter promovido a responsabilidade das empresas no âmbito internacional" (FEENEY, Patricia. Business and Human Rights: The Struggle for Accountability in the UN and the Future Direction of the Advocacy Agenda, SUR, *Revista Internacional de Direitos Humanos*, vol. 6, n. 11, São Paulo, dez. 2009).

[20] FGV, Centro de Direitos Humanos e Empresa (FGV.CDHeE). *Avaliação de Impactos em Direitos Humanos – o que as empresas devem fazer para respeitar os direitos de crianças e adolescentes*. Disponível em: <http://direitosp.fgv.br/sites/direitosp.fgv.br/files/arquivos/guia_de_avaliacao_de_impacto_em_direitos_humanos.pdf>, acesso em 15 nov. 2017.

[21] Importa destacar que as "Normas sobre Responsabilidade em Direitos Humanos das Empresas Transnacionais e Outros Empreendimentos Privados" das Nações Unidas (2003) estabeleciam a implementação dos direitos humanos por meio de mecanismos de governança privada (por meio, por exemplo, de regulação contratual). No entanto, as Normas foram rejeitadas, o que gerou muitas críticas pautadas na "falta de vontade política para adotar um instrumento verdadeiramente global sobre empresas e direitos humanos" e no "retrocesso para movimento em prol da responsabilidade das empresas". Mesmo com sua rejeição, as normas "lançaram os fundamentos para o desenvolvimento de uma estrutura normativa que define o conteúdo das obrigações de empresas em direitos humanos" (CLAPHAM, Andrew. *Human Rights Obligations of Non-State Actors*.

O Pacto Global[22], por exemplo, é uma iniciativa que abrange dez princípios com a finalidade de "mobilizar a comunidade empresarial internacional para a adoção, em suas práticas de negócios, de valores fundamentais e internacionalmente aceitos nas áreas de direitos humanos, relações de trabalho, meio ambiente e combate à corrupção"[23]. Importa destacar que há diversas críticas quanto à falta de mecanismos de exigibilidade dos princípios[24].

As "Diretrizes da OCDE para Empresas Multinacionais", por sua vez, estabelecem padrões voluntários para conduta empresarial responsável em determinadas áreas, como direitos humanos, meio ambiente e trabalho. Como constitui uma iniciativa voluntária, não vincula legalmente as empresas multinacionais. Isso, todavia, não afasta a expectativa dos Estados aderentes de que as empresas multinacionais sigam as recomendações – em seus territórios e nos territórios das subsidiárias, mesmo que situadas em países não aderentes[25] –, uma vez que são recomendações dirigidas pelos Estados às suas empresas multinacionais. As Diretrizes abrangem a temática de direitos humanos – com capítulo específico – e ampliam a discussão sobre a responsabilidade das empresas no que tange ao respeito a esses direitos.

Somada à discussão de RSE, tem sido impulsionada a temática de empresas e direitos humanos, ao conceber esses direitos como padrão mínimo de conduta esperado das empresas pela sociedade, exigindo que a responsabilidade das empresas deve ir além dos padrões estabelecidos no âmbito da responsabilidade social empresarial. Desse modo, iniciativas já realizadas pelas empresas, com caráter voluntário, tornaram-se obrigações e novas

---

Oxford: Oxford University Press, 2006, p. 237). No ano seguinte, em 2004, o Prof. John Ruggie foi nomeado Relator Especial sobre o tema de direitos humanos e empresas.

[22] Iniciativa desenvolvida pelo ex-secretário geral da ONU, Kofi Annan.

[23] Disponível em: <http://www.pactoglobal.org.br/artigo/70/O-que-eh>, acesso em 15 nov. 2017.

[24] TEITELBAUM, A. *United Nations and Transnational Corporations: a Deadly Association*, 2007. Disponível em: <http://thirdworldtraveler.com/United_Nations/UN_TNCs_DeadlyAssoc.html>, acesso em: 14 out. 2017.

[25] A respeito, consultar: Friends of the Earth International; C.S. Mott Foundation; Open Society Institute e C.S. Fund. *Um guia para as Diretrizes – Uma orientação prática para indivíduos, comunidades e ONGS sobre as Diretrizes da Organização para a Cooperação e o Desenvolvimento Econômico (OCDE) para Empresas Multinacionais*. Disponível em: <http://www.foe.org/OECDguidelines>, acesso em 15 nov. 2017.

responsabilidades foram incorporadas nesse escopo[26]. Nesse sentido, merece destaque a adoção, em 2011, pelo Conselho de Direitos Humanos da ONU, dos Princípios referentes a Empresas e Direitos Humanos (os chamados "Principios Rectores sobre Empresas y los Derechos Humanos" ou "Guiding Principles on Business and Human Rights")[27]. Foram elaborados pelo representante especial do Secretário Geral para a temática de direitos humanos e empresas transnacionais e outras empresas, John Ruggie, professor da Harvard University. São fruto de seis anos de trabalho, acolhendo uma perspectiva de *multistakeholders*, a qual envolveu uma ampla consulta a empresas, Estados, sociedade civil, vítimas e comunidades afetadas, organizações laborais, dentre outros – sob o lema de que o processo seria mais importante que o próprio resultado.

Os Princípios Orientadores constituem o primeiro marco normativo internacional a identificar e a aclarar a responsabilidade das empresas e dos Estados em matéria de direitos humanos[28], objetivando aprimorar padrões e práticas em relação aos direitos humanos e empresas, de forma a alcançar resultados tangíveis para indivíduos e comunidades afetadas, contribuindo, assim, para uma globalização socialmente sustentável[29]. Sobre a aprovação dos princípios: "Por um lado, simbolicamente, essa aprovação marca a primeira vez em que os Estados-membros da ONU concordaram sobre o que se espera das empresas em relação aos direitos humanos (Augenstein, 2014, p. 2). Por outro lado, em termos práticos, a aprovação pelo Conselho de Di-

---

[26] FGV, Centro de Direitos Humanos e Empresa (FGV.CDHeE). *Avaliação de Impactos em Direitos Humanos – o que as empresas devem fazer para respeitar os direitos de crianças e adolescentes*. Disponível em: <http://direitosp.fgv.br/sites/direitosp.fgv.br/files/arquivos/guia_de_avaliacao_de_impacto_em_direitos_humanos.pdf>, acesso em 15 nov. 2017.

[27] *Guiding Principles on Business and Human Rights: Implementing the United Nations "Protect, Respect and Remedy" Framework*; the Special Representative annexed the Guiding Principles to his final report to the Human Rights Council (A/HRC/17/31). The Human Rights Council endorsed the Guiding Principles in its resolution 17/4 of 16 June 2011. Disponível em: <http://www.ohchr.org/Documents/Publications/GuidingPrinciplesBusinessHR_EN.pdf>, acesso em 20 fev. 2018.

[28] Os Princípios Orientadores não criam novos direitos; compilam diretrizes de como as responsabilidades empresariais são revisitadas à luz do necessário respeito aos direitos humanos, com a avaliação dos impactos gerados pela própria empresa.

[29] Para Ban Ki-moon, então Secretário Geral da Organização das Nações Unidas, os Princípios Orientadores são "uma norma global competente para prevenir e abordar os impactos negativos nos direitos humanos provocados por atividades relacionadas a empresas" (*Versão preliminar do relatório do secretário geral sobre como o sistema das Nações Unidas como um todo pode contribuir para o avanço da pauta de empresas e direitos humanos e para a disseminação e aplicação dos Princípios Orientadores*, p. 03).

reitos Humanos cria o dever de implementação dos POs no contexto nacional para todos os Estados aderentes, inclusive o Brasil"[30].

De acordo com John Ruggie: "Enfrentando crescentes campanhas e processos de ativistas, o próprio setor empresarial percebeu a necessidade de maior clareza no que se referia a suas responsabilidades pelos direitos humanos, mas era preciso que as orientações viessem de uma fonte razoavelmente objetiva e confiável"[31].

Compartilha-se do entendimento do Comitê DESC da ONU de que "business activities include all activities of business entities, whether they operate transnationally or whether their activities are purely domestic, whether fully privately owned or State-owned, regardless of size, sector, location, ownership and structure", nos termos do General Comment n. 24, de 23 de junho de 2017.

Os Princípios Orientadores são estruturados em três pilares: proteger; respeitar; e remediar. Abrangem um total de 31 princípios endereçados aos Estados e às empresas, com o objetivo de esclarecer o alcance de sua responsabilidade em matéria de proteção e respeito aos direitos humanos no contexto das atividades empresariais, prevendo, ainda, acesso a um remédio eficaz para as vítimas e comunidades afetadas por tais atividades. Os três pilares destinam-se a desempenhar funções de fortalecimento mútuo.

O pilar "proteger" aponta para a responsabilidade dos Estados de proteger direitos humanos, evitando abusos e violações de direitos por atores não estatais (no caso, as empresas), o que endossa uma já clássica responsabilidade do Estado na esfera internacional. Os princípios demandam expressamente dos Estados que adotem "medidas apropriadas para prevenir, investigar, punir e reparar" os abusos em face dos direitos humanos relacionados com a atividade empresarial (princípio 1[32]), bem como estabeleçam "claramente a expectativa de que todas as empresas domiciliadas em seu

---

[30] FGV, Centro de Direitos Humanos e Empresas. *Implementando os princípios orientadores sobre empresas e direitos humanos da ONU: o dever do Estado de proteger e a obrigação das empresas de respeitar os direitos humanos*, 2017. Parceria: Secretaria Nacional de Cidadania do Ministério dos Direitos Humanos.

[31] RUGGIE, John Gerard. *Quando negócios não são apenas negócios. As corporações multinacionais e os direitos humanos*. São Paulo: Planeta Sustentável, 2014.

[32] Destaca-se o comentário do Princípio 1: "Os Estados também têm o dever de proteger o Estado de direito, inclusive adotando medidas para garantir a igualdade perante a lei e a sua justa aplicação, e estabelecendo mecanismos adequados de prestação de contas, segurança jurídica e transparência processual e jurídica".

território e/ou jurisdição respeitem os direitos humanos em toda sua operação" (princípio 2[33]).

Tais medidas requerem do Estado a adoção de regras claras sobre as obrigações das empresas em relação aos direitos humanos, por meio de legislação, regulamentação, acesso à justiça e políticas adequadas que exijam das empresas o respeito aos direitos humanos, fornecendo a elas orientação e assessoria apropriada para que atinjam os resultados adequados e para que possam compartilhar as melhores práticas, como enuncia o princípio 3[34].

A título exemplificativo, há Estados que demandam das empresas, especialmente as empresas multinacionais, relatórios e informes públicos sobre o seu desempenho social e ambiental em todo o mundo, fomentando, assim, a cultura da transparência.

Note-se que o Comitê da ONU de Direitos Humanos, ao monitorar o Pacto Internacional de Direitos Civis e Políticos, estabeleceu em sua *soft jurisprudence* que os Estados têm a responsabilidade de enunciar claramente o respeito aos direitos humanos por parte das empresas domiciliadas em seu território ou sob a sua jurisdição, em todas as suas atividades. O Comitê ainda demanda dos Estados que assegurem o acesso a mecanismos de reparação às vítimas de violação fundadas em operações conduzidas pelas empresas na esfera internacional – daí a responsabilidade de natureza extraterritorial das empresas em matéria de direitos humanos. Por sua vez, o Comitê DESC da ONU, em observação adotada em 2011[35], endossou que: "States Parties' obligations under the Covenant do not stop at their territorial borders. States Parties are required to take the necessary

---

[33] Importa pontuar parte do comentário do Princípio 2: "(...) Trata-se, entre outras razões, de assegurar que as empresas se comportem de maneira previsível, transmitindo-lhes mensagens coerentes e consistentes, assim como de preservar a reputação do Estado".

[34] "Em cumprimento de sua obrigação de proteger, os Estados devem: A. Fazer cumprir as leis que tenham por objeto ou por efeito fazer as empresas respeitarem os direitos humanos, avaliar periodicamente se tais leis resultam adequadas e remediar eventuais lacunas; B. Assegurar que outras leis e diretrizes políticas que regem a criação e as atividades das empresas, como o direito empresarial, não restrinjam mas sim que propiciem o respeito aos direitos humanos pelas empresas; C. Assessorar de maneira eficaz as empresas sobre como respeitar os direitos humanos em suas atividades; D. Estimular e se for preciso exigir que as empresas informem como lidam com o impacto de suas atividades sobre os direitos humanos."

[35] 2011 Statement, paras. 5-6. In: E/C.12/GC/24 (General Comment n. 24, 2017. *State Obligations under the International Covenant on Economic, Social and Cultural Rights in the Context of Business Activities*).

steps to prevent human rights violations abroad by corporations domiciled in their territory and/or jurisdiction (whether they are incorporated under their laws, or have their statutory seat, central administration or principal place of business on the national territory), without infringing the sovereignty or diminishing the obligations of the host States under the Covenant. The Committee has also addressed specific extraterritorial obligations of States Parties concerning business activities in its previous General Comments relating to the right to water, the right to work, the right to social security, the right to just and favourable conditions of work, as well as in its examination of States' periodic reports".

Em 23 de junho de 2017, o Comitê DESC da ONU adotou o General Comment n. 24, que trata especificamente das obrigações dos Estados em decorrência do Pacto Internacional de Direitos Econômicos, Sociais e Culturais no contexto das atividades empresariais, destacando a "extraterritorial obligation to protect" e a "extraterritorial obligation to fulfil".

Ainda, em relação ao primeiro pilar sobre o dever dos Estados de proteger os direitos humanos, destaca-se sua própria atuação como um ator econômico, em consonância com os princípios 4 a 6. Os Estados, quando parte dos negócios, devem adotar conduta de prevenção em relação aos impactos, ou seja, devem incluir o respeito aos direitos humanos em suas atividades, operações e relações comerciais, por meio da adoção de "medidas adicionais de proteção contra as violações de direitos humanos cometidas por empresas de sua propriedade ou sob seu controle, ou que recebam significativos apoio e serviços de organismos estatais, tais como agências oficiais de seguros ou de garantia de investimento" (princípio 4). Devem também promover "o respeito aos direitos humanos por parte das empresas com as quais realizam transações comerciais" (princípio 6).

Nesse sentido, ressalta-se a necessidade de adoção de mecanismos de controle e fiscalização, por meio de indicadores de direitos humanos para avaliar, monitorar e mitigar riscos e impactos negativos na realização de acordos e contratos comerciais, nas licitações e contratações públicas. Cabe, ademais, observar regras de compras sustentáveis, assegurando que fornecedores cumpram com diligências em direitos humanos, conforme disposto nos comentários ao princípio 6: "Os Estados realizam múltiplas transações comerciais com empresas, especialmente por meio de suas atividades de compra. Isso lhes confere oportunidades excepcionais – individual e coletivamente – de promover a conscientização e o respeito dos direitos humanos entre essas empresas, em especial ao estipular os termos dos contratos, prestando a devida atenção às obrigações do Estado provenientes da normativa nacional e internacional".

Já o pilar "respeitar" aponta para a responsabilidade das empresas relativamente à sua atividade, cadeia produtiva e entorno, com ênfase na devida diligência para se abster de infringir direitos humanos (não violando direitos legalmente garantidos) e enfrentar os impactos negativos, com medidas adequadas para prevenir os riscos, mitigar os impactos negativos da atividade empresarial e, se necessário, reparar. Vale dizer, as empresas devem evitar consequências negativas decorrentes da atividade empresarial, dispondo de políticas e processos para prevenir e mitigar os riscos que afetem os direitos humanos[36].

Cabe às empresas adotar um compromisso político quanto à obrigação de respeitar os direitos humanos. Cabe também às empresas um constante trabalho no que se refere à adoção das diligências devidas ("due diligences") no campo dos direitos humanos, que permita identificar, prevenir e mitigar as consequências em relação a esses direitos. Devem, ainda, adotar medidas para reparar toda consequência negativa no campo dos direitos humanos. O impacto negativo ocorre quando "uma ação remove ou reduz a capacidade de um indivíduo de desfrutar de seus direitos humanos"[37].

Os deveres elencados se aplicam "plenamente e por igual" a todas as empresas: nacionais ou transnacionais, grupo empresarial ou a título individual – independentemente de seu setor, porte, localização, estrutura, proprietário e contexto operacional. As empresas devem assumir responsabilidades de respeito aos direitos humanos – compromisso político, auditorias em matéria de direitos humanos e processos de reparação – proporcionalmente a seu tamanho e circunstâncias, com políticas e procedimentos apropriados às suas peculiaridades (princípios 14 a 16). "In discharging their duty to protect, States Parties should also require cor-

---

[36] Destaca-se o Princípio 13: "Desde a perspectiva destes Princípios Orientadores, as 'atividades' de uma empresa incluem tanto suas ações como suas omissões; e suas 'relações comerciais' abarcam os relacionamentos com sócios comerciais, entidades de sua cadeia de valor e qualquer outra entidade não estatal ou estatal diretamente relacionada com suas operações comerciais, produtos ou serviços".

[37] Ainda, "é preciso analisar as três formas pelas quais as empresas tornam-se responsáveis por impactos em direitos humanos de acordo com as formas de envolvimento: causa, contribuição e conexão". FGV.CDHeE. *Avaliação de Impactos em Direitos Humanos – o que as empresas devem fazer para respeitar os direitos de crianças e adolescentes*. Disponível em: <http://direitosp.fgv.br/sites/direitosp.fgv.br/files/arquivos/guia_de_avaliacao_de_impacto_em_direitos_humanos.pdf>, acesso em 15 nov. 2017.

porations to deploy their best efforts to ensure that entities whose conduct these corporations may influence, such as subsidiaries (including all business entities in which they have invested, whether registered under the State party's laws or under the laws of another State) or business partners (including suppliers, franchisees or sub-contractors) respect Covenant rights. Corporations domiciled in the territory and/or jurisdiction of States Parties should be required to act with due diligence to identify, prevent and address abuses to Covenant rights by such subsidiaries and business partners, wherever they may be located."[38]

A incorporação dos direitos humanos não deve ser tratada como aspecto isolado na empresa, mas há de demandar o compromisso de toda a empresa "desde as altas esferas até os demais setores"[39], com especial inclusão dos direitos humanos no *core* da estrutura empresarial, nas instâncias de decisão e no sistema de gestão da organização (como as estruturas de governança existentes; conselhos de administração; dentre outros), de modo a subsidiar processos decisórios. A atuação da empresa nessa temática, portanto, deve ser tida como atividade obrigatória e não na perspectiva de ações sociais e de filantropia. A compreensão dos direitos humanos pelas empresas deve envolver desde comprometimento com a promoção do tema até reparação e indenização por danos.

O pilar "remediar" aponta para a necessidade de estabelecer mecanismos apropriados e eficazes de reparação às vítimas, em caso de violação. Os princípios consagram que o dever de proteção do Estado inclui garantir às vítimas e comunidades uma reparação eficaz e apropriada, compreendendo medidas judiciais, administrativas, legislativas ou de outra natureza, em casos de violação e abuso por parte de empresas. Desse modo, ao reforçar os princípios, destaca-se a avaliação do Comitê DESC: "In discharging their duty to protect, States Parties should both create appropriate regulatory and policy frameworks and enforce such frameworks. Therefore, effective monitoring, investigation and accountability mechanisms must be put in place to ensure accountability and access to remedies, preferably judicial remedies, for those whose Covenant rights have been violated in the context of business activities. States Parties should inform individuals and groups of their rights and the remedies accessible to them pertaining to the Covenant

---

[38] E/C.12/GC/24 (General Comment n. 24, 2017).
[39] A respeito, consultar Princípios Orientadores de Empresas e Direitos Humanos – princípio 16.

rights in the context of business activities, ensuring specifically that information and guidance, including human rights impact assessments, are accessible to indigenous peoples[40]. They also should provide businesses with relevant information, training and support, ensuring that they are made aware of the duties of the State under the Covenant"[41].

As empresas devem participar ou estabelecer meios e mecanismos de denúncia eficazes disponíveis às pessoas e comunidades afetadas. Devem, ainda, "reparar ou contribuir para sua reparação por meios legítimos" em situações de violação a que tenham dado causa ou contribuído (princípio 22).

Em qualquer contexto, as empresas devem respeitar os direitos humanos, cumprindo as leis aplicáveis e observando os direitos humanos internacionalmente reconhecidos, independente de onde operem, buscando formas que propiciem o respeito aos princípios de direitos humanos internacionalmente reconhecidos e considerando "o risco de provocar ou contribuir para provocar graves violações de direitos humanos como uma questão de cumprimento da lei onde quer que operem" (princípio 23). Nesse sentido, ressalte-se o disposto no princípio 12: "A responsabilidade das empresas de respeitar os direitos humanos refere-se aos direitos humanos internacionalmente reconhecidos – que incluem, no mínimo, os direitos enunciados na Carta Internacional de Direitos Humanos e os princípios relativos aos direitos fundamentais estabelecidos na Declaração da Organização Internacional do Trabalho relativa aos princípios e direitos fundamentais no trabalho".

Sustenta esse artigo que os "Princípios referentes a empresas e direitos humanos" devem ser interpretados e ressignificados à luz do Direito Internacional dos Direitos Humanos, sob uma perspectiva holística e integral dos direitos humanos, considerando o sistema jurídico multinível e o princípio da prevalência da dignidade humana.

Esse desafio implica ao menos duas consequências:

1) Densificar o alcance e o sentido do pilar "respeitar" endereçado às empresas à luz do Direito Internacional dos Direitos Humanos; e

---

[40] Declaration on the Rights of Indigenous Peoples, art. 14; A *Business Reference Guide*: United Nations *Declaration on the Rights of Indigenous Peoples*, p. 21-24; and A/68/279, para. 56(d).
[41] E/C.12/GC/24 (General Comment n. 24, 2017).

2) Promover uma interpretação sistemática e integral do Direito Internacional dos Direitos Humanos, de modo a incluir o dever das empresas de prevenir violações e promover direitos humanos.

3.1. Densificar o alcance e o sentido do pilar "respeitar" endereçado às empresas à luz do Direito Internacional dos Direitos Humanos

Revisitar o alcance do pilar "respeitar" no que se refere às empresas sob o prisma do Direito Internacional dos Direitos Humanos demanda identificar o alcance da responsabilidade empresarial em direitos humanos ao menos em cinco âmbitos: relativamente aos trabalhadores; à cadeia produtiva; ao entorno (envolvendo a proteção às comunidades e vítimas afetadas pela atividade empresarial); ao Estado; bem como à responsabilidade extraterritorial (envolvendo os riscos de violação em outros países).

Relevantes instrumentos internacionais invocam parâmetros para a responsabilidade das empresas em direitos humanos, com destaque para a Declaração Universal de Direitos Humanos; o Pacto de Direitos Econômicos, Sociais e Culturais; as Convenções específicas que proíbem a discriminação (contra as mulheres; grupos étnico-raciais; pessoas com deficiências e outros); os princípios fundamentais da Organização Internacional do Trabalho (OIT); bem como os princípios da ONU referentes a empresas e direitos humanos; os princípios de empoderamento das mulheres; o Pacto Global na esfera empresarial; os princípios para investimento responsável das Nações Unidas; e as Diretrizes da OCDE para Empresas Multinacionais. Esses instrumentos reforçam os Objetivos de Desenvolvimento Sustentável (ODS) da Agenda 2030 da ONU para o desenvolvimento sustentável.

Quanto ao dever de respeitar das empresas relativo aos trabalhadores, cabe destacar:

a) o respeito ao trabalho decente, ao proibir o trabalho forçado e infantil, jornadas exaustivas, remunerações inadequadas, de modo a assegurar condições dignas de trabalho, conferindo especial atenção a práticas e políticas de reintegração social e produtiva de trabalhadores egressos do trabalho escravo, para que não haja retorno à situação anterior;

b) o respeito e a valorização da diversidade no trabalho e condições de equidade, combatendo a discriminação e desigualdade no meio laboral e nas relações advindas dele, bem como promovendo o acesso da juventude à formação e capacitação de trabalho;

c) o respeito às normas de segurança e saúde do trabalho, ao enfrentar as realidades não condizentes com os parâmetros internacionais, tais como locais de trabalho impróprios; alojamentos precários; maquinário irregular e sem equipamento de proteção; falta de registro; dentre outros; e

d) a garantia de condições de liberdade de associação e negociação coletiva, de modo a estimular práticas de negociação permanente sobre condições de trabalho e resolução de conflitos.

Com relação à cadeia produtiva, as empresas têm o dever de respeitar os direitos humanos em suas próprias atividades, serviços e operações, bem como nas suas relações comerciais – envolvendo fornecedores, subcontratados, dentre outros (princípios 13, 17 e 18): "Desde a perspectiva destes Princípios Orientadores, as 'atividades' de uma empresa incluem tanto suas ações como suas omissões; e suas 'relações comerciais' abarcam os relacionamentos com sócios comerciais, entidades de sua cadeia de valor e qualquer outra entidade não estatal ou estatal diretamente relacionada com suas operações comerciais, produtos ou serviços"[42].

A vinculação das empresas à responsabilidade direta pelas violações de direitos humanos, bem como a responsabilidade compartilhada na avaliação e remediação dos problemas e violações gerados, faz com que as empresas busquem práticas voluntárias e de autorregulação setoriais, propiciando ainda o diálogo e o envolvimento com outras partes interessadas.

Já no que se refere ao entorno, frise-se que o dever de "respeitar" das empresas deve ter como norte os direitos humanos, envolvendo a proteção às comunidades e vítimas afetadas pela atividade empresarial. Os instrumentos internacionais asseguram direitos às mulheres, aos povos indígenas, às minorias nacionais, religiosas, étnicas, às crianças, às pessoas com deficiência, aos trabalhadores migrantes e suas famílias, com destaque, inclusive, para o respeito às normas de direito internacional humanitário, em locais em situações de conflito armado.

Deve haver o mapeamento dos riscos e impactos da atividade para não gerar acentuada mudança na realidade social da população de entorno, como aumento da violência; de ruídos e do trânsito; desequilíbrio no perfil da população e suas consequências (a título ilustrativo, mencione-se o entorno de grandes obras com alto número de trabalhadores homens e possível intensi-

---

[42] Ver Princípios Orientadores de Empresas e Direitos Humanos – princípio 13.

ficação de prostituição e exploração sexual infantil). Ainda, destacam-se as violações de direitos decorrentes da remoção de populações originárias de uma região, com seu deslocamento forçado, sem o devido acompanhamento, adaptação e devida indenização, por vezes com ofensa ao direito à consulta livre, prévia e informada, conforme determina a Convenção n. 169 da OIT.

Por fim, ressalte-se o princípio 2: "os Estados devem estabelecer claramente a expectativa de que todas as empresas domiciliadas em seu território e/ou jurisdição respeitem os direitos humanos em todas suas operações". A esse respeito, nos comentários ao aludido princípio, destaca-se: "Em alguns casos trata-se de medidas nacionais com implicações extraterritoriais. Cabe citar, por exemplo, os requisitos de que as empresas 'matrizes' informem sobre as operações de toda a empresa no âmbito mundial; instrumentos multilaterais não vinculantes como as Diretrizes para as empresas multinacionais da Organização para Cooperação e Desenvolvimento Econômico; e normas de conduta exigidas por instituições que apoiam investimentos no exterior. Outras propostas claramente constituem legislação e execução de natureza extraterritorial. Incluem-se nesse caso os sistemas penais que permitem processar aos responsáveis com base em sua nacionalidade, independentemente de onde se tenha cometido o delito. Vários fatores podem contribuir para que as medidas adotadas pelos Estados sejam realmente ou se percebam como razoáveis, por exemplo, pelo fato de se basearem em acordos multilaterais".

O princípio 23 reforça o alcance da responsabilidade extraterritorial, ao elencar como dever das empresas o respeito ao cumprimento de todas as leis aplicáveis e aos direitos humanos internacionalmente reconhecidos, onde quer que operem. As empresas devem considerar os ambientes operacionais no cumprimento das leis, tendo em vista as "crescentes responsabilidades jurídicas das empresas como resultado de demandas civis extraterritoriais e da incorporação das disposições do Estatuto de Roma do Tribunal Penal Internacional em jurisdições que reconhecem a responsabilidade penal das empresas".

A respeito, vale menção ao posicionamento de Sheldon Leader[43]: "(...) o principal debate legal do momento envolve o dever de cuidado que as empresas matrizes devem exercer na regulação dos assuntos de suas subsidiárias. O Tribunal de Apelações da Inglaterra e do País de Gales [Chandler *vs.* Cape Plc (2012) EWCA Civ 525, de 25-4-2012] deixou claro que essas companhias,

---

[43] LEADER, Sheldon [diretor do Essex Business and Human Rights Project (EBHR)]. Entrevista com Sheldon Leader. Empresas transnacionais e direitos humanos, *Conectas Direitos Humanos*, fev. 2013.

ao emitir parâmetros de conduta para as empresas do mesmo grupo corporativo, devem assumir a responsabilidade em relação às vítimas das ações de suas subsidiárias caso deixem de supervisionar adequadamente a implementação desses padrões. Isso pode trazer um grande impacto para o respeito aos direitos humanos e aos parâmetros de conduta nas empresas multinacionais. Mas, até o momento, nem todos os países seguiram esse exemplo. O Judiciário da Holanda adotou recentemente uma abordagem restritiva para os limites do dever de cuidado da empresa matriz quando a subsidiária opera no exterior. (...) O que está faltando é algo que estenda esse poder de regular a atividade no exterior para um alcance mais amplo, sem que precisemos esperar por um recurso especial do direito para fazê-lo. (...) o resultado seria a criação da possibilidade de os países se verem em posição de monitorar as atividades de seus cidadãos numa gama muito ampla de atividades, e, politicamente, as empresas vão se esforçar ao máximo para evitar algo assim".

Ainda no sentido de densificar o alcance do pilar "respeitar", é essencial revisitar o papel das instituições financeiras – como bancos e fundos de pensão. À luz do novo paradigma de responsabilidade das empresas em relação aos direitos humanos, devem atuar como indutoras de políticas de direitos humanos (principalmente os bancos públicos, fundos de previdência públicos e outras agências estatais).

Dialogar com o setor financeiro é primordial, integrando a temática de direitos humanos na política de financiamento e concessão de crédito, patrocínio e no investimento social e projetos de desenvolvimento sustentável. Desse modo, as instituições têm importante papel para reforçar a obrigação de cumprimento de direitos e exigir cumprimento de indicadores de direitos humanos por parte das empresas e/ou condicionarem a concessão de crédito, ou mesmo imporem instrumentos de repressão econômica e sanções comerciais a empresas violadoras (como retirar crédito de empresas que utilizarem mão de obra escrava).

Para Stephen Livingstone: "(...) há três espécies de estratégias econômicas que podem ser utilizadas para avançar a causa dos direitos humanos, tendo em vista a relevância do setor privado. São elas: a) condicionar empréstimo internacional a compromissos em direitos humanos; b) usar sanções comerciais; c) encorajar empresas a adotarem códigos de direitos humanos relativos à atividade de comércio ou à atividade de investimento"[44].

---

[44] LIVINGSTONE, Stephen. Economic Strategies for the Enforcement of Human Right. In: HEGARTY, Angela; LEONARD, Siobhan (org.). *Human Rights: An Agenda for the* 21st. Century. London/Sidney:

A título ilustrativo, as instituições financeiras podem exigir por parte das empresas e empreendimentos a realização de *due diligence*, a avaliação de impactos e riscos de violações de direitos por parte das empresas; a entrega de relatórios de práticas de direitos humanos, planos de prevenção e controle de impactos; e a existência de canais de denúncias e de escuta nas empresas; dentre outras medidas (princípio 4).

Importa destacar a necessidade de avanço por parte das instituições financeiras na criação de políticas e mecanismos adequados que verifiquem práticas empresariais e seus impactos sobre direitos humanos, por meio de critérios mais rígidos e abrangentes de direitos humanos, no momento de concessão de créditos para empresas e empreendimentos. Nesse sentido, as instituições financeiras podem criar meios e canais de recebimento de reclamação e denúncia de violações e impactos negativos por parte das empresas e empreendimentos que receberem crédito delas. Tais instituições financeiras têm também a responsabilidade de "difundir, conscientizar e ensinar os potenciais atingidos sobre o modo de acessar seu mecanismo de denúncia. Apenas criá-los não se mostra suficiente"[45].

Nesta direção, destacam-se práticas motivadas por agentes financeiros, como, por exemplo, os Princípios do Equador e os Princípios para o Investimento Responsável (Principles for Responsible Investment – PRI). Os Princípios do Equador são uma iniciativa (de 2002/2003) do International Finance Corporation (IFC), braço financeiro do Banco Mundial, e apresentam critérios mínimos para concessão de crédito, de modo que os projetos de investimento de grande porte devem ser desenvolvidos de forma socialmente e ambientalmente responsável: "Na prática, as empresas interessadas em obter recursos no mercado financeiro internacional deverão incorporar, em suas estruturas de avaliação de *Project Finance*, quesitos como: gestão de risco ambiental, proteção à biodiversidade e adoção de mecanismos de prevenção e controle de poluição; proteção à saúde, à diversidade cultural e étnica e adoção de Sistemas de Segurança e Saúde Ocupacional; avaliação de impactos socioeconômicos, incluindo as comunidades e povos indígenas, proteção a

---

Cavendish, 1999, p. 187. Afirma o mesmo autor: "Tanto os Estados Unidos, como a União Europeia, os maiores doadores mundiais, têm previsões legais relativas a empréstimos estrangeiros, que levam em consideração questões de direitos humanos".

[45] FGV.CDHeE. *Implementando os princípios orientadores sobre empresas e direitos humanos da ONU: o dever do Estado de proteger e a obrigação das empresas de respeitar os direitos humanos*, 2017. Parceria: Secretaria Nacional de Cidadania do Ministério dos Direitos Humanos.

hábitats naturais com exigência de alguma forma de compensação para populações afetadas por um projeto; eficiência na produção, distribuição e consumo de recursos hídricos e energia e uso de energias renováveis; e respeito aos direitos humanos e combate à mão de obra infantil"[46].

Já os Princípios para o Investimento Responsável, lançados em 2006 na Bolsa de Valores de Nova York, constituem uma iniciativa de investidores em parceria com a Iniciativa Financeira do Programa da ONU para o Meio Ambiente (UNEP FI) e o Pacto Global da ONU. Têm como objetivo "compreender as implicações do investimento sobre temas ambientais, sociais e de governança [ESG], além de oferecer suporte para os signatários na integração desses temas com suas decisões de investimento e propriedade de ativos". Criados por um grupo internacional de investidores institucionais, contam com mais de 1.400 signatários em mais de 50 países. Os princípios invocam as responsabilidades assumidas pelos investidores: "(1) Incorporaremos os temas ESG [temas ambientais, sociais e de governança] às análises de investimento e aos processos de tomada de decisão; (2) Seremos proativos e incorporaremos os temas ESG às nossas políticas e práticas de propriedade de ativos; (3) Buscaremos sempre fazer com que as entidades nas quais investimos divulguem suas ações relacionadas aos temas ESG; (4) Promoveremos a aceitação e implementação dos Princípios dentro do setor do investimento; (5) Trabalharemos unidos para ampliar a eficácia na implementação dos Princípios; e (6) Cada um de nós divulgará relatórios sobre atividades e progresso da implementação dos Princípios"[47].

Nesse sentido, a temática de empresas e direitos humanos há de ser revisitada, considerando, inclusive, o papel das empresas no enfrentamento das desigualdades sociais e degradação do meio ambiente, contribuindo para a realização de direitos humanos. Como atenta John Ruggie: "As empresas são fonte primária de investimentos e criação de empregos, e os mercados podem ser meios extremamente eficientes para alocação de recursos escassos. São forças poderosas, capazes de gerar expansão da economia,

---

[46] "Em 2003, dez dos maiores bancos no financiamento internacional de projetos (ABN Amro, Barclays, Citigroup, Crédit Lyonnais, Crédit Suisse, HypoVereinsbank (HVB), Rabobank, Royal Bank of Scotland, WestLB e Westpac), responsáveis por mais de 30% do total de investimentos em todo o mundo, lançaram as regras dos Princípios do Equador na sua política de concessão de crédito." Disponível em: <http://www.institutoatkwhh.org.br/compendio/?q=node/41>, acesso em 15 nov. 2017.

[47] A respeito, consultar: <https://www.unpri.org/download_report/18943>, acesso em 15 nov. 2017.

redução da pobreza e aumento na demanda pelo estado de direito, assim contribuindo para a realização de direitos humanos"[48].

Portanto, o alcance do pilar "respeitar" é amplo, merecendo ser densificado à luz do Direito Internacional dos Direitos Humanos, demandando a incorporação do "human rights approach" na relação das empresas com trabalhadores; com a cadeia produtiva; com o entorno (envolvendo a proteção às comunidades e vítimas afetadas pela atividade empresarial); com o Estado; considerando, ainda, a sua responsabilidade extraterritorial (envolvendo os riscos de violação em outros países).

3.2. Promover uma interpretação sistemática e integral do Direito Internacional dos Direitos Humanos, de modo a incluir o dever das empresas de prevenir violações e promover direitos humanos

Sustenta-se que, relativamente aos três pilares "proteger; respeitar; e remediar", uma interpretação sistemática e integral do Direito Internacional dos Direitos Humanos permite incluir outros dois relevantes deveres endereçados às empresas: prevenir violações e promover direitos humanos.

Com efeito, o dever de prevenir violações de direitos humanos requer das empresas a adoção de todas as medidas preventivas e estudos prévios de riscos a direitos e impactos negativos associados à sua atividade e atuação, ao longo de todo o processo de tomada de decisões. Tais medidas incluem estudos prévios de impacto socioambiental, a fim de evitar violações, fortalecendo o dever de adotar uma política de *human rights impact assessment* com relação a ações, projetos e programas e ao dever de mitigar riscos, especialmente na hipótese de grandes empreendimentos.

Em relação ao dever de prevenir violações de direitos humanos, cabe às empresas o compromisso de devida prestação de contas (*accountability*) sobre os riscos e impactos negativos de direitos humanos decorrentes de suas atividades, operações, produtos ou serviços e àqueles prestados por suas relações comerciais, mesmo quando não tenham contribuído para gerá-los (em consonância com o princípio 13). Além disso, destaca-se a necessidade de canais permanentes de comunicação com pessoas e comunidades que possam vir a sofrer os riscos e impactos negativos (de modo a permitir a participação e o acesso).

---

[48] RUGGIE, John Gerard. *Quando negócios não são apenas negócios. As corporações multinacionais e os direitos humanos.* São Paulo: Planeta Sustentável, 2014, p. 264.

Ainda, no que concerne ao dever de prevenir violações, há a necessidade de desenvolver processos estruturados de monitoramento da prática empresarial e de seus impactos sobre direitos humanos. A respeito, merece menção a implementação de processos de avaliação de impacto; *due diligence*[49] (auditoria) na atividade empresarial; *compliance*; e instâncias e mecanismos de reparação (sejam estatais judiciais, estatais extrajudiciais ou não estatais de denúncia[50]).

Já o dever de promover direitos humanos implica a adoção de medidas, ações e programas voltados à promoção e valorização da igualdade, compreendendo ações afirmativas. A temática de empresas e direitos humanos há que fomentar a construção de cultura de respeito à diversidade, tolerância e de paz, contribuindo para a consolidação da democracia e a redução de violações de direitos e violência em geral.

Tal dever tem como fundamento os instrumentos internacionais de direitos humanos que integram o chamado "sistema especial de proteção", com destaque para a Convenção sobre a Eliminação de todas as Formas de Discriminação Racial, a Convenção sobre a Eliminação da Discriminação contra a Mulher e a Convenção para a Proteção dos Direitos das Pessoas com Deficiência. Ambiciona-se promover a igualdade e a diversidade no âmbito empresarial, considerando as perspectivas de gênero, raça, etnia, diversidade sexual, idade, dentre outras, bem como as formas múltiplas e interseccionadas de discriminação (a *overlapping discrimination*), conferindo especial proteção aos grupos mais vulneráveis. A título ilustrativo, merecem menção os "Princípios de Empoderamento de Mulheres", lançados pela Mulheres e Pacto Global da ONU, para fomentar a ação de mensurar e publicar os progressos para alcançar a igualdade de gênero, dentre outras iniciativas[51].

---

[49] O processo de *due diligence* envolve análise do contexto interno e externo da empresa, bem como uma identificação dos impactos diretos e indiretos (e o alcance das responsabilidades), ou seja, identificação dos riscos diretamente relacionados à operação e aos produtos e serviços da empresa, como também os riscos indiretos – gerados por meio das relações de negócios. A respeito, ver: Pacto Global Rede Brasil. *Avaliação de impacto*.

[50] Nesse sentido, "decorre da previsão de mecanismos não estatais de denúncia que o acesso a mecanismos de reparação também é uma responsabilidade das empresas, a partir do momento em que se verifica uma violação de direitos". FGV.CDHeE. *Implementando os princípios orientadores sobre empresas e direitos humanos da ONU: o dever do Estado de proteger e a obrigação das empresas de respeitar os direitos humanos*, 2017. Parceria: Secretaria Nacional de Cidadania do Ministério dos Direitos Humanos.

[51] Estudo da Mckinsey a respeito do poder da paridade sustenta que avançar a igualdade de gênero poderia adicionar US$ 12 trilhões ao crescimento mundial.

Há, ademais, a proposta de criação de indicadores de gênero para medir o progresso alcançado pelas mulheres na esfera empresarial, propiciando a igualdade de gênero, salientando que em determinados países, como EUA e Austrália, as empresas de capital aberto têm a obrigatoriedade de reportar publicamente seus dados sobre a diversidade de gênero[52].

Nesse sentido, o dever de promover direitos engloba a responsabilidade de sensibilizar e permitir a educação contínua dos funcionários, garantindo sua capacitação (desde o nível de tomada de decisões e gerencial até níveis operacionais), bem como adotar políticas de valorização da diversidade, compreendendo as ações afirmativas. Note-se que empresas têm criado incipiente institucionalidade voltada à proteção e à promoção de direitos humanos, como Comitês de Direitos Humanos, pela Diversidade e pela Promoção da Igualdade.

Soma-se à promoção de direitos humanos a sua difusão nos meios de comunicação da empresa (de fácil acesso e linguagem adequada), estabelecendo uma narrativa interna de proteção e valorização de direitos humanos e da cultura do respeito à diversidade. Dar conhecimento público de suas responsabilidades, compromissos e expectativas "implica comunicar, oferecer transparência e prestar contas às pessoas ou grupos que possam se ver afetados e a outros interessados, inclusive os investidores" (princípio 21).

Conclui-se, assim, pela necessidade de revisitar o alcance da responsabilidade das empresas em matéria de direitos humanos a partir de uma visão cosmopolita do Direito Internacional dos Direitos Humanos, de modo a incluir o dever das empresas de prevenir violações e promover direitos humanos.

4. Empresas e Direitos Humanos: Desafios e Perspectivas à Luz do Direito Internacional dos Direitos Humanos

A emergência das empresas como novo ator com crescentes responsabilidades em matéria de direitos humanos desafia a lógica e a racionalidade

---

[52] No caso brasileiro, as mulheres, que integram 51,4% da população, têm uma representatividade correspondente a 13,6% no quadro executivo das 500 maiores empresas do Brasil. Os afrodescendentes, cuja população corresponde a 52,9% da população do país, também se encontram sub-representados, compondo 6,3% na gerência e 4,7% no quadro executivo das 500 maiores empresas brasileiras. Já a participação das mulheres afrodescendentes é dramática: ocupam 2,1% do quadro gerencial e 0,5% do quadro executivo. Ver BID e Instituto Ethos. *Perfil racial e de gênero das 500 maiores empresas do Brasil e suas ações afirmativas*, 2016, p. 15 e 26.

tradicional do Direito Internacional dos Direitos Humanos. Isso porque a arquitetura protetiva internacional teve por inspiração um padrão de conflituosidade que envolve Estados e indivíduos singularmente considerados, como protagonistas da equação "agente estatal violador e indivíduos-vítimas".

Tal como o Estado, as empresas podem violar, mas também promover direitos. Elas podem ter impacto positivo ou negativo na sociedade e no meio ambiente, a depender de como realizam a gestão de suas atividades e serviços. A necessidade de criar respostas e resultados de produção que respeitem os direitos humanos, os aspectos socioculturais e o meio ambiente demonstra a relevância de se avançar nessa agenda.

Nesse sentido, as atividades de uma empresa incluem tanto a ação quanto sua omissão, enfatizando que a conduta empresarial não se limita hoje apenas à produtividade econômica, mas requer o balanço social, de direitos humanos e de sustentabilidade ambiental. Violar direitos simboliza um alto custo às empresas não somente sob o prisma econômico-financeiro (alto custo com litígios; riscos operacionais e regulatórios) e penal (por vezes, levando os seus dirigentes às prisões), como também sob o prisma da identidade e reputação empresarial.

Da mesma forma, promover direitos simboliza não apenas um alto ganho empresarial (como já mencionado, estudos apontam o quanto a diversidade é lucrativa), mas sobretudo um ganho na identidade e reputação empresarial, por meio da melhoria da imagem pública e agregação de valor à marca. A empresa ganha, ainda, em temos de competitividade (gerando resultados econômicos positivos para o país), com atração de investidores; fidelização de clientes e beneficiários; atração e permanência dos funcionários; bem como com a redução de litígios por violação de direitos e conflitos envolvendo partes interessadas e comunidade local.

Na ordem contemporânea, constata-se a crescente adoção de compromissos empresariais relativos ao combate ao trabalho escravo; à promoção da igualdade de gênero; à promoção da diversidade étnico-racial; ao combate à homofobia; à promoção dos direitos das pessoas com deficiência; à sustentabilidade ambiental; e ao combate à corrupção[53]. Empresas têm

---

[53] Para o Comitê DESC da ONU: "Corruption constitutes one of the major obstacles to the effective promotion and protection of human rights, particularly as regards the activities of businesses. It also undermines a State's ability to mobilize resources for the delivery of services essential for the realization of economic, social and cultural rights. It leads to discriminatory access to public services in favor of those able to influence authorities, including by offering bribes or resorting to

ainda criado incipiente institucionalidade voltada à proteção e à promoção de direitos humanos, como Comitês de Direitos Humanos, pela Diversidade e pela Promoção da Igualdade. Há uma tendência global de engajamento das empresas em questões sociais e ambientais e demais questões antes não incorporadas aos valores da empresa – como comitês de gênero, igualdade salarial, inclusão de migrantes, condições adequadas para recebimento de filhos de funcionários(as), dentre outras.

O alcance e o sentido da responsabilidade das empresas em matéria de direitos humanos devem ser revisitados e ressignificados à luz de uma interpretação sistemática e integral do Direito Internacional dos Direitos Humanos, o que permite densificar o alcance e o sentido do pilar "respeitar" endereçado às empresas à luz do Direito Internacional dos Direitos, bem como promover uma interpretação sistemática e integral do Direito Internacional dos Direitos Humanos, de modo a incluir o dever das empresas de prevenir violações e promover direitos humanos.

Fortalecer a responsabilidade das empresas em matéria de direitos humanos invoca a emergência de um novo paradigma capaz de transitar de uma agenda empresarial centrada exclusivamente na produtividade econômica para uma agenda ampliada e impactada pelos direitos humanos. Aponta, ainda, para uma cultura corporativa reinventada em que os direitos humanos se convertem gradativamente em relevante componente identitário de uma nova cultura empresarial, na busca de um desenvolvimento sustentável nas esferas social, econômica e ambiental, inspirado pelo enfoque de direitos humanos – o *human rights approach*.

Em uma arena cada vez mais complexa, é fundamental avançar na afirmação da responsabilidade das empresas em matéria de direitos humanos, para compor uma nova arquitetura, capaz de responder aos desafios da agenda contemporânea, da nova dinâmica de poder e da necessária transformação da cultura corporativa com a incorporação do *human rights approach*, em um crescente quadro de responsabilidades compartilhadas.

---

political pressures. Therefore, whistle-blowers should be protected, and specialized mechanisms against corruption should be established, their independence should be guaranteed and they should be sufficiently well resourced" (General Comment n. 24, 23 jun. 2017).

Capítulo 10

PROTEÇÃO INTERNACIONAL DOS DIREITOS HUMANOS E PROPRIEDADE INTELECTUAL

1. Introdução

Como compreender a propriedade intelectual à luz dos direitos humanos? Em que medida o sistema internacional de direitos humanos pode contribuir para a proteção do direito à propriedade intelectual sob uma perspectiva emancipatória? Qual há de ser o impacto dos regimes jurídicos de proteção da propriedade intelectual no campo dos direitos humanos? Qual é o alcance da função social da propriedade intelectual? Como tecer um adequado juízo de ponderação entre o direito à propriedade intelectual e os direitos sociais, econômicos e culturais? Quais os principais desafios e perspectivas da relação entre direitos humanos e propriedade intelectual?

Estas são as questões centrais que inspiram este capítulo.

Inicialmente, será desenvolvida análise do sistema internacional de proteção dos direitos humanos, sua gênese, seus delineamentos, sua lógica, sua estrutura e principiologia.

É a partir deste prisma que se avançará para o estudo da relação entre o sistema internacional de proteção dos direitos humanos e a propriedade intelectual.

Por fim, serão destacados os principais desafios e perspectivas da relação entre direitos humanos e propriedade intelectual.

2. Sistema Internacional de Proteção dos Direitos Humanos

Enquanto reivindicações morais, os direitos humanos nascem quando devem e podem nascer. Como realça Norberto Bobbio, os direitos humanos não nascem todos de uma vez nem de uma vez por todas[1]. Para Hannah

---

[1] Norberto Bobbio, A era dos direitos, trad. Carlos Nelson Coutinho, Rio de Janeiro: Campus, 2004.

Arendt, os direitos humanos não são um dado, mas um construído, uma invenção humana, em constante processo de construção e reconstrução[2]. Refletem um construído axiológico, a partir de um espaço simbólico de luta e ação social. No dizer de Joaquín Herrera Flores[3], os direitos humanos compõem uma racionalidade de resistência, na medida em que traduzem processos que abrem e consolidam espaços de luta pela dignidade humana. Invocam, neste sentido, uma plataforma emancipatória voltada à proteção da dignidade humana. Para Carlos Santiago Niño, os direitos humanos são uma construção consciente vocacionada a assegurar a dignidade humana e a evitar sofrimentos, em face da persistente brutalidade humana[4].

Considerando a historicidade dos direitos, destaca-se a chamada concepção contemporânea de direitos humanos, que veio a ser introduzida pela Declaração Universal de 1948 e reiterada pela Declaração de Direitos Humanos de Viena de 1993.

Esta concepção é fruto do movimento de internacionalização dos direitos humanos, que constitui um movimento extremamente recente na história, surgindo, a partir do pós-guerra, como resposta às atrocidades e aos horrores cometidos durante o nazismo. Se a Segunda Guerra significou a ruptura com os direitos humanos, o Pós-Guerra deveria significar a sua reconstrução. Nas palavras de Thomas Buergenthal: "O moderno Direito Internacional dos Direitos Humanos é um fenômeno do pós-guerra. Seu desenvolvimento pode ser atribuído às monstruosas violações de direitos humanos da era Hitler e à crença de que parte destas violações poderia

---

[2] Hannah Arendt, As origens do totalitarismo, trad. Roberto Raposo, Rio de Janeiro, 1979. A respeito, ver também Celso Lafer, A reconstrução dos direitos humanos: um diálogo com o pensamento de Hannah Arendt, São Paulo: Cia. das Letras, 1988, p. 134. No mesmo sentido, afirma Ignacy Sachs: "Não se insistirá nunca o bastante sobre o fato de que a ascensão dos direitos é fruto de lutas, que os direitos são conquistados, às vezes, com barricadas, em um processo histórico cheio de vicissitudes, por meio do qual as necessidades e as aspirações se articulam em reivindicações e em estandartes de luta antes de serem reconhecidos como direitos" (Ignacy Sachs, Desenvolvimento, direitos humanos e cidadania, in Direitos humanos no século XXI, 1998, p. 156). Para Allan Rosas: "O conceito de direitos humanos é sempre progressivo. (...) O debate a respeito do que são os direitos humanos e como devem ser definidos é parte e parcela de nossa história, de nosso passado e de nosso presente" (Allan Rosas, So-called rights of the third generation, in Asbjorn Eide, Catarina Krause e Allan Rosas, Economic, social and cultural rights, Dordrecht, Boston/London: Martinus Nijhoff Publishers, 1995, p. 243).
[3] Joaquín Herrera Flores, Direitos humanos, interculturalidade e racionalidade de resistência, mimeo, p. 7.
[4] Carlos Santiago Niño, The ethics of human rights, Oxford: Clarendon Press, 1991.

ser prevenida se um efetivo sistema de proteção internacional de direitos humanos existisse"⁵.

Prenuncia-se, deste modo, o fim da era em que a forma pela qual o Estado tratava seus nacionais era concebida como um problema de jurisdição doméstica, decorrência de sua soberania. Para Andrew Hurrell: "O aumento significativo das ambições normativas da sociedade internacional é particularmente visível no campo dos direitos humanos e da democracia, com base na ideia de que as relações entre governantes e governados, Estados e cidadãos, passam a ser suscetíveis de legítima preocupação da comunidade internacional; de que os maus-tratos a cidadãos e a inexistência de regimes democráticos devem demandar ação internacional; e que a legitimidade internacional de um Estado passa crescentemente a depender do modo pelo qual as sociedades domésticas são politicamente ordenadas"⁶.

Neste cenário, a Declaração de 1948 vem a inovar a gramática dos direitos humanos, ao introduzir a chamada concepção contemporânea de direitos humanos, marcada pela universalidade e indivisibilidade destes direitos. Universalidade porque clama pela extensão universal dos direitos humanos, sob a crença de que a condição de pessoa é o requisito único para a titularidade de direitos, considerando o ser humano como um ser essencialmente moral, dotado de unicidade existencial e dignidade, esta como valor intrínseco à condição humana. Indivisibilidade porque a garantia dos direitos civis e políticos é condição para a observância dos direitos sociais, econômicos e culturais e vice-versa. Quando um deles é violado,

---

⁵ Thomas Buergenthal, *International human rights*, Minnesota: West Publishing, 1988, p. 17. Para Henkin: "Por mais de meio século, o sistema internacional tem demonstrado comprometimento com valores que transcendem os valores puramente 'estatais', notadamente os direitos humanos, e tem desenvolvido um impressionante sistema normativo de proteção desses direitos" (*International Law*: cases and materials. 3. ed. Minnesota: West Publishing, 1993, p. 2). Ainda sobre o processo de internacionalização dos direitos humanos, observa Celso Lafer: "Configurou-se como a primeira resposta jurídica da comunidade internacional ao fato de que o direito *ex parte populi* de todo ser humano à hospitalidade universal só começaria a viabilizar-se se o 'direito a ter direitos', para falar com Hannah Arendt, tivesse uma tutela internacional, homologadora do ponto de vista da humanidade. Foi assim que começou efetivamente a ser delimitada a 'razão de estado' e corroída a competência reservada da soberania dos governantes, em matéria de direitos humanos, encetando-se a sua vinculação aos temas da democracia e da paz" (Prefácio ao livro de José Augusto Lindgren Alves, *Os direitos humanos como tema global*, cit., p. XXVI).

⁶ Andrew Hurrell, Power, principles and prudence: protecting human rights in a deeply divided world, in Tim Dunne e Nicholas J. Wheeler, *Human rights in global politics*, Cambridge: Cambridge University Press, 1999, p. 277.

os demais também o são. Os direitos humanos compõem, assim, uma unidade indivisível, interdependente e inter-relacionada, capaz de conjugar o catálogo de direitos civis e políticos com o catálogo de direitos sociais, econômicos e culturais.

A partir da Declaração de 1948, começa a se desenvolver o Direito Internacional dos Direitos Humanos, mediante a adoção de inúmeros instrumentos internacionais de proteção.

O processo de universalização dos direitos humanos permitiu a formação de um sistema internacional de proteção destes direitos. Este sistema é integrado por tratados internacionais de proteção que refletem, sobretudo, a consciência ética contemporânea compartilhada pelos Estados, na medida em que invocam o consenso internacional acerca de temas centrais aos direitos humanos, na busca da salvaguarda de parâmetros protetivos mínimos – do "mínimo ético irredutível".

Ao lado do sistema normativo global, surgem os sistemas regionais de proteção, que buscam internacionalizar os direitos humanos nos planos regionais, particularmente na Europa, América e África. Consolida-se, assim, a convivência do sistema global da ONU com instrumentos do sistema regional, por sua vez, integrado pelos sistemas interamericano, europeu e africano de proteção aos direitos humanos.

Os sistemas global e regional não são dicotômicos, mas complementares. Inspirados pelos valores e princípios da Declaração Universal, compõem o universo instrumental de proteção dos direitos humanos, no plano internacional. Nesta ótica, os diversos sistemas de proteção de direitos humanos interagem em benefício dos indivíduos protegidos. Ao adotar o valor da primazia da pessoa humana, estes sistemas se complementam, somando-se ao sistema nacional de proteção, a fim de proporcionar a maior efetividade possível na tutela e promoção de direitos fundamentais. Esta é inclusive a lógica e principiologia próprias do Direito dos Direitos Humanos.

Ressalte-se que a Declaração de Direitos Humanos de Viena, de 1993, reitera a concepção da Declaração de 1948, quando, em seu parágrafo 5º, afirma: "Todos os direitos humanos são universais, interdependentes e inter-relacionados. A comunidade internacional deve tratar os direitos humanos globalmente de forma justa e equitativa, em pé de igualdade e com a mesma ênfase". A Declaração de Viena afirma ainda a interdependência entre os valores dos direitos humanos, democracia e desenvolvimento.

Não há direitos humanos sem democracia e tampouco democracia sem direitos humanos. Vale dizer, o regime mais compatível com a proteção dos direitos humanos é o regime democrático. Atualmente, 140 Estados, dos quase 200 que integram a ordem internacional, realizam eleições periódicas. Contudo, apenas 82 Estados (o que representa 57% da população mundial) são considerados plenamente democráticos. Em 1985, este percentual era de 38%, compreendendo 44 Estados[7]. Note-se que o pleno exercício dos direitos políticos é capaz de implicar o "empoderamento" das populações mais vulneráveis, o aumento de sua capacidade de pressão, articulação e mobilização políticas. Para Amartya Sen, os direitos políticos (incluindo a liberdade de expressão e de discussão) são não apenas fundamentais para demandar respostas políticas às necessidades econômicas, mas são centrais para a própria formulação destas necessidades econômicas[8].

Já o direito ao desenvolvimento demanda uma globalização ética e solidária. No entender de Mohammed Bedjaoui: "Na realidade, a dimensão internacional do direito ao desenvolvimento é nada mais que o direito a uma repartição equitativa concernente ao bem-estar social e econômico mundial. Reflete uma demanda crucial de nosso tempo, na medida em que os quatro quintos da população mundial não mais aceitam o fato de um quinto da população mundial continuar a construir sua riqueza com base em sua pobreza"[9]. As assimetrias globais revelam que a renda dos 1% mais ricos supera a renda dos 57% mais pobres na esfera mundial[10]. Para a Organização Mundial de Saúde: "A pobreza é a maior *causa mortis* do mundo. A pobreza dissemina sua influência destrutiva desde os primeiros estágios da vida humana, do momento da concepção ao momento da morte"[11].

---

[7] Consultar UNDP. *Human development report* 2002: deepening democracy in a fragmented world. New York/Oxford: Oxford University Press, 2002.

[8] Amartya Sen, prefácio ao livro *Pathologies of power*, Paul Farmer, Berkeley, University of California Press, 2003.

[9] Mohammed Bedjaoui, The right to development, in M. Bedjaoui (ed.), *International Law: Achievements and Prospects*, 1991, p. 1182. Para Joseph E. Stiglitz: "Desenvolvimento significa transformação social, com a melhoria das condições de vida das populações mais pobres, assegurando a todos uma oportunidade de sucesso e acesso à saúde e à educação" (*Globalization and its discontents*, New York/London: WW Norton Company, 2003, p. 252).

[10] A respeito, consultar *Human development report* 2002, UNDP, New York/Oxford: Oxford University Press, 2002, p. 19.

[11] A respeito ver Paul Farmer, *Pathologies of power*, Berkeley, University of California Press, 2003, p. 50. De acordo com dados do relatório Sinais Vitais, do Worldwatch Institute (2003), a desigualdade de renda se reflete nos indicadores de saúde: a mortalidade infantil nos países pobres é 13 vezes maior que nos países ricos; a mortalidade materna é 150 vezes maior nos países de menor desenvolvimento com relação aos países industrializados. A falta de água limpa e saneamento

O desenvolvimento, por sua vez, há de ser concebido como um processo de expansão das liberdades reais que as pessoas podem usufruir, para adotar a concepção de Amartya Sen[12]. Acrescente-se ainda que a Declaração de Viena de 1993 consagra ser o direito ao desenvolvimento um direito universal e inalienável, parte integral dos direitos humanos fundamentais. Reitere-se que a Declaração de Viena reconhece a relação de interdependência entre a democracia, o desenvolvimento e os direitos humanos.

Feitas essas considerações a respeito da concepção contemporânea de direitos humanos, ressalta-se que não há direitos humanos sem que os direitos econômicos, sociais e culturais estejam garantidos. São eles autênticos e verdadeiros direitos fundamentais, acionáveis, exigíveis e demandam séria e responsável observância. Por isso, devem ser reivindicados como direitos e não como caridade, generosidade ou compaixão.

Considerando o sistema internacional de proteção dos direitos humanos, transita-se à reflexão a respeito do modo pelo qual se relaciona com a propriedade intelectual.

3. Sistema Internacional de Proteção dos Direitos Humanos e Propriedade Intelectual

Ao afirmar a indivisibilidade dos direitos humanos, invocando uma visão integral destes direitos, enuncia a Declaração Universal de 1948, em seu artigo XXVII: "1.Toda pessoa tem o direito de participar livremente da vida cultural da comunidade, de fruir as artes e de participar do progresso científico e de seus benefícios. 2. Toda pessoa tem direito à proteção dos interesses morais e materiais decorrentes de qualquer produção científica, literária ou artística da qual seja autor".

Este direito de alcance universal é reiterado pelo Pacto Internacional dos Direitos Econômicos, Sociais e Culturais, que em seu art. 15 adiciona:

---

básico mata 1,7 milhão de pessoas por ano (90% crianças), ao passo que 1,6 milhão de pessoas morrem de doenças decorrentes da utilização de combustíveis fósseis para aquecimento e preparo de alimentos. O relatório ainda atenta para o fato de que a quase totalidade dos conflitos armados se concentrar no mundo em desenvolvimento, que produziu 86% de refugiados na última década.

[12] Amartya Sen, *Development as freedom*, New York, Alfred A. Knopf, 1999, p. 35-36 e 297. Sobre o direito ao desenvolvimento, ver também Karel Vasak, *For third generation of human rights*: the rights of solidarity, International Institute of Human Rights, 1979.

"Os Estados-partes no presente Pacto reconhecem a cada indivíduo o direito de: a) participar da vida cultural; b) desfrutar do progresso científico e suas aplicações; c) beneficiar-se da proteção dos interesses morais e materiais decorrentes de toda a produção científica, literária ou artística de que seja autor".

Acrescenta o mesmo dispositivo do Pacto: "As medidas que os Estados-partes no presente Pacto deverão adotar com a finalidade de assegurar o pleno exercício deste direito incluirão aquelas necessárias à conservação, ao desenvolvimento e à difusão da ciência e da cultura". Adiciona, ainda, que "os Estados-partes reconhecem os benefícios que derivam do fomento e do desenvolvimento da cooperação e das relações internacionais no domínio da ciência e da cultura".

Deste modo, assegura-se o direito de participar da vida cultural e do progresso científico, bem como o direito à conservação, ao desenvolvimento e à difusão da ciência e da cultura.

No que tange à produção científica, literária ou artística, ao mesmo tempo que a Declaração Universal e o Pacto estabelecem a proteção dos direitos do autor e de seus interesses materiais e morais, consagram o direito difuso ao desfrute dos progressos científicos, bem como a proteção aos direitos sociais à saúde, educação, alimentação, dentre outros. O Pacto enfatiza, ademais, a importância da cooperação internacional no domínio da ciência e da cultura.

Em novembro de 2005, o Comitê sobre os Direitos Econômicos, Sociais e Culturais, que é órgão de monitoramento do Pacto, adotou a Recomendação Geral n. 17, a respeito do direito de qualquer autor de beneficiar-se da proteção dos interesses moral e material resultantes de suas produções científicas, literárias ou artísticas[13]. Esclareceu o Comitê que "'any scientific, literary or artistic production', within the meaning of article 15, paragraph 1 (c), refers to creations of the human mind, that is to 'scientific productions', such as scientific publications and innovations, including knowledge, innovations and practices of indigenous and local communities, and 'literary and artistic productions', such as, inter alia, poems, novels, paintings, sculptures, musical compositions, theatrical and cinematographic works, performances and oral traditions".

---

[13] Disponível em: <http://www.ohchr.org/english/bodies/cescr/comments.htm>, acesso em 7 jul. 2006.

Ao delinear proteção dos direitos do autor, o Comitê ressaltou a necessidade de se alcançar um balanço adequado entre, de um lado, a proteção aos direitos do autor, e, de outro, a promoção e a proteção dos direitos econômicos, sociais e culturais assegurados no Pacto. Nesse sentido, observou: "In striking this balance, the private interests of authors should not be unduly favored and the public interest in enjoying broad access to their productions should be given due consideration. States parties should therefore ensure that their legal or other regimes for the protection of the moral and material interests resulting from one's scientific, literary or artistic productions constitute no impediment to their ability to comply with their core obligations in relation to the rights to food, health and education, as well as to take part in cultural life and to enjoy the benefits of scientific progress and its applications, or any other right enshrined in the Covenant". Para o Comitê os interesses privados do autor não podem impedir que os Estados implementem as obrigações internacionais decorrentes do Pacto em relação aos direitos à alimentação, saúde e educação, bem como aos direitos à cultura e ao desfrute dos progressos científicos, compreendidos sob uma ótica coletivista e de interesse público.

A própria Unesco[14] encoraja a remoção de barreiras ao sistema educacional e de pesquisa, considerando a possibilidade de a ciência produzir avanços ao crescimento econômico, ao desenvolvimento humano sustentável e à redução da pobreza. Para a Unesco, o futuro da humanidade mostra-se cada vez mais condicionado à produção, à distribuição e ao uso equitativo do conhecimento, em uma sociedade global. Na ordem contemporânea, o bem-estar social e o direito ao desenvolvimento estão condicionados à informação, ao conhecimento e à cultura. Neste contexto, o direito ao acesso à informação surge como um direito humano fundamental. Ressalte-se que os tratados internacionais de proteção dos

---

[14] A respeito, ver a Declaração sobre a ciência e o uso do conhecimento científico, versão adotada pela Conferência de Budapeste, em 1º de julho de 1999. Disponível em: <http://www.unesco.org.br/publicacoes/copy_of_pdf/decciencia.pdf>, acesso em 24 jun. 2006.

Considerando a possibilidade da ciência de "produzir retornos significativos para o crescimento econômico, para o desenvolvimento humano sustentável, e para a redução da pobreza, e que o futuro da humanidade tornar-se-á mais dependente da produção, da distribuição, e do uso equitativo do conhecimento", são necessários "esforços especiais também para assegurar a plena participação dos grupos em desvantagem na ciência e na tecnologia. Tais esforços incluem: remover as barreiras do sistema educacional; remover as barreiras do sistema de pesquisa, dentre outros" (art. 91).

direitos humanos consagram que o direito à informação compreende a liberdade de buscar, receber e difundir informações e ideias de toda natureza[15], sem consideração de fronteiras, verbalmente ou por escrito, ou em forma impressa ou artística, ou por qualquer outro meio de sua escolha (ver artigo 19 do Pacto Internacional dos Direitos Civis e Políticos e artigo 13 da Convenção Americana dos Direitos Humanos). A jurisprudência da Corte Interamericana tem realçado que o direito à informação é pressuposto e condição para a existência de uma sociedade livre, enfatizando que "una sociedad que no está bien informada no es plenamente libre"[16]. A Corte ainda destaca que o direito à informação apresenta uma dimensão individual e coletiva[17].

---

[15] Contudo, os tratados de direitos humanos demandam seja proibida qualquer apologia ao ódio nacional, racial ou religioso, que constitua incitamento à discriminação, à hostilidade ou à violência.

[16] Para a Corte Interamericana de Direitos Humanos: "La libertad de expresión es una piedra angular en la existencia misma de una sociedad democrática. Es indispensable para la formación de la opinión pública. Es también conditio sine qua non para que los partidos políticos, los sindicatos, las sociedades científicas y culturales, y en general, quienes deseen influir sobre la colectividad puedan desarrollarse plenamente. Es, en fin, condición para que la comunidad, a la hora de ejercer sus opciones, esté suficientemente informada. Por ende, es posible afirmar que una sociedad que no está bien informada no es plenamente libre" (Opinión Consultiva OC-5/85, 13 de Noviembre de 1985, par. 70).

[17] Entende a Corte Interamericana: "En cuanto al contenido del derecho a la libertad de pensamiento y de expresión, quienes están bajo la protección de la Convención tienen no sólo el derecho y la libertad de expresar su propio pensamiento, sino también el derecho y la libertad de buscar, recibir y difundir informaciones e ideas de toda índole. Es por ello que la libertad de expresión tiene una dimensión individual y una dimensión social, a saber: 'ésta requiere, por un lado, que nadie sea arbitrariamente menoscabado o impedido de manifestar su propio pensamiento y representa, por tanto, un derecho de cada individuo; pero implica también, por otro lado, un derecho colectivo a recibir cualquier información y a conocer la expresión del pensamiento ajeno' (nota al pie n. 16: La colegiación obligatoria de periodistas (arts. 13 y 29 Convención Americana sobre Derechos Humanos). Opinión Consultiva OC-5/85 del 13 de noviembre de 1985. Serie A, n. 5, párr. 30). Sobre la primera dimensión del derecho consagrado en el artículo mencionado, la individual, la libertad de expresión no se agota en el reconocimiento teórico del derecho a hablar o escribir, sino que comprende además, inseparablemente, el derecho a utilizar cualquier medio apropiado para difundir el pensamiento y hacerlo llegar al mayor número de destinatarios. En este sentido, la expresión y la difusión del pensamiento y de la información son indivisibles, de modo que una restricción de las posibilidades de divulgación representa directamente, y en la misma medida, un límite al derecho de expresarse libremente. Con respecto a la segunda dimensión del derecho consagrado en el artículo 13 de la Convención, la social, es menester señalar que la libertad de expresión es un medio para el intercambio de ideas e informaciones entre las personas; comprende su derecho a tratar de comunicar a

Prevê o Pacto que os direitos sociais, econômicos e culturais apresentam realização progressiva. Vale dizer, são direitos que estão condicionados à atuação do Estado, que deve adotar todas as medidas, tanto por esforço próprio como pela assistência e cooperação internacionais[18], principalmente nos planos econômicos e técnicos, até o máximo de seus recursos disponíveis, com vistas a alcançar progressivamente a completa realização desses direitos (artigo 2º, parágrafo 1º, do Pacto). O Comitê dos Direitos Econômicos, Sociais e Culturais, em sua Recomendação Geral n. 03[19], a

---

otras sus puntos de vista, pero implica también el derecho de todas a conocer opiniones, relatos y noticias.

Para el ciudadano común tiene tanta importancia el conocimiento de la opinión ajena o de la información de que disponen otros como el derecho a difundir la propia.

La Corte considera que ambas dimensiones poseen igual importancia y deben ser garantizadas en forma simultánea para dar efectividad total al derecho a la libertad de pensamiento y de expresión en los términos previstos por el artículo 13 de la Convención" (Caso "La Última Tentación de Cristo" (Olmedo Bustos y Otros) vs. Chile. Sentencia de 5 de Febrero de 2001, pars. 64 a 67).

[18] "O Pacto Internacional dos Direitos Econômicos, Sociais e Culturais consagra três previsões que podem ser interpretadas no sentido de sustentar uma obrigação por parte dos Estados-partes ricos de prover assistência aos Estados-partes pobres, não dotados de recursos para satisfazer as obrigações decorrentes do Pacto. O artigo 2 (1) contempla a frase 'individualmente ou através de assistência internacional e cooperação, especialmente econômica e técnica'. A segunda é a previsão do artigo 11 (1), de acordo com a qual os Estados-partes concordam em adotar medidas apropriadas para assegurar a plena realização do direito à adequada condição de vida, reconhecendo para este efeito a importância da cooperação internacional baseada no livre consenso. Similarmente, no artigo 11 (2) os Estados-partes concordam em adotar 'individualmente ou por meio de cooperação internacional medidas relevantes para assegurar o direito de estar livre da fome'". Alston, Philip; Quinn, Gerard, The nature and scope of Staties Parties' obligations under the ICESCR, 9 Human Rights Quarterly 156, 1987, p. 186, apud Steiner, Henry; Alston, Philip. International human rights in context: law, politics and morals, second edition, Oxford: Oxford University Press, 2000, p. 1327).

[19] Comitê dos Direitos Econômicos, Sociais e Culturais, General Comment n. 3, UN doc. E/1991/23, 1990. No tocante aos meios que devem ser utilizados para a progressiva implementação dos direitos econômicos, sociais e culturais, que se consubstanciam na "obrigação de comportamento", a Recomendação Geral n. 3 enuncia que: "3. Os meios que devem ser usados para satisfazer a obrigação de adotar medidas estão estabelecidos no parágrafo 1º do artigo 2º que são 'todos os meios apropriados, incluindo, em particular, a adoção de medidas legislativas'. O Comitê reconhece que muitas vezes a legislação é altamente desejável e em alguns casos pode ser até mesmo indispensável. Por exemplo, pode ser difícil combater com êxito a discriminação na ausência de uma base legislativa sólida para a adoção das medidas necessárias. Em áreas como saúde, a proteção da infância e maternidade, a educação, assim como em relação às questões contempladas nos artigos 6º a 9º, a legislação pode ser também indispensável para muitos propósitos. 4. (...) É importante enfatizar, entretanto, que a adoção de medidas legislativas, como previsto no Pacto, não exaure as obrigações dos Estados-partes. Ao contrário, à frase 'por

respeito da natureza das obrigações estatais concernentes ao artigo 2º, parágrafo 1º, do Pacto, afirmou que, se a expressão "realização progressiva" constitui um reconhecimento do fato de que a plena realização dos direitos sociais, econômicos e culturais não pode ser alcançada em um curto período de tempo, esta expressão deve ser interpretada à luz de seu objetivo central, que é estabelecer claras obrigações aos Estados-partes, no sentido de adotarem medidas, tão rapidamente quanto possível, para a realização desses direitos. Essas medidas devem ser deliberadas, concretas e focadas o mais claramente possível em direção à satisfação das obrigações contidas no Pacto. Da aplicação progressiva dos econômicos, sociais e culturais resulta a cláusula de proibição do retrocesso social em matéria de direitos sociais.

Há um *minimum core obligation*[20] concernente aos direitos econômicos, sociais e culturais a ser implementado pelos Estados, na medida em que devem assegurar o núcleo essencial destes direitos.

---

todos os meios apropriados' deve ser atribuído seu significado mais amplo. Enquanto cada Estado-parte deve decidir por si mesmo quais meios são os mais apropriados sob as circunstâncias com relação a cada um dos direitos, a 'adequação' dos meios escolhidos não será sempre evidente. Assim é desejável que os relatórios dos Estados-partes indiquem não apenas as medidas adotadas mas também as razões pelas quais elas foram consideradas as mais 'apropriadas' sob as circunstâncias. 5. Entre as medidas que podem ser consideradas apropriadas, em complementação à legislativa, está a previsão de remédios judiciais no que diz respeito a direitos que, de acordo com o sistema jurídico nacional, podem ser considerados justiciáveis. O Comitê observa, por exemplo, que o gozo dos direitos reconhecidos, sem discriminação, fomentar-se-á de maneira apropriada, em parte mediante a provisão de recursos judiciais e outros recursos efetivos".

[20] Acerca da obrigação de assegurar ao menos os níveis essenciais de cada direito previsto no Pacto, a Recomendação Geral n. 3 enuncia que: "10. (...) o Comitê entende que corresponde a cada Estado-parte uma obrigação mínima ['minimum core obligation'] de assegurar a satisfação de, pelo menos, níveis mínimos essenciais de cada um dos direitos. Assim, por exemplo, um Estado-parte no qual um número significativo de indivíduos esteja privado de uma alimentação adequada, de cuidados médicos essenciais, de abrigo e moradia, ou das mais básicas formas de educação está, *prima facie*, descumprindo as obrigações contidas no Pacto. Se o Pacto fosse lido de um modo a não estabelecer obrigações mínimas, seria ele completamente privado de *raison d' être* [razão de ser]. Analogamente, há de se advertir que toda avaliação de um Estado estar cumprindo sua obrigação mínima deve levar em conta também as limitações de recursos que se aplicam ao país de que se trata. O parágrafo 1º do artigo 2º obriga cada Estado-parte a adotar as medidas necessárias 'até o máximo de seus recursos disponíveis'. Para que um Estado-parte seja capaz de atribuir a sua incapacidade de assegurar ao menos obrigações mínimas à inexistência de recursos disponíveis, deve demonstrar que todos os esforços foram feitos para usar todos os recursos que estão à sua disposição para satisfazer, com prioridade, aquelas obrigações mínimas".

O Comitê dos Direitos Econômicos, Sociais e Culturais, em sua Recomendação Geral n. 12, realça as obrigações do Estado no campo dos direitos econômicos, sociais e culturais: respeitar, proteger e implementar. Quanto à obrigação de respeitar, obsta ao Estado que viole tais direitos. No que tange à obrigação de proteger, cabe ao Estado evitar e impedir que terceiros (atores não estatais) violem estes direitos. Finalmente, a obrigação de implementar demanda do Estado a adoção de medidas voltadas à realização destes direitos.

Deste modo, a proteção ao direito à propriedade intelectual não pode inviabilizar e comprometer o dever dos Estados-partes de respeitar, proteger e implementar os direitos econômicos, sociais e culturais assegurados pelo mesmo Pacto.

Além de os Estados-partes buscarem o balanço adequado desses direitos, com o razoável equilíbrio entre a proteção do interesse privado do autor e do interesse público concernente à proteção dos direitos sociais, frisa o Comitê que a propriedade intelectual é um produto social, apresentando uma função social. Deve, portanto, ser avaliado o impacto no campo dos direitos humanos dos regimes jurídicos de proteção da propriedade intelectual.

Afirma o Comitê: "(...) a propriedade intelectual é um produto social e tem uma função social. Consequentemente, os Estados-partes têm o dever de prevenir o desarrazoado alto custo de acesso a medicamentos essenciais, de sementes de plantas ou outro meio de produção de alimentos, ou ainda de material didático e escolar, que obste o direito de amplos segmentos da população à saúde, à alimentação e à educação. Ademais, os Estados-partes devem evitar o uso do progresso científico e tecnológico voltado a propósitos contrários aos direitos humanos e à dignidade, incluindo os direitos à vida, à saúde e à privacidade, por exemplo, excluindo patentes de invenções cuja comercialização levaria a um comprometimento da plena realização destes direitos. Estados-partes devem, em particular, avaliar em que medida patentear o corpo humano e suas partes poderia afetar as obrigações contraídas nos termos do Pacto ou de outro relevante instrumento internacional de direitos humanos. Estados-partes devem também considerar o impacto no regime de proteção dos direitos humanos anteriormente à adoção de legislação para a proteção dos interesses morais e materiais resultantes de uma produção científica, literária ou artística, como também posteriormente a um período de implementação desta legislação".

Conclui o Comitê: "Em conformidade com outros instrumentos de proteção dos direitos humanos, bem como de acordos internacionais para a proteção dos interesses morais e materiais resultantes de produção científica, literária ou artística, o Comitê considera que o artigo 15, parágrafo 1, 'c', do Pacto compreende, ao menos, as seguintes obrigações essenciais, de aplicação imediata: (...) (e) buscar um adequado balanço entre a efetiva proteção dos interesses morais e materiais do autor e as obrigações dos Estados-partes em relação aos direitos à alimentação, à saúde e à educação, como também ao direito de participar da vida cultural e de usufruir dos benefícios do progresso científico e de suas aplicações, ou ainda, de qualquer outro direito reconhecido no Pacto".

Na visão do Comitê os próprios delineamentos conceituais do direito à propriedade intelectual hão de ser redefinidos considerando a necessária proteção dos direitos sociais, econômicos e culturais. Isto é, à luz dos direitos humanos, o direito à propriedade intelectual cumpre uma função social, que não pode ser obstada em virtude de uma concepção privatista deste direito que eleja a preponderância incondicional dos direitos do autor em detrimento da implementação dos direitos sociais, como o são, por exemplo, à saúde, à educação e à alimentação. Observe-se ainda que, via de regra, o conflito não envolve os direitos do autor *versus* os direitos sociais de toda uma coletividade, mas, sim, o conflito entre os direitos de exploração comercial (por vezes abusiva) e os direitos sociais da coletividade.

Nesse sentido, o Comitê demanda seja considerado o impacto no campo dos direitos humanos de legislação protetiva dos interesses morais e materiais do autor decorrentes de sua produção científica, literária ou artística. Reitere-se que, muitas vezes, quem exerce esse direito não é propriamente o autor/inventor, mas as grandes empresas a preços abusivos ou como reserva de mercado via estratégias de patenteamento. Adiciona que o impacto no que tange aos direitos humanos deve ser avaliado anteriormente à adoção do regime jurídico e após um período de implementação da legislação. Atenta que o regime de patentes não pode comprometer a plena realização dos direitos humanos enunciados no Pacto e nos demais tratados internacionais de proteção[21].

---

[21] A respeito, merece destaque o art. 27 do Acordo sobre Aspectos dos Direitos de Propriedade Intelectual Relacionados ao Comércio (TRIPS), ao estabelecer que:

"1. Sem prejuízo do disposto nos parágrafos 2 e 3 abaixo, qualquer invenção, de produto ou de processo, em todos os setores tecnológicos, será patenteável, desde que seja nova, envolva um

Extrai-se, assim, o dever dos Estados de alcançar um balanço adequado entre a proteção efetiva dos direitos do autor/inventor (lembrando que, via de regra, quem acaba por prejudicar os interesses sociais e os direitos humanos são os detentores dos direitos de exploração comercial de determinada obra ou invento) e a proteção dos direitos sociais à educação, alimentação e saúde, bem como aos direitos culturais e de desfrute dos progressos científicos. Nesta ponderação de bens[22], o direito à proteção da propriedade intelectual não deve ser considerado ilimitado ou absoluto, na medida em que a propriedade intelectual tem uma função social. Os regimes jurídicos de proteção da propriedade intelectual devem ser analisados sob a perspectiva de seu impacto no campo dos direitos humanos.

O próprio acordo TRIPS (Trade-Related Aspects of Intellectual Property Rights) endossa este necessário juízo de ponderação, ao estabelecer como objetivo "contribuir para a promoção da inovação tecnológica e para a transferência e disseminação de tecnologia, para a vantagem mútua dos produtores e usuários do conhecimento tecnológico, e de tal maneira que possa levar ao bem-estar econômico e social e ao balanço de direitos e obrigações"

---

passo inventivo e seja passível de aplicação industrial. Sem prejuízo do disposto no parágrafo 4 do Artigo 65, no parágrafo 8 do Artigo 70 e no parágrafo 3 deste Artigo, as patentes serão disponíveis e os direitos patentários serão usufruíveis sem discriminação quanto ao local de invenção, quanto a seu setor tecnológico e quanto ao fato de os bens serem importados ou produzidos localmente.

2. Os Membros podem considerar como não patenteáveis invenções cuja exploração em seu território seja necessário evitar para proteger a ordem pública ou a moralidade, inclusive para proteger a vida ou a saúde humana, animal ou vegetal ou para evitar sérios prejuízos ao meio ambiente, desde que esta determinação não seja feita apenas porque a exploração é proibida por sua legislação.

3. Os Membros também podem considerar como não patenteáveis:

a) métodos diagnósticos, terapêuticos e cirúrgicos para o tratamento de seres humanos ou de animais;

b) plantas e animais, exceto micro-organismos e processos essencialmente biológicos para a produção de plantas ou animais, excetuando-se os processos não biológicos e microbiológicos. Não obstante, os Membros concederão proteção a variedades vegetais, seja por meio de patentes, seja por meio de um sistema *sui generis* eficaz, seja por uma combinação de ambos. O disposto neste subparágrafo será revisto quatro anos após a entrada em vigor do Acordo Constitutivo da OMC".

[22] Tal ponderação de bens deve guiar-se pelo princípio da proporcionalidade, em sua tripla dimensão – adequação, necessidade e proporcionalidade estrita. O princípio da proporcionalidade requer adequação entre o fim perseguido e o meio empregado, havendo a proibição de excesso.

(art. 7º). Nos termos do art. 8º, cabe aos Estados-membros reformar suas legislações de propriedade intelectual, no sentido de adotarem medidas necessárias para proteger a saúde pública e a nutrição e para promover o interesse público em setores de vital importância para o desenvolvimento socioeconômico e tecnológico, desde que compatíveis com o acordo.

A Declaração de Doha sobre o Acordo TRIPS e Saúde Pública, adotada na Quarta Conferência Ministerial da OMC, de 9 a 14 de novembro de 2001, representou uma mudança de paradigma nas relações comerciais internacionais, ao reconhecer que os direitos de propriedade intelectual não são absolutos, nem superiores aos outros direitos fundamentais. Reconheceu, ainda, a gravidade dos problemas de saúde pública que afligem países pouco desenvolvidos e em desenvolvimento (como Aids, tuberculose, malária e outras epidemias), refletindo as preocupações desses países sobre as implicações do acordo TRIPS em relação à saúde pública em geral.

Importa ainda acrescer que, em se tratando de direitos de povos indígenas ou de minorias culturais, este juízo de ponderação há de considerar as vulnerabilidades e as especificidades dos direitos dos grupos envolvidos, conferindo-lhes especial proteção, bem como o direito à informação e à participação destes grupos nos processos decisórios afetos ao regime de proteção da propriedade intelectual, considerando ainda a ótica coletivista dos direitos dos povos indígenas.

Com efeito, no que se refere especificamente ao conhecimento tradicional dos povos indígenas, realça o Comitê: "(...) Ao adotar medidas para proteger a produção científica, literária e artística dos povos indígenas, os Estados-partes devem levar em consideração suas preferências. Esta proteção pode incluir a adoção de medidas para reconhecer, registrar e proteger a autoria individual ou coletiva de povos indígenas, em conformidade com o regime nacional do direito de propriedade intelectual, e deve prevenir o uso não autorizado de produção científica, literária ou artística de povos indígenas por terceiros. Na implementação destas medidas protetivas, os Estados-partes devem respeitar o princípio do consentimento livre e informado dos autores indígenas envolvidos e das formas orais e outras formas costumeiras de transmissão da produção científica, literária ou artística; quando apropriado, devem assegurar a administração coletiva pelos povos indígenas dos benefícios derivados de sua produção".

Na mesma direção, a fim de proteger os direitos das minorias nos campos cultural e científico, acrescenta o Comitê: "Os Estados-partes, onde existam minorias étnicas, religiosas ou linguísticas, têm a obrigação jurídica de proteger os interesses morais e materiais de autores pertencentes a estas minorias por meio de medidas especiais para preservar os traços distintivos destas minorias culturais".

Portanto, com relação à produção literária, científica e artística dos povos indígenas e das minorias étnicas, religiosas e linguísticas, o Comitê encoraja os Estados-partes a adotar medidas protetivas especiais e um regime jurídico peculiar, que considere as especificidades, vulnerabilidades e o protagonismo destes grupos, visando à proteção especial de seus direitos coletivos. Isto é, propõe-se aos Estados-partes a adoção de um regime jurídico específico em matéria de propriedade intelectual para a proteção de conhecimentos tradicionais. O respeito e a proteção aos direitos dos povos indígenas devem ser observados, ainda, pelos demais tratados de natureza comercial (como o TRIPS, dentre outros).

Note-se que, relativamente à diversidade biológica, os Estados têm sido encorajados a "publicizar conhecimentos tradicionais relevantes, bem como inovações e práticas de povos indígenas e de comunidades locais importantes para a conservação e sustentabilidade do uso da diversidade biológica na aplicação de direito de propriedade intelectual, quando uma invenção faça uso de tal conhecimento em seu desenvolvimento"[23].

Quanto aos direitos dos povos indígenas, destaca-se também relevante decisão da Corte Interamericana de Direitos Humanos, proferida em 2001, no caso da comunidade indígena Mayagna Awas Tingni contra a Nicarágua[24]. Neste caso, a Corte Interamericana reconheceu os direitos dos povos indígenas à propriedade coletiva da terra, como uma tradição comunitária e como um direito fundamental e básico à sua cultura, à sua vida espiritual, à sua integridade e à sua sobrevivência econômica. Acrescentou que para os povos indígenas a relação com a terra não é somente uma questão de possessão e produção, mas um elemento material e espiritual de que devem gozar plenamente, inclusive para preservar seu legado cultural e transmiti-lo às gerações futuras.

---

[23] Ver The "State of the Debate" on Traditional Knowledge, background note prepared by the UNCTAD secretariat, International Seminar on Systems for the protection and commercialization of traditional knowledge, in particular traditional medicines, New Delhi, 3-5 abril, 2002.

[24] Comunidad Mayagna (Sumo) Awas Tingni vs. Nicarágua, Inter-American Court, 2001, Ser. C, n. 79.

Em outro caso – comunidade indígena Yakye Axa contra o Paraguai[25] – a Corte Interamericana, em decisão proferida em 2005, sustentou que os povos indígenas têm direito a medidas específicas que garantam o acesso aos serviços de saúde, que devem ser apropriados sob a perspectiva cultural, incluindo cuidados preventivos, práticas curativas e medicinas tradicionais. Adicionou que para os povos indígenas a saúde apresenta uma dimensão coletiva, sendo que a ruptura de sua relação simbiótica com a terra exerce um efeito prejudicial sobre a saúde destas populações. Entendeu a Corte que o Estado do Paraguai não havia garantido o direito à propriedade ancestral da comunidade indígena Yakye Axa e seus membros, o que os manteve em estado de vulnerabilidade alimentícia, médica e sanitária, que ameaçam de forma contínua a sobrevivência dos membros da comunidade e sua integridade.

Por fim, reitere-se que o Pacto Internacional dos Direitos Econômicos, Sociais e Culturais realça o desenvolvimento da cooperação internacional e das relações internacionais no domínio da ciência e da cultura, com destaque ao acesso ao conhecimento e à transferência de tecnologia, como um fator essencial para a promoção de benefícios científicos e culturais. No que se refere à propriedade intelectual, com ênfase em sua dimensão social, há que ser reinventada a relação entre os hemisférios Norte/Sul, Sul/Sul e Sul/organismos internacionais, considerando a dimensão internacional do direito ao desenvolvimento.

Em 1986, foi adotada pela ONU a Declaração sobre o Direito ao Desenvolvimento por 146 Estados, com um voto contrário (EUA) e 8 abstenções. Para Allan Rosas: "A respeito do conteúdo do direito ao desenvolvimento, três aspectos devem ser mencionados. Em primeiro lugar, a Declaração de 1986 endossa a importância da participação. (...) Em segundo lugar, a Declaração deve ser concebida no contexto das necessidades básicas de justiça social. (...) Em terceiro lugar, a Declaração enfatiza tanto a necessidade de adoção de programas e políticas nacionais como da cooperação internacional (...)"[26].

Deste modo, o direito ao desenvolvimento compreende três dimensões: a) a importância da participação, com realce ao componente democrático

---

[25] Comunidad Yakye Axa vs. Paraguai, Inter-American Court, 2005, Ser. C, n. 125.
[26] Allan Rosas, The right to development, in Asbjorn Eide, Catarina Krause e Allan Rosas, *Economic, social and cultural rights*, Dordrecht, Boston e Londres: Martinus Nijhoff Publishers, 1995, p. 254-255.

a orientar a formulação de políticas públicas, dotando-as de maior transparência e *accountability*; b) a proteção às necessidades básicas de justiça social, enunciando a Declaração sobre o Direito ao Desenvolvimento que: "A pessoa humana é o sujeito central do desenvolvimento e deve ser ativa participante e beneficiária do direito ao desenvolvimento"; e c) a necessidade de adoção de programas e políticas nacionais, como de cooperação internacional – já que a efetiva cooperação internacional é essencial para prover aos países mais pobres meios que encorajem o direito ao desenvolvimento. A respeito, adiciona o art. 4º da Declaração que os Estados têm o dever de adotar medidas, individual, ou coletivamente, voltadas a formular políticas de desenvolvimento internacional, com vistas a facilitar a plena realização de direitos.

Ainda a respeito do direito ao desenvolvimento, cabe menção às metas do milênio (*millennium development goals*), adotadas por unanimidade pelos Estadosmembros da ONU, em setembro de 2000. Destacamse oito metas: 1) erradicar a extrema pobreza e a fome; 2) alcançar a educação primária no âmbito universal; 3) promover a igualdade de gênero e o empoderamento das mulheres; 4) reduzir a mortalidade infantil; 5) melhorar a saúde materna; 6) combater o HIV/Aids, a malária e outras enfermidades; 7) assegurar a sustentabilidade ambiental; e 8) desenvolver uma parceria global voltada ao desenvolvimento. Com relação a esta última meta, a ONU acrescenta os objetivos de: a) prover o acesso a medicamentos essenciais aos países em desenvolvimento, em cooperação com a indústria farmacêutica; e b) viabilizar o acesso aos benefícios das novas tecnologias, especialmente no campo da informação e da comunicação, em cooperação com o setor privado[27]. Às metas do milênio somase o Consenso de Monterrey, adotado em março de 2002, na Conferência internacional sobre financiamento para o desenvolvimento, que, de igual modo, realçou a demanda por "new partnership between developed and developing countries", bem como a necessidade de fortalecer a cooperação técnica em prol do desenvolvimento. Em 2015 foram lançadas pela ONU 17 metas a compor a nova agenda de desenvolvimento sustentável. A Agenda 2030 da ONU compreende, dentre os "objetivos de desenvolvimento sustentável": os objetivos relativos à erradicação da pobreza, à agricultura sustentável, à saúde e bem-estar, à educação de qualidade, à igualdade de gênero, à água potável e saneamento, à energia limpa, ao trabalho decente, à redução das desigualdades, a cidades e comunidades sustentáveis, ao

---

[27] Acessar: <http://ddpext.worldbank.org/ext/GMIS>.

consumo e produções responsáveis, à ação contra a mudança global do clima e à paz, justiça e instituições eficazes.

Em uma arena global não mais marcada pela bipolaridade Leste/Oeste, mas sim pela bipolaridade Norte/Sul, abrangendo os países desenvolvidos e em desenvolvimento (sobretudo as regiões da América Latina, Ásia e África), é que se demanda uma globalização mais ética e solidária[28].

Se, tradicionalmente, a agenda de direitos humanos centrou-se na tutela de direitos civis e políticos, sob o forte impacto da "voz do Norte", testemunha-se, atualmente, a ampliação desta agenda tradicional, que passa a incorporar novos direitos, com ênfase nos direitos econômicos, sociais e culturais e no direito ao desenvolvimento. Este processo permite ecoar a "voz própria do Sul", capaz de revelar as preocupações, demandas e prioridades desta região.

Neste contexto, é fundamental consolidar e fortalecer o processo de afirmação dos direitos humanos, sob esta perspectiva integral, indivisível e interdependente. É sob esta perspectiva que há de ser revisitado o direito à propriedade intelectual.

Ao tratar da dicotomia Norte/Sul, no que tange à propriedade intelectual, afirma a Commission on Intellectual Property Rights: "De um lado, do lado dos países desenvolvidos, há um poderoso *lobby* daqueles que defendem que o direito de propriedade intelectual é bom para o comércio,

---

[28] A respeito dos ajustes econômicos estruturais, estabelece a Recomendação Geral n. 2 do Comitê dos Direitos Econômicos, Sociais e Culturais: "Um aspecto que tem preocupado particularmente o Comitê ao examinar os relatórios apresentados pelos Estados-partes tem sido o efeito negativo da carga de dívida e das medidas consequentes de ajuste sobre o gozo dos direitos econômicos, sociais e culturais em muitos países. O Comitê reconhece que os programas de ajustes são muitas vezes inevitáveis e que são baseados em um elemento importante de austeridade. Entretanto, em tais circunstâncias, os esforços para proteger os direitos econômicos, sociais e culturais mais fundamentais adquirem uma urgência maior, não menor. Os Estados-partes no Pacto, assim como os organismos pertinentes das Nações Unidas, deveriam, pois, fazer particulares esforços para incorporar, o máximo possível, essa proteção nas políticas econômicas e nos programas destinados a levar a cabo o ajuste. Esta abordagem, que às vezes recebe o nome de 'ajuste com rosto humano' ou promovendo 'a dimensão humana do desenvolvimento' exige que a meta da proteção dos direitos dos pobres e carentes deveria ser um objetivo do ajuste econômico. Da mesma forma, nas medidas internacionais que sejam adotadas para solucionar a crise da dívida deveria ser levada plenamente em conta a necessidade de proteger os direitos econômicos, sociais e culturais mediante, entre outras coisas, a cooperação internacional. Em muitas situações, isso justificaria a necessidade de tomar iniciativas de grande magnitude para aliviar a dívida".

beneficiando larga parcela da população e atuando com um efeito catalisador para o progresso tecnológico. Acreditam e sustentam que se a proteção do direito de propriedade intelectual é boa, uma maior proteção seria ainda melhor. Do outro lado, do lado dos países em desenvolvimento, há um *lobby* voraz daqueles que defendem que o direito de propriedade intelectual estaria a ameaçar o desenvolvimento da indústria e da tecnologia local, ameaçando ainda a população local, de modo a beneficiar apenas o mundo desenvolvido. Acreditam e sustentam que se a proteção do direito de propriedade intelectual é ruim, uma menor proteção seria melhor"[29].

Além de reinventar a relação Norte/Sul, há que se romper com os paradoxos que decorrem das tensões entre a tônica includente voltada para a promoção dos direitos humanos, por um lado, consagrada nos relevantes tratados de proteção dos direitos humanos da ONU (com destaque ao Pacto Internacional dos Direitos Econômicos, Sociais e Culturais) e, por outro lado, com a tônica excludente ditada pela atuação especialmente do Fundo Monetário Internacional, na medida em que a sua política, orientada pela chamada "condicionalidade", submete países em desenvolvimento a modelos de ajuste estrutural incompatíveis com os direitos humanos. Há que se fortalecer ainda a democratização, a transparência e a *accountability* dessas instituições[30]. Note-se que 48% do poder de voto no FMI concentra-se nas mãos de sete Estados (EUA, Japão, França, Inglaterra, Arábia Saudita, China e Rússia), enquanto no Banco Mundial 46% do poder de voto concentra-se nas mãos também desses mesmos Estados[31]. Na percepção crítica de Joseph E. Stiglitz: "(...) temos um sistema que poderia ser chamado de governança global sem, contudo, um governo global; um sistema no qual

---

[29] Integrating Intellectual Property Rights and Development Policy, Report of the Commission on Intellectual Property Rights, Executive Summary, London, September, 2002.

[30] A respeito, consultar Joseph E. Stiglitz, *Globalization and its discontents*, New York/London: WW Norton Company, 2003. Para o autor: "Quando as crises avançam, o FMI prescreve medidas inapropriadas, soluções padronizadas, sem considerar os efeitos que tais medidas possam ter nas populações dos países que seguem tais políticas. Raramente há previsões acerca do impacto destas políticas na pobreza. Raramente assisti a discussões e análises aprofundadas acerca das consequências de políticas alternativas. Há uma prescrição única. Opiniões alternativas não são buscadas. Uma discussão aberta e franca é desencorajada – não há espaço para isto. Ideologias guiam as prescrições de políticas e há a expectativa de que países sigam as orientações do FMI sem contestação. (...) Estas atitudes não apenas produzem resultados precários; mas são ainda antidemocráticas" (op. cit., p. XIV).

[31] A respeito, consultar *Human Development Report* 2002, UNDP, New York/Oxford: Oxford University Press, 2002.

poucas instituições – o Banco Mundial, o FMI e a OMC – e poucos atores – os Ministros das Finanças e do Comércio, intimamente ligados a certos interesses financeiros e comerciais – dominam o cenário; um sistema em que muitos daqueles afetados por suas decisões são deixados praticamente sem voz. É tempo de transformar algumas das regras que governam a ordem econômica internacional (...)"[32].

No que se refere ao setor privado, há também a necessidade de acentuar sua responsabilidade social, especialmente das empresas multinacionais, na medida em que constituem as grandes beneficiárias do processo de globalização, bastando citar que das 100 maiores economias mundiais, 69 são empresas multinacionais e 31 são Estados nacionais. Por exemplo, importa encorajar sejam condicionados empréstimos internacionais a compromissos em direitos humanos; sejam elaborados por empresas códigos de direitos humanos relativos à atividade de comércio; sejam impostas sanções comerciais a empresas violadoras dos direitos sociais, dentre outras medidas[33]. A estas propostas, adiciona-se a necessidade

---

[32] Joseph E. Stiglitz, op. cit., p. 21-22.

[33] Ver Stephen Livingstone, Economic Strategies for the Enforcement of Human Rights, In: Angela Hegarty e Siobhan Leonard (orgs.), H*uman rights*: an Agenda for the 21st Century, London/Sidney: Cavendish Publishing Limited, 1999, p. 187. Afirma o mesmo autor: "Tanto os Estados Unidos como a União Europeia, os maiores doadores mundiais, têm previsões legais relativas a empréstimos estrangeiros, que levam em consideração questões de direitos humanos" (op. cit., p. 187). Acrescenta ainda que: "Em média, 10% das empresas norte-americanas adotaram alguma forma de cláusula de responsabilidade social" (op. cit., p. 194). A respeito, observa Jack Scheinkman: "Quando Portugal e Espanha desejaram integrar a União Europeia, após a queda dos respectivos regimes ditatoriais, a União Europeia impôs determinadas condições. Elas incluíam não apenas direitos como a liberdade de associação, mas a observância de parâmetros trabalhistas. Nos EUA, algo semelhante tem sido feito, em certa medida, por meio da USAID, que não concede empréstimo econômico a nenhum país que não respeitar os direitos trabalhistas" (In: Human Rights Program/Harvard Law School e Lawyers Committee for Human Rights, *Business and Human Rights – an interdisciplinary discussion held at Harvard Law School in December* 1997, Harvard Law School Human Rights Program, 1999, p. 87). Adiciona Jack Scheinkman: "As pesquisas demonstram que nos EUA e na Europa Ocidental a maioria dos consumidores não quer comprar produtos fabricados mediante trabalho infantil; por isso, as empresas têm adotado *standards*. (...) Muitas empresas têm adotado *standards* exclusivamente em razão da opinião pública" (op. cit., p. 20). Para Mary Robinson: "As grandes multinacionais têm o poder de trazer grandes benefícios para as comunidades carentes, mas também têm o poder de causar profundos malefícios, como a degradação ambiental, a exploração das comunidades economicamente fracas e o uso do trabalho infantil. Nos últimos anos tem crescido a consciência do setor privado de que é necessário assumir responsabilidades no campo dos direitos humanos. (...) O setor privado tem incorporado os direitos humanos mediante códigos éticos internos, códigos de conduta, acordos setoriais a

de adoção de políticas de inovação e de controle da concorrência, que permitam o equilíbrio entre os objetivos da propriedade intelectual e os direitos humanos.

4. Direitos Humanos e Propriedade Intelectual: Desafios e Perspectivas

Em face do sistema internacional de proteção dos direitos humanos emerge o processo de redefinição do alcance e do sentido do direito à propriedade intelectual.

Neste processo de redefinição, destacam-se sete conclusões:

1) Os contornos conceituais do direito à propriedade intelectual devem considerar sua função social, transitando, assim, de um paradigma liberal individualista exclusivamente protetivo dos direitos do autor relativamente à sua produção artística, científica e literária para um paradigma coletivista que contemple as dimensões sociais do direito à propriedade intelectual, bem como do direito à propriedade industrial, que tem dentre seus objetivos principais o incentivo à inovação[34].

2) À luz deste novo paradigma, há que se buscar um adequado equilíbrio entre a proteção dos direitos do autor relativamente à sua produção artística, científica e literária e os direitos sociais à saúde, à educação e à alimentação assegurados pelo Pacto Internacional dos Direitos Econômicos, Sociais e Culturais e pelos demais tratados internacionais de proteção dos direitos humanos. Ressalte-se que os Estados-partes assumem o dever jurídico de respeitar, proteger e implementar tais direitos, garantindo um *minimum core obligation* afeto aos direitos sociais, bem como o dever de promover a aplicação progressiva desses direitos, vedado retrocesso social. Daí a necessidade de compatibilizar os tratados de natureza comercial à luz dos parâmetros protetivos mínimos consagrados pelos tratados de direitos humanos, observando-se que, gradativamente, as dimensões e as preocu-

---

respeito do trabalho infantil, ou mesmo códigos mais amplos como o Social Accountability 8000, o International Code of Ethics for Canadian Business e o new Sullivan principles" (Mary Robinson, Constructing an international financial, trade and development architeture: the human rights dimension, Zurich, 1 July 1999. Disponível em: <www.unhchr.org>).

[34] Se, de um lado, argumenta-se ser necessário conferir proteção ao investimento realizado, o exercício abusivo do direito à propriedade industrial que leve a um protecionismo exacerbado e injustificável (possibilitado pela flexibilização dos requisitos de patenteamento) acaba por ser contrário ao próprio investimento realizado, considerando as barreiras criadas ao mercado a médio e longo prazo.

pações relacionadas à proteção dos direitos humanos têm sido incorporadas pelos tratados comerciais. Note-se, ainda, que, via de regra, o conflito não envolve os direitos do autor *versus* os direitos sociais de toda uma coletividade, mas, sim, o conflito entre os direitos de exploração comercial (por vezes abusiva) e os direitos sociais da coletividade.

3) Os regimes jurídicos de proteção ao direito à propriedade intelectual devem ser avaliados no que concerne ao impacto que produzem no campo dos direitos humanos, anteriormente à sua implementação e após determinado período temporal.

4) Medidas protetivas especiais devem ser adotadas em prol da proteção da produção científica, artística e literária de povos indígenas e de minorias étnicas, religiosas e linguísticas, considerando as peculiaridades, singularidades e vulnerabilidades destes grupos, bem como a proteção de seus direitos coletivos, assegurado o seu direito à informação e à participação nos processos decisórios afetos ao regime de proteção da propriedade intelectual.

5) A cooperação internacional e uma nova relação entre os hemisférios Norte/Sul, Sul/Sul e Sul/organismos internacionais são essenciais para avanços no campo cultural e científico, com destaque ao acesso ao conhecimento e à efetiva transferência de tecnologia, sob a inspiração do direito ao desenvolvimento. Deve ser encorajada a remoção de barreiras ao sistema educacional e de pesquisa, considerando a possibilidade de a ciência produzir avanços ao crescimento econômico, ao desenvolvimento humano sustentável e à redução da pobreza[35].

---

[35] Como observa a Commission on Intellectual Property Rights: "O sistema de proteção da propriedade intelectual pode, se não houver cautela, introduzir distorções em detrimento dos interesses dos países em desenvolvimento. Os países desenvolvidos devem ter uma maior atenção em reconciliar seus interesses comerciais com a necessidade de reduzir a pobreza nos países em desenvolvimento, o que é de interesse de todos. Elevados padrões de propriedade intelectual não devem ser impostos aos países em desenvolvimento sem que se avalie, de forma séria e objetiva, seu impacto no desenvolvimento e na pobreza. Temos que assegurar que o sistema global de propriedade intelectual compreenda esta preocupação, a fim de que as necessidades dos países em desenvolvimento sejam contempladas e, mais importante, que isto possa contribuir para a redução da pobreza nos países em desenvolvimento, por meio do fomento à transferência de inovações e tecnologia, permitindo ainda o acesso a produtos tecnológicos que tenham preços os mais competitivos possíveis" (Integrating intellectual property rights and development policy, *Report of the Commission on Intellectual Property Rights*, Executive Summary, London, September, 2002, p. 3).

6) O direito ao acesso à informação surge como um direito humano fundamental em uma sociedade global em que o bem-estar e o desenvolvimento estão condicionados, cada vez mais, pela produção, distribuição e uso equitativo da informação, do conhecimento e da cultura. Destacam-se, nesta direção, importantes iniciativas de um *emerging countermovement*[36], cabendo menção, a título exemplificativo, à Wikipedia; ao Creative Commons, à FLOSS, dentre outras, que objetivam transformar o paradigma tradicional vigente acerca da propriedade intelectual, tornando-a mais acessível, democrática e plural, eliminando, assim, barreiras ao acesso à informação.

7) Há desafio de redefinir o direito à propriedade intelectual à luz da concepção contemporânea dos direitos humanos, da indivisibilidade, interdependência e integralidade desses direitos, com especial destaque aos direitos econômicos, sociais e culturais e ao direito ao desenvolvimento, na construção de uma sociedade aberta, justa, livre e plural, pautada por uma democracia cultural emancipatória.

---

[36] A respeito ver Yochai Benkler, *Access to knowledge*, Ford Foundation, 21 de setembro de 2006.

Capítulo 11

O DIREITO DE ASILO E A PROTEÇÃO INTERNACIONAL DOS REFUGIADOS*

1. Introdução

O objetivo deste capítulo é examinar a teoria do direito de asilo, avaliando o alcance de seu significado, sua relação com o princípio do *non-refoulement* (não devolução), a responsabilidade do Estado com relação à matéria, bem como as diferenças entre os institutos do refúgio e do asilo na acepção latino-americana.

Esta análise será desenvolvida sob a perspectiva dos direitos humanos e em particular da concepção contemporânea de direitos humanos introduzida pela Declaração Universal dos Direitos Humanos de 1948. É à luz dessa concepção que será apreciado o art. 14 da Declaração, que estabelece o direito de asilo, bem como sua relação com o instituto do refúgio.

A Declaração de 1948 introduz a concepção contemporânea dos direitos humanos, na medida em que consagra a ideia de que os direitos humanos são universais, inerentes à condição de pessoa e não relativos às peculiaridades sociais e culturais de determinada sociedade, incluindo em seu elenco não só direitos civis e políticos, mas também direitos sociais, econômicos e culturais. Afirma, assim, ineditamente, a universalidade e a indivisibilidade dos direitos humanos.

Uma das principais qualidades da Declaração é constituir-se em parâmetro e código de atuação para os Estados integrantes da comunidade internacional. Ao consagrar o reconhecimento universal dos direitos humanos pelos Estados, a Declaração consolida um parâmetro internacional para

---

* Este capítulo é baseado no trabalho *The theory of the right to seek asylum*, apresentado às Nações Unidas, em Genebra, em comemoração ao cinquentenário da Declaração Universal dos Direitos Humanos de 1948. Um especial agradecimento é feito à Carla Bertucci Barbieri e ao José Guilherme Carneiro Queiroz pelo importante auxílio no levantamento bibliográfico sobre o tema.

a proteção desses direitos. Nesse sentido, a Declaração é um dos parâmetros fundamentais pelos quais a comunidade internacional "deslegitima" os Estados. Um Estado que sistematicamente viola a Declaração não é merecedor de aprovação por parte da comunidade mundial.

Observe-se que a Declaração de Direitos Humanos de Viena, de 1993, reitera a concepção introduzida pela Declaração de 1948, quando, em seu § 5º, afirma: "Todos os direitos humanos são universais, interdependentes e inter-relacionados. A comunidade internacional deve tratar os direitos humanos globalmente de forma justa e equitativa, em pé de igualdade e com a mesma ênfase".

A partir da aprovação da Declaração Universal de 1948 e a partir da concepção contemporânea de direitos humanos por ela introduzida, começa a se desenvolver o Direito Internacional dos Direitos Humanos, mediante a adoção de inúmeros tratados internacionais voltados à proteção de direitos.

É sob essa perspectiva que se há de enfocar o Direito Internacional dos Refugiados e o Direito Internacional Humanitário. A visão compartimentalizada, que afirma a existência de três vertentes da proteção internacional dos direitos da pessoa (Direitos Humanos, Direito Humanitário e Direito dos Refugiados), encontra-se definitivamente superada, considerando a identidade de propósitos de proteção dos direitos humanos, bem como a aproximação dessas vertentes nos planos conceitual, normativo, hermenêutico e operacional. Há que se ter uma visão necessariamente integral dos direitos da pessoa humana, como endossa a Conferência de Viena de 1993[1].

É à luz dessa concepção que se passa à análise do direito de asilo, consagrado no art. 14 da Declaração Universal dos Direitos Humanos de 1948.

2. O Art. 14 da Declaração Universal de 1948: o Direito de Asilo

Afirma o art. 14 (1) da Declaração Universal que "toda pessoa vítima de perseguição tem o direito de procurar e de gozar asilo em outros países".

---

[1] A Conferência de Viena de 1993 insiste nos meios de se lograr maior coordenação, sistematização e eficácia dos múltiplos mecanismos de proteção dos direitos humanos existentes. Exige assim o fim de uma visão compartimentalizada e aponta para a necessidade de incorporar a dimensão dos direitos humanos em todas as atividades e programas dos organismos que compõem o sistema das Nações Unidas, somada à ênfase no fortalecimento da inter-relação entre direitos humanos, democracia e desenvolvimento.

Acrescenta o mesmo artigo que "este direito não pode ser invocado em caso de perseguição legitimamente motivada por crimes de direito comum ou por atos contrários aos propósitos e princípios das Nações Unidas" – art. 14 (2).

Ao enfocar os contornos do direito de asilo, percebe-se que a Declaração assegura o direito fundamental de toda pessoa de estar livre de qualquer forma de perseguição. Consequentemente, na hipótese de perseguição decorre o direito fundamental de procurar e gozar asilo em outros países. A perseguição a uma pessoa caracteriza grave violação aos direitos humanos. Vale dizer, cada solicitação de asilo é resultado de um forte padrão de violência a direitos universalmente garantidos. Quando pessoas têm que abandonar seus lares para escapar de uma perseguição, toda uma série de direitos humanos é violada, inclusive o direito à vida, liberdade e segurança pessoal, o direito de não ser submetido a tortura, o direito à privacidade e à vida familiar, o direito à liberdade de movimento e residência e o direito de não ser submetido a exílio arbitrário. Os refugiados abandonam tudo em troca de um futuro incerto em uma terra desconhecida. É assim necessário que as pessoas que sofram esta grave violação aos direitos humanos possam ser acolhidas em um lugar seguro, recebendo proteção efetiva contra a devolução forçosa ao país em que a perseguição ocorre e tenham garantido ao menos um nível mínimo de dignidade.

É fundamental entender que cada solicitante de refúgio ou asilo é consequência de um padrão de violação de direitos humanos. Daí a necessidade de fortalecer a dimensão preventiva relacionada ao asilo, de forma a prevenir as violações de direitos humanos, para que pessoas não tenham que abandonar suas casas em busca de um lugar seguro. Importa remover ou reduzir as condições que levam as pessoas a abandonar seus lares, mediante a proteção a vítimas potenciais, tendo em vista o dever de prevenir violações de direitos humanos protegidos.

Nessa ótica, todos os solicitantes de asilo têm o direito fundamental de solicitar o refúgio, sendo que esse ato jamais pode ser considerado como uma ofensa ou um crime, mas como o exercício de um direito universalmente assegurado. O direito de buscar asilo e dele desfrutar, o princípio da não devolução e o direito de retornar ao país de origem com segurança e dignidade requerem um enfoque integrado de direitos humanos.

3. O Direito de Asilo e a Convenção sobre o Estatuto dos Refugiados

Três anos após a adoção da Declaração Universal, é aprovada a Convenção sobre o Estatuto dos Refugiados, que constitui a carta magna que define em caráter universal a condição de refugiado, dispondo sobre seus direitos e deveres. É em conformidade com essa Convenção que se tem determinado a situação de mais de cem milhões de pessoas que atualmente possuem a condição de refugiados em todo o mundo[2].

À luz do art. 1º da Convenção de 1951, considera-se refugiado toda pessoa que, "em virtude dos eventos ocorridos antes de 1º de janeiro de 1951 e devido a fundado temor de perseguição por motivos de raça, religião, nacionalidade, participação em determinado grupo social ou opiniões políticas, está fora do país de sua nacionalidade, e não pode ou, em razão de tais temores, não queira valer-se da proteção desse país; ou que, por carecer de nacionalidade e estar fora do país onde antes possuía sua residência habitual, não possa ou, por causa de tais temores ou de razões que não sejam de mera conveniência pessoal, não queira regressar a ele". A Convenção de 1951 estabeleceu uma limitação temporal e geográfica, uma vez que a condição de refugiado se restringia aos acontecimentos ocorridos antes de 1º de janeiro de 1951 no continente europeu. Isso significa que os refugiados somente eram assim reconhecidos se o fossem em decorrência de episódios ocorridos antes de 1º de janeiro de 1951. Embora aplicável a milhares de pessoas – já que até a década de 50 a maioria dos refugiados era europeia – tal definição mostrou-se inoperante com o decorrer do tempo.

Com a finalidade de ampliar o alcance da definição de refugiados, em 31 de janeiro de 1967 é elaborado o Protocolo sobre o Estatuto dos Refugiados, que, em seu art. 1º, II, suprimiu as referidas limitações. Como observa James C. Hathaway: "(...) a definição adotada pela Convenção de 1951 objetivou distribuir a responsabilidade acerca dos refugiados europeus, sem que houvesse qualquer obrigação legal ou previsão de direitos e de prestação de assistência aos refugiados não europeus. Apenas quinze anos após, o Protocolo relativo ao Estatuto dos Refugiados expandiu o escopo da definição constante da Convenção de 1951, a fim de incluir refugiados de todas as regiões do mundo"[3]. Hoje, a maioria dos refugiados é composta

---

[2] A respeito, ver RUIZ DE SANTIAGO, Jaime. O direito internacional dos refugiados em sua relação com os direitos humanos e sua evolução histórica. In: CANÇADO TRINDADE, Antônio Augusto; PEYTRIGNET, Gérard, RUIZ DE SANTIAGO, Jaime. *As três vertentes da proteção internacional dos direitos da pessoa humana*: direitos humanos, direito humanitário, direito dos refugiados. San José, Costa Rica/Brasília: Instituto Interamericano de Direitos Humanos/Comitê Internacional da Cruz Vermelha/Alto Comissariado das Nações Unidas para os Refugiados, 1996.

[3] HATHAWAY, James C. *The law of refugee status*. Toronto/Vancouver: Butterworths, 1992, p. 9-10.

principalmente por africanos[4] e asiáticos, dos quais mais de 80% são mulheres e crianças[5].

De acordo com a Convenção de 1951 e o Protocolo de 1967, refugiado é aquele que sofre fundado temor de perseguição por motivos de raça, religião, nacionalidade, participação em determinado grupo social ou opiniões políticas, não podendo ou não querendo por isso valer-se da proteção de seu país de origem. Vale dizer, refugiada é a pessoa que não só não é respeitada pelo Estado ao qual pertence, como também é esse Estado quem a persegue, ou não pode protegê-la quando ela estiver sendo perseguida. Essa é a suposição dramática que dá origem ao refúgio[6], fazendo com que a posição do solicitante de refúgio seja absolutamente distinta da do estrangeiro normal[7].

---

[4] Note-se que atualmente o continente que mais tem gerado refugiados é a África (4,3 milhões) e os países que mais abrigam refugiados são o Irã (2 milhões), a Alemanha (1,26 milhão) e o Paquistão (1,2 milhão). Afirma W. R. Smyser: "Não apenas a natureza do problema do refúgio mudou, como também a sua localização. A primeira concentração de refugiados transferiu-se da Europa para o Terceiro Mundo. A maior parte de refugiados hoje é de países em desenvolvimento e tem encontrado asilo em países em desenvolvimento" (Refugees: a never ending story. In: PIERRE CLAUDE, Richard; H. WESTON, Burns. *Human rights in the world community*: issues and action. Philadelphia: University of Pennsylvania Press, 1992, p. 117).

[5] Afirma Rebecca M. M. Wallace: "Mulheres e crianças compõem a maioria da população mundial de refugiados. (...) todavia, a jurisprudência dos refugiados tem-se baseado particularmente nas experiências dos homens. Quando mulheres e crianças sentem temor de perseguição, pelas mesmas razões que os homens podem sentir, a experiência da perseguição é diferente. Há evidência de que o Direito contemporâneo dos refugiados está se abrindo à perspectiva de gênero. Em março de 1993, as regras referentes às mulheres refugiadas vítimas de perseguição baseada no gênero foram lançadas pela Diretoria do Canadian Immigration and Refugee Board" (Making the Refugee Convention Gender Sensitive: the canadian guidelines. *International and Comparative Law Quarterly*, v. 45, p. 702, 1996). A autora acrescenta: "Estima-se que mulheres e crianças compõem 80% da população mundial de refugiados" (idem, p. 702).

[6] RUIZ DE SANTIAGO, Jaime. Atualidade do direito internacional dos refugiados. In: CANÇADO TRINDADE, Antonio Augusto (Ed.). A *incorporação das normas internacionais de proteção dos direitos humanos no direito brasileiro*. San José: IIDH, ACNUR, CIVC, CUE, 1996, p. 120. Afirmam David Carliner, Lucas Guttentag, Arthur C. Helton e Wade J. Henderson: "perseguição é ordinariamente uma ameaça à vida ou à liberdade individual. Sob certas circunstâncias, a discriminação ou a negação de direitos básicos podem constituir perseguição. (...) Para que um indivíduo tenha direito à proteção na condição de refugiado, a perseguição em questão deve ser fundada em razões de raça, religião, nacionalidade, pertinência a determinado grupo social ou opinião política. (...) O conceito de grupo social é considerado de forma flexível, levando-se em conta as peculiaridades daquele que persegue. Tais grupos podem incluir famílias, mulheres ou associação de voluntários" (T*he rights of aliens and refugees*. Illinois: Southern Illinois University Press, 1990, p. 46-47).

[7] Essa distinção deve ser sempre considerada quando se cogita da imposição de qualquer medida punitiva baseada no ingresso ilegal do refugiado. É, por isso, fundamental a referência ao disposto

Desde a adoção da Convenção de 1951 e do Protocolo de 1967, constata-se, especialmente nos âmbitos regionais africano e americano, o esforço de ampliar e estender o conceito de refugiado. A respeito, merecem destaque a Convenção da Organização da Unidade Africana de 1969 e a Declaração de Cartagena de 1984.

A Convenção da Organização da Unidade Africana de 1969, que rege os aspectos específicos dos problemas de refugiados, sendo aplicável aos países-membros da Organização da Unidade Africana, em seu art. 1º, sem excluir as hipóteses previstas na Convenção de 1951 e no Protocolo de 1967, conceitua refugiado como toda pessoa que, em virtude de uma agressão, ocupação ou dominação estrangeira, e de acontecimentos que perturbem gravemente a ordem pública – em parte ou na totalidade de seu país de origem, ou de seu país de nacionalidade –, vê-se obrigada a abandonar sua residência habitual para buscar refúgio em outro lugar, fora de seu país de origem ou de nacionalidade. Desse modo, essa Convenção introduz uma nova concepção, ao estender a proteção a todas as pessoas que são compelidas a cruzar as fronteiras nacionais em razão de agressão estrangeira ou perturbação da ordem pública, independentemente da existência do temor de perseguição[8].

Por sua vez, a Declaração de Cartagena sobre os Refugiados de 1984, aplicável aos países da América Latina, em vista da experiência decorrente da afluência maciça de refugiados na área centro-americana, recomenda que a definição de refugiado abranja também as pessoas que fugiram de seus países porque sua vida, segurança ou liberdade foram ameaçadas pela violência generalizada, pela agressão estrangeira, pelos conflitos internos, pela violação maciça dos direitos humanos, ou por outras circunstâncias que hajam perturbado gravemente a ordem pública[9].

---

no art. 14 da Declaração Universal dos Direitos Humanos, que garante a todas as pessoas o direito de procurar e gozar refúgio, e no art. 31 da Convenção de 1951, que exime refugiados de penalidades pela presença ou chegada ilegal, quando vêm diretamente de um território onde suas vidas ou liberdade estejam ameaçadas. Segundo M. Othmand-Chande: "Para os refugiados não é o *status* de sua nacionalidade, mas a ausência de proteção estatal, o elemento essencial para sua conceituação" (The emerging international law: norms for refugee repatriation. *Reveu Hellenique de Droit Internacional*, Atenas, v. 46, p. 104, 1993).

[8] HATHAWAY, James C., op. cit., p. 16.

[9] Nesse sentido, estabelece a Conclusão Terceira da Declaração de Cartagena: "Reiterar que, em vista da experiência tida em função da afluência maciça de refugiados na área centro-americana, faz-se necessária a extensão do conceito de refugiado (...) Desse modo, a definição ou conceito

Conclui-se que tanto a Convenção da Organização da Unidade Africana como a Declaração de Cartagena preveem a violação maciça dos direitos humanos como caracterizadora da situação de refugiado, inserindo assim a matéria no universo conceitual dos direitos humanos e adaptando a normativa internacional à luz das realidades regionais.

A definição ampliada e a definição clássica de refugiados não devem ser consideradas como excludentes e incompatíveis, mas, pelo contrário, complementares. O conceito de refugiado, tal como é definido na Convenção e no Protocolo, apresenta uma base jurídica apropriada para a proteção universal dos refugiados. Contudo, isso não impede a aplicação de um conceito de refugiado mais extenso, a ser considerado como um instrumento técnico efetivo para facilitar sua aplicação ampla e humanitária em situações de fluxos maciços de refugiados[10].

---

de refugiado recomendável para sua utilização na região é aquela que, além de conter os elementos da Convenção de 1951 e do Protocolo de 1967, considere também como refugiados as pessoas que fugiram de seus países porque sua vida, segurança ou liberdade foram ameaçadas pela violência generalizada, a agressão estrangeira, os conflitos internos, a violação maciça dos direitos humanos e outras circunstâncias que tenham perturbado gravemente a ordem pública". Observe-se que o Estado brasileiro, ao adotar a Lei n. 9.474, de 22 de julho de 1997 (que define os mecanismos para a implementação do Estatuto dos Refugiados de 1951), acolheu essa interpretação, estendendo o conceito de refugiado previsto pela Convenção de 1951, a fim de incluir "todo indivíduo que devido a grave e generalizada violação de direitos humanos, é obrigado a deixar seu país de nacionalidade para buscar refúgio em outro país" (art. 1º, III, da Lei n. 9.474/97).

[10] A respeito, JACKSON, Ivor C. The 1951 Convention relating to the Status of Refugees: a universal basis for protection. *International Journal of Refugee Law*, Oxford University Press, v. 3, n. 3, p. 411-412, 1991. Ainda a respeito do conceito de refugiado, acrescente-se que para o Alto Comissariado das Nações Unidas para Refugiados "alguém que foge de uma discriminação severa ou tratamento desumano – que vem a ser perseguição – por não concordar com códigos sociais severos, tem razões para ser considerada refugiada. Violência sexual e estupro podem constituir perseguição. Em 1984, o Parlamento Europeu determinou que mulheres enfrentando tratamento cruel ou desumano porque pareciam estar transgredindo morais sociais devem ser consideradas um grupo social particular para o propósito de determinação da condição de refugiadas. Na França, no Canadá e nos EUA foi oficialmente reconhecido que a mutilação genital representa uma forma de perseguição e que mulheres que temem a mutilação genital nos seus países têm uma real reivindicação ao *status* de refugiada. (...) Homossexuais podem ser elegíveis para *status* de refugiado com base na perseguição em virtude de sua associação com um grupo social em particular. É a política do ACNUR que pessoas que enfrentem ataques, tratamento desumano ou séria discriminação por sua homossexualidade, e cujos governos não podem ou não querem protegê-los, devem ser reconhecidos como refugiados" (ACNUR, *Protegendo refugiados*: perguntas e respostas, p. 6-7).

4. A Convenção sobre o Estatuto dos Refugiados e a Concepção Contemporânea de Direitos Humanos

A proteção internacional dos refugiados se opera mediante uma estrutura de direitos individuais e responsabilidade estatal que deriva da mesma base filosófica que a proteção internacional dos direitos humanos. O Direito Internacional dos Direitos Humanos é a fonte dos princípios de proteção dos refugiados e ao mesmo tempo complementa tal proteção.

A própria condição de refugiado aponta à violação de direitos humanos básicos, consagrados na Declaração Universal de 1948 e consequentemente tem estreita relação com o direito de solicitar asilo e dele gozar, previsto no art. 14 da Declaração. Ao assegurar o valor da liberdade e da igualdade, proibindo discriminações de qualquer natureza, da Declaração decorre o direito fundamental de não sofrer perseguição por motivos de raça, religião, nacionalidade, participação em determinado grupo social ou opiniões políticas. Por sua vez, desse direito decorre o direito de toda pessoa vítima de perseguição de procurar e de gozar asilo em outros países. Todo refugiado tem direito à proteção internacional e os Estados têm o dever jurídico de respeitar a Convenção sobre o Estatuto dos Refugiados de 1951, sendo que muitos dos direitos relevantes à proteção dos refugiados são direitos fundamentais assegurados pela Declaração Universal.

Quando se relacionam refugiados e direitos humanos, imediatamente percebe-se uma conexão fundamental: os refugiados tornam-se refugiados porque um ou mais direitos fundamentais são ameaçados. Cada refugiado é consequência de um Estado que viola os direitos humanos. Todos os refugiados têm sua própria história – uma história de repressão e abusos, de temor e medo. Há que se ver em cada um dos homens, mulheres e crianças que buscam refúgio o fracasso da proteção dos direitos humanos em algum lugar. Os mais de cem milhões de refugiados acusam esse dado.

Há assim uma relação estreita entre a Convenção de 1951 e a Declaração Universal de 1948, em especial seu art. 14, sendo hoje impossível conceber o Direito Internacional dos Refugiados de maneira independente e desvinculada do Direito Internacional dos Direitos Humanos. Esses Direitos têm em comum o objetivo essencial de defender e garantir a dignidade e a integridade do ser humano. Como afirma Hector Gros Espiell: "Se é certo afirmar que os refugiados possuem um regime jurídico internacional específico que deriva, entre outros instrumentos, da Convenção de 1951 e do Protocolo de 1967, não é menos certo que os princípios e critérios normativos que fundam esse regime se encontram na Declaração Universal de Direitos Humanos (arts. 13 e 14) (...)"[11]. A proteção dos refugiados constitui a garantia de direitos humanos a uma categoria de pessoas tipificadas por elementos caracterizadores próprios, que requerem um tratamento normativo especial.

A proteção internacional dos refugiados tem como fundamento a universalidade dos direitos humanos, que afirma que a dignidade é inerente à pessoa e dessa condição decorrem direitos, independentemente de qualquer outro elemento. Os refugiados são, assim, titulares de direitos humanos que devem ser respeitados em todo momento, circunstância e lugar. A proteção internacional dos refugiados tem ainda por fundamento a indivisibilidade dos direitos humanos, que devem ser concebidos como uma unidade indivisível, interdependente e inter-relacionada, ou seja, essa proteção alcança tanto direitos civis e políticos como direitos sociais, econômicos e culturais, como será demonstrado no tópico seguinte.

Os preceitos da Convenção sobre o Estatuto dos Refugiados de 1951 devem ser interpretados em harmonia com a Declaração Universal de 1948 e com todos os principais tratados internacionais de proteção de direitos humanos, como o Pacto Internacional dos Direitos Civis e Políticos, o Pacto Internacional dos Direitos Econômicos, Sociais e Culturais, a Convenção contra a Tortura, a Convenção sobre os Direitos da Criança, a Convenção sobre a Eliminação de todas as Formas de Discriminação contra a Mulher, a Convenção sobre a Eliminação de todas as Formas de Discriminação Racial, a Declaração sobre a Eliminação de todas as Formas de Intolerância e Discriminação Racial baseadas em Religião ou Crenças, a Declaração

---

[11] GROS ESPIELL, Hector. El derecho internacional de los refugiados y el artículo 22 de la Convención Americana sobre derechos humanos. In: *Estudios sobre derechos humanos*. Madrid: Civitas/ IIDH, 1988, v. 2, p. 253. O principal instrumento internacional acerca dos direitos dos refugiados, a Convenção de 1951 sobre o Estatuto dos Refugiados, declara em seu preâmbulo sua direta descendência da Carta das Nações Unidas e da Declaração Universal: "Considerando que a Carta das Nações Unidas e a Declaração Universal dos Direitos Humanos, aprovada em 10 de dezembro de 1948 pela Assembleia Geral, afirmaram o princípio de que os seres humanos, sem distinção, devem desfrutar dos direitos humanos e das liberdades fundamentais; (...) Expressando o desejo de que todos os Estados, reconhecendo o caráter social e humanitário do problema dos refugiados, façam tudo o que estiver em seu poder para evitar que esse problema se torne uma causa de tensão entre os Estados; (...)".

sobre os Direitos das Pessoas Pertencentes a Minorias Étnicas, Religiosas e Linguísticas, dentre outros[12].

Por fim, há que se ressaltar a Declaração de Direitos Humanos de Viena de 1993, que reforça a concepção de que a problemática dos refugiados há de ser compreendida sob a perspectiva dos direitos humanos. A Conferência Mundial de Direitos Humanos de Viena de 1993 endossa a universalidade dos direitos humanos, quando reconhece que estes têm origem na dignidade e no valor inerente à pessoa humana e que esta é o sujeito central dos direitos humanos e liberdades fundamentais. Em seu § 8º, a Declaração adiciona que: "A democracia, o desenvolvimento e o respeito aos direitos humanos e liberdades fundamentais são conceitos interdependentes que se reforçam mutuamente". No que se refere à problemática dos refugiados, há que se destacar o § 23, que reafirma que todas as pessoas, sem qualquer distinção, têm direito a solicitar e gozar de asilo político em outros países em caso de perseguição, bem como retornar ao seu próprio país. Nesse particular, enfatiza a importância da Declaração Universal dos Direitos Humanos de 1948, da Convenção sobre Estatuto dos Refugiados de 1951, de seu Protocolo Facultativo de 1967 e dos instrumentos regionais. Expressa seu reconhecimento aos Estados que continuam a aceitar e acolher grandes números de refugiados em seu território e ao Alto Comissariado das Nações Unidas para Refugiados, pela dedicação com que desempenha sua tarefa.

A Conferência Mundial sobre Direitos Humanos de 1993 reconhece que violações flagrantes de direitos humanos, particularmente aquelas cometidas em situações de conflito armado, representam um dos múltiplos e complexos fatores que levam ao deslocamento de pessoas. Em virtude da complexidade da crise global de refugiados, a Conferência Mundial sobre Direitos Humanos reconhece, de acordo com a Carta das Nações Unidas, com os instrumentos internacionais que se referem à matéria, em sintonia com o espírito de solidariedade internacional e com a necessidade de

---

[12] O desenvolvimento do Direito Internacional dos Direitos Humanos, desde a adoção da Declaração Universal, confere suporte e complemento ao direito dos refugiados, oferecendo-lhes uma proteção adicional. Nesse sentido, merecem destaque a Convenção sobre os Direitos da Criança, a previsão do princípio do *non-refoulement* na Convenção contra a Tortura de 1984, a Convenção sobre a Eliminação de todas as Formas de Discriminação Racial, a Convenção sobre a Eliminação de todas as Formas de Discriminação contra a Mulher, dentre outros instrumentos de proteção dos direitos humanos.

compartilhar responsabilidades (*burden-sharing*), que a comunidade internacional deve adotar um planejamento abrangente em seus esforços para coordenar as atividades e promover uma maior cooperação com países envolvidos e com organizações pertinentes a essa área, tendo em mente o mandato do ACNUR. Esse planejamento deve incluir: o desenvolvimento de estratégias que abordem as causas mais profundas e os efeitos dos movimentos de refugiados[13] e de outras pessoas deslocadas; o fortalecimento de medidas preparatórias e mecanismos de resposta a emergências; o estabelecimento de uma efetiva proteção e assistência, levando-se em conta de modo especial as necessidades de mulheres e crianças; a busca permanente de soluções duradouras, preferencialmente a repatriação voluntária de refugiados em condições de segurança e dignidade, bem como outras soluções que têm sido adotadas pelas conferências internacionais sobre refugiados. A Conferência Mundial sobre Direitos Humanos enfatiza a responsabilidade dos Estados quanto à problemática dos refugiados, particularmente no que concerne ao país de origem.

5. A Proteção Internacional dos Direitos Humanos dos Refugiados

É necessário que a problemática dos refugiados seja enfrentada sob a perspectiva dos direitos humanos. Hoje é amplamente reconhecida a inter-relação entre o problema dos refugiados, a partir de suas causas principais (as violações de direitos humanos) e, em etapas sucessivas, os direitos humanos. Assim, devem os direitos humanos ser respeitados antes do processo de solicitação de asilo ou refúgio, durante ele e depois dele (na fase final das soluções duráveis). Há uma relação direta entre a observância das normas de direitos humanos, os movimentos de refugiados e os

---

[13] Nesse sentido, o § 28 da Declaração afirma: "A Conferência Mundial sobre Direitos Humanos expressa sua consternação diante do registro de inúmeras violações de direitos humanos, particularmente na forma de genocídio, limpeza étnica e violação sistemática de mulheres em situações de guerra, que criam êxodos em massa de refugiados e pessoas deslocadas. Ao mesmo tempo que condena firmemente essas práticas abomináveis, a Conferência reitera seu apelo para que os autores desses crimes sejam punidos e essas práticas imediatamente interrompidas". Já o § 20 do Programa de Ação adiciona: "A Conferência Mundial sobre Direitos Humanos insta todos os Governos a tomarem medidas imediatas e desenvolverem políticas vigorosas no sentido de evitar e combater todas as formas de racismo, xenofobia ou manifestações análogas de intolerância, onde seja necessário, promulgando leis adequadas, adotando medidas penais cabíveis e estabelecendo instituições nacionais para combater fenômenos dessa natureza".

problemas da proteção[14], sendo necessário abarcar a problemática dos refugiados não apenas a partir do ângulo da proteção, mas também da prevenção e da solução (duradoura ou permanente)[15].

Nesse sentido, o encontro entre direitos humanos e refúgio realiza-se em pelo menos quatro momentos fundamentais, já que os refugiados devem ter seus direitos fundamentais respeitados antes, durante e depois do processo de solicitação de asilo.

O primeiro momento é o anterior ao refúgio, em que a ameaça de violação ou a efetiva violação a direitos fundamentais resultam na busca de asilo. Pode-se afirmar que a violação e colapso do Estado de Direito, a violência, os conflitos internos e a limpeza étnica constituem as causas principais que levam à solicitação de refúgio. O respeito aos seguintes direitos universais, constantes da Declaração de 1948, é de extrema relevância durante essa fase: a) o direito à igualdade e à não discriminação (arts. 1º e 2º); b) o direito à vida, à liberdade e à segurança pessoal (art. 3º); c) o direito à igualdade perante a lei (arts. 6º, 7º, 8º, 10 e 11); d) o direito a não ser submetido à tortura ou a tratamento cruel, desumano ou degradante (art. 5º); e) a proteção contra a interferência arbitrária na privacidade, na

---

[14] Ver a conclusão n. 56 de 1989 adotada pelo ACNUR. In: ACNUR. *Conclusiones sobre la protección internacional de los refugiados: aprobadas por el Comité Ejecutivo del Programa del* ACNUR. Genebra, 1990.

[15] Afirma Antônio Augusto Cançado Trindade: "Nesta linha de evolução, vem-se passando gradualmente de um critério subjetivo de qualificação dos indivíduos, segundo as razões que os teriam levado a abandonar seus lares, a um critério objetivo concentrado antes nas necessidades de proteção. (...) As qualificações individuais de perseguição mostraram-se anacrônicas e impraticáveis ante o fenômeno dos movimentos em massa de pessoas, situados em um contexto mais amplo de direitos humanos. A atenção passa a voltar-se à elaboração e desenvolvimento do conceito de responsabilidade do Estado de remediar as próprias causas que levam a fluxos maciços de pessoas. (...) outra implicação da concepção ampliada de proteção, radica na necessidade de dedicar maior atenção ao alcance do direito de permanecer com segurança no próprio lar (de não ser forçado ao exílio) e do direito de retornar com segurança ao lar" (Direito internacional dos direitos humanos, direito internacional humanitário e direito internacional dos refugiados: aproximações e convergências. In: CANÇADO TRINDADE, Antônio Augusto; PEYTRIGNET, Gérard; RUIZ DE SANTIAGO, Jaime. *As três vertentes da proteção internacional dos direitos da pessoa humana*: direitos humanos, direito humanitário, direito dos refugiados. San José da Costa Rica/Brasília: Instituto Interamericano de Direitos Humanos/ Comitê Internacional da Cruz Vermelha/Alto Comissariado das Nações Unidas para os Refugiados, 1996, p. 90-91). O direito de não ser forçado ao exílio "implica o dever concomitante do Estado de proteger as pessoas contra o deslocamento sob coerção" (UNHC, Statement by the United Nations High Commissioner for Refugees to the XLIX Session of the Commission on Human Rights, Genebra, 3-3-1993, p. 11).

família ou no domicílio (art. 12); f) a liberdade de pensamento, consciência e religião (art. 18); e g) a liberdade de opinião e expressão (art. 19).

O segundo momento ocorre quando a pessoa vê-se obrigada a abandonar seu país de origem, devido a fundados temores de perseguição por motivos de raça, religião, nacionalidade, por pertencer a um determinado grupo social, ou mesmo por opiniões políticas. Ao deixarem seu país de origem na busca de proteção aos seus direitos humanos, os refugiados são expostos a violações de direitos humanos, não apenas no país do qual saem, como também no país a que chegam. Mulheres e crianças estão particularmente vulneráveis nesse momento e frequentemente são vítimas de abusos e exploração sexual. Esse ainda é o momento no qual as famílias são separadas[16]. Por isso, a observância dos seguintes direitos constantes da Declaração Universal de 1948 são fundamentais nesse período: a) a proteção contra a prisão, detenção ou exílio ilegal (art. 9º); b) a liberdade de movimento e o direito de deixar qualquer país (art. 13); c) o direito de solicitar e gozar de asilo em outro país, em razão de perseguição (art. 14); d) o reconhecimento de que a família é a base natural e fundamental da sociedade, merecendo proteção (art. 16 (3)); e) o direito à vida, à liberdade e à segurança pessoal (art. 3º); e f) o direito a não ser submetido a tortura ou a tratamento cruel, desumano ou degradante (art. 5º).

O terceiro momento é o período do refúgio, em que os direitos dos refugiados devem ser protegidos pelo país que os acolheu. O refugiado tem direito a um refúgio seguro e tem como obrigação respeitar as leis do país de refúgio, como prevê o art. 2º da Convenção de 1951[17]. Durante o período em que são acolhidos como refugiados em um outro país, eles devem ter seus direitos básicos respeitados e devem ser tratados com dignidade. Nessa fase, os seguintes direitos universais enunciados na Declaração de 1948 devem ser observados: a) o direito à igualdade e à não discriminação (arts. 1º e 2º); b) o direito à vida, à liberdade e à segurança

---

[16] Observe-se que há o princípio da unidade da família que, constante da Declaração Universal de 1948, deve inspirar o Direito dos Refugiados. A respeito, destaque-se a Conclusão Décima Terceira da Declaração de Cartagena de 1984: "Reconhecer que a reunificação das famílias constitui um princípio fundamental em matéria de refugiados, o qual deve inspirar o regime de tratamento humanitário no país de asilo e da mesma maneira as facilidades que se outorguem nos casos de repatriação voluntária".

[17] De acordo com o art. 2º da Convenção: "Cada refugiado tem, para com o país em que se encontra, deveres que incluem em especial a obrigação de acatar leis e regulamentos e, bem assim, as medidas para a manutenção da ordem pública".

pessoal (art. 3º); c) a proteção contra a prisão, detenção ou exílio ilegal (art. 9º); d) o direito a não ser submetido a tortura ou a tratamento cruel, desumano ou degradante (art. 5º); e) o direito à igualdade perante a lei, na determinação do *status* de refugiado (arts. 7º, 8º a 11); f) a proteção contra a interferência arbitrária na privacidade, na família ou no domicílio (art. 12); g) o direito de solicitar e gozar de asilo em outro país, em razão de perseguição (art. 14); e h) o direito a dignas condições de vida (art. 25) e o direito à educação (art. 26). Ademais, o *status* de refugiado confere direitos humanos fundamentais, assegurados expressamente pela Convenção sobre o Estatuto dos Refugiados de 1951[18]. De acordo com a Convenção de 1951, os refugiados têm os seguintes direitos: a) o direito de não sofrer discriminação por motivo de raça, religião ou país de origem (art. 3º); b) o direito à liberdade religiosa e liberdade de instrução religiosa dos seus filhos (art. 4º); c) o direito à aquisição de propriedade (art. 13); d) a proteção à propriedade intelectual e industrial (art. 14); e) o direito de associação (art. 15); f) o direito de livre acesso ao Poder Judiciário e à assistência jurídica (art. 16); g) o direito ao trabalho (art. 17); h) o direito à educação, devendo os Estados conceder-lhes o mesmo tratamento que aos nacionais em matéria de ensino primário (art. 22); i) documentos de identidade (art. 27).

Dentre os direitos protegidos, merece destaque o direito do refugiado de não ser repatriado, que constitui um princípio basilar do sistema internacional de proteção de refugiados. À luz do princípio da não devolução, ninguém pode ser obrigado a retornar a um país em que sua vida e liberdade estejam ameaçadas. Esse direito é consagrado no art. 33 da Convenção de 1951, quando afirma que "nenhum dos Estados-contratantes expulsará ou repelirá um refugiado, seja de que maneira for, para as fronteiras dos territórios onde a sua vida ou a sua liberdade sejam ameaçadas em virtude de sua raça, religião, nacionalidade, filiação em certo grupo social ou opiniões políticas"[19]. O princípio do *non-refoulement* é, assim, um

---

[18] Observe-se que a Convenção de 1951 compreende três espécies de disposições: a) as que contêm a definição de refugiado e de quem tendo sido refugiado deixou de sê-lo; b) as que definem o estatuto jurídico dos refugiados e seus direitos e obrigações no país de acolhida; c) as que disciplinam a aplicação dos instrumentos nos planos administrativo e diplomático.

[19] Esse princípio é reiterado pelo art. 22, VIII, da Convenção Americana de Direitos Humanos ("Em nenhum caso o estrangeiro pode ser expulso ou entregue a outro país, seja ou não o de origem, onde seu direito à vida ou à liberdade pessoal esteja em risco de violação em virtude de sua raça, nacionalidade, religião, condição social ou de suas opiniões políticas") e pelo art. 3º da Convenção

princípio geral tanto do Direito dos Refugiados como do Direito dos Direitos Humanos, devendo ser reconhecido e respeitado como um princípio de *jus cogens*[20].

Por fim, o quarto momento é aquele no qual há a solução quanto ao problema dos refugiados. Dentre as soluções duráveis destacam-se: 1) a repatriação voluntária (a repatriação de refugiados ao seu país de origem deve ser caracterizada sempre pelo caráter voluntário do retorno)[21]; 2) a integração local; e 3) o reassentamento em outros países. Uma vez que uma solução durável tenha sido alcançada e o refugiado possa retornar ao seu país de origem ou decida viver em outro país, o processo de reintegração no país de origem ou o processo de integração no novo país apresenta uma nova série peculiar de problemas. Nessas circunstâncias, os direitos a seguir enunciados, constantes da Declaração Universal, têm especial significado: a) o direito de regressar ao país de origem (art. 13); b) o direito à nacionalidade (art. 15); c) o direito à não discriminação (art. 2º); d) o direito à igualdade perante a lei (arts. 7º e 8º a 11); e) o direito à participação política (art. 21); f) os direitos econômicos, sociais e culturais indispensáveis à sua dignidade e ao livre desenvolvimento de sua personalidade (art. 22); g) o

---

contra a Tortura ("Nenhum Estado-parte procederá a expulsão, devolução ou extradição de uma pessoa a outro Estado quando houver fundadas razões para crer que estaria em perigo de ser submetida à tortura").

[20] Afirma a Conclusão Quinta da Declaração de Cartagena de 1984: "Reiterar a importância e a significação do princípio da não devolução (incluindo a proibição do rechaço nas fronteiras), como pedra de toque da proteção internacional dos refugiados. Esse princípio, imperativo aos refugiados, deve ser reconhecido e respeitado no estado atual do Direito Internacional como um princípio de *jus cogens*". Nesse mesmo sentido, afirma M. Othman-Chande: "O princípio do *non-refoulement* se transformou em um princípio geral do Direito Internacional ou em um Direito costumeiro internacional que vincula todos os Estados, ainda na ausência de uma expressa obrigação decorrente de um tratado" (op. cit., p. 113).

[21] Destaque-se a observação de Hector Gros Espiell: "'Não devolução' e 'repatriação voluntária' são exemplos, no Direito Internacional dos Refugiados, de *jus cogens* que se complementam. Assim, tem-se escrito que: repatriação e não devolução são institutos perfeitamente compatíveis. Uma, a primeira, quando – como deve necessariamente ser – voluntária e livre, é a forma mais desejável, permanente e normal de se pôr fim ao refúgio; a outra é a garantia de que jamais, mediante a recusa ou a devolução, se ponha em perigo a vida ou a segurança do que busca refúgio ou do que o tenha recebido. Em consequência, se integram e complementam reciprocamente" (GROS ESPIELL, Hector, op. cit., p. 26-27). Na mesma direção, afirma M. Othman-Chande: "O princípio da repatriação voluntária de refugiados tem alcançado um *status* de regra do Direito costumeiro internacional mediante as práticas uniformes e consensuais das Nações Unidas e de seus órgãos, países de asilo e de refúgio" (op. cit., p. 125).

direito ao trabalho (art. 23); h) o direito a um padrão de vida digno (art. 25); i) o direito a uma ordem social e internacional na qual os direitos e as liberdades universais possam ser realizados (art. 28); e j) os deveres para com a comunidade no que tange ao respeito aos direitos de outras pessoas e ao respeito às leis (art. 29).

6. A Responsabilidade do Estado na Concessão de Asilo

A concessão de asilo a uma pessoa que, carecendo da proteção que deveria ter em seu país de origem, vê-se obrigada a buscar tal proteção fora dele, deve ser reconhecida como ato de natureza pacífica, apolítica e essencialmente humanitária. Por isso, é de importância fundamental o princípio internacionalmente aceito (enunciado inclusive na Declaração da ONU sobre Asilo Territorial de 1967) de que a concessão de asilo não pode jamais ser interpretada como um ato inamistoso, de inimizade ou hostilidade com relação ao país de origem do refugiado[22].

Cada Estado deve considerar que a decisão sobre a concessão de asilo ou refúgio pode determinar a vida ou a morte de uma pessoa. Todos os solicitantes de asilo têm direito a apresentar uma solicitação de asilo perante a autoridade competente e em nenhum caso pode-se permitir que funcionários de fronteiras impeçam o exercício desse direito.

Para que os procedimentos referentes à decisão sobre a concessão de asilo sejam justos e satisfatórios[23], devem existir as seguintes condições: 1) o organismo encarregado de adotar as decisões deve ser independente, especializado e alheio a ingerências políticas; 2) todas as solicitações de asilo devem ser examinadas pessoalmente por um entrevistador qualificado e especializado em Direito Internacional dos Direitos Humanos, bem como

---

[22] Note-se que a Declaração da ONU sobre Asilo Territorial de 1967 consagra uma série de princípios fundamentais, como o da não devolução, o direito de sair, retornar e permanecer em qualquer país, inclusive o próprio, o direito de gozar de asilo, e que o asilo não pode ser considerado inamistoso por nenhum outro Estado, posto que é pacífico e humanitário. De acordo com o Alto Comissariado das Nações Unidas para Refugiados: "Na problemática dos refugiados, o interesse daquele que busca refúgio ou asilo como ser humano deve prevalecer sobre eventuais conflitos de interesse entre Estados" (M. SYRAN, Claudena. The international refugee regime: the historical and contemporary context of international responses to asylum problems. In: LOESCHER, Gil. *Refugees and the asylum dilemma in the west*. Pennsylvania: The Pennsylvania State University Press, 1992, p. 15).

[23] Sobre os procedimentos, ver Anistia Internacional, *Respeten mis derechos*: los refugiados hablan, Madrid, 1997.

Direito dos Refugiados; 3) as refugiadas devem ter a opção de ser entrevistadas por mulheres; 4) em todas as etapas do processo devem estar presentes intérpretes competentes, qualificados e imparciais; 5) todas as solicitações de asilo devem ser estudadas de forma individual e exaustiva; 6) os solicitantes devem dispor de assistência; 7) os solicitantes devem ter um tempo para preparar sua petição e buscar uma assistência jurídica; 8) os solicitantes de asilo que estiverem sem a documentação necessária devem gozar do benefício da dúvida, em vista de suas especiais circunstâncias[24]; 9) os solicitantes de asilo devem ter o direito de permanecer no país até que se faça pública a solução final de seu pedido.

Os Governos devem adotar um processo rápido, flexível e liberal, reconhecendo a dificuldade que se apresenta para documentar a perseguição.

Embora a Declaração Universal, em seu art. 14, consagre o direito fundamental de solicitar asilo e dele gozar, discute-se qual a responsabilidade do Estado no processo de concessão de asilo. Como já ressaltado, há de ser observado o princípio do *non-refoulement*, que proíbe o Estado de devolver o solicitante de asilo a um país em que exista o risco de grave violação à sua vida ou liberdade – o que ao menos assegura um refúgio temporário diante do perigo iminente. Nesse sentido, o direito à não devolução surge como uma obrigação mínima dos Estados. Nas palavras de Guy Goodwin-Gill: "Na prática de muitos Estados signatários da Convenção de 1951 e do Protocolo de 1967, o refugiado (a pessoa com fundado temor de perseguição) não apenas tem efetivamente usufruído o asilo, no sentido de residência, como também tem sido protegido da devolução forçosa ao país no qual há o risco de perseguição ou outra grave ameaça"[25].

Contudo, ainda há uma forte resistência dos Estados em aceitar um instrumento internacional que estabeleça deveres acerca da concessão de asilo[26] (bastando mencionar o projeto de Convenção sobre Asilo Territorial

---

[24] A respeito, o art. 31 da Convenção dos Refugiados afirma que os refugiados que escapam de um perigo não devem ser penalizados por entrar ilegalmente em um país, desde que se apresentem sem demora às autoridades e mostrem ter boas razões para sua entrada ou presença ilegal.

[25] GOODWIN-GILL, Guy. *The refugee in international law*. Oxford: Clarendon Press, 1996, p. 203.

[26] Na afirmação de P. Hyndman: "Os Estados sistematicamente têm demonstrado uma grande relutância em ceder parte de sua soberania relativa à decisão de quais as pessoas que devem ou não ser admitidas em seu território. Eles têm se recusado a aceitar instrumentos internacionais que lhes imponham deveres no que se refere à concessão de asilo" (Refugees under international law with a reference to the concept of asylum. *Australian* L. J., v. 60, n. 148, p. 153, 1986). Para Deborah E. Anker: "O asilo, entretanto, contém uma crucial ambiguidade. Os Estados em geral

de 1977, não aprovado). Essa resistência se ampara no argumento de que a decisão sobre a concessão do asilo situa-se no domínio da discricionariedade estatal, na medida em que cabe ao Estado decidir quem deve ser admitido em seu território e quem pode nele permanecer. A respeito da matéria, compartilha-se da posição de Guy Goodwin-Gill, quando afirma que "a obrigação essencialmente moral de assistir refugiados e assegurar--lhes um asilo seguro, ao longo dos tempos e em certas circunstâncias, tem se transformado em uma obrigação legal (embora com um grau relativamente fraco de vinculação). O princípio do *non-refoulement* deve ser hoje compreendido de forma mais ampla, transcendendo os restritos contornos conferidos pelos arts. 1º e 33 da Convenção sobre o Estatuto dos Refugiados de 1951"[27]. Esse estudo defende, assim, a necessidade de reduzir o domínio da discricionariedade do Estado, a fim de que direitos universalmente assegurados sejam efetivamente implementados. Vale dizer, ao direito de solicitar asilo e dele gozar, enunciado na Declaração Universal, há de corresponder o dever do Estado de conceder asilo. Adotando-se a perspectiva da proteção dos direitos humanos, faz-se fundamental consolidar a teoria

---

não têm reconhecido a existência de um dever de admitir estrangeiros e de lhes conceder o *status* de asilados" (Discritionary asylum: a protection remedy for refugees under the Refugee Act of 1980. *Virginia Journal of International Law*, Charlottesville, v. 28, n. 1, p. 3, 1987). Complementa a mesma autora: "Embora a concessão de asilo seja um ato discricionário, o universo de pessoas elegíveis para o asilo é definido pelo Direito Internacional e seus propósitos, bem como suas consequências práticas são claramente protegidas" (idem, p. 5). Sobre a matéria, afirma Joan Fitzpatrick: "A necessidade de tratados internacionais, seja no plano regional ou universal, definindo parâmetros mínimos para a concessão de asilo e de refúgio temporário é clara. Contudo, o fracasso da Conferência da ONU de 1977 acerca de asilo territorial ainda atinge os espíritos daqueles que acreditam que o problema da migração forçada deve ser confrontado por acordos formais que introduzam regras mínimas e uma sistemática que permita dividir responsabilidades" (Flight from asylum: trends toward temporary "refuge" and local responses to forced migration. *Virginia Journal of International Law*, Charlottesville, v. 35, n. 13, p. 70, 1994).

[27] GOODWIN-GILL, G. Non-refoulement and the new asylum seekers. *Virginia Journal of International Law*, v. 26, n. 4, p. 898, 1986. No mesmo sentido, afirma Deborah E. Anker: "O asilo não pode ser negado sem uma justificativa substantiva: a evidência de que o solicitante apresenta um sério perigo à comunidade ou que anteriormente à sua entrada ele já tenha recebido refúgio em outro país, no qual sua não repatriação e sua segurança foram garantidos. A existência de um refúgio seguro deve ser o aspecto central da doutrina da discricionariedade do asilo. (…) Parâmetros para um refúgio seguro devem derivar das obrigações básicas de proteção enunciadas na Convenção de 1951 e no Protocolo de 1967, como também das resoluções recentes do Alto Comissariado da ONU para Refugiados. Esses parâmetros devem fundar-se nas obrigações mínimas previstas nos arts. 31 e 33 desses tratados e devem envolver a exigência fundamental de um asilo durável ou qualquer outra forma de asilo permanente" (op. cit., p. 65).

da responsabilidade jurídica do Estado no tocante à matéria, não obstante todas as resistências e dificuldades.

Ao conceder asilo a uma pessoa, assegurando-lhes direitos básicos, a atuação do Estado está absolutamente afinada com a concepção contemporânea de direitos humanos, no que tange à universalidade e à indivisibilidade desses direitos. Por sua vez, quando se permite aos refugiados reconstruir as suas vidas, podem eles enriquecer a sociedade que os acolhe, cooperando com o país e contribuindo com a diversidade cultural.

7. As Diferenças entre o Instituto Internacional do Refúgio e o Instituto Latino-Americano do Asilo

Por fim, este estudo enfocará as diferenças entre o instituto internacional do refúgio e o instituto do asilo na acepção latino-americana.

O instituto do asilo na acepção latino-americana encontra seu fundamento contemporâneo no art. 22 (7) da Convenção Americana de Direitos Humanos de 1969, que dispõe: "Toda pessoa tem o direito de buscar e receber asilo em território estrangeiro, em caso de perseguição por delitos políticos ou comuns conexos com delitos políticos, de acordo com a legislação de cada Estado e com as Convenções internacionais". Contudo, foi no século XIX que ocorreu no continente americano a primeira regulamentação jurídica internacional regional pertinente ao asilo. Como explica José Henrique Fischel de Andrade: "Na ocasião do Primeiro Congresso Sul-americano de Direito Internacional Privado concluiu-se, aos 23 de janeiro de 1889, o Tratado sobre Direito Penal Internacional, que, em seus arts. 15-19, vislumbra o asilo, relacionando-o, *inter alia*, às regras atinentes à extradição e aos delitos políticos. O tratado de 1889 foi deveras importante numa época em que se lutava pela independência de alguns Estados latino-americanos e pela consolidação da democracia em outros. Nessa luta pela independência e pela democracia, em que constantemente facções dissidentes impunham, à força, sistemas de governos ditatoriais, a utilização do instituto asilo foi ampla. Como consequência, foram concluídos, neste continente, instrumentos internacionais regionais convencionais que regulavam, como ainda regulam, direta ou indiretamente, a concessão do asilo, somando-se até o presente oito instrumentos que legislam sobre o assunto. A necessidade particular deste continente fez com que, na regulamentação jurídica regional do asilo, características próprias e peculiares fossem moldadas nos seus respectivos instrumentos. (...) O refúgio, como instituto jurídico internacional global, surgiu e evoluiu já no século XX, a partir de 1921, à luz da Liga das Nações e, posteriormente, da Organização das Nações Unidas, motivado por razões via de regra diferentes das que ensejaram a gênese do asilo latino-americano"[28].

O § 7º do art. 22 da Convenção Americana de Direitos Humanos, ao consagrar "o direito de buscar e receber asilo em território estrangeiro", reconheceu assim a grande tradição latino-americana sobre a matéria, expressando não apenas os tradicionais tratados relativos ao asilo territorial, como os de Havana de 1928, Montevidéu de 1933, Caracas de 1954 e os Tratados de Montevidéu de 1889 e 1939[29].

Como se verá, embora o asilo na acepção regional latino-americana e o refúgio (em sua acepção global) sejam institutos diferentes, buscam ambos a mesma finalidade – que é a proteção da pessoa humana. Verifica-se, pois, uma complementaridade entre os dois institutos.

Ao tecer as diferenças entre o asilo e o refúgio, vislumbra-se inicialmente que o refúgio é um instituto jurídico internacional, tendo alcance

---

[28] ANDRADE, José Henrique Fischel de. *Direito internacional dos refugiados*: evolução histórica (1921-1952). Rio de Janeiro: Renovar, 1996, p. 18-19. Acrescenta o mesmo autor que o termo asilo foi usado larga, mas não exclusivamente, para significar esse aspecto particular do direito de asilo, qual seja, a não extradição por motivos políticos. Ainda explica José Henrique Fischel de Andrade: "A proteção é precisamente a noção da palavra 'asilo', que deriva do nome grego *asylon*, formado pela partícula privativa *a*, que significa 'não', e da palavra *aylao*, que equivale aos verbos quitar, arrebatar, tirar, sacar, extrair. Não é por acaso que a palavra 'asilo' deriva do grego: foi particularmente na Grécia antiga que o asilo foi objeto de grande valia e de extenso uso, tendo sempre sido concedido como uma noção de 'inviolabilidade' ou de 'refúgio inviolável', onde o perseguido podia encontrar proteção para a vida" (idem, p. 9). Para Norberto Bobbio: "O asilo se laicizou para tornar-se mais decididamente objeto de normas jurídicas, que têm função precisa de tutela a perseguidos políticos. É sobretudo em conexão com esse desenvolvimento que se pode falar hoje de um Direito de Asilo. O asilo se distingue em territorial e extraterritorial, conforme é concedido por um Estado em seu próprio território ou na sede de uma legação ou num barco ancorado no mar costeiro. (...) O asilo extraterritorial ou diplomático está largamente em uso nos países da América Latina" (*Dicionário de política*. Brasília: UnB, 1986, p. 57-58). Na lição de W. R. Smyser: "O asilo significa a admissão de uma pessoa em um determinado país e apresenta duas espécies: o diplomático e o territorial (ou político). O asilo diplomático envolve o uso de uma residência diplomática ou consular ou de navio de guerra como local de refúgio. (...) O asilo territorial ou político é oferecido a pessoas acusadas de ofensas políticas ou vítimas de perseguição política que se encontrem no território do Estado ao qual solicita-se o asilo" (Refugees: a never ending story. In: PIERRE CLAUDE, Richard; WESTON, Burns H. *Human rights in the world community*: issues and action. Philadelphia: University of Pennsylvania Press, 1992, p. 114).

[29] GROS ESPIELL, Hector. El derecho internacional de los refugiados, cit., p. 267.

universal, e o asilo é um instituto jurídico regional, tendo alcance na região da América Latina. O refúgio, como já examinado, é medida essencialmente humanitária, enquanto o asilo é medida essencialmente política. O refúgio abarca motivos religiosos, raciais, de nacionalidade, de grupo social e de opiniões políticas, enquanto o asilo abarca apenas os crimes de natureza política[30]. Para o refúgio basta o fundado temor de perseguição, ao passo que para o asilo há a necessidade da efetiva perseguição. Ademais, no refúgio a proteção como regra se opera fora do país, já no asilo a proteção pode-se dar no próprio país ou na embaixada do país de destino (asilo diplomático). No refúgio há cláusulas de cessação, perda e exclusão, constantes da Convenção sobre o Estatuto dos Refugiados de 1951; já no asilo inexistem tais cláusulas. Outra distinção está na natureza do ato de concessão de refúgio e asilo – enquanto a concessão de refúgio apresenta efeito declaratório, a concessão de asilo apresenta efeito constitutivo, dependendo exclusivamente da decisão do país.

Por sua vez, ambos os institutos se identificam por constituírem uma medida unilateral, destituída de reciprocidade e sobretudo por objetivarem fundamentalmente a proteção da pessoa humana. Daí a necessária harmonização e complementaridade dos dois institutos. Como observa Hector Gros Espiell: "Surge como conclusão a necessária complementaridade dos regimes universais e regionais, para que se alcance a mais ampla e completa proteção dos direitos humanos. Há também que se aplicar, para a garantia e salvaguarda de direitos, de forma específica e apropriada os textos referentes aos Refugiados (Convenção de 1951 e Protocolo de 1967) e ao Asilo Territorial (Declaração da ONU de 1967, Convenção de Havana de 1928, Montevidéu de 1933, Caracas de 1954 e Montevidéu de 1889 e 1939/1940)"[31].

---

[30] Para José Afonso da Silva, "o asilo político é o recebimento de ingresso de indivíduo, para evitar punição ou perseguição no seu país de origem por delito de natureza política e ideológica. Cabe ao Estado asilante a classificação da natureza do delito e dos motivos da perseguição. É razoável que assim o seja, porque a tendência do Estado do asilado é a de negar a natureza política do delito imputado e dos motivos da perseguição, para considerá-lo comum" (*Curso de direito constitucional positivo*. 13. ed. São Paulo: Malheiros, 1997, p. 325-326).

[31] GROS ESPIELL, Hector. El derecho internacional de los refugiados, cit., p. 278. Adiciona o autor: "A integração e a harmonização dos institutos de asilo territorial e refúgio – análogos, paralelos e interdependentes – é uma necessidade na América Latina. Ainda que não se tenha elaborado uma Convenção das Nações Unidas sobre Asilo Territorial, a Declaração adotada pela ONU em 14 de dezembro de 1967, ao invocar os arts. 13 e 14 da Declaração Universal de Direitos Humanos, afirma a unidade conceitual dos institutos ao recomendar que 'sem prejuízo dos instrumentos existentes sobre asilo e sobre o estatuto dos refugiados e apátridas, os

Importa, pois, uma adequada harmonização dos instrumentos de direitos humanos, já que todos integram o sistema internacional destinado a proteger e garantir a dignidade e os direitos de todos os seres humanos, em todas e quaisquer circunstâncias.

8. Direitos Humanos dos Refugiados: Desafios e Perspectivas Contemporâneas

De acordo com o Alto Comissariado da ONU para Refugiados (ACNUR), em 2022, mais de cem milhões de pessoas foram forçadas a deixar o seu lugar de origem, em virtude de graves crises humanitárias na Africa, Síria, Afeganistão e da invasão da Ucrânia pela Rússia, culminando na maior crise humanitária desde o fim da Segunda Guerra Mundial. Como afirma o representante do ACNUR, "refugiados são um termômetro da violência".

Neste alarmante contexto, a problemática dos refugiados aponta para sete desafios centrais.

1) *Compreender o refúgio como um fenômeno complexo e dinâmico*

O deslocamento forçado de pessoas, por si só, é reflexo de um padrão de violação de direitos humanos, levando, por sua vez, a outras violações. Na ordem contemporânea, aos refugiados políticos do passado aliam-se os refugiados econômicos do presente, na medida em que crescente fluxo de deslocamento de pessoas tem como razão a negação de direitos sociais básicos sob a forma da miséria, pobreza e exclusão social. Emerge, ainda, a categoria de refugiados ambientais, tendo em vista que, de igual modo, os danos ambientais têm gerado um crescente fluxo migratório, com o deslocamento forçado de pessoas compelidas a lutar por novas condições de vida em outras regiões e países. A Cruz Vermelha estima que há no mundo hoje mais pessoas deslocadas por desastres ambientais do que por guerras.

2) *Fomentar dados e estatísticas sobre a geografia do refúgio*

Essencial é fomentar dados e estatísticas precisas a respeito do fluxo migratório, identificando a geografia da migração com as suas rotas de partida e de destino. Até o final de 2013, o ACNUR estimava existir 50 milhões de refugiados, dos quais 13.054.069 milhões adviriam da África; 14.525.986 milhões adviriam da Ásia; e 4.315.819 milhões da América Latina. Vale dizer,

---

Estados se inspirem, em sua prática relativa ao asilo territorial, nos seguintes princípios..."' (idem, p. 268).

a África, a Ásia e a América Latina totalizavam a maioria expressiva do *locus* propiciador da migração.

3) *Fomentar dados e estatísticas sobre o perfil dos refugiados*

Também fundamental é gerar dados desagregados a permitir delinear o perfil específico do refugiado. Só assim – a partir do preciso diagnóstico da problemática – é viável demandar respostas precisas e políticas públicas adequadas. Dados revelam que, em geral, a maioria de refugiados é integrada por mulheres e crianças – daí a necessidade da perspectiva de gênero e geracional no enfrentamento da questão. Atualmente, os países em desenvolvimento acolhem 86% dos refugiados, enquanto os países desenvolvidos acolhem apenas 14%.

4) *Compreender as causas do refúgio*

Outro desafio central atém-se à compreensão das causas do refúgio. A pobreza, a desigualdade social, as precárias condições de vida, os conflitos, as guerras, as violações ao meio ambiente, entre outros fatores, situam-se como as principais causas do fluxo de pessoas.

5) *Identificar o alcance dos deveres dos Estados com relação aos direitos dos refugiados*

No campo dos direitos humanos, três são as clássicas obrigações do Estado: respeitar, proteger e implementar. Quanto à obrigação de respeitar, obsta ao Estado que viole tais direitos. No que tange à obrigação de proteger, cabe ao Estado evitar e impedir que terceiros (atores não estatais) violem esses direitos. Finalmente, a obrigação de implementar demanda do Estado a adoção de medidas voltadas à realização desses direitos. Aos direitos dos refugiados correspondem os deveres e as obrigações jurídicas do Estado de respeito, proteção e implementação destes direitos. Fundamental é avançar na identificação do alcance da responsabilidade dos Estados no que se refere aos direitos humanos dos refugiados.

6) *Fortalecer o combate à xenofobia e a outras práticas de intolerância*

Para o relator especial da ONU sobre o tema Racismo, o crescimento do racismo, da discriminação racial e da xenofobia é confirmado por dois fatores interligados: sua "normalização política" e sua "legitimação intelectual". Plataformas racistas e xenófobas têm penetrado na agenda política de partidos a pretexto de combater o terrorismo, defender a identidade nacional e combater a imigração ilegal. Isto tem fomentado uma aceitação generalizada de práticas xenófobas, inspiradas na defesa, proteção e conservação da identidade nacional e na ameaça apresentada pelo multiculturalismo, com a violação de direitos dos não nacionais e das minorias étnicas, culturais e religiosas. Gradativamente, o sistema jurídico, a ordem pública, a educação e o mercado de trabalho passam a ser impregnados pela ideologia racista e xenófoba, culminando no fortalecimento de grupos neonazistas. É emergencial fortalecer o combate eficaz à xenofobia e a toda prática de intolerância.

7) *Avançar na cooperação internacional visando à proteção dos direitos dos refugiados*

Por fim, há o desafio de avançar na articulação, coordenação e harmonização de políticas adotadas por Estados no enfrentamento do crescente fluxo migratório. Com base no valor da solidariedade, há que se compor um quadro de responsabilidades estatais compartilhadas, contando, ainda, com o apoio de organizações internacionais, como a ONU e a OEA. As políticas de refúgio têm causas e consequências transnacionais a demandar a cooperação internacional no processo de implementação de direitos de refugiados.

Como lembra Seyla Benhabib: "Os movimentos migratórios são pontos de justiça imperfeita ao envolverem na sua dinâmica o direito individual à liberdade de movimento, o direito universal à hospitalidade e o direito das coletividades ao autogoverno, e, ainda, as obrigações associativas morais específicas"[32].

9. Conclusões

1. A Declaração Universal de 1948 demarca a concepção contemporânea dos direitos humanos, seja por fixar a ideia de que os direitos humanos são universais, inerentes à condição de pessoa e não relativos às peculiaridades sociais e culturais de determinada sociedade, seja por incluir em seu elenco não só direitos civis e políticos, mas também direitos sociais, econômicos e culturais. A partir da aprovação da Declaração Universal, começa a se desenvolver o Direito Internacional dos Direitos Humanos, mediante a adoção de inúmeros tratados internacionais voltados à proteção de direitos fundamentais. É sob essa perspectiva que há de se enfocar o direito de asilo e o sistema de proteção internacional dos refugiados, na medida em que há que se ter uma visão necessariamente integral dos direitos da pessoa humana.

2. A Declaração assegura o direito fundamental de toda pessoa de estar livre de qualquer forma de perseguição. Consequentemente, na hipótese de perseguição decorre o direito fundamental de procurar e gozar asilo em um lugar seguro, bem como o direito à proteção contra a devolução forçosa ao

---

[32] BENHABIB, Seyla. A moralidade da migração, O *Estado de S.Paulo*, p. A18, 5-8-2012.

país em que se dá a perseguição, assegurando-se um nível mínimo de dignidade ao solicitante de asilo. A perseguição de uma pessoa caracteriza sempre grave violação aos direitos humanos e por isso cada solicitação de asilo é resultado de um forte padrão de violência a direitos universalmente garantidos. Daí a necessidade de fortalecer a dimensão preventiva relacionada ao asilo, de forma a prevenir as violações de direitos humanos, para que pessoas não tenham que abandonar suas casas em busca de um lugar seguro.

3. Três anos após a adoção da Declaração Universal, é aprovada a Convenção sobre o Estatuto dos Refugiados, que define em caráter universal a condição de refugiado, dispondo sobre seus direitos e deveres. Desde a adoção da Convenção de 1951 e do Protocolo de 1967, constata-se especialmente nos âmbitos regionais africano e americano o esforço de ampliar e estender o conceito de refugiado. A respeito, merecem destaque a Convenção da Organização da Unidade Africana de 1969 e a Declaração de Cartagena de 1984, que preveem a violação maciça dos direitos humanos como caracterizadora da situação de refugiado, situando assim a matéria no universo conceitual dos direitos humanos e adaptando a normativa internacional à luz das realidades regionais. A definição ampliada e a definição clássica de refugiados não devem ser consideradas como excludentes e incompatíveis, mas, pelo contrário, complementares.

4. A proteção internacional dos refugiados se opera mediante uma estrutura de direitos individuais e responsabilidade estatal, que deriva da mesma base filosófica que a proteção internacional dos direitos humanos. Há assim uma relação estreita entre a Convenção de 1951 e a Declaração Universal de 1948, em especial seu art. 14, sendo hoje impossível conceber o Direito Internacional dos Refugiados de maneira independente e desvinculada do Direito Internacional dos Direitos Humanos. Esses Direitos têm em comum o objetivo essencial de defender e garantir a dignidade e a integridade do ser humano. A proteção internacional dos refugiados tem como fundamento a universalidade e a indivisibilidade dos direitos humanos. Os preceitos da Convenção sobre o Estatuto dos Refugiados de 1951 devem ser interpretados em harmonia com a Declaração Universal de 1948 e com todos os principais tratados internacionais de proteção de direitos humanos.

5. A problemática dos refugiados deve ser compreendida e enfrentada sob a perspectiva dos direitos humanos. Devem esses direitos ser respeitados antes do processo de solicitação de asilo, durante o mesmo e depois dele, na fase final das soluções duráveis, sendo necessário abarcar a problemática dos refugiados não apenas a partir do ângulo da proteção, mas também da prevenção e da solução.

6. Dentre os direitos protegidos, merece destaque o direito do refugiado de não ser devolvido a um país em que sua vida ou liberdade estejam ameaçadas. O princípio do *non-refoulement* (não devolução) é um princípio geral tanto do Direito dos Refugiados como do Direito dos Direitos Humanos, devendo ser reconhecido e respeitado como um princípio de *jus cogens*.

7. A concessão de asilo a uma pessoa deve ser interpretada como um ato de natureza pacífica, apolítica e essencialmente humanitária, não podendo jamais significar um ato inamistoso, de inimizade ou hostilidade com relação ao país de origem do refugiado. Cada Estado deve considerar que a decisão sobre a concessão de asilo ou refúgio pode determinar a vida ou morte de uma pessoa e por isso deve adotar um processo rápido, flexível e liberal, reconhecendo a dificuldade que se apresenta para documentar a perseguição.

8. Embora a Declaração Universal, em seu art. 14, consagre o direito fundamental de solicitar asilo e dele gozar, discute-se qual a responsabilidade do Estado no processo de concessão de asilo. Há de ser observado o princípio do *non-refoulement*, que constitui uma obrigação mínima dos Estados, ao proibir a devolução do solicitante de asilo a um país em que exista o risco de grave violação à sua vida ou liberdade – o que ao menos assegura um refúgio temporário diante do perigo iminente. Contudo, ainda há uma forte resistência dos Estados em aceitar um instrumento internacional que estabeleça deveres acerca da concessão de asilo, sob o argumento de que a decisão sobre a concessão do asilo situa-se no domínio da soberania e discricionariedade estatal. Há a necessidade de reduzir o alcance da discricionariedade do Estado, a fim de que direitos universalmente assegurados sejam efetivamente implementados. Vale dizer, ao direito de solicitar asilo e dele gozar, enunciado na Declaração Universal, há de corresponder o dever do Estado de conceder asilo. Adotando-se a perspectiva da proteção dos direitos humanos, faz-se fundamental consolidar a teoria da responsabilidade jurídica do Estado no tocante à matéria. Ao conceder asilo a uma pessoa, assegurando-lhe direitos básicos, a atuação do Estado está absolutamente afinada com a concepção contemporânea de direitos humanos, no que tange à universalidade e à indivisibilidade desses direitos.

9. Por fim, quanto aos institutos do asilo (na acepção regional latino-americana) e do refúgio (em sua acepção global), embora sejam institutos diferentes, buscam ambos a mesma finalidade – que é a proteção da pessoa humana. O refúgio é um instituto jurídico internacional, tendo alcance universal, e o asilo é um instituto jurídico regional, tendo alcance na região da América Latina. O refúgio é medida essencialmente humanitária, que abarca

motivos religiosos, raciais, de nacionalidade, de grupo social e de opiniões políticas, enquanto o asilo é medida essencialmente política, abarcando apenas os crimes de natureza política. Para o refúgio basta o fundado temor de perseguição, já para o asilo há a necessidade da efetiva perseguição. No refúgio a proteção como regra se opera fora do país, já no asilo a proteção pode se dar no próprio país ou na embaixada do país de destino (asilo diplomático). Outra distinção está na natureza do ato de concessão de refúgio e asilo – enquanto a concessão de refúgio apresenta efeito declaratório, a concessão de asilo apresenta efeito constitutivo, dependendo exclusivamente da decisão do país. Ambos os institutos, por sua vez, identificam-se por constituírem uma medida unilateral, destituída de reciprocidade e sobretudo por objetivarem fundamentalmente a proteção da pessoa humana. Daí a necessária harmonização e complementaridade dos dois institutos, que integram o sistema internacional de proteção dos direitos humanos, destinado a garantir a dignidade e os direitos de todos os seres humanos, em todas e quaisquer circunstâncias.

Capítulo 12

O TRIBUNAL PENAL INTERNACIONAL E O DIREITO BRASILEIRO

Flávia Piovesan e Daniela Ribeiro Ikawa*

1. Introdução

Em 17 de julho de 1998, na Conferência de Roma, foi ineditamente aprovado o Estatuto do Tribunal Penal Internacional[1], por cento e vinte votos favoráveis, sete votos contrários[2] e vinte e uma abstenções. Em 1º de julho de 2002, o Estatuto de Roma entrou em vigor[3]. Até 2024, 123 Estados haviam ratificado o Estatuto de Roma[4].

Qual é a importância do Tribunal Penal Internacional? Qual é a sua competência? De que forma se relaciona com os Tribunais locais? Como interage com o Direito brasileiro? De que modo poderá contribuir para a proteção dos direitos humanos e para o combate à impunidade dos mais graves crimes internacionais?

Essas são as questões centrais que inspiram este capítulo.

---

* Daniela Ribeiro Ikawa é Professora Adjunta de Direito (Columbia University, EUA). Mestre em Direito pela Columbia University e Doutora pela USP. Foi coordenadora de programas da Conectas Direitos Humanos e auxiliar de ensino voluntária na disciplina de Direitos Humanos do Programa de Pós-Graduação da PUC-SP.

[1] Em 16 de dezembro de 1996, a Assembleia Geral da ONU, em sua Resolução n. 51/207, decidiu que a conferência diplomática dos plenipotenciários para a criação do Tribunal Penal Internacional deveria ser realizada em 1998, ano em que se completava o cinquentenário da Convenção para a Prevenção e Repressão do Crime de Genocídio e da Declaração Universal dos Direitos Humanos. O Comitê Preparatório reuniu-se seis vezes, durante os anos de 1996 a 1998, para preparar o anteprojeto de estatuto da Conferência Diplomática das Nações Unidas, visando ao estabelecimento de um Tribunal Penal Internacional.

[2] Os votos contrários foram da China, Estados Unidos, Filipinas, Índia, Israel, Sri Lanka e Turquia.

[3] Em 11 de abril de 2002, 66 Estados já haviam ratificado o Estatuto, ultrapassando as sessenta ratificações necessárias para a sua entrada em vigor, nos termos do art. 126 do Estatuto de Roma. O Brasil ratificou o Estatuto em 20 de junho de 2002.

[4] Consultar: <http://www.icc-cpi.int/asp/statesparties.html>.

Inicialmente, será examinado o processo histórico que propiciou a adoção do Tribunal Penal Internacional, avaliando-se sua estrutura e jurisdição. Em um segundo momento, a análise focará o chamado princípio da complementaridade, mediante o estudo da relação entre a jurisdição do Tribunal Penal Internacional e os tribunais locais. Também será destacada a relação entre o Tribunal Penal Internacional e o Conselho de Segurança da ONU.

A partir da análise dos delineamentos do Tribunal Penal Internacional, transita-se ao Direito brasileiro, com ênfase no modo pelo qual o Tribunal interage com a Constituição brasileira de 1988. Serão apreciadas quatro temáticas, que têm suscitado intensa controvérsia jurídica: a pena de prisão perpétua; a imunidade de Chefes de Estado; a entrega de nacionais; e a reserva legal.

Por fim, será desenvolvida uma reflexão a respeito do Tribunal Penal Internacional, seu significado e simbologia, no contexto do pós-11 de setembro.

2. Precedentes Históricos

A ideia de um Tribunal Penal Internacional não é recente. O primeiro tribunal internacional foi estabelecido provavelmente ainda em 1474, em Breisach, Alemanha, para julgar Peter von Hagenbach, por haver permitido que suas tropas estuprassem e matassem civis, saqueando suas propriedades[5]. Séculos depois, na década de 1860, um dos fundadores do movimento da Cruz Vermelha, Gustav Monnier, propunha a elaboração de um Estatuto para um Tribunal Penal Internacional, sem, contudo, encontrar grande receptividade[6].

Algumas tentativas de formação de um Tribunal Penal Internacional surgiram após a Primeira Guerra Mundial, motivadas pelas violações às leis e costumes internacionais então cometidas. O apego a uma teoria rígida de soberania, centralizada na figura do Estado, e a não aceitação pelos países vencidos de uma jurisdição de cunho pessoal, pautada pela nacionalidade do acusado, fizeram com que os tribunais não fossem instituídos. Podem-se destacar três tentativas de criação, relativas respectivamente ao Tratado de Sèvres, ao Tratado de Versailles e à Convenção contra o Terrorismo. A primeira teve

---

[5] BASSIOUNI, Cherif. The time has come for an International Criminal Court. *Indiana International and Comparative Law Review*, n. 1 (1991), p. 1-2.
[6] HALL, Christopher Keith. The first proposal for a Permanent International Criminal Court. *International Review of the Red Cross*, n. 322 (1998), citado em SCHABAS, William A. *An introduction to the International Criminal Court*. Cambridge: Cambridge University Press, 2001, p. 2.

início com proposta da Comissão para a Responsabilização dos Autores da Guerra e para a Execução de Penas por Violações a Leis e Costumes de Guerra (Commission on the Responsibility of the Authors of the War and on the Enforcement of Penalties for Violations of the Laws and Customs of War)[7]. Constituída em 1919, a Comissão defendeu a criação de um "tribunal superior" competente para julgar todos os indivíduos inimigos que houvessem violado "as leis e os costumes de guerra e as leis da humanidade". A Comissão pretendia, precipuamente, que os responsáveis pelo massacre de 600.000 armênios na Turquia fossem responsabilizados. Os Estados Unidos se opuseram ao tribunal, alegando a inexistência de lei internacional positiva prevendo tais crimes e a violação ao princípio da soberania, visto que se permitiria a responsabilização de Chefes de Estado. O consequente tratado de Sèvres[8], que serviria de base ao tribunal, não foi ratificado pela Turquia, sendo substituído em 1927 pelo Tratado de Lausanne[9], que concedeu anistia geral aos oficiais turcos[10]. A segunda tentativa remonta ainda a 1919, quando o Tratado de Versalhes previu a constituição de um "tribunal especial" para julgar o Kaiser Wilhelm II, assim como soldados alemães acusados de crimes de guerra. O tribunal, contudo, não se efetivou, seja porque Wilhelm II fugiu para a Holanda, que não concordou em entregá-lo, seja porque a Alemanha nunca aceitou os termos do tratado[11]. A terceira tentativa refere-se à adoção pela Liga das Nações, em 1937, de uma Convenção contra o Terrorismo, cujo protocolo

---

[7] A Comissão foi estabelecida no plenário da sessão da Conferência Preliminar para a Paz em 1919. UN Secretary General, Historical Survey of the Question of International Criminal Jurisdiction, p. 7, UN Doc. A/CN.4/7/Rev.1, UN Sales n. V.8 (1949), citada em BASSIOUNI, Cherif. The time has come for an International Criminal Court. *Indiana International and Comparative Law Review*, n. 1 (1991), nota 20.

[8] The Treaty of Peace Between the Allied Powers and Turkey, 10 de agosto de 1920, *American Journal of International Law*, n. 15, p. 179. Citado em BASSIOUNI, Cherif. The time has come for an International Criminal Court. *Indiana International and Comparative Law Review*, n. 1 (1991), nota 9.

[9] Treaty of Pece between the Allied Powers and Turkey, 24 de julho de 1923, L. N. T. S., n. 28, p. 11. Citado em WEXLER, Leila Sadat. The proposed Permanent International Criminal Court: an appraisal. *Cornell International Law Journal*, 1996, nota 10.

[10] WEXLER, Leila Sadat. The proposed Permanent International Criminal Court: an appraisal. *Cornell International Law Journal*, 1996, p. 669-670. Ver ainda BASSIOUNI, Cherif. The time has come for an International Criminal Court. *Indiana International and Comparative Law Review*, n. 1 (1991), p. 2-3.

[11] SCHABAS, William A. *An Introduction to the International Criminal Court*. Cambridge: Cambridge University Press, 2001, p. 3-4; BASSIOUNI, Cherif. The time has come for an International Criminal Court. *Indiana International and Comparative Law Review*, n. 1 (1991), p. 2; WEXLER, Leila Sadat. The proposed Permanent International Criminal Court: an appraisal. *Cornell International Law Journal*, 1996, p. 670.

continha um Estatuto para um Tribunal Criminal Internacional. Como apenas a Índia ratificou a Convenção, o tribunal nunca foi instituído[12].

A magnitude das atrocidades cometidas durante a Segunda Guerra Mundial, marcadas por uma lógica de descartabilidade dos seres humanos, instigou os aliados, todavia, a constituírem dois tribunais penais internacionais: em Nuremberg e em Tóquio. O Acordo de Londres, que criou o Tribunal Militar Internacional em Nuremberg, foi assinado pelos quatro poderes aliados – Estados Unidos, Reino Unido, França e União das Repúblicas Socialistas Soviéticas – em 8 de agosto de 1945. Esse Tribunal, voltado à responsabilização criminal de indivíduos, tinha jurisdição para processar crimes contra a paz, crimes de guerra e crimes contra a humanidade (artigo 6º), alcançando mesmo indivíduos anteriormente respaldados por imunidades, como os Chefes de Estado (artigo 8º)[13]. O Tribunal de Nuremberg foi criticado por ter sido constituído após o cometimento dos crimes, por ter aplicado retroativamente leis penais e por ter se caracterizado como um "tribunal dos vencedores", voltado à retribuição. De fato, segundo William Schabas, o Tribunal se recusou a condenar soldados americanos e ingleses em *France v. Goering et al.* por crimes de guerra, onde as provas da acusação se assemelhavam àquelas acolhidas para soldados não aliados[14]. A Carta do Tribunal Internacional Militar para o Extremo Oriente, adotada em 19 de janeiro de 1946[15], seguiu regras semelhantes às de Nuremberg[16], tendo sofrido, consequentemente, as mesmas críticas. Ilustrativamente, reafirmou-se também aqui a característica de "tribunal dos vencedores", especialmente ao serem desconsiderados os bombardeios de Hiroshima e Nagasaki na análise dos crimes perpetrados durante a guerra[17]. Cabe ressaltar, contudo, que o Tribunal de Tóquio teve uma composição mais diversificada que o de Nuremberg[18], aproximando-se mais da regra

---

[12] BASSIOUNI, Cherif. The time has come for an International Criminal Court. *Indiana International and Comparative Law Review*, n. 1 (1991), p. 4.

[13] WEXLER, Leila Sadat. The proposed Permanent International Criminal Court: an appraisal. *Cornell International Law Journal*, 1996, p. 674.

[14] SCHABAS, William A. *An introduction to the International Criminal Court*. Cambridge: Cambridge University Press, 2001, p. 6.

[15] BASSIOUNI, Cherif. The time has come for an International Criminal Court. *Indiana International and Comparative Law Review*, n. 1 (1991), nota 16.

[16] SCHABAS, William A. *An Introduction to the International Criminal Court*. Cambridge: Cambridge University Press, 2001, p. 7.

[17] YASUAKI, Onuma. Beyond Victors' Justice. *Japan Echo*, v. XI, special Issue, 1984, p. 63.

[18] Dos 11 juízes, apenas 3, contudo, provinham de países asiáticos. YASUAKI, Onuma. Beyond Victors' Justice. *Japan Echo*, v. XI, special Issue, 1984, p. 64.

de imparcialidade, tangente à distribuição geograficamente equitativa de seus membros, prevalecente em vários Comitês, Comissões e Tribunais internacionais da atualidade[19]. Para Cherif Bassiouni, a ausência de precedentes relativos às violações cometidas durante a Primeira Guerra e a recusa em se processar soldados aliados enfraqueceram a legalidade dos processos tanto em Nuremberg quanto em Tóquio[20].

Com a adoção da Convenção para a Prevenção e Repressão ao Crime de Genocídio, em 8 de dezembro de 1948, que afirmou ser o genocídio um crime contra a ordem internacional, iniciaram-se os esforços para a criação de um Tribunal Penal Internacional permanente. De acordo com o artigo 6º da Convenção, "as pessoas acusadas de genocídio serão julgadas pelos tribunais competentes do Estado em cujo território foi o ato cometido ou pela corte penal internacional competente com relação às Partes Contratantes que lhe tiverem reconhecido a jurisdição". O raciocínio era simples: a gravidade do crime de genocídio poderia implicar o colapso das próprias instituições nacionais, que, assim, não teriam condições para julgar seus perpetradores, restando assegurada a impunidade.

Em 1951, um Comitê estabelecido pela Comissão de Direito Internacional (International Law Commission) apresentou uma primeira versão do Estatuto do Tribunal Internacional. Em 1953, essa versão foi revisada e aprovada. Os trabalhos foram então suspensos por 35 anos, para serem restabelecidos em 1989, ano da queda do muro de Berlim, por iniciativa de Trinidad e Tobago, que percebia no Tribunal um meio de repressão ao tráfico de drogas.

Insta ressaltar que a implementação do Tribunal Penal Internacional permanente recebeu considerável impulso com a instauração dos tribunais *ad hoc* para a antiga Iugoslávia e para Ruanda, adotados, respectivamente, por

---

[19] Após os Tribunais de Nuremberg e Tóquio, os aliados estabeleceram tribunais criminais na Alemanha, onde julgaram mais de 20.000 indivíduos (BASSIOUNI, Cherif. The time has come for an International Criminal Court. *Indiana International and Comparative Law Review*, n. 1 (1991), p. 5). Ainda, Estados europeus anteriormente ocupados pelas tropas nazistas estabeleceram "tribunais nacionais" ou "cortes populares", formadas principalmente por jurados leigos, onde, estipula-se, mais de um milhão de pessoas foram julgadas (DEAK, Istvan. The Fifth Annual Ernst c. Stiefel Symposium 1945-1995: Critical Perspectives on the Nuremberg Trials and State Accountability. Painel II: Comparative Analysis of International and National Tribunals. *New York Law School Journal of Human Rights, Symposium*, 1995, p. 584-599).

[20] BASSIOUNI, Cherif. The time has come for an International Criminal Court. *Indiana International and Comparative Law Review*, n. 1 (1991), p. 4-5.

meio da Resolução n. 827/93 e da Resolução n. 955/94 do Conselho de Segurança das Nações Unidas. Os tribunais *ad hoc*[21] demonstraram a viabilidade da instauração de tribunais penais internacionais para a responsabilização de indivíduos por graves violações de direitos humanos, em uma época marcada pela explosão de conflitos étnicos e culturais[22].

O Estatuto de Roma foi finalmente adotado em 17 de julho de 1998. Em 11 de abril de 2002, 66 países já haviam ratificado o Tratado, ultrapassando as sessenta ratificações necessárias para a sua entrada em vigor[23]. O Brasil ratificou o Estatuto em 20 de junho de 2002. Durante as negociações que levaram à adoção do Estatuto, o Brasil foi caracterizado como um *like minded country*[24]. Segundo William Schabas, os países que compunham o grupo dos *like minded* defendiam o princípio da jurisdição automática do Tribunal sobre os crimes de genocídio, os crimes de guerra e os crimes contra a humanidade;

---

[21] Algumas diferenças básicas, todavia, devem ser destacadas desde logo entre os tribunais *ad hoc* e o TPI. Primeiro, o TPI é um tribunal permanente, menos sujeito ao alto grau de seletividade presente em tribunais *ad hoc*. Segundo, os crimes abrangidos pelo Estatuto de Roma são mais especificados, atendendo-se mais claramente ao princípio da tipicidade. Terceiro, o Estatuto de Roma prevê restrições à pena de prisão perpétua, atentando para a importância da individualização da pena. Quarto, o TPI segue o princípio da complementaridade e não o da primazia da jurisdição internacional. WEXLER, Leila Sadat. The proposed Permanent International Criminal Court: an appraisal. *Cornell International Law Journal*, 1996, p. 676-686; SCHABAS, William A. *An introduction to the International Criminal Court*. Cambridge: Cambridge University Press, 2001, p. 8-20.

[22] Segundo Jayakumar (foreign minister of Singapore), "a guerra fria havia imposto identidades que transcendiam ao nacionalismo. Seu fim proporcionou a oportunidade de se buscar garantias e uma nova identidade em nacionalismos reais ou imaginários". JAYAKUMAR, S., citado em STEINER, Henry; ALSTON, Philip. *International Human Rights in context*. Oxford: Oxford Univ. Press, 2000, p. 585. Ver ainda SABÓIA, Gilberto Vergne. A criação do Tribunal Penal Internacional. *Revista CEJ*, Brasília, n. 11 (maio/ago. 2000), p. 7, e PIOVESAN, Flávia. *Direitos humanos e direito constitucional internacional*. 17. ed. São Paulo: Saraiva, 2017, p. 300-312.

[23] AMIN, Nasser. As 60 approaches, decisions in remaining regions will affect influence. *The International Criminal Court Monitor*, n. 19, dez. 2001, p. 1. Mais especificamente, o artigo 126 do Estatuto de Roma estabelece que o "Estatuto deverá entrar em vigor no primeiro dia do mês após o sexagésimo dia que se seguir ao depósito do sexagésimo instrumento de ratificação, aceitação, aprovação ou acessão na Secretaria Geral das Nações Unidas".

[24] International Criminal Tribunal. Country-by-Counry Ratification Status Report. Disponível em: <http://www.iccnow.org/html/country.html>, acesso em 7 fev. 2002. Ressalte-se, contudo, que o próprio Schabas não elenca o Brasil dentre os membros dos "like minded countries". SCHABAS, William A. *An Introduction to the International Criminal Court*. Cambridge: Cambridge University Press, 2001, p. 15 (nota 53).

a eliminação do veto do Conselho de Segurança; a instituição de um promotor independente com poderes de iniciar os processos *proprio motu* e a vedação a reservas[25] – características tendentes a fortalecer o poder do Tribunal e a torná-lo mais imparcial.

3. Estrutura e Jurisdição do Tribunal Penal Internacional

Quanto à estrutura, o Tribunal Penal Internacional é formado por quatro órgãos[26]: i) a Presidência[27], integrada por três juízes[28], responsáveis pela administração do Tribunal; ii) as Câmaras[29], divididas em Câmara de Questões Preliminares, Câmara de Primeira Instância e Câmara de Apelações; iii) a Promotoria[30], órgão autônomo do Tribunal, competente para receber as denúncias sobre crimes, examiná-las, investigá-las e propor ação penal junto ao Tribunal; e iv) a Secretaria[31], encarregada de aspectos não judiciais da administração do Tribunal. No total, dezoito juízes compõem o Tribunal[32], sendo

---

[25] SCHABAS, William A. *An introduction to the International Criminal Court*. Cambridge: Cambridge University Press, 2001, p. 15-16.

[26] Artigo 34 do Estatuto de Roma.

[27] Artigo 38 do Estatuto de Roma.

[28] Artigo 35(2) do Estatuto de Roma. Ver ainda SCHABAS, William A. *An introduction to the International Criminal Court*. Cambridge: Cambridge University Press, 2001, p. 152.

[29] Artigo 39 do Estatuto de Roma.

[30] Artigo 42 do Estatuto de Roma.

[31] Artigo 43 do Estatuto de Roma.

[32] O número de juízes estipulado pelo Estatuto é criticado por alguns autores, por entenderem-no insuficiente para o cumprimento da jurisdição delineada para o Tribunal (MACPHERSON, Bryan. Building an International Criminal Court for the 21st Century. *Connecticut Journal of International Law*, n. 13 (1998), p. 56; SCHABAS, William A. *An introduction to the International Criminal Court*. Cambridge: Cambridge University Press, 2001, p. 154). Analisando a composição do Tribunal conforme disposta em uma das versões ao Estatuto, onde as Câmaras de Primeira Instância seriam compostas por cinco e não pelo mínimo de seis juízes (artigo 39 (1), Estatuto de Roma), como estabelecido na versão final, Bryan MacPherson observou que não seria possível atender a situações de violações de direitos humanos em grande escala, como as ocorridas em Ruanda e na antiga Iugoslávia. Insta lembrar, contudo, que, como o Estatuto permite realocações temporárias de juízes da Câmara de Questões Preliminares para a Câmara de Primeira Instância (artigo 39 (4) do Estatuto de Roma), o número de turmas de Primeira Instância poderá ser ampliado consideravelmente, ainda que em caráter provisório. O enfoque na Câmara de Primeira Instância se justifica porque esta pode atuar apenas em turmas de três juízes, enquanto a Câmara para Questões Preliminares pode atuar por meio de juízes singulares.

eleitos pela Assembleia dos Estados-partes segundo uma distribuição geográfica equitativa e uma justa representação de gênero[33].

Quanto à jurisdição, cabe analisá-la sob os critérios material, pessoal, temporal e territorial.

Sob a perspectiva material, o Tribunal Penal Internacional tem jurisdição sobre quatro crimes: crime de genocídio, crimes contra a humanidade, crimes de guerra e crime de agressão.

No que toca ao crime de genocídio, o Estatuto acolheu a mesma definição estipulada pelo artigo 2º da Convenção para a Prevenção e Repressão do Genocídio adotada pelas Nações Unidas em 9 de dezembro de 1948 e ratificada pelo Brasil em 4 de setembro de 1951. Costumava-se diferenciar o crime de genocídio dos crimes contra a humanidade, pois estes últimos estavam restritos aos períodos de guerra. Com a ampliação do conceito de crimes contra a humanidade também para períodos de paz, o crime de genocídio passou a ser considerado a mais grave espécie de crime contra a humanidade[34]. O fator distintivo do crime de genocídio perante outros crimes é encontrado em seu dolo específico, concernente ao "intuito de destruir, total ou parcialmente, um grupo nacional, étnico, racial ou religioso"[35]. A destruição pode ser física ou cultural[36].

No que se refere aos crimes contra a humanidade, eles foram mais extensamente definidos no Estatuto de Roma do que em Nuremberg, tendo havido uma especial ampliação da tipificação quanto a crimes ligados ao gênero[37], compreendendo a agressão sexual, a prostituição forçada, a gravidez forçada, a esterilização forçada ou qualquer outra forma de violência no campo sexual de gravidade comparável. A nota distintiva desses crimes

---

[33] Artigo 36 (8) do Estatuto de Roma. Observa Schabas que nos oitenta anos de existência da Corte Internacional de Justiça, composta por quinze juízes, apenas uma mulher foi eleita (SCHABAS, William A. *An Introduction to the International Criminal Court*. Cambridge: Cambridge University Press, 2001, p. 153).

[34] SCHABAS, William A. *An introduction to the International Criminal Court*. Cambridge: Cambridge University Press, 2001, p. 30 e 35.

[35] Artigo 6º do Estatuto de Roma.

[36] SCHABAS, William A. *An introduction to the International Criminal Court*. Cambridge: Cambridge University Press, 2001, p. 31-32.

[37] SCHABAS, William A. *An introduction to the International Criminal Court*. Cambridge: Cambridge University Press, 2001, p. 38. Sobre a questão de gênero no Tribunal *ad hoc* para a antiga Iugoslávia, ver GOLDSTONE, Justice Richard. The United Nations' War Crimes Tribunals: an assessment. *Connecticut Journal of International Law*, n. 122 (1997), p. 231.

está no fato de fazerem parte de um ataque sistemático ou em grande escala contra civis[38].

No que tange aos crimes de guerra, derivam precipuamente das quatro Convenções de Genebra de 1949[39] e da Convenção de Haia IV de 1907[40], abarcando a proteção tanto a combatentes (Haia) quanto a não combatentes (Genebra). Como não se estabelece aqui qualquer restrição quanto à magnitude das ofensas. Acredita-se em princípio que haveria jurisdição mesmo no que se refere a casos isolados[41]. O Estatuto inova, ainda, ao prever violações para as situações de conflitos internos, e não apenas para os internacionais[42]. Nesse sentido, lembra José Miguel Vivanco, o Tribunal poderia dar especial apoio na resolução dos conflitos relativos ao caso colombiano[43].

Por fim, quanto ao crime de agressão, o Estatuto condicionou o exercício da jurisdição do Tribunal à definição da conduta típica nos termos de seu artigo 5º (2)[44]. Essa definição poderá ser incluída na Conferência de Revisão

---

[38] SCHABAS, William A. An introduction to the International Criminal Court. Cambridge: Cambridge University Press, 2001, p. 35-38.

[39] Convention (I) for the Amelioration of the Condition of the Wounded and Sick in Armed Forces in the Field, (1949) 75 UNTS 31; Convention (II) for the Amelioration of the Condition of Wounded, Sick and Shipwrecked Members of Armed Forces at Sea, (1950) 75 UNTS 85, Convention (III) Relative to the Treatment of Prisoners of War, (1950) 75 UNTS 135; Convention (IV) Relative to the Protection of Civilian Persons in Time of War, (1950) 75 UNTS 287. SCHABAS, William A. An Introduction to the International Criminal Court. Cambridge: Cambridge University Press, 2001, p. 40.

[40] Convention concerning the Laws and Customs of War on Land (Hague IV), 18 de outubro de 1907. SCHABAS, William A. An introduction to the International Criminal Court. Cambridge: Cambridge University Press, 2001, p. 40.

[41] SCHABAS, William A. An introduction to the International Criminal Court. Cambridge: Cambridge University Press, 2001, p. 44.

[42] SCHABAS, William A. An introduction to the International Criminal Court. Cambridge: Cambridge University Press, 2001, p. 40-48.

[43] Resumen Ejecutivo del Seminario Regional para la Ratificación e Implementación del Estatuto de la Corte Penal Internacional. Painel I – La Creación de la Corte Penal Internacional.

[44] Explicita Schabas que as delegações alemã e japonesa expressaram espanto ao encontrar barreiras na positivação de atos que foram considerados crimes em 1945, perante os tribunais de Nuremberg e Tóquio, sob a expressão "crimes contra a paz" (SCHABAS, William A. An introduction to the International Criminal Court. Cambridge: Cambridge University Press, 2001, p. 26-27). Existe uma definição de agressão no artigo 6º do Estatuto de Nuremberg, assim como uma lista de atos de agressão especificados na Resolução n. 3.314, de 1964 (Resumen Ejecutivo del Seminario Regional para la Ratificación e Implementación del Estatuto de la Corte Penal Internacional. Painel II – Competencia de la Corte Penal Internacional).

prevista para o sétimo ano seguinte à entrada em vigor do Tratado. Nessa mesma Conferência, poderá ainda haver a inclusão de outros crimes, como o crime de terrorismo, lançado ao centro do debate internacional após o atentado de 11 de setembro de 2001[45]. Em 11 de junho de 2010, o Working Group sobre o crime de agressão adotou a Resolução RC/Res6, que introduz a definição do crime de agressão, os elementos do crime e o exercício de sua jurisdição, visando à emenda do Estatuto de Roma pelos Estados-partes. Nos termos da proposta, crime de agressão compreende planejar, preparar, iniciar ou executar um ato de agressão, que, por sua natureza, gravidade e impacto, constitua uma manifesta violação à Carta da ONU, por parte de pessoa que esteja efetivamente no exercício do controle do Estado ou que diretamente tenha o controle político ou militar do Estado[46].

A restrição ao número de crimes abarcado pela jurisdição do Tribunal Penal Internacional parece ir ao encontro de uma teoria de direito penal mínimo, preocupada em atribuir ao direito penal apenas a proteção dos bens jurídicos mais importantes, deixando a outros ramos do Direito a solução de conflitos ocasionados por violações a bens jurídicos de menor relevância[47].

Sob a perspectiva pessoal, a jurisdição do Tribunal Penal Internacional não alcança pessoas menores de 18 anos[48], parecendo reconhecer, como faz a Constituição brasileira[49], que essas pessoas requerem uma justiça especial que atenda às peculiaridades do indivíduo em desenvolvimento. A jurisdição alcança, todavia, pessoas que tenham cometido os crimes previstos no Estatuto no exercício de sua capacidade funcional, ainda que sejam Chefes de Estado. O Estatuto de Roma aplica-se igualmente a todas as pessoas, sem distinção alguma baseada em cargo oficial[50], isto é, o cargo oficial de uma pessoa, seja ela chefe de Estado ou de Governo, não eximirá sua responsabilidade penal, tampouco importará em redução de pena. Isto simboliza um

---

[45] Heather Hamilton observou em um grupo de trabalho para o TPI que "eliminar as raízes do terrorismo requererá que seja implementada a justiça" (apud KRAUS, Don. Waging Law: Building support for a global law-based approach to combating terrorism. *The International Criminal Court Monitor*. n. 19, dez. 2001, p. 6).

[46] A respeito, consultar: <http://www.icc.cpi.int/iccdoccs/asp_docs/Resolutions/RC-Res.6-ENG.pdf>.

[47] LOPES, Maurício Antonio Ribeiro. Bases para uma construção do conceito de bem jurídico no direito penal internacional. In: CHOUKR, Fauzi Hassan; AMBOS, Kai (orgs.). *Tribunal Penal Internacional*. São Paulo: Revista dos Tribunais, 2000, p. 348.

[48] Artigo 26 do Estatuto de Roma.

[49] Art. 227, § 3º, V, da Constituição Federal brasileira.

[50] Artigo 27 do Estatuto de Roma.

grande avanço do Estatuto com relação ao regime das imunidades, que não mais poderá ser escudo para a atribuição de responsabilização penal.

Sob a perspectiva temporal, a jurisdição do Tribunal compreende apenas os crimes cometidos após a entrada em vigor do Estatuto[51]. No entanto, o artigo 124 permite que os Estados-partes declarem que não aceitam a jurisdição do Tribunal quanto a crimes de guerra cometidos por seus nacionais ou em seu território por um período de sete anos a contar da entrada em vigor do Estatuto. A França fez a declaração indicada nesse artigo, ao ratificar o Tratado.

Por fim, sob a perspectiva territorial, o Tribunal tem jurisdição sobre crimes praticados no território de qualquer dos Estados-partes, ainda que o Estado do qual o acusado seja nacional não tenha ratificado o Estatuto, nem aceito a jurisdição do Tribunal para o julgamento do crime em questão[52].

Considerando a estrutura e a jurisdição do Tribunal Penal Internacional, passa-se agora ao exame do modo pelo qual se relaciona com os Tribunais locais, tendo em vista o chamado "princípio da complementaridade", bem como o princípio da cooperação.

4. A Relação entre o Tribunal Penal Internacional e os Estados-partes: os Princípios da Complementaridade e da Cooperação

Quanto à relação entre o Tribunal Penal Internacional e os Estados-partes, merecem destaque dois princípios: o princípio da complementaridade[53] e o princípio da cooperação.

---

[51] Artigo 11 do Estatuto de Roma.

[52] O artigo 12 do Estatuto exige que o Estado onde foi cometida a conduta ou, alternativamente, o Estado de nacionalidade do acusado tenha ratificado o Tratado ou aceito a jurisdição do Tribunal para o julgamento do crime específico. Nesse sentido, lembra Bergsmo que o Estatuto poderá ser aplicado a um Estado sem que ele o tenha consentido (BERGSMO, Morten. O regime jurisdicional da Corte Internacional Criminal. In: CHOUKR, Fauzi Hassan; AMBOS, Kai (orgs.). *Tribunal Penal Internacional*. São Paulo: Revista dos Tribunais, 2000, p. 227). A esse argumento, responde Sabóia que o Tribunal Internacional julgará indivíduos e não os próprios Estados. Ainda, ressalta o autor que o Estado da nacionalidade do acusado terá também jurisdição sobre o crime (SABÓIA, Gilberto Vergne. A criação do Tribunal Penal Internacional. *Revista CEJ*, Brasília, n. 11, maio/ago. 2000, p. 11), podendo julgar o acusado ou requerer a sua extradição, nos termos do artigo 90 do Estatuto de Roma.

[53] Os Tribunais *ad hoc* para a antiga Iugoslávia e para Ruanda não adotaram o princípio da complementaridade, mas o da primazia, segundo o qual a jurisdição da Corte internacional prevalece sobre aquela do Estado. Ver, nesse sentido, SCHABAS, William A. *An introduction to the International Criminal Court*. Cambridge: Cambridge University Press, 2001, p. 13 e 67; e PEJIC, Jelena. The Tribunal and the ICC: do precedents matter? *Albany Law Review*, n. 60, 1997, p. 854-855.

No que se atém ao princípio da complementaridade, o Estatuto de Roma[54] segue a regra segundo a qual o Tribunal não exercerá sua jurisdição quando o Estado onde ocorreu a conduta criminosa ou o Estado de cujo acusado é nacional estiver investigando, processando ou já houver julgado a pessoa em questão. Essa regra, entretanto, apresenta exceções, não se aplicando quando: i) o Estado que investiga, processa ou já houver julgado for incapaz ou não possuir a intenção de fazê-lo; ii) o caso não houver sido julgado de acordo com as regras do artigo 20 (3) do Estatuto; ou iii) o caso não for grave o suficiente. Por incapacidade, entende-se o colapso total ou parcial ou a indisponibilidade de um sistema judicial interno[55]. Por ausência da intenção de investigar ou processar, compreende-se o escopo de proteger a pessoa acusada, a demora injustificada dos procedimentos ou a ausência de procedimentos independentes ou imparciais. Quanto às regras do artigo 20 (3), apreende-se que nas hipóteses em que for constatado o propósito de proteger o acusado ou a ausência de procedimentos imparciais, dever-se-á afastar a jurisdição do Estado, mesmo quando já existir coisa julgada. Cabe frisar que o Estatuto não exige como requisito de admissibilidade o exaurimento dos remédios internos[56], diferenciando-se, desse modo, de outros mecanismos internacionais de proteção a direitos humanos, como a Comissão Interamericana de Direitos Humanos e o Comitê de Direitos Humanos[57].

A jurisdição do Tribunal é adicional e complementar à do Estado, ficando condicionada à incapacidade ou à omissão do sistema judicial interno. O Estado tem, assim, a responsabilidade primária e o dever de exercer sua jurisdição penal contra os responsáveis por crimes internacionais, tendo a comunidade internacional a responsabilidade subsidiária. Dessa forma, o Estatuto busca equacionar a garantia do direito à justiça, o fim da impunidade e a soberania do Estado, à luz dos princípios da complementaridade e da cooperação.

---

[54] Parágrafo 10 do Preâmbulo e artigo 17 do Estatuto de Roma.

[55] Vale frisar que essa hipótese recebeu consideráveis críticas, por funcionar, no que tange à soberania centrada na figura do Estado, em favor dos países ricos e em detrimento dos países pobres (SCHABAS, William A. *An introduction to the International Criminal Court*. Cambridge: Cambridge University Press, 2001, p. 68).

[56] Lawyers Committee for Human Rights. Frequently asked questions about the International Criminal Court. Disponível em: <gopher://gopher.igc.apc.org:70/00/orgs/icc/ngodocs/faq_lchr.txt>, acesso em 14 abr. 1999, p. 2.

[57] Artigo 46 da Convenção Americana e artigo 2º do Protocolo Opcional ao Pacto Internacional dos Direitos Civis e Políticos.

O princípio da complementaridade tem por base duas outras regras: a da publicidade e a da possibilidade de impugnação do processo. O artigo 18 (2) do Estatuto ressalta a necessidade de notificação dos Estados-partes com jurisdição sobre um determinado caso sempre que o Tribunal iniciar investigações, para que esses Estados possam manifestar-se no tocante ao exercício ou não de sua jurisdição. No entanto, essa regra é criticada por alguns internacionalistas, por possibilitar uma eventual destruição de provas por agentes envolvidos em um caso determinado antes mesmo do início das investigações. O próprio Estatuto, todavia, ameniza o problema, ao permitir que o promotor realize a qualquer tempo, após autorização da Câmara de Questões Preliminares, as investigações necessárias à preservação de evidências[58]. Já o artigo 19 do Tratado estabelece o direito do Estado com jurisdição sobre o caso de impugnar, por uma única vez, a jurisdição do Tribunal Internacional. O Estado deve, no entanto, fazê-lo antes ou no início do processo, na primeira oportunidade que tiver.

Vale acrescentar ainda que o próprio Estado pode iniciar procedimentos perante o Tribunal Penal Internacional, não estando necessariamente em uma posição contraposta a esse. Ao contrário, o Estado pode utilizar-se do Tribunal para estender os limites de sua própria soberania com vistas à proteção de direitos humanos.

Além dos Estados-partes, a legitimidade ativa para deflagrar o exercício da jurisdição internacional é conferida pelo Estatuto de Roma a dois outros atores: o Conselho de Segurança e o promotor, que pode agir *proprio motu*[59]. A legitimação do promotor possibilitará que os Estados denunciem violações ao Estatuto, por meio de representações informais ao promotor, nos termos do artigo 15 (2), sem se preocuparem com eventuais desgastes às relações diplomáticas com países nos quais estejam ocorrendo as violações ou com países de cujo acusado seja nacional.

Até 2021, mais de duas mil denúncias de indivíduos e de organizações não governamentais de direitos humanos, provenientes de mais de cem países, haviam sido recebidas pela Promotoria do Tribunal Penal Internacional.

---

[58] BERGSMO, Morten. O regime jurisdicional da Corte Internacional Criminal. In: CHOUKR, Fauzi Hassan; AMBOS, Kai (orgs.). *Tribunal Penal Internacional*. São Paulo: Revista dos Tribunais, 2000, p. 242.

[59] Requer-se, no caso da iniciativa do promotor, a aprovação da Câmara de Questões Preliminares do Tribunal (SABÓIA, Gilberto Vergne. A criação do Tribunal Penal Internacional. *Revista CEJ*, Brasília, n. 11 maio/ago. 2000, p. 11).

Preliminarmente, as denúncias são analisadas pela Promotoria, a fim de verificar a existência de uma base mínima para o início de investigações, de acordo com o Estatuto de Roma e com o Regulamento de Procedimento e Prova. Contudo, após uma análise inicial, 80% das denúncias foram consideradas fora da jurisdição do Tribunal Penal Internacional, enquanto as demais foram submetidas a uma análise mais aprofundada, compreendendo, por vezes, investigação.

Em 2004, após rigorosas análises, a Promotoria decidiu pela instauração de duas investigações na África, com base em denúncia oferecida pelos próprios Estados: República da Uganda e República Democrática do Congo.

Em 23 de junho de 2004, foi anunciado o início das investigações sobre cerca de 5.000 a 8.000 assassinatos ocorridos desde julho de 2002, entre outros diversos crimes, na República Democrática do Congo. No caso Promotoria *vs.* Thomas Lubanga Dyilo (ICC-01/04-01/06), Thomas Lubanga Dyilo, nacional da República Democrática do Congo, fundador e presidente da União dos Patriotas Congoleses (UPC) e comandante-chefe das Forças Patrióticas pela Libertação do Congo (FPLC), é acusado de crime de guerra, com base na responsabilidade penal individual (artigo 25 (3) (a) do Estatuto de Roma). A acusação centra-se no fato de alistar, recrutar e utilizar crianças menores de 15 anos para participar ativamente nas hostilidades, nos termos do artigo 8 (2) (b) (xxvi) e artigo 8 (2) (e) (vii) do Estatuto[60]. Em 29 de janeiro de 2007, a Câmara de Instrução I confirmou as três acusações encaminhadas pela Promotoria em face de Thomas Lubanga Dyilo e encaminhou o caso para a Câmara de Julgamento em Primeira Instância[61]. Em 14 de março de 2012, a Câmara

---

[60] Em 12 de janeiro de 2006, a Promotoria submeteu uma petição para a Câmara de Questões Preliminares I requerendo a prisão de Thomas Lubanga Dyilo. Em 17 de janeiro de 2006, a Câmara concedeu a seis vítimas o *status* de participante no procedimento em estágio de investigação sobre a situação na República Democrática do Congo. Expedido o mandado de prisão, Lubanga foi detido em Kinshasa e entregue ao Tribunal Penal Internacional em 17 de março de 2006. Iniciou-se um procedimento perante a Câmara de Questões Preliminares I com audiência pública e primeiros depoimentos do réu e lhe foi nomeado um defensor. Seu interrogatório foi realizado e foi designada audiência para oitiva de testemunhas. Em 28 de agosto de 2006, a Câmara recebeu documentos contendo as acusações e o rol de provas e evidências contra o réu. Ao longo da instrução do caso, diversos depoimentos foram colhidos e foram proferidas decisões sobre aspectos procedimentais, inclusive sobre produção de provas, proteção de testemunhas e participação das vítimas (ver as transcrições das audiências realizadas no caso em: <http://www.icc-cpi.int/cases/RDC/c0106/c0106_hs.html>, acesso em 15 abr. 2007).

[61] Ver notícia divulgada em 29 de janeiro de 2007, disponível em: <http://www.icccpi.int/press-release_details&id=220&l=en.html>, acesso em 15 abr. 2007. Para maiores informações, consultar:

de Questões Preliminares I decidiu, por unanimidade, por condenar Lubanga, em virtude da prática dos referidos crimes de guerra[62].

Em 29 de julho de 2004 começaram as investigações na região norte da República da Uganda, onde ataques sistemáticos e generalizados foram perpetrados contra a população civil desde julho de 2002. Foi, assim, instaurado o caso Promotoria *vs.* Joseph Kony, Vincent Otti, Raska Lukwiya, Okot Odhiambo e Dominic Ongwen (ICC-02/04-01/05), sob a acusação da prática de crimes contra a humanidade e crimes de guerra, incluindo homicídios, sequestros, crimes sexuais, estupros e recrutamento de crianças. Em setembro de 2005, o Tribunal Penal Internacional ordenou o seu primeiro mandado de prisão, em face de Joseph Kony, líder da resistência armada (LRA – Lord's Resistance Army) em Uganda[63].

Em janeiro de 2005, a Promotoria recebeu denúncia oferecida pela República Centro-Africana, a respeito de crimes contra a humanidade cometidos desde 1º de julho de 2002, estando o caso sob investigação e análise. Tal denúncia se somava a outras denúncias encaminhadas à Promotoria por indivíduos e grupos[64]. Com base nesta documentação, a Promotoria reconheceu a existência de fundamentos suficientes para iniciar um inquérito. Em 20 de janeiro de 2005, o Presidente do Tribunal Penal Internacional constituiu uma Câmara de Instrução III para analisar a situação da República Centro-Africana[65]. Em maio de 2008, foi expedido mandado de prisão em face de Jean-Pierre Bemba Gombô, sob a acusação de crimes de guerra e crimes contra a humanidade[66].

<http://www.icc-cpi.int/cases/RDC.html>, acesso em 15 abr. 2007. Ver também newsletter n. 10, de novembro de 2006, disponível em: <http://www.icc-cpi.int/library/about/newsletter/files/ICCNL10-200611_En.pdf >, acesso em 15 abr. 2007.

[62] Disponível em: <http://www.icc-cpi.int/Menus/Go?id=a70a5d27-18b4-4294-816fbe68155242e0&lan=en-GB http://icc-cpi int>, acesso em 16 mar. 2012.

[63] Nos últimos 19 anos, o LRA tem sido acusado de assassinatos, execuções e utilização forçada de mais de 20.000 crianças como crianças-soldados ou escravas sexuais (The International Criminal Court: Catching a Ugandan Monster, *The Economist*, October 22, 2005, p. 66-67). Ver sentença em: <http://www.icccpi.int/library/cases/ICC-02-04-01-05-53_English.pdf>, acesso em 15 abr. 2007.

[64] De acordo com <http://www.icc-cpi.int/pressrelease_details&id=87&l=en.html>, acesso em 15 abr. 2007.

[65] Decisão disponível em: <http://www.icc-cpi.int/library/organs/chambers/Decision_Assigning_the_Situation_in_the_Central_African_Republic_to_Pre-Trial_Chamber_III.pdf>, acesso em 15 abr. 2007.

[66] Consultar caso Promotoria *vs.* Jean-Pierre Bemba Gombô (ICC 01/05-01/08) em: <http://www2.icc-cpi.int/NR/rdonlyres/BB799007-74C2-4212-9EA6-0FC9AD178492/279535/BembaCISEn.pdf>.

Observe-se que nesses três casos – República Democrática do Congo, República da Uganda e República Centro-Africana – as denúncias foram oferecidas pelos próprios Estados, que acionaram o Tribunal Penal Internacional para obter uma posição de maior neutralidade política, à luz da gravidade e complexidade dos conflitos. Foram firmados acordos de cooperação, bem como realizadas negociações entre governos e organizações regionais, com vistas a facilitar o trabalho a ser desenvolvido pela Corte[67].

Em 31 de março de 2005, o Conselho de Segurança da ONU aprovou a Resolução n. 1.593, determinando que os suspeitos de crimes de guerra na região de Darfur, no Sudão, sejam julgados pelo Tribunal Penal Internacional[68]. Em 6 de junho de 2005, foi instaurada pela Promotoria investigação sobre a situação em Darfur. Segundo Relatório da Promotoria, foram entrevistadas vítimas ao redor do mundo, em 17 países, sendo reunidos cerca de 100 depoimentos. Os depoimentos não foram colhidos em Darfur, por razões de segurança e proteção das testemunhas. Após 20 meses de trabalho, em 27 de fevereiro de 2007, a Promotoria encaminhou à Câmara de Instrução petição instruída com provas e requerendo notificação para comparecimento de Ahmad Muhammad Harun, ex-Ministro de Estado de Interior do Governo do Sudão, e Ali Muhammad Ali Abd-Al-Rahman, suposto líder da milícia conhecida como Ali Kushayb[69]. A Promotoria concluiu que há indícios suficientes de que ambos, Ahmad Muhammad Harun e Ali Muhammad Ali Abd-Al-Rahman, são responsáveis por 51 casos de crimes contra a humanidade e crimes de guerra. Tais crimes foram cometidos durante ataques ao vilarejo de Kodoom, e nas cidades de Bindisi, Mukjar e Arawala, a oeste de Darfur, entre agosto de 2003 e

---

[67] Boletim da Corte Penal Internacional, outubro de 2004, p. 5. *Update on Investigations*, Office of the Prosecutor, ICC *Newsletter* #2, October 2004, p. 5. Disponível em: <http://www.icc-cpi.int/library/about/newsletter/2/pdf/ICC_NEWSLETTER2-EN.pdf>. Acesso em 30 jan. 2005.

[68] A Resolução n. 1.593 (2005), adotada pelo Conselho de Segurança da ONU em 31 de março de 2005, pode ser lida em: <http://www.icc-cpi.int/library/cases/N0529273.darfureferral.eng.pdf>, acesso em 5 out. 2005. Note-se que a resolução do Conselho de Segurança contou com 11 votos favoráveis, nenhum contra e 4 abstenções. A respeito, ver Corte Mundial julgará acusados do Sudão, *Folha de S.Paulo*, p. A29, 2 abr. 2005, e ainda Brasil se abstém de resolução antigenocídio, *Folha de S.Paulo*, p. A6, 2 abr. 2005. Sobre a dramática situação de Darfur, ver Darfur's despair, *The Economist*, October 15, 2005, p. 69-71.

[69] De acordo com <http://www.icc-cpi.int/pressrelease_details&id=233&l=en.html>, acesso em 15 abr. 2007.

março de 2004[70]. Em 2 de maio de 2007, foi expedido mandado de prisão em face dos acusados.

Em 15 de julho de 2008, a Promotoria do Tribunal Penal Internacional solicitou ordem de prisão contra o presidente do Sudão, Omar al-Bashir, acusado pela prática de crime de genocídio, crimes contra a humanidade e crimes de guerra cometidos na região de Darfur. Segundo a ONU, o conflito em Darfur já deixou mais de 300 mil mortos e 2,5 milhões de refugiados. Em março de 2009, o Tribunal Penal Internacional expediu mandado de prisão em face de Omar al-Bashir – o primeiro mandado expedido pelo Tribunal contra um presidente em exercício[71].

Em 26 de novembro de 2009, a Promotoria apresentou requerimento à Câmara de Questões Preliminares II para autorizar a abertura de uma investigação *motu proprio* em relação à violência e aos supostos crimes internacionais ocorridos pós-eleição de 2007-2008, no Quênia[72].

Em 31 de março de 2010, a Câmara de Questões Preliminares decidiu autorizar, por maioria de votos, as investigações sobre supostos crimes contra a humanidade ocorridos no período de 1º de junho de 2005 a 26 de novembro de 2009 no Quênia, em conformidade com o art. 15 do Estatuto de Roma[73].

Em 26 de fevereiro de 2011, por unanimidade, o Conselho de Segurança da ONU, com base no Capítulo VII da Carta da ONU, adotou a Resolução n. 1.970, determinando a remessa do caso da Líbia ao Tribunal Penal

---

[70] Para mais informações, consultar *Fact Sheet on the OTP's work to investigate and prosecute crimes in Darfur* – divulgado em 27 de fevereiro de 2007, disponível em: <http://www.icc-cpi.int/library/organs/otp/ICCOTP_Fact-Sheet-Darfur-20070227_en.pdf>, acesso em 15 abr. 2007; *Report of the International Commission of Inquiry on Darfur to the United Nations Secretary-General* (25/01/05). Disponível em: <http://www.icccpi.int/library/cases/Report_to_UN_on_Darfur.pdf>, acesso em 15 abr. 2007.

[71] Consultar em: <http://www.icc-cpi.int/NR/rdonlyres/08B26814-F2B1-4195-8076-4D4026099EC/279975/CISAlBashirEn.pdf>; ver também "Decision on the Prosecution's Application for a Warrant of Arrest against Omar Hassan Ahmad Al Bashir" – resumo disponível em: <http://www.icc-cpi.int/NR/rdonlyres/2B760995-E48C-426D-AD0B-4A800179924C/279972/Summary_ENG.pdf>.

[72] O requerimento para autorização de investigação, de acordo com o art. 15 do Estatuto de Roma, está disponível em: <http://www.icc-cpi.int/iccdocs/doc/doc785972.pdf>, acesso em: 3 abr. 2010. Os anexos estão disponíveis em: <http://www.icc-cpi.int/NR/exeres/90D5D0C1-0DEA-4428-BDB5-9CBCC7C9D590.htm>.

[73] Destaca-se que a decisão foi por maioria de votos, apresentando o juiz Hans-Peter Kaul voto dissidente. A decisão e o voto dissidente estão disponíveis em: <http://www.icc-cpi.int/iccdocs/doc/doc854287.pdf>, acesso em 2 abr. 2010.

Internacional, a fim de que sejam investigados os ataques de Forças de Segurança em face de manifestantes pacíficos desde 15 de fevereiro de 2011, envolvendo graves violações a direitos humanos, as quais caracterizam crimes contra a humanidade, sob o autoritário regime de Muammar Kadhafi.

Em 20 de maio de 2011, a Promotoria do Tribunal Penal Internacional concluiu que há uma base sólida para a abertura de processo de investigação relativamente à ocorrência de graves crimes internacionais na Costa do Marfim desde 28 de novembro de 2010[74]. Em 23 de novembro de 2011, a Pre-Trial Chamber III ordenou a prisão de Laurent Gbagbo (ex-presidente da Costa do Marfim) por crimes contra a humanidade envolvendo assassinatos, estupros e outras violências sexuais, perseguições e outros atos desumanos perpetrados no contexto de violência pós-eleitoral entre 16 de dezembro de 2010 e 12 de abril de 2011. Laurent Gbagbo foi transferido para o Centro de Detenção do Tribunal Penal Internacional em 30 de novembro de 2011[75].

Em 16 de janeiro de 2013, a Promotoria decidiu autorizar uma investigação a respeito de crimes de guerra em Mali[76], em virtude de crimes cometidos desde janeiro de 2012.

Em 24 de setembro de 2014, a Promotoria anunciou a instauração de uma segunda investigação na República Centro-Africana, concernente a crimes praticados desde agosto de 2012.

Em 27 de janeiro de 2016, a Promotoria foi autorizada a iniciar um procedimento de investigação a *proprio motu*, com foco em supostos crimes contra a humanidade e crimes de guerra cometidos no contexto de conflito armado internacional entre 1º de julho e 10 de outubro de 2008, na região de Ossétia do Sul, na Geórgia.

Note-se que investigações preliminares estão sendo conduzidas pela Promotoria em face de denúncias de crimes perpetrados na Bolívia, Colômbia, Guiné, Nigéria, Palestina, Filipinas, Ucrânia e Venezuela (relativamente a fatos ocorridos a partir de abril de 2017).

---

[74] Decision Assigning the Situation in the Republic of Côte d'Ivoire to Pre-Trial Chamber II Public Court Records – Presidency – Decision: 20-5-2011. Disponível em: <http://www.icc-cpi.int/iccdocs/doc/doc1073873.pdf>.

[75] Consultar: <http://www.icc-cpi.int/menus/icc/situations%20and%20cases/situations/icc0211/related%20cases/icc02110111>.

[76] ICC Prosecutor opens investigation into war crimes in Mali, 16-1-2013. Disponível em: <http://www.icc-cpi.int>.

Desse modo, até 2023 um total de dezessete situações havia sido submetido ao Tribunal Penal Internacional (envolvendo 31 casos): a) situação em Uganda (2 casos); b) situação na República Democrática do Congo (6 casos); c) situação na República Centro-Africana (3 casos); d) situação em Darfur, Sudão (6 casos); e) situação na República do Quênia (5 casos); f) situação na Líbia (3 casos); g) situação na Costa do Marfim (2 casos); h) situação em Mali (2 casos); i) situação na República Cen-tro-Africana II (2 casos); j) situação na Geórgia; k) situação no Burundi (1 caso); l) situação em Bangladesh/Mianmar; m) situação no Afeganistão; n) situação no Estado da Palestina (incluindo Gaza e West Bank); o) situação nas Filipinas; p) situação na Ucrânia; e q) situação na Venezuela.

No que se refere ao princípio da cooperação, o Estatuto impõe aos Estados-partes a obrigação genérica de "cooperar totalmente com o Tribunal na investigação e no processamento de crimes que estejam sob a jurisdição desse"[77]. A cooperação envolve, ilustrativamente, a adoção de procedimentos internos de implementação do Estatuto, a entrega de pessoas ao Tribunal, a realização de prisões preventivas, a produção de provas[78], a execução de buscas e apreensões e a proteção de testemunhas[79]. O não cumprimento de pedidos de colaboração expedidos pelo Tribunal importa na comunicação da questão à Assembleia de Estados-partes ou, tendo sido o processo internacional iniciado pelo Conselho de Segurança, a este[80].

Para alguns, o sistema de cooperação previsto pelo Estatuto de Roma tem um grau tal de deficiência que tornará extremamente árdua a tarefa investigativa do promotor[81]. Ressalta Jelena Pejic que mesmo quanto ao Tribunal *ad hoc* para a antiga Iugoslávia houve, ao menos até 1996, grande resistência dos

---

[77] Artigo 86 do Estatuto de Roma.

[78] O artigo 57 (3) (d) do Estatuto de Roma permite que o promotor realize investigações *in loco* sem o consentimento do Estado-parte. Contudo, tais investigações têm caráter excepcional, podendo ser implementadas apenas após autorização da Câmara de Questões Preliminares, nos casos em que o "Estado claramente não esteja apto a executar um pedido de cooperação devido à inexistência de qualquer autoridade ou de qualquer componente de seu sistema judicial competente que efetive o pedido de cooperação nos termos da Parte 9" (SCHABAS, William A. *An introduction to the International Criminal Court*. Cambridge: Cambridge University Press, 2001, p. 104).

[79] Artigos 88, 89, 92 e 93 do Estatuto de Roma.

[80] Artigo 87 do Estatuto de Roma.

[81] PEJIC, Jelena. The Tribunal and the ICC: do precedents matter? *Albany Law Review*, n. 60 (1997), p. 854-857. Ver ainda BERGSMO, Morten. O regime jurisdicional da Corte Internacional Criminal. In: CHOUKR, Fauzi Hassan; AMBOS, Kai (orgs.). *Tribunal Penal Internacional*. São Paulo: Revista dos Tribunais, 2000, p. 244.

Estados em colaborar. Explicite-se que os tribunais *ad hoc* impõem uma obrigação de cooperação a todos os Estados-membros das Nações Unidas, uma vez que não derivam de um tratado, mas de resoluções do Conselho de Segurança[82]. Ademais, a não observação dos deveres para com os tribunais *ad hoc* poderia resultar, ao menos em princípio, na adoção de sanções pelo Conselho de Segurança[83]. Já o Tribunal Penal Internacional está restrito à colaboração dos Estados-partes ao Estatuto de Roma, não possuindo o respaldo do Conselho de Segurança, salvo nos casos iniciados pelo próprio Conselho.

Além desses problemas, sustenta-se que a conjugação do princípio da complementaridade com o princípio da cooperação parece conter um paradoxo, pelo qual se requer que o Estado, incapaz ou isento da intenção de investigar (condição para o exercício de jurisdição pelo Tribunal Penal Internacional), colabore com o Tribunal, inclusive no que toca às investigações[84].

No que concerne especificamente à realidade jurídica brasileira, somam-se ainda duas questões: Dependeriam os atos de colaboração da obtenção de *exequatur* a ser expedido pelo STJ? No tocante às sentenças do Tribunal Penal Internacional, careceriam elas de homologação pelo STJ, nos termos do 105, I, *i*, da CF[85]?

Deve-se atentar aqui às diferenças entre um pedido formulado por um tribunal internacional e uma carta rogatória expedida por um outro Estado e, da mesma forma, a diferença entre uma sentença proferida por um tribunal internacional e aquela proferida por uma corte nacional de outro Estado. As exigências estabelecidas pelo art. 105 da Constituição Federal brasileira referem-se unicamente às relações entre Estados, às relações entre soberanias distintas, onde prevalece o princípio de não intervenção, não podendo o dispositivo ser interpretado extensivamente. No tocante às relações entre um tribunal internacional ao qual o Estado tenha aderido voluntariamente e esse mesmo Estado, não há como se cogitar de uma contraposição entre duas soberanias, mas da extensão da soberania de um grupo de Estados para a

---

[82] Artigos 41, 43 e 48 da Carta das Nações Unidas.

[83] Artigo 41 da Carta das Nações Unidas.

[84] Resumen Ejecutivo del Seminario Regional para la Ratificación e Implementación del Estatuto de la Corte Penal Internacional. Painel III: La persecución penal ante la Corte Penal Internacional.

[85] Note-se que tal competência era do STF até o advento da Emenda Constitucional n. 45/2004. A partir desta, a competência para homologação de sentenças estrangeiras e para concessão de *exequatur* passa a ser originária do STJ, nos termos do art. 105, I, *i*, da CF.

consecução de um objetivo comum, no caso, a realização da justiça no campo dos direitos humanos. Note-se que a aceitação de uma jurisdição internacional é, sobretudo, um ato de soberania do Estado, que, posteriormente, não pode valer-se da mesma soberania para obstar o exercício de tal jurisdição.

Feito o estudo dos princípios da complementaridade e da cooperação, com ênfase no modo pelo qual o Tribunal Penal Internacional interage com os Estados e suas ordens jurídicas locais, passa-se ao exame da relação entre o Tribunal e o Conselho de Segurança das Nações Unidas.

5. A Relação entre o Tribunal Penal Internacional e o Conselho de Segurança das Nações Unidas

A relação entre o Tribunal Penal Internacional e o Conselho de Segurança tem implicações diretas sobre os Estados-partes no Estatuto, pois altera, num primeiro momento, o grau de igualdade entre esses Estados e, num segundo momento, o grau de imparcialidade da justiça no âmbito internacional.

Dois fatores delegam aos membros permanentes do Conselho de Segurança[86] um poder, junto ao Tribunal Penal Internacional, distinto daquele assegurado a outros Estados. O primeiro refere-se ao peso do Conselho junto ao Tribunal. Uma vez que o Conselho vincula todos os Estados-membros das Nações Unidas[87] e não apenas os Estados-partes do Estatuto de Roma, a atuação conjunta dos membros permanentes no sentido de instigar a denúncia de violações pelo Conselho pode dar às investigações do Tribunal uma efetividade maior do que aquela proporcionada pela atuação de membros não permanentes ou não membros diretamente junto ao Tribunal. O segundo refere-se ao fato de que as decisões de cunho material do Conselho, como são certamente aquelas relativas à atuação do Conselho perante o Tribunal, podem ser obstadas pelo veto de um dos membros permanentes, impedindo a movimentação do órgão[88]. Os membros não permanentes do Conselho não possuem esse poder de veto.

---

[86] Vale lembrar que o Conselho de Segurança é formado por quinze membros, dos quais cinco são permanentes, os Estados Unidos da América, a China, a Rússia, a França e o Reino Unido. Artigo 23 (1), Carta das Nações Unidas.

[87] Artigos 41, 43 e 48, Carta das Nações Unidas. SCHABAS, William A. *An introduction to the International Criminal Court*. Cambridge: Cambridge University Press, 2001, p. 158.

[88] O artigo 27 (3) da Carta das Nações Unidas estabelece que "as decisões do Conselho de Segurança, em todos os outros assuntos [questões não processuais], serão tomadas pelo voto

A participação do Conselho junto ao Tribunal, contudo, não implica uma mera submissão do Tribunal Penal Internacional a um regime menos igualitário entre os Estados. Ela traz, em verdade, algumas vantagens ao Tribunal. Embora as negociações que levaram à elaboração do Estatuto de Roma tenham sido descritas por Schabas como negociações entre os Estados-membros permanentes do Conselho e os Estados-membros não permanentes ou não membros, explicitando claramente a disparidade de interesses entre esses dois grupos[89], a participação do Conselho de Segurança nas atividades do Tribunal pode possibilitar que esse tenha, em seus primeiros momentos de existência, um alcance universal[90], tão essencial quanto a igualdade entre os

---

afirmativo de nove membros, inclusive os votos afirmativos de todos os membros permanentes, ficando estabelecido que, nas decisões previstas no capítulo VI e no § 3º, do art. 52, aquele que for parte em uma controvérsia se absterá de votar".

[89] SCHABAS, William A. *An introduction to the International Criminal Court*. Cambridge: Cambridge University Press, 2001, p. 65-66.

[90] Ver nessa linha, ilustrativamente, Lawyers Committee for Human Rights. The Rome Treaty for an International Criminal Court – a brief summary of the main issues. *International Criminal Court Briefing Series*, v. 2, n. 1 (agosto 1998), p. 4. Ver ainda BERGSMO, Morten. O regime jurisdicional da Corte Internacional Criminal. In: CHOUKR, Fauzi Hassan; AMBOS, Kai (orgs.). *Tribunal Penal Internacional*. São Paulo: Revista dos Tribunais, 2000, p. 231-232. Deve-se atentar, todavia, a dois fatos. Primeiro, os Estados Unidos não estão apoiando a efetivação do TPI. Segundo, o veto dos Estados Unidos junto ao Conselho de Segurança contra a apresentação por esse de denúncias em face do TPI obstará por completo a atuação do Conselho. A falta de apoio dos Estados Unidos se deve não apenas a uma eventual perda de poder em relação à situação anterior ao TPI, onde a criação de tribunais criminais dependia em grande parte da decisão dos cinco membros permanentes do Conselho; mas também do receio dos Estados Unidos de que suas tropas em missões externas sejam denunciadas, por motivações meramente políticas, pelos Estados estrangeiros nos quais atuam – algo que pode ocorrer ainda que os Estados Unidos não ratifiquem o Estatuto de Roma, por força do artigo 12 do Estatuto. As discussões travadas para a promulgação da Lei de Proteção aos Membros dos Serviços Militares Americanos de 2000 (American Servicemembers' Protection Act), H. R. 4654 (Câmara dos Deputados) e S. 2726 (Senado), revelam, ilustrativamente, a intenção americana de agir contrariamente à efetivação do Estatuto. Procura-se pela lei proteger militares americanos contra a jurisdição do Tribunal, atuando no sentido de convencer o Conselho de Segurança a excepcionar os membros de tropas militares americanas da jurisdição do TPI (seção 5) e de impedir qualquer assistência ao Tribunal, no que toca às suas investigações (seções 4, 6 e 7). Business United Nations Association of the United States of America and the Business Council for the United Nations. A UNA-USA *Advocacy Agenda 2000 Fact Sheet: The American Servicemembers' Protection Act of 2000: Implications for US Cooperation with the ICC*. Disponível em: <http://www.unausa.org/issues/icc/servicefact.htm>. Deve-se destacar aqui, ainda, a análise de Cherif Bassiouni, que exerceu o cargo de presidente da Comissão de Elaboração do Estatuto de Roma (SCHABAS, William A. *An introduction to the*

Estados para a concretização do princípio da imparcialidade. Ainda, nos casos de denúncia pelo Conselho, o custo das atividades do Tribunal Penal Internacional será suportado pelas Nações Unidas[91].

O Conselho de Segurança pode atuar perante o Tribunal Penal Internacional pela adoção de resoluções sob o Capítulo VII da Carta das Nações Unidas, iniciando procedimentos investigativos, nos moldes do artigo 13 (b), do Estatuto, ou suspendendo uma investigação ou um processo judicial já iniciado, por um período de doze meses sujeito à renovação, nos termos do artigo 16 do Estatuto. A atuação do Conselho dependerá do consenso entre os cinco membros permanentes, como já mencionado, e será determinada pelo escopo da manutenção ou do restabelecimento da paz, conforme estabelece o Capítulo VII. A exigência de consenso, ressalta Schabas, torna "extremamente difícil" a obstrução do processo pelo Conselho de Segurança[92]. Pode tornar ainda razoavelmente difícil também a atuação do Conselho para a instauração de investigações. Embora a delegação da Índia tenha alegado extraoficialmente, por ocasião da adoção do Estatuto de Roma, que os membros do Conselho de Segurança manteriam uma via indireta de influência sobre o Tribunal, sem se submeter às obrigações impostas pelo Estatuto[93], a indisposição de qualquer um dos membros permanentes para agir nesse sentido impediria a atuação de todo o Conselho, tornando essa via pouco eficiente. Além disso, o Estatuto de Roma abre um meio indireto de acesso a qualquer Estado, ainda que não seja parte no Estatuto: o da representação informal junto ao

---

International Criminal Court. Cambridge: Cambridge University Press, 2001, p. 17), no sentido de que a verdadeira razão pela qual os Estados resistem em reconhecer a jurisdição do Tribunal é o temor dos altos oficiais, principalmente dos Chefes de Estados, de virem a ser chamados a responder por atos seus que possam constituir crimes internacionais (BASSIOUNI, Cherif. The time has come for an International Criminal Court. *Indiana International and Comparative Law Review*, n. 1 (1991), p. 12-13).

[91] Artigo 115 (b) do Estatuto de Roma. Observe-se, contudo, que os maiores contribuintes das Nações Unidas são os Estados Unidos, a Alemanha e o Japão.

[92] SCHABAS, William A. *An introduction to the International Criminal Court*. Cambridge: Cambridge University Press, 2001, p. 66. Ver, ainda, Lawyers Committee for Human Rights. The Rome Treaty for an International Criminal Court – a brief summary of the main issues. *International Criminal Court Briefing Series*, v. 2, n. 1 (agosto 1998), p. 6.

[93] BERGSMO, Morten. O regime jurisdicional da Corte Internacional Criminal. In: CHOUKR, Fauzi Hassan; AMBOS, Kai (orgs.). *Tribunal Penal Internacional*. São Paulo: Revista dos Tribunais, 2000, p. 231.

promotor, para que esse haja *motu proprio*, nos termos dos artigos 13 (c) e 15 (2) do Estatuto[94].

Adicione-se que o grau de influência do Conselho de Segurança sobre o Tribunal Penal Internacional foi consideravelmente limitado na versão final do Estatuto em relação à sua versão original, onde se previa que estava vedado ao Tribunal processar um caso que estivesse sendo analisado pelo Conselho de Segurança e que, segundo ele, versasse sobre uma ameaça ou um atentado à paz ou sobre um ato de agressão, nos termos do Capítulo VII da Carta. Nessas hipóteses o Tribunal Penal Internacional apenas poderia agir com a autorização do Conselho. Segundo Schabas, o dispositivo impediria a atuação do Tribunal pelo simples ato de um único membro do Conselho lançar em pauta uma matéria determinada[95].

Resta considerar que o alcance da atuação do Conselho de Segurança em face do Tribunal Penal Internacional representa um avanço, no que toca à imparcialidade, em relação aos tribunais *ad hoc*. Observe-se que estes, para citar os tribunais *ad hoc* para a Bósnia e Ruanda, foram criados por resolução do Conselho de Segurança – para a qual se demandou o consenso dos cinco membros permanentes, que têm o poder de veto. Como ainda lembra Jelena Pejic, embora o Conselho não possua o poder de alterar decisões substantivas desses tribunais, possui o poder de extingui-los[96].

À luz dos delineamentos do Tribunal Penal Internacional – sua competência, estrutura, relação com Estados-partes e Conselho de Segurança – transita-se ao Direito brasileiro, com o objetivo de avaliar o impacto do Estatuto de Roma na Constituição brasileira de 1988, considerando as inovações introduzidas pela Emenda Constitucional n. 45/2004.

6. O Estatuto de Roma e a Constituição Brasileira de 1988

O Estatuto de Roma, em linhas gerais, é compatível com o ordenamento jurídico interno, por ao menos três razões.

---

[94] Deve-se atentar nesse caso, contudo, para o fato de que a atuação *proprio motu* do promotor deverá ser autorizada pela Câmara de Questões Preliminares, algo que não é exigido nem para denúncias feitas pelos Estados-partes nos termos do artigo 14 do Estatuto, nem por aquelas feitas pelo Conselho de Segurança nos termos do artigo 13 (b) do Estatuto.

[95] SCHABAS, William A. *An introduction to the International Criminal Court*. Cambridge: Cambridge University Press, 2001, p. 65.

[96] PEJIC, Jelena. The Tribunal and the ICC: do precedents matter? *Albany Law Review*, n. 60 (1997), p. 858.

Primeiro, o Estatuto adota regras de direito material em parte já reconhecidas em outros tratados internacionais ratificados pelo Brasil, como as Convenções de Genebra e seus dois protocolos de 1977[97], o Pacto Internacional de Direitos Civis e Políticos[98], a Convenção contra a Tortura e outros tratamentos ou Penas Cruéis, Desumanos ou Degradantes[99], a Convenção para a Prevenção e Repressão do Crime de Genocídio[100], a Convenção pela Eliminação de Todas as Formas de Discriminação contra a Mulher[101], a Convenção sobre a Eliminação de Todas as Formas de Discriminação Racial[102], a Convenção Americana de Direitos Humanos[103], a Convenção Interamericana para Prevenir e Punir a Tortura[104] e a Convenção Internamericana para Prevenir, Punir e Erradicar a Violência contra a Mulher[105].

Segundo, o Estatuto estabelece um mecanismo internacional de proteção a direitos humanos não totalmente diverso daquele previsto para a Corte Interamericana de Direitos Humanos, cuja jurisdição foi reconhecida pelo Brasil, em 3 de dezembro de 1998[106]. Estipula ainda um mecanismo semelhante àquele dos tribunais *ad hoc*[107], cujas decisões possuem poder

---

[97] As Convenções de Genebra foram ratificadas pelo Brasil em 29-6-1957 e os Protocolos, em 5-5-1992. ICRC. *Geneva Conventions of 12 August 1949 and Additional Protocols of 8 June 1977: ratifications, accessions and successions*. Disponível em: <http://www.icrc.org/icrceng.nsf/8ec4e051a8621595c1256 4670032d7ef/f4d150837faf39d94125624b005a9029?OpenDocument>, acesso em 18 fev. 2002.

[98] O Pacto foi ratificado pelo Brasil em 24-1-1992.

[99] A Convenção contra a Tortura foi ratificada pelo Brasil em 28-9-1989.

[100] A Convenção para a Prevenção e Repressão do Crime de Genocídio foi ratificada pelo Brasil em 4-9-1951.

[101] A Convenção pela Eliminação de Todas as Formas de Discriminação contra a Mulher foi ratificada pelo Brasil em 1º-2-1984.

[102] A Convenção sobre a Eliminação de Todas as Formas de Discriminação Racial foi ratificada pelo Brasil em 27-3-1968.

[103] A Convenção Americana de Direitos Humanos foi ratificada pelo Brasil em 25-9-1992.

[104] A Convenção Interamericana para Prevenir e Punir a Tortura foi ratificada pelo Brasil em 20-7-1989.

[105] A Convenção Interamericana para Prevenir, Punir e Erradicar a Violência contra a Mulher foi ratificada pelo Brasil em 27-11-1995.

[106] O Estatuto, no entanto, pauta-se pela responsabilização de indivíduos e não de Estados como a Corte.

[107] Assemelha-se aos tribunais *ad hoc* por visar à responsabilização individual por graves violações de direitos humanos.

vinculante em relação a todos os Estados-membros das Nações Unidas, inclusive o Brasil[108].

Terceiro, a própria Constituição Federal, no art. 7º do Ato das Disposições Constitucionais Transitórias, explicita que o Brasil propugnará pela formação de um tribunal internacional de direitos humanos e no § 4º do art. 5º, com a redação dada pela Emenda Constitucional n. 45/2004, consagra que o Brasil se submete à jurisdição do Tribunal Penal Internacional a cuja criação tenha manifestado adesão[109].

É nesse contexto que devem ser analisadas quatro questões aparentemente conflitantes entre o Estatuto de Roma e a Constituição Federal brasileira, com especial destaque: a) à prisão perpétua; b) à abolição de imunidades baseadas na capacidade funcional do agente; c) à entrega de nacionais; e d) ao princípio da reserva legal.

6.1. Prisão perpétua

O Estatuto de Roma prevê, em seus artigos 77 (1) (b) e 110 (3), a possibilidade de imposição da pena de prisão perpétua, quando justificada pela extrema gravidade do crime e pelas circunstâncias individuais do condenado, permitindo que a pena seja revista após 25 anos. Não bastando a sanção de natureza penal, o Tribunal poderá também impor sanções de natureza civil, determinando a reparação às vítimas e aos seus familiares, nos termos do artigo 75. O Estatuto conjuga, deste modo, a justiça retributiva com a justiça reparatória.

A introdução da prisão perpétua no Estatuto decorreu do consenso possível entre países favoráveis à adoção da pena de morte e países contrários à adoção tanto dessa quanto da pena de prisão perpétua. Ainda, lembra Schabas[110], os artigos 77 e 110 do Estatuto resultam de um processo evolutivo no âmbito internacional, que teve início com os Tribunais de Nuremberg e Tóquio, onde se previu a pena de morte; teve continuidade

---

[108] Artigos 41, 43 e 48 da Carta das Nações Unidas.

[109] Como já realçado anteriormente, o Brasil participou do grupo dos *like minded countries* nas conferências de elaboração do Estatuto de Roma, defendendo princípios que fortaleceriam a atuação do TPI como instituição independente.

[110] SCHABAS, William A. *An introduction to the International Criminal Court*. Cambridge: Cambridge University Press, 2001, p. 137-142.

com os Tribunais *ad hoc* para Ruanda e a antiga Iugoslávia, onde se estabeleceu como pena máxima não a pena de morte, mas a pena de prisão perpétua sem qualquer restrição; e culminou com o Tribunal Penal Internacional, onde se restringiu a aplicação da pena perpétua a casos de extrema gravidade, possibilitando-se uma revisão após 25 anos.

A despeito dessa evolução ocorrida no âmbito internacional, parece persistir, todavia, um conflito entre a disciplina da prisão perpétua pelo Estatuto e o art. 5º, XLVII, *b*, da Constituição Federal brasileira, que veda expressamente a aplicação dessa sanção penal. Uma análise mais detida da matéria demonstrará, entretanto, que esse conflito é meramente aparente.

O estudo do tema da prisão perpétua pode ser aqui dividido em três pontos, concernentes a uma eventual exigência da adoção dessa pena pela legislação brasileira, à entrega de indivíduos ao Tribunal e à execução pelo Brasil da sentença condenatória internacional, que imponha a pena restritiva de liberdade sem limitações temporais.

No que se refere ao primeiro ponto, insta esclarecer que o artigo 80 do Estatuto de Roma estipula não ser necessário, para se adequar ao Estatuto, que os Estados-partes adotem internamente a pena de prisão perpétua. O artigo 80 enuncia explicitamente a não interferência no regime de aplicação de penas nacionais e nos Direitos internos, ressaltando que nada prejudicará a aplicação, pelos Estados, das penas previstas nos respectivos Direitos internos, ou a aplicação da legislação de Estados que não preveja as penas referidas no Estatuto. Esse dispositivo apresenta especial relevância para o caso brasileiro, ao se considerar que o artigo da Constituição Federal, que veda a imposição de prisão perpétua, constitui cláusula pétrea, nos termos do art. 60, § 4º, IV, não podendo ser alterado sequer por emenda constitucional. Resta estudar, portanto, como a não alteração da legislação brasileira, tangente ao reconhecimento da prisão perpétua, poderá coadunar-se com a previsão dessa pena pelo Estatuto, tendo-se em vista que esse tratado não admite reservas[111], nem declarações que limitem as obrigações dos Estados perante o Estatuto[112]. Essa indagação suscita a discussão do segundo e do terceiro pontos.

O segundo ponto em análise requer um paralelo entre a entrega e a extradição. Embora sejam institutos diferentes – visto que a entrega decorre

---

[111] Artigo 120 do Estatuto de Roma.
[112] SCHABAS, William A. *An introduction to the International Criminal Court*. Cambridge: Cambridge University Press, 2001, p. 159.

das relações entre um Estado e um tribunal internacional e a extradição ocorre nas relações entre dois Estados – a comparação é válida porque se tenderá a exigir para entrega, voltada ao julgamento de um indivíduo por um tribunal internacional imparcial cuja jurisdição o Estado tenha reconhecido, um menor número de requisitos do que para a extradição, voltada ao julgamento de um indivíduo por um outro Estado. A comparação, ainda, faz-se necessária, por ser a entrega uma prática recente, que, embora já prevista para os Tribunais *ad hoc*, nunca foi discutida pelos tribunais brasileiros[113].

Sobre a extradição, dispõe a Lei n. 6.815/80 que o Estado requerente deverá comprometer-se a comutar a pena de morte ou de castigo corporal em pena privativa de liberdade. A lei, todavia, é omissa quanto à pena de prisão perpétua, sendo a questão resolvida pela jurisprudência do STF, explicitada no *leading case* Russel Wayne Weisse[114]. Nesse caso, o Tribunal decidiu pela inexigência da comutação da pena de prisão perpétua em privativa de liberdade não superior a 30 anos, alterando seu entendimento anterior pela exigência da comutação[115]. Considerando-se o maior rigor devido à extradição em relação à entrega, tem-se que o entendimento pela possibilidade de extradição a países que adotem a pena de prisão perpétua pode ser aplicado também à entrega ao Tribunal Penal Internacional. Não há, por conseguinte, na lei brasileira, qualquer incompatibilidade com o Estatuto de Roma no que concerne à prisão perpétua nas hipóteses de entrega.

No tocante à execução pelo Brasil da sentença condenatória do Tribunal Penal Internacional que imponha a prisão perpétua, há duas linhas de argumentação pela compatibilidade entre o Estatuto e a Constituição Federal brasileira. A primeira se fundamenta no artigo 103 (1) (a) do Estatuto, segundo o qual o Tribunal designará, para a implementação de sentenças que imponham penas privativas de liberdade, um Estado-parte que tenha indicado sua disposição em receber o condenado. Poder-se-ia extrair desse dispositivo que o Estatuto não impõe aos Estados a obrigação de colaborar

---

[113] Lembre-se de que as requisições dos Tribunais para Ruanda e para a antiga Iugoslávia vinculam todos os Estados-membros das Nações Unidas, por terem sido estabelecidas pelo Conselho de Segurança com base no Capítulo VII da Carta das Nações Unidas.

[114] Processo de Extradição n. 426, julgado em 4-9-1985. No mesmo sentido, ver o Processo de Extradição n. 669, julgado em 6-3-1996.

[115] RAMOS, André de Carvalho. O Estatuto do Tribunal Penal Internacional e a Constituição brasileira. In: CHOUKR, Fauzi Hassan; AMBOS, Kai (orgs.). *Tribunal Penal Internacional*. São Paulo: Revista dos Tribunais, 2000, p. 273-274; VIEIRA, Oscar Vilhena. *Revista CEJ*, Brasília, n. 11 (maio/ago. 2000), p. 62.

com o Tribunal na execução de penas privativas de liberdade. Esse entendimento parece negligenciar, todavia, o estabelecido no artigo 103 (3) (a), do Estatuto. Parte-se aqui então para a segunda linha de argumentação mencionada acima.

O artigo 103 (3) (a) estipula o princípio de que os "Estados-partes deverão compartilhar a responsabilidade de implementar as sentenças privativas de liberdade, de acordo com princípios de distribuição equitativa, nos termos das Regras de Procedimento e Produção de Provas (*Rules of Procedure and Evidence*)". O artigo 200 dessas Regras determina que a distribuição equitativa seguirá, dentre outros, o princípio de distribuição geográfica equitativa. Esse princípio de colaboração imposto pelo Estatuto permite, todavia, que os Estados, no momento de declararem sua disposição em aceitar pessoas condenadas, oponham condições a serem estudadas pelo Tribunal[116]. Nessa linha, o Brasil poderia atender ao princípio de colaboração disposto pelo artigo 103 (3) (a), restringindo, porém, sua atuação às sentenças condenatórias que não impusessem a pena de prisão perpétua, alegando, em sua defesa, os artigos 21 (3) do Estatuto, 5 (6) da Convenção Americana de Direitos Humanos e 10 (3) do Pacto Internacional de Direitos Civis e Políticos. O artigo 21 (3) estabelece que a aplicação e a interpretação do Estatuto deverão ser consistentes com os direitos humanos reconhecidos internacionalmente. Já os artigos 5 (6) da Convenção e 10 (3) do Pacto, ambos ratificados pelo Brasil, determinam que as penas privativas de liberdade deverão ter como escopo a reabilitação do condenado. A pena de prisão perpétua é claramente incompatível com a reabilitação do preso, uma vez que visa à exclusão definitiva desse do meio social[117].

Essa segunda linha argumentativa, ao oferecer uma interpretação sistemática e, portanto, mais abrangente do Estatuto e de outros instrumentos internacionais de proteção a direitos humanos, parece melhor explicitar a compatibilidade entre a previsão da pena de prisão perpétua pelo Estatuto e a vedação dessa pela Constituição Federal brasileira, nas hipóteses de colaboração dos Estados na implementação das sentenças do

---

[116] Artigo 103 (1) (b) do Estatuto de Roma e artigo 200 (2) das Regras de Procedimento e Produção de Provas.

[117] A possibilidade de revisão da sentença que impôs a pena de prisão perpétua após 25 anos segundo os rígidos critérios estabelecidos no artigo 110 (4) parece amenizar, mas não afastar a incompatibilidade existente entre a pena de prisão perpétua e o escopo de ressocialização do preso, reconhecido pela Convenção Americana de Direitos Humanos e pelo Pacto Internacional de Direitos Civis e Políticos.

Tribunal. É interessante mencionar, contudo, a possibilidade levantada por Dirk Van Zyl Smit de, no futuro, organismos internacionais de direitos humanos determinarem que a previsão da pena de prisão perpétua viola as normas de direitos humanos reconhecidas internacionalmente[118]. Ainda, deve-se levantar a possibilidade de alteração do dispositivo que prevê a aplicação da pena de prisão perpétua pela Conferência de Revisão[119], que ocorrerá sete anos após a entrada em vigor do Estatuto.

6.2. Imunidades

Quanto ao regime das imunidades, cabe preliminarmente considerar que a Constituição Federal de 1988 prevê, em alguns de seus preceitos, o princípio da soberania.

Insta destacar, entretanto, as várias acepções de soberania, para se averiguar qual delas poderia estar em conflito com a regra, formulada pelo Estatuto, de que esse será aplicado igualmente a todas as pessoas, inclusive aos Chefes de Estado no exercício de sua capacidade funcional[120]. Stephen Krasner aponta a existência de quatro espécies de soberania: a soberania doméstica, tangente à organização interna do Estado; a soberania interdependente, tocante à regulamentação dos fluxos de bens, pessoas, poluentes, doenças e ideias através das fronteiras territoriais; a soberania de Westphalia, concernente à organização política pautada pelos princípios da territorialidade e pela exclusão de atores externos capazes de influenciar a autoridade interna; e a soberania legal internacional, referente ao reconhecimento do Estado como um igual na esfera internacional[121]. Seria essa última a que estaria sendo aparentemente violada pelo artigo 27 do Estatuto.

A soberania legal internacional não está, todavia, prevista de forma expressa na Constituição brasileira. O art. 86 da Constituição trata, ao conceder imunidade relativa ao Presidente da República no que toca a crimes comuns, da soberania doméstica, na classificação esboçada por Krasner, que

---

[118] SMIT, Dirk Van Zyl. Life imprisonment as the ultimate penalty in international law: a human rights perspective. *Criminal Law Forum*, n. 9, p. 1, 1998, citado em SCHABAS, William A. *An introduction to the International Criminal Court*. Cambridge: Cambridge University Press, 2001, p. 112 e 141.

[119] Artigo 123 do Estatuto de Roma.

[120] Artigo 27 do Estatuto de Roma.

[121] KRASNER, Stephen. Soverignty: Organized Hypocrisy. In: STEINER, Henry; ALSTON, Philip. *International human rights in context*. Oxford: Oxford University Press, 2000, p. 575-576.

busca a distribuição, o equilíbrio entre poderes no ordenamento interno e não no internacional. A soberania legal internacional estaria prevista genericamente, no art. 1º, I, e, mais especificamente, no art. 4º, IV, da Constituição, tangente ao princípio da não intervenção. Como afirma Georges Abi-Saab[122], a teoria da soberania internacional se formou com o escopo primeiro de impedir a submissão de um Estado a qualquer autoridade externa, implantando como princípio básico a obrigação de abstenção. Essa ideia de soberania, que, segundo Abi-Saab, tornou-se praticamente universal no fim do século XIX, centralizou-se na figura do Estado, concedendo-lhe uma estrutura hermética, teoricamente intransponível por outros atores internacionais, então, outros Estados.

O Direito Internacional, contudo, não é um direito estático. Observa-se que essa noção de soberania foi grandemente alterada, especialmente com o surgimento de outros atores internacionais, como as organizações intergovernamentais e, principalmente, os indivíduos. A percepção do indivíduo como sujeito de direito internacional teve início após a Segunda Guerra Mundial, em decorrência do processo de internacionalização dos direitos humanos[123]. Essa percepção provocou a quebra da centralização do sistema internacional público na figura do Estado. Como ressalta Louis Henkin, vigoram hodiernamente dois valores norteadores do sistema internacional: os valores dos Estados e os valores humanos. Ambos funcionam como diretrizes na definição da esfera de jurisdição dos Estados[124] e, por conseguinte, da esfera de jurisdição das cortes internacionais, inclusive quanto ao instituto da imunidade referente a funcionários no exercício de sua capacidade funcional.

Foi nesse sentido que se posicionou, já em 1945, o Acordo de Londres, que instituiu o Tribunal de Nuremberg, ao possibilitar o julgamento de agentes públicos, que estivessem no exercício de sua atividade funcional[125].

---

[122] ABI-SAAB, Georges. The changing world order and the international legal order: the structural evolution of international law beyond the state-centric model. In: STEINER, Henry; ALSTON, Philip. *International human rights in context*. Oxford: Oxford University Press, 2000, p. 577-579.

[123] PIOVESAN, Flávia. *Direitos humanos e direito constitucional internacional*. 17. ed. São Paulo: Saraiva, 2017, p. 189-197.

[124] HENKIN, Louis. *International law*: politics, values and functions. Boston: Martinus Nijhoff, 1999, p. 308.

[125] RAMOS, André de Carvalho. O Estatuto do Tribunal Penal Internacional e a Constituição brasileira. In: CHOUKR, Fauzi Hassan; AMBOS, Kai (orgs.). *Tribunal Penal Internacional*. São Paulo: Revista dos Tribunais, 2000, p. 249; SABÓIA, Gilberto Vergne. A criação do Tribunal Penal Internacional. *Revista CEJ*, Brasília, n. 11 (maio/ago. 2000), p. 7.

Esse mesmo entendimento vem sendo consolidado pelo posicionamento recente de duas outras cortes internacionais: o Tribunal *ad hoc* para a antiga Iugoslávia e a Corte Internacional de Justiça. O Tribunal *ad hoc* para a antiga Iugoslávia iniciou, em 12 de fevereiro de 2002, o julgamento de Slobodan Milosevic, ex-presidente da Iugoslávia, por violações às Convenções de Genebra e às leis ou aos costumes de guerra, por crimes contra a humanidade e por genocídio, cometidos contra albaneses em Kosovo, contra croatas e outras minorias não sérvias na Croácia, e contra bósnios muçulmanos, bósnio-croatas e outras minorias não sérvias na Bósnia. A posição de Chefe de Estado, ocupada por Milosevic, serviu de base para a sua responsabilização por atos cometidos por forças militares que lhe eram subordinadas[126]. O Tribunal para a antiga Iugoslávia seguiu, nesse sentido, o entendimento de que não apenas a imunidade de Chefes de Estado deve ser desconsiderada no que tange a determinadas violações de direitos humanos, como o entendimento de que a capacidade funcional deve representar, de certa forma, um fator agravante[127].

No que se refere à Corte Internacional de Justiça, ela se posicionou no caso *Congo v. Belgium*, em decisão proferida em 14 de fevereiro de 2002, pela ilegalidade do mandado de prisão expedido pela Bélgica contra o ministro de Relações Exteriores do Congo, em decorrência da violação da garantia de imunidade outorgada ao ministro. Explicitou, contudo, em seu parágrafo 60, que a imunidade de tais oficiais restringir-se-ia às cortes nacionais, não se estendendo, portanto, a tribunais internacionais, como o futuro Tribunal Penal Internacional[128]. A posição da Corte Internacional de Justiça se coaduna com o preceito de que a regra da imunidade foi delineada no intuito de proteger a soberania de um Estado perante outro Estado[129], não de

---

[126] Os processos relativos a Kosovo, à Croácia e à Bósnia foram unificados em 1º-2-2002. As acusações indicadas acima referem-se aos processos analisados conjuntamente. Nações Unidas. ICTY. Case Information Sheet: Milosevic Case (7-2-2002). Disponível em: <http://www.un.org/icty/glance/milosevic.htm>, acesso em 18 fev. 2002.

[127] No sentido de que a capacidade oficial consiste usualmente em um fator agravante também para o Tribunal Penal Internacional, ver SCHABAS, William A. *An introduction to the International Criminal Court*. Cambridge: Cambridge University Press, 2001, p. 142-143.

[128] Corte Internacional de Justiça. *Democratic Republic of Congo v. Belgium*. Disponível em: <http://www.icj-cij.org/icjwww/idocket/iCOBE/icobejudgment/icobe_ijudgment_20020214.PDF>, acesso em 14 fev. 2002.

[129] HENKIN, Louis. *International Law*: Politics, Values and Functions. Boston: Martinus Nijhoff, 1999, p. 326.

bloquear o exercício da jurisdição por uma Corte Internacional. Coaduna-se, ademais disso, com a tendência, iniciada após a Segunda Guerra, da flexibilização do princípio da soberania em decorrência da consolidação do princípio da dignidade humana[130].

Foi esse conceito flexibilizado de soberania legal internacional aquele acatado pela Constituição Federal brasileira, que resguardou, em seu art. 4º, não apenas o princípio da não intervenção, mencionado acima, mas também o princípio da prevalência dos direitos humanos, no tocante às relações internacionais do Brasil. Esse dispositivo constitucional permite implicitamente que haja restrições às imunidades usualmente concedidas a funcionários no exercício de sua atividade funcional em casos de violações a direitos humanos, não colidindo, por conseguinte, com o artigo 27 do Estatuto de Roma.

Observe-se, por fim, a própria tendência do Direito brasileiro de reduzir o alcance das imunidades, merecendo destaque, nesse sentido, a Emenda Constitucional n. 35, de 20 de dezembro de 2001, que restringiu o alcance da imunidade processual dos parlamentares, conferindo nova redação ao art. 53 da Constituição. Vale dizer, na ordem contemporânea não há como justificar o amplo alcance das imunidades, que tem propiciado atentatório regime de impunidade.

Neste contexto, o Estatuto de Roma simboliza um significativo avanço, ao obstar converta-se a imunidade em escudo, que impeça a responsabilização em face dos mais graves crimes internacionais. Esta nova sistemática, que afasta a imunidade, vem a assegurar o princípio da responsabilidade dos agentes públicos (*accountability*), o princípio da igualdade, o princípio do acesso ao Poder Judiciário e o direito da vítima à justiça, mediante prestação jurisdicional, tudo como exigência de um efetivo Estado Democrático de Direito.

---

[130] As decisões dessas cortes internacionais denotam que também no âmbito internacional vem-se aderindo à ideia de que a soberania deriva, em última instância, do povo, isto é, dos indivíduos que compõem o Estado. Nesse sentido, Kofi Annan ressaltou perante Assembleia Geral da ONU que "se entende largamente hoje ser o Estado um servo do povo e não vice--versa". UN Press Releases GA/9525 (20/9/99), GA/9606 (24/9/99), GA/9608 (25/9/99). In: STEINER, Henry; ALSTON, Philip. *International human rights in context*. Oxford: Oxford University Press, 2000, p. 584.

6.3. Entrega de nacionais

O terceiro conflito frequentemente apontado entre a Constituição Federal brasileira e o Estatuto de Roma diz respeito à entrega de nacionais ao Tribunal Penal Internacional.

O Estatuto de Roma estabelece, em seu artigo 89, que o Tribunal poderá transmitir um pedido de entrega a qualquer Estado onde determinada pessoa possa ser encontrada, requisitando que esse colabore com o Tribunal. Por sua vez, o art. 5º, LI, da Constituição veda a extradição de brasileiros natos ou naturalizados, salvo, nesse último caso, quanto a crimes praticados antes da naturalização ou relativos ao tráfico ilícito de entorpecentes.

Trata também essa questão de um mero conflito aparente, que decorre da identificação do instituto da entrega com o instituto da extradição. Esses institutos são, contudo, essencialmente diversos. Como já explicitado anteriormente, a extradição implica a rendição de uma pessoa por um Estado a outro Estado, enquanto a entrega importa na rendição de uma pessoa por um Estado a um tribunal internacional, cuja jurisdição esse Estado tenha reconhecido. Parece clara a diferença entre a rendição a um Estado soberano e a rendição a um tribunal internacional. Se, na primeira hipótese, existe uma preocupação de se impedir a rendição de nacionais a fim de se resguardar o princípio de igualdade entre dois Estados soberanos, na segunda hipótese essa preocupação perde o sentido[131]. Um Estado, ao reconhecer a jurisdição de um tribunal internacional, não está formando uma nova entidade soberana e autônoma, perante a qual terá que se proteger, como o faz diante de outro Estado. Estará, ao contrário, formando uma entidade que consistirá em uma extensão de seu poder soberano e que refletirá a intenção conjunta de vários Estados em colaborar para a consecução de um escopo comum, tangente à realização da justiça. O próprio Tratado esclarece, nessa linha, que os termos entrega e extradição referem-se a institutos diversos[132].

---

[131] Lembra Jelena Pejic que todos os Estados-membros da ONU já se submeteram a essa mesma obrigação de entrega de nacionais, no que toca aos crimes de competência do Tribunal *ad hoc* para a antiga Iugoslávia, por força do artigo 29(2) (d) do Estatuto desse Tribunal, não sendo o instituto uma inovação do Estatuto de Roma. PEJIC, Jelena. The Tribunal and the ICC: do precedents matter? *Albany Law Review*, n. 60 (1997), p. 845.

[132] Artigo 102 do Estatuto de Roma. Por serem diversos, entende-se que requerem regimes diversos. Em um Seminário sobre a Implementação do Estatuto de Roma, ocorrido em Buenos Aires,

Por conseguinte, não há qualquer incompatibilidade entre a Constituição Federal brasileira e o Estatuto, no que toca à entrega de nacionais, uma vez que aquele diploma legal veda apenas a extradição, não a entrega, de brasileiros.

6.4. Reserva legal

A quarta questão, por vezes levantada nos estudos acerca da Constituição Federal brasileira e o Estatuto de Roma, refere-se à reserva legal.

Essa questão parece, todavia, pouco conflituosa, visto que o próprio Estatuto de Roma reconhece explicitamente os princípios de *nullum crimen sine lege* e *nulla poena sine lege*, em seus artigos 22 e 23, respectivamente. Mais relevante do que o reconhecimento formal, porém, é o fato de o Estatuto traduzir, com maior grau de precisão e detalhamento, a tipificação dos crimes por ele previstos, se comparado com outros tribunais criminais internacionais, como o Tribunal de Nuremberg e os Tribunais *ad hoc*. Essa especificação é, ainda, complementada pelos "Elementos dos Crimes" (*Elements of Crimes*), previstos pelo artigo 9º do Estatuto e cujo texto, já elaborado, deverá ser adotado por dois terços dos Estados-partes, após a entrada em vigor do Estatuto. Os "Elementos dos Crimes" terão força interpretativa em relação aos crimes de genocídio, aos crimes contra a humanidade e aos crimes de guerra, enunciados pelo Estatuto de Roma.

O detalhamento na tipificação dos crimes previstos pelo Estatuto é devido em grande parte ao fato de o Tribunal Penal Internacional consistir não em um tribunal criado por alguns Estados para julgar condutas delituosas realizadas por nacionais de outros, mas em um tribunal cuja jurisdição abarca também as condutas perpetradas pelos nacionais dos Estados que o elaboraram. Trata-se, portanto, de uma consequência concreta da consolidação do princípio da imparcialidade, que se coaduna com o teste de universalidade kantiano, segundo o qual uma regra apenas é universal

---

de 20 a 22 de junho de 2001, foi sugerida, nesse sentido, a adoção de leis específicas de implementação para o regime de entrega no intuito de não submetê-lo às mesmas leis de implementação referentes à extradição. As diferenças em regulamentação abrangeriam não apenas a possibilidade de rendição de nacionais, mas também a adoção, para a entrega, de um procedimento restrito à esfera judicial, que melhor atendesse às exigências de celeridade de um tribunal internacional. Resumen Ejecutivo del Seminario Regional para la Ratificación e Implementación del Estatuto de la Corte Penal Internacional. Taller III: Cooperación y Ejecución de Sentencias de la Corte Penal Internacional.

(e imparcial) quando puder ser aplicada a todos, inclusive àquele que a propôs[133].

7. Conclusão

Este estudo permite afirmar que o Tribunal Penal Internacional simboliza um grande avanço em relação aos Tribunais de Nuremberg e Tóquio e aos Tribunais *ad hoc* criados pelo Conselho de Segurança, especialmente no que diz respeito à imparcialidade.

Essa imparcialidade pode ser inferida do próprio processo de elaboração do Estatuto de Roma: primeiro, por ter possibilitado a participação de todos os Estados-membros das Nações Unidas; segundo, por ter se pautado pelo princípio da universalidade, segundo o qual as normas que regem o Tribunal serão aplicadas, eventualmente, também aos seus idealizadores[134]. Nesse sentido, qualquer Estado-parte do Estatuto poderá ser objeto de investigações pelo Tribunal Penal Internacional, diferentemente do que ocorreu com os Tribunais de Nuremberg e Tóquio, criados pelos aliados, e com os Tribunais *ad hoc*, criados pelo Conselho de Segurança.

A imparcialidade resultou ainda de uma proposição do Estatuto em considerar os Estados como iguais perante o Tribunal Penal Internacional, reduzindo a influência do Conselho de Segurança e, por conseguinte, de seus membros permanentes, no exercício da jurisdição pelo Tribunal. Resultou, também, de um processo de elaboração de normas, pautado pelo princípio kantiano da universalidade, pelo qual uma regra apenas é universal quando aplicável a todos, inclusive àquele que a elaborou. O Tribunal Penal Internacional precisa, contudo, expandir a sua incidência para além do continente africano, no intuito de assegurar uma legitimidade que deriva principalmente do seu potencial de ser um tribunal universal e imparcial.

O Tribunal Penal Internacional representa ainda avanços no que toca à cessação da impunidade e à manutenção da paz. Ao estabelecer claramente

---

[133] KANT, Immanuel. *Foundations of the metaphysics of morals*. Indianapolis: Bobbs-Merrill Educational Publishing, [s.d.]. Nesse sentido, segue o entendimento de Schabas, ao analisar que "quando os Estados percebem que estão estabelecendo um padrão segundo o qual eles mesmos, ou seus líderes e membros das forças militares, poderão ser julgados, eles parecem adotar uma maior cautela e insistir no reconhecimento de uma série de garantias" (SCHABAS, William A. *An introduction to the International Criminal Court*. Cambridge: Cambridge University Press, 2001, p. 22).
[134] KANT, Immanuel. *Foundations of the metaphysics of morals*. Indianapolis: Bobbs-Merrill Educational Publishing, [s.d.].

a possibilidade de responsabilização de agentes públicos, inclusive de Chefes de Estado, por graves violações a direitos humanos, consolidou a existência de novos valores na arena internacional. Ao lado dos valores estatais, configuraram-se com maior veemência os valores humanos[135]. Ademais, contribui o Tribunal Penal Internacional para a manutenção ou para a restauração da paz, ao apresentar uma via permanente de resolução de conflitos, baseada em regras objetivas de justiça, concernentes à individualização da culpa. Essa individualização poderá implicar a quebra de ciclos de retaliação ligados à coletivização da culpa sobre grupos nacionais, étnicos, raciais ou culturais. Como observa Bryan MacPherson, "quando a culpa não é identificada, a desconfiança sobre todos os membros de um grupo determinado pode crescer com a inclinação de concretizar o sentimento de vingança contra qualquer um, inocente ou culpado, proveniente daquele grupo"[136].

O Tribunal Penal Internacional reflete ainda um avanço na consolidação do princípio da dignidade humana na esfera internacional, implicando maior flexibilização do princípio da soberania centrado na figura do Estado. Deste modo, o Tribunal ratificou a regra de desconsideração da capacidade funcional na responsabilização por graves violações a direitos humanos[137], restringindo o campo de impunidade e criando uma perspectiva de desestímulo à prática de certos atos atentatórios à dignidade humana.

Por fim, acrescente-se que o Tribunal Penal Internacional assume extraordinária importância no contexto do pós-11 de setembro, em que o combate ao terrorismo converte-se na preocupação central da agenda internacional, vocacionada à garantia da segurança máxima, na atuação do chamado "Estado Polícia". O maior desafio contemporâneo, como realça Paulo Sérgio Pinheiro, é evitar a Neoguerra Fria, tendente a conduzir ao perigoso "retorno às polaridades, definidas pelas noções de terrorismo e

---

[135] HENKIN, Louis. *International law*: politics, values and functions. Boston: Martinus Nijhoff, 1999, p. 329.

[136] MACPHERSON, Bryan. Building an International Criminal Court for the 21st Century. *Connecticut Journal of International Law*, n. 13 (1998), p. 25. Nesse sentido, ver, ainda, GOLDSTONE, Justice Richard. The United Nations' War Crimes Tribunals: an assessment. *Connecticut Journal of International Law*, n. 122 (1997), p. 229.

[137] Afinal, quanto maior a imparcialidade do Tribunal Internacional, mais esse se distingue de um Estado.

pelos métodos para combatê-lo"[138]. O risco é que a luta contra o terror comprometa o aparato civilizatório de direitos, liberdades e garantias, sob o clamor de segurança máxima.

Contra o risco do terrorismo de Estado e do enfrentamento do terror, com instrumentos do próprio terror, só resta uma via – a via construtiva de consolidação dos delineamentos de um "Estado de Direito" no plano internacional.

Para esse Estado, é essencial o primado da legalidade e uma Justiça preestabelecida, permanente e independente, capaz de assegurar direitos e combater a impunidade, especialmente a dos mais graves crimes internacionais. O Tribunal Penal Internacional é capaz de reduzir o "darwinismo" no campo das relações internacionais, em que Estados fortes, com elevado poder discricionário, atuam como bem querem em face de Estados fracos – basta mencionar a oposição dos EUA à criação do Tribunal, temendo que americanos sejam processados por crimes de guerra, quando do uso arbitrário da força em território de Estado-parte do Estatuto. O Tribunal também limita o grau de seletividade política no caso da responsabilização criminal em face de violações de direitos humanos – basta reiterar que a criação de Tribunais *ad hoc* (para a antiga Iugoslávia e Ruanda) baseou-se em resoluções do Conselho de Segurança, para as quais requer-se o consenso dos cinco membros permanentes, com o poder de veto. Ao adotar o princípio da universalidade, o Estatuto aplica-se universalmente a todos os Estados-partes, que são iguais perante ao Tribunal Penal.

Neste cenário, marcado pela tensão entre o direito da força e a força do direito, o Tribunal Penal Internacional celebra, sobretudo, uma esperança – a esperança de que a força do direito possa prevalecer em detrimento do direito da força.

---

[138] PINHEIRO, Paulo Sérgio. A Neoguerra Fria e o Estado de Direito, *Folha de S.Paulo*, 31-3-2002.

Capítulo 13

DIREITOS HUMANOS EM FACE DO TERRORISMO DE BASE RELIGIOSA

Flávia Piovesan e Melina Girardi Fachin*

1. Introdução

A guerra civil na Síria é capaz de revelar o quanto, em nome da guerra ao terror, pode-se contribuir para violar direitos humanos[1]. A crise dos refugiados sírios, que afeta quase 5 milhões de pessoas em decorrência direta e imediata do conflito, também é apta a demonstrar como as consequências humanitárias do combate ao terrorismo são sentidas globalmente, sendo que, até meados de 2016, os pedidos de asilo sírios na Europa chegavam a 1,2 milhões[2].

Desde os atentados de 11 de setembro, os anos de 2015 e 2016 combinados – em grande medida em razão das investidas do Estado Islâmico na Europa e do Boko Haram na África – tiveram mais mortes por ataques de autoria reivindicada por terroristas.

---

* Diretora da Faculdade de Direito da UFPR. Doutora em Direito Constitucional, com ênfase em direitos humanos, pela PUC-SP. Visiting researcher da Harvard Law School. Mestre em Filosofia do Direito Constitucional pela PUC-SP. É professora da Faculdade de Direito da UFPR. Autora de diversas obras e artigos na seara do Direito Constitucional Internacional e Direito Internacional dos Direitos Humanos. Membro do Conselho da OAB/PR; membro do Conselho Permanente de Direitos Humanos do Estado do Paraná, da Comissão de Direitos Humanos do Instituto dos Advogados Brasileiros/IAB e OAB/PR, dentre outros. Advogada sócia da banca Fachin Advogados Associados.

[1] Consultar resolução do Conselho de Segurança da ONU: *"Expressing its gravest concern at the continued suffering of the Syrian people, the dire and deteriorating humanitarian situation, the ongoing conflict and its persistent and brutal violence, the negative impact of terrorism and violent extremist ideology in support of terrorism, the destabilizing effect of the crisis on the region and beyond, including the resulting increase in terrorists drawn to the fighting in Syria, the physical destruction in the country, and increasing sectarianism, and underscoring that the situation will continue to deteriorate in the absence of a political solution"*. In: ORGANIZAÇÃO DAS NAÇÕES UNIDAS. Resolution 2254 (2015). Adopted by the Security Council at its 7588th meeting, on 18 December 2015.

[2] São os dados oficiais de refugiados cadastrados pela ONU: http://data.unhcr.org/syrianrefugees/regional.php.

Quando Joaquín Herrera Flores anunciava que os direitos humanos representam *processos de luta*[3], não referenciava esse combate; estava justamente a mencionar a resistência que vê o direito à força expansiva de afirmação e promoção dos direitos humanos. Outra é a luta que dizima a base de vida de populações, que descarta o outro pela intolerância e que opera na lógica da exclusão.

É nesse embate entre a força do direito e o direito da força que se insere o desafio da proteção dos direitos humanos ante o combate ao terrorismo, sobretudo aquele mais intolerante, calcado em uma visão fechada e sectária do fenômeno religioso.

Ressalte-se que não há incompatibilidade entre a dimensão religiosa e a arena dos direitos humanos, até porque a marca do Estado laico é justamente a da pluralidade e do respeito. O que é incompatível é justamente uma visão autoritária do fenômeno religioso. Nesse sentido, apontam diversos autores para uma interpretação não autoritária e opressora das religiões[4].

Partindo desses pressupostos, objetiva este capítulo enfocar os desafios e as perspectivas para o enfrentamento do terrorismo de base religiosa sob a ótica do Direito Internacional dos Direitos Humanos. Serão enfrentadas duas questões centrais a essa instigante temática:

1) Como compreender o movimento de internacionalização dos direitos humanos? Qual o impacto de ataques terroristas na agenda contemporânea de direitos humanos?

2) Quais são os principais desafios e perspectivas para o enfrentamento do terrorismo de base religiosa sob a ótica do Direito Internacional dos Direitos Humanos?

Com o intuito de problematizar as questões postas, em um primeiro momento, será enfocado o processo de internacionalização dos direitos humanos e sua configuração contemporânea, para, em um segundo momento, focalizar as consequências do terrorismo no plano dos direitos humanos. Postas essas premissas, elencar-se-ão sete desafios centrais ao enfrentamento do terrorismo de base religiosa numa perspectiva compatível com a proteção e promoção de direitos.

---

[3] FLORES, Joaquín Herrera. A *(re)invenção dos direitos humanos*. Florianópolis: Boiteux, 2009. p. 34.
[4] Cite-se por todos: AN-NA'IM, Abdullah A. Proteção legal dos direitos humanos na África: como fazer mais com menos. In: BALDI, Cesar Augusto. *Direitos humanos na sociedade cosmopolita*. Rio de Janeiro: Renovar, 2004. p. 429-464.

2. Processo de Internacionalização dos Direitos Humanos e o Impacto do Terrorismo

Enquanto reivindicações morais, os direitos humanos nascem quando devem e podem nascer. Como realça Norberto Bobbio, os direitos humanos não nascem todos de uma vez nem de uma vez por todas[5]. Para Hannah Arendt, os direitos humanos não são um dado, mas um construído, uma invenção humana, em constante processo de construção e reconstrução[6]. Refletem um construído axiológico, a partir de um espaço simbólico de luta e ação social. No dizer de Joaquín Herrera Flores[7], os direitos humanos compõem uma racionalidade de resistência, na medida em que traduzem processos que abrem e consolidam espaços de luta pela dignidade humana. Invocam, nesse sentido, uma plataforma emancipatória voltada à proteção da dignidade humana. Para Carlos Santiago Nino, os direitos humanos são uma construção consciente vocacionada a assegurar a dignidade humana e a evitar sofrimentos, em face da persistente brutalidade humana[8].

O sistema internacional de proteção dos direitos humanos constitui o legado maior da chamada "Era dos Direitos"[9], que tem permitido a interna-

---

[5] BOBBIO, Norberto. A *era dos direitos*. Rio de Janeiro: Campus Elsevier, 2004.

[6] O discurso da descartabilidade humana é realçado pela crença nas possibilidades ilimitadas dos sistemas totalitários, conforme alerta Hannah Arendt: "Até agora, a crença totalitária de que tudo é possível parece ter provado apenas que tudo pode ser destruído. Não obstante, em seu afã de provar que tudo é possível, os regimes totalitários descobriram, sem o saber, que existem crimes que os homens não podem punir nem perdoar. Ao tornar-se possível, o impossível passou a ser o mal absoluto, impunível e imperdoável, que já não podia ser compreendido nem explicado pelos motivos malignos do egoísmo, da ganância, da cobiça, do ressentimento, do desejo do poder e da covardia; e que, portanto, a ira não podia vingar, o amor não podia suportar, a amizade não podia perdoar" (ARENDT, Hannah. As *origens do totalitarismo*. São Paulo: Cia. das Letras, 1989. p. 510).

[7] FLORES, Joaquín Herrera, op. cit.

[8] Eis o sentido dos direitos humanos: "Reinserir os seres humanos no circuito de reprodução e manutenção da vida, permitindo-lhes abrir espaços de luta e de reivindicação" (FLORES, Joaquín Herrera. Direitos humanos, interculturalidade e racionalidade da resistência. In: WOLKMER, Antônio Carlos (Org.). *Direitos humanos e filosofia jurídica na América Latina*. Rio de Janeiro: Lumen Juris, 2004. p. 382).

[9] Acerca dessa travessia dos direitos humanos, cumpre frisar: "No final desse processo, os direitos do cidadão terão se transformado, realmente, positivamente, em direitos do homem. Ou, pelo menos, serão os direitos do cidadão daquela cidade que não tem fronteiras, porque compreende toda humanidade; ou, em outras palavras, serão os direitos do homem enquanto direitos do cidadão do mundo" (BOBBIO, Norberto, op. cit.).

cionalização dos direitos humanos e a humanização do Direito Internacional contemporâneo.

Considerando a historicidade dos direitos, destaca-se a chamada concepção contemporânea de direitos humanos, que veio a ser introduzida pela Declaração Universal de 1948 e reiterada pela Declaração de Direitos Humanos de Viena de 1993. Essa concepção é fruto do movimento de internacionalização dos direitos humanos, que constitui um movimento extremamente recente na história, surgindo, a partir do Pós-Guerra, como resposta às atrocidades e aos horrores cometidos durante o nazismo. O legado do nazismo foi condicionar a titularidade de direitos, ou seja, a condição de sujeito de direito, à pertença a determinada raça – a raça pura ariana. Para Ignacy Sachs, o século XX foi marcado por duas guerras mundiais e pelo horror absoluto do genocídio concebido como projeto político e industrial[10].

É nesse cenário que se vislumbra o esforço de reconstrução dos direitos humanos, como paradigma e referencial ético a orientar a ordem internacional contemporânea. Com efeito, no momento em que os seres humanos se tornam supérfluos e descartáveis, no momento em que vige a lógica da destruição, em que cruelmente é abolido o valor da pessoa humana, torna-se necessária a reconstrução dos direitos humanos, como paradigma ético capaz de restaurar a lógica do razoável.

A barbárie do totalitarismo significou a ruptura do paradigma dos direitos humanos pela negação do valor da pessoa humana como valor fonte do Direito. Se a Segunda Guerra significou a ruptura com os direitos humanos, o Pós-Guerra deveria significar a sua reconstrução. Nas palavras de Thomas Buergenthal: "O moderno Direito Internacional dos Direitos Humanos é um fenômeno do pós-guerra. Seu desenvolvimento pode ser atribuído às monstruosas violações de direitos humanos da era Hitler e à crença de que parte dessas violações poderia ser prevenida se um efetivo sistema de proteção internacional de direitos humanos existisse"[11].

Fortalece-se a ideia de que a proteção dos direitos humanos não deve reduzir-se ao domínio reservado do Estado, porque revela tema de legítimo interesse internacional. Emerge justamente daqui o binômio soberania-subsidiariedade com que o Direito Internacional dos Direitos Humanos opera.

---

[10] SACHS, Ignacy. *Caminhos para o desenvolvimento sustentável*. Rio de Janeiro: Garamond, 2009. p. 47-48.
[11] BUERGENTHAL, Thomas. *International Human Rights in a Nutshell*. Minnesota: West Publishing Co., 1988. p. 32.

No primeiro vértice requer-se seja revisitada a teoria tradicional da soberania à luz dos compromissos que os próprios entes estatais assumem, voluntariamente, perante a comunidade internacional. No outro, o comando da subsidiariedade coloca os sistemas internacionais na posição de salvaguarda, sendo a responsabilidade primária sempre do âmbito local.

Prenuncia-se, desse modo, o fim da era em que a forma pela qual o Estado tratava seus nacionais era concebida como um problema de jurisdição doméstica, decorrência de sua soberania. Para Andrew Hurrell:

"O aumento significativo das ambições normativas da sociedade internacional é particularmente visível no campo dos direitos humanos e da democracia, com base na ideia de que as relações entre governantes e governados, Estados e cidadãos, passam a ser suscetíveis de legítima preocupação da comunidade internacional; de que os maus-tratos a cidadãos e a inexistência de regimes democráticos devem demandar ação internacional; e que a legitimidade internacional de um Estado passa crescentemente a depender do modo pelo qual as sociedades domésticas são politicamente ordenadas"[12].

Nesse cenário, a Declaração de 1948 vem inovar a gramática dos direitos humanos ao introduzir a chamada concepção contemporânea de direitos humanos, marcada pela universalidade e indivisibilidade desses direitos. Universalidade porque clama pela extensão universal dos direitos humanos, sob a crença de que a condição de pessoa é o requisito único para a titularidade de direitos, considerando o ser humano um ser essencialmente moral, dotado de unicidade existencial e dignidade, esta como valor intrínseco à condição humana. Indivisibilidade porque a garantia dos direitos civis e políticos é condição para a observância dos direitos sociais, econômicos e culturais e vice-versa. Quando um deles é violado, os demais também o são. Os direitos humanos compõem, assim, uma unidade indivisível, interdependente e inter-relacionada, capaz de conjugar o catálogo de direitos civis e políticos com o catálogo de direitos sociais, econômicos e culturais.

A partir da Declaração de 1948 começa a se desenvolver o Direito Internacional dos Direitos Humanos, mediante a adoção de inúmeros instrumentos internacionais de proteção. O processo de universalização dos direitos humanos permitiu a formação de um sistema internacional de proteção desses direitos. Esse sistema é integrado por tratados internacionais de pro-

---

[12] HURREL, Andrew. Power, principles and prudence: protecting human rights in a deeply divided world. In: DUNNE, Tim; WHEELER, Nicholas J. *Human Rights in Global Politics*. Cambridge: Cambridge University Press, 1999. p. 277.

teção que refletem, sobretudo, a consciência ética contemporânea compartilhada pelos Estados, na medida em que invocam o consenso internacional acerca de temas centrais aos direitos humanos, na busca da salvaguarda de parâmetros protetivos mínimos – do "mínimo ético irredutível". O Direito Internacional dos Direitos Humanos é capaz de estabelecer parâmetros protetivos mínimos, de compensar déficits nacionais e de fomentar novas dinâmicas envolvendo os diversos atores sociais.

Nesse sentido, cabe destacar que até 2024, o Pacto Internacional dos Direitos Civis e Políticos contava com 173 Estados-partes; o Pacto Internacional dos Direitos Econômicos, Sociais e Culturais contava com 171; a Convenção contra a Tortura contava com 173; a Convenção sobre a Eliminação da Discriminação Racial contava com 182; a Convenção sobre a Eliminação da Discriminação contra a Mulher contava com 189; e a Convenção sobre os Direitos da Criança apresentava a mais ampla adesão, com 196[13].

Ao lado do sistema normativo global, surgem os sistemas regionais de proteção, que buscam internacionalizar os direitos humanos nos planos regionais, particularmente na Europa, América e África. Consolida-se, assim, a convivência do sistema global da ONU com instrumentos do sistema regional, por sua vez integrado pelos sistemas interamericano, europeu e africano de proteção aos direitos humanos.

Os sistemas global e regional não são dicotômicos, mas complementares. Inspirados pelos valores e princípios da Declaração Universal, compõem o universo instrumental de proteção dos direitos humanos no plano internacional, já que, inclusive, trabalham sobre o idioma ocidental dos direitos. Nessa ótica, os diversos sistemas de proteção de direitos humanos interagem em benefício dos indivíduos protegidos. Ao adotar o valor da primazia da pessoa humana, esses sistemas se complementam, somando-se ao sistema nacional de proteção, a fim de proporcionar a maior efetividade possível na tutela e promoção de direitos fundamentais. Essa é, inclusive, a lógica e principiologia próprias do Direito dos Direitos Humanos sob o enfoque de um sistema jurídico multinível. Emerge, dessa forma, um novo paradigma dos direitos humanos – *multinível* e *transversal*, lastreado na coexistência de diversas ordens paralelas e harmônicas entre si – que devem dialogar em torno do princípio *pro persona*.

Ressalte-se que a Declaração de Direitos Humanos de Viena, de 1993, reitera a concepção da Declaração de 1948, quando, em seu parágrafo 5º,

---

[13] Dados do alto Comissariado de Direitos Humanos das Nações Unidas, *Status of Ratifications of the Principal International Human Rights Treaties*. Disponível em: <www.unhchr.ch/pdf/report.pdf>.

afirma: "Todos os direitos humanos são universais, interdependentes e inter-relacionados. A comunidade internacional deve tratar os direitos humanos globalmente de forma justa e equitativa, em pé de igualdade e com a mesma ênfase". A Declaração de Viena afirma, ainda, a interdependência entre os valores dos direitos humanos, da democracia e do desenvolvimento.

Não há direitos humanos sem democracia, tampouco democracia sem direitos humanos. Vale dizer, o regime mais compatível com a proteção dos direitos humanos é o democrático. Resta, todavia, preencher de sentido esse adjetivo "democrático". O processo de alargamento da democracia na sociedade contemporânea não ocorre apenas pelo aperfeiçoamento dos modelos de participação democrática, mas também, e sobretudo, por meio da extensão da democratização da arena política à arena econômica e social, visto que a democracia real apenas exsurge com a efetiva garantia (e respectiva realização) de direitos.

Atualmente, apenas 40% dos Estados são considerados efetivamente livres, consolidando uma década de declínio da liberdade democrática no mundo, segundo *report* anual da *Freedom House*, enquanto 36% dos Estados não são considerados plenamente democráticos. Houve mais declínios do que ganhos democráticos, e em 2015 os retrocessos políticos atingiram mais de sete dezenas de países no mundo[14].

O pleno exercício dos direitos políticos é capaz de implicar o "empoderamento" das populações mais vulneráveis, o aumento de sua capacidade de pressão, articulação e mobilização políticas. Para Amartya Sen, os direitos políticos (incluindo a liberdade de expressão e de discussão) não são apenas fundamentais para demandar respostas políticas às necessidades econômicas, mas também centrais para a própria formulação dessas necessidades econômicas[15].

---

[14] "The world was battered in 2015 by overlapping crises that fueled xenophobic sentiment in democratic countries, undermined the economies of states dependent on the sale of natural resources, and led authoritarian regimes to crack down harder on dissent. These unsettling developments contributed to the 10th consecutive year of decline in global freedom." In: FREEDOM HOUSE. Freedom in the World 2016: Anxious Dictators, Wavering Democracies. Disponível em: <https://freedomhouse.org/report/freedom-world-2016/overview-essay-anxious-dictators-wavering-democracies>.

[15] Amartya Sen pugna pela extensão universal da democracia: "*In the domain of political ideas perhaps the most important change to occur has been the recognition of democracy as an acceptable form of government that can serve any nation*" (SEN, Amartya. What's the Point of Democracy? *Bulletin of the American Academy of Arts and Sciences*, Cambridge, v. 57, n. 3, p. 9, Spring 2004. Disponível em: <http://www.jstor.org/stable/3824528>).

Desse modo, ainda que haja certa indeterminação, os direitos humanos compõem o *core* substancial dos modelos democráticos contemporâneos. A luta por direitos e pelos direitos – para que sejam levados a sério[16] – é marca das democracias contemporâneas e constitui exigência inarredável da agenda política interna constitucional e externa do direito internacional dos direitos humanos, mormente desde o Pós-Segunda Guerra.

A Conferência Mundial sobre Direitos Humanos, realizada em Viena em 1993, motivada pela adjacência da herança da Declaração específica, deu grande evidência à temática do direito humano ao desenvolvimento. Nessa oportunidade ressaltou o papel estratégico desempenhado pelo direito ao desenvolvimento, que, ao mesmo tempo, é *per se* direito humano universal e inalienável e, de outra parte, elemento garantidor dos demais direitos humanos.

O direito ao desenvolvimento, longe de sua dimensão unicamente economicista e estatocêntrica, demanda uma globalização ética e solidária. No entender de Mohammed Bedjaoui: "Na realidade, a dimensão internacional do direito ao desenvolvimento é nada mais que o direito a uma repartição equitativa concernente ao bem-estar social e econômico mundial. Reflete uma demanda crucial de nosso tempo, na medida em que quatro quintos da população mundial não mais aceitam o fato de um quinto da população mundial continuar a construir sua riqueza com base em sua pobreza"[17].

Nesse contexto, no que toca ao direito ao desenvolvimento, importante papel lhe foi destinado, sobretudo no combate à pobreza. As assimetrias

---

[16] Dworkin afirma que levar os direitos a sério significa respeitar a instituição dos direitos, porque representa o respeito à igualdade (*"equal respect and concern"*) das minorias. Assevera que o alcance dos direitos das minorias "será controverso sempre que forem direitos importantes, e porque os representantes da maioria agirão de acordo com suas próprias noções do que realmente são esses direitos. Sem dúvida, esses representantes irão discordar de muitas das reivindicações apresentadas pelas minorias. Isso torna ainda mais importante que eles tomem suas decisões com seriedade" (DWORKIN, Ronald. *Levando os direitos a sério*. São Paulo: Martins Fontes, 2002. p. 314).

[17] BEDJAOUI, Mohammed. The Right to Development. In: _____ (Org.). *International Law*: achievements and prospects. Paris/Dordrecht: Unesco e Martinus Nijhoff Publishers, 1991. p. 1193. Soma-se a este o clamor de Thomas W. Pogge: "A atual apropriação da riqueza de nosso planeta é muito desigual. As classes economicamente favorecidas utilizam muitíssimo mais os recursos mundiais, e o fazem de forma unilateral, sem dar qualquer compensação às classes menos favorecidas por seu consumo desproporcional" (POGGE, Thomas. Para erradicar a pobreza sistêmica: em defesa de um Dividendo dos Recursos Globais. *Sur Revista Internacional de Direitos Humanos*, São Paulo, n. 6, p. 142, 2007).

globais revelam que a renda dos 1% mais ricos supera a renda dos 57% mais pobres na esfera mundial[18]. A metade pobre da população brasileira ganha aproximadamente o mesmo valor (12,5% da renda nacional) que os 1% mais ricos (13,3% da renda)[19]. Para a Organização Mundial de Saúde: "A pobreza é a maior *causa mortis* do mundo. A pobreza dissemina sua influência destrutiva desde os primeiros estágios da vida humana, do momento da concepção ao momento da morte"[20].

O desenvolvimento, por sua vez, há de ser concebido como um processo de expansão das liberdades reais que as pessoas podem usufruir, para adotar a concepção de Amartya Sen[21]. Acrescente-se, ainda, que a Declaração de Viena de 1993 consagra ser o direito ao desenvolvimento um direito universal e inalienável, parte integral dos direitos humanos fundamentais. O direito ao desenvolvimento é, portanto, baseado em uma concepção distributiva de justiça dentro do plano nacional e entre a comunidade de Estados, já que a sua proclamação internacional está acondicionada à cooperação na criação de condições que conduzam à eliminação da pobreza e à efetivação dos direitos humanos. Reitere-se que a Declaração de Viena reconhece a relação de interdependência entre a democracia, o desenvolvimento e os direitos humanos.

No cenário mundial marcado por recentes e importantes atentados praticados por grupos terroristas com massivas perdas humanas[22], o risco é que a luta contra o terror comprometa o aparato civilizatório de direitos, li-

---

[18] A respeito, consultar *Human Development Report* 2002, UNDP, New York/Oxford, Oxford University Press, 2002, p. 19.

[19] SICSÚ, João; PAULA, Luiz Fernando; RENAUT, Michel. Por que um novo desenvolvimentismo? *Jornal dos Economistas* n. 186, janeiro de 2005, p. 3-5.

[20] "*Human rights violations are not accidents; they are not random in distribution or effect. Rights violations are, rather, symptoms of deeper pathologies of power and are linked intimately to the social conditions that so often determine who will suffer abuse and who will be shielded from harm*" (FARMER, Paul. *Pathologies of Power*. Berkeley: California University Press, 2003. p. xiii).

[21] SEN, Amartya. *Desenvolvimento como liberdade*. São Paulo: Cia. das Letras, 2000. p. 17. O desenvolvimento como processo aparece no consenso internacional: "(...) *Recognizing that development is a comprehensive economic, social, cultural and political process, which aims at the constant improvement of the well- -being of the entire population and of all individuals on the basis of their active, free and meaningful participation in development and in the fair distribution of benefits resulting therefrom* (...)" (Disponível em: <http://www2.ohchr.org/english/law/rtd.htm>).

[22] A título ilustrativo, destacam-se os 180 mortos em novembro de 2015 em Paris e números crescentes em 2016: 308 pessoas no Iraque; 184 sírios; 64 mortos em abril no Afeganistão; no Paquistão, 72 pessoas mortas pelo Talibã num parque em Lahore; nos Estados Unidos, um atirador matou 49 pessoas numa boate gay em Orlando; Na Turquia, em junho, no aeroporto de Istambul mataram 44 pessoas.

berdades e garantias, sob o clamor de segurança máxima[23]. Eis aí o universo das preocupações no âmbito dos direitos humanos, contextualizando-o no espaço contemporâneo. Vive-se hoje um tempo de constantes conflitos; esta multipolaridade desconexa que marca o cenário global contemporâneo põe à prova a cultura dos direitos humanos.

3. Combate ao Terrorismo e Direitos Humanos

O exemplo sírio com o qual se iniciou a presente reflexão invoca como o processo de combate ao terror produz iniquidade no terreno dos direitos. O cerco militar das potências globais mata aqueles que ficam de diversas privações, em especial de fome. Condena à morte também aqueles que ousam sair, restringindo políticas migratórias e de refugiados; são indivíduos na lacuna do passado e do futuro, sem direito a ter direitos[24].

Os direitos humanos – ou seu discurso supostamente protetivo – transformaram-se, paradoxalmente, em certos casos, em uma agressividade humanitária.

A história moderna dos direitos humanos parece ser a narrativa da inversão desses direitos, a qual transforma a violação dos mesmos em um imperativo categórico da própria ação política. São vários os exemplos que aqui podem ser citados: a conquista espanhola da América embasada na denúncia de sacrifícios humanos; a conquista da África consubstanciada nas práticas canibalescas. Do mesmo modo, a conquista colonial da China e da Índia também foi igualmente marcada por derrames de sangue pretensamente em defesa dos direitos humanos fundamentais.

É alarmante que no panorama hodierno esse modelo racional ainda se faça presente e com manifestações cada vez mais extremadas. Em viagem ao passado recente, quantas são as "intervenções humanitárias" promovidas que ressaltam a ambivalência dos direitos humanos. Países e pessoas – não raro de maioria civil – foram destruídos em nome de assegurar a vigência dos di-

---

[23] A respeito, consultar Philip B. Heymann, *Civil liberties and human rights in the aftermath of september 11* e Committee of Ministers of the Council of Europe, *Guidelines on Human Rights and the Fight against Terrorism*, Strasbourg, Council of Europe, 2002.

[24] "O primeiro direito humano, do qual derivam os demais, é o direito a ter direitos, direitos que a experiência totalitária mostrou que só podem ser exigidos através do acesso pleno à ordem jurídica que apenas a cidadania oferece". Apud LAFER, Celso. A *reconstrução dos direitos humanos*: reflexões sobre uma experiência diplomática. São Paulo: Cia. das Letras, 1998. p. 166.

reitos humanos. O que se destruiu foi a base de vida da população, aniquilou-se a já parca e incipiente infraestrutura econômica nacional. Por vezes, contra deliberações precárias das Organização das Nações Unidas, tropas aniquilam a base de vida de toda uma população.

A ideologia que guiou – e guia – essa inversão do mundo, como resultado da qual as vítimas são culpadas e os vitimadores inocentes se autoproclamam juízes do mundo, tem suas raízes fincadas no pensamento clássico de John Locke, de acordo com Joaquín Herrera Flores[25]. O autor clássico mais importante, defensor desse pensamento, foi quem, em um momento crucial de dominação colonial, elaborou essa interpretação inversa dos direitos humanos. Até então, o domínio e a expansão colonialistas eram justificados pelo direito divino dos reis. Entretanto, após as revoluções burguesas este argumento não mais poderia prosperar enquanto justificativa válida desse processo.

Nesse sentido, foi Locke quem ofereceu à sociedade burguesa da época a saída dessa situação. Partindo do pressuposto de que "todos os homens são iguais por natureza", para esse autor as intervenções coloniais violentas não violavam os direitos humanos, mas, ao contrário, representavam sua fiel aplicação. Tratar-se-ia de um "estado de igualdade perfeita" em que qualquer ser humano, por também ser dotado de direitos, tem direito de castigar e punir os violadores destes, sendo assim o aplicador da "lei natural".

É nessa direção que afirma Franz Hinkelamert: "*Sin embargo, cuando Locke habla de este estado de naturaleza, no está hablando de ningún pasado, sino del presente*"[26]. Arremata o autor:

"*De esta manera, Locke formula el prototipo clásico de la inversión de los derechos humanos, que sigue siendo hasta hoy el marco categorial bajo el cual el imperio liberal ve su imposición del poder a todo el mundo. Hasta hoy, en efecto, todas las guerras hechas por el imperio son consideradas guerras justas. Guerras tan justas, que el adversario no puede reclamar ningún derecho humano. No hay derechos humanos del adversario, y quien los reclama, también se ha colocado en estado de guerra contra el género humano*"[27].

A lógica que subjaz a todos esses processos contemporâneos de combate ao terror é a lógica lockeana da inversão dos direitos humanos. Assim,

---

[25] FLORES, Joaquín Herrea. El vuelo de Anteo: derechos humanos y crítica de la razón liberal. Bilbao: Desclée, 2000.

[26] HINKELAMERT, Franz. El proceso actual de globalización y los derechos humanos. In: Joaquín Herrera Flores. El vuelo de Anteo: derechos humanos y crítica de la razón liberal. Bilbao: Desclée, 2000.

[27] Idem.

em nome destes, aniquilam-se os direitos humanos de todos aqueles que exercem resistência à sociedade burguesa e sua lógica de funcionamento.

Estudos demonstram o perverso impacto dos ataques terroristas na composição de uma agenda global tendencialmente restritiva de direitos e liberdades. A título de exemplo, citem-se pesquisas acerca da legislação aprovada nos mais diversos países, ampliando a aplicação da pena de morte e demais penas, tecendo discriminações insustentáveis, afrontando o devido processo legal e o direito a um julgamento público e justo, admitindo a extradição sem a garantia de direitos, restringindo direitos, como a liberdade de reunião e de expressão, entre outras medidas[28].

Após os atentados de 11 de setembro de 2001, agravados pelos de 13 de novembro de 2015 e acendidos pelos números assustadores do terror em 2016 acima destacados, emerge o desafio de prosseguir no esforço de construção de um Estado de Direito Internacional, em uma arena que privilegia o Estado-Polícia no campo internacional, fundamentalmente guiado pelo lema da força e segurança internacional. Contra o risco do terrorismo de Estado e do enfrentamento do terror, com instrumentos do próprio terror, só resta uma via: a da consolidação dos delineamentos de um Estado de Direito no plano internacional.

Só haverá um efetivo Estado de Direito Internacional sob o primado da legalidade, com o império do Direito, com o poder da palavra e a legitimidade do consenso. Como conclui o UN *Working Group on Terrorism*: "A proteção e a promoção dos direitos humanos sob o primado do Estado de Direito são essenciais para a prevenção do terrorismo"[29].

No mesmo sentido, realçou o então Secretário-Geral da ONU: "Nós não usufruiremos do desenvolvimento sem segurança; não usufruiremos

---

[28] Sobre o tema, ver ONG questiona estado de exceção na França, O *Estado de S. Paulo*, 21 de janeiro de 2016, p. A11. Ver, ainda, a pesquisa apontada no artigo For whom the liberty bell tolls, *The Economist*, 31 ago. 2002, p. 18-20. Sobre a matéria ver, dentre outros, relatório da Human Rights Watch, In *the name of counter-terrorism: human rights abuses worldwide*. A respeito, cabe menção à aprovação pelo Congresso norte-americano, em 28 de setembro de 2006, de projeto de lei que estabelece comissões militares para julgar acusados de envolvimento com atos de terrorismo contra os EUA, que observarão legislação própria. De acordo com o referido projeto, caberá ao Presidente da República interpretar o significado e o alcance das Convenções de Genebra, definindo, inclusive, os métodos de interrogatórios aceitáveis em relação aos chamados "combatentes inimigos" (qualquer pessoa física que dê apoio material ou financeiro a terroristas). Ver Lei dos Tribunais militares divide juristas, O *Estado de S. Paulo*, 30 set. 2006, p. A36; Retrocesso nos EUA, *Folha de S. Paulo*, 30 set. 2006, p. A-2; Nova Lei americana recebe críticas da ONU e de ONGs, *Folha de S. Paulo*, 30 set. 2006, p. A-20.
[29] Ver United Nations, *Report of the Policy Working Group on the United Nations and Terrorism*, United Nations, A/57/273-S/2002/875.

de segurança sem desenvolvimento; e não usufruiremos desenvolvimento nem segurança sem o respeito aos direitos humanos" (*"we will not enjoy development without security, we will not enjoy security without development and we will not enjoy either without respect for human rights"*)[30]. Reforça-se, assim, a relação de interdependência entre desenvolvimento, segurança e direitos humanos. É essa tríade a guiar qualquer política e ação vocacionada à prevenção e à repressão ao terrorismo.

Enfim, é nesse contexto que se suscita a força de uma sociedade, a fim de que se faça valer o consignado na Declaração Universal (1948) – do contrário, a tentação da onipotência do ser humano sobre a natureza das coisas implicará uma ditadura dos mais fortes, com desprezo por todos esses princípios morais e jurídicos que visam corrigir os desmandos da primazia da força e da riqueza sobre os direitos de todos.

Transita-se, assim, à reflexão a respeito dos principais desafios e perspectivas de enfrentamento do terrorismo de base religiosa à luz do Direito Internacional dos Direitos Humanos.

4. Desafios e Perspectivas para o Enfrentamento do Terrorismo de Base Religiosa sob a Ótica do Direito Internacional dos Direitos Humanos

Embora haja um consenso internacional de que o terrorismo constitui grave ameaça à paz e à segurança internacional, revelando uma violação sistemática e deliberada contra os direitos humanos[31], não se alcançou na comunidade internacional um acordo a respeito de sua definição.

Atente-se que a definição de terrorismo demanda, em especial aquele de base religiosa, em sua complexidade, o desafio de romper com a ótica tradicional inspiradora da arquitetura internacional protetiva dos direitos humanos – de que as violações de direitos humanos envolvem, de um lado, o Estado (como agente violador) e, de outro, a vítima singularmente considerada. Isso porque no terrorismo o agente violador é um ator não estatal e

---

[30] Ver In *larger freedom: towards development, security and human rights for all*, Report do Secretário-Geral da ONU, março de 2005.

[31] Sobre o tema, ver United Nations, General Assembly, *Uniting against terrorism: recommendations for a global counter-terrorism strategy*, 27 de abril de 2006, especialmente no tópico intitulado Terrorism is unacceptable, em que se afirma: "We strongly condemn terrorism in all its forms and manifestations, committed by whomever, wherever and for whatever purposes, as it constitutes one of the most serious threats to international peace and security".

a vítima é a população civil coletivamente considerada. Desse modo, o terrorismo envolve um padrão de conflituosidade distinto do tradicional, ao qual os tratados de direitos humanos busca responder.

Somam-se esforços e tentativas de definição de terrorismo, ainda que falte um consenso claro sobre sua definição. Com efeito, a Declaração de Medidas para Eliminação do Terrorismo Internacional, adotada pela Assembleia Geral em 9 de dezembro de 1994, em anexo à Resolução 49/60, contempla elementos centrais ao terrorismo: "criminal acts intended or calculated to provoke a state of terror in the general public (civilian and non-combatants), a group of persons or particular persons for political purposes". Adiciona que tais atos "are in any circumstances unjustifiable, whatever the consideration of a political, philosophical, ideological, racial, ethnic, religious, or other nature that may be invoked to justify them"[32].

Assim sendo, atos criminosos generalizados, com um objetivo específico, cumulado com a ausência de qualquer justificativa razoável, emergem, ainda que de modo tímido, como um núcleo aproximativo do conceito. Quando associado à noção religiosa, essas ideias podem ganhar contornos ainda mais problemáticos.

Isso porque a ação de grupos como o Estado Islâmico ou Boko Haram – apenas à guisa de ilustração – demonstram que os fundamentalismos religiosos são combustíveis da ótica perversa do terror. Foram 180 mortes em Paris em novembro de 2015, em ataque reclamado pelo Estado Islâmico. Para além de ter dizimado mais de duas mil pessoas em ataques no Estado da Nigéria em 2105, estima-se que mais de um milhão de crianças deixaram de frequentar a escola com medo das práticas violentas do grupo[33].

Adota-se a concepção de Boaventura de Sousa Santos, para quem os "fundamentalismos" referem-se às teologias cristãs e islâmicas, "de acordo com as quais a revelação é concebida como o princípio estruturante de organização da sociedade em todas as suas dimensões"[34]. Isto é, os fundamentalismos baseiam-se em uma noção de verdade sectária e aniquiladora – por isso mesmo incompatíveis com a ótica promocional dos direitos.

---

[32] Consultar United Nations, Economic and Social Council, *Promotion and Protection of Human Rights*, E/CN.4/2006/98, 28 de dezembro de 2005, p. 14 e *Digest of Jurisprudence of the UN and Regional Organizations on the Protection of Human Rights while countering terrorism*, p. 3.

[33] Dados do UNICEF: http://www.dw.com/en/unicef-report-boko-haram-keeps-one-million-children-out-of-school/a-18933693.

[34] SOUSA SANTOS, Boaventura. *Se Deus fosse um ativista de direitos humanos*. 2. ed. São Paulo: Cortez, 2014. p. 42.

Diante desse cenário, destacam-se sete desafios relativos ao enfrentamento do terrorismo de base religiosa sob a ótica do Direitos Internacional dos Direitos Humanos, a saber: criar uma Convenção internacional específica para a prevenção e o combate ao terrorismo; compreender o terrorismo como um crime contra a humanidade de competência material do Tribunal Penal Internacional; endossar a ideia de que o combate ao terrorismo só será efetivo com o respeito e promoção dos direitos humanos; exigir que medidas antiterroristas respeitem o núcleo inderrogável de direitos humanos protegidos pelos tratados internacionais de proteção dos direitos humanos; prevenir e punir medidas discriminatórias em nome de estratégias antiterror; combater o fundamentalismo de base religiosa e assegurar o pluralismo, a diversidade e o diálogo inter-religioso; e identificar, intercambiar e promover as *best practices* para o combate ao terrorismo que respeitem os direitos humanos e liberdades fundamentais.

1) Criar uma Convenção internacional específica para a prevenção e o combate ao terrorismo

A inexistência de um consenso na legislação internacional sobre o terrorismo, conforme acima salientado, tem obstado a adoção de um tratado específico voltado à prevenção e à repressão ao crime de terrorismo.

Faz-se, desse modo, necessário avançar e aprofundar o debate sobre o que é e o que não é terrorismo; suas implicações para os direitos humanos e para o Direito Humanitário; e a *accountability* de atores governamentais e não governamentais. Assim, é fundamental criar uma convenção internacional específica para prevenir e combater o terrorismo, sob a ótica da preservação de direitos.

É certo que as leis não têm *per se* o condão de alterar a realidade; no entanto, consoante destaca Felix Kirchmeier, a mudança legislativa carrega consigo o condão de unificação do discurso e formação do consenso que podem impactar desde logo em direção à proteção dos direitos:

"For human beings, whose rights are infringed through failure to protect, respect or fulfill, addressing the implementation gap is not first and foremost a legal question. What matters more than technical compliance with a legal standard are practical measures that deliver results. In order to deliver results in an international context, however, it is necessary to work from a common starting point towards common goals with a common understanding of the key concepts"[35].

---

[35] MARKS, Stephen P. (Ed.). *Implementing the right to development*: The role of International Law. Genebra: Friedrich-Ebert-Stiftung, 2008. p. 7.

Note-se, portanto, que a existência de um padrão cogente e vinculante de prevenção e combate ao terror, associada à fortificação dos pavimentos normativos existentes em matéria de direitos humanos, poderia contribuir na consolidação e expansão dos limites necessários nesta matéria. A necessidade de encampação de *hard law* sobre a matéria reforça os deveres e sentidos das obrigações jurídicas vinculantes pela comunidade internacional. É certo que a simples emergência de um tratado internacional não alterará, por si só, o atual quadro de coisas. Entretanto, a experiência internacional é apta a demonstrar que a fixação normativa das responsabilidades tem cumprido uma importante função.

Para tanto, é essencial conjugar as óticas preventiva e repressiva, a fim de que o enfrentamento do terrorismo seja somado ao enfrentamento do crime organizado e da corrupção, adicionando-se medidas para o desarmamento. Na visão do Secretário-Geral da ONU: "Our strategy against terrorism must be comprehensive and should be based on 5 pillars: 1) it must aim at dissuading people from resorting to terrorism or supporting it; 2) it must deny terrorists access to funds and materials; 3) it must deter States from sponsoring terrorism; 4) it must develop State capacity to defeat terrorism; and 5) it must defend human rights"[36].

As medidas preventivas e repressivas ao terrorismo requerem a cooperação internacional e, sobretudo, o avanço do direito ao desenvolvimento, de forma a reduzir a desigualdade e a exclusão social que demarcam as relações assimétricas entre os hemisférios Norte e Sul.

Para que esse fortalecimento tenha sucesso, faz-se mister a atuação solidária e cooperada dos Estados e da comunidade internacional em sua totalidade. Fortalecer a cooperação internacional é fundamental – eis aí razão adicional para a formulação de *hard law* que efetivamente comprometa os agentes com esse dever de solidariedade.

Emerge, diante disso, dever de ação da comunidade internacional em face das garantias mínimas dos direitos humanos como obrigação *erga omnes* a exigir verdadeiro protagonismo e solidariedade da sociedade internacional diante da massiva violação de direitos humanos que a pobreza extrema representa atualmente. A respeito, enfatiza-se a necessidade de enfrentar o desafio da pobreza, bem como de implementar políticas de desarmamento. Observa Thomas Pogge que:

---

[36] Ver In *larger freedom: towards development, security and human rights for all*, Report do Secretário-Geral da ONU, março de 2005.

"Em 2000, os países ricos gastaram em média $4,650 bilhões em assistência ao desenvolvimento aos países pobres; contudo, venderam aos países em desenvolvimento em média $25,438 bilhões em armamentos – o que representa 69% do total do comércio internacional de armas. Os maiores vendedores de armas são: EUA (com mais de 50% das vendas); Rússia, França, Alemanha e Reino Unido"[37].

No mesmo sentido, alerta Amartya Sen: "Os principais vendedores de armamentos no mercado global são os países do G8, responsáveis por 84% da venda de armas no período de 1998 a 2003. (...) Os EUA sozinho foi responsável pela venda de metade das armas comercializadas no mercado global, sendo que dois terços dessas exportações foram direcionadas aos países em desenvolvimento, incluindo a África"[38]. Só Estados Unidos e Rússia – países com assento permanente no Conselho de Segurança – comandam mais de 60% das exportações contabilizadas, sendo seguidos no terceiro lugar pela China – outro membro com o poderoso poder de veto no Conselho cujo principal mandato é manter a paz, convém lembrar.

Às medidas internacionais, de natureza preventiva e repressiva, hão de ser conjugadas medidas nacionais de prevenção e combate ao terrorismo. Faz-se fundamental investir em inteligência, estratégia, prevenção, informação e ações articuladas.

2) Compreender o terrorismo como um crime contra a humanidade de competência material do Tribunal Penal Internacional

Em 1º de julho de 2002, o Estatuto de Roma entrou em vigor, contando, em 2022, com 123 Estados-partes. O Tribunal Penal Internacional, introduzido pelo Estatuto de Roma, apresenta caráter permanente, independente, tendo jurisdição complementar às Cortes nacionais, constituindo decisivo avanço para a proteção dos direitos humanos. Assenta-se no primado da legalidade, mediante uma justiça preestabelecida, permanente e independente, aplicável igualmente a todos os Estados que a reconhecem, capaz de assegurar direitos e combater a impunidade, especialmente a dos mais graves crimes internacionais. Consagra o princípio da universalidade, na medida em que o Estatuto de Roma aplica-se universalmente a todos os Estados-partes, que são iguais perante o Tribunal Penal, afastando-se a relação entre "vencedores" e "vencidos".

---

[37] POGGE, Thomas. *World Poverty and Human Rights*. Cambridge: Polity Press, 2002.
[38] SEN, Amartya. *Identity and Violence: The illusion of destiny*. New York/London: W. W. Norton & Company, 2006. p. 97.

O Tribunal Penal Internacional surge como aparato complementar às Cortes nacionais, com o objetivo de assegurar o fim da impunidade para os mais graves crimes internacionais, considerando que, por vezes, na ocorrência de tais crimes, as instituições nacionais se mostram falhas ou omissas na realização da justiça. Afirma-se, desse modo, a responsabilidade primária do Estado com relação ao julgamento de violações de direitos humanos, tendo a comunidade internacional a responsabilidade subsidiária. Vale dizer, a jurisdição do Tribunal Penal Internacional é adicional e complementar à do Estado, ficando, pois, condicionada à incapacidade ou à omissão do sistema judicial interno. O Estado tem, assim, o dever de exercer sua jurisdição penal contra os responsáveis por crimes internacionais, tendo a comunidade internacional a responsabilidade subsidiária. Como enuncia o art. 1º do Estatuto de Roma, a jurisdição do Tribunal é adicional e complementar à do Estado, ficando condicionada à incapacidade ou à omissão do sistema judicial interno. Dessa forma, o Estatuto busca equacionar a garantia do direito à justiça, o fim da impunidade e a soberania do Estado, à luz do princípio da complementaridade e do princípio da cooperação.

De acordo com o art. 5º do Estatuto de Roma, compete ao Tribunal o julgamento dos seguintes crimes: a) crime de genocídio (tal como definido no art. 2º da Convenção para a Prevenção e Repressão do Crime de Genocídio de 1948); b) crimes contra a humanidade (incluindo ataques generalizados e sistemáticos contra a população civil, sob a forma de assassinato, extermínio, escravidão, deportação, encarceramento, tortura, violência sexual, estupro, prostituição, gravidez e esterilização forçadas, desaparecimento forçado, o crime de *apartheid*, entre outros que atentem gravemente contra a integridade física ou mental); c) crimes de guerra (violações ao Direito Internacional Humanitário, especialmente às Convenções de Genebra de 1949); e d) crimes de agressão (ainda pendente de definição, nos termos do art. 5º, 2, do Estatuto).

Ainda que no âmbito da competência material do Tribunal não conste expressamente o crime de terrorismo, propõe-se seja o terrorismo compreendido como um crime contra a humanidade, sendo, portanto, da competência material do Tribunal. Isso porque, nos termos do art. 7º do Estatuto, o crime contra a humanidade requer a ocorrência de ataque grave e sistemático contra uma população civil, compreendendo "outros atos desumanos de caráter similar que causem intencionalmente grandes sofrimentos ou atentem gravemente contra a integridade física ou saúde mental ou física". Trata-se, assim, de uma cláusula aberta a permitir a inclusão do terrorismo como verdadeiro crime contra a humanidade.

Essa interpretação estaria a contribuir com o fortalecimento dos mecanismos de repressão e prevenção ao crime de terrorismo, reforçando a necessária *accountability* e colaborando para o fim da impunidade.

3) Endossar a ideia de que o combate ao terrorismo só será efetivo com o respeito e a promoção dos direitos humanos

No enfrentamento do terrorismo, essencial é reiterar a ideia de que o combate ao terrorismo só será efetivo com o respeito e a promoção dos direitos humanos. Vale dizer, afasta-se o conflito entre combate ao terror e preservação dos direitos humanos, para consagrar a noção de que não há segurança sem direitos humanos e não há direitos humanos sem segurança. Esses termos são interdependentes e inter-relacionados, mantendo uma relação de condicionalidade e de complementaridade.

Na avaliação do Secretário-Geral da ONU: "We will not enjoy development without security, we will not enjoy security without development and we will not enjoy either without respect for human rights"[39]. Reforça-se, assim, a relação de interdependência entre desenvolvimento, segurança e direitos humanos.

Desde seu primeiro precedente e *leading case*, em 1989, Velásquez Rodrigues *versus* Honduras – que versa sobre desaparecimentos forçados –, sustenta a Corte Interamericana, em jurisprudência hoje consolidada, a necessidade de limitação da violência institucionalizada, rechaçando, sobretudo, os atos de terrorismo e barbárie cometidos pelo próprio aparato estatal em nome da ordem e segurança.

Além disso, o Relatório de 2011, *World Development Report*, do Banco Mundial, sobre conflito, segurança e desenvolvimento, afiança que o fortalecimento das instituições legítimas de governo é fundante para garantir a segurança social e econômica dos cidadãos, que é, por sua vez, elemento crucial para barrar ciclos de violência. E prossegue o relatório, *in verbis*: "A key lesson of successful violence prevention and recovery is that security, justice, and economic stresses are linked: approaches that try to solve them through military-only, justice-only, or development-only solutions will falter"[40].

---

[39] Ver In *larger freedom: towards development, security and human rights for all*, Report do Secretário-Geral da ONU, março de 2005.
[40] WORLD BANK. 2011 *World Development Report*. Disponível em: <http://go.worldbank.org/ MPUHA-JOPF0>. Acesso em: ago. 2012. Corroborando com essa visão inter-relacionada da justiça transicional, o relatório pioneiro do Conselho de Segurança da ONU, em 2004, sublinha: *"Justice, peace and democracy are not mutually exclusive objectives, but rather mutually reinforcing imperatives. Advancing*

Observe-se que, em setembro de 2001, o Conselho de Segurança adotou a Resolução 1.373, obrigando os Estados-partes a implementar medidas mais efetivas de combate ao terrorismo na esfera nacional e a incrementar a cooperação internacional no combate ao terrorismo. Tal resolução criou o Comitê de Combate ao Terrorismo para monitorar ações nessa matéria e receber relatórios dos Estados sobre as medidas tomadas. Foi reiterado que o combate ao terrorismo só será efetivo com o respeito e a promoção dos direitos humanos.

4) Exigir que medidas antiterroristas respeitem o núcleo inderrogável de direitos humanos protegidos pelos tratados internacionais de proteção dos direitos humanos

As estratégias antiterror devem ser compatíveis com o Direito Internacional dos Direitos Humanos, o Direito Humanitário e Direito dos Refugiados, justamente para coibir que a proteção dos direitos se torne, paradoxalmente, a razão de sua inobservância[41].

A respeito, a Resolução 1.456 (2003) do Conselho de Segurança alertou que: "States must ensure that any measure taken to combat terrorism comply with all their obligations under international law, and should adopt such measures in accordance with international law, in particular international human rights, refugee, and humanitarian law"[42].

---

all three in fragile post-conflict settings requires strategic planning, careful integration and sensible sequencing of activities. Approaches focusing only on one or another institution, or ignoring civil society or victims, will not be effective. Our approach to the justice sector must be comprehensive in its attention to all of its interdependent institutions, sensitive to the needs of key groups and mindful of the need for complementarity between transitional justice mechanisms. Our main role is not to build international substitutes for national structures, but to help build domestic justice capacities" (UN SECURITY COUNCIL. The rule of law and transitional justice in conflict and post-conflict societies. Document n. 2004/616. Disponível em: <http://www.undemocracy.com/S-2004-616.pdf>).

[41] Sobre a conexão inversa entre guerra e direitos humanos: "A guerra, apesar de caracterizar desde tempos imemoriais a vida internacional, é uma situação-limite. Representa a abolição, durante sua vigência, de um dos mais antigos tabus da espécie humana – a proibição do homicídio, base do direito à vida, hoje considerado o mais intangível dos direitos humanos. Com efeito, a guerra converte a ação de matar outros seres humanos não apenas em algo permitido e legitimado como também algo comandado" (LAFER, Celso. Comércio, desarmamento e direitos humanos: reflexões sobre uma experiência diplomática. São Paulo: Paz e Terra, 1999. p. 142).

[42] Sobre o tema, ver United Nations, General Assembly, Uniting against terrorism: recommendations for a global counter-terrorism strategy, 27 de abril de 2006, e Digest of Jurisprudence of the UN and Regional Organizations on the Protection of Human Rights while countering terrorism.

Os tratados de proteção dos direitos humanos estabelecem um núcleo inderrogável de direitos, a serem respeitados seja em tempos de guerra, instabilidade, comoção pública ou calamidade pública, como atestam o art. 4º do Pacto Internacional de Direitos Civis e Políticos, o art. 27 da Convenção Americana de Direitos Humanos e o art. 15 da Convenção Europeia de Direitos Humanos[43]. A Convenção contra a Tortura, de igual modo, no art. 2º, consagra a cláusula da inderrogabilidade da proibição da tortura, ou seja, nada pode justificar a prática da tortura (seja ameaça ou estado de guerra, instabilidade política interna ou qualquer outra emergência pública). Isso porque pressupõe, com a realização de um núcleo integrado mínimo para realização da dignidade humana, a transposição das dificuldades estruturais que constituem obstáculos intransponíveis na ressignificação das realidades humanas.

Há que se demandar dos Estados o fiel cumprimento dos tratados de direitos humanos por eles ratificados, em especial a estrita observância do núcleo inderrogável de tais tratados, como já exposto. Assim, "any measures taken by States to combat terrorism must be in accordance with States' obligations under the international human rights instruments. They are determined, in the framework of their respective mandates, to monitor and investigate developments in this area and call upon all those committed to respect for human rights, including the United Nations, to be vigilant to prevent any abuse of counter-terrorism measures"[44].

5) Prevenir e punir medidas discriminatórias em nome de estratégias antiterror

---

[43] Ver também a Recomendação Geral n. 29 do Comitê de Direitos Humanos, que esclareceu acerca dos direitos inderrogáveis e identificou os elementos que não podem ser sujeitos à suspensão.

[44] Ver <http://www.ohchr.org/english/issues/terrorism/index.htm>, acesso em: 31 jul. 2006. Sobre a matéria, ver relatório da Human Rights Watch, In the Name of Counter-Terrorism: Human Rights Abuses Worldwide. A respeito, cite-se histórica decisão da Suprema Corte Americana proferida em 29 de junho de 2006, ao determinar que o presidente norte-americano não tem competência para instituir os tribunais militares para julgar os presos na base militar de Guantánamo por supostos crimes de guerra. A decisão foi proferida no julgamento do caso Salim Ahmed Hamdam (Hamdan v. Rumsfeld, Secretário de Defesa e outros), nacional do Iêmen, ex-motorista e ex-guarda-costas de Osama bin Laden, preso há quatro anos naquela base militar, desde que foi capturado por forças militares no Afeganistão em 2001. Todos os julgamentos serão cancelados, sob o argumento de que os tribunais de exceção são ilegais, por afronta às Convenções de Genebra e às próprias leis americanas. O impacto da decisão é duplo: de um lado, impõe firmes limites ao exercício abusivo de poder Executivo e, do outro assegura aos detentos os direitos consagrados nos tratados internacionais de proteção dos direitos humanos. Sobre o tema, ver Flávia Piovesan, Triunfo do Estado de Direito ante a Barbárie, O Estado de São Paulo, 2 de julho de 2006.

Como realça o Comitê sobre a Eliminação de todas as formas de Discriminação Racial, em sua Recomendação Geral n. 30, é fundamental: "Garantir que qualquer medida tomada na luta contra o terrorismo não gere discriminação, em causa ou efeito, baseada na raça, cor, descendência ou origem nacional ou étnica e que os não cidadãos não estejam sujeitos à caracterização ou estereotipização e ordem racial ou étnica".

Desse modo, as estratégias de enfrentamento ao terrorismo devem respeitar o princípio da igualdade e da não discriminação, repudiando práticas discriminatórias, racistas e xenófobas, atentatórias ao direito à diversidade e ao direito à identidade, pautada pela nacionalidade, etnia, raça ou religião. Isso porque, como leciona Amartya Sen, *"identity can be a source of richness and warmth as well as of violence and terror"*[45]. O autor ainda tece aguda crítica ao que denomina como *"serious miniaturization of human beings"*, quando é negado o reconhecimento da pluralidade de identidades humanas, na medida em que as pessoas são *"diversily different"*[46].

Ao longo da história, as mais graves violações aos direitos humanos tiveram como fundamento a dicotomia do "eu *versus* o outro", em que a diversidade era captada como elemento para aniquilar direitos. Vale dizer, a diferença era visibilizada para conceber o "outro" como um ser menor em dignidade e direitos, ou, em situações-limite, um ser esvaziado mesmo de qualquer dignidade, um ser descartável, objeto de compra e venda (*vide* a escravidão) ou de campos de extermínio (*vide* o nazismo). Nesse sentido, merecem destaque as violações da escravidão, do nazismo, do sexismo, do racismo, da homofobia, da xenofobia e outras práticas de intolerância. Consoante já enfatizado, de um mundo de conflito, emerge o propalado choque de civilizações. Nesse contexto, o "eu" embate com o "outro", estampando lides na realidade internacional.

Faz-se, assim, necessário adotar medidas preventivas capazes de prover especial proteção aos grupos socialmente vulneráveis, como os migrantes, os estrangeiros, os refugiados, as minorias religiosas e as minorias raciais-étnicas. As mulheres, as crianças, as populações afrodescendentes, os migrantes, as pessoas com deficiência, dentre outras categorias vulneráveis, devem ser vistos nas especificidades e peculiaridades de sua condição social; a univer-

---

[45] SEN, Amartya. *Identity and Violence: The illusion of destiny*. New York/London: W. W. Norton & Company, 2006, p. 4.
[46] SEN, Amartya, op. cit., p. XIII e XIV.

salidade deve conhecer e ter presentes os particularismos individuais, sobretudo aqueles historicamente considerados para subjugação do *outro*[47].

As peculiaridades subjetivas são consideradas importantes fatores da diversidade promotora da proteção dos direitos humanos, em especial no que toca às coletividades e grupos vulneráveis. O comprometimento com os direitos humanos implica cogente exercício de alteridade e tolerância. Na linguagem dos direitos humanos, o idioma é o da reciprocidade, conforme nos ensina Nancy Fraser[48].

No verdadeiro diálogo entre "eu" e "outro" – do qual surge o nós –, o princípio do respeito à diversidade, somado à esfera da liberdade e autonomia individual, situa-se no imo dos debates acerca do combate ao terror no marco de respeito aos direitos humanos.

6) Combater o fundamentalismo de base religiosa e assegurar o pluralismo, a diversidade e o diálogo inter-religioso

Conforme acima já destacado, os fundamentalismos religiosos baseiam-se em sistemas rígidos de textos revelados, amparando-se em definições dogmáticas a abranger crentes de diferentes religiões. Transita-se do domínio religioso do mundo interior, pautado na igualdade, diversidade e respeito, para o domínio religioso do mundo exterior, com ambições expansionistas, pautado na desigualdade, na intolerância, com fundamento na soberania do divino e na legitimidade do sagrado.

Nesse contexto, é fundamental fomentar o Estado laico como instrumento jurídico-político para a gestão das liberdades e dos direitos. No Estado laico, marcado pela separação entre Estado e religião, todas as religiões

---

[47] "(...) considerar el reconocimiento como una cuestión de justicia equivale a tratarlo como una cuestión de estatus. A su vez, esto significa examinar los patrones de valores culturales institucionalizados en cuanto a sus efectos sobre el estatus de los actores sociales. Si tales patrones sitúan a los actores en pie de igualdad, capaces de participar paritariamente en la vida social, entonces podremos hablar de reconocimiento mutuo e igualdad de estatus. Si, por el contrario, dichos patrones consideran a ciertos actores como inferiores, excluidos, 'otros', o simplemente invisibles, o sea como miembros no plenos de las interacciones sociales, entonces hablaremos de falta de reconocimiento y estatus de subordinación" (FRASER, Nancy. Redistribución, reconocimiento y participación: hacia un concepto integrado de la justicia. In: UNESCO. *Informe Mundial sobre la Cultura* – 2000-2001. Disponível em: <http://132.24835.1/cultura/informe/ i>).

[48] FRASER, Nancy. Repensando a questão do reconhecimento: superar a substituição e a reificação na política cultural. In: BALDI, César Augusto (Org.). *Direitos humanos na sociedade cosmopolita*. Rio de Janeiro: Renovar, 2004. p. 601-622.

merecem igual consideração e profundo respeito. Inexiste, contudo, uma religião oficial, que se transforme na única concepção estatal, abolindo a dinâmica de uma sociedade aberta, livre, diversa e plural.

O princípio da laicidade estatal se projeta em um plano dúplice, de um lado, protegendo e tutelando os ideais professados pelas mais diversas crenças religiosas, e, de outro, circunscrevendo uma esfera estatal livre dessas influências. Nesse sentido, corrobora Rodotá:

"A entrada da religião laica no espaço público tem lugar em pé de igualdade, e não através da atribuição de qualquer privilégio. E parte de um coro, não uma voz solo. Assim, quando se salienta a importância da contribuição que a religião e a religiosidade pode fazer para o discurso público e uma elaboração cultural comum, que capta um dado, um valor agregado, que tem suas raízes na história, mas que pode não ser usado para buscar alocação de um estatuto especial, uma posição formalmente mais forte do que as concedidas a todas as outras formas de convicção pessoal"[49].

É, assim, a razão pública que guia a ótica do Estado, que não se confunde com aquela privada religiosa[50]. Há o dever do Estado de garantir as condições de igual liberdade religiosa e moral, em um contexto desafiador em que, se, de um lado, o Estado contemporâneo busca separar-se da religião, esta, por sua vez, busca adentrar os domínios do Estado, caracterizando o fenômeno do "pós-secularismo", para utilizar a terminologia de Habermas.

Confundir Estado com religião implica a adoção oficial de dogmas incontestáveis, que, ao impor uma moral única, inviabilizam qualquer projeto de sociedade aberta, pluralista e democrática. A ordem jurídica em um Estado Democrático de Direito não pode se converter na voz exclusiva da moral de qualquer religião. Os grupos religiosos têm o direito de constituir suas identidades em torno de seus princípios e valores, pois são parte de uma sociedade democrática. Porém, não têm o direito de pretender hegemonizar a cultura de um Estado constitucionalmente laico.

---

[49] RODOTÁ, Stéfano. *Perché laico*. Bari: Editori Laterza, 2009, p. 5.
[50] ZYLBERSZTAJN, Joana. *O princípio da laicidade na Constituição Federal de 1988*. 2012. Tese (Doutorado em Direito do Estado) – Faculdade de Direito, Universidade de São Paulo, São Paulo, 2012. Disponível em: http://www.teses.usp. br/teses/disponiveis/2/2134/tde-11102012-111708/.

Destaque-se que as religiões são sistemas abertos, dinâmicos e mutáveis. Assume-se a complexidade do real, por meio de uma prática religiosa e cultural que assuma seu contexto, conviva com a diversidade e pluralidade de interpretações possíveis e que estimule postura que abra novos horizontes pertinentes à seara dos direitos humanos.

Destacam-se, aqui, duas estratégias: a) reforçar o princípio da laicidade estatal, com ênfase na Declaração sobre a Eliminação de Todas as Formas de Discriminação com base em Intolerância Religiosa; e b) fortalecer leituras e interpretações progressistas no campo religioso, de modo a respeitar os direitos humanos, conferindo especial destaque ao diálogo entre as religiões, a partir de uma proposta de teologia intercultural, com destaque ao papel dos religiosos moderados. Também importante é fortalecer as teologias feministas e o seu impacto progressista, seja nas versões cristãs, seja nas versões islâmicas[51].

7) Identificar, intercambiar e promover as *best practices* para o combate ao terrorismo que respeitem os direitos humanos e liberdades fundamentais

Por fim, cabe fomentar a identificação e o intercâmbio de políticas e práticas exitosas para a prevenção e repressão ao terrorismo, com a estrita observância dos direitos humanos e das liberdades fundamentais.

Diante desses desafios, resta concluir pela crença na implementação dos direitos humanos, como a racionalidade de resistência e única plataforma emancipatória de nosso tempo. É, pois, emergencial fortalecer o Estado de Direito e a construção da paz nas esferas global, regional e local, mediante uma cultura de direitos humanos.

Frise-se a relação de interdependência, complementaridade e condicionalidade a envolver os direitos humanos, a segurança e o desenvolvimento. É essa tríade a guiar qualquer política e ação vocacionada à prevenção e à repressão ao terrorismo.

---

[51] Para Boaventura de Souza Santos, as teologias feministas "criticam a associação da religião e de suas estruturas hierárquicas à ordem patriarcal e à subsequente legitimação do patriarcalismo e da submissão das mulheres no interior das religiões" (SOUSA SANTOS, Boaventura. *Se Deus fosse um ativista de direitos humanos*. 2. ed. São Paulo: Cortez, 2014. p. 53). A título exemplificativo, mencione-se também o trabalho de Abdullah Ahmed An-na'im acerca da reinterpretação do islamismo sob a perspectiva dos direitos humanos.

Para tanto, essencial é a cultura da paz[52], em que o vértice não seja mais marcado pela ideia de *"clash of civilizations"*[53], mas pela ideia do *"dialogue among civilizations"*[54].

5. Conclusão

Ainda que não haja definição ou normativa precisa, o terrorismo constitui grave ameaça à paz e à segurança internacional, e, portanto, precisa ser condenado. Por outro lado, esse combate deve se desenvolver justamente dentro daquilo que se busca com isso preservar: os direitos humanos. Em nenhuma hipótese, sob pena de grave inversão do discurso protetivo, a luta ao terror pode culminar em um estado igual – ou ainda pior – de violações a direitos.

Diante da observação da realidade atual que assola diversos Estados – aqui se tomou o caso sírio, à guisa de exemplo – e das dificuldades que a comunidade internacional ainda tem para enfrentar esse desafio, essencial é o fortalecimento do *international rule of law*. É esse o fio condutor que transpassa os desafios elencados na tentativa de mediar os dois polos – quais sejam, combater o terrorismo e preservar direitos.

Muito se tem propagado nas instâncias internacionais o alcance de patamares democráticos nos âmbitos internos dos países – mas a democratização da esfera internacional ainda permanece assunto afastado da pauta hegemônica internacional. A título exemplificativo, as discussões envolvendo a reforma da ONU – sobretudo no que se refere à estruturação do Conselho de Segurança[55] – demonstram essa dificuldade de alçar o Estado Democrático de Direito também à arena internacional.

---

[52] Essa ordem de ideias não é nova e já figurava no ideal kantiano da Paz Perpétua: "é o necessário coroamento do código não escrito, tanto no direito público interno como no direito internacional, para a fundação de um direito público geral e, portanto, para a realização da paz perpétua".

[53] "In the emerging era, clashes of civilizations are the greatest threat to world peace, and an international order based on civilizations is the surest safeguard against world war" (HUNGTINGTON, Samuel. *The Clash of Civilizations and the Remaking of World Order*. New York: Simon & Schuster, 2003. p. 321).

[54] SEN, Amrtya. *Ibid*. p. 12. Sobre a ideia de "clash of civilization", ver: HUNGTINGTON, Samuel, op. cit.

[55] Ver Kofi Annan: *"The core problem at the top of the UN's power structure is the composition of the Security Council. (...) This situation is intolerable to some, unjustifiable to most"* (ANNAN, Kofi; MOUSAVIZADEH, Nader. *Interventions*: a life in war and peace. London: Allen Lane/Penguin Books, 2012. p. 141).

Os mesmos desafios que animam os constitucionalismos estatais colocam-se à ordem internacional, com complexidades adicionais descritas por Kofi Annan:

"At the international level, applying the rule of law to the interaction between states is fare more complex. Today we lack institutions to adjudicate or enforce the law. The International Court of Justice has jurisdiction only over cases voluntarily submitted to it. There is no international police force with executive policing powers. A problem for any secretary-general seeking to promote the rule of law is how to persuade sovereign states voluntarily to submit themselves to the law"[56].

Apesar do reconhecimento dessas dificuldades, a ordem internacional há que se estruturar democraticamente, como uma ordem de poder e domínio legitimada, não apenas pelos Estados que a compõem, mas também pelos diversos atores que nela protagonizam. Isso significa que o poder – seja na esfera interna, seja na esfera internacional – deve organizar-se e exercer-se em termos democráticos. Trata-se do international democratic rule of law. Como adverte Tom Bingham: "The rule of law requires compliance by the state with its obligations in the international law as in national level"[57]. Ao enfrentar o combate ao terrorismo, o Direito Internacional tem como desafio maior permitir que a força do direito prevaleça em detrimento do direito da força, ritualizando a travessia enunciada por Kofi Annan: "From the rule of the jungle to the rule of law"[58].

---

[56] ANNAN, Kofi. *Interventions*, op. cit., p. 149.
[57] BINGHAM, Tom. *Rule of Law*. London: Penguin Books, 2010. p. 111.
[58] ANNAN, Kofi, op. cit.

Parte III

DIREITOS HUMANOS E IGUALDADE

Capítulo 14

IGUALDADE, PROIBIÇÃO DA DISCRIMINAÇÃO E AÇÕES AFIRMATIVAS*

1. Introdução

Qual é o alcance e a importância do princípio da igualdade e da proibição da discriminação no Direito Internacional dos Direitos Humanos? À luz de uma interpretação dinâmica e evolutiva dos tratados de direitos humanos, como conceber as ações afirmativas? Qual é a sua natureza e finalidade? Em que medida podem fortalecer a proteção do valor da diversidade?

São estas as questões centrais a inspirar este estudo que tem por objetivo maior enfocar as ações afirmativas sob a perspectiva dos direitos humanos, da diversidade e dos direitos à igualdade e à diferença.

2. Igualdade, Proibição da Discriminação e Ações Afirmativas no Direito Internacional dos Direitos Humanos

Sob o prisma do sistema global de proteção, constata-se que o direito à igualdade e a proibição da discriminação foram enfaticamente consagrados pela Declaração Universal de 1948, pelo Pacto Internacional dos Direitos Civis e Políticos e pelo Pacto Internacional dos Direitos Econômicos, Sociais e Culturais.

---

* Um especial agradecimento é feito a Alexander von Humboldt Foundation pela *fellowship* que tornou possível este estudo e ao Max-Planck Institute for Comparative Public Law and International Law por prover um ambiente acadêmico de extraordinário vigor intelectual. Este *paper* foi apresentado no seminário *Diversity and the Law*, organizado pelo Otto Hahn Group, no Max-Planck-Institute, em Heidelberg, em 30 de novembro e 1º de dezembro de 2012.

A Declaração Universal de 1948, em seu artigo I, desde logo enuncia que "todas as pessoas nascem livres e iguais em dignidade e direitos. São dotadas de razão e consciência e devem agir em relação umas às outras com espírito de fraternidade". Prossegue, no artigo II, a endossar que "toda pessoa tem capacidade para gozar os direitos e as liberdades estabelecidos na Declaração, sem distinção de qualquer espécie, seja de raça, cor, sexo, língua, religião, opinião política ou de outra natureza, origem nacional ou social, riqueza, nascimento, ou qualquer outra condição. Estabelece o artigo VII a concepção da igualdade formal, prescrevendo que "todos são iguais perante a lei e têm direito, sem qualquer distinção, a igual proteção da lei". Portanto, se o primeiro artigo da Declaração afirma o direito à igualdade, o segundo artigo adiciona a cláusula da proibição da discriminação de qualquer espécie, como corolário e consequência do princípio da igualdade. O binômio da igualdade e da não discriminação, assegurado pela Declaração, sob a inspiração da concepção formal de igualdade, impactará a feição de todo sistema normativo global de proteção dos direitos humanos.

Com efeito, o Pacto Internacional dos Direitos Civis e Políticos de 1966, já em seu art. 2º (1), consagra que "os Estados-partes no Pacto comprometem-se a garantir a todos os indivíduos que se encontrem em seu território e que estejam sujeitos à sua jurisdição os direitos reconhecidos no presente Pacto, sem discriminação alguma por motivo de raça, cor, sexo, língua, religião, opinião política ou de qualquer outra natureza, origem nacional ou social, situação econômica, nascimento ou qualquer outra situação". Uma vez mais, afirma-se a cláusula da proibição da discriminação para o exercício dos direitos humanos. A relevância de tal cláusula é acentuada pelo art. 4º do Pacto, ao prever um núcleo inderrogável de direitos, a ser preservado ainda que em situações excepcionais e ameaçadoras, admitindo-se, contudo, a adoção de medidas restritivas de direitos estritamente necessárias, "desde que tais medidas não acarretem discriminação alguma apenas por motivo de raça, cor, sexo, língua, religião ou origem social". A concepção da igualdade formal, tal como na Declaração, é prevista pelo Pacto, em seu art. 26, ao determinar que "todas as pessoas são iguais perante a lei e têm direito, sem discriminação alguma, a igual proteção da lei. (...) a lei deverá proibir qualquer forma de discriminação e garantir a todas as pessoas proteção igual e eficaz contra qualquer discriminação por motivo de raça, cor, sexo, língua, religião, opinião política ou de outra natureza, origem nacional ou social, situação econômica, nascimento ou qualquer outra situação". O Comitê de Direitos Humanos, em sua Recomendação Geral n. 18, a respeito do art. 26, entende que o princípio da não discriminação é um princípio fundamental previsto no próprio Pacto, condição e pressuposto para o pleno exercício dos direitos humanos nele enunciados. No entender do Comitê: "A não discriminação, assim como a igualdade perante a lei e a igual proteção da lei sem nenhuma discriminação, constituem um princípio básico e geral, relacionado à proteção dos direitos humanos"[1].

Quanto à proteção das minorias étnicas, religiosas ou linguísticas, assegura o Pacto às pessoas a elas pertencentes o direito de ter, conjuntamente com outros membros de seu grupo, sua própria vida cultural, de professar e praticar sua própria religião e usar sua própria língua (artigo 27)[2].

Por sua vez, o Pacto Internacional dos Direitos Econômicos, Sociais e Culturais de 1966, em seu artigo 2º, estabelece que os Estados-partes comprometem-se a garantir que os direitos nele previstos serão exercidos sem discriminação alguma por motivo de raça, cor, sexo, língua, religião, opinião política ou de qualquer outra natureza, origem nacional ou social, situação econômica, nascimento ou qualquer outra situação. Uma vez mais, consagra-se

---

[1] No mesmo sentido, destaca a Recomendação Geral n. 14 do Comitê sobre a Eliminação de todas as formas de Discriminação Racial, adotada em 1993: "Non-discrimination, together with equality before the law and equal protection of the law without any discrimination, constitutes a basic principle in the protection of human rights". Ao reiterar este entendimento, ressalta a Comissão Interamericana de Direitos Humanos que "la no-discriminación, junto con la igualdad ante la ley y la igual protección de la ley sin ninguna discriminación constituye un principio fundante, básico, general y fundamental relativo a la protección internacional de los derechos humanos (...) La Comisión ha indicado que el principio de no-discriminación es uno de los pilares de cualquier sistema democrático y una base fundamental del sistema de protección de los derechos humanos instaurado por la OEA. (...) En definitiva, la igualdad y la no-discriminación revisten un carácter de principio fundamental que subyace en todo el sistema internacional de los derechos humanos. Su negación implicaría la negación misma de este sistema en su totalidad". Sessão Especial de Reflexão e Análise sobre a natureza de uma futura Convenção Interamericana contra o Racismo e todas as formas de Discriminação e Intolerância, realizada na sede da OEA em Washington, entre 28 e 29 de novembro de 2005. Disponível em: <http://www.oas.org/dil/esp/cajp.rdi15.orig.doc>.

[2] A Recomendação Geral n. 23 se refere ao art. 27 do Pacto, com o objetivo de proteger as minorias étnicas. O Comitê faz uma diferenciação entre o direito protegido no art. 27 e os direitos protegidos nos arts. 2º e 26. Os arts. 2º e 26 tratam da não discriminação e da igualdade perante a lei, independentemente de o indivíduo pertencer a uma minoria étnica ou não. As pessoas às quais se destina o art. 27 são aquelas que pertencem a um grupo e têm uma cultura, religião e/ou língua comum. Apesar de os direitos protegidos pelo art. 27 serem individuais, eles dependem da existência de uma minoria étnica, ou seja, de uma coletividade. A Recomendação n. 23, assim como a n. 18, prevê a possibilidade de ações afirmativas que garantam a igualdade dessas minorias étnicas, respeitando o disposto nos arts. 2º e 26 do Pacto.

a cláusula da proibição da discriminação. O Comitê dos Direitos Econômicos, Sociais e Culturais, em sua Recomendação Geral n. 16, adotada em 2005, realça que "guarantees of non-discrimination and equality in international human rights treaties mandate both *de facto* and *de jure* equality. *De jure* (or formal) equality and *de facto* (or substantive) equality are different but interconnected concepts. Formal equality assumes that equality is achieved if a law or policy treats men and women in a neutral manner. Substantive equality is concerned, in addition, with the effects of laws, policies and practices and with ensuring that they do not maintain, but rather alleviate, the inherent disadvantage that particular groups experience. Substantive equality for men and women will not be achieved simply through the enactment of laws or the adoption of policies that are, prima facie, gender-neutral. In implementing article 3, States parties should take into account that such laws, policies and practice can fail to address or even perpetuate inequality between men and women because they do not take account of existing economic, social and cultural inequalities, particularly those experienced by women".

Ao diferenciar a igualdade de direito e de fato, o Comitê prossegue distinguindo a discriminação direta da denominada discriminação indireta, considerando a perspectiva de gênero, nos termos seguintes: "Direct discrimination occurs when a difference in treatment relies directly and explicitly on distinctions based exclusively on sex and characteristics of men or of women, which cannot be justified objectively. Indirect discrimination occurs when a law, policy or programme does not appear to be discriminatory, but has a discriminatory effect when implemented. This can occur, for example, when women are disadvantaged compared to men with respect to the enjoyment of a particular opportunity or benefit due to pre-existing inequalities. Applying a gender-neutral law may leave the existing inequality in place, or exacerbate it"[3].

Na mesma direção, o Comitê sobre os Direitos das Pessoas com Deficiência afirma: "The Committee observes that a law which is applied in a neutral manner may have a discriminatory effect when the particular circumstances

---

[3] No mesmo sentido, "Article 2(b) of the European Union's *Directive implementing the principle of equal treatment between persons irrespective of racial or ethnic origin* ('EU Race Directive'), defines: 'indirect discrimination shall be taken to occur when an apparently neutral provision, criterion or practice would put persons or a racial or ethnic origin at a particular disadvantage compared with other persons, unless that provision, criterion or practice is objectively justified by a legitimate aim and the means of achieving that aim are appropriate and necessary" (Directive 2000/43/CE of the European Council).

of the individuals to whom it is applied are not taken into consideration. The right not to be discriminated against in the enjoyment of the rights guaranteed under the Convention can be violated when States, without objective and reasonable justification, fail to treat differently persons whose situations are significantly different"[4].

A Recomendação Geral n. 16 do Comitê sobre os Direitos Econômicos, Sociais e Culturais ainda avança para a temática das ações afirmativas, entendendo que: "the principles of equality and non-discrimination, by themselves, are not always sufficient to guarantee true equality. Temporary special measures may sometimes be needed in order to bring disadvantaged or marginalized persons or groups of persons to the same substantive level as others. Temporary special measures aim at realizing not only de jure or formal equality, but also de facto or substantive equality for men and women. However, the application of the principle of equality will sometimes require that States parties take measures in favour of women in order to attenuate or suppress conditions that perpetuate discrimination. As long as these measures are necessary to redress de facto discrimination and are terminated when de facto equality is achieved, such differentiation is legitimate".

Elucida o Comitê CEDAW que as medidas temporárias aludidas nas ações afirmativas envolvem uma "ampla gama de instrumentos, políticas e práticas de índole legislativa, executiva e regulamentar, compreendendo programas de divulgação e apoio; dotação orçamentária; tratamento preferencial; determinadas metas em matéria de contratação e promoção; objetivos quantitativos relacionados com prazos determinados; e sistema de cotas"[5].

Merece destaque a atuação construtiva dos Comitês de Direitos Humanos e de Direitos Econômicos, Sociais e Culturais em transcender os limites das cláusulas da igualdade formal e da proibição da discriminação enunciadas nos Pactos. A jurisprudência criativa destes Comitês, por meio da adoção de recomendações gerais, têm permitido delinear a concepção material de

---

[4] Ver Committee on the Rights of People with Discapacities (CRDP), Communication n. 3/2011 (H. M. v Sweden), Subject matter – Refusal to grant building permission for the construction of a hydrotherapy pool for the rehabilitation of a person with a physical disability on grounds of incompatibility of the extension in question with the city development plan (CRDP/C/7/D/3/2011).

[5] Comitê CEDAW, Recomendação Geral n. 25, Medidas de Caráter Temporário, UN Doc. CEDAW/C/2004/1/WP.1/Rev.1, 30 (2004). A título exemplificativo, destacam-se as cotas eleitorais favoráveis às mulheres na experiência latino-americana: Argentina (1991); Bolívia (1997); Brasil (1997); Costa Rica (1996); Equador (1997); Guyana (2000); Haiti (2005); Honduras (2000); México (2006); Panamá (1997); Peru (1996); Paraguai (1996); República Dominicana (1997) e Colômbia (2000).

igualdade, com a distinção da igualdade de direito e de fato (*de jure and de facto* equality). É a partir desta distinção que é lançado o questionamento a respeito do papel do Estado, demandando-se, por vezes, se transite de uma posição de neutralidade para um protagonismo (por exemplo, mediante a adoção de ações afirmativas), capaz de aliviar e remediar o impacto não igualitário da legislação e de políticas públicas no exercício de direitos.

De todo modo, em si mesmos, a Declaração Universal e os Pactos invocam a primeira fase de proteção dos direitos humanos, caracterizada pela tônica da proteção geral, genérica e abstrata, sob o lema da igualdade formal e da proibição da discriminação.

A segunda fase de proteção, reflexo do processo de especificação do sujeito de direito, será marcada pela proteção específica e especial, a partir de tratados que objetivam eliminar todas as formas de discriminação que afetam de forma desproporcional determinados grupos, como as minorias étnico-raciais, as mulheres, dentre outros.

Neste contexto é que se inserem a Convenção sobre a Eliminação de todas as Formas de Discriminação Racial (1965) e a Convenção sobre a Eliminação de todas as Formas de Discriminação contra a Mulher (1979)[6].

Desde seu preâmbulo, a Convenção sobre a Eliminação de todas as Formas de Discriminação Racial assinala que qualquer "doutrina de superioridade baseada em diferenças raciais é cientificamente falsa, moralmente condenável, socialmente injusta e perigosa, inexistindo justificativa para a discriminação racial, em teoria ou prática, em lugar algum". Adiciona a urgência em se adotarem todas as medidas necessárias para eliminar a discriminação racial em todas as suas formas e manifestações e para prevenir e combater doutrinas e práticas racistas.

O artigo 1º da Convenção define a discriminação racial como "qualquer distinção, exclusão, restrição ou preferência baseada em raça, cor, descendência ou origem nacional ou étnica, que tenha o propósito ou o efeito de anular ou prejudicar o reconhecimento, gozo ou exercício em pé de igualdade dos direitos humanos e liberdades fundamentais". Vale dizer, a discriminação significa toda distinção, exclusão, restrição ou preferência que tenha por

---

[6] No campo do sistema especial de proteção, merecem também menção a Convenção sobre os Direitos da Criança (1990), a Convenção sobre a Proteção dos Direitos de Todos os Trabalhadores Migrantes e seus Familiares (1990) e a Convenção sobre os Direitos de Pessoas com Deficiência (2006).

objeto ou resultado prejudicar ou anular o exercício, em igualdade de condições, dos direitos humanos e liberdades fundamentais. Logo, a discriminação significa sempre desigualdade.

Daí a urgência em se erradicar todas as formas de discriminação, baseadas em raça, cor, descendência ou origem nacional ou étnica, que tenham como escopo a exclusão. O combate à discriminação racial é medida fundamental para que se garanta o pleno exercício dos direitos civis e políticos, como também dos direitos sociais, econômicos e culturais.

Se o combate à discriminação é medida emergencial à implementação do direito à igualdade, todavia, por si só, é medida insuficiente. Faz-se necessário combinar a proibição da discriminação com políticas compensatórias que acelerem a igualdade enquanto processo. Isto é, para assegurar a igualdade não basta apenas proibir a discriminação, mediante legislação repressiva. São essenciais as estratégias promocionais capazes de estimular a inserção e inclusão de grupos socialmente vulneráveis nos espaços sociais.

Com efeito, a igualdade e a discriminação pairam sob o binômio inclusão-exclusão. Enquanto a igualdade pressupõe formas de inclusão social, a discriminação implica violenta exclusão e intolerância à diferença e diversidade. Assim, a proibição da exclusão, em si mesma, não resulta automaticamente na inclusão. Logo, não é suficiente proibir a exclusão, quando o que se pretende é garantir a igualdade de fato, com a efetiva inclusão social de grupos que sofreram e sofrem um consistente padrão de violência e discriminação.

Por estas razões, a Convenção sobre a Eliminação de todas as formas de Discriminação Racial prevê, no art. 1º, § 4º, a possibilidade das ações afirmativas, mediante a adoção de medidas especiais de proteção ou incentivo a grupos ou indivíduos, com vistas a promover sua ascensão na sociedade até um nível de equiparação com os demais. As ações afirmativas constituem medidas especiais e temporárias, que, buscando remediar um passado discriminatório, objetivam acelerar o processo de igualdade, com o alcance da igualdade substantiva por parte de grupos socialmente vulneráveis, como as minorias étnicas e raciais, dentre outros. Enquanto políticas compensatórias adotadas para aliviar e remediar as condições resultantes de um passado discriminatório, as ações afirmativas objetivam transformar a igualdade formal em igualdade material e substantiva, assegurando a diversidade e a pluralidade social. Devem ser compreendidas não somente pelo prisma retrospectivo – no sentido de aliviar a carga de um passado discriminatório –, mas também prospectivo – no sentido de fomentar a transformação social, criando uma nova realidade. Constituem medidas concretas que viabilizam o direito à igualdade, com a crença de que a igualdade deve se moldar no respeito à diferença e à diversidade. Através delas transita-se da igualdade formal para a igualdade material e substantiva.

Importa acrescentar que a Convenção sobre a Eliminação de todas as formas de Discriminação contra a Mulher de 1979, ao definir a discriminação contra a mulher (art. 1º)[7], adota como fonte inspiradora o art. 1º da Convenção sobre a Eliminação de todas as formas de Discriminação Racial, estabelecendo, de igual modo, em seu art. 4º, § 1º, a possibilidade de os Estados-partes adotarem ações afirmativas, como medidas especiais e temporárias destinadas a acelerar a igualdade de fato entre homens e mulheres. As Recomendações Gerais n. 5[8] e 25[9] do Comitê sobre a Eliminação de Discriminação contra a Mulher endossam a relevância de tais ações, para que a mulher se integre na educação, na economia, na política e no emprego. O Comitê ainda recomenda que os Estados-partes velem para que as mulheres em geral, e os grupos de mulheres afetados em particular, participem da elaboração, aplicação e avaliação dos referidos programas. Recomenda, em especial, que se tenha um processo de colaboração e consulta com a sociedade civil e com organizações não governamentais que representem distintos grupos de mulheres.

Cabe salientar que a Recomendação Geral n. XXV do Comitê sobre a Eliminação de todas as formas de Discriminação Racial alia a perspectiva racial à de gênero. Sob esta ótica, o Comitê entende que a discriminação racial atinge de forma diferenciada homens e mulheres, já que práticas de discriminação racial podem ser dirigidas a certos indivíduos especificamente em razão do seu sexo, como no caso da violência sexual praticada contra mulheres de

---

[7] Nos termos do artigo 1º da Convenção, a expressão "discriminação contra a mulher significará toda distinção, exclusão ou restrição baseada no sexo e que tenha por objeto ou resultado prejudicar ou anular o reconhecimento, gozo ou exercício pela mulher, independentemente de seu estado civil, com base na igualdade do homem e da mulher, dos direitos humanos e liberdades fundamentais nos campos político, econômico, social, cultural e civil ou em qualquer outro campo".

[8] A respeito da importância das ações afirmativas, destaca a Recomendação Geral n. 5 do Comitê: "O Comitê sobre a Eliminação de Discriminação contra a Mulher (...) recomenda que os Estados-partes façam maior uso de medidas especiais de caráter temporário como a ação afirmativa, o tratamento preferencial ou sistema de quotas para que a mulher se integre na educação, na economia, na política e no emprego".

[9] Nos termos da Recomendação Geral n. 25 do Comitê: "Os Estados-partes deverão incluir em suas Constituições ou em sua legislação nacional disposições que permitam a adoção de medidas especiais de caráter temporário".

determinada origem étnico-racial[10]. O Comitê pretende monitorar como as mulheres que pertencem às minorias étnicas e raciais exercem seus direitos, avaliando a dimensão da discriminação racial a partir de uma perspectiva de gênero.

Por fim, a Recomendação n. 18 e a n. 28 do Comitê de Direitos Humanos dispõem sobre o dever do Estado de adotar medidas (legislativas, administrativas e judiciais) que visem a garantir a não discriminação, sugerindo inclusive a adoção de ações afirmativas por parte do Estado para diminuir ou eliminar as causas que perpetuem a discriminação[11]. Na permanência de causas discriminatórias, as ações afirmativas são consideradas uma medida legítima e necessária para o Comitê de Direitos Humanos.

No mesmo sentido, realça a Recomendação n. 20 do Comitê de Direitos Econômicos, Sociais e Culturais: "In order to eliminate substantive discrimination, States parties may be, and in some cases are, under an obligation to adopt special measures to attenuate or suppress conditions that perpetuate discrimination. Such measures are legitimate to the extent that they represent reasonable, objective and proportional means to redress de facto discrimination and are discontinued when substantive equality has been sustainably achieved"[12].

---

[10] Dispõe a Recomendação Geral n. XXV, adotada pelo Comitê em 2000: "The Committee notes that racial discrimination does not always affect women and men equally or in the same way. There are circumstances in which racial discrimination only or primarily affects women, or affects women in a different way, or to a different degree than men. Such racial discrimination will often escape detection if there is no explicit recognition or acknowledgement of the different life experiences of women and men, in areas of both public and private life".

[11] Nos termos da Recomendação Geral n. 28 do Comitê de Direitos Humanos, de 2000, sobre a igualdade de direitos entre homens e mulheres (art. 3º do Pacto de Direitos Civis e Políticos), que atualiza a Recomendação Geral n. 4, de 1981: "A obrigação de assegurar a todos os indivíduos os direitos reconhecidos no Pacto, previstos nos arts. 2º e 3º do Pacto, requer que os Estados-partes tomem todas as medidas necessárias para possibilitar a cada pessoa o gozo desses direitos. Tais medidas incluem a remoção dos obstáculos ao igualitário exercício desses direitos, a educação em direitos humanos da população e de funcionários públicos e a adequação da legislação doméstica para dar efeito aos esforços determinados no Pacto. O Estado-parte não deve somente adotar medidas de proteção, mas também medidas promocionais em todas as áreas para conseguir o empoderamento eficaz e igual das mulheres".

[12] Ver Committee on Economic, Social and Cultural Rights, General Comment n. 20, E/C.12/GC/20, de 2-7-2009. Adiciona o Committee: "Such positive measures may exceptionally, however, need to be of a permanent nature, such as interpretation services for linguistic minorities and reasonable accommodation of persons with sensory impairments in accessing health-care facilities". Em direção similar a Corte Interamericana de Direitos Humanos estabeleceu que os Estados estão

Também o Comitê CERD, ao invocar as ações afirmativas, sustenta que a concepção de medidas especiais se baseia no princípio de que leis, políticas e práticas adotadas e aplicadas para o cumprimento das obrigações previstas na Convenção devem ser complementadas – quando as circunstâncias assim aconselhem – pela adoção de medidas especiais e temporárias destinadas a garantir o pleno e igual exercício de direitos humanos aos grupos desfavorecidos. As medidas especiais integram o conjunto de disposições da Convenção cujo cumprimento faz-se necessário para aplicar fielmente todas as disposições da Convenção sobre a Eliminação de todas as formas de Discriminação Racial[13].

3. Ações Afirmativas: Desafios Contemporâneos

Conclui-se que, no âmbito global, os primeiros instrumentos de proteção – a Declaração Universal e os dois Pactos que a sucederam – incorporam uma concepção formal de igualdade, sob o binômio da igualdade e da não discriminação, assegurando uma proteção geral, genérica e abstrata.

Já os instrumentos internacionais que integram o sistema especial de proteção invocam uma proteção específica e concreta, que, transcendendo a concepção meramente formal e abstrata de igualdade, objetiva o alcance da igualdade material e substantiva, compreendendo a adoção de ações afirmativas, com vistas a acelerar o processo de construção da igualdade em prol de grupos socialmente vulneráveis.

A igualdade e a não discriminação passam a ser concebidas como um princípio fundante do Direito Internacional dos Direitos Humanos, como condição e requisito para o pleno exercício dos direitos humanos. Para a jurisprudência internacional, assume a categoria de *jus cogens*, direito cogente e

---

obrigados a adotar medidas positivas para reverter ou transformar situações discriminatórias existentes em suas sociedades, em prejuízo de determinados grupos de pessoas, sob pena de responsabilidade internacional (Corte Interamericana de Direitos Humanos, Condición Jurídica y Derechos de los Migrantes Indocumentados, Opinión Consultiva OC-18/03, 17/09/2003, Serie A, n. 18, parágrafo 104). Em outro julgado a Corte Interamericana observou que "nem toda distinção de trato pode ser considerada ofensiva à dignidade humana". Para determinar se uma diferenciação de trato resulta arbitrária a Corte aplica os critérios de legitimidade, idoneidade, necessidade e proporcionalidade (Corte Interamericana de Direitos Humanos, Propuesta de Modificación a la Constitución Política de Costa Rica relacionada con la Naturalización, Opinión consultiva OC-4/84, 19/01/84, Serie "A", n. 4, parágrafo 55).

[13] CERD, General Recomendation n. XXXII, "The Meaning and the scope of special measures" in the CERD, CERD/C/GC/32, 24-9-2009.

inderrogável. A igualdade e a não discriminação constituem um princípio fundamental que ilumina e ampara todo sistema internacional de proteção dos direitos humanos.

Destacam-se a decisiva atuação dos Comitês da ONU para a consolidação da concepção da igualdade material; a distinção da igualdade formal e material (igualdade de direito e de fato); a admissão da possibilidade de ações afirmativas, como medida legítima e necessária, quando a discriminação perpetua-se; a distinção de discriminação direta e indireta; e a identificação dos deveres jurídicos do Estados para a garantia do direito à igualdade e proibição da discriminação.

Para a jurisprudência global, a igualdade de direito e de fato são conceitos distintos, mas inter-relacionados. Os tratados de proteção de direitos humanos demandam ambas – a *de facto* e *de jure equality*. A igualdade formal (*de jure equality*) toma a igualdade como um dado e um pressuposto, acenando para uma atuação estatal marcada pela neutralidade. Já a igualdade material (*de facto equality*) toma a igualdade como um resultado ao qual se pretende chegar, acenando para uma atuação estatal marcada pelo protagonismo, tendo como base o impacto e efeito concreto e real de leis e políticas públicas no exercício de direitos, considerando os diversos grupos e suas desvantagens e vulnerabilidades. Consequentemente, faz-se necessário enfrentar, aliviar e transformar o impacto distorcido de leis e políticas públicas, que, ao afetar de forma desproporcional diversos grupos, obstam o pleno e livre exercício de direitos e liberdades.

A fim de evitar que tais efeitos e impactos discriminatórios se perpetuem e posterguem no tempo, sob a perspectiva da igualdade material, políticas estatais neutras poderão ser fonte geradora de discriminação indireta, na medida em que, ainda que aparentemente não discriminatórias, seus efeitos poderão manter, perpetuar e até mesmo exacerbar uma discriminação[14]. Daí a necessidade de um protagonismo estatal, orientado pela obrigação jurídica dos Estados de respeitar, proteger e implementar direitos.

Com efeito, do direito à igualdade e da proibição da discriminação atentatória aos direitos emergem os clássicos deveres dos Estados de

---

[14] Nos termos da Recomendação Geral n. 26 (2005) do Comitê de Direitos Econômicos, Sociais e Culturais: "Indirect discrimination occurs when a law, policy or programme does not appear to be discriminatory, but has a discriminatory effect when implemented. This can occur, for example, when women are disadvantaged compared to men with respect to the enjoyment of a particular opportunity or benefit due to pre-existing inequalities. Applying a gender-neutral law may leave the existing inequality in place, or exacerbate it".

respeitar, proteger e implementar direitos humanos. A obrigação de respeitar demanda aos Estados que não violem o direito à igualdade e a proibição da discriminação. Já a obrigação de proteger requer dos Estados que obstem a violação destes direitos por atores não estatais. Por sua vez, com relação à obrigação de implementar, exige dos Estados a adoção de todas medidas necessárias para a plena realização do direito à igualdade. Daí a jurisprudência contemporânea sustentar que, na permanência de causas discriminatórias, as ações afirmativas são consideradas uma medida não apenas legítima, mas necessária.

Ressalte-se que, nos termos em que estão previstas pelas Convenções sobre a Eliminação de todas as Formas de Discriminação Racial (art. 1º, § 4º) e sobre a Eliminação da Discriminação contra a Mulher (art. 4º, § 1º), as ações afirmativas à primeira luz e por meio de uma interpretação estritamente literal dos textos convencionais surgem como uma faculdade, uma possibilidade e prerrogativa estatal. Contudo, na construção interpretativa dos Comitês, as ações afirmativas de mera faculdade passam a ser concebidas como um dever e uma obrigação dos Estados: uma medida não apenas legítima, mas necessária à implementação do direito à igualdade[15].

No tocante ao dever de implementar direitos humanos situam-se as ações afirmativas[16], consideradas como medidas necessárias e legítimas pelos Comitês da ONU, para aliviar, remediar e transformar o legado de um passado discriminatório. Devem ser compreendidas não somente pelo prisma retrospectivo – no sentido de aliviar a carga de um passado discriminatório –, mas também prospectivo – no sentido de fomentar a transformação social, criando uma nova realidade, sob a inspiração do direito à igualdade material e substantiva.

Destacam-se, por fim, sete desafios contemporâneos para a adoção das ações afirmativas:

---

[15] Ver a Recomendação Geral n. XIV do Comitê CERD; as Recomendações Gerais n. XVIII e n. XXIII do Comitê de Direitos Humanos; as Recomendações Gerais do Comitê sobre os Direitos Econômicos, Sociais e Culturais; e as Recomendações Gerais n. V e XXV do Comitê sobre a Eliminação da Discriminação contra a Mulher.

[16] Sobre a matéria, a Recomendação Geral n. 16 (2005) do Comitê de Direitos Econômicos, Sociais e Culturais observa que: "the principles of equality and non-discrimination, by themselves, are not always sufficient to guarantee true equality. Temporary special measures may sometimes be needed in order to bring disadvantaged or marginalized persons or groups of persons to the same substantive level as others".

1) *Fomentar bancos de dados desagregados por sexo, raça, etnia e demais fatores*

As ações afirmativas devem ser formuladas com observância aos princípios da razoabilidade, objetividade e proporcionalidade. Para tanto, há o desafio de fomentar bancos de estatísticas e informações pautados em dados desagregados por sexo, raça, etnia e demais fatores. Este instrumental é condição para a adequada e consistente adoção das ações afirmativas.

Dados e estatísticas sobre o efetivo exercício de direitos civis, políticos, econômicos, sociais e culturais por grupos vulneráveis são fundamentais para a formulação de políticas públicas adequadas e eficazes no combate à discriminação e na promoção da igualdade.

2) *Adotar indicadores técnico-científicos para mensurar a progressividade na implementação do direito à igualdade*

Na qualidade de medidas especiais e temporárias, as ações afirmativas buscam acelerar o processo de construção da igualdade. Para a precisa avaliação de seu impacto na aplicação progressiva do direito à igualdade, essencial é o eficaz monitoramento das ações afirmativas, por meio da utilização de indicadores técnico-científicos capazes de mensurar tal progressividade[17].

Além de conferir maior rigor metodológico, a utilização de indicadores permite realizar o *human rights impact assessment* em relação às políticas, programas e medidas adotadas pelo Estado, permitindo a *accountability* com relação às obrigações contraídas pelo Estado no âmbito internacional em matéria de direitos humanos. Fomenta, ainda, a geração de dados, estatísticas e informações, que compõe a base sólida para a composição de um preciso diagnóstico sobre o direito à igualdade[18].

---

[17] A respeito, consultar o documento "Indicadores de progreso para medición de derechos contemplados en el Protocolo de San Salvador", OEA/Ser.L/XXV.2.1, GT/PSSI/doc.2/11, 11 de março de 2011. Ver, ainda, report do UN High Level Task Force on the implementation of the right to development for the April 2010 session of the Working Group, including the attributes of the right to development and the list of criteria, sub-criteria and indicators – A/HRC/15/WG.2/TF/2. Add 2.

[18] A título ilustrativo, sob o prima étnico-racial, estudos e pesquisas na América Latina indicam que, na Bolívia, os povos indígenas representam 62% da população do país, sendo que 74% destes povos vivem na pobreza. No Brasil, a população afrodescendente constitui 70% dos pobres e 71% das pessoas vivendo na extrema pobreza. No Chile, a incidência da pobreza é significativamente superior em relação aos povos indígenas (35,6%), se comparada com os não indígenas (22,7%). Na Colômbia, os afro-colombianos constituem 26% da população, sendo que 76% deles enfrentam a pobreza extrema. No Peru, os povos indígenas representam 45% da população, vivendo nas áreas mais pobres, sem acesso a serviços públicos básicos. No Uruguai, os afrodescendentes

Por meio da utilização de indicadores é possível identificar avanços, retrocessos e inações dos poderes públicos em matéria de promoção da igualdade e do combate à discriminação. A partir de um diagnóstico preciso é possível identificar prioridades e estratégias visando ao aprimoramento da realização de direitos humanos, o que poderá compreender uma melhor e mais eficaz interlocução dos Poderes Públicos, mediante arranjos interinstitucionais orientados à plena implementação do direito à igualdade e da proibição da discriminação.

3) *Assegurar o componente democrático*

Outro desafio para a devida formulação das ações afirmativas atém-se ao componente democrático. As políticas de ações afirmativas devem inspirar-se nos princípios da participação, transparência e *accountability*. Como explica Amartya Sen: *political liberties and democratic rights are among the constituent components of development*[19]. Democracia requer participação política, diálogo e interação pública, conferindo o direito à voz aos grupos mais vulneráveis.

Faz-se necessário assegurar a participação da sociedade civil no processo de elaboração, implementação e avaliação das medidas adotadas para combater a discriminação e promover a igualdade. Os grupos vulneráveis devem participar da formulação de políticas e de programas visando à promoção da igualdade – dos quais são os especiais beneficiários.

4) *Conferir especial consideração à* overlapping discrimination

Certas pessoas ou grupos de pessoas experimentam múltiplas e extremas formas de discriminação, resultante de uma combinação de fatores discriminatórios a gerar o grave fenômeno das *overlapping oppressions*.

---

são 9,1% da população, metade deles vive abaixo da linha da pobreza, ao passo que os povos indígenas constituem 3,8% da população, 32% deles vivendo abaixo da linha da pobreza. Este diagnóstico demonstra o grave padrão de discriminação racial na região latino-americana a justificar a adoção de ações afirmativas no sentido de transformar esta realidade, promovendo a igualdade e combatendo a discriminação.

[19] SEN, Amartya, *The idea of justice*, Cambridge: Harvard University Press, 2009, p. 347. "Democracy is assessed in terms of public reasoning, which leads to an understanding of democracy as 'government by discussion'. But democracy must also be seen more generally in terms of capacity to enrich reasoned engagement through enhancing informational availability and the feasibility of interactive discussions. Democracy has to be judged not just by the institutions that formally exist but by the extent to which different voices form diverse sections of the peoples can actually be heard" (SEN, Amartya, op. cit., p. XIII).

Como atenta a Recomendação Geral n. XXV do CERD, fundamental é aliar a perspectiva racial à de gênero. Sob esta ótica, o Comitê entende que a discriminação racial atinge de forma diferenciada homens e mulheres, sendo necessário enfrentar as formas múltiplas de discriminação a somar as perspectivas de raça, gênero, dentre outros critérios. Isto vem a acentuar a vulnerabilidade de determinados grupos sociais demandando da ordem jurídica respostas diferenciadas, com especial consideração à *overlapping discrimination*.

5) *Fomentar a adoção de ações afirmativas nas esferas pública e privada*

Dentre as obrigações jurídicas dos Estados com relação ao direito à igualdade e ao combate à discriminação está a de obstar que atores não estatais violem o direito à igualdade. Daí o desafio de fomentar ações afirmativas não apenas na esfera pública, como também na esfera privada.

6) *Enfrentar formas contemporâneas de discriminação*

Enfrentar formas contemporâneas de discriminação surge como um desafio adicional na implementação do direito à igualdade. Estados devem adotar medidas para combater formas contemporâneas de racismo, com destaque ao racismo no esporte, na mídia, na propaganda, na internet e, ainda, fundado em discriminação baseada em informação de natureza genética.

7) *Adotar políticas de valorização da diversidade*

Por fim, cabe aos Estados o desafio de adotar políticas de valorização da diversidade, fundadas no dever jurídico dos Estados de combater não apenas leis discriminatórias, mas também práticas discriminatórias. Para tanto, essenciais mostram-se as políticas estatais voltadas a propiciar a transformação cultural e a mudança de práticas discriminatórias.

Se os direitos humanos simbolizam o idioma do respeito à alteridade, as ações afirmativas constituem um legítimo e necessário instrumento para a realização dos direitos à igualdade e à diferença, sob a perspectiva emancipatória da diversidade, transitando-se da igualdade abstrata e geral para um conceito plural de dignidades concretas.

Capítulo 15

AÇÕES AFIRMATIVAS NO BRASIL: DESAFIOS E PERSPECTIVAS

1. Introdução

Qual é o balanço das ações afirmativas na experiência brasileira? Como compreender as primeiras iniciativas de adoção de marcos legais instituidores das ações afirmativas? Qual tem sido o impacto da agenda global na ordem doméstica? Em que medida a Convenção sobre a Eliminação de todas as Formas de Discriminação Racial e a Conferência de Durban fomentaram avanços internos? Quais são os principais desafios, dilemas e tensões das ações afirmativas? Quais são as possibilidades e perspectivas de construção da igualdade étnico-racial no caso brasileiro?

São estas as questões centrais a inspirar este capítulo.

2. Direito à Igualdade e Direito à Diferença: Sistema Especial de Proteção dos Direitos Humanos

A ética emancipatória dos direitos humanos demanda transformação social, a fim de que cada pessoa possa exercer, em sua plenitude, suas potencialidades, sem violência e discriminação. É a ética que vê no outro um ser merecedor de igual consideração e profundo respeito, dotado do direito de desenvolver as potencialidades humanas, de forma livre, autônoma e plena. Enquanto um construído histórico, os direitos humanos não traduzem uma história linear, não compõem uma marcha triunfal, nem tampouco uma causa perdida. Mas refletem, a todo tempo, a história de um combate[1], mediante processos que abrem e consolidam espaços de luta pela dignidade humana[2].

---

[1] Daniele Lochak, *Les Droits de l'homme*, nouv. edit., Paris: La Découverte, 2005, p. 116, apud Celso Lafer, prefácio ao livro *Direitos humanos e justiça internacional*, 7. ed., de Flávia Piovesan, São Paulo: Saraiva, 2017, p. 22.

[2] Joaquín Herrera Flores, *Direitos humanos, interculturalidade e racionalidade de resistência*, mimeo, p. 7.

Sob a perspectiva histórica de construção dos direitos humanos, observa-se que a primeira fase de proteção destes direitos foi marcada pela tônica da proteção geral, que expressava o temor da diferença.

Testemunha a história que as mais graves violações aos direitos humanos tiveram como fundamento a dicotomia do *"eu versus o outro"*, em que a diversidade era captada como elemento para aniquilar direitos. Vale dizer, a diferença era visibilizada para conceber o "outro" como um ser menor em dignidade e direitos, ou, em situações limites, um ser esvaziado mesmo de qualquer dignidade, um ser descartável, objeto de compra e venda (*vide* a escravidão) ou de campos de extermínio (*vide* o nazismo). Neste sentido, merecem destaque as violações da escravidão, do nazismo, do sexismo, do racismo, da homofobia, da xenofobia e outras práticas de intolerância.

É neste contexto que se afirma a chamada igualdade formal, a igualdade geral, genérica e abstrata, sob o lema de que "todos são iguais perante a lei". A título de exemplo, basta avaliar quem é o destinatário da Declaração Universal de 1948, bem como basta atentar para a Convenção para a Prevenção e Repressão ao Crime de Genocídio, também de 1948, que pune a lógica da intolerância pautada pela destruição do "outro", em razão de sua nacionalidade, etnia, raça ou religião. Como leciona Amartya Sen, "identity can be a source of richness and warmth as well as of violence and terror"[3].

Torna-se, contudo, insuficiente tratar o indivíduo de forma genérica, geral e abstrata. Faz-se necessária a especificação do sujeito de direito, que passa a ser visto em suas peculiaridades e particularidades. Nesta ótica determinados sujeitos de direitos, ou determinadas violações de direitos, exigem uma resposta específica e diferenciada. Isto é, na esfera internacional, se uma primeira vertente de instrumentos internacionais nasce com a vocação de proporcionar uma proteção geral, genérica e abstrata, refletindo o próprio temor da diferença (que na era Hitler foi justificativa para o extermínio e a destruição), percebe-se, posteriormente, a necessidade de conferir a determinados grupos uma proteção especial e particularizada, em face de sua própria vulnerabilidade. Isto significa que a diferença não mais

---

[3] Amartya Sen, *Identity and violence*: the illusion of destiny, New York/London: W.W.Norton & Company, 2006, p. 4. O autor ainda tece aguda crítica ao que denomina *"serious miniaturization of human beings"*, quando é negado o reconhecimento da pluralidade de identidades humanas, na medida em que as pessoas são *"diversily different"* (op. cit., p. XIII e XIV).

seria utilizada para a aniquilação de direitos, mas, ao revés, para a promoção de direitos.

Neste cenário, por exemplo, a população afrodescendente, as mulheres, as crianças e demais grupos devem ser vistos nas especificidades e peculiaridades de sua condição social. Ao lado do direito à igualdade, surge, também, como direito fundamental, o direito à diferença. Importa o respeito à diferença e à diversidade, o que lhes assegura um tratamento especial.

Destacam-se, assim, três vertentes no que tange à concepção da igualdade: a) a igualdade formal, reduzida à fórmula "todos são iguais perante a lei" (que, ao seu tempo, foi crucial para abolição de privilégios); b) a igualdade material, correspondente ao ideal de justiça social e distributiva (igualdade orientada pelo critério socioeconômico); e c) a igualdade material, correspondente ao ideal de justiça enquanto reconhecimento de identidades (igualdade orientada pelos critérios gênero, orientação sexual, idade, raça, etnia e outros).

Para Nancy Fraser, a justiça exige, simultaneamente, redistribuição e reconhecimento de identidades. Como atenta a autora: "O reconhecimento não pode se reduzir à distribuição, porque o *status* na sociedade não decorre simplesmente em função da classe. (...) Reciprocamente, a distribuição não pode se reduzir ao reconhecimento, porque o acesso aos recursos não decorre simplesmente em função de *status*"[4]. Há, assim, o caráter bidimensional da justiça: redistribuição somada ao reconhecimento. No mesmo sentido, Boaventura de Souza Santos afirma que apenas a exigência do

---

[4] Afirma Nancy Fraser: "O reconhecimento não pode se reduzir à distribuição, porque o *status* na sociedade não decorre simplesmente em função da classe. Tomemos o exemplo de um banqueiro afro-americano de Wall Street, que não pode conseguir um táxi. Neste caso, a injustiça da falta de reconhecimento tem pouco a ver com a má distribuição. (...) Reciprocamente, a distribuição não pode se reduzir ao reconhecimento, porque o acesso aos recursos não decorre simplesmente da função de *status*. Tomemos, como exemplo, um trabalhador industrial especializado, que fica desempregado em virtude do fechamento da fábrica em que trabalha, em vista de uma fusão corporativa especulativa. Neste caso, a injustiça da má distribuição tem pouco a ver com a falta de reconhecimento. (...) Proponho desenvolver o que chamo concepção bidimensional da justiça. Esta concepção trata da redistribuição e do reconhecimento como perspectivas e dimensões distintas da justiça. Sem reduzir uma à outra, abarca ambas em um marco mais amplo" (Redistribución, reconocimiento y participación: hacia un concepto integrado de la justicia, in: Unesco, *Informe Mundial sobre la Cultura* – 2000-2001, p. 55-56).

reconhecimento e da redistribuição permite a realização da igualdade[5]. Atente-se que esta feição bidimensional da justiça mantém uma relação dinâmica e dialética, ou seja, os dois termos relacionam-se e interagem mutuamente, na medida em que a discriminação implica pobreza e a pobreza implica discriminação.

Nesse contexto, o direito à redistribuição requer medidas de enfrentamento da injustiça econômica, da marginalização e da desigualdade econômica, por meio da transformação nas estruturas socioeconômicas e da adoção de uma política de redistribuição. De igual modo, o direito ao reconhecimento requer medidas de enfrentamento da injustiça cultural, dos preconceitos e dos padrões discriminatórios, por meio da transformação cultural e da adoção de uma política de reconhecimento. É à luz desta política de reconhecimento que se pretende avançar na reavaliação positiva de identidades discriminadas, negadas e desrespeitadas; na desconstrução de estereótipos e preconceitos; e na valorização da diversidade cultural[6].

O direito à igualdade material, o direito à diferença e o direito ao reconhecimento de identidades integram a essência dos direitos humanos, em sua dupla vocação em prol da afirmação da dignidade humana e da prevenção do sofrimento humano. A garantia da igualdade, da diferença e do reconhecimento de identidades é condição e pressuposto para o direito à autodeterminação, bem como para o direito ao pleno desenvolvimento das potencialidades humanas, transitando-se da igualdade abstrata e geral para um conceito plural de dignidades concretas.

Como leciona Boaventura de Souza Santos: "Temos o direito a ser iguais quando a nossa diferença nos inferioriza; e temos o direito a ser

---

[5] A respeito, ver Boaventura de Souza Santos, Introdução: para ampliar o cânone do reconhecimento, da diferença e da igualdade, in *Reconhecer para libertar*: os caminhos do cosmopolitanismo multicultural. Rio de Janeiro: Civilização Brasileira, 2003, p. 56. Ver ainda do mesmo autor "Por uma Concepção Multicultural de Direitos Humanos", in: op. cit., p. 429-461.

[6] Ver Nancy Fraser, From redistribution to recognition? Dilemmas of justice in a postsocialist age, em seu livro *Justice interruptus. Critical reflections on the "postsocialist" condition*, New York/London: Routledge, 1997. Sobre o tema consultar ainda Axel Honneth, *The struggle for recognition*: the moral grammar of social conflicts, Cambridge/Massachusetts: MIT Press, 1996; Nancy Fraser e Axel Honneth, *Redistribution or recognition? A political-philosophical exchange*, London/New York, 2003; Charles Taylor, The politics of recognition, in Charles Taylor et al., *Multiculturalism – Examining the politics of recognition*, Princeton: Princeton University Press, 1994; Iris Young, *Justice and the politics of difference*, Princeton: Princeton University Press, 1990; Amy Gutmann, *Multiculturalism*: examining the politics of recognition, Princeton: Princeton University Press, 1994.

diferentes quando a nossa igualdade nos descaracteriza. Daí a necessidade de uma igualdade que reconheça as diferenças e de uma diferença que não produza, alimente ou reproduza as desigualdades"[7].

Se, para a concepção formal de igualdade, esta é pressuposto, um dado e princípio abstrato, para a concepção material de igualdade esta é tomada como um resultado ao qual se pretende chegar, tendo como ponto de partida a visibilidade às diferenças. Isto significa ser essencial distinguir diferença de desigualdade. A ótica material objetiva construir e afirmar a igualdade com respeito à diversidade.

É neste cenário que as Nações Unidas aprovam, em 1965, a Convenção sobre a Eliminação de todas as Formas de Discriminação Racial[8], ratificada, até 2024, por 182 Estados, entre eles o Brasil, que a ratificou em 27 de março de 1968.

Desde seu preâmbulo, esta Convenção assinala que qualquer "doutrina de superioridade baseada em diferenças raciais é cientificamente falsa, moralmente condenável, socialmente injusta e perigosa, inexistindo justificativa para a discriminação racial, em teoria ou prática, em lugar algum". Adiciona a urgência em se adotarem todas as medidas necessárias para eliminar a discriminação racial em todas as suas formas e manifestações e para prevenir e combater doutrinas e práticas racistas.

O artigo 1º da Convenção define a discriminação racial como "qualquer distinção, exclusão, restrição ou preferência baseada em raça, cor, descendência ou origem nacional ou étnica, que tenha o propósito ou o efeito de anular ou prejudicar o reconhecimento, gozo ou exercício em pé de igualdade dos direitos humanos e liberdades fundamentais". Vale dizer, a discriminação significa toda distinção, exclusão, restrição ou preferência que tenha por objeto ou resultado prejudicar ou anular o exercício, em igualdade de condições, dos direitos humanos e liberdades fundamentais, nos campos político, econômico, social, cultural e civil ou em qualquer outro campo. Logo, a discriminação significa sempre desigualdade.

Esta mesma lógica inspirou a definição de discriminação contra a mulher, quando da adoção da Convenção sobre a Eliminação de todas as Formas de Discriminação contra a Mulher, pela ONU, em 1979.

---

[7] Ver Boaventura de Souza Santos, op. cit.
[8] A Convenção foi adotada pela Resolução n. 2.106 A(XX) da Assembleia Geral das Nações Unidas, em 21 de dezembro de 1965.

A discriminação ocorre quando somos tratados igualmente, em situações diferentes; e diferentemente, em situações iguais.

Como enfrentar a problemática da discriminação?

No âmbito do Direito Internacional dos Direitos Humanos, destacam-se duas estratégias: a) a estratégia repressiva-punitiva (que tem por objetivo punir, proibir e eliminar a discriminação); e b) a estratégia promocional (que tem por objetivo promover, fomentar e avançar a igualdade).

Na vertente repressiva-punitiva, há a urgência em erradicar todas as formas de discriminação. O combate à discriminação é medida fundamental para que se garanta o pleno exercício dos direitos civis e políticos, como também dos direitos sociais, econômicos e culturais.

Se o combate à discriminação é medida emergencial à implementação do direito à igualdade, todavia, por si só, é medida insuficiente. É fundamental conjugar a vertente repressiva-punitiva com a vertente promocional.

Faz-se necessário combinar a proibição da discriminação com políticas compensatórias que acelerem a igualdade enquanto processo. Isto é, para assegurar a igualdade não basta apenas proibir a discriminação, mediante legislação repressiva. São essenciais as estratégias promocionais capazes de estimular a inserção e inclusão de grupos socialmente vulneráveis nos espaços sociais. Com efeito, a igualdade e a discriminação pairam sob o binômio inclusão-exclusão. Enquanto a igualdade pressupõe formas de inclusão social, a discriminação implica a violenta exclusão e intolerância à diferença e à diversidade. O que se percebe é que a proibição da exclusão, em si mesma, não resulta automaticamente na inclusão. Logo, não é suficiente proibir a exclusão, quando o que se pretende é garantir a igualdade de fato, com a efetiva inclusão social de grupos que sofreram e sofrem um consistente padrão de violência e discriminação.

As ações afirmativas devem ser compreendidas não somente pelo prisma retrospectivo – no sentido de aliviar a carga de um passado discriminatório –, mas também prospectivo – no sentido de fomentar a transformação social, criando uma nova realidade.

A Convenção sobre a Eliminação de todas as Formas de Discriminação Racial prevê, no artigo 1º, parágrafo 4º, a possibilidade de "discriminação positiva" (a chamada "ação afirmativa"), mediante a adoção de medidas especiais de proteção ou incentivo a grupos ou indivíduos, com vistas a promover sua ascensão na sociedade até um nível de equiparação com os demais. As ações afirmativas objetivam acelerar o processo de igualdade, com o alcance da igualdade substantiva por parte de grupos socialmente vulneráveis, como as minorias étnicas e raciais, dentre outros grupos.

Importa acrescentar que a Convenção sobre a Eliminação de todas as Formas de Discriminação contra a Mulher de 1979, em seu artigo 4º, parágrafo 1º, também estabelece a possibilidade de os Estados-partes adotarem ações afirmativas, como medidas especiais e temporárias destinadas a acelerar a igualdade de fato entre homens e mulheres. Esta Convenção foi ratificada pelo Brasil em 1984. As Recomendações Gerais n. 5[9] e 25[10] do Comitê sobre a Eliminação de Discriminação contra a Mulher endossam a importância da adoção de tais ações, para que a mulher se integre na educação, na economia, na política e no emprego. O Comitê ainda recomenda que os Estados-partes velem para que as mulheres em geral, e os grupos de mulheres afetados em particular, participem da elaboração, aplicação e avaliação dos referidos programas. Recomenda, em especial, que se tenha um processo de colaboração e consulta com a sociedade civil e com organizações não governamentais que representem distintos grupos de mulheres.

Deste modo, a Convenção sobre a Eliminação da Discriminação contra a Mulher também contempla a possibilidade jurídica de uso das ações afirmativas, pela qual os Estados podem adotar medidas especiais temporárias, com vistas a acelerar o processo de igualização de *status* entre homens e mulheres. Tais medidas cessarão quando alcançado o seu objetivo.

Cabe salientar que a Recomendação Geral n. 25 (2000) do Comitê sobre a Eliminação de todas as Formas de Discriminação Racial traz uma nova perspectiva: alia a perspectiva racial à de gênero. Sob esta ótica, o Comitê entende que a discriminação racial atinge de forma diferenciada homens e mulheres, já que práticas de discriminação racial podem ser dirigidas a certos indivíduos especificamente em razão do seu sexo, como no caso da violência sexual praticada contra mulheres de determinada origem étnico-racial. A discriminação pode dificultar o acesso de mulheres a informações em geral, bem como obstar a denúncia das discriminações e violências que vierem a sofrer. O Comitê pretende monitorar como as mulheres que pertencem às minorias étnicas e raciais exercem seus direitos, avaliando a dimensão da discriminação racial a partir de uma perspectiva de gênero.

---

[9] A respeito da importância das ações afirmativas, destaca a Recomendação Geral n. 5 do Comitê: "O Comitê sobre a Eliminação de Discriminação contra a Mulher (...) recomenda que os Estados-partes façam maior uso de medidas especiais de caráter temporário como a ação afirmativa, o tratamento preferencial ou sistema de quotas para que a mulher se integre na educação, na economia, na política e no emprego".

[10] Nos termos da Recomendação Geral n. 25 do Comitê: "Os Estados-partes deverão incluir em suas Constituições ou em sua legislação nacional disposições que permitam a adoção de medidas especiais de caráter temporário".

3. Direito Brasileiro e Ações Afirmativas

Além de as ações afirmativas contarem com o sólido amparo jurídico das Convenções sobre a Eliminação de todas as Formas de Discriminação Racial e contra a Mulher, ambas ratificadas pelo Brasil, a ordem jurídica nacional, gradativamente, passa a introduzir marcos legais com o objetivo de instituir políticas de ações afirmativas.

A Constituição Federal de 1988, marco jurídico da transição democrática e da institucionalização dos direitos humanos no Brasil, estabelece importantes dispositivos que traduzem a busca da igualdade material. Como princípio fundamental, consagra, dentre os objetivos do Brasil, construir uma sociedade livre, justa e solidária, mediante a redução das desigualdades sociais e a promoção do bem de todos, sem quaisquer formas de discriminação (art. 3º, I, III e IV). Prevê expressamente para as mulheres e para as pessoas com deficiência a possibilidade de adoção de ações afirmativas. Nesse sentido, destaca-se o art. 7º, XX, que trata da proteção do mercado de trabalho da mulher, mediante incentivos específicos, bem como o art. 37, VII, que determina que a lei reservará percentual de cargos e empregos públicos para as pessoas com deficiência.

Acrescente-se ainda a chamada "Lei das cotas" de 1995 (Lei n. 9.100), que introduziu uma cota mínima de 20% das vagas de cada partido ou coligação para a candidatura de mulheres. Esta lei foi posteriormente alterada pela Lei n. 9.504, de 30 de setembro de 1997, que, ao estabelecer normas para as eleições, dispôs que cada partido ou coligação deverá reservar o mínimo de 30% e o máximo de 70% para candidaturas de cada sexo.

Some-se também o Programa Nacional de Direitos Humanos (Decreto n. 1.904, de 13-5-1996), que faz expressa alusão às políticas compensatórias, prevendo como meta o desenvolvimento de ações afirmativas em favor de grupos socialmente vulneráveis.

Observe-se que o próprio documento oficial brasileiro apresentado à Conferência das Nações Unidas contra o Racismo, em Durban (31-8-2001), defendeu, do mesmo modo, a adoção de medidas afirmativas para a população afrodescendente, nas áreas da educação e trabalho. O documento propôs a adoção de ações afirmativas para garantir o maior acesso de afrodescendentes às universidades públicas, bem como a utilização, em licitações públicas, de um critério de desempate que considerasse a presença de afrodescendentes, homossexuais e mulheres, no quadro funcional das empresas concorrentes. A Conferência de Durban, em suas recomendações, pontualmente nos seus parágrafos 107 e 108, endossa a importância dos Estados em adotarem ações afirmativas, enquanto medidas especiais e compensatórias voltadas a aliviar a carga de um passado discriminatório, daqueles que foram vítimas da discriminação racial, da xenofobia e de outras formas de intolerância correlatas.

Na experiência brasileira vislumbra-se a força catalisadora da Conferência de Durban no tocante às ações afirmativas, envolvendo não apenas os trabalhos preparativos pré-Durban, como especialmente a agenda nacional pós-Durban, que propiciou significativos avanços no debate público sobre o tema. Foi no processo pós-Durban que, por exemplo, acentuou-se o debate sobre a fixação de cotas para afrodescendentes em Universidades, bem como sobre o chamado Estatuto da Igualdade Racial.

Em 2002, no âmbito da Administração Pública Federal, foi criado o Programa Nacional de Ações Afirmativas[11], que contemplou medidas de incentivo à inclusão de mulheres, afrodescendentes, e portadores de deficiência, como critérios de pontuação em licitações que beneficiem fornecedores que comprovem desenvolver políticas compatíveis com o programa. No mesmo ano, foi lançado o Programa Diversidade na Universidade[12], que estabeleceu a criação de bolsas de estudo e prêmios a alunos de instituições que desenvolvessem ações de inclusão no espaço universitário, além de autorizar o Ministério da Educação a estudar, implementar e apoiar outras ações que servissem ao mesmo fim. É neste contexto que foram adotados programas de cotas para afrodescendentes em Universidades – como é o caso da UERJ, UNEB, UnB, UFPR, dentre outras. Posteriormente, em 2003 foi instituída a Política Nacional de Promoção da Igualdade Racial (PNPIR), que reforça a eficácia das ações afirmativas e determina a criação de diversos mecanismos de incentivo e pesquisas para melhor mapear a população afrodescendente, otimizando assim os projetos direcionados. Ainda naquele ano, foi criada a Secretaria Especial de Políticas de Promoção da Igualdade Racial[13], da Presidência da República, que auxilia o desenvolvimento de programas, convênios, políticas e pesquisas de interesse para a integração racial.

---

[11] Decreto federal n. 4.228/2002.

[12] Lei n. 10.558/2002.

[13] Lei n. 10.678/2003. Em seu *site* é possível acessar estudos e pesquisas que abordam esta temática, além de notícias e outras informações: <www.planalto.gov.br/seppir/>.

Ainda, no âmbito da Federação, não apenas a União, mas também os Estados passaram a adotar políticas e planos de promoção da igualdade material, muitos deles sob a inspiração dos já apresentados, mas outros específicos para as estruturas e realidades regionais. Um marco importante é a Constituição do Estado da Bahia[14], que traz capítulos específicos a respeito do afrodescendente e do índio. Estados como Paraná[15] e Santa Catarina[16] prescreveram sanções administrativas às empresas que praticarem atos discriminatórios – no primeiro contra a mulher e no segundo por questões raciais –, prevendo a impossibilidade de participar em licitações e convênios públicos até a proibição de parcelamento de débitos, entre outras medidas.

Outros Estados também têm adotado políticas de ações afirmativas, como São Paulo, com a Política de Ações Afirmativas para Afrodescendentes[17], e o Grupo de Trabalho[18] criado para introduzir mecanismos de incentivo em licitações e concursos públicos.

Além disso, adicione-se o Estatuto da Igualdade Racial[19] (Lei n. 12.288, de 20 de julho de 2010), que tem por objetivo garantir à população negra a efetivação da igualdade de oportunidades, a defesa de direitos étnicos e o combate à discriminação, estabelecendo a possibilidade de ações afirmativas para o provimento de cargos da administração pública federal e estadual; a valorização da herança cultural afrodescendente na história nacional; o estímulo à participação de afrodescendentes em propagandas, filmes e programas; programas de ações afirmativas para afrodescendentes e povos indígenas em universidades federais; estímulo à adoção de programas de ações afirmativas pelo setor privado; dentre outras medidas.

Em 26 de abril de 2012, por unanimidade, o Supremo Tribunal Federal considerou constitucional a instituição de política de cotas raciais nas

---

[14] Consulte: <www.al.ba.gov.br/infserv/legislacao/constituicao2005.pdf>.
[15] Lei n. 10.183/92: <www.pr.gov.br/casacivil/legislacao.shtml>.
[16] Lei n. 10.064/96: <www.alesc.sc.gov.br>.
[17] Decreto n. 48.328/2006: <www.legislacao.sp.gov.br/legislacao/index.htm>.
[18] Decreto n. 50.782/2006: <www.legislacao.sp.gov.br/legislacao/index.htm>.
[19] Ver Lei n. 12.288, de 20 de julho de 2010, que institui o Estatuto da Igualdade Racial. A proposta gerou acirrada polêmica no Brasil, como ilustram os artigos "Todos têm direitos iguais na República", de Adel Daher Filho e outros, *Folha de S.Paulo*, p. A3, 29-6-2006; "Intelectuais assinam manifesto contra o Estatuto da Igualdade Racial", O *Estado de S.Paulo*, p. A12, 30-6-2006; e "Estatuto da Igualdade Racial: Lula revê apoio", O *Estado de S.Paulo*, p. A8, 7-7-2006.

universidades públicas. Para o Supremo, não basta apenas proibir a discriminação. Essenciais mostram-se as ações afirmativas, como medidas especiais e temporárias voltadas a concretizar a igualdade e a neutralizar os efeitos perversos da discriminação racial. Reconheceu que a justiça social – mais que simplesmente demandar a distribuição de riquezas – requer o reconhecimento e a incorporação de valores, com destaque à diversidade étnico-racial[20].

Em 8 de junho de 2017, o Supremo Tribunal Federal declarou a constitucionalidade da Lei n. 12.990/2014, que reserva vagas para negros em concursos públicos, sob o argumento de que tal ação afirmativa estaria em conformidade com o princípio da isonomia, considerando a necessidade de superar o racismo estrutural e institucional ainda existente na sociedade brasileira. Um segundo argumento foi que não haveria no caso violação aos princípios do concurso público e da eficiência, criando uma "burocracia representativa", capaz de garantir a observância dos pontos de vista e interesses de toda população na tomada de decisões estatais. Um terceiro argumento foi que a medida estaria em consonância com o princípio da proporcionalidade em sua tríplice dimensão[21].

Em outro julgado emblemático, em 9 de fevereiro de 2012, ao enfrentar o debate sobre a (in)constitucionalidade da Lei "Maria da Penha" (Lei n. 11.340, de 7-8-2006) concernente à prevenção, assistência e proteção às mulheres em situação de violência doméstica e familiar, decidiu o Supremo pela constitucionalidade da relevante medida protetiva às mulheres. Argumentou que o Estado é partícipe da promoção da dignidade humana, cabendo-lhe assegurar especial proteção às mulheres em virtude de sua vulnerabilidade, sobretudo em um contexto marcado pela cultura machista e patriarcal. Concluiu que a lei não estaria a violar o princípio da igualdade, senão a protegê-lo[22].

Esta inovadora jurisprudência do Supremo é capaz de romper com a indiferença às diferenças, na salvaguarda do direito à igualdade com respeito às diversidades. Na ótica emancipatória dos direitos, a diferença passa a ser captada não mais para eliminar direitos, mas para promovê-los.

---

[20] Consultar o julgamento conjunto proferido pelo STF na ADPF 186 e no RE 597.285/RS, em 26 de abril de 2012.

[21] Consultar o julgamento proferido pelo STF na ADC 41, em 8 de junho de 2017.

[22] Consultar o julgamento conjunto proferido pelo STF na ADI 4.424 e na ADC 19, em 9 de fevereiro de 2012.

4. Ações Afirmativas no Brasil: Desafios e Perspectivas

O debate público a respeito das ações afirmativas no Brasil tem sido marcado por cinco dilemas e tensões[23].

O primeiro dilema atém-se à discussão acerca da igualdade formal *versus* igualdade material. Argumentam os opositores das ações afirmativas que seriam elas atentatórias ao princípio da igualdade formal, reduzido à fórmula "todos são iguais perante a lei", na medida em que instituiriam medidas discriminatórias. Como já exposto, as ações afirmativas orientam-se pelo valor da igualdade material, substantiva.

Uma segunda tensão envolve o antagonismo políticas universalistas *versus* políticas focadas. Isto é, para os críticos das ações afirmativas elas demandariam políticas focadas, favoráveis a determinados grupos socialmente vulneráveis, o que fragilizaria a adoção das políticas universalistas. A resposta a esta crítica é que nada impediria a adoção de políticas universalistas combinadas com políticas focadas. Além disso, estudos e pesquisas demonstram que a mera adoção de políticas universalistas não tem sido capaz de reduzir as desigualdades raciais, que se mantêm em padrões absolutamente estáveis ao longo de sucessivas gerações.

Uma terceira crítica apresentada concerne aos beneficiários das políticas afirmativas, considerando os critérios classe social e raça/etnia. Aqui a tensão envolve, de um lado, o branco pobre, e, de outro, o afrodescendente de classe média. Ora, a complexa realidade brasileira vê-se marcada por um alarmante quadro de exclusão social e discriminação como termos interligados a compor um ciclo vicioso, em que a exclusão implica discriminação e a discriminação implica exclusão.

Outra tensão diz respeito ao argumento de que as ações afirmativas gerariam a "racialização" da sociedade brasileira, com a separação crescente entre brancos e afrodescendentes, acirrando as hostilidades raciais.

---

[23] Como exemplo, há dezenas de ações judiciais propostas contra cotas para afrodescendentes em Universidades (ver, a título ilustrativo, TRF1 – AC 2006.33.00.002978-0/BA e AMS 2003.33.00.007199-9/BA, TRF4 – AC 2005.70.00.013067-9), bem como a Ação Direta de Inconstitucionalidade n. 2.858, ajuizada perante o Supremo Tribunal Federal pela Confederação dos Estabelecimentos de Ensino (CONFENEN) contra leis estaduais que instituíram cotas no Estado do Rio de Janeiro. A mídia tem explorado muito este tema, com diversos artigos publicados (*vide* clipping da SEPPIR, <www.planalto.gov.br/seppir/>, para artigos da mídia privada, e o *site* da Radiobrás para a cobertura oficial: <www.agenciabrasil.gov.br/assunto_view?titulo=igualdade%20racial>).

Quanto a este argumento, cabe ponderar que, se a raça e etnia sempre foram critérios utilizados para exclusão de afrodescendentes no Brasil, que sejam agora utilizados, ao revés, para a sua necessária inclusão.

Um quinto dilema, especificamente no que se refere às cotas para afrodescendentes em Universidades, atém-se à autonomia universitária e à meritocracia, que restariam ameaçadas pela imposição de cotas. Contudo, o impacto das cotas não seria apenas reduzido ao binômio inclusão/exclusão, mas permitiria o alcance de um objetivo louvável e legítimo no plano acadêmico – que é a riqueza decorrente da diversidade. As cotas fariam com que as Universidades brasileiras deixassem de ser territórios brancos, com a crescente inserção de afrodescendentes, com suas crenças e culturas, o que em muito contribuiria para uma formação discente aberta à diversidade e pluralidade. Dados do IPEA revelam que menos de 2% dos estudantes afrodescendentes estão em universidades públicas ou privadas. Isto faz com que as universidades sejam territórios brancos. A universidade é um espaço de poder, já que o diploma pode ser um passaporte para ascensão social. É fundamental democratizar o poder e, para isto, há que se democratizar o acesso ao poder, vale dizer, o acesso ao passaporte universitário.

O debate público das ações afirmativas tem ensejado, de um lado, aqueles que argumentam constituírem elas uma violação de direitos, e, de outro lado, os que advogam serem elas uma possibilidade jurídica ou mesmo um direito. A respeito, note-se que a Convenção Interamericana contra o Racismo, a Discriminação Racial e todas as formas de Intolerância, adotada em 5 de junho de 2013, no âmbito da OEA, estabelece o direito à discriminação positiva, bem como o dever dos Estados de adotar medidas ou políticas públicas de ação afirmativa e de estimular a sua adoção no âmbito privado. O Estado brasileiro ratificou a Convenção Interamericana contra o Racismo, a Discriminação Racial e todas as formas de Intolerância em 2021, conferindo-lhe, ademais, hierarquia constitucional, nos termos do artigo 5º, parágrafo 3º, da Constituição Federal de 1988.

A adoção de cotas raciais está em plena consonância com a ordem internacional e com a ordem constitucional brasileira. São um imperativo democrático a louvar o valor da diversidade. São um imperativo de justiça social, a aliviar a carga de um passado discriminatório e a fomentar no presente e no futuro transformações sociais necessárias. Devem prevalecer em detrimento de uma suposta prerrogativa de perpetuação das desigualdades estruturais que tanto fragmentam a sociedade brasileira, conduzindo a uma discriminação indireta contra os afrodescendentes – eis que políticas estatais neutras têm tido um impacto desproporcionalmente lesivo a esses grupos, mantendo estável a desigualdade racial.

Por fim, em um país em que os afrodescendentes são 64% dos pobres e 69% dos indigentes (dados do IPEA[24]), em que o índice de desenvolvimento humano geral (IDH, 2000) figura o país em 74º lugar, mas que, sob o recorte étnico-racial, o IDH relativo à população afrodescendente indica a 108ª posição (enquanto o IDH relativo à população branca indica a 43ª posição[25]), faz-se essencial a adoção de ações afirmativas em benefício da população afrodescendente, em especial nas áreas da educação e do trabalho.

Considerando as especificidades do Brasil, que é o segundo país do mundo com o maior contingente populacional afrodescendente (45% da população brasileira, perdendo apenas para a Nigéria), tendo sido, contudo, o último país do mundo ocidental a abolir a escravidão, faz-se urgente a aplicação de medidas eficazes para romper com o legado histórico de exclusão étnico-racial e com as desigualdades estruturantes que compõem a realidade brasileira.

Se no início este texto acentuava que os direitos humanos não são um dado, mas um construído, enfatiza-se agora que as violações a estes direitos também o são. Isto é, as violações, as exclusões, as discriminações, as intolerâncias, os racismos, as injustiças raciais são um construído histórico, a ser urgentemente desconstruído, sendo emergencial a adoção de medidas emancipatórias para transformar este legado de exclusão étnico-racial e compor uma nova realidade.

Destacam-se, neste sentido, as palavras de Abdias do Nascimento, ao apontar para a necessidade da "inclusão do povo afro-brasileiro, um povo que luta duramente há cinco séculos no país, desde os seus primórdios, em favor dos direitos humanos. É o povo cujos direitos humanos foram mais brutalmente agredidos ao longo da história do país: o povo que durante séculos não mereceu nem o reconhecimento de sua própria condição humana".

A implementação do direito à igualdade racial há de ser um imperativo ético-político-social, capaz de enfrentar o legado discriminatório, que tem negado à mais da metade da população brasileira o pleno exercício de seus direitos e liberdades fundamentais.

---

[24] Ver: Ipea afirma que racismo só será combatido com política específica, *Folha de S.Paulo*, 8-7-2001, p. A6.
[25] Ver Marcelo Paixão, *Brasil 2000 – Novos marcos para as relações raciais*.

Capítulo 16

DIVERSIDADE ÉTNICO-RACIAL, CONSTITUCIONALISMO TRANSFORMADOR E IMPACTO DO SISTEMA INTERAMERICANO DE DIREITOS HUMANOS*

1. Introdução

Considerando o processo de afirmação dos direitos humanos sob a perspectiva da diversidade étnico-racial, como compreender a emergência de um constitucionalismo transformador latino-americano? Qual tem sido o alcance do diálogo desse constitucionalismo transformador com o sistema interamericano de proteção dos direitos humanos? Em que medida o sistema interamericano tem tido a força catalisadora de impactar e fortalecer a proteção de direitos humanos sob a perspectiva da diversidade étnico-racial? Quais são os principais desafios e potencialidades para avançar na implementação dos direitos humanos sob a perspectiva da diversidade étnico-racial na região?

São essas as questões centrais a inspirar este capítulo, que tem por objetivo maior enfocar os direitos humanos sob a perspectiva da diversidade étnico-racial no constitucionalismo transformador latino-americano, sob o impacto de um diálogo emancipatório com o sistema interamericano, no marco do multiculturalismo contemporâneo.

---

* Um especial agradecimento é feito a Alexander von Humboldt Foundation pela *fellowship* que tornou possível este estudo e ao Max-Planck Institute for Comparative Public Law and International Law por prover um ambiente acadêmico de extraordinário vigor intelectual. Este capítulo tem como base a conferência Diversidade Étnico-Racial, Constitucionalismo Transformador e o Impacto do Sistema Interamericano de Proteção dos Direitos Humanos, proferida no colóquio internacional Epistemologias do Sul, em Coimbra, de 10 a 12 de julho de 2014 e foi desenvolvido no âmbito do projeto de investigação *ALICE, espelhos estranhos, lições imprevistas* (alice.ces.uc.pt), coordenado por Boaventura de Sousa Santos, no Centro de Estudos Sociais da Universidade de Coimbra – Portugal. O Projeto recebe fundos do Conselho Europeu de Investigação, 7º Programa Quadro da União Europeia (FP/2007-2013)/ERC Grant Agreement n. 269807.

2. Direitos Humanos, Diversidade Étnico-Racial e Constitucionalismo Transformador Latino-Americano

A ética dos direitos humanos é a ética que vê no outro um ser merecedor de igual consideração e profundo respeito, dotado do direito de desenvolver as potencialidades humanas, de forma livre, autônoma e plena. É a ética orientada pela afirmação da dignidade e pela prevenção ao sofrimento humano.

Os direitos humanos refletem um construído axiológico, a partir de um espaço simbólico de luta e ação social. No dizer de Joaquín Herrera Flores[1], compõem uma racionalidade de resistência, na medida em que traduzem processos que abrem e consolidam espaços de luta pela dignidade humana. Invocam uma plataforma emancipatória voltada à proteção da dignidade humana. Para parafrasear Luigi Ferrajoli[2], os direitos humanos simbolizam a lei do mais fraco contra a lei do mais forte, na expressão de um contrapoder em face dos absolutismos, advenham estes do Estado, do setor privado ou mesmo da esfera doméstica. O *victim centric approach* é a fonte de inspiração que move a arquitetura protetiva internacional dos direitos humanos – toda ela destinada a conferir a melhor e mais eficaz proteção às vítimas reais e potenciais de violação de direitos.

Ao longo da história, as mais graves violações aos direitos humanos tiveram como fundamento a dicotomia do "eu *versus* o outro", em que a diversidade era captada como elemento para aniquilar direitos. A diferença era visibilizada para conceber o "outro" como um ser menor em dignidade e direitos, ou, em situações-limite, um ser esvaziado mesmo de qualquer dignidade, um ser descartável, um ser supérfluo, objeto de compra e venda (como na escravidão) ou de campos de extermínio (como no nazismo). Nessa direção, merecem destaque as violações da escravidão, do nazismo, do sexismo, do racismo, da homofobia, da xenofobia e de outras práticas de intolerância. Como leciona Amartya Sen, "identity can be a source of richness and warmth as well as of violence and terror"[3].

O temor à diferença é fator que permite compreender a primeira fase de proteção dos direitos humanos, marcada pela tônica da proteção geral e abstrata, com base na igualdade formal.

---

[1] Joaquín Herrera Flores, *Direitos humanos, interculturalidade e racionalidade de resistência*, mimeo, p. 7.
[2] Luigi Ferrajoli, *Diritti fondamentali*: um dibattito teórico, a cura di Ermanno Vitale. Roma/Bari: Laterza, 2002, p. 338.
[3] Amartya Sen, *Identity and violence*: the illusion of destiny, New York/London: W. W. Norton & Company, 2006, p. 4.

Torna-se, contudo, insuficiente tratar o indivíduo de forma genérica, geral e abstrata. Faz-se necessária a especificação do sujeito de direito, que passa a ser visto em sua peculiaridade e particularidade. Nessa ótica, determinados sujeitos de direitos ou determinadas violações de direitos exigem uma resposta específica e diferenciada. Nesse cenário, as mulheres, as crianças, as populações afrodescendentes, os povos indígenas, os migrantes, as pessoas com deficiência, entre outras categorias vulneráveis, devem ser vistas nas especificidades e peculiaridades de sua condição social. Ao lado do direito à igualdade, surge o direito à diferença. Importa o respeito à diferença e à diversidade, o que lhes assegura um tratamento especial. Nesse sentido, o Direito rompe com a indiferença às diferenças.

Destacam-se, assim, três vertentes no que tange à concepção da igualdade: a) a igualdade formal, reduzida à fórmula "todos são iguais perante a lei" (que, ao seu tempo, foi crucial para a abolição de privilégios); b) a igualdade material, correspondente ao ideal de justiça social e distributiva (igualdade orientada pelo critério socioeconômico); e c) a igualdade material, correspondente ao ideal de justiça enquanto reconhecimento de identidades (igualdade orientada pelos critérios de gênero, orientação sexual, idade, raça, etnia e demais critérios).

Ressalte-se o caráter bidimensional da justiça: redistribuição somada ao reconhecimento. O direito à redistribuição requer medidas de enfrentamento da injustiça econômica, da marginalização e da desigualdade econômica, por meio da transformação nas estruturas socioeconômicas e da adoção de uma política de redistribuição. De igual modo, o direito ao reconhecimento requer medidas de enfrentamento da injustiça cultural, dos preconceitos e dos padrões discriminatórios, por meio da transformação cultural e da adoção de uma política de reconhecimento. É à luz dessa política de reconhecimento que se pretende avançar na reavaliação positiva de identidades discriminadas, negadas e desrespeitadas; na desconstrução de estereótipos e preconceitos; e na valorização da diversidade cultural[4].

---

[4] Ver Nancy Fraser, From redistribution to recognition? Dilemmas of justice in a postsocialist age, em seu livro *Justice interruptus. Critical reflections on the "postsocialist" condition*, New York/London: Routledge, 1997; Axel Honneth, *The struggle for recognition: The moral grammar of social conflicts*, Cambridge/Massachusets: MIT Press, 1996; Nancy Fraser e Axel Honneth, *Redistribution or recognition? A political-philosophical exchange*, London/New York: Verso, 2003; Charles Taylor, The politics of recognition, in: Charles Taylor et. al., *Multiculturalism – Examining the politics of recognition*, Princeton: Princeton University Press, 1994; Iris Young, *Justice and the politics of difference*, Princenton: Princenton University Press, 1990; e Amy Gutmann, *Multiculturalism: examining the politics of recognition*, Princenton: Princenton University Press, 1994.

No caso latino-americano, o processo de democratização na região, deflagrado na década de 80, é que propiciou a adoção de novos marcos jurídicos constitucionais, com forte carga simbólica e ideológica, demarcando, de um lado, a transição democrática, e, por outro, a institucionalização e a expansão de direitos humanos. Também com a democratização é fomentada a incorporação de importantes instrumentos internacionais de proteção dos direitos humanos pelos Estados latino-americanos. Hoje constata-se que os países latino-americanos subscreveram os principais tratados de direitos humanos adotados pela ONU e pela OEA.

As Constituições latino-americanas estabelecem cláusulas constitucionais abertas, que permitem a integração entre a ordem constitucional e a ordem internacional, especialmente no campo dos direitos humanos, ampliando e expandindo o bloco de constitucionalidade. Ao processo de constitucionalização do Direito Internacional conjuga-se o processo de internacionalização do Direito Constitucional.

Quanto à incorporação dos tratados internacionais de proteção dos direitos humanos, observa-se que, em geral, as constituições latino-americanas conferem a esses instrumentos uma hierarquia especial e privilegiada, distinguindo-os dos tratados tradicionais.

A título exemplificativo, a Constituição da Argentina, após a reforma constitucional de 1994, dispõe, no art. 75, inciso 22, que, enquanto os tratados em geral têm hierarquia infraconstitucional, mas supralegal, os tratados de proteção dos direitos humanos têm hierarquia constitucional, complementando os direitos e as garantias constitucionalmente reconhecidos. A Constituição Brasileira de 1988, no art. 5º, § 2º, consagra que os direitos e garantias expressos na Constituição não excluem os direitos decorrentes dos princípios e do regime a ela aplicáveis e os direitos enunciados em tratados internacionais ratificados pelo Brasil, permitindo, assim, a expansão do bloco de constitucionalidade. A então Constituição do Peru de 1979, no mesmo sentido, determinava, no art. 105, que os preceitos contidos nos tratados de direitos humanos têm hierarquia constitucional e não podem ser modificados senão pelo procedimento que rege a reforma da própria Constituição. Já a atual Constituição do Peru de 1993 consagra que os direitos constitucionalmente reconhecidos devem ser interpretados em conformidade com a Declaração Universal de Direitos Humanos e com os tratados de direitos humanos ratificados pelo Peru. Decisão proferida em 2005 pelo Tribunal Constitucional do Peru endossou a hierarquia constitucional dos tratados internacionais de proteção dos direitos humanos, adicionando que os direitos humanos enunciados nos tratados conformam a ordem jurídica e vinculam os poderes públicos. A Constituição da Colômbia de 1991, reformada em 1997, confere, no art. 93, hierarquia especial aos tratados de direitos humanos, determinando que estes prevaleçam na ordem interna e que os direitos humanos constitucionalmente consagrados serão interpretados em conformidade com os tratados de direitos humanos ratificados pelo país. Também a Constituição do Chile de 1980, em decorrência da reforma constitucional de 1989, passou a consagrar o dever dos órgãos do Estado de respeitar e promover os direitos garantidos pelos tratados internacionais ratificados por aquele país. Acrescente-se a Constituição da Bolívia de 2009, ao estabelecer que os direitos e deveres reconhecidos constitucionalmente serão interpretados em conformidade com os tratados de direitos humanos ratificados pela Bolívia, que prevalecerão em relação à própria Constituição se enunciarem direitos mais favoráveis (arts. 13, IV, e 256). Na mesma direção, destaca-se a Constituição do Equador de 2008, ao consagrar que a Constituição e os tratados de direitos humanos ratificados pelo Estado que reconheçam direitos mais favoráveis aos previstos pela Constituição têm prevalência em relação a qualquer outra norma jurídica ou ato do Poder Público (art. 424), adicionando que serão aplicados os princípios *pro ser humano*, de não restrição de direitos, de aplicabilidade direta e de cláusula constitucional aberta (art. 416).

A tendência do constitucionalismo latino-americano de contemplar cláusulas constitucionais abertas a permitir a interação entre as ordens local, regional e global em matéria de direitos humanos – emprestando aos tratados de direitos humanos uma hierarquia especial e privilegiada – reflete, sobretudo, uma mudança paradigmática a impactar a cultura jurídica latino-americana.

Três eram as principais características a demarcar o paradigma tradicional no qual se fundava a cultura jurídica latino-americana: 1) a pirâmide jurídica com a Constituição em seu ápice, tendo como maior referencial teórico Hans Kelsen (a basear um sistema jurídico endógeno e autorreferencial – não obstante Kelsen fosse na realidade defensor do monismo com primazia do Direito Internacional); 2) o hermetismo de um direito "purificado", com ênfase no ângulo interno da ordem jurídica e na dimensão estritamente normativa (mediante um dogmatismo jurídico a afastar elementos "impuros" do direito); e 3) o chamado State *approach* ou State *centered perspective* – prisma que abarcava como conceitos estruturais e fundantes a soberania do Estado no âmbito externo e a segurança nacional no âmbito interno, tendo como fonte inspiradora a *lente ex parte principe*, radicada no Estado e nos deveres dos súditos, para parafrasear Norberto Bobbio[5].

---

[5] Norberto Bobbio, A *era dos direitos*, trad. Carlos Nelson Coutinho, Rio de Janeiro: Campus, 2004.

Emerge, todavia, um novo paradigma a orientar a cultura jurídica latino-americana, em plena consonância com a ordem jurídica global e regional. Esse novo paradigma adota três características essenciais: 1) o trapézio jurídico com a Constituição e os tratados internacionais de direitos humanos no ápice (com a abertura da Constituição aos parâmetros protetivos mínimos referentes à proteção da dignidade humana); 2) a gradativa permeabilidade do direito – agora "impuro" –, marcado pelo diálogo do ângulo interno normativo com o ângulo externo (delineando, assim, um trapézio "com poros", a fomentar o diálogo entre jurisdições, empréstimos constitucionais e a interdisciplinaridade mediante pontes de comunicação com outros saberes e diversos atores sociais); 3) o chamado *human rights approach* ou *human centered perspective*, que abarca como conceitos estruturais e fundantes a soberania popular e a segurança cidadã no âmbito interno, tendo como fonte inspiradora a *lente ex parte populi*, radicada na cidadania e nos direitos dos cidadãos, como leciona Norberto Bobbio[6].

Logo, é nesse contexto – marcado pela emergência desse novo paradigma jurídico a impactar as constituições latino-americanas contemporâneas – que se insere o desafio do constitucionalismo latino-americano de avançar na proteção dos direitos humanos sob a perspectiva da diversidade étnico-racial.

No que se refere à proteção dos direitos à igualdade e à diferença, os Estados latino-americanos ratificaram os principais tratados de direitos humanos da ONU e da OEA voltados ao combate à discriminação, assumindo a obrigação jurídica de promover a igualdade e eliminar a discriminação.

As Constituições latino-americanas consagram a cláusula geral da igualdade e da proibição da discriminação. De forma explícita, constituições latino-americanas reconhecem e protegem a diversidade étnico-racial como um valor fundamental de uma nação caracterizada como "multiétnica e pluricultural". Nesse sentido, cabe destaque, entre outras, à Constituição da Bolívia

---

[6] Sobre o tema, ao realçar o processo de internacionalização dos direitos humanos, observa Celso Lafer: "Configurou-se como a primeira resposta jurídica da comunidade internacional ao fato de que o direito *ex parte populi* de todo ser humano à hospitalidade universal só começaria a viabilizar-se se o 'direito a ter direitos', para falar com Hannah Arendt, tivesse uma tutela internacional, homologadora do ponto de vista da humanidade. Foi assim que começou efetivamente a ser delimitada a 'razão de estado' e corroída a competência reservada da soberania dos governantes, em matéria de direitos humanos, encetando-se a sua vinculação aos temas da democracia e da paz" (Prefácio ao livro de José Augusto Lindgren Alves, *Os direitos humanos como tema global*. São Paulo: Perspectiva/Fundação Alexandre de Gusmão, 1994, p. XXVI).

de 2009, que no art. 14, ao assegurar o direito à igualdade e a proibição da discriminação, prescreve o dever do Estado de respeitar e proteger tais direitos, reconhecendo explicitamente a Bolívia como um Estado Unitário Social de Direito Plurinacional Comunitário, fundado na pluralidade e no pluralismo político, econômico, jurídico, cultural e linguístico. Na mesma direção, a Constituição do Equador de 2008 consagra a cláusula da igualdade e da proibição da discriminação, no marco de um Estado constitucional de direitos e justiça, unitário, intercultural e plurinacional (arts. 1 e 3). A Constituição da Colômbia de 1991 reconhece e protege, no art. 7º, a diversidade étnica e cultural da nação colombiana. Adiciona o dever do Estado de promover condições para a igualdade real e efetiva, adotando medidas favoráveis aos grupos historicamente discriminados. Por sua vez, a Constituição do Peru endossa o princípio da igualdade e da não discriminação (art. 2º), realçando o direito à identidade étnica e cultural, cabendo ao Estado reconhecer e salvaguardar a pluralidade étnica e cultural da nação.

Sob o prisma étnico-racial, importa realçar que, de acordo com o International Development Bank[7], a população afrodescendente corresponde a aproximadamente 25% da população latino-americana. No que se refere à população indígena, estima-se corresponder a 8% da população latino-americana. Indicadores sociais demonstram o sistemático padrão de discriminação, exclusão e violência a acometer as populações afrodescendentes e indígenas na região, sendo que mulheres e crianças são alvo de formas múltiplas de discriminação (*overlapping discrimination*). Conclui-se, assim, que em média 33% da população latino-americana enfrenta um grave padrão de violação a direitos. Note-se, ainda, que a América Latina tem o mais alto índice de desigualdade do mundo, no campo da distribuição de renda[8].

Considerando o modo pelo qual o constitucionalismo latino-americano incorpora o valor da diversidade étnico-racial, bem como adota instrumentos internacionais de proteção de direitos humanos, transita-se à análise do impacto do sistema interamericano na região.

---

[7] Consultar: <http://www.unhchr.ch/huricane/huricane.nsf/0/77CB8B581CD0E1F541256ABE002F D897?opendocument>.

[8] De acordo com o ECLAC: "Latin America's highly inequitable and inflexible income distribution has historically been one of its most prominent traits. Latin American inequality is not only greater than that seen in other world regions, but it also remained unchanged in the 1990s, then took a turn for the worse at the start of the current decade" (ECLAC, *Social Panorama of Latin America* – 2006, capítulo I, p. 84. Disponível em: <http://www.cepal.org/publicaciones/xml/4/27484/PSI2006_ FullText.pdf>.

3. Direitos Humanos, Diversidade Étnico-Racial e Impacto do Sistema Interamericano

A América Latina ostenta o maior grau de desigualdade do mundo. Cinco dos dez países mais desiguais do mundo estão na América Latina, entre eles o Brasil[9].

Não bastando o acentuado grau de desigualdade, a região ainda se destaca por ser a mais violenta do mundo. Concentra 27% dos homicídios, tendo apenas 9% da população mundial. Dez dos vinte países com maiores taxas de homicídio do mundo são latino-americanos[10].

A pesquisa Latinobarómetro 2021 sobre o apoio à democracia na América Latina revela que apenas 48% dos entrevistados consideram a democracia preferível a qualquer outra forma de governo. De acordo com pesquisa de 2015, 31% consideram que pode haver democracia sem partidos políticos e 27% consideram que a democracia pode funcionar sem Congresso Nacional.

A região latino-americana marcada por sociedades pós-coloniais tem assim sido caracterizada por elevado grau de exclusão e violência ao qual se somam democracias em fase de consolidação. A região sofre com um centralismo autoritário de poder, o que vem a gerar o fenômeno do "hiperpresidencialismo" ou formas de "democracia delegativa", desafiados, ainda, pela ascensão do populismo autoritário. A democratização fortaleceu a proteção de direitos, sem, contudo, efetivar reformas institucionais profundas necessárias à consolidação do Estado Democrático de Direito. A região ainda convive com as reminiscências do legado dos regimes autoritários ditatoriais, com uma cultura de violência e de impunidade, com a baixa densidade de Estados de Direito e com a precária tradição de respeito aos direitos humanos no âmbito doméstico.

Dois períodos demarcam o contexto latino-americano: o período dos regimes ditatoriais e o período da transição política aos regimes democráticos, marcado pelo fim das ditaduras militares na década de 80, na Argentina, no Chile, no Uruguai e no Brasil.

Em 1978, quando a Convenção Americana de Direitos Humanos entrou em vigor, muitos dos Estados da América Central e do Sul eram governados por ditaduras. Dos 11 Estados-partes da Convenção à época, menos da me-

---

[9] Marta Lagos e Lucía Dammert, *La Seguridad Ciudadana: El problema principal de América Latina*, Latinobarómetro, 9 de maio de 2012, p. 3.

[10] Marta Lagos e Lucía Dammert, *La Seguridad Ciudadana: El problema principal de América Latina*, Latinobarómetro, 9 de maio de 2012, p. 3.

tade tinha governos eleitos democraticamente, ao passo que hoje quase a totalidade dos Estados latino-americanos na região tem governos eleitos democraticamente[11]. Diversamente do sistema regional europeu, que teve como fonte inspiradora a tríade indissociável Estado de Direito, Democracia e Direitos Humanos, o sistema regional interamericano tem em sua origem o paradoxo de nascer em um ambiente acentuadamente autoritário, que não permitia qualquer associação direta e imediata entre Democracia, Estado de Direito e Direitos Humanos. Ademais, nesse contexto, os direitos humanos eram tradicionalmente concebidos como uma agenda contra o Estado. Diversamente do sistema europeu, que surge como fruto do processo de integração europeia e tem servido como relevante instrumento para fortalecer esse processo de integração, no caso interamericano havia tão somente um movimento ainda embrionário de integração regional.

É nesse cenário que o sistema interamericano gradativamente se legitima como importante e eficaz instrumento para a proteção dos direitos humanos, quando as instituições nacionais se mostram falhas ou omissas. Com a atuação da sociedade civil, a partir de articuladas e competentes estratégias de litigância, o sistema interamericano tem a força catalisadora capaz de promover avanços no regime de direitos humanos.

Ele permitiu a desestabilização dos regimes ditatoriais; exigiu justiça e o fim da impunidade nas transições democráticas; e agora demanda o fortalecimento das instituições democráticas com o necessário combate às violações de direitos humanos e proteção aos grupos mais vulneráveis.

Considerando a atuação da Corte Interamericana, vislumbra-se emblemática jurisprudência protetiva dos direitos humanos sob a perspectiva étnico-racial, com especial ênfase aos direitos dos povos indígenas.

Quanto a estes últimos, destaca-se o relevante caso da comunidade indígena Mayagna Awas Tingni contra a Nicarágua (2001)[12], em que a Corte reconheceu o direito dos povos indígenas à propriedade coletiva da terra,

---

[11] Como observa Thomas Buergenthal: "O fato de hoje quase a totalidade dos Estados latino-americanos na região, com exceção de Cuba, terem governos eleitos democraticamente tem produzido significativos avanços na situação dos direitos humanos nesses Estados. Estes Estados ratificaram a Convenção e reconheceram a competência jurisdicional da Corte" (Prefácio de Thomas Buergenthal, in: Jo M. Pasqualucci, *The practice and procedure of the Inter-American Court on Human Rights*. Cambridge: Cambridge University Press, 2003, p. XV). Em 2012, 22 Estados haviam reconhecido a competência da Corte Interamericana de Direitos Humanos. Disponível em: <http://www.cidh.oas.org/Basicos/English/Basic4.Amer.Conv.Ratif.htm>, acesso em: 6 jan. 2012.

[12] Mayagna (Sumo) Awas Tingni Community *vs*. Nicaragua, Inter-American Court, 2001, Ser. C, n. 79.

como uma tradição comunitária e como um direito fundamental e básico à sua cultura, à sua vida espiritual, à sua integridade e à sua sobrevivência econômica. Acrescentou que para os povos indígenas a relação com a terra não é somente uma questão de possessão e produção, mas um elemento material e espiritual de que devem gozar plenamente, inclusive para preservar seu legado cultural e transmiti-lo às gerações futuras.

Em outro caso – o da comunidade indígena Yakye Axa contra o Paraguai (2005)[13] –, a Corte sustentou que os povos indígenas têm direito a medidas específicas que garantam o acesso aos serviços de saúde, que devem ser apropriados sob a perspectiva cultural, incluindo cuidados preventivos, práticas curativas e medicinas tradicionais. Adicionou que para os povos indígenas a saúde apresenta uma dimensão coletiva, sendo que a ruptura de sua relação simbiótica com a terra exerce um efeito prejudicial sobre a saúde dessas populações.

No caso da comunidade indígena Xákmok Kásek *vs.* Paraguai (2010)[14], a Corte Interamericana condenou o Estado do Paraguai pela afronta aos direitos à vida, à propriedade comunitária e à proteção judicial (arts. 4º, 21 e 25 da Convenção Americana, respectivamente), entre outros direitos, em face da não garantia do direito de propriedade ancestral à aludida comunidade indígena, o que estaria a afetar seu direito à identidade cultural. Ao motivar a sentença, destacou que os conceitos tradicionais de propriedade privada e de possessão não se aplicam às comunidades indígenas, pelo significado coletivo da terra, eis que a relação de pertença não se centra no indivíduo, senão no grupo e na comunidade. Acrescentou que o direito à propriedade coletiva estaria ainda a merecer igual proteção pelo art. 21 da Convenção (concernente ao direito à propriedade privada). Afirmou o dever do Estado em assegurar especial proteção às comunidades indígenas, à luz de suas particularidades próprias, suas características econômicas e sociais e suas especiais vulnerabilidades, considerando o direito consuetudinário, os valo-

---

[13] Yakye Axa Community *vs.* Paraguay, Inter-American Court, 2005, Ser. C, n. 125.
[14] Corte Interamericana de Direitos Humanos, Caso Comunidad Indígena Xákmok Kásek *vs.* Paraguay, Fondo, Reparaciones y Costas. Sentencia de 24 de agosto de 2010, Serie C, n. 214. Note-se que, no sistema africano, merece menção um caso emblemático que, ineditamente, em nome do direito ao desenvolvimento, assegurou a proteção de povos indígenas às suas terras. Em 2010, a Comissão Africana dos Direitos Humanos e dos Povos considerou que o modo pelo qual a comunidade Endorois no Kenya foi privada de suas terras tradicionais, tendo sido negado acesso a recursos, constitui uma violação a direitos humanos, especialmente ao direito ao desenvolvimento.

res, os usos e os costumes dos povos indígenas, de forma a assegurar-lhes o direito à vida digna, contemplando o acesso a água potável, alimentação, saúde, educação, entre outros.

No caso Pueblo Indígena Kichwa de Sarayaku *vs.* Equador (2012)[15], a Corte Interamericana condenou o Estado do Equador pela afronta aos direitos à consulta prévia, à propriedade comunitária[16] e à identidade cultural (arts. 1º, 2º e 21 da Convenção Americana), entre outros. No caso houve a permissão do Estado a empresas petrolíferas para a realização de atividades de exploração de petróleo no território dos povos indígenas Sarayaku, sem consulta prévia e sem o seu consentimento, o que veio a colocar em risco os direitos à vida, à subsistência, à circulação e à expressão cultural daqueles povos. Ao motivar a sentença, a Corte Interamericana destacou a Declaração da ONU sobre Povos Indígenas de 2007, bem como a jurisprudência do Comitê da ONU sobre Direitos Econômicos, Sociais e Culturais (Recomendação Geral n. 17/2005). Incorporou, ainda, precedentes judiciais em matéria indígena da Corte Constitucional Colombiana (*sentencia* C-169/01), no que se refere ao direito à consulta prévia dos povos indígenas, bem como ao pluralismo, emprestando também destaque às Constituições da Argentina, da Bolívia, do Brasil, do Peru e do Chile.

A Corte Interamericana, mediante interpretação dinâmica e evolutiva, ao proteger os direitos dos povos indígenas, endossa o direito ao respeito à sua identidade cultural específica e singular. Revisita o direito de propriedade privada (art. 21 da Convenção Americana) para assegurar o direito de propriedade coletiva e comunal da terra, como base da vida espiritual e cultural dos povos indígenas, bem como de sua própria integridade e sobrevivência econômica. Assegura o direito à consulta prévia, adequada, informada e efetiva às comunidades indígenas quando da adoção de medidas que afetem seu destino. Avança na configuração dos danos espirituais (para além dos danos materiais e morais), à luz da dimensão temporal da existência humana e da responsabilidade dos vivos para com os mortos. Revisita, ainda, o direito à

---

[15] Corte Interamericana de Direitos Humanos, caso Pueblo Indígena Kichwa de Sarayaku *vs.* Equador, 27 de junho de 2012.

[16] Note-se que, em 20 de novembro de 2013, no caso das Comunidades Afrodescendientes desplazadas de la cuenca del Río Cacarica *vs.* Colômbia, a Corte Interamericana condenou o Estado da Colômbia, por afronta aos direitos à vida, à integridade pessoal e à propriedade coletiva dos membros da comunidade afrodescendiente desplazada de la cuenca del Río Cacarica, entre outros direitos. Uma vez mais, endossou o alcance coletivo da propriedade, ressignificando o art. 21 da Convenção Americana, a favor de comunidades afrodescendentes.

vida, acenando à sua acepção lata, para esclarecer que não se limitaria apenas à proteção contra a privação arbitrária da vida, mas demandaria medidas positivas em prol de uma vida digna. Com base em uma interpretação sistemática e cosmopolita, adota como referência interpretativa o Direito Internacional dos Direitos Humanos (compreendendo o sistema global e os sistemas regionais europeu, interamericano e africano), com forte alusão ao Direito Comparado e especialmente aos sistemas jurídicos latino-americanos. Sentenças paradigmáticas da Corte Interamericana têm realizado o diálogo regional-local, com ênfase nos marcos constitucionais latino-americanos, bem como na jurisprudência de Cortes latino-americanas. Com isso, o sistema interamericano – norteado pelo chamado "controle da convencionalidade" – vê-se crescentemente legitimado em suas decisões, por meio do diálogo regional-local.

O sistema interamericano é capaz de revelar as peculiaridades e especificidades das lutas emancipatórias por direitos e por justiça na região latino-americana. O sistema apresenta uma particular institucionalidade marcada pelo protagonismo de diversos atores, em um palco em que interagem Estados, vítimas, organizações da sociedade civil nacionais e internacionais, a Comissão e a Corte Interamericana no âmbito da Organização dos Estados Americanos.

Nesse contexto, o sistema interamericano gradativamente se empodera, mediante diálogos a permitir o fortalecimento dos direitos humanos em um sistema multinível. É sob essa perspectiva multinível que emergem quatro vertentes do diálogo jurisdicional: o diálogo com o sistema global (mediante a incorporação de parâmetros protetivos de direitos humanos); o diálogo com os sistemas regionais (a envolver a *europeicização* do sistema interamericano e a *interamericanização* do sistema europeu); o diálogo com os sistemas nacionais (a abranger o controle da convencionalidade); e o diálogo com a sociedade civil (a emprestar ao sistema interamericano crescente legitimação social). Para esse estudo, especial ênfase será conferida ao diálogo da Corte Interamericana com os sistemas nacionais e com a sociedade civil.

A respeito do diálogo com os sistemas nacionais consolida-se o chamado "controle de convencionalidade". De um lado, despontam constituições latino-americanas com cláusulas constitucionais abertas, com destaque à hierarquia especial dos tratados de direitos humanos, à sua incorporação automática e às regras interpretativas alicerçadas no princípio *pro persona*. Por outro lado, o sistema interamericano revela permeabilidade e abertura ao diálogo mediante as regras interpretativas do art. 29 da Convenção Americana, em especial as que asseguram o princípio da prevalência da norma mais benéfica, mais favorável e mais protetiva à vítima. Ressalte-se que os tratados de direitos humanos fixam parâmetros protetivos mínimos, constituindo um piso mínimo de proteção e não um teto protetivo máximo. Daí a hermenêutica dos tratados de direitos humanos endossar o princípio *pro ser humano*.

Às regras interpretativas consagradas no art. 29 da Convenção Americana somam-se os tratados de direitos humanos do sistema global – que, por sua vez, também enunciam o princípio *pro persona* fundado na prevalência da norma mais benéfica, como ilustram o art. 23 da Convenção sobre a Eliminação da Discriminação contra a Mulher, o art. 41 da Convenção sobre os Direitos da Criança, o art. 16, § 2º, da Convenção contra a Tortura e o art. 4º, § 4º, da Convenção sobre os Direitos das Pessoas com Deficiência.

Cláusulas de abertura constitucional e o princípio *pro ser humano* inspirador dos tratados de direitos humanos compõem os dois vértices – nacional e internacional – a fomentar o diálogo em matéria de direitos humanos.

Como enfatiza a Corte Interamericana: "Quando um Estado ratifica um tratado internacional como a Convenção Americana, seus juízes, como parte do aparato do Estado, também estão submetidos a ela, o que lhes obriga a zelar para que os efeitos dos dispositivos da Convenção não se vejam mitigados pela aplicação de leis contrárias a seu objeto, e que desde o início carecem de efeitos jurídicos. (...) o Poder Judiciário deve exercer uma espécie de 'controle da convencionalidade das leis' entre as normas jurídicas internas que aplicam nos casos concretos e a Convenção Americana sobre Direitos Humanos. Nesta tarefa, o Poder Judiciário deve ter em conta não somente o tratado, mas também a interpretação que do mesmo tem feito a Corte Interamericana, intérprete última da Convenção Americana"[17].

Como sustenta Eduardo Ferrer Mac-Gregor[18], o juiz nacional agora é também juiz interamericano, tendo como mandato exercer o controle de convencionalidade na modalidade difusa. Cortes nacionais exercem o controle da convencionalidade na esfera doméstica, mediante a incorporação da normatividade, principiologia e jurisprudência protetiva internacional em

---

[17] Ver caso Almonacid Arellano and others *vs.* Chile. Sentença de 26 de setembro de 2006.

[18] Eduardo Ferrer Mac-Gregor, Interpretación conforme y control difuso de convencionalidad: El nuevo paradigma para el juez mexicano. In: Armin von Bogdandy, Flávia Piovesan e Mariela Morales Antoniazzi, *Estudos avançados de direitos humanos – democracia e integração jurídica*: emergência de um novo direito público, São Paulo: Campus Elsevier, 2013, p. 627-705.

matéria de direitos humanos no contexto latino-americano[19]. Frise-se: quando um Estado ratifica um tratado, todos os órgãos do poder estatal a ele se vinculam, comprometendo-se a cumpri-lo de boa-fé.

A Corte Interamericana exerce o controle da convencionalidade na modalidade concentrada, tendo a última palavra sobre a interpretação da Convenção Americana. Na realização do controle de convencionalidade, a Corte Interamericana guia-se pelo princípio *pro persona*, conferindo prevalência à norma mais benéfica, destacando, em diversas sentenças, decisões judiciais proferidas pelas Cortes constitucionais latino-americanas, bem como dispositivos das Constituições latino-americanas, como bem pode revelar o caso Pueblo Indígena Kichwa de Sarayaku *vs.* Equador (sentença proferida em 27 de junho de 2012)[20]. Ao adotar uma interpretação sistemática, holística e integral do Direito dos Direitos Humanos, a Corte Interamericana busca emprestar legitimidade social aos seus julgados, com amplo, sólido e consistente amparo no diálogo multinível. Desse modo, a Corte se consolida como uma Corte Constitucional regional com a competência centrada na proteção dos direitos humanos, construindo sua jurisprudência com base no diálogo com os Estados latino-americanos, seus marcos jurídicos e jurisprudenciais. Em 2011 pesquisas apontam que 80% das sentenças de fundo emitidas pela Corte encontravam-se cumpridas[21].

Adicione-se, ainda, o profícuo diálogo do sistema interamericano com a sociedade civil, o que lhe confere gradativa legitimação social e crescente empoderamento. O sistema enfrenta o paradoxo de sua origem – nasceu em

---

[19] Note-se que, em 2011, a Suprema Corte de Justiça do México adotou uma série de teses jurisprudenciais relativas à posição das sentenças da Corte na ordem jurídica mexicana, bem como ao controle de convencionalidade que todos os juízes nacionais devem implementar. A respeito, destacam-se: a) a Tesis TA 65-2011 9ª – "As sentenças emitidas pela Corte Interamericana são vinculantes quando o Estado mexicano for parte no litígio"; e b) a Tesis TA 66-2011 9ª – "Os critérios emitidos pela Corte Interamericana quando o Estado mexicano não tenha sido parte no litígio são orientadores aos juízes mexicanos sempre que sejam mais favoráveis à pessoa, em conformidade com o artigo 1 da Constituição Federal".

[20] A título ilustrativo, cabe menção à sentença proferida pela Corte Interamericana no caso Pueblo Indígena Kichwa de Sarayaku *vs.* Equador, de 27 de junho de 2012, em que a Corte incorpora precedentes judiciais em matéria indígena da Corte Constitucional Colombiana (*sentencia* C-169/01), no que se refere ao direito à consulta prévia dos povos indígenas, bem como ao pluralismo. Empresta ainda destaque às Constituições da Argentina, da Bolívia, do Brasil, do Peru e do Chile.

[21] Pablo Alessandri Saavedra, participação no Congresso "Impacto das sentenças da Corte Interamericana: Retos en los ordenes jurídicos nacionales", na Universidade Autônoma do México (UNAM), em 8 e 9 de dezembro de 2011.

um ambiente marcado pelo arbítrio de regimes autoritários com a expectativa estatal de seu reduzido impacto – e passa a ganhar credibilidade, confiabilidade e elevado impacto. A força motriz do sistema interamericano tem sido a sociedade civil organizada por meio de um *transnational network*, a empreender exitosos litígios estratégicos.

Cabe realce à crescente transparência e publicidade das sessões da Corte, bem como ao componente participativo-democrático do sistema interamericano como um elemento central a assegurar a legitimação social da Corte.

A realização de sessões públicas, bem como a definição estratégica no que se refere às sessões extraordinárias da Corte em distintos Estados da região vêm garantir a publicidade e a transparência do sistema. Contribuem ainda para gerar maior conhecimento, difusão e confiabilidade da Corte, estreitando suas relações não apenas com o Estado e com as suas instituições, mas, sobretudo, com os indivíduos merecedores de proteção internacional.

A ativa participação da vítima e de organizações não governamentais nos processos junto à Corte[22], por vezes mediante um *international network* a aliar vítimas, ONGs locais e internacionais[23], vem simbolizar a importância do componente democrático a acrescer legitimação social à Corte Interamericana.

Por fim, merece destaque a Convenção Interamericana contra o Racismo e a Discriminação Racial, adotada pela OEA, em 5 de junho de 2013. Por iniciativa do Brasil, a proposta era elaborar um instrumento capaz de enfrentar as formas contemporâneas de racismo e de refletir as peculiaridades da região.

Entre as tantas inovações da Convenção, a primeira atém-se à ampliação da definição de discriminação racial, que passa a compreender qualquer distinção, exclusão ou restrição baseada em raça que tenha o propósito ou o efeito de restringir o exercício de direitos, nas esferas pública e privada. Consequentemente, os Estados têm o dever de prevenir, proibir e punir a discriminação racial nos domínios público e privado.

---

[22] Nesse sentido, merece destaque o art. 25 do Reglamento de la Corte sobre a participação das vítimas e de seus representantes, assegurando-lhes o direito de apresentar de forma autônoma suas solicitações, argumentos e provas. No art. 44 do Reglamento é permitido o instituto do *amicus curiae*. Também merece destaque a criação de um Fundo de Assistência Legal às Vítimas.

[23] Na experiência brasileira, por exemplo, 100% dos casos submetidos à Comissão Interamericana foram fruto de uma articulação a reunir vítimas e organizações não governamentais locais e internacionais, com intenso protagonismo na seleção de um caso paradigmático, na sua litigância (aliando estratégias jurídicas e políticas) e na implementação doméstica de eventuais ganhos internacionais. Flávia Piovesan, *Direitos humanos e o direito constitucional internacional*, 20. ed. revista e atualizada. São Paulo: Saraiva, 2022.

Uma segunda inovação consiste no reconhecimento da discriminação indireta, como aquela medida que – embora não pareça discriminatória – tem um efeito discriminatório quando implementada. A discriminação indireta se verifica quando são tratadas de forma igual pessoas em situação diversa e de forma diversa pessoas em igual situação.

Uma terceira inovação é o especial destaque às formas múltiplas e agravadas de discriminação, a combinar os critérios de raça, gênero e outros. Por exemplo, a discriminação racial afeta homens e mulheres diversamente.

Outra inovação refere-se ao enfrentamento das formas contemporâneas de discriminação racial, enunciando o dever dos Estados de prevenir, eliminar e punir o racismo na internet, a discriminação baseada em informações genéticas, entre outras manifestações de racismo no século XXI.

O dever dos Estados de adotar ações afirmativas traduz a quinta inovação da Convenção, ao enfatizar a necessidade de medidas especiais e temporárias voltadas a acelerar o processo de construção da igualdade. Aqui a Convenção incorpora a jurisprudência internacional que sustenta serem as ações afirmativas não apenas legítimas, mas necessárias à realização do direito à igualdade. Tais ações permitiriam reduzir e eliminar fatores que perpetuam a discriminação, devendo ser adotadas de forma razoável e proporcional, visando à igualdade substantiva. Devem ser concebidas não apenas sob o prisma retrospectivo – como uma compensação em face de um passado discriminatório –, mas também sob o prisma prospectivo – como um instrumento voltado à transformação social.

Uma sexta inovação concerne ao dever dos Estados de que seus sistemas jurídicos e políticos possam refletir a diversidade social. Constituições latino-americanas explicitamente protegem o valor da diversidade étnico-racial como um valor fundamental de nações pluriétnicas e multirraciais, como é o caso das Constituições da Bolívia, Equador, Colômbia e Peru.

4. Fortalecimento da Proteção dos Direitos Humanos sob a Perspectiva Étnico-Racial: Potencialidades e Desafios

Considerando que a identidade latino-americana não se pode dissociar de seu caráter multirracial, pluriétnico e multicultural, essencial é avaliar os desafios para fortalecer a proteção dos direitos humanos sob a perspectiva étnico-racial, no marco do diálogo emancipatório entre o constitucionalismo transformador e o sistema interamericano. São lançados sete desafios centrais visando ao fortalecimento dos direitos humanos sob a perspectiva étnico-racial:

1) *Aplicar indicadores para promover a igualdade e combater a discriminação, fomentando dados desagregados sob a perspectiva étnico-racial, gênero, idade e outros*

Dados e estatísticas sobre o efetivo exercício de direitos civis, políticos, econômicos, sociais e culturais por grupos vulneráveis são essenciais para a formulação de políticas públicas adequadas e eficazes no combate à discriminação e na promoção da igualdade.

Indicadores técnico-científicos capazes de mensurar a implementação do direito à igualdade surgem como uma medida de especial relevância voltada à plena implementação desse direito[24].

Além de conferir maior rigor metodológico, a utilização de indicadores permite realizar o *human rights impact assessment* em relação às políticas, programas e medidas adotadas pelo Estado, permitindo a *accountability* com relação às obrigações contraídas pelo Estado no âmbito internacional e doméstico em matéria de direitos humanos. Fomenta, ainda, a geração de dados, estatísticas e informações, que compõe a base sólida para a composição de um preciso diagnóstico sobre os direitos humanos sob a perspectiva étnico-racial. Fundamental, nesse sentido, é gerar dados desagregados compreendendo os critérios de gênero, raça, etnia, idade, orientação sexual, entre outros – o que permitirá aliar políticas especiais às políticas universalistas.

Por meio da utilização de indicadores é possível identificar avanços, retrocessos e inações dos poderes públicos em matéria da promoção da igualdade e do combate à discriminação. É condição para compor um diagnóstico preciso do enquadramento das ações e inações públicas no marco dos direitos humanos, permitindo um balanço crítico de programas e medidas implementadas. A partir de um diagnóstico preciso é possível identificar prioridades e estratégias visando ao aprimoramento da realização de direitos humanos, o que poderá compreender uma melhor e mais eficaz interlocução dos Poderes Públicos, mediante arranjos interinstitucionais orientados à plena implementação do direito à igualdade e da proibição da discriminação.

O sistema de indicadores contribui para fomentar informações pelo Estado, o que permitirá com maior precisão a formulação e a avaliação de políticas públicas, propiciando, sobretudo, a incorporação da perspectiva de direitos humanos na formulação de tais políticas.

---

[24] A respeito, consultar o documento "Indicadores de progreso para medición de derechos contemplados en el Protocolo de San Salvador", OEA/Ser.L/XXV.2.1, GT/PSSI/doc.2/11, 11 de março de 2011. Ver, ainda, Report do UN High Level Task Force on the implementation of the right to development for the April 2010 session of the Working Group, including the attributes of the right to development and the list of criteria, sub-criteria and indicators – A/HRC/15/WG.2/TF/2. Add 2.

A título ilustrativo, sob o prisma étnico-racial, estudos e pesquisas indicam que, na Bolívia, os povos indígenas representam 62% da população do país, sendo que 74% desses povos vivem na pobreza. No Brasil, a população afrodescendente representa 51% da população do país, constituindo, contudo, 70% dos pobres e 71% das pessoas vivendo na extrema pobreza. No Chile, a incidência da pobreza é significativamente superior sobre os povos indígenas (35,6%), se comparada com os não indígenas (22,7%). Na Colômbia, os afro-colombianos constituem 26% da população, sendo que 76% deles enfrentam a pobreza extrema. No Peru, os povos indígenas representam 45% da população, vivendo nas áreas mais pobres, sem acesso a serviços públicos básicos. No Uruguai, os afrodescendentes são 9,1% da população, metade deles vive abaixo da linha da pobreza, ao passo que os povos indígenas constituem 3,8% da população, 32% deles vivendo abaixo da linha da pobreza[25].

À luz desse diagnóstico, que demonstra o padrão de grave discriminação racial na região, essencial é avaliar a incidência do constitucionalismo latino-americano no sentido de transformar essa realidade, promovendo a igualdade e combatendo a discriminação.

2) *Promover a igualdade mediante ações afirmativas, fortalecendo a ótica promocional do Direito*

A fim de evitar que os impactos discriminatórios se perpetuem e posterguem no tempo, sob a perspectiva da igualdade material, políticas estatais neutras poderão ser fonte geradora de discriminação indireta. Isso porque, ainda que aparentemente não discriminatórias, seus efeitos poderão manter, perpetuar e até mesmo exacerbar uma discriminação[26]. Daí a necessidade de

---

[25] Ver Flávia Piovesan, Daniela Ikawa e Akemi Kamimura, *Review of legislative measures at regional and national level for prevention and protection against racism, racial discrimination, xenophobia and related intolerance* (2000-2007), UN High Commissioner for Human Rights, Geneva, 2007.

[26] Nos termos da Recomendação Geral n. 26 (2005) do Comitê de Direitos Econômicos, Sociais e Culturais: "Indirect discrimination occurs when a law, policy or programme does not appear to be discriminatory, but has a discriminatory effect when implemented. This can occur, for example, when women are disadvantaged compared to men with respect to the enjoyment of a particular opportunity or benefit due to pre-existing inequalities. Applying a gender-neutral law may leave the existing inequality in place, or exacerbate it". No mesmo sentido, afirma o Comitê sobre os Direitos das Pessoas com Deficiência: "The Committee observes that a law which is applied in a neutral manner may have a discriminatory effect when the particular circumstances of the individuals to whom it is applied are not taken into consideration. The right not to be discriminated against in the enjoyment of the rights guaranteed under the Convention can be violated when States, without objective and reasonable justification, fail to treat differently persons whose situations are significantly different". Ver Committee on the Rights of Persons with Disabilities (CRPD), Communication n. 3/2011, H. M. *v. Sweden* (CRPD/C/7/D/3/2011).

um protagonismo estatal, orientado pelo dever do Estado de respeitar (não violar direitos), proteger (não permitir que terceiros, atores não estatais, violem direitos) e implementar direitos humanos (adotando todas as medidas legislativas, executivas e judiciais necessárias).

No tocante ao dever de implementar direitos humanos situam-se as ações afirmativas, consideradas como medidas não apenas legítimas, mas necessárias, pela jurisprudência da Corte Interamericana[27] e pelos Comitês da ONU[28] para a implementação do direito à igualdade. Representam, assim, medidas idôneas, razoáveis, objetivas e proporcionais visando a aliviar, remediar e transformar o legado de um passado discriminatório. Devem ser compreendidas não somente pelo prisma retrospectivo – no sentido de aliviar a carga de um passado discriminatório –, mas também prospectivo – no sentido de fomentar a transformação social, criando uma nova realidade, sob a inspiração do direito à igualdade material e substantiva. Atente-se que os instrumentos de alcance especial, tanto do sistema global como do sistema regional interamericano, expressamente admitem a adoção de ações afirmativas[29].

---

[27] A Corte Interamericana estabeleceu que os Estados têm a obrigação de adotar medidas positivas para reverter ou transformar situações discriminatórias existentes em determinadas sociedades que causem violação a certos grupos de pessoas (Inter-American Court of Human Rights, Juridical Condition and Rights of Undocumented Migrants, Advisory Opinion OC-18/03, 17 September 2003, Series "A", n. 18, paragraph 104). Em outra opinião, realçou a Corte Interamericana: "Not all differences in legal treatment are discriminatory as such, for not all differences in treatment are in themselves offensive to human dignity. In order to determine whether a given differentiation in treatment is arbitrary, the Court questions whether it is legitimate, idoneous, necessary and proportional" (Inter-American Court of Human Rights, Proposed Amendments to the Naturalization Provisions of the Constitution of Costa Rica, Advisory Opinion OC-4/84, 19 January 1984, Series "A", n. 4, paragraph 55).

[28] Sobre a matéria, a Recomendação Geral n. 16 (2005) do Comitê de Direitos Econômicos, Sociais e Culturais observa que: "the principles of equality and non-discrimination, by themselves, are not always sufficient to guarantee true equality. Temporary special measures may sometimes be needed in order to bring disadvantaged or marginalized persons or groups of persons to the same substantive level as others". No mesmo sentido, a Recomendação Geral n. 20 do Comitê de Direitos Econômicos, Sociais e Culturais enfatiza: "In order to eliminate substantive discrimination, States parties may be, and in some cases are, under an obligation to adopt special measures to attenuate or suppress conditions that perpetuate discrimination. Such measures are legitimate to the extent that they represent reasonable, objective and proportional means to redress de facto discrimination and are discontinued when substantive equality has been sustainably achieved".

[29] Dentre os parâmetros normativos internacionais que demandam a adoção de ações afirmativas para o alcance da igualdade material, destacam-se: a Convenção Internacional sobre a Eliminação de todas as formas de Discriminação Racial (art. 1º, parágrafo 4º); a Convenção sobre a Elimina-

Faz-se emergencial ao constitucionalismo latino-americano reforçar o dever dos Estados de adotar políticas afirmativas a fim de promover a igualdade, favorecendo, sobretudo, os grupos mais vulneráveis.

Importa, ainda, reconhecer que determinados grupos são alvo de múltiplas formas de discriminação, em decorrência da conjugação de fatores discriminatórios resultando na chamada "overlapping discrimination"[30]. Cabe salientar que a Recomendação Geral n. XXV do Comitê sobre a Eliminação de todas as formas de Discriminação Racial alia a perspectiva racial à de gênero. Sob essa ótica, o Comitê entende que a discriminação racial atinge de forma diferenciada homens e mulheres, já que práticas de discriminação racial podem ser dirigidas a certos indivíduos especificamente em razão do seu sexo, como no caso da violência sexual praticada contra mulheres de determinada origem étnico-racial.

3) *Punir e erradicar a discriminação, fortalecendo a ótica repressiva do Direito*

Uma especial atenção merece ser conferida à prevenção, punição e erradicação da discriminação, não apenas na esfera pública, como também na esfera privada, com especial ênfase nas múltiplas formas de discriminação. Um universo significativo de Constituições latino-americanas consagra a cláusula da proibição da discriminação. No caso brasileiro, a Constituição Federal de 1988, ineditamente, estabelece que a lei punirá qualquer discriminação atentatória dos direitos e liberdades fundamentais, adicionando ser a prática do racismo crime inafiançável e imprescritível – o que foi regulamentado pela Lei n. 7.716/89.

ção de todas as formas de Discriminação contra a Mulher (art. 4º, parágrafo 1º); a Recomendação Geral n. XIV do Comitê CERD; as Recomendações Gerais. n. XVIII e n. XXIII do Comitê de Direitos Humanos; as Recomendações Gerais n. 16 e n. 20 do Comitê sobre os Direitos Econômicos, Sociais e Culturais; e as Recomendações Gerais n. V e n. XXV do Comitê sobre a Eliminação da Discriminação contra a Mulher.

[30] Como define a Convenção Interamericana contra o Racismo, a Discriminação Racial e outras formas de Intolerância, adotada pela OEA em 5 de junho de 2013: "Multiple or aggravated discrimination is any preference, distinction, exclusion, or restriction based simultaneously on two or more of the criteria set forth in Article 1.1, or others recognized in international instruments, the objective or result of which is to nullify or curtail, the equal recognition, enjoyment, or exercise of one or more human rights and fundamental freedoms enshrined in the international instruments applicable to the States Parties, in any area of public or private life".

Como o fenômeno do racismo[31] tem uma dinâmica capacidade de renovar-se, assumindo diferentes formas de expressão nos campos político, social, cultural e linguístico, há o desafio adicional de implementar o direito à igualdade enfrentando as formas contemporâneas de racismo, como o racismo na internet, nos esportes, na mídia, bem como a discriminação baseada em informação genética, entre outras formas.

4) Fomentar uma cultura jurídica orientada pela implementação dos parâmetros protetivos internacionais e pelo controle da convencionalidade das leis

Além da recepção privilegiada de tratados de direitos humanos pelo constitucionalismo latino-americano, fundamental é transformar a cultura jurídica tradicional, por vezes refratária e resistente ao Direito Internacional, a fim de que incorpore os parâmetros protetivos internacionais em matéria de promoção da igualdade e de combate à discriminação.

Essencial ainda é avançar na realização do chamado controle da convencionalidade das leis, adotando os parâmetros protetivos internacionais como guias interpretativos a impactar a atuação dos poderes públicos.

O controle de convencionalidade das leis contribuirá para que se implemente no âmbito doméstico os *standards*, os princípios e a jurisprudência internacional em matéria de direitos humanos sob a perspectiva étnico-racial. Como este estudo pode evidenciar, há uma sólida jurisprudência fomentada pela Corte Interamericana acerca do direito à igualdade, conferindo proteção especial a grupos vulneráveis com base no direito à identidade, merecendo destaque o amplo repertório de decisões a respeito da proteção aos direitos dos povos indígenas.

5) Avançar no diálogo vertical e horizontal de jurisdições

A abertura da ordem local ao diálogo horizontal com outras jurisdições e ao diálogo vertical com o sistema internacional é uma medida estratégica para avançar na proteção dos direitos humanos sob a perspectiva da diversidade étnico-racial no contexto latino-americano.

De um lado, é essencial que os sistemas latino-americanos possam enriquecer-se mutuamente, por meio de empréstimos constitucionais e

---

[31] Para a Convenção Interamericana contra o Racismo, a Discriminação Racial e outras formas de Intolerância, adotada pela OEA em 5 de junho de 2013: "Racism consists of any theory, doctrine, ideology, or sets of ideas that assert a causal link between the phenotypic or genotypic characteristics of individuals or groups and their intellectual, cultural, and personality traits, including the false concept of racial superiority. (...) Racism leads to racial inequalities, and to the idea that discriminatory relations between groups are morally and scientifically justified".

intercâmbio de experiências, argumentos, conceitos e princípios vocacionados à proteção do direito à igualdade e ao combate à discriminação. Também relevante seria identificar as *best practices* em matéria de promoção da igualdade e proibição da discriminação, estimulando sua adoção, com os ajustes necessários, considerando as especificidades e particularidades de cada país.

Por outro lado, essencial é a abertura das ordens locais aos parâmetros protetivos mínimos fixados pela ordem global e regional, mediante a incorporação de princípios, jurisprudência e *standards* protetivos internacionais, como fator a dinamizar a interpretação cosmopolita voltada a assegurar com maior efetividade o direito à igualdade étnico-racial e a proibição da discriminação na região.

Fundamental é avançar no diálogo entre as esferas global, regional e local, potencializando o impacto entre elas, para assegurar a maior efetividade possível aos direitos à igualdade e à diferença sob a perspectiva emancipatória dos direitos humanos.

6) *Promover o valor da diversidade, mediante programas educativos e campanhas de sensibilização*

Essencial também é a adoção de políticas públicas inspiradas na promoção do valor da diversidade, capazes de expressar a natureza pluriétnica, multirracial e multicultural da região latino-americana. O valor da diversidade há de ser densificado no marco do constitucionalismo latino-americano.

O combate à discriminação demanda medidas que propiciem a conscientização e sensibilização dos diversos atores sociais – com especial ênfase aos agentes públicos – relativamente ao valor da diversidade, possibilitando a transformação cultural. Cabe aos Estados o dever de reconhecer o legado discriminatório da região, particularmente opressivo às populações afrodescendentes e indígenas, de modo a focar na importância do combate à discriminação e na promoção da igualdade, tendo como maior beneficiária a sociedade como um todo.

O valor da diversidade, aliado aos direitos à igualdade e à diferença, invoca a transição de uma igualdade geral e abstrata para um conceito plural de dignidades concretas.

No multiculturalismo, há que se assegurar o direito à diversidade existencial, sem discriminação, hostilidade e intolerância, a compor uma sociedade revitalizada e enriquecida pelo respeito à pluralidade e diversidade, celebrando o direito à diferença, na busca da construção igualitária e emancipatória de direitos.

7) *Assegurar a diversidade e o pluralismo nos sistemas políticos e legais*

Por fim, cabe assegurar a diversidade e o pluralismo nos sistemas políticos e sociais, com a maior visibilidade e empoderamento de populações afrodescendentes e povos indígenas.

Devem os Estados implementar as reformas institucionais necessárias a fim de que seus sistemas políticos e jurídicos sejam capazes de refletir de forma apropriada a diversidade existente nas sociedades, com o respeito e a promoção de direitos humanos. Fundamental é avançar na reforma do Estado assegurando a devida participação e a justa representação de populações historicamente invisibilizadas. Como atenta Nancy Fraser, as demandas por redistribuição, reconhecimento e representação devem ser integradas de forma equilibrada"[32].

Se a América Latina é caracterizada por sociedades multiétnicas e multirraciais, faz-se essencial combater a discriminação racial e promover a igualdade, conferindo especial proteção aos povos afrodescendentes e indígenas.

Cabe ao constitucionalismo latino-americano transformador fortalecer a proteção do valor da diversidade étnico-racial, realçando os princípios da igualdade e da proibição da discriminação, como imperativo ético-jurídico da construção do Estado de Direito, da democracia, dos direitos humanos, da justiça social e da paz na região.

---

[32] Ver Nancy Fraser, Mapeando a imaginação feminista: da redistribuição ao reconhecimento e à representação. *Revista de Estudos Feministas*, v. 15, n. 2, Florianópolis, maio-ago. 2007. Para Nancy Fraser: "representação não é apenas uma questão de assegurar voz política igual a mulheres em comunidades políticas já constituídas. Ao lado disso, é necessário reenquadrar as disputas sobre justiça que não podem ser propriamente contidas nos regimes estabelecidos. Logo, ao contestar o mau enquadramento, o feminismo transnacional está reconfigurando a justiça de gênero como um problema tridimensional, no qual redistribuição, reconhecimento e representação devem ser integrados de forma equilibrada" (op. cit., p. 305). Consultar também Nancy Fraser, Reframing Justice in A Globalizing World, *New Left Review*, v. 36, p. 69-88, 2005.

Capítulo 17

OS DIREITOS HUMANOS DA MULHER NA ORDEM INTERNACIONAL*

1. Introdução

Objetiva este estudo enfocar os direitos humanos da mulher na ordem internacional. Inicialmente será examinado o chamado "processo de especificação do sujeito de direito", que estimulou a criação do sistema especial de proteção dos direitos humanos. Em sequência, serão apreciadas a Convenção sobre a Eliminação de todas as Formas de Discriminação contra a Mulher e a Convenção Interamericana para Prevenir, Punir e Erradicar a Violência contra a Mulher, que constituem alguns dos mais relevantes instrumentos voltados à proteção dos direitos humanos da mulher na ordem internacional.

2. O Processo de Especificação do Sujeito de Direito

A partir da Declaração Universal de 1948, começa a se desenvolver o Direito Internacional dos Direitos Humanos, mediante a adoção de inúmeros tratados internacionais voltados à proteção de direitos fundamentais. Forma-se o sistema normativo global de proteção dos direitos humanos, no âmbito das Nações Unidas.

Esse sistema normativo, por sua vez, é integrado por instrumentos de alcance geral (como os Pactos Internacionais de Direitos Civis e Políticos e de Direitos Econômicos, Sociais e Culturais de 1966) e por instrumentos de alcance específico, como as Convenções internacionais que buscam responder a determinadas violações de direitos humanos, como a discriminação racial, a discriminação contra a mulher, a violação dos direitos da criança, dentre outras formas de violação.

---

* Este capítulo é baseado na palestra *Using International Human Rights Law to Promote and Protect Brazilian Women*, proferida na Universidade de Columbia (*School of International and Public Affairs*), em Nova York, em 5 de março de 1998.

Firma-se, assim, no âmbito do sistema global, a coexistência dos sistemas geral e especial de proteção dos direitos humanos, como sistemas de proteção complementares.

O sistema especial de proteção realça o processo de especificação do sujeito de direito, no qual o sujeito passa a ser visto em sua especificidade e concreticidade (ex.: protegem-se as mulheres, as crianças, os grupos étnicos minoritários etc.). Já o sistema geral de proteção (ex.: Pactos da ONU de 1966) tem por endereçado toda e qualquer pessoa, concebida em sua abstração e generalidade.

Com o processo de especificação do sujeito de direito, mostra-se insuficiente tratar o indivíduo de forma genérica, geral e abstrata. Torna-se necessária a especificação do sujeito de direito, que passa a ser visto em suas peculiaridades e particularidades. Nessa ótica, determinados sujeitos de direito, ou determinadas violações de direitos, exigem uma resposta específica, diferenciada. Nesse sentido, as mulheres devem ser vistas nas especificidades e peculiaridades de sua condição social. Importa o respeito à diferença e à diversidade, o que lhes assegura um tratamento especial.

3. A Convenção sobre a Eliminação de todas as Formas de Discriminação contra a Mulher

É nesse cenário que as Nações Unidas aprovam em 1979 a Convenção sobre a Eliminação de todas as Formas de Discriminação contra a Mulher, ratificada pelo Brasil em 1984. Esta Convenção foi impulsionada pela proclamação de 1975 como Ano Internacional da Mulher e pela realização da primeira Conferência Mundial sobre a Mulher, no México, também em 1975. Em 2024, essa Convenção contava com 189 Estados-partes[1].

Qual o perfil dessa Convenção? Quais seus objetivos centrais?

A Convenção se fundamenta na dupla obrigação de eliminar a discriminação e de assegurar a igualdade. A Convenção trata do princípio da igualdade, seja como uma obrigação vinculante, seja como um objetivo.

Para a Convenção, a discriminação contra a mulher significa "toda distinção, exclusão ou restrição baseada no sexo e que tenha por objeto ou resultado prejudicar ou anular o reconhecimento, gozo, exercício pela

---

[1] Alto Comissariado de Direitos Humanos das Nações Unidas, *Status of Ratifications of the Principal International Human Rights Treaties*, <http://www.unhchr.ch/pdf/report.pdf>.

mulher, independentemente de seu estado civil, com base na igualdade do homem e da mulher, dos direitos humanos e das liberdades fundamentais nos campos político, econômico, social, cultural e civil ou em qualquer outro campo" (art. 1º). Isto é, a discriminação significa toda distinção, exclusão, restrição ou preferência que tenha por objeto ou resultado prejudicar ou anular o reconhecimento, gozo ou exercício, em igualdade de condições, dos direitos humanos e liberdades fundamentais, nos campos político, econômico, social, cultural e civil ou em qualquer outro campo. Logo, a discriminação significa sempre desigualdade.

Dentre suas previsões, a Convenção consagra a urgência em se erradicar todas as formas de discriminação contra as mulheres, a fim de que se garanta o pleno exercício de seus direitos civis e políticos, como também de seus direitos sociais, econômicos e culturais. Acolhe-se, assim, a tônica da Declaração Universal, com relação à indivisibilidade dos direitos humanos.

Ao ratificar a Convenção, os Estados-partes assumem o compromisso de, progressivamente, eliminar todas as formas de discriminação, no que tange ao gênero, assegurando a efetiva igualdade entre eles. Trata-se de obrigação internacional assumida pelo Estado ao ratificar esta Convenção, que prevê, por exemplo, a necessidade de adoção de políticas igualitárias, bem como de legislação igualitária e educação não estereotipada etc. No dizer de Andrew Byrnes: "A Convenção em si mesma contém diferentes perspectivas sobre as causas de opressão contra as mulheres e as medidas necessárias para enfrentá-las. Ela impõe a obrigação de assegurar que as mulheres tenham uma igualdade formal perante a lei e ela reconhece que medidas temporárias de ação afirmativa são necessárias em muitos casos, se as garantias de igualdade formal devem se transformar em realidade. Inúmeras previsões da Convenção também incorporam uma preocupação de que os direitos reprodutivos das mulheres devem estar sob o controle delas próprias, e que o Estado deve assegurar que as escolhas das mulheres não sejam feitas sob coerção e não sejam a elas prejudiciais, no que se refere ao acesso às oportunidades sociais e econômicas. A Convenção também reconhece que há experiências, às quais mulheres são submetidas, que necessitam ser eliminadas (como estupro, assédio sexual, exploração sexual e outras formas de violência contra as mulheres). Em suma, a Convenção reflete a visão de que as mulheres são titulares de todos os direitos e oportunidades que os homens podem exercer; adicionalmente, as habilidades e necessidades que decorrem de diferenças biológicas entre os gêneros devem também ser reconhecidas e ajustadas, mas sem eliminar da titularidade das mulheres a igualdade de direitos e oportunidades"[2].

No entanto, para o alcance da igualdade não basta a proibição da discriminação. No entender da Convenção, a eliminação da discriminação não é suficiente para assegurar a igualdade entre os gêneros. Prevê, assim, a possibilidade da adoção das medidas afirmativas – "ações afirmativas" – como importantes medidas a serem adotadas pelos Estados para acelerar o processo de obtenção da igualdade.

A exemplo da Convenção sobre a Eliminação de todas as Formas de Discriminação Racial, esta Convenção também permite a "discriminação positiva", pela qual os Estados podem adotar medidas especiais temporárias, com vistas a acelerar o processo de igualização de *status* entre homens e mulheres. Tais medidas cessarão quando alcançado o seu objetivo. São medidas compensatórias para remediar as desvantagens históricas, aliviando as condições resultantes de um passado discriminatório. Através delas busca-se garantir a pluralidade e a diversidade social. No caso brasileiro, a Lei n. 9.100/95 que, ao estabelecer normas para a realização das eleições para o Poder Legislativo, determinou que 20%, no mínimo, das vagas de cada partido fossem preenchidas por candidaturas de mulheres, ilustra um exemplo concreto de ação afirmativa em favor das mulheres[3].

Desse modo, a Convenção objetiva não só erradicar a discriminação contra a mulher e suas causas, como também estimular estratégias de promoção da igualdade. Combina a proibição da discriminação com políticas compensatórias que acelerem a igualdade enquanto processo. Para garantir a igualdade não basta apenas proibir a discriminação, mediante legislação repressiva. São essenciais estratégias capazes de incentivar a inserção e inclusão social de grupos historicamente vulneráveis. Alia-se à vertente repressiva-punitiva a vertente positiva-promocional.

---

[2] BYRNES, Andrew. The "other" human rights treaty body: the work of the Committee on the Elimination of Discrimination against Women. *Yale Journal of International Law*, v. 14, 1989, p. 1.

[3] Note-se que em 30 de setembro de 1997 foi editada a Lei n. 9.504. De acordo com o § 3º do art. 10 dessa lei: "Do número de vagas resultante das regras previstas neste artigo, cada partido ou coligação deverá reservar o mínimo de trinta por cento e o máximo de setenta por cento para candidaturas de cada sexo". Acrescente-se que nos termos do art. 80 das Disposições Transitórias: "Nas eleições a serem realizadas no ano de 1998, cada partido ou coligação deverá reservar, para candidatos de cada sexo, no mínimo, vinte e cinco por cento e, no máximo, setenta e cinco por cento do número de candidaturas que puder registrar".

A Convenção ainda estabelece, como mecanismo de implementação dos direitos que enuncia, a sistemática dos relatórios. Ineditamente, os Estados-partes têm que encaminhar relatórios ao Comitê das Nações Unidas para a Eliminação de todas as Formas de Discriminação contra a Mulher. Nesses relatórios, devem evidenciar o modo pelo qual estão implementando a Convenção – quais as medidas legislativas, administrativas e judiciárias adotadas para esse fim. Os Estados têm que prestar contas a organismos internacionais da forma pela qual protegem os direitos das mulheres, o que permite o monitoramento e fiscalização internacional. Muitos Estados se preocupam com o fato de o Comitê realizar comentários positivos ou negativos acerca de sua política de direitos humanos. Uma avaliação positiva em um fórum internacional a respeito do desempenho e dos esforços de um Estado pode dar ensejo a progressos futuros. Uma avaliação crítica pode causar embaraços ao governo, no plano doméstico e internacional, idealmente significando um incentivo para que se empenhe mais no futuro[4].

Entretanto, esta Convenção é o instrumento Internacional que mais fortemente recebeu reservas dentre as Convenções internacionais de Direitos Humanos, considerando que ao menos 23 dos 100 Estados-partes fizeram, no total, 88 reservas substanciais. Um universo significativo de reservas concentrou-se na cláusula relativa à igualdade entre homens e mulheres na família. Tais reservas foram justificadas com base em argumentos de ordem religiosa, cultural ou mesmo legal, havendo países (como Bangladesh e Egito) que acusaram o Comitê sobre a Eliminação da Discriminação contra a Mulher de praticar "imperialismo cultural e intolerância religiosa", ao impor-lhes a visão de igualdade entre homens e mulheres, inclusive na família[5]. Isso reforça o quanto a implementação dos direitos humanos das mulheres está condicionada à dicotomia entre os espaços público e privado, que, em muitas sociedades, confina a mulher ao espaço exclusivamente doméstico da casa e da família. Vale dizer, ainda que se constate, crescentemente, a democratização do espaço público, com a participação ativa de mulheres nas mais diversas arenas sociais, resta o desafio de democratização do espaço privado – cabendo ponderar que tal democratização é fundamental para a própria democratização do espaço público. A respeito, ressalte-se que o Comitê sobre a Eliminação de todas as Formas de Discriminação contra a Mulher, em sua Recomendação Geral

---

[4] BYRNES, Andrew, op. cit., p. 1.
[5] HENKIN, Louis e outros, *Human rights*, p. 364.

n. 21, destacou ser dever dos Estados desencorajar toda noção de desigualdade entre a mulher e o homem, quer seja afirmada por leis, pela religião ou pela cultura, de forma a eliminar as reservas que ainda incidam no artigo 16 da Convenção, concernente à igualdade de direitos no casamento e nas relações familiares.

A Convenção sobre a Eliminação de todas as Formas de Discriminação contra a Mulher pode enfrentar o paradoxo de ter maximizado sua aplicação universal ao custo de ter comprometido sua integridade. Por vezes, a questão legal acerca das reservas feitas à Convenção atinge a essência dos valores da universalidade e integridade. A título de exemplo, quando da ratificação da Convenção, em 1984, o Estado brasileiro apresentou reservas ao artigo 15, § 4º, e ao artigo 16, § 1º (a), (c), (g) e (h), da Convenção. O artigo 15 assegura a homens e mulheres o direito de, livremente, escolher seu domicílio e residência. Já o artigo 16 estabelece a igualdade de direitos entre homens e mulheres, no âmbito do casamento e das relações familiares. Em 20 de dezembro de 1994, o Governo brasileiro notificou o Secretário-Geral das Nações Unidas acerca da eliminação das aludidas reservas.

Cabe acrescentar que a Conferência de Direitos Humanos de Viena, em 1993, reafirmou a importância do reconhecimento universal do direito à igualdade relativa ao gênero, clamando pela ratificação universal da Convenção sobre a Eliminação da Discriminação contra a Mulher. Nos termos do art. 39 da Declaração de Viena, ficou estabelecido que: "A Conferência Mundial de Direitos Humanos clama pela erradicação de todas as formas de discriminação contra a mulher, tanto explícitas como implícitas. As Nações Unidas devem encorajar a ratificação universal por todos os Estados da Convenção sobre a Eliminação de todas as formas de Discriminação contra a Mulher (...). Ações e medidas para reduzir o particularmente amplo número de reservas à Convenção devem ser encorajadas. Dentre outras medidas, o Comitê de Eliminação de todas as formas de Discriminação contra a Mulher deve continuar a revisão das reservas à Convenção. Estados são convidados a eliminar as reservas que sejam contrárias ao objeto e ao propósito da Convenção ou que sejam incompatíveis com os tratados internacionais".

Relativamente aos mecanismos de monitoramento da Convenção sobre a Eliminação de todas as Formas de Discriminação contra a Mulher, a Declaração e o Programa de Ação de Viena pontuaram: "40. Os órgãos de monitoramento dos tratados devem disseminar informações necessárias que permitam às mulheres fazerem um uso mais efetivo dos procedimentos de implementação existentes, com o objetivo do pleno e equânime exercício dos direitos humanos e da não discriminação. Novos procedimentos devem também ser adotados para fortalecer a implementação da igualdade das mulheres, bem como de seus direitos humanos. A Comissão relativa ao *Status* da Mulher e o Comitê de Eliminação da Discriminação contra a Mulher devem rapidamente examinar a possibilidade de introduzir o direito de petição, mediante a preparação de um Protocolo Optativo à Convenção sobre a Eliminação de todas as Formas de Discriminação contra a Mulher".

Relevante é a proposta de introdução do mecanismo de petição individual, mediante a elaboração de um Protocolo Facultativo à Convenção, na medida em que tal mecanismo constitui o sistema mais eficiente de monitoramento dos direitos humanos internacionalmente enunciados.

A respeito da introdução da sistemática das petições individuais, afirma Theodor Meron: "Um procedimento para a consideração de petições individuais deve ser estabelecido através de um Protocolo Facultativo, ao qual os Estados-partes da Convenção poderiam aderir. Essa inovação não seria tecnicamente difícil e não haveria a necessidade de se criar órgãos adicionais para sua implementação; o Comitê sobre a Eliminação da Discriminação contra a Mulher, já existente, apenas seria autorizado a acumular funções adicionais em conformidade com o Protocolo"[6].

Uma segunda proposta é a introdução do mecanismo de comunicação interestatal, que permitiria a um Estado-parte denunciar outro Estado-parte, quando este violasse dispositivos da Convenção. Compartilha-se da posição de Theodor Meron, quando afirma que "embora na prática essa previsão não tenha sido invocada, ela apresenta grande importância simbólica"[7].

Finalmente, em 12 de março de 1999, a 43ª sessão da Comissão do Status da Mulher da ONU adotou o Protocolo Facultativo à Convenção sobre a Eliminação de todas as Formas de Discriminação contra a Mulher. O Protocolo institui dois mecanismos de monitoramento: a) o mecanismo

---

[6] MERON, Theodor. Enhancing the effectiveness of the prohibition of discrimination against women. *American Journal of International Law*, v. 84, p. 213, 1990. Reitera o mesmo autor: "(...) a Convenção deve também prever um procedimento que permita ao Comitê considerar comunicações individuais, de forma similar aos procedimentos criados pelo Protocolo Facultativo ao Pacto Internacional dos Direitos Civis e Políticos e pelo art. 14 da Convenção sobre a Eliminação de todas as Formas de Discriminação Racial" (MERON, Theodor. *Human rights law-making in the United Nations*: a critique of instruments and process. Oxford: Clarendon Press, 1986, p. 82).
[7] MERON, Theodor. Enhancing the effectiveness of the prohibition..., cit., p. 214.

de petição, que permite o encaminhamento de denúncias de violação de direitos enunciados na Convenção à apreciação do Comitê sobre a Eliminação da Discriminação contra a Mulher; e b) um procedimento investigativo, que habilita o Comitê a investigar a existência de grave e sistemática violação aos direitos humanos das mulheres. Para acionar estes mecanismos de monitoramento, é necessário que o Estado tenha ratificado o Protocolo Facultativo. O Protocolo revitaliza e revigora a gramática internacional de proteção aos direitos humanos das mulheres, constituindo uma real garantia voltada a assegurar o pleno e equânime exercício dos direitos humanos das mulheres e sua não discriminação. Note-se que o Protocolo entrou em vigor em 22 de dezembro de 2001, tendo sido ratificado pelo Brasil em 28 de junho de 2002.

Acrescente-se que a gramática internacional dos direitos humanos das mulheres foi reforçada pela Declaração e Programa de Ação de Viena de 1993 e pela Declaração e Plataforma de Ação de Pequim de 1995[8] ao enfatizarem que os direitos das mulheres são parte inalienável, integral e indivisível dos direitos humanos universais. Nesse sentido, não há direitos humanos sem a plena observância dos direitos das mulheres.

4. A Convenção Interamericana para Prevenir, Punir e Erradicar a Violência contra a Mulher ("Convenção de Belém do Pará")

Outro grande avanço na proteção internacional dos direitos das mulheres foi a aprovação da Convenção Interamericana para Prevenir, Punir e Erradicar a Violência contra a Mulher. Essa Convenção foi editada, no âmbito da OEA, em 1994, e ratificada pelo Brasil em 1995.

Observe-se que, em 1993, foi adotada pela ONU a Declaração sobre a Eliminação da Violência contra a Mulher, que define a violência contra a mulher como "qualquer ato de violência baseado no gênero que resulte, ou possa resultar, em dano físico, sexual ou psicológico ou em sofrimento para

---

[8] A Declaração e Plataforma de Ação de Pequim de 1995 afirmam a importância de se incorporar a perspectiva de gênero em todas as políticas públicas e programas governamentais. A Plataforma de Ação apresenta objetivos e ações estratégicas endereçadas a doze áreas consideradas de extrema preocupação: a) mulheres e pobreza; b) educação e treinamento às mulheres; c) mulheres e saúde; d) violência contra as mulheres; e) mulheres e conflitos armados; f) mulheres e economia; g) mulheres no poder e nos processos decisórios; h) mecanismos institucionais para o avanço das mulheres; i) direitos humanos das mulheres; j) mulheres e mídia; k) mulheres e meio ambiente; e l) meninas.

a mulher, inclusive as ameaças de tais atos, coerção ou privação arbitrária da liberdade, podendo ocorrer na esfera pública ou na esfera privada". À luz desta definição, a violência contra a mulher é concebida como um padrão de violência específico, baseado no gênero, que cause morte, dano ou sofrimento físico, sexual ou psicológico à mulher[9]. Este preceito rompe com a equivocada dicotomia entre o espaço público e o privado, no tocante à proteção dos direitos humanos, reconhecendo que a violação destes direitos não se reduz à esfera pública, mas também alcança o domínio privado. Ressalte-se que, segundo a ONU, a violência doméstica é a principal causa de lesões em mulheres entre 15 e 44 anos no mundo. A Declaração estabelece ainda o dever dos Estados de condenar e eliminar a violência contra a mulher, não invocando qualquer costume, tradição ou consideração religiosa para afastar suas obrigações concernentes à eliminação dessa violência (artigo 4º).

A Convenção de Belém do Pará é o primeiro tratado internacional de proteção dos direitos humanos a reconhecer, de forma enfática, a violência contra a mulher como um fenômeno generalizado, que alcança, sem distinção de raça, classe, religião, idade ou qualquer outra condição, um elevado número de mulheres[10].

A Convenção afirma que a violência contra a mulher constitui grave violação aos direitos humanos e ofensa à dignidade humana, sendo manifestação de relações de poder historicamente desiguais entre mulheres e homens. Define ainda a violência contra a mulher como "qualquer ação ou conduta, baseada no gênero, que cause morte, dano ou sofrimento físico, sexual ou psicológico à mulher, tanto na esfera pública, como na privada". A violência contra a mulher é concebida como um padrão de violência específico, baseado no gênero, que cause morte, dano ou sofrimento físico, sexual ou psicológico à mulher. A Convenção é explícita em reconhecer que

---

[9] A Recomendação Geral n. 19 do Comitê sobre a Eliminação de todas as Formas de Discriminação contra a Mulher entende ser a violência contra a mulher uma forma de discriminação.

[10] No Brasil, de acordo com pesquisa realizada pelo Movimento Nacional de Direitos Humanos (*Primavera já partiu*, 1998), constata-se que 66,3% dos acusados de homicídios contra mulheres são seus parceiros. Por sua vez, a pesquisa A *Mulher Brasileira nos Espaços Público e Privado*, realizada em outubro de 2001 pelo Núcleo de Opinião Pública (NOP) da Fundação Perseu Abramo, revela que uma mulher brasileira é espancada a cada 15 segundos. A violência doméstica ainda apresenta como consequência o prejuízo financeiro. Em conformidade com o BID (Banco Interamericano de Desenvolvimento), uma em cada cinco mulheres que faltam ao trabalho o fazem por terem sofrido agressão física (*Folha de S.Paulo*, Caderno S. Paulo, 21-7-1998, p. 1 e 3).

a violência contra a mulher pode se manifestar tanto na esfera pública como na esfera privada. No mesmo sentido, é a definição constante da Declaração da ONU sobre a Violência contra a Mulher de 1993.

Sob a perspectiva de gênero, a Convenção elenca um importante catálogo de direitos a serem assegurados às mulheres, para que tenham uma vida livre de violência.

A partir da Convenção de Belém do Pará surgem valiosas estratégias para a proteção internacional dos direitos humanos das mulheres, merecendo destaque o mecanismo das petições à Comissão Interamericana de Direitos Humanos.

Nos termos do artigo 12 da Convenção, qualquer pessoa, ou grupo de pessoas, ou entidade não governamental, pode apresentar à Comissão Interamericana de Direitos Humanos petições que contenham denúncias de violência perpetrada contra a mulher. Há determinados requisitos de admissibilidade para as petições, sendo o principal deles o chamado "esgotamento prévio dos recursos internos". Isto é, para recorrer à Comissão é necessário ter esgotado todas as vias nacionais existentes, comprovando-se a ineficácia delas. Esta é, inclusive, a tônica dos instrumentos internacionais de proteção dos direitos humanos, que apresentam um caráter subsidiário, sendo uma garantia adicional de proteção. Por isso, os procedimentos internacionais só podem ser acionados na hipótese de as instituições nacionais se mostrarem falhas ou omissas no dever de proteger os direitos fundamentais. Nesse caso, a comunidade internacional buscará responsabilizar o Estado violador, de forma a adotar medidas que restaurem ou reparem os direitos então violados[11].

---

[11] Em novembro de 1996, a União de Mulheres de São Paulo e o CLADEM (Comitê Latino-Americano e do Caribe para a Defesa dos Direitos das Mulheres) encaminharam à Comissão Interamericana de Direitos Humanos, sediada em Washington, as duas primeiras denúncias internacionais de violação de direitos de mulheres. Os casos de Delvita Silva Prates e de Márcia Cristina Leopoldi são os primeiros casos de violência contra a mulher submetidos perante a Comissão Interamericana, com base na Convenção de Belém do Pará. Ambos são casos dramáticos de violência contra a mulher, que marcaram o Movimento de Mulheres no Brasil. Delvita e Márcia foram cruelmente assassinadas, sem que houvesse qualquer responsabilização, no âmbito brasileiro, dos autores de brutal violência. Nos dois casos houve o esgotamento total das vias internas, sem, contudo, qualquer resposta eficaz por parte do Estado brasileiro. Uma vez mais garantiu-se no Brasil a impunidade em gravíssimos casos de violação dos direitos humanos das mulheres. Considerando a omissão do Estado brasileiro e na busca de assegurar o direito à verdade e o direito à justiça, com a investigação e a punição dos responsáveis, é que o movimento de mulheres

A simples possibilidade de submeter casos de violações de direitos das mulheres ao conhecimento da comunidade internacional já impõe ao Estado violador uma condenação política e moral. A visibilidade e a publicidade das violações trazem o risco do constrangimento político e moral do Estado violador, que será compelido a apresentar justificativas da sua prática no fórum da opinião pública internacional. Além do constrangimento do Estado, a Comissão Interamericana poderá condená-lo pela afronta a direitos fundamentais assegurados às mulheres, determinando a adoção de medidas cabíveis (como, por exemplo, a investigação e punição dos agentes perpetradores da violência, a fixação de uma indenização aos familiares das vítimas etc.).

A Comissão Interamericana, todavia, não é um órgão judicial. A Corte Interamericana de Direitos Humanos é que constitui o órgão jurisdicional no plano da OEA, tendo suas decisões força jurídica obrigatória e vinculante. Finalmente, em dezembro de 1998, o Brasil reconheceu a jurisdição dessa Corte, o que ampliou extraordinariamente as instâncias de defesa da cidadania.

Com relação aos direitos das mulheres, emblemático é o caso González e outras contra o México (caso "Campo Algodonero"), em que a Corte Interamericana condenou o México em virtude do desaparecimento e da

---

submeteu os dois casos à apreciação da Comissão Interamericana. O objetivo é que seja declarada a violação, pelo Estado brasileiro, de direitos fundamentais assegurados às mulheres pela Convenção de Belém do Pará, com a condenação do Brasil à efetiva investigação e punição dos responsáveis, bem como com a fixação de uma indenização aos familiares das vítimas. Os casos de Delvita e Márcia têm o significado histórico de invocar o controle internacional para situações de gravíssima violência em que vivem e morrem tantas mulheres. De forma inédita, requer-se a condenação internacional do Estado brasileiro em face de sua omissão, com a esperança de que seja imposto um fim ao regime da impunidade. Adicione-se ainda que, em 1998, as organizações não governamentais CEJIL-Brasil (Centro para a Justiça e o Direito Internacional) e CLADEM-Brasil (Comitê Latino-Americano do Caribe para a Defesa dos Direitos da Mulher) submeteram à Comissão Interamericana de Direitos Humanos (OEA) o caso de Maria da Penha. Em 1983, ela sofreu uma tentativa de homicídio por seu então marido, que atirou em suas costas, deixando-a paraplégica. Apesar de ter sido condenado pelos tribunais nacionais, ele nunca foi preso e o processo ainda se encontra pendente, devido aos sucessivos recursos de apelação contra as decisões dos Tribunal do Júri. Após 18 anos da prática do crime, a Comissão Interamericana de Direitos Humanos condenou o Estado brasileiro por negligência e omissão em relação à violência doméstica e recomendou, dentre outras medidas, o pagamento de uma indenização à vítima pelo Estado (ver *Informe da Comissão Interamericana de Direitos Humanos n. 54/01*, de abril de 2001, <www.oas.org>).

morte de mulheres em Ciudad Juarez, sob o argumento de que a omissão estatal estava a contribuir para a cultura da violência e da discriminação contra a mulher. No período de 1993 a 2003, estima-se que de 260 a 370 mulheres tenham sido vítimas de assassinato, em Ciudad Juarez. A sentença da Corte condenou o Estado do México ao dever de investigar, sob a perspectiva de gênero, as graves violações ocorridas, garantindo direitos e adotando medidas preventivas necessárias de forma a combater a discriminação contra a mulher[12]. Destacam-se, ainda, relevantes decisões do sistema interamericano sobre discriminação e violência contra mulheres, o que fomentou a reforma do Código Civil da Guatemala, a adoção de uma lei de violência doméstica no Chile e a adoção da Lei "Maria da Penha" no Brasil, dentre outros avanços.

A partir da Convenção de Belém do Pará aprimoram-se, em definitivo, as estratégias para a proteção internacional dos direitos humanos das mulheres.

Adicione-se que, no âmbito da ONU, merecem destaque as Resoluções do Conselho de Direitos Humanos n. 11/2, de 2009, e n. 14/12, de 2010, sobre *"Accelerating efforts to eliminate all forms of violence against women"*. A Resolução n. 14/12 demanda expressamente dos Estados que estabeleçam ou fortaleçam planos de ação de combate à violência contra mulheres e meninas, contemplando mecanismos de *accountability* para a prevenção da violência[13], considerando a adoção de estratégias de alcance universal e de alcance específico endereçadas a grupos vulneráveis (por exemplo, mulheres afrodescendentes e indígenas). A Relatora Especial sobre a Violência contra a Mulher, de igual modo, tem realçado a necessidade de fortalecer *due diligence standards*, envolvendo tanto a prevenção como a repressão à violência no campo da responsabilidade do Estado[14].

---

[12] Ver sentença de 16 de novembro de 2009. Disponível em: <www.corteidh.or.cr/docs/casos/articulos/seriec_205_esp.pdf>.

[13] A Austrália destaca-se por apresentar um exemplar plano de prevenção à violência contra a mulher – *Time for Action: The National Council's Plan for Australia to Reduce Violence against Women and their Children*, 2009-2011.

[14] Consultar 15 *years of The United Nations Special Rapporteur on Violence against Women, its Causes and Consequences*. Sobre o tema, realça a Recomendação Geral n. 19 do Comitê CEDAW: "Under general international law and specific human rights covenants, States may also be responsible for private acts if they fail to act with due diligence to prevent violations of rights or to investigate and punish acts of violence, and for providing compensation" (Comitê pela Eliminação de Todas as Formas de Discriminação contra a Mulher. *Violence against women*. CEDAW General recommendation n. 19, A/47/38 (General Comments), 29-1-1992).

5. Conclusão

A existência de um instrumental internacional de proteção dos direitos humanos das mulheres, por si só, revela um grande avanço. As Convenções analisadas traduzem o consenso da comunidade internacional acerca da urgência em se eliminarem a discriminação e a violência contra a mulher e, ao mesmo tempo, promover a igualdade material e substantiva. Esse consenso mundial transcende a complexa diversidade cultural dos povos, que passam a compartilhar de uma mesma gramática, quando o tema é a discriminação e violência contra a mulher.

Por meio dos instrumentos internacionais examinados, busca-se proteger o valor da igualdade, baseado no respeito à diferença. Consagra-se a ideia de que a diversidade deve ser vivida como equivalência e não como superioridade ou inferioridade.

A aplicação desse instrumental internacional pode contribuir de forma decisiva para o reforço da promoção dos direitos humanos das mulheres no Brasil. Com o ativo protagonismo do movimento de mulheres e dos operadores do Direito, os instrumentos internacionais constituem poderosos mecanismos para a promoção do efetivo fortalecimento do sistema de proteção dos direitos humanos das mulheres no Brasil.

Observe-se que, no amplo horizonte histórico de construção dos direitos das mulheres, jamais se caminhou tanto quanto nas últimas três décadas. Elas compõem o marco divisório em que se concentram as maiores reivindicações, desejos e anseios das mulheres, invocando, sobretudo, a reinvenção da gramática de seus direitos.

Para encerrar, reitere-se o legado de Viena: os direitos humanos das mulheres são parte inalienável, integral e indivisível dos direitos humanos universais. Não há direitos humanos sem a plena observância dos direitos das mulheres, ou seja, não há direitos humanos sem que metade da população mundial exerça, em igualdade de condições, os direitos mais fundamentais. Afinal, "sem as mulheres os direitos não são humanos"[15].

---

[15] Este foi o lema da campanha internacional em prol de uma Declaração Universal de Direitos Humanos sob a perspectiva de gênero, lançada pelo Comitê Latino-Americano e do Caribe para a Defesa dos Direitos da Mulher (CLADEM), em 1998.

Capítulo 18

LITIGÂNCIA INTERNACIONAL E AVANÇOS LOCAIS: VIOLÊNCIA CONTRA A MULHER E A LEI "MARIA DA PENHA"

1. Introdução

À luz da experiência brasileira, objetiva este artigo enfocar o modo pelo qual o movimento de mulheres, a partir da litigância internacional fomentada por uma *transnational network*, tem-se valido de estratégias legais para obter avanços internos na proteção dos direitos humanos das mulheres. O *case study*, que servirá de base para esta análise, é o caso Maria da Penha – que ineditamente provocou o sistema interamericano para a problemática da violência contra a mulher, culminando na condenação do Estado brasileiro.

Contudo, a devida contextualização deste tema demanda inicialmente o exame da relação entre o movimento de mulheres, a transição democrática e a Constituição brasileira de 1988. É a partir deste cenário que será apreciado o processo de consolidação democrática, com destaque à reinvenção da agenda feminista, suas principais demandas e reivindicações.

Considerando a agenda feminista pós-transição democrática, ênfase será conferida à temática da violência contra a mulher; aos avanços constitucionais; às lacunas e insuficiências legais; e à litigância internacional do movimento de mulheres. Nesse sentido, a tônica será o caso Maria da Penha, o seu significado e impacto no enfrentamento da violência contra a mulher no Brasil. Será apreciada a Lei "Maria da Penha", seu perfil e inovações, como fruto de exitosa litigância e ativismo do movimento de mulheres.

Por fim, serão lançadas conclusões, com a avaliação dos dilemas, desafios e perspectivas a respeito do uso das estratégias legais para a promoção dos direitos humanos das mulheres na experiência brasileira.

Quatro, portanto, são as questões centrais a inspirar este artigo:

1) Como compreender a relação entre o movimento de mulheres e o processo de democratização no Brasil? Qual foi o protagonismo do movimento? Quais foram seus principais êxitos e fracassos?

2) Como identificar os desafios do movimento de mulheres no período pós-transição democrática? Quais são as questões centrais a compor a agenda feminista contemporânea? Qual tem sido a interlocução entre as arenas global e local? Neste contexto, como situar a problemática da violência contra a mulher?

3) A partir da análise do caso Maria da Penha (como caso emblemático de violência contra a mulher), qual o impacto da litigância e do ativismo internacional como estratégia para obter avanços internos?

4) Em que medida o uso dos instrumentos internacionais pelo movimento de mulheres pode traduzir avanços internos? Quais os desafios, dilemas e perspectivas a respeito do uso das estratégias legais para a promoção dos direitos humanos das mulheres na experiência brasileira?

2. Processo de Democratização, Movimento de Mulheres e a Constituição Brasileira de 1988

Após o período de vinte e um anos de regime militar ditatorial, que perdurou de 1964 a 1985, deflagra-se o processo de democratização no Brasil. Durante o regime autoritário, os mais básicos direitos e liberdades foram suprimidos, sob as marcas da tortura sistemática, das detenções arbitrárias, dos desaparecimentos forçados e da perseguição político-ideológica. As Forças Armadas, agindo como instituição, tomaram controle direto das funções governamentais, celebrando a fusão entre os militares e o poder.

O ano de 1985 demarca o processo de transição lenta e gradual à Democracia[1]. Ainda que este processo se tenha iniciado, originariamente, pela liberalização política do próprio regime autoritário – em face de dificuldades

---

[1] Adota-se a classificação de Guillermo O'Donnell, quando afirma: "É útil conceber o processo de democratização como processo que implica em duas transições. A primeira é a transição do regime autoritário anterior para a instalação de um Governo democrático. A segunda transição é deste Governo para a consolidação democrática ou, em outras palavras, para a efetiva vigência do regime democrático" (Transitions, continuities, and paradoxes, in Scott Mainwaring, Guillermo O'Donnel e J. Samuel Valenzuela (orgs.), Issues in democratic consolidation: the new South American democracies in comparative perspective, Notre Dame: University of Notre Dame Press, 1992, p. 18). Nesse sentido, sustenta-se que, embora a primeira etapa do processo de democratização já tenha sido alcançada – a transição do regime autoritário para a instalação de um regime democrático –, a segunda fase, ou seja, a efetiva consolidação do regime democrático, ainda está se concretizando.

em solucionar problemas internos[2] – as forças de oposição da sociedade civil aceleraram o processo de queda dos militares. Como grande beneficiária do processo de abertura, a sociedade civil fortalece-se, mediante formas de organização, mobilização e articulação, que permitiram importantes conquistas. Surgem novos atores sociais e novos movimentos sociais, que reforçam a democratização do cenário brasileiro, com suas demandas e reivindicações.

A transição democrática, lenta e gradual, permitiu a formação de um controle civil sobre as forças militares. Exigiu ainda a elaboração de um novo código, que refizesse o pacto político-social. Este processo culminou na promulgação de uma nova ordem constitucional – nascia assim a Constituição brasileira de 5 de outubro de 1988.

A Constituição Federal de 1988 simboliza o marco jurídico da transição democrática e da institucionalização dos direitos humanos no País. O texto constitucional demarca a ruptura com o regime autoritário militar, refletindo o consenso democrático. Após vinte e um anos de regime autoritário, objetiva resgatar o Estado de Direito, a separação dos poderes, a Federação,

---

[2] Cf. Frances Hagopian: "Os líderes do antigo regime consentiram na abertura política antes dela ser demandada pela sociedade civil; como Alfred Stepan tem convictamente afirmado, nenhuma atividade de oposição foi responsável pela iniciativa de liberalização do regime militar. Importantes atores sociais, como operários, trabalhadores e a Igreja Católica, fizeram protestos contra a política do regime, acelerando o processo de queda dos militares; entretanto, os passos e o escopo da transição para um Governo civil foram ditados pela elite, incluindo a eleição indireta de um Presidente civil" (The compromised consolidation: the political class in the Brazilian transition, in Scott Mainwaring, Guillermo O'Donnel e J. Samuel Valenzuela (orgs.), *Issues in democratic consolidation*: the new South American democracies in comparative perspective, p. 245). No mesmo sentido, pondera Luciano Martins: "A tese básica deste Capítulo é que o processo de 'liberalização' se originou inicialmente em virtude das dificuldades do regime militar em solucionar problemas de economia interna, não se originando, portanto, de qualquer mudança significativa na correlação de forças entre os protagonistas do regime e seus oponentes – embora a oposição tenha em muito se beneficiado, posteriormente, do espaço político aberto pelo processo de liberalização. Estas dificuldades internas do regime explicam por que o processo de liberalização apresentou um padrão de movimentos contraditórios, de frentes simultâneas, e por que toda concessão do regime ou conquista da oposição foi imediatamente qualificada, no seu significado político, como imposição de alternativas ao controle militar. E isto explica por que o regime militar deteve tanto a iniciativa, como o controle do processo de liberalização por tanto tempo" (MARTINS, Luciano. The liberalization of authoritarian rule in Brazil. In: O'DONNELL, Guillermo; SCHMITTER, Philippe C.; WHITEHEAD, Laurence. *Transitions from authoritarian rule*: Latin America. Baltimore: The John Hopkins University Press, 1986, p. 82-83).

a Democracia e os direitos fundamentais, à luz do princípio da dignidade humana.

Introduz a Carta de 1988 um avanço extraordinário na consolidação dos direitos e garantias fundamentais, situando-se como o documento mais abrangente e pormenorizado sobre os direitos humanos jamais adotado no Brasil. De todas as Constituições brasileiras, foi a Carta de 1988 a que mais assegurou a participação popular em seu processo de elaboração, a partir do recebimento de elevado número de emendas populares. É, assim, a Constituição que apresenta o maior grau de legitimidade popular.

Na avaliação do movimento de mulheres, um momento destacado na defesa dos direitos humanos das mulheres foi a articulação desenvolvida ao longo do período pré-1988, visando à obtenção de conquistas no âmbito constitucional. Este processo culminou na elaboração da "Carta das Mulheres Brasileiras aos Constituintes", que contemplava as principais reivindicações do movimento de mulheres, a partir de ampla discussão e debate nacional. Em razão da competente articulação do movimento durante os trabalhos constituintes, o resultado foi a incorporação da maioria significativa das reivindicações formuladas pelas mulheres no texto constitucional de 1988.

Como observa Leila Linhares Barsted: "O movimento feminista brasileiro foi um ator fundamental nesse processo de mudança legislativa e social, denunciando desigualdades, propondo políticas públicas, atuando junto ao Poder Legislativo e, também, na interpretação da lei. Desde meados da década de 70, o movimento feminista brasileiro tem lutado em defesa da igualdade de direitos entre homens e mulheres, dos ideais de Direitos Humanos, defendendo a eliminação de todas as formas de discriminação, tanto nas leis como nas práticas sociais. De fato, a ação organizada do movimento de mulheres, no processo de elaboração da Constituição Federal de 1988, ensejou a conquista de inúmeros novos direitos e obrigações correlatas do Estado, tais como o reconhecimento da igualdade na família, o repúdio à violência doméstica, a igualdade entre filhos, o reconhecimento de direitos reprodutivos, etc."[3]. Adiciona a mesma

---

[3] Leila Linhares Barsted, Lei e realidade social: igualdade x desigualdade, in As *mulheres e os direitos humanos*, Coletânea traduzindo a legislação com a perspectiva de gênero, Rio de Janeiro: Cepia, 2001, p. 35. Para a autora: "(...) esse quadro legislativo favorável foi fruto de um longo processo de luta das mulheres pela ampliação de sua cidadania, compreendida de forma restrita pela República brasileira inaugurada em 1889. As restrições aos direitos políticos das mulheres

autora: "Cabe ressaltar que a ampliação da cidadania das mulheres na Constituição de 1988 foi fruto de um notável processo político de diálogo entre a sociedade e os Poderes Executivo e Legislativo. As conquistas constitucionais, especialmente aquela que diz respeito à violência doméstica, deram força, na década de 90, às demandas, nos níveis estaduais e municipais, da criação de novos serviços, como abrigos e os serviços de atendimento jurídico, previstos em muitas Constituições Estaduais e Leis Orgânicas Municipais"[4].

O êxito do movimento de mulheres, no tocante aos ganhos constitucionais, pode ser claramente evidenciado pelos dispositivos constitucionais que, dentre outros, asseguram: a) a igualdade entre homens e mulheres em geral (art. 5º, I) e especificamente no âmbito da família (art. 226, § 5º); b) o reconhecimento da união estável como entidade familiar (art. 226, § 3º, regulamentado pelas Leis n. 8.971, de 29-12-1994, e 9.278, de 10-5-1996); c) a proibição da discriminação no mercado de trabalho, por motivo de sexo ou estado civil (art. 7º, XXX, regulamentado pela Lei n. 9.029, de 13-4-1995, que proíbe a exigência de atestados de gravidez e esterilização e outras práticas discriminatórias para efeitos admissionais ou de permanência da relação jurídica de trabalho); d) a proteção especial da mulher no mercado de trabalho, mediante incentivos específicos (art. 7º, XX, regulamentado pela Lei n. 9.799, de 26-5-1999, que insere na Consolidação das Leis do Trabalho regras sobre o acesso da mulher ao mercado de trabalho); e) o planejamento familiar como uma livre decisão do casal, devendo o Estado propiciar recursos educacionais e científicos para o exercício desse direito (art. 226, § 7º, regulamentado pela Lei n. 9.263, de 12-1-1996, que trata do planejamento familiar, no âmbito do atendimento global e integral à saúde); e f) o dever do Estado de coibir a violência no âmbito das relações familiares (art. 226, § 8º, tendo sido prevista a notificação compulsória, em

---

somente foram retiradas completamente na Constituição Federal de 1934; no plano dos direitos civis, até 1962, a mulher casada era considerada relativamente incapaz, necessitando da autorização do marido para exercer os mais elementares direitos, como, por exemplo, o direito ao trabalho. Até 1988, as mulheres casadas ainda eram consideradas colaboradoras do marido, competindo a estes a direção da sociedade conjugal. No que se refere aos direitos trabalhistas, até fins da década de 70, a lei, sob a rubrica de 'proteção', impedia a entrada da mulher em amplos setores do mercado de trabalho" (As *mulheres e os direitos*, cit., p. 34-35).

[4] Leila Linhares Barsted, A violência contra as mulheres no Brasil e a Convenção de Belém do Pará dez anos depois. In: UNIFEM, O *progresso das mulheres no Brasil*, Brasília: Cepia/Ford Foundation, 2006, p. 257.

território nacional, de casos de violência contra a mulher que for atendida em serviços de saúde públicos ou privados, nos termos da Lei n. 10.778, de 24-11-2003). Além destes avanços, merece ainda destaque a Lei n. 9.504, de 30-9-1997, que estabelece normas para as eleições, dispondo que cada partido ou coligação deverá reservar o mínimo de 30% e o máximo de 70% para candidaturas de cada sexo. Adicione-se, também, a Lei n. 10.224, de 15 de maio de 2001, que ineditamente dispõe sobre o crime de assédio sexual.

3. Agenda Feminista na Consolidação Democrática: Direitos Humanos das Mulheres e Reinvenção do Marco Normativo no Pós-1988

Na experiência brasileira, há que se observar que os avanços obtidos no plano internacional foram e têm sido capazes de impulsionar transformações internas. Neste sentido, cabe destaque ao impacto e à influência de documentos como a Convenção sobre a Eliminação da Discriminação contra a Mulher de 1979, a Declaração e o Programa de Ação da Conferência Mundial de Direitos Humanos de Viena de 1993, o Plano de Ação da Conferência Mundial sobre População e Desenvolvimento do Cairo de 1994, a Convenção Interamericana para Prevenir, Punir e Erradicar a Violência contra a Mulher de 1994 e a Declaração e a Plataforma de Ação da Conferência Mundial sobre a Mulher de Pequim de 1995. Estes instrumentos internacionais inspiraram e orientaram o movimento de mulheres a exigir, no plano local, a implementação de avanços obtidos na esfera internacional. Na avaliação de Jacqueline Pitanguy: "(...) à medida que novas questões foram incorporadas à agenda dos direitos humanos, os movimentos de mulheres também ampliaram as suas estratégias de luta diante dos seus governos nacionais. As Conferências do Cairo (1994), Pequim (1995), a Cedaw e as Convenções como a de Belém do Pará foram fundamentais para a institucionalização da cidadania e dos direitos humanos das mulheres no Brasil. Podemos afirmar que a agenda dos direitos humanos das mulheres influenciou o discurso político no Brasil e desencadeou políticas públicas, em particular nos campos da saúde sexual e reprodutiva; dos direitos trabalhistas e previdenciários; dos direitos políticos e civis; e da violência de gênero"[5].

---

[5] Jacqueline Pitanguy, As mulheres e os direitos humanos. In: UNIFEM, O *progresso das mulheres no Brasil*. Brasília: Cepia/Ford Foundation, 2006, p. 29.

No âmbito jurídico-normativo, o período pós-1988 é marcado pela adoção de uma ampla normatividade nacional voltada à proteção dos direitos humanos, ao que se conjuga a crescente adesão do Brasil aos principais tratados internacionais de proteção dos direitos humanos. A Constituição Federal de 1988 celebra, deste modo, a reinvenção do marco jurídico normativo brasileiro no campo da proteção dos direitos humanos.

Desde o processo de democratização do país e em particular a partir da Constituição Federal de 1988, os mais importantes tratados internacionais de proteção dos direitos humanos foram ratificados pelo Brasil[6].

Além dos significativos avanços decorrentes da incorporação, pelo Estado brasileiro, da normatividade internacional de proteção dos direitos humanos, o pós-1988 apresenta a mais vasta produção normativa de direitos humanos de toda a história legislativa brasileira. Pode-se afirmar que a maior parte das normas de proteção aos direitos humanos foi elaborada após a Constituição de 1988, em sua decorrência e sob a sua inspiração[7].

---

[6] Dentre eles, destacam-se: a) a Convenção Interamericana para Prevenir e Punir a Tortura, em 20 de julho de 1989; b) a Convenção contra a Tortura e outros Tratamentos Cruéis, Desumanos ou Degradantes, em 28 de setembro de 1989; c) a Convenção sobre os Direitos da Criança, em 24 de setembro de 1990; d) o Pacto Internacional dos Direitos Civis e Políticos, em 24 de janeiro de 1992; e) o Pacto Internacional dos Direitos Econômicos, Sociais e Culturais, em 24 de janeiro de 1992; f) a Convenção Americana de Direitos Humanos, em 25 de setembro de 1992; g) a Convenção Interamericana para Prevenir, Punir e Erradicar a Violência contra a Mulher, em 27 de novembro de 1995; h) o Protocolo à Convenção Americana referente à Abolição da Pena de Morte, em 13 de agosto de 1996; i) o Protocolo à Convenção Americana em matéria de Direitos Econômicos, Sociais e Culturais (Protocolo de San Salvador), em 21 de agosto de 1996; j) o Estatuto de Roma, que cria o Tribunal Penal Internacional, em 20 de junho de 2002; k) o Protocolo Facultativo à Convenção sobre a Eliminação de todas as Formas de Discriminação contra a Mulher, em 28 de junho de 2002; l) os dois Protocolos Facultativos à Convenção sobre os Direitos da Criança, referentes ao envolvimento de crianças em conflitos armados e à venda de crianças e prostituição e pornografia infantis, em 24 de janeiro de 2004; m) o Protocolo Facultativo à Convenção contra a Tortura, em 11 de janeiro de 2007; n) a Convenção para a Proteção das Pessoas com Deficiência e seu Protocolo Facultativo, em 1º de agosto de 2008; o) o Protocolo Facultativo ao Pacto Internacional dos Direitos Civis e Políticos, bem como o Segundo Protocolo ao mesmo Pacto visando à Abolição da Pena de Morte, em 25 de setembro de 2009; p) a Convenção Internacional para a Proteção de todas as pessoas contra o Desaparecimento Forçado, em 29 de novembro de 2010; q) a Convenção Interamericana sobre o Desaparecimento Forçado de Pessoas, em 3 de fevereiro de 2014; e r) do Protocolo Facultativo à Convenção sobre os Direitos da Criança relativo ao procedimento de comunicações, em 29 de setembro de 2017. A estes avanços, soma-se o reconhecimento da jurisdição da Corte Interamericana de Direitos Humanos, em dezembro de 1998.

[7] Neste sentido, dentre outros, destacam-se os seguintes atos normativos: a) Lei n. 7.716, de 5 de janeiro de 1989 – Define os crimes resultantes de preconceito de raça e cor, prevendo o racismo como crime inafiançável e imprescritível (anteriormente à Constituição de 1988, o racismo

Como atenta Leila Linhares Barsted: "(...) nosso país não só assinou todos os documentos relativos ao reconhecimento e às proteções aos direitos humanos das mulheres, como apresenta um quadro legislativo bastante avançado no que se refere à igualdade de direitos entre homens e mulheres"[8].

Não obstante os significativos avanços obtidos na esfera constitucional e internacional, reforçados, por vezes, mediante legislação infraconstitucional esparsa, que refletem as reivindicações e anseios contemporâneos das mulheres, ainda persiste na cultura brasileira uma ótica sexista e discriminatória com relação às mulheres, que as impede de exercer, com plena autonomia e dignidade, seus direitos mais fundamentais.

A realidade brasileira revela um grave padrão de desrespeito aos mais elementares direitos humanos de que são titulares as mulheres, mais da metade da população nacional[9]. Destacam-se, no quadro das graves violações

---

era considerado mera contravenção penal); b) Lei n. 9.029, de 13 de abril de 1995 – Proíbe a exigência de atestados de gravidez e esterilização e outras práticas discriminatórias para efeitos admissionais ou de permanência da relação jurídica de trabalho; c) Decreto n. 1.904, de 13 de maio de 1996 – Institui o Programa Nacional de Direitos Humanos, que ineditamente atribui aos direitos humanos o *status* de política pública governamental, contendo propostas de ações governamentais para a proteção e promoção dos direitos humanos no Brasil; d) Lei n. 9.459, de 13 de maio de 1997 – Altera e aprimora a Lei n. 7.716/89 (que define os crimes resultantes de preconceito de raça ou de cor), prevendo também a punição de crimes resultantes de preconceito de etnia, religião ou procedência nacional; e) Lei n. 9.504, de 30 de setembro de 1997 – Estabelece normas para as eleições, dispondo que cada partido ou coligação deverá reservar o mínimo de 30% e o máximo de 70% para candidaturas de cada sexo; f) Lei n. 8.069, de 13 de julho de 1990 – Dispõe sobre o Estatuto da Criança e Adolescente, considerada uma das legislações mais avançadas a respeito da matéria, ao estabelecer a proteção integral à criança e ao adolescente, destacando os seus direitos fundamentais, bem como a política de atendimento destes direitos; e g) Lei n. 9.455, de 7 de abril de 1997 – Define e pune o crime de tortura, como crime inafiançável e insuscetível de graça ou anistia, por eles respondendo os mandantes, os executores e os que, podendo evitá-lo, se omitirem, em consonância com o disposto no art. 5º, XLIII, da Constituição de 1988.

[8] Leila Linhares Barsted, Lei e realidade social: igualdade x desigualdade. In: As *mulheres e os direitos*, cit., p. 34.

[9] A respeito, ver relatório alternativo ao Pacto Internacional dos Direitos Civis e Políticos, apresentado ao Comitê dos Direitos Humanos, em Genebra, em outubro de 2005, especialmente a parte elaborada pelo CLADEM (Comitê Latino-Americano e do Caribe para a Defesa dos Direitos da Mulher). Ver, ainda, Flávia Piovesan e Silvia Pimentel, *Contribuição a partir da perspectiva de gênero ao Relatório Alternativo sobre o Pacto Internacional dos Direitos Econômicos, Sociais e Culturais* (PIDESC), CLADEM, 2003; e Flávia Piovesan e Silvia Pimentel (coords.), *Relatório Nacional Brasileiro sobre a Convenção sobre a Eliminação de todas as Formas de Discriminação contra a Mulher*, Brasília, 2002; UNIFEM, *O Progresso das Mulheres no Brasil*, Brasília: Cepia/Ford Foundation, 2006.

aos direitos humanos das mulheres: a) a violência contra a mulher; b) a discriminação contra as mulheres; e c) a violação aos direitos sexuais e reprodutivos. Estes são os principais vértices que compõem a agenda feminista brasileira no contexto da consolidação democrática. No dizer de Jacqueline Pitanguy: "As últimas décadas do século 20 foram caracterizadas por um processo de consolidação da nova linguagem dos direitos humanos, que passou a contemplar também preocupações com a cidadania feminina e as relações de gênero. Paralelamente à ampliação do espaço institucional ocupado pela questão dos direitos humanos em todo mundo, verificou-se a incorporação de novas dimensões nessa agenda: assuntos como reprodução, violência e sexualidade começaram a fazer parte das discussões. No Brasil, os debates em torno de uma moderna concepção de humanidade, não mais calcada apenas na figura abstrata do homem, impulsionaram a adoção de políticas públicas e leis nos campos da saúde sexual e reprodutiva, do trabalho, dos direitos políticos e civis e da violência de gênero"[10].

À luz desta agenda, este estudo será concentrado no tema da violência contra a mulher[11], a partir da análise do emblemático caso Maria da Penha, seu significado e impacto na proteção dos direitos humanos das mulheres brasileiras.

4. Violência contra a Mulher e o Caso Maria da Penha

Sobrevivi, posso contar. É este o título do livro autobiográfico de Maria da Penha, vítima de duas tentativas de homicídio cometidas por seu então companheiro, em seu próprio domicílio, em Fortaleza, em 1983. Os tiros contra ela disparados (enquanto dormia), a tentativa de eletrocutá-la, as agressões sofridas ao longo de sua relação matrimonial culminaram por deixá-la paraplégica aos 38 anos.

---

[10] Jacqueline Pitanguy, As mulheres e os direitos humanos. In: UNIFEM, *O progresso das mulheres no Brasil*, Brasília: Cepia/Ford Foundation, 2006, p. 16.

[11] Para Leila Linhares Barsted: "No Brasil, o enfrentamento da violência de gênero ocupa lugar de destaque na agenda do movimento feminista. Esse movimento tem compreendido que tal violência apresenta formas distintas de manifestações e, na maioria das vezes, é agravada por determinadas características das mulheres. (...) A ação do movimento de mulheres brasileiras no enfrentamento da violência doméstica e sexual, de forma mais sistemática, data do final da década de 1970, quando as feministas tiveram participação ativa no desmonte da famosa tese da 'legítima defesa da honra'" (A violência contra as mulheres no Brasil e a Convenção de Belém do Pará dez anos depois. In: UNIFEM, *O progresso das mulheres no Brasil*, p. 255-256).

Apesar de condenado pela Justiça local, após quinze anos o réu ainda permanecia em liberdade, valendo-se de sucessivos recursos processuais contra decisão condenatória do Tribunal do Júri. A impunidade e a inefetividade do sistema judicial diante da violência doméstica contra as mulheres no Brasil motivaram, em 1998, a apresentação do caso à Comissão Interamericana de Direitos Humanos (OEA), por meio de petição conjunta das entidades CEJIL-Brasil (Centro para a Justiça e o Direito Internacional) e CLADEM-Brasil (Comitê Latino-Americano e do Caribe para a Defesa dos Direitos da Mulher). Em 2001, após dezoito anos da prática do crime, em decisão inédita, a Comissão Interamericana condenou o Estado brasileiro por negligência e omissão em relação à violência doméstica[12].

O caso Maria da Penha é elucidativo de uma forma de violência que atinge principalmente a mulher: a violência doméstica. Aos 38 anos, Maria da Penha era vítima, pela segunda vez, de tentativa de homicídio. Essa violência revelou, todavia, duas peculiaridades: o agente do crime, que deixou Maria da Penha irreversivelmente paraplégica, não era um desconhecido, mas seu próprio marido; e as marcas físicas e psicológicas derivadas da violência foram agravadas por um segundo fator, a impunidade[13].

Estudos apontam a dimensão epidêmica da violência doméstica. Segundo pesquisa feita pela Human Rights Watch[14], de cada 100 mulheres assassinadas no Brasil, 70 o são no âmbito de suas relações domésticas. De acordo com pesquisa realizada pelo Movimento Nacional de Direitos Humanos, 66,3% dos acusados de homicídios contra mulheres são seus parceiros[15]. Ainda, no Brasil, a impunidade acompanha intimamente essa

---

[12] Flávia Piovesan e Silvia Pimentel, Conspiração contra a impunidade, *Folha de S.Paulo*, p. A3, 25-11-2002.

[13] Ver, a respeito, Comisión Interamericana de Derechos Humanos, Informe n. 54/01, caso 12.051, *Maria da Penha Maia Fernandes v. Brasil*, 16-4-2001.

[14] Americas Watch, *Criminal injustice*: violence against women in Brazil, 1992. Afirma ainda o relatório da Human Rights Watch que, "de mais de 800 casos de estupro reportados a delegacias de polícia em São Paulo de 1985 a 1989, menos de um quarto foi investigado". Ainda esclarece o mesmo relatório que "a delegacia de mulheres de São Luis no Estado do Maranhão reportou que, de mais de 4000 casos de agressões físicas e sexuais registrados, apenas 300 foram processados e apenas dois levaram à punição do acusado" (Americas Watch, *Criminal injustice*: violence against women in Brazil, 1992).

[15] Movimento Nacional de Direitos Humanos, *Primavera já Partiu*, Brasília, 1998.

violência[16]. Estima-se que, em 1990, no Estado do Rio de Janeiro, nenhum dos dois mil casos de agressão contra mulheres registrados em delegacias terminou na punição do acusado. No Estado do Maranhão, em São Luiz, relata-se, para este mesmo ano, que dos quatro mil casos registrados apenas dois haviam resultado em punição do agente[17].

A violência doméstica ocorre não apenas em classes socialmente mais desfavorecidas e em países em desenvolvimento como o Brasil, mas em diferentes classes e culturas[18]. Para o Comitê da ONU pela Eliminação de todas as Formas de Discriminação contra a Mulher: "A violência doméstica é uma das mais insidiosas formas de violência contra a mulher. Prevalece em todas as sociedades. No âmbito das relações familiares, mulheres de todas as idades são vítimas de violência de todas as formas, incluindo o espancamento, o estupro e outras formas de abuso sexual, violência psíquica e outras, que se perpetuam por meio da tradição. A falta de independência econômica faz com que muitas mulheres permaneçam em relações violentas. (...) Estas formas de violência submetem mulheres a riscos de saúde e impedem a sua participação na vida familiar e na vida pública com base na igualdade". Segundo a ONU, a violência doméstica é a principal causa de lesões em mulheres entre 15 e 44 anos no mundo.

A Convenção Interamericana para Prevenir, Punir e Erradicar a Violência contra a Mulher (Convenção de Belém do Pará) é o primeiro tratado internacional de proteção dos direitos humanos a reconhecer, de forma enfática, a violência contra as mulheres como um fenômeno generalizado, que alcança, sem distinção de raça, classe, religião, idade ou qualquer outra condição, um elevado número de mulheres. A Convenção afirma que a violência contra a mulher constitui grave violação aos direitos humanos e limita total ou parcialmente o exercício dos demais direitos fundamentais. Adiciona que a violência contra a mulher constitui ofensa à dignidade humana, sendo manifestação de relações de poder historicamente desiguais entre mulheres e homens.

---

[16] *Jornal da Rede Saúde*, Informativo da Rede Nacional Feminista de Saúde e Direitos Reprodutivos, n. 19, novembro 1999, citado por Valéria Pandjiarjian, Os *estereótipos de gênero nos processos judiciais e a violência contra a mulher na legislação* (mimeo.).

[17] Americas Watch, *Criminal injustice*: violence against women in Brazil, in Henry Steiner e Philip Alston, *International Human Rights in Context*. Oxford: Oxford University Press, 2000, p. 171.

[18] Comitê pela Eliminação de todas as Formas de Discriminação contra a Mulher. *Violence against women*. CEDAW General recom. 19, A/47/38 (General Comments), 29-1-1992.

Define ainda a violência contra a mulher como "qualquer ação ou conduta, baseada no gênero, que cause morte, dano ou sofrimento físico, sexual ou psicológico à mulher, tanto na esfera pública como na privada". Vale dizer, a violência baseada no gênero ocorre quando um ato é dirigido contra uma mulher porque é mulher, ou quando atos afetam as mulheres de forma desproporcional.

A violência doméstica ainda apresenta como consequência o prejuízo financeiro. Em conformidade com o BID (Banco Interamericano de Desenvolvimento), uma em cada cinco mulheres que faltam ao trabalho o fazem por terem sofrido agressão física[19]. A violência doméstica compromete 14,6% do Produto Interno Bruto (PIB) da América Latina, cerca de US$ 170 bilhões. No Brasil, a violência doméstica custa ao país 10,5% do seu PIB[20].

À luz deste contexto, o caso Maria da Penha permitiu, de forma emblemática, romper com a invisibilidade que acoberta este grave padrão de violência de que são vítimas tantas mulheres, sendo símbolo de uma necessária conspiração contra a impunidade.

Em 2001, em decisão inédita, a Comissão Interamericana condenou o Estado brasileiro por negligência e omissão em relação à violência doméstica, recomendando ao Estado, dentre outras medidas, "prosseguir e intensificar o processo de reforma, a fim de romper com a tolerância estatal e o tratamento discriminatório com respeito à violência doméstica contra as mulheres no Brasil"[21]. Adicionou a Comissão Interamericana que "essa tolerância por parte dos órgãos do Estado não é exclusiva deste caso, mas é sistemática. Trata-se de uma tolerância de todo o sistema, que não faz senão perpetuar as raízes e fatores psicológicos, sociais e históricos que mantêm e alimentam a violência contra a mulher"[22].

A decisão fundamentou-se na violação, pelo Estado, dos deveres assumidos em virtude da ratificação da Convenção Americana de Direitos

---

[19] *Folha de S.Paulo*, Caderno São Paulo, 21-7-1998, p. 1 e 3.

[20] *Jornal da Rede Saúde*, Informativo da Rede Nacional Feminista de Saúde e Direitos Reprodutivos, n. 19 – novembro 1999, citado por Valéria Pandjiarjian, *Os estereótipos de gênero nos processos judiciais e a violência contra a mulher na legislação* (mimeo.).

[21] Comissão Interamericana de Direitos Humanos – OEA, Informe 54/01, caso 12.051, Maria da Penha Fernandes v. Brasil, 16-4-2001, parágrafos 54 e 55. Disponível em: <http://www.cidh.oas.org/annualrep/2000port/12051.htm>.

[22] Comissão Interamericana de Direitos Humanos – OEA, Informe 54/01, caso 12.051, Maria da Penha Fernandes v. Brasil, 16-4-2001, parágrafos 54 e 55. Disponível em: <http://www.cidh.oas.org/annualrep/2000port/12051.htm>.

Humanos e da Convenção Interamericana para Prevenir, Punir e Erradicar a Violência contra a Mulher ("Convenção de Belém do Pará"), que consagram parâmetros protetivos mínimos concernentes à proteção dos direitos humanos. A Comissão ressaltou que: "O Estado está (...) obrigado a investigar toda situação em que tenham sido violados os direitos humanos protegidos pela Convenção. Se o aparato do Estado age de maneira que tal violação fique impune e não seja restabelecida, na medida do possível, a vítima na plenitude de seus direitos, pode-se afirmar que não cumpriu o dever de garantir às pessoas sujeitas à sua jurisdição o exercício livre e pleno de seus direitos. Isso também é válido quando se tolere que particulares ou grupos de particulares atuem livre ou impunemente em detrimento dos direitos reconhecidos na Convenção. (...) A segunda obrigação dos Estados Partes é 'garantir' o livre e pleno exercício dos direitos reconhecidos na Convenção a toda pessoa sujeita à sua jurisdição. Essa obrigação implica o dever dos Estados-partes de organizar todo o aparato governamental e, em geral, todas as estruturas mediante as quais se manifesta o exercício do poder público, de maneira que sejam capazes de assegurar juridicamente o livre e pleno exercício dos direitos humanos. Em consequência dessa obrigação, os Estados devem prevenir, investigar e punir toda violação dos direitos reconhecidos pela Convenção e, ademais, procurar o restabelecimento, na medida do possível, do direito conculcado e, quando for o caso, a reparação dos danos produzidos pela violação dos direitos humanos"[23].

Ao final, recomendou ao Estado brasileiro que: a) concluísse rápida e efetivamente o processo penal envolvendo o responsável pela agressão; b) investigasse séria e imparcialmente irregularidades e atrasos injustificados do processo penal; c) pagasse à vítima uma reparação simbólica, decorrente da demora na prestação jurisdicional, sem prejuízo da ação de compensação contra o agressor; d) promovesse a capacitação de funcionários da justiça em direitos humanos, especialmente no que toca aos direitos previstos na Convenção de Belém do Pará[24]. É a primeira vez que um caso de violência doméstica leva à condenação de um país, no âmbito do sistema interamericano de proteção dos direitos humanos.

---

[23] Comissão Interamericana de Direitos Humanos – OEA, Informe 54/01, caso 12.051, *Maria da Penha Fernandes v. Brasil*, 16-4-2001, parágrafos 42 a 44. Disponível em: <http://www.cidh.oas.org/annualrep/2000port/12051.htm>.

[24] Comissão Interamericana de Direitos Humanos – OEA, Informe 54/01, caso 12.051, *Maria da Penha Fernandes v. Brasil*, 16-4-2001, Recomendações. Disponível em: <http://www.cidh.oas.org/annualrep/2000port/12051.htm>, acesso em 19 dez. 2002.

O objetivo das entidades peticionárias era um só: que a litigância internacional pudesse propiciar avanços internos na proteção dos direitos humanos das mulheres no Brasil.

Em 31 de outubro de 2002, finalmente, houve a prisão do réu, no Estado da Paraíba[25]. O ciclo de impunidade se encerrava, após dezenove anos. As demais medidas recomendadas pela Comissão Interamericana (como, por exemplo, medidas reparatórias; campanhas de prevenção; programas de capacitação e sensibilização dos agentes da justiça, dentre outras) foram objeto de um termo de compromisso firmado entre as entidades peticionárias e o Estado brasileiro[26]. Em 24 de novembro de 2003, foi adotada a Lei n. 10.778, que determina a notificação compulsória, no território nacional, de casos de violência contra a mulher que for atendida em serviços de saúde públicos ou privados.

Em 31 de março de 2004, por meio do Decreto n. 5.030, foi instituído um Grupo de Trabalho Interministerial, que contou com a participação da sociedade civil e do Governo, para elaborar proposta de medida legislativa e outros instrumentos para coibir a violência doméstica contra a mulher. O Grupo elaborou uma proposta legislativa, encaminhada pelo Poder Executivo ao Congresso Nacional, no final de 2004. Na exposição de motivos do aludido projeto de lei, há enfática referência ao caso Maria da Penha, em especial às recomendações formuladas pela Comissão Interamericana.

Finalmente, em 7 de agosto de 2006, foi adotada a Lei n. 11.340 (também denominada Lei "Maria da Penha"), que, de forma inédita, cria mecanismos para coibir a violência doméstica e familiar contra a mulher, estabelecendo medidas para a prevenção, assistência e proteção às mulheres em situação de violência.

5. Litigância Internacional e Avanços Locais: a Lei "Maria da Penha"

Diversamente de dezessete países da América Latina, o Brasil até 2006 não dispunha de legislação específica a respeito da violência contra a mulher.

---

[25] Economista é preso 19 anos após balear a mulher, Folha de S.Paulo, 31-10-2002.

[26] No Relatório Anual da Comissão Interamericana de Direitos Humanos 2003, no capítulo sobre Situação Referente ao Cumprimento de Recomendações da CIDH (disponível em: <http://www.cidh.org/annualrep/2003port/cap.3c.htm>, acesso em 25-2-2005) verifica-se que o Estado Brasileiro informou à Comissão sobre o andamento do processo penal em trâmite contra o responsável pelas agressões e tentativa de homicídio a que se refere a recomendação n. 1. Posteriormente, a Comissão teve conhecimento de que a sentença que condenou à pena de prisão do responsável havia sido executada.

Aplicava-se a Lei n. 9.099/95, que instituiu os Juizados Especiais Criminais (JECrim) para tratar especificamente das *infrações penais de menor potencial ofensivo*, ou seja, aquelas consideradas de menor gravidade, cuja pena máxima prevista em lei não fosse superior a um ano. Contudo, tal resposta mostrava-se absolutamente insatisfatória, ao endossar a equivocada noção de que a violência contra a mulher era *infração penal de menor potencial ofensivo* e não grave violação a direitos humanos. Pesquisas demonstram o quanto a aplicação da Lei n. 9.099/95 para os casos de violência contra a mulher implicava a naturalização e legitimação deste padrão de violência, reforçando a hierarquia entre os gêneros[27]. O grau de ineficácia da referida lei revelava o paradoxo de o Estado romper com a clássica dicotomia público-privado, de forma a dar visibilidade a violações que ocorrem no domínio privado, para, então, devolvê-las a este mesmo domínio, sob o manto da banalização, em que o agressor é condenado a pagar à vítima uma cesta básica ou meio fogão ou meia geladeira... Os casos de violência contra a mulher ora eram vistos como mera "querela doméstica", ora como reflexo de ato de "vingança ou implicância da vítima", ora decorrentes da culpabilidade da própria vítima, no perverso jogo de que a mulher teria merecido, por seu comportamento, a resposta violenta. Isto culminava com a consequente falta de credibilidade no aparato da justiça. No Brasil, apenas 2% dos acusados em casos de violência contra a mulher são condenados.

No campo jurídico a omissão do Estado brasileiro afrontava a Convenção Interamericana para Prevenir, Punir e Erradicar a Violência contra a

---

[27] A título exemplificativo, ver A *atuação do Juizado Especial Criminal de Belo Horizonte nos casos de violência contra a mulher*: intervenções e perspectivas, Alessandra Nogueira Araujo, dissertação de mestrado, Universidade Federal de Minas Gerais, 2005. Na visão de Leila Linhares Barsted: "Após dez anos de aprovação dessa lei, constata-se que cerca de 70% dos casos que chegam aos Juizados Especiais Criminais envolvem situações de violência doméstica contra as mulheres.

Do conjunto desses casos, a grande maioria termina em 'conciliação', sem que o Ministério Público ou o juiz tomem conhecimento e sem que as mulheres encontrem uma resposta qualificada do Poder Público à violência sofrida. Em face do efeito praticamente descriminalizador dessa lei, o movimento de mulheres tem debatido algumas soluções e avaliado iniciativas de parlamentares que encontram no Congresso Nacional, bem como experiências legislativas de outros países que elaboraram leis contra a violência doméstica. Com tais subsídios, um consórcio de ONGs elaborou uma proposta de lei sobre o tema, calcada na Convenção de Belém do Pará e que afasta a aplicação da Lei 9.099/95. Essa proposta foi apresentada à Secretaria Especial de Políticas para as Mulheres" (A violência contra as mulheres no Brasil e a Convenção de Belém do Pará dez anos depois. In: UNIFEM, O *progresso das mulheres no Brasil*, cit., p. 280-281).

Mulher – a "Convenção de Belém do Pará" – ratificada pelo Brasil em 1995. É dever do Estado brasileiro implementar políticas públicas destinadas a prevenir, punir e erradicar a violência contra a mulher, em consonância com os parâmetros internacionais e constitucionais, rompendo com o perverso ciclo de violência que, banalizado e legitimado, subtraia a vida de metade da população brasileira. Tal omissão deu ensejo à condenação sofrida pelo Brasil no caso Maria da Penha.

Daí o advento da Lei n. 11.340, em 7 de agosto de 2006. Destacam-se sete inovações extraordinárias introduzidas pela Lei "Maria da Penha":

1) *Mudança de paradigma no enfrentamento da violência contra a mulher*

A violência contra a mulher era, até o advento da Lei "Maria da Penha", tratada como uma *infração penal de menor potencial ofensivo*, nos termos da Lei n. 9.099/95. Com a nova lei passa a ser concebida como uma violação a direitos humanos, na medida em que a lei reconhece que "a violência doméstica e familiar contra a mulher constitui uma das formas de violação dos direitos humanos" (art. 6º), sendo expressamente vedada a aplicação da Lei n. 9.099/95.

2) *Incorporação da perspectiva de gênero para tratar da violência contra a mulher*

Na interpretação da lei devem ser consideradas as condições peculiares das mulheres em situação de violência doméstica e familiar. É prevista a criação de Juizados de Violência Doméstica e Familiar contra a Mulher, com competência cível e criminal, bem como atendimento policial especializado para as mulheres, em particular nas Delegacias de Atendimento à Mulher.

3) *Incorporação da ótica preventiva, integrada e multidisciplinar*

Para o enfrentamento da violência contra a mulher, a Lei "Maria da Penha" consagra medidas integradas de prevenção, por meio de um conjunto articulado de ações da União, Estados, Distrito Federal, Municípios e de ações não governamentais. Sob o prisma multidisciplinar, determina a integração do Poder Judiciário, Ministério Público, Defensoria Pública, com as áreas da segurança pública, assistência social, saúde, educação, trabalho e habitação.

Realça a importância da promoção e realização de campanhas educativas de prevenção da violência doméstica e familiar contra a mulher, bem como da difusão da Lei e dos instrumentos de proteção dos direitos humanos das mulheres. Acresce a importância de inserção nos currículos escolares de todos os níveis de ensino para os conteúdos relativos a direitos humanos, à equidade de gênero e de raça, etnia e ao problema da violência doméstica e familiar contra a mulher.

Adiciona a necessidade de capacitação permanente dos agentes policiais quanto às questões de gênero e de raça e etnia.

4) *Fortalecimento da ótica repressiva*

Além da ótica preventiva, a Lei "Maria da Penha" inova a ótica repressiva, ao romper com a sistemática anterior baseada na Lei n. 9.099/95, que tratava a violência contra a mulher como uma infração de menor potencial ofensivo, sujeita à pena de multa e pena de cesta básica.

De acordo com a nova Lei, são proibidas, nos casos de violência doméstica e familiar contra a mulher, penas de cesta básica ou outras de prestação pecuniária, bem como a substituição de pena que implique o pagamento isolado de multa[28]. Afasta-se, assim, a conivência do Poder Público com a violência contra a mulher.

5) *Harmonização com a Convenção Interamericana para Prevenir, Punir e Erradicar a Violência contra a Mulher de Belém do Pará*

A Lei "Maria da Penha" cria mecanismos para coibir a violência doméstica e familiar contra a mulher em conformidade com a Convenção Interamericana para Prevenir, Punir e Erradicar a Violência contra a Mulher ("Convenção de Belém do Pará"). Amplia o conceito de violência contra a mulher, compreendendo tal violência como "qualquer ação ou omissão baseada no gênero que lhe cause morte, lesão, sofrimento físico, sexual ou psicológico e dano moral ou patrimonial", que ocorra no âmbito da unidade doméstica, no âmbito da família ou em qualquer relação íntima de afeto.

6) *Consolidação de um conceito ampliado de família e visibilidade ao direito à livre orientação sexual*

A nova Lei consolida, ainda, um conceito ampliado de família, na medida em que afirma que as relações pessoais a que se destina independem da orientação sexual. Reitera que toda mulher, independentemente de orientação sexual, classe, raça, etnia, renda, cultura, nível educacional, idade e religião tem o direito de viver sem violência.

---

[28] A respeito, ver "Nova lei que protege a mulher já tem um preso", O *Estado de S. Paulo*, C5, 23-9-2006. O caso refere-se à prisão de homem que agrediu a mulher, grávida de cinco meses. Segundo a delegada, o agressor teria achado "um absurdo ser preso".

7) *Estímulo à criação de bancos de dados e estatísticas*

Por fim, a nova Lei prevê a promoção de estudos e pesquisas, estatísticas e outras informações relevantes, com a perspectiva de gênero, raça e etnia, concernentes à causa, às consequências e à frequência da violência doméstica e familiar contra a mulher, com a sistematização de dados e a avaliação periódica dos resultados das medidas adotadas.

Na visão de Leila Linhares Barsted: "O balanço de mais de uma década no enfrentamento da violência contra as mulheres no Brasil revela o importante papel dos movimentos de mulheres no diálogo com o Estado em suas diferentes dimensões. (...) Não há dúvidas de que, ao longo das três últimas décadas, o movimento de mulheres tem sido o grande impulsionador das políticas públicas de gênero, incluindo aquelas no campo da prevenção da violência. Mas, apesar das conquistas obtidas, é inegável a persistência da violência doméstica e sexual contra a mulher no Brasil"[29].

6. Conclusão

Considerando que a Lei "Maria da Penha" foi adotada em 7 de agosto de 2006, já há o necessário acúmulo capaz de comprovar o impacto transformador da nova Lei.

Uma vez mais, o movimento de mulheres mantém-se em forte articulação, no sentido de enfrentar as resistências de diversos atores sociais no

---

[29] Leila Linhares Barsted, A violência contra as mulheres no Brasil e a Convenção de Belém do Pará dez anos depois. In: UNIFEM, *O progresso das mulheres no Brasil*, Brasília: Cepia/Ford Foundation, 2006, p. 288 Ao tratar do diálogo entre o movimento feminista e os Poderes Públicos, no que se refere à violência doméstica, prossegue a autora: "E esse diálogo tem enfatizado atuações em diversas áreas, entre as quais: a) a ação voltada ao Poder Legislativo para alterar dispositivos discriminatórios da lei penal e para criar legislação sobre a violência doméstica contra as mulheres; b) o empenho com os Poderes Executivo e Legislativo para ratificar tratados, convenções e planos de ação internacionais que reconheçam os direitos humanos das mulheres, especialmente no campo da segurança e da luta contra a violência; c) a pressão nos Poderes Executivo e Legislativo estaduais para criar, ampliar e melhorar delegacias, abrigos, centros de referências, núcleos da Defensoria Pública e do Ministério Público e serviços na área da saúde voltados ao atendimento das vítimas; d) a demanda com o Poder Executivo e o Congresso Nacional por recursos para o combate à violência em suas diversas dimensões; e) a demanda com os órgãos da administração federal e estadual por pesquisas nacionais e locais que possam ampliar a visibilidade dessa violência e orientar políticas públicas de prevenção e atenção; f) o esforço sobre os órgãos federais e estaduais para qualificar policiais que atuam nas Delegacias da Mulher" (Leila Linhares Barsted, O *progresso das mulheres no Brasil*, cit., p. 288).

tocante às inovações da Lei "Maria da Penha"[30]. Setores jurídicos têm defendido a inconstitucionalidade da Lei, sob o argumento de que "seria discriminatória uma medida afeta apenas à violência contra a mulher"[31]. Ignoram o perfil e a incidência epidêmica desta violência que tem subtraído a vida das mulheres brasileiras. Há, ainda, setores do Poder Judiciário que apontam a inconstitucionalidade da criação de juízos com a dupla competência cível e criminal – o que refoge à tradição brasileira[32].

O movimento de mulheres, por sua vez, tem-se posicionado firmemente a favor da nova Lei, enfatizando suas extraordinárias inovações e realçando que inconstitucional não é a lei, mas a ausência dela[33].

O debate público a respeito da violência contra a mulher nunca se fez tão presente e intenso na experiência brasileira. Ao enfrentar a tese da (in) constitucionalidade da Lei "Maria da Penha" concernente à prevenção e punição da violência contra a mulher, decidiu o Supremo Tribunal Federal pela constitucionalidade da aludida medida protetiva às mulheres, em 9 de fevereiro de 2012[34]. Argumentou que o Estado é partícipe da promoção da

---

[30] A respeito, cite-se reunião sobre a Lei "Maria da Penha", organizada pela Articulação das Mulheres Brasileiras, em São Paulo, em 5 e 6 de outubro de 2006, em que foram discutidas propostas e estratégias em defesa da plena aplicação da nova Lei.

[31] A respeito, ver decisão proferida pela 2ª Turma Criminal do Tribunal de Justiça do Mato Grosso do Sul, em 27 de setembro de 2007, que declarou inconstitucional a Lei "Maria da Penha", sob a alegação de ofensa ao princípio da igualdade entre homens e mulheres.

[32] Destacam-se, assim, três argumentos contrários à Lei "Maria da Penha": a) violação ao princípio da igualdade; b) afronta à competência estadual para fixação da organização judiciária local; e c) afronta à competência dos juizados especiais. Sobre os dois últimos argumentos, ver "Moção de Repúdio à Lei de Violência Doméstica (Lei 11.340/06)", aprovada no 3º Encontro de Juízes dos Juizados Especiais Criminais, no Rio de Janeiro, em setembro de 2006. No documento, os juízes criticam a forma "assistemática e acientífica com que têm sido redigidas várias leis penais e processuais penais nas últimas legislaturas". Adicionam que "a sucessão de leis imperfeitas frustra a sociedade e aumenta o sentimento de desesperança". No mesmo sentido, a maioria dos promotores e juízes do Distrito Federal considera inconstitucional a Lei, especialmente o dispositivo que veda a aplicação da Lei n. 9.099/95 aos crimes praticados com violência doméstica e familiar contra a mulher. Em sentido oposto, destaca-se o louvável e extraordinário empenho da Desembargadora Shelma Lombardi de Kato, que levou à implantação do primeiro Juizado de Violência Doméstica e Familiar contra a Mulher no Brasil, em Cuiabá, em 25 de setembro de 2006.

[33] Consultar Flávia Piovesan e Silvia Pimentel, *Lei Maria da Penha: inconstitucional não é a lei, mas a ausência dela*, artigo publicado no *site* Agência Carta Maior, em 12 de outubro de 2007.

[34] Consultar o julgamento conjunto proferido pelo STF na ADI 4.424 e na ADC 19, em 9 fev. 2012.

dignidade humana, cabendo-lhe assegurar especial proteção às mulheres em virtude de sua vulnerabilidade, sobretudo em um contexto marcado pela cultura machista e patriarcal. Concluiu que a lei não estaria a violar o princípio da igualdade, senão a protegê-lo.

A Lei "Maria da Penha" simboliza o fruto de uma exitosa articulação do movimento de mulheres brasileiras: ao identificar um caso emblemático de violência contra a mulher; ao decidir submetê-lo à arena internacional, por meio de uma litigância e do ativismo transnacional; ao sustentar e desenvolver o caso, por meio de estratégias legais, políticas e de comunicação; ao extrair as potencialidades do caso, pleiteando reformas legais e transformações de políticas públicas; ao monitorar, acompanhar e participar ativamente do processo de elaboração da lei relativamente à violência contra a mulher; ao defender e lutar pela efetiva implementação da nova lei.

A partir da competente atuação do movimento de mulheres, na utilização de estratégias legais e de um ativismo transnacional, o caso Maria da Penha teve a força catalisadora para fomentar avanços na proteção dos direitos humanos das mulheres, por meio da reforma legal e de mudanças de políticas públicas.

A adoção da Lei "Maria da Penha" permitiu romper com o silêncio e a omissão do Estado brasileiro, que estavam a caracterizar um ilícito internacional, ao violar obrigações jurídicas contraídas quando da ratificação de tratados internacionais. A tolerância estatal à violência contra a mulher perpetua a impunidade, simbolizando uma grave violência institucional, que se soma ao padrão de violência sofrido por mulheres, em total desprezo à ordem internacional e constitucional.

Perante a comunidade internacional, o Estado brasileiro assumiu o dever jurídico de combater a impunidade em casos de violência contra a mulher, cabendo-lhe adotar medidas e instrumentos eficazes para assegurar o acesso à justiça para as mulheres vítimas de violência. É dever do Estado atuar com a devida diligência para prevenir, investigar, processar, punir e reparar a violência contra a mulher, assegurando-lhes recursos idôneos e efetivos[35].

---

[35] Ver Comissão Interamericana de Direitos Humanos, Acceso a la Justicia para las mujeres víctimas de la violencia en las Américas, OEA/Ser. L./V/II Doc. 68, 20-1-2007.

No amplo horizonte de construção dos direitos humanos das mulheres, jamais se caminhou tanto quanto nas últimas três décadas. Elas compõem o marco divisório em que se concentram os maiores avanços emancipatórios na luta das mulheres por dignidade, direitos e justiça. Sob esta perspectiva, em absoluta harmonia com os parâmetros protetivos internacionais, a Lei "Maria da Penha" inaugura uma política integrada para prevenir, investigar, sancionar e reparar a violência contra a mulher.

Ao repudiar a tolerância estatal e o tratamento discriminatório concernente à violência contra a mulher, a Lei "Maria da Penha" constitui uma conquista histórica na afirmação dos direitos humanos das mulheres. Sua plena implementação – com a adoção de políticas públicas voltadas à prevenção, punição e erradicação da violência contra a mulher, em todas as suas manifestações – surge como imperativo de justiça e respeito aos direitos das vítimas desta grave violação que ameaça o destino e rouba a vida de tantas mulheres brasileiras.

A ética emancipatória dos direitos humanos demanda transformação social, a fim de que cada pessoa possa exercer, em sua plenitude, suas potencialidades, sem violência e discriminação. É a ética que vê no outro um ser merecedor de igual consideração e profundo respeito, dotado do direito de desenvolver as potencialidades humanas, de forma livre, autônoma e plena. Enquanto um construído histórico, os direitos humanos não traduzem uma história linear[36], não compõem uma marcha triunfal, nem tampouco uma causa perdida. Mas refletem, a todo tempo, história de um combate[37], mediante processos que abrem e consolidam espaços de luta pela dignidade humana[38].

---

[36] Para Jacqueline Pitanguy, ao se referir à construção dos direitos humanos das mulheres: "Falta ainda amadurecer tais conquistas e avançar em sua implementação. Esse é um desafio que continua a ser enfrentado pelos movimentos de mulheres no seu percurso não linear rumo à consolidação de um marco normativo mais igualitário e à transversalização da igualdade de gênero nas políticas públicas, de forma que a questão dos direitos de cidadania das mulheres e as condições para seu exercício constituam questões centrais de democracia, e não apenas questões das mulheres" (As mulheres e os direitos humanos, cit., p. 30).

[37] Daniele Lochak, Les droits de l'homme, nouv. edit., Paris: La Découverte, 2005, p. 116, apud Celso Lafer, prefácio ao livro Direitos Humanos e Justiça Internacional, 7. ed., Flávia Piovesan, São Paulo: Saraiva, 2017, p. 22.

[38] Joaquín Herrera Flores, Direitos humanos, interculturalidade e racionalidade de resistência, mimeo, p. 7.

O protagonismo do movimento de mulheres, a partir do caso Maria da Penha, teve como marca, a doar-lhe especial integridade e sentido, o princípio da esperança, da ação criativa e da capacidade transformadora. Vislumbra Hannah Arendt o ser humano como, ao mesmo tempo, um início e um iniciador, acenando que é possível modificar pacientemente o deserto com as faculdades da paixão e do agir[39]. É o que nos ensina a ação emancipatória do movimento de mulheres no Brasil.

---

[39] Hannah Arendt, *The human condition*. Chicago: The University of Chicago Press, 1998. Ver ainda da mesma autora *Men in dark times*, New York: Harcourt Brace & Company, 1995.

Capítulo 19

INTEGRANDO A PERSPECTIVA DE GÊNERO NA DOUTRINA JURÍDICA BRASILEIRA: DESAFIOS E PERSPECTIVAS*

"A igualdade não é um dado, mas um construído."
(Hannah Arendt)

1. Introdução

O objetivo deste capítulo é enfocar os desafios e as perspectivas que se apresentam na busca de integrar a perspectiva de gênero na doutrina jurídica brasileira.

O Brasil, como os demais países latino-americanos, adota o sistema da *civil law*, no qual as leis e os códigos normativos destacam-se como a principal fonte jurídica. Por consequência, além da norma jurídica, o estudo do universo normativo por meio da doutrina também recebe especial importância. Diversamente dos países que adotam o sistema da *common law*, em que os precedentes judiciais constituem a mais relevante fonte jurídica, o contexto latino-americano baseia-se na tradição da lei e da doutrina jurídica, que tece a atividade de interpretação normativa.

Diante dessas especificidades, indaga-se: como incorporar a perspectiva de gênero na doutrina jurídica? Quais os principais obstáculos e desafios a esse processo? Quais as perspectivas e possibilidades?

São essas as questões centrais que orientam este trabalho. Em um primeiro momento buscar-se-á traçar um diagnóstico dos desafios e dos obstáculos que tentam impedir a adoção da perspectiva de gênero na doutrina jurídica brasileira. À luz desse diagnóstico, em um segundo momento, buscar--se-á enfocar as possibilidades e perspectivas capazes de estimular o processo de incorporação da perspectiva de gênero na doutrina jurídica nacional.

---

* Este capítulo é baseado na palestra *Integrating Gender into Legal Doctrine and Education: Obstacles and Perspectives*, proferida na American University, em Washington, em 30 de outubro de 1997, por ocasião da Conferência Panamericana *Transforming Women's Legal Status*.

2. Integrando a Perspectiva de Gênero na Doutrina Jurídica Brasileira: Obstáculos e Desafios

2.1. Os anacronismos da ordem jurídica brasileira e a urgência de seu saneamento

A ordem jurídica brasileira é integrada por um complexo sistema normativo que conjuga, ao lado de instrumentos jurídicos contemporâneos e inovadores (como a Constituição brasileira de 1988 e os instrumentos internacionais de proteção dos direitos humanos), diplomas legais editados no início do século – como é o caso do Código Penal de 1940 e do então Código Civil de 1916, somente revogado com o advento do novo Código (Lei n. 10.406, de 2002), que entrou em vigor em janeiro de 2003.

Em face desse complexo universo normativo, em que diplomas de um remoto passado são combinados com diplomas jurídicos contemporâneos, revelam-se tensões e conflitos valorativos. Essas valorações conflitantes são objeto da atividade do intérprete do Direito, em especial da doutrina e dos órgãos aplicadores do Direito (fundamentalmente o Poder Judiciário), que a todo tempo realizam suas escolhas jurídico-políticas.

Com relação à condição jurídica da mulher, essa tensão valorativa alcança o seu grau máximo. Se de um lado a Constituição brasileira[1] e os tratados internacionais de proteção dos direitos da mulher consagram a

---

[1] A Carta de 1988 simboliza a ruptura com o regime militar ditatorial. Constitui o marco jurídico da transição democrática e da institucionalização dos direitos humanos no Brasil. A Constituição simboliza ainda a ruptura com o regime jurídico anterior, bem como a ruptura com a ideologia patriarcal, apresentando extraordinários avanços no campo dos direitos fundamentais. Relativamente ao *status* jurídico da mulher, a Constituição de 1988 incorporou quase todas as reivindicações feitas pelo movimento de mulheres. Dentre os avanços da Constituição Federal de 1988, com relação à mulher, destacam-se: a) a igualdade entre homens e mulheres em geral (art. 5º, I) e especificamente no âmbito da família (art. 226, § 5º); b) a proibição da discriminação no mercado de trabalho, por motivo de sexo ou estado civil (art. 7º, XXX, regulamentado pela Lei n. 9.029, de 13 de abril de 1995, que proíbe a exigência de atestados de gravidez e esterilização e outras práticas discriminatórias para efeitos admissionais ou de permanência da relação jurídica de trabalho); c) a proteção especial da mulher do mercado de trabalho, mediante incentivos específicos (art. 7º, XX, regulamentado pela Lei n. 9.799, de 26-5-1999, que insere na Consolidação das Leis do Trabalho regras sobre o acesso da mulher ao mercado de trabalho); d) o planejamento familiar como uma livre decisão do casal, devendo o Estado propiciar recursos educacionais e científicos para o exercício desse direito (art. 226, § 7º, regulamentado pela Lei n. 9.263, de 12-1 1996, que trata do planejamento familiar, no âmbito do atendimento global e integral à saúde); e e) o dever do Estado de coibir a violência no âmbito das relações familiares (art. 226, § 8º).

igualdade entre homens e mulheres, o dever de promover essa igualdade e proibir discriminações, parte dos diplomas infraconstitucionais adota uma perspectiva androcêntrica (segundo a qual a perspectiva masculina é a central e o homem é o paradigma da humanidade) e discriminatória com relação à mulher. Essa perspectiva discriminatória, constante, por exemplo, no Código Penal de 1940[2] e no então Código Civil de 1916[3], estabelece nítida relação hierárquica entre homens e mulheres, retirando destas direitos fundamentais, atribuindo-lhes um papel social predefinido e adjetivando o seu comportamento social, com base em uma dupla moral, que passa a condicionar a aquisição ou perda de seus direitos[4].

Há, portanto, a urgente necessidade de saneamento da ordem jurídica brasileira, com a imediata eliminação das normas discriminatórias que esvaziam e restringem o alcance de dispositivos normativos avançados.

---

[2] Ver, por exemplo, as normas do Código Penal brasileiro que consideram o estupro um crime contra a dignidade sexual e não contra a pessoa.

[3] Ver, por exemplo, as normas do Código Civil brasileiro de 1916 que tratavam do pátrio poder (art. 380), da chefia da sociedade conjugal (art. 233), do direito de anulação do casamento pelo homem quando a mulher não é virgem (art. 219), do privilégio do homem na fixação do domicílio familiar (art. 233), dentre outras. Quanto à chefia da sociedade conjugal, dispunha o Código Civil: "O marido é o chefe da sociedade conjugal, cabendo-lhe: I – a representação legal da família; II – a administração dos bens comuns e dos particulares da mulher que ao marido incumbir administrar, em virtude do regime matrimonial adotado, ou de pacto antenupcial; III – o direito de fixar o domicílio da família, ressalvada a possibilidade de recorrer a mulher ao juiz, no caso de deliberação que a prejudique; IV – prover a manutenção da família, guardadas as disposições dos arts. 275 e 277". Note-se que a chefia da sociedade conjugal só seria exercida pela mulher se o marido estivesse em lugar remoto e não sabido, em cárcere por mais de dois anos ou fosse declarado interdito, nos termos do art. 251. No que tange ao direito de anulação do casamento pelo homem quando a mulher não fosse virgem, estabelecia o mesmo Código: "Considera-se erro essencial sobre a pessoa do outro cônjuge: ... IV – o defloramento da mulher, ignorado pelo marido". A respeito do pátrio poder, o Código Civil afirmava: "Durante o casamento compete o pátrio poder aos pais, exercendo-o o marido com a colaboração da mulher". Acrescentava o parágrafo único: "Divergindo os progenitores quanto ao exercício do pátrio poder, prevalecerá a decisão do pai". Observe-se que foi em virtude desses dispositivos legais que o Brasil, em 1984, ratificou a Convenção sobre a Eliminação de todas as Formas de Discriminação contra a Mulher com reservas nos artigos 15 e 16, concernentes à igualdade entre homens e mulheres no exercício da sociedade conjugal. Essas reservas só foram retiradas em 20 de dezembro de 1994.

[4] A respeito, ver DI GIORGI, Beatriz; PIOVESAN, Flávia; PIMENTEL, Silvia. A *figura/personagem mulher em processos de família*. Porto Alegre: Sérgio Antonio Fabris, 1993; ver também ARDAILLON, Danielle; DEBERT, Guita. *Quando a vítima é a mulher*: análise de julgamentos de crimes de estupro, espancamento e homicídio. Brasília: CEDAC, 1987.

A prevalência da Constituição brasileira e dos instrumentos internacionais de proteção dos direitos da mulher impõe a revogação de toda normatividade ordinária com ela incompatível, eliminando-se, assim, obstáculos decorrentes de uma mentalidade discriminatória, hierarquizada com relação aos gêneros, que constrói um papel socialmente definido para os homens e mulheres.

Com base nos avanços da Constituição brasileira de 1988, no que tange à condição jurídica da mulher, e com base nos tratados e declarações internacionais de proteção dos direitos da mulher (destacando-se a Convenção da ONU sobre a Eliminação de todas as Formas de Discriminação contra a Mulher de 1979, a Declaração e Programa de Ação de Viena de 1993, a Declaração sobre a Eliminação da Violência contra a Mulher de 1993, a Convenção Interamericana para Prevenir, Punir e Erradicar a Violência contra a Mulher de 1994, a Conferência sobre População e Desenvolvimento do Cairo de 1994 e a Declaração e o Programa de Ação de Beijing de 1995), faz-se fundamental a construção de um novo paradigma, que incorpore a perspectiva de gênero. Daí a urgência em se fomentar uma cultura fundada na observância dos parâmetros internacionais e constitucionais de proteção aos direitos humanos das mulheres, visando à implementação dos avanços constitucionais e internacionais já alcançados, que consagram uma ótica democrática e igualitária em relação aos gêneros.

2.2. O perfil conservador dos agentes jurídicos e a urgência de mudanças no ensino jurídico

Há pesquisas científicas que demonstram o perfil altamente conservador dos agentes jurídicos que, em sua maioria, concebem o Direito como instrumento de conservação e contenção social e não como instrumento de transformação social. Esse perfil conservador dos agentes jurídicos tem fomentado a reprodução de estruturas e categorias jurídicas tradicionais, construídas há quase um século, o que tem inviabilizado a tarefa de reconstrução do pensamento jurídico à luz de novos paradigmas e novas interpretações.

Essa postura implica uma gravíssima distorção jurídica, na medida em que dispositivos igualitários e que transformam a condição jurídica da mulher, previstos na Constituição Federal e em tratados internacionais ratificados pelo Brasil, são interpretados à luz de categorias discriminatórias veiculadas por diplomas infraconstitucionais.

Vale dizer, não obstante os significativos avanços obtidos na esfera constitucional e internacional, que refletem, cada qual ao seu modo, as reivindicações e anseios contemporâneos das mulheres, ainda persiste na cultura brasileira uma ótica sexista e discriminatória com relação à mulher. Os avanços constitucionais e internacionais, que consagram a ótica da igualdade entre os gêneros, têm a sua força normativa gradativamente pulverizada e reduzida, mediante uma cultura que praticamente despreza o alcance destas inovações, sob uma perspectiva discriminatória, fundada em uma dupla moral, que ainda atribui pesos diversos e avaliações morais distintas a atitudes praticadas por homens e mulheres. Isto é, os extraordinários ganhos internacionais e constitucionais não implicaram automaticamente a sensível mudança cultural, que, muitas vezes, adota como referência os valores da normatividade pré-1988 e não os valores da normatividade introduzida a partir da Carta democrática de 1988, reforçados e revigorados pelos parâmetros protetivos internacionais.

Esse fenômeno ilustra não apenas o componente conservador, mas também privatista da cultura jurídica tradicional. A cultura jurídica brasileira prima pela ótica do privado, em detrimento da ótica publicista. São estudados com mais intensidade os Códigos que a própria Constituição Federal. Com relação aos tratados internacionais de proteção dos direitos humanos, e em especial de proteção dos direitos da mulher, raramente são eles objeto de estudo nas Faculdades de Direito.

É também premente que se repense o ensino jurídico, a fim de que esses instrumentos sejam parte inerente dos currículos. É justamente nesse instrumental que se encontra uma visão renovada, contemporânea e avançada acerca da questão de gênero e da condição jurídica da mulher.

Além de privatista, a cultura jurídica brasileira é extremamente formalista. É fundamental alargar o estudo da dimensão fática, considerando a complexidade e as contradições da realidade social. Importa, por meio de pesquisas, estudos e estatísticas, evidenciar o padrão de discriminação e violência sofrido pelas mulheres. Importa, ademais, mostrar a necessidade de transformar essa realidade, mediante diversas estratégias, dentre elas a jurídica.

Por meio de transformações no ensino jurídico, os agentes jurídicos poderão apresentar um novo perfil e, por sua vez, as instituições que eles passarão no futuro a integrar (como os Poderes Judiciário, Legislativo, Executivo, dentre outros) poderão refletir essas mudanças.

3. Integrando a Perspectiva de Gênero na Doutrina Jurídica Brasileira: Possibilidades e Perspectivas

3.1. A necessidade de criar uma doutrina jurídica sob a perspectiva de gênero

À luz dos desafios e obstáculos acima apresentados, uma primeira estratégia para transformar a condição jurídica da mulher é fomentar, estimular e criar uma doutrina jurídica, sob a perspectiva de gênero, que seja capaz de visualizar a mulher e tornar visíveis as relações de poder entre os sexos[5].

Essa doutrina há de ter como pressuposto o padrão de discriminação e as experiências de exclusão e violência sofridas por mulheres[6]. Deve ter como objetivo central a tarefa de transformar essa realidade. Como meio, essa doutrina deve se valer dos instrumentos internacionais de proteção dos direitos da mulher e das Constituições democráticas promulgadas em virtude dos processos de transição política no contexto latino-americano[7].

---

[5] A respeito, afirma Alda Facio: "(...) *Gender* ou gênero sexual corresponde a uma dicotomia sexual que é imposta socialmente através de papéis e estereótipos" (*Cuando el genero suena cambios trae*. San José da Costa Rica: ILANUD – Proyecto Mujer y Justicia Penal, 1992, p. 54). Sobre a matéria, ver ainda BUNCH, Charlotte. Transforming human rights from a feminist perspective. In: *Women's rights human rights*. Routledge: 1995, p. 11-17; BARTLETT, Katharine T. *Gender and law*. Boston: Little, Brown, 1993, p. 633-636; SCALES, Ann. The emergence of feminist jurisprudence: an essay. In: SMITH, Patricia (Editor). *Feminist jurisprudence*. New York: Oxford University Press, 1993, p. 94-109; WEST, Robin. Jurisprudence and gender. In: SMITH, Patricia (Editor). *Feminist jurisprudence*. New York: Oxford University Press, 1993, p. 493-530; MACKINNON, Catharine. Toward feminist jurisprudence. In: SMITH, Patricia (Editor). *Feminist jurisprudence*. New York: Oxford University Press, 1993, p. 610-619.

[6] Observa Alda Facio: "(...) se é certo que os homens têm sofrido discriminações por sua pertinência a uma classe, etnia, e/ou preferência sexual, etc., NENHUM homem sofre discriminação por pertencer ao sexo masculino, ao passo que TODAS as mulheres a sofrem por pertencer ao sexo feminino (além da discriminação por classe, etnia, e/ou preferência sexual, etc.)" (op. cit., p. 13). A respeito, afirmam Katharine T. Bartlett e Rosanne Kennedy: "(...) há um amplo consenso de que, embora seja pedagógico à teoria feminista expor as implícitas hierarquias e exclusões e o modo pelo qual são construídas, as feministas também devem adotar atitudes positivas no sentido de transformar as práticas institucionais e sociais" (*Feminist legal theory*: reading in law and gender. Boulder: Westview Press, 1991. p. 10). Consultar ainda RHODE, Deborah L. Feminist critical theories. In: BARTLETT, Katharine T.; KENNEDY, Rosanne, op. cit., p. 333-350.

[7] "Não obstante as dificuldades e o desafio em buscar transformações através do Direito, este apresenta oportunidades ao feminismo. Direito é poder. (...) As reformas legais podem não apenas criar, como também resolver problemas relativos ao feminismo. Ainda que essas reformas

Observa-se que, não obstante importantes avanços decorrerem desse instrumental, eles não têm tido uma efetiva repercussão no plano doutrinário. Desse modo, ainda que novos sejam os tempos e novos sejam os valores, essas transformações na arena internacional, ocorridas com o advento de recentes Declarações e Convenções internacionais sobre os direitos das mulheres, não irradiaram ainda intensas transformações na esfera doutrinária do plano local. Baseada em concepções e valores envelhecidos que integram a ordem jurídica, mediante códigos normativos editados no início do século passado, a doutrina jurídica brasileira ainda tem se valido desses paradigmas conflitantes com a nova ordem, o que esvazia e mitiga a força inovadora dos instrumentos jurídicos contemporâneos. É fundamental, portanto, uma mudança de paradigmas, o que requer a produção de uma doutrina jurídica que ilumine novas concepções, com relação à questão de gênero, e que possa transpor para o plano local os significativos avanços obtidos no plano internacional[8].

Outro aspecto a ser ressaltado na tarefa de construção de uma nova doutrina jurídica é a gramática contemporânea dos direitos humanos das mulheres. Essa gramática endossa os valores da universalidade e indivisibilidades desses direitos. Vale dizer, os direitos humanos das mulheres são universais, internacionais, não tendo fronteiras[9]. São também indivisíveis,

---

não impliquem instantaneamente em avanços na vida das mulheres, constituem, todavia, um requisito necessário a uma significativa mudança social" (BARTLETT, Katharine T.; KENNEDY, Rosanne, op. cit., p. 4). No mesmo sentido, afirma Alda Facio: "O Direito, apesar de ser um obstáculo para o desenvolvimento da personalidade feminina, pode ser um instrumento de transformações estruturais, culturais ou pessoais, que necessariamente levará mulheres a melhores condições de vida" (op. cit., p. 22).

[8] A respeito, enfatiza Susana Chiarotti: "Devemos enfrentar o desafio pós-Beijing, que significa trabalhar ativamente a implementação, no plano local, dos avanços obtidos na arena internacional" (*Protección internacional de los derechos humanos de las mujeres*. San José: IIDH/CLADEM, 1997, p. 18).

[9] "Na década passada, mulheres de todas as partes do mundo deflagraram um inédito movimento internacional voltado aos direitos humanos das mulheres. Na Conferência Mundial das Nações Unidas de 1985, realizada em Nairobi (Quênia), os direitos humanos começaram a se destacar como uma questão central para as mulheres, embora não tenham sido fortemente mencionados na declaração oficial da Conferência. Na Conferência Mundial das Mulheres em 1995, em Pequim, os direitos humanos foram proclamados por centenas de mulheres e transformaram-se na estrutura fundamental do Plano de Ação Governamental. Nas Conferências Mundiais que antecederam Pequim (a Conferência sobre Direitos Humanos em Viena, sobre População em Cairo e sobre Desenvolvimento Social em Copenhague), as ativistas de direitos humanos das mulheres se insurgiram, em face do silêncio concernente aos direitos das mulheres

de modo que para a sua plenitude exige-se o exercício tanto dos direitos civis e políticos como dos direitos sociais, econômicos e culturais. Importa enfatizar a tônica universal desses direitos, a fim de esclarecer que a política do Estado que afrontar essa sistemática universal de direitos estará em absoluto isolamento político e jurídico na ordem internacional, ficando suscetível a críticas e sanções da comunidade internacional.

3.2. O estudo do impacto dos instrumentos internacionais de proteção dos direitos da mulher na ordem jurídica nacional

Além de necessários estudos aprofundados sobre a linguagem contemporânea da condição jurídica da mulher, explorando as estratégias inovadoras presentes nesses instrumentos internacionais, também é fundamental enfocar a força jurídica obrigatória e vinculante desses tratados internacionais, que geram obrigações jurídicas aos Estados que os ratificaram[10]. Há que se afirmar que os próprios Estados, no livre exercício de sua soberania, contraíram obrigações jurídicas internacionais, no que tange à tarefa de transformar a condição jurídica das mulheres[11].

---

nessas diversas áreas e afirmaram que os avanços do *status* da mulher, em qualquer lugar do mundo, dependem dos avanços relativos aos seus direitos em todas as partes do mundo" (Women, Law & Development International & Human Rights Watch Women's Rights Project. *Women's human rights step by step*. Washington: 1997, p. 7). A respeito, observa Juan E. Méndez: "A Plataforma de Ação da IV Conferência Mundial sobre a Mulher ratificou a universalidade de todos os direitos humanos das mulheres e enfatizou a responsabilidade primordial dos governos na promoção e proteção desses direitos, de tal maneira que a omissão de certas condutas estatais pode ser objeto de denúncia" (*Protección internacional de los derechos humanos de las mujeres*. San José: IIDH/CLADEM, 1997, p. 13).

[10] A respeito do impacto dos tratados internacionais de proteção dos direitos humanos no Direito brasileiro, ver PIOVESAN, Flávia. *Direitos humanos e o direito constitucional internacional*. 20. ed. São Paulo: Saraiva, 2022, p. 157-171.

[11] "Os instrumentos internacionais e regionais de direitos humanos podem ser aplicados nos sistemas nacionais de diversas formas, incluindo: a) a apresentação de um caso de direitos humanos, sob o fundamento dos instrumentos internacionais e regionais, posto serem parte integrante do Direito nacional, através da incorporação; b) a aplicação dos instrumentos internacionais e regionais de direitos humanos como um parâmetro interpretativo das previsões legais de âmbito nacional; c) a advertência ao Estado de que, no exercício pleno de sua soberania, contraiu livremente obrigações internacionais (ex.: eliminar a discriminação contra a mulher) e que é necessário implementar tais obrigações e interpretar o Direito nacional à luz dessas obrigações; d) a aplicação dos instrumentos internacionais de direitos humanos como um parâmetro mínimo de proteção, ao qual o sistema normativo interno deve se alinhar (...)" (Women, Law & Development International & Human Rights Watch Women's Rights Project, cit., p. 110-111).

Nesse sentido, importa evidenciar se o ordenamento jurídico nacional está em consonância com as determinações assumidas no plano internacional. Há que se examinar a eventual existência de conflitos entre a normatividade nacional e internacional, no que tange especialmente à situação jurídica da mulher. Faz-se emergencial dar visibilidade a esses casos de anacronismos do sistema jurídico pátrio, mediante estratégias de advocacia perante as instâncias nacionais e internacionais.

Esse processo implicará a revogação e eliminação de normas discriminatórias com relação à mulher, ainda presentes no ordenamento jurídico nacional.

Não bastando a solução de eventuais conflitos normativos, ao serem incorporados pela ordem jurídica nacional, os instrumentos internacionais fortalecem e ampliam o alcance de proteção dos direitos da mulher no plano normativo interno, ora reforçando direitos já existentes, ora adicionando novos direitos. É fundamental o desenvolvimento de uma doutrina legal que elucide os avanços decorrentes do impacto jurídico dos tratados internacionais de proteção dos direitos da mulher na ordem jurídica interna. A título de exemplo, dentre outros, destaquem-se as previsões dos instrumentos internacionais pertinentes: a) à definição jurídica de discriminação contra a mulher (artigo 1º da Convenção sobre a Eliminação de todas as Formas de Discriminação contra a Mulher); b) à possibilidade de os Estados adotarem políticas afirmativas capazes de acelerar a igualdade de fato entre homens e mulheres (artigo 4º da Convenção sobre a Eliminação de todas as Formas de Discriminação contra a Mulher); c) à definição de violência contra a mulher, como uma violência física, psicológica ou sexual, baseada no gênero[12], que ocorra tanto na esfera pública como na privada (Convenção Interamericana para Prevenir, Punir e Erradicar a Violência

---

[12] "Quando um ato é dirigido contra uma mulher, porque é mulher, ou quando atos afetam as mulheres de forma desproporcional (por exemplo, as violências ou abusos sexuais na guerra), falamos de violência de gênero. (...) A violência de gênero compreende qualquer ato de força ou coerção que atente ou afete a vida, a integridade física ou psicológica, ou a liberdade das mulheres" (BENITO, Elizabeth Odio. *Protección de los derechos humanos de las mujeres*. San José: IIDH/CLADEM, 1997. p. 26-27). De acordo com o artigo 1º da Declaração sobre a Eliminação da Violência contra a Mulher da ONU de 1993, a violência contra as mulheres é "qualquer ato de violência baseado no gênero que resulte ou tenha por resultado causar um dano ou um sofrimento físico ou psicológico a mulheres, incluindo as ameaças de tais atos, coerção, privação arbitrária da liberdade, seja na esfera pública, seja na privada".

contra a Mulher e Declaração da ONU sobre a Eliminação da Violência contra a Mulher).

3.3. Estratégias para a advocacia dos instrumentos internacionais de proteção dos direitos da mulher

A adoção da perspectiva de gênero no saber jurídico requer, como já mencionado, a formação de uma doutrina com a perspectiva de gênero, o estudo do impacto dos instrumentos internacionais de proteção dos direitos da mulher no ordenamento jurídico nacional e estratégias para a advocacia e aplicação desses novos instrumentos.

Os instrumentos internacionais apresentam um duplo impacto: seja perante as instâncias nacionais (na medida em que consolidam parâmetros internacionais mínimos concernentes à proteção da dignidade humana), seja perante as instâncias internacionais (na medida em que asseguram uma instância internacional de proteção de direitos, quando as instituições nacionais mostrarem-se falhas ou omissas). Para que sejam aplicados em sua plenitude, é imprescindível lançar projetos de capacitação voltados a divulgar a relevância de utilizar e advogar esses instrumentos[13]. Esses projetos de capacitação devem ter como alvo, dentre outros, os agentes jurídicos. Por agentes jurídicos se compreendem os aplicadores do Direito (juízes e juízas), os(as) advogados(as), organizações não governamentais de direitos humanos e de direitos humanos das mulheres[14], os(as) estudantes, professores(as) de Direito e todos(as) aqueles(as) que lidam diretamente com o aparato da justiça. No Brasil já se vislumbram iniciativas pioneiras nessa direção[15].

---

[13] "Os pré-requisitos de qualquer reforma incluem o aperfeiçoamento da educação e do treinamento no campo do Direito dos Direitos Humanos, o oferecimento de serviços legais e de cursos de capacitação às mulheres, o desenvolvimento de sua habilidade de investigar fatos e publicar os resultados e a promoção da presença feminista nos Comitês, Comissões e Cortes de Direitos Humanos" (COOK, Rebecca. Women's international human rights law: the way forward. In: COOK, Rebecca (Editor). *Human rights of women*: national and international perspectives. Philadelphia: University of Pennsylvania Press, 1994. p. 29).

[14] "Com efeito, se o ativismo na última década tornou mais visíveis os direitos humanos das mulheres, o desafio agora é torná-los mais acessíveis" (Women, Law & Development International & Human Rights Watch Women's Rights Project, cit., p. 7).

[15] Nesse sentido, iniciam-se no Brasil cursos de capacitação em Direito Internacional dos Direitos Humanos, a partir da perspectiva de gênero, endereçados a delegadas da Delegacia de Defesa da Mulher, a juízes(as), a advogados(as) públicos(as) e a organizações não governamentais de defesa de direitos humanos.

Criar estratégias para a advocacia internacional dos direitos humanos das mulheres também surge como um desafio central. Ao submeter casos de violação de direitos das mulheres a instâncias internacionais, confere-se maior visibilidade à violência perpetrada, exigindo-se do Estado esclarecimentos e justificativas, o que, por sua vez, pode resultar em avanços no regime de direitos humanos das mulheres. A respeito, merecem menção três casos submetidos pelo movimento de mulheres do Brasil à Comissão Interamericana de Direitos Humanos[16], tendo como fundamento a violação de direitos enunciados na Convenção Interamericana para Prevenir, Punir e Erradicar a Violência contra a Mulher, ratificada pelo Brasil em 1995.

4. A Urgência da Mudança de Paradigmas

Incorporar a perspectiva de gênero na doutrina jurídica brasileira impõe, sobretudo, o desafio de mudança de paradigmas. Esse desafio aponta a necessidade de introjetar novos valores e uma nova visão de Direito, de sociedade e de mundo. Traduz também a necessidade de inclusão de grande parcela da população mundial e da inclusão de seu modo de perceber e compreender a realidade[17].

Transformar paradigmas não é tarefa fácil. É tarefa que exige intenso envolvimento, persistência e compromisso, conjugados com uma ativa capacidade de indignação. É, portanto, um desafio que fascina, por sua importância e por seu forte potencial transformador.

---

[16] A respeito dos casos Delvita Silva Prates, Márcia Cristina Leopoldi e Maria da Penha, ver "Os Direitos Humanos da Mulher na Ordem Internacional" capítulo 15 desta obra.

[17] Afirma Boutros Boutros-Ghali, ex-Secretário-Geral da ONU: "Sem progresso na situação das mulheres não pode haver nenhum desenvolvimento social verdadeiro. Os direitos humanos não merecem esse nome se excluem a metade da humanidade. A luta pela igualdade da mulher faz parte da luta por um mundo melhor para todos os seres humanos e todas as sociedades". No mesmo sentido, pondera Deborah L. Rhode: "Embora nós não possamos saber *a priori* o que caracteriza uma boa sociedade, nós seguramente sabemos o que não a caracteriza. Trata-se da sociedade baseada na disparidade entre os gêneros, no que tange ao *status*, ao poder e à segurança. Trata-se da sociedade que nega à maioria de seus membros o controle efetivo sobre aspectos de sua existência diária" (RHODE, Deborah L., op. cit., p. 345).

Capítulo 20

PROIBIÇÃO DA DISCRIMINAÇÃO POR ORIENTAÇÃO SEXUAL NOS SISTEMAS REGIONAIS EUROPEU E INTERAMERICANO DE PROTEÇÃO DOS DIREITOS HUMANOS*

1. Introdução

Como compreender o direito à diferença à luz da concepção contemporânea de direitos humanos? Qual é o alcance do direito ao reconhecimento de identidades? Qual é o grau de proteção da cláusula da igualdade e não discriminação e do direito à diversidade sexual nos sistemas global e regionais europeu e interamericano? Qual tem sido o impacto da jurisprudência fomentada pelas Cortes Europeia e Interamericana na proibição da discriminação por orientação sexual? Quais são os principais avanços, desafios e perspectivas no processo de afirmação dos direitos da diversidade sexual?

São estas as questões centrais a inspirar este artigo que tem como objetivo maior enfocar o processo de construção do direito à diversidade sexual, em sua dinâmica e complexidade, considerando a vocação emancipatória dos direitos humanos como idioma do respeito à alteridade.

2. O Direito à Diferença à Luz da Concepção Contemporânea de Direitos Humanos

No dizer de Joaquín Herrera Flores[1], os direitos humanos compõem uma racionalidade de resistência, na medida em que traduzem processos

---

* Um especial agradecimento é feito a Alexander von Humboldt Foundation, pela *fellowship* que tornou possível este estudo, e ao Max-Planck-Institute for Comparative Public Law and International Law, por prover um ambiente acadêmico de extraordinário vigor intelectual. Este capítulo tem como base a palestra "Proibição da Discriminação por Orientação Sexual nos Sistemas Regionais Europeu e Interamericano: significado do caso Atala", proferida no Max-Planck-Institute, em Heidelberg, em 11 de julho de 2012.

[1] FLORES, Joaquín Herrera. *Direitos humanos, interculturalidade e racionalidade de resistência*, mimeo, p. 7.

que abrem e consolidam espaços de luta pela dignidade humana. Invocam uma plataforma emancipatória voltada à proteção da dignidade humana e à prevenção do sofrimento humano. O *victim centric approach* é a fonte de inspiração que move a arquitetura protetiva internacional dos direitos humanos – toda ela destinada a conferir a melhor e mais eficaz proteção às vítimas reais e potenciais de violação de direitos.

Ao longo da história, as mais graves violações aos direitos humanos tiveram como fundamento a dicotomia do "eu *versus* o outro", em que a diversidade era captada como elemento para aniquilar direitos. A diferença era visibilizada para conceber o "outro" como um ser menor em dignidade e direitos, ou, em situações-limites, um ser esvaziado mesmo de qualquer dignidade, um ser descartável, um ser supérfluo, objeto de compra e venda (como na escravidão) ou de campos de extermínio (como no nazismo). Nessa direção, merecem destaque as violações da escravidão, do nazismo, do sexismo, do racismo, da homofobia, da xenofobia e de outras práticas de intolerância.

O temor à diferença é fator que permite compreender a primeira fase de proteção dos direitos humanos, marcada pela tônica da proteção geral e abstrata, com base na igualdade formal.

Torna-se, contudo, insuficiente tratar o indivíduo de forma genérica, geral e abstrata. Faz-se necessária a especificação do sujeito de direito, que passa a ser visto em sua peculiaridade e particularidade. Nessa ótica, determinados sujeitos de direitos, ou determinadas violações de direitos, exigem uma resposta específica e diferenciada. Nesse cenário, as mulheres, as crianças, as populações afrodescendentes, os povos indígenas, os migrantes, as pessoas com deficiência, dentre outras categorias vulneráveis, devem ser vistos nas especificidades e peculiaridades de sua condição social. Ao lado do direito à igualdade, surge, também como direito fundamental, o direito à diferença. Importa o respeito à diferença e à diversidade, o que lhes assegura um tratamento especial.

Destacam-se, assim, três vertentes no que tange à concepção da igualdade: a) a igualdade formal, reduzida à fórmula "todos são iguais perante a lei" (que, ao seu tempo, foi crucial para a abolição de privilégios); b) a igualdade material, correspondente ao ideal de justiça social e distributiva (igualdade orientada pelo critério socioeconômico); e c) a igualdade material, correspondente ao ideal de justiça enquanto reconhecimento de identidades (igualdade orientada pelos critérios de gênero, orientação sexual, idade, raça, etnia e demais critérios).

Para Nancy Fraser[2], a justiça exige, simultaneamente, redistribuição e reconhecimento de identidades. O direito à redistribuição requer medidas de enfrentamento da injustiça econômica, da marginalização e da desigualdade econômica, por meio da transformação nas estruturas socioeconômicas e da adoção de uma política de redistribuição. De igual modo, o direito ao reconhecimento requer medidas de enfrentamento da injustiça cultural, dos preconceitos e dos padrões discriminatórios, por meio da transformação cultural e da adoção de uma política de reconhecimento. É à luz dessa política de reconhecimento que se pretende avançar na reavaliação positiva de identidades discriminadas, negadas e desrespeitadas; na desconstrução de estereótipos e preconceitos; e na valorização da diversidade cultural.

Se, para a concepção formal de igualdade, esta é tomada como pressuposto, como um dado e um ponto de partida abstrato, para a concepção material de igualdade, esta é tomada como um resultado ao qual se pretende chegar, tendo como ponto de partida a visibilidade às diferenças. A ótica material objetiva construir e afirmar a igualdade com respeito à diversidade.

3. Proteção dos Direitos à Diversidade Sexual no Sistema Global de Proteção dos Direitos Humanos

Testemunha-se o processo de internacionalização dos direitos humanos e de humanização do Direito Internacional. Nesse contexto, a Declaração de 1948 vem a inovar a gramática dos direitos humanos, ao introduzir a chamada concepção contemporânea de direitos humanos, marcada pela universalidade e indivisibilidade desses direitos. Universalidade porque clama pela extensão universal dos direitos humanos, sob a crença de que a condição de pessoa é o requisito único para a titularidade de direitos, considerando o ser humano como um ser essencialmente moral, dotado de

---

[2] Ver Nancy Fraser, From Redistribution to Recognition?: Dilemmas of Justice in a Postsocialist age, em seu livro *Justice Interruptus*: Critical reflections on the "Postsocialist" condition, NY/London, Routledge, 1997; Axel Honneth, *The Struggle for Recognition*: The moral grammar of social conflicts, Cambridge/Massachusetts, MIT Press, 1996; Nancy Fraser e Axel Honneth, *Redistribution or Recognition?*: A political-philosophical exchange, London/NY, Verso, 2003; Charles Taylor, The politics of recognition, in: Charles Taylor et al., *Multiculturalism*: Examining the politics of recognition, Princeton, Princeton University Press, 1994; Iris Young, *Justice and the politics of difference*, Princeton, Princeton University Press, 1990; e Amy Gutmann, *Multiculturalism*: examining the politics of recognition, Princeton, Princeton University Press, 1994.

unicidade existencial e dignidade, esta como valor intrínseco à condição humana. Indivisibilidade porque a garantia dos direitos civis e políticos é condição para a observância dos direitos sociais, econômicos e culturais e vice-versa.

A partir da Declaração de 1948, começa a se desenvolver o Direito Internacional dos Direitos Humanos, mediante a adoção de inúmeros instrumentos internacionais de proteção. A Declaração de 1948 confere lastro axiológico e unidade valorativa a esse campo do Direito, com ênfase na universalidade, indivisibilidade e interdependência dos direitos humanos.

O processo de universalização dos direitos humanos permitiu a formação de um sistema internacional de proteção desses direitos. Esse sistema é integrado por tratados internacionais de proteção que refletem, sobretudo, a consciência ética contemporânea compartilhada pelos Estados, na medida em que invocam o consenso internacional acerca de temas centrais aos direitos humanos, na busca da salvaguarda de parâmetros protetivos mínimos – do "mínimo ético irredutível".

Ao lado do sistema normativo global, surgem os sistemas regionais de proteção, que buscam internacionalizar os direitos humanos nos planos regionais, particularmente na Europa, América e África. Consolida-se, assim, a convivência do sistema global da ONU com os sistemas regionais, por sua vez, integrados pelos sistemas interamericano, europeu e africano de proteção aos direitos humanos.

Nessa ótica, os diversos sistemas de proteção de direitos humanos interagem em benefício dos indivíduos protegidos. Ao adotar o valor da primazia da pessoa humana, estes sistemas se complementam, somando-se ao sistema nacional de proteção, a fim de proporcionar a maior efetividade possível na tutela e promoção de direitos fundamentais. Esta é inclusive a lógica e principiologia próprias do Direito dos Direitos Humanos.

Sob o prisma do sistema global de proteção, constata-se que o direito à igualdade e a proibição da discriminação foram enfaticamente consagrados pela Declaração Universal, de 1948, pelo Pacto Internacional dos Direitos Civis e Políticos e pelo Pacto Internacional dos Direitos Econômicos, Sociais e Culturais.

A Declaração Universal, de 1948, em seu art. I, desde logo enuncia que "todas as pessoas nascem livres e iguais em dignidade e direitos". Prossegue, no art. II, a endossar que "toda pessoa tem capacidade para gozar os direitos e as liberdades estabelecidos na Declaração, sem distinção de qualquer espécie, seja de raça, cor, sexo, língua, religião, opinião política ou de outra natureza, origem nacional ou social, riqueza, nascimento, ou qualquer outra condição". Estabelece o art. VII a concepção da igualdade formal, prescrevendo que "todos são iguais perante a lei e têm direito, sem qualquer distinção, a igual proteção da lei". Portanto, se o primeiro artigo da Declaração afirma o direito à igualdade, o segundo artigo adiciona a cláusula da proibição da discriminação de qualquer espécie, como corolário e consequência do princípio da igualdade. O binômio da igualdade e da não discriminação, assegurado pela Declaração, sob a inspiração da concepção formal de igualdade, impactará a feição de todo sistema normativo global de proteção dos direitos humanos.

Com efeito, o Pacto Internacional dos Direitos Civis e Políticos, de 1966, já em seu art. 2º (1), consagra que "os Estados-partes no Pacto comprometem-se a garantir a todos os indivíduos que se encontrem em seu território e que estejam sujeitos à sua jurisdição os direitos reconhecidos no presente Pacto, sem discriminação alguma por motivo de raça, cor, sexo, língua, religião, opinião política ou de qualquer outra natureza, origem nacional ou social, situação econômica, nascimento ou qualquer outra situação". Uma vez mais, afirma-se a cláusula da proibição da discriminação para o exercício dos direitos humanos. A relevância de tal cláusula é acentuada pelo art. 4º do Pacto, ao prever um núcleo inderrogável de direitos, a ser preservado ainda que em situações excepcionais e ameaçadoras, admitindo-se, contudo, a adoção de medidas restritivas de direitos estritamente necessárias, "desde que tais medidas não acarretem discriminação alguma apenas por motivo de raça, cor, sexo, língua, religião ou origem social". A concepção da igualdade formal, tal como na Declaração, é prevista pelo Pacto, em seu art. 26, ao determinar que "todas as pessoas são iguais perante a lei e têm direito, sem discriminação alguma, a igual proteção da lei. (...) a lei deverá proibir qualquer forma de discriminação e garantir a todas as pessoas proteção igual e eficaz contra qualquer discriminação por motivo de raça, cor, sexo, língua, religião, opinião política ou de outra natureza, origem nacional ou social, situação econômica, nascimento ou qualquer outra situação".

O Comitê de Direitos Humanos, em sua Recomendação Geral n. 18, a respeito do art. 26, entende que o princípio da não discriminação é um princípio fundamental previsto no próprio Pacto, condição e pressuposto para o pleno exercício dos direitos humanos nele enunciados. No entender do Comitê: "A não discriminação, assim como a igualdade perante a lei e a igual proteção da lei sem nenhuma discriminação, constituem um princípio básico e geral, relacionado à proteção dos direitos humanos"[3].

Ressalte-se que, em 1994, no caso Toonem *versus* Australia, o Comitê de Direitos Humanos sustentou que os Estados estão obrigados a proteger os indivíduos da discriminação baseada em orientação sexual[4].

Por sua vez, o Pacto Internacional dos Direitos Econômicos, Sociais e Culturais de 1966, em seu art. 2º, estabelece que os Estados-partes comprometem-se a garantir que os direitos nele previstos serão exercidos sem discriminação alguma por motivo de raça, cor, sexo, língua, religião, opinião política ou de qualquer outra natureza, origem nacional ou social, situação econômica, nascimento ou qualquer outra situação. Uma vez mais, consagra-se a cláusula da proibição da discriminação. Em sua Recomendação Geral n. 20, o Comitê dos Direitos Econômicos, Sociais e Culturais observou que a expressão "outra situação" constante do art. 2º do Pacto inclui orientação sexual. Realçou o dever dos Estados-partes de assegurar que a orientação sexual de uma pessoa não signifique um obstáculo para a realização dos direitos enunciados no Pacto, por exemplo, direitos previdenciários, adicionando que a cláusula da proibição da discriminação alcança o critério da identidade de gênero[5].

O Comitê dos Direitos Econômicos, Sociais e Culturais, em sua Recomendação Geral n. 16, adotada em 2005, afirma ainda que "guarantees of non-discrimination and equality in international human rights treaties mandate both *de facto* and *de jure* equality. *De jure* (or formal) equality and *de facto* (or substantive) equality are different but interconnected concepts".

Considerando o alcance da proteção da igualdade e da proibição da discriminação no sistema global, transita-se para os sistemas regionais, com especial destaque aos direitos da diversidade sexual.

---

[3] No mesmo sentido, destaca a Recomendação Geral n. 14 do Comitê sobre a Eliminação de todas as Formas de Discriminação Racial, adotada em 1993: "Non-discrimination, together with equality before the law and equal protection of the law without any discrimination, constitutes a basic principle in the protection of human rights".

[4] Caso Toonem *versus* Australia, Human Rights Committee, Communication n. 941/2000 – CCPR/C/78/D/941/2000.

[5] Comitê dos Direitos Econômicos, Sociais e Culturais, Recomendação Geral n. 20 (E/C.12/GC/20).

4. Proteção dos Direitos à Diversidade Sexual nos Sistemas Regionais Europeu e Interamericano de Proteção dos Direitos Humanos

Ao enfocar o modo pelo qual os direitos à diversidade sexual são incorporados pelos sistemas europeu e interamericano, constata-se que ambos os sistemas consagram a cláusula da igualdade e da proibição da discriminação.

A Convenção Europeia, de 1950, em seu art. 14, acolhe a cláusula da proibição da discriminação, ressaltando que "o gozo dos direitos e liberdades reconhecidos na Convenção deve ser assegurado sem quaisquer distinções, tais como as fundadas no sexo, raça, cor, língua, religião, opiniões políticas ou outras, origem nacional ou social, pertença a uma minoria nacional, riqueza, nascimento ou qualquer outra situação".

A cláusula da proibição da discriminação é também enunciada enfaticamente pela Convenção Americana de 1969, ao estabelecer o dever dos Estados-partes de respeitar os direitos e liberdades nela reconhecidos e garantir seu livre e pleno exercício, sem discriminação alguma, por motivo de raça, cor, sexo, idioma, religião, opiniões políticas ou de qualquer outra natureza, origem nacional ou social, posição econômica, nascimento ou qualquer outra condição social (art. 1º). À cláusula da não discriminação soma-se o princípio da igualdade formal, por meio do qual "todas as pessoas são iguais perante a lei, tendo direito, sem discriminação alguma, à igual proteção da lei" (art. 24). Assim como o Pacto Internacional dos Direitos Civis e Políticos, a Convenção Americana, ao admitir a suspensão de garantias e a restrição a direitos em casos de guerra, perigo público, ou outra emergência, explicitamente adverte que tal suspensão não poderá, de forma alguma, implicar discriminação fundada em motivos de raça, cor, sexo, idioma, religião ou origem social, enunciando, ainda, um núcleo inderrogável de direitos (art. 27).

Ao reiterar o entendimento dos Comitês da ONU de Direitos Humanos, de Direitos Econômicos, Sociais e Culturais e sobre a Eliminação de todas as Formas de Discriminação Racial, ressalta a Comissão Interamericana de Direitos Humanos que "la no-discriminación, junto con la igualdad ante la ley y la igual protección de la ley sin ninguna discriminación constituye un principio fundante, básico, general y fundamental relativo a la protección internacional de los derechos humanos (...) La Comisión ha indicado que el principio de no discriminación es uno de los pilares de cualquier sistema democrático y una base fundamental del sistema de protección de los derechos humanos instaurado por la OEA. (...) En definitiva, la igualdad y la no-discriminación revisten un carácter de principio fundamental que subyace en todo el sistema internacional de los derechos humanos. Su negación implicaría la negación misma de este sistema en su totalidad"[6].

No sistema europeu emerge um vasto e significativo repertório jurisprudencial concernente aos direitos da diversidade sexual, que teve como agenda inaugural o combate à criminalização de práticas homossexuais consensuais entre adultos, no final da década de 1980. Posteriormente, outras violações foram enfrentadas pelo sistema europeu, como a discriminação baseada em orientação sexual (no final da década de 1990), casos relativos ao reconhecimento de direitos de transexuais (decisões favoráveis são proferidas a partir de 2002), adoção por homossexuais (decisões favoráveis são proferidas a partir de 2008) e o direito ao casamento (são os casos mais recentes decididos a partir de 2010).

Já no sistema interamericano, o *leading case* é o caso Atala Riffo y niñas *versus* Chile, decidido pela Corte Interamericana, em 24 de fevereiro de 2012, com relevante alusão à jurisprudência da Corte Europeia de Direitos Humanos sobre a matéria.

I. Corte Europeia de Direitos Humanos: casos envolvendo o direito à livre orientação sexual

a) Casos relativos à proibição da criminalização de práticas homossexuais consensuais

Nessa primeira categoria de casos, destaca-se o caso Davis Norris *versus* Irlanda[7], envolvendo denúncia de Davis Norris, ativista homossexual irlandês, fundador e presidente do Irish Gay Rights Movement, em face de leis irlandesas que criminalizam práticas homossexuais consensuais entre adultos. Argumentou o peticionário que tais medidas estariam a afrontar seu direito à privacidade, bem como estariam afetando gravemente sua

---

[6] Discursos e palestras durante a Sessão Especial de Reflexão e Análise sobre a natureza de uma futura Convenção Interamericana contra o Racismo e todas as Formas de Discriminação e Intolerância, realizada na sede da OEA em Washington, entre 28 e 29 de novembro de 2005. Disponível em: <http://www.oas.org/dil/esp/cajp.rdi15.orig.doc>, acesso em 23 mar. 2007.

[7] Caso N. 10581/83, Judgment 26.10.1988 (disponível em: <http://www.echr.coe.int/>). No mesmo sentido, ver casos Dudgeon *versus* UK, Application n. 7525/76, Judgment 22-10-1988; L and V *versus* Austria, Applications n. 39392/98 e 39829/98, Judgment 9-1-2003; B.B. *versus* UK, Application n. 53760/00, Judgment 10-2-2004; S.L *versus* Austria, Application n. 45330/99, Judgment 9-1-2003.

saúde, propiciando um estado de depressão, agravado por abusos e ameaças de violência dos quais é vítima.

Em sentença proferida em 1988, a Corte acolheu a demanda e condenou a Irlanda, sob o fundamento de que tais leis constituiriam violação ao art. 8º da Convenção Europeia (direito ao respeito à vida privada), sendo uma indevida ingerência estatal no direito ao respeito à vida privada, não justificável à luz do parágrafo 2º do art. 8º da Convenção como uma medida "necessária em uma sociedade democrática".

No caso Modinos *versus* Cyprus[8], violação similar foi enfrentada pela Corte Europeia, a partir de denúncia submetida pelo peticionário Alecos Modinos, presidente do Liberation Movement of Homosexuals in Cyprus, acerca da criminalização de relações homossexuais consensuais entre adultos pela legislação penal do Chipre. No mesmo sentido, a Corte acolheu a demanda e condenou Chipre, sob o fundamento de que tais leis constituiriam violação ao art. 8º da Convenção Europeia (direito ao respeito à vida privada), sendo uma injustificada ingerência estatal no direito ao respeito à vida privada.

b) Casos relativos à proibição da discriminação baseada em orientação sexual

Outros casos emblemáticos decididos pela Corte Europeia acerca da proibição da discriminação fundada em orientação sexual são os casos Perkins e R. *versus* UK[9] e Beck, Copp e Bazeley *versus* UK[10]. Ambos referem-se à demissão de homossexuais das forças armadas no Reino Unido, após investigação de suas vidas privadas. Os peticionários, todos nacionais do Reino Unido, servindo nas forças armadas britânicas, foram demitidos com base em sua orientação sexual.

O Sr. Perkins servia junto à Royal Navy como assistente médico desde 1991, sendo descrito como competente e com muito bom caráter. Admitiu sua condição de homossexual em uma entrevista, após as autoridades navais terem recebido a informação concernente à sua orientação sexual. A Sra. R., por sua vez, ingressou na Marinha (Royal Navy) em 1990, esta-

---

[8] Ver Modinos *versus* Cyprus, Application n. 15070/89, Judgment 22-4-1993.
[9] Casos n. 43208/98 e 44875/98, Judgment 22-10-2002 (disponível em: <http://www.echr.coe.int/>).
[10] Casos n. 48535/99, 48536/99 e 48537/99, Judgment 22-10-2002 (disponível em: <http://www.echr.coe.int/>). No mesmo sentido, ver casos Lustig-Prean e Beckett *versus* UK, Applications n. 31417/96 e 32377/96, Judgment 27-9-1999; Smith and Grady *versus* UK, Application n. 33985/96, Judgment 27-9-1999.

giando como operadora de rádio. Em 1992, foi aprovada em um exame de qualificação profissional para operadora de rádio "primeira classe", sendo o seu caráter reconhecido como muito bom. Depois que uma colega – para quem teria confidenciado ter tido uma breve relação lésbica com uma civil – informou às autoridades a respeito de sua homossexualidade, foi ela submetida a uma entrevista e demitida.

O Sr. Beck ingressou na Royal Air Force (RAF) em 1976. Quando de sua demissão, em virtude de sua homossexualidade, era um analista de sistema de comunicações, com uma conduta profissional exemplar e altamente recomendado para promoção. Já o Sr. Copp ingressou na Army Medical Corps em 1978. Após receber uma promoção, sendo-lhe designado um posto na Alemanha em 1981, ele declarou sua homossexualidade, a fim de que não fosse separado de seu companheiro (um civil), tendo sido, por isso, demitido. O Sr. Bazeley entrou na Royal Air Force em 1985. Quando de sua demissão, era assistente de voo, considerado com bom potencial. Durante entrevista admitiu sua condição de homossexual, após sua carteira ter sido localizada contendo cartões de dois clubes homossexuais, tendo sido, por esse motivo, também demitido.

Sem qualquer sucesso, os peticionários adotaram todas as medidas internas, visando à reforma da decisão de demissão, sob o argumento de discriminação por orientação sexual. Alegaram ainda que a política do Ministério da Defesa do Reino Unido, relativa a não presença de homossexuais nas forças armadas, era "irracional" e contrária à Convenção Europeia de Direitos Humanos.

A Corte acolheu os dois casos, sob o fundamento de que a política de banir a presença de homossexuais nas forças armadas, mediante investigação da vida privada e sexualidade, constituía violação aos arts. 8º (direito ao respeito à vida privada) e 14 (proibição de discriminação) da Convenção Europeia. Argumentou que tal prática caracterizava uma flagrante discriminação e indevida ingerência no direito ao respeito à vida privada, não justificável à luz do parágrafo 2º do art. 8º da Convenção como uma medida "necessária em uma sociedade democrática".

No mesmo sentido, ao proibir a discriminação baseada em orientação sexual, cabe menção ao paradigmático caso Salgueiro da Silva Mouta *versus* Portugal[11], envolvendo a denúncia de um peticionário português que se casou e teve uma filha. Divorciou-se da mulher e, desde então, passou a

---

[11] Caso n. 33290/96, Judgment 21-3-2000.

viver uma relação homossexual com um homem. Houve a disputa judicial a respeito do poder parental, sendo que, em grau de recurso, a ex-mulher obteve o poder parental, com base em decisão que se fundamentou na homossexualidade do peticionário.

A Corte Europeia condenou Portugal por afronta ao art. 8º (respeito ao direito à vida privada e familiar) e ao art. 14 (proibição de discriminação), sob o argumento de que teria ocorrido violação ao princípio da proporcionalidade. Enfatizou que a decisão da justiça portuguesa, ao embasar-se fundamentalmente na homossexualidade do peticionário para negar-lhe o direito ao poder parental, estava a adicionar critério não previsto em lei, em direta afronta ao princípio da proporcionalidade, por "inexistir uma relação razoável entre os meios utilizados e o fim perseguido".

Entendeu a Corte Europeia que a decisão em si mesma constitui uma justa reparação ao dano sofrido pelo peticionário.

c) Casos relativos ao reconhecimento de direitos de transexuais

O caso Christine Goodwin *versus* UK[12] tem como objeto o reconhecimento legal de transexual que realizou operação de mudança do sexo masculino para feminino, bem como tratamento diferenciado especialmente na esfera trabalhista, seguridade social, pensão e casamento no Reino Unido.

A peticionária, com registro de nascimento do sexo masculino, viveu como uma mulher de 1985 a 1990, submetendo-se a cirurgia para mudança de sexo pelo serviço nacional de saúde. Denuncia a falta de reconhecimento legal da mudança de sexo, aludindo existir documentos nos quais ainda consta seu sexo como sendo masculino, o que lhe causa dificuldades, constrangimentos e humilhações. Acrescenta não ter, ademais, acesso à aposentadoria aos 60 anos (idade aplicável às mulheres). Como na esfera legal ainda é tida como homem, é obrigada a pagar contribuições até a idade de 65 anos. Também denuncia a violação ao direito ao casamento, restritivamente entendido como uma união entre um homem e uma mulher.

---

[12] Caso n. 28957/95, Judgment 11-7-2002 [Grand Chamber] (disponível em: <http://www.echr.coe.int/>). Na mesma direção, consultar I. *versus* UK, Application n. 25680/94, Judgment 11-7-2002. Em sentido oposto, ver decisão da Corte Europeia, em caso similar, proferida em 1990, concluindo que não restariam violados o art. 8º (por 10 a 8 votos) nem tampouco o art. 12 (por 14 a 4 votos) – caso Cossey *versus* UK, Application n. 10843/84, Judgment 27-9-1990. A mudança jurisprudencial revela avanços interpretativos da Corte Europeia, com base na interpretação dinâmica e evolutiva.

A Corte assumiu a necessidade de recorrer a uma interpretação dinâmica e evolutiva, de modo a aplicar a Convenção a luz das condições da realidade atual. Ressaltou que a falta de consenso na sociedade a respeito do *status* de um transexual (pós-operação) não pode ser compreendida como uma mera inconveniência ou formalidade. Não parece lógico, entendeu a Corte, permitir que a aludida cirurgia seja feita pelo sistema nacional de saúde e depois negar suas implicações legais e impacto jurídico. Tal situação tem gerado à peticionária consequências de alta relevância.

Afirmou a Corte existir uma tendência internacional em favor da aceitação social de transexuais, bem como do reconhecimento legal de sua nova identidade sexual (após a operação para a mudança de sexo). Argumentou que exceções têm sido admitidas no sistema de registro de nascimento, por exemplo, na hipótese de adoção ou legitimação de filhos. Adicionar uma nova exceção relativa aos transexuais não colocaria em risco o sistema de registros como um todo, nem traria prejuízos a terceiros. Realçou ser a essência real da Convenção assegurar o respeito à dignidade humana e à liberdade, o que abrangeria, no século XXI, o direito dos transexuais ao desenvolvimento pessoal e à segurança física e moral de forma plena, tal como assegurado às demais pessoas. A zona intermediária em que os transexuais pós-operados se situam não é mais sustentável. Ponderou não haver qualquer suposto interesse público a caracterizar a chamada "margem de apreciação" para eventualmente legitimar a restrição do direito da peticionária. Na ponderação de bens, a Convenção mostrou-se absolutamente favorável ao direito da peticionária.

No que tange ao direito de casamento da peticionária, observou a Corte que, embora o art. 12 da Convenção trate do direito ao casamento com expressa referência ao direito "do homem e da mulher" de se casar e de constituir uma família, tal previsão não obsta a pretensão da peticionária de casar-se e formar uma família – até porque não pode ser apenas considerado o critério puramente biológico para a definição dos sexos. A Convenção deve levar em consideração as profundas mudanças sofridas pela instituição do casamento, bem como os extraordinários avanços da medicina e da ciência no campo da transexualidade. Com fundamento no direito ao respeito à vida privada (art. 8º da Convenção), a Corte sustentou que fatores biológicos não mais poderiam ser decisivos para negar o reconhecimento legal à mudança de sexo, nem tampouco privar a peticionária do direito ao casamento.

A Corte concluiu pela violação aos arts. 8º (direito ao respeito à vida privada e familiar), 12 (direito ao casamento e a fundar uma família) e 14 (proibição de discriminação), em prol do direito ao respeito à nova identidade sexual da peticionária.

Na mesma direção, destaca-se o caso Grant *versus* UK[13], objetivando o reconhecimento legal da mudança de sexo de transexual, bem como a concessão de aposentadoria, considerando a idade mínima aplicável a mulheres, com fundamento no art. 8º da Convenção Europeia (direito ao respeito pela vida privada e familiar).

A peticionária é um indivíduo transexual, com 68 (sessenta e oito) anos, já submetido à operação para a mudança de sexo (masculino para feminino). Identifica-se como mulher desde 1963 para fins previdenciários, efetuando o pagamento das contribuições com base no critério aplicável às mulheres (até 1975, quando a diferença de valores foi abolida). Solicitou, assim, o direito à aposentadoria ao Estado quando alcançados os 60 anos, tendo sido seu pedido indeferido, sob o entendimento de que a idade mínima, no caso, seria 65 anos (idade para o sexo masculino). Foi interposto recurso da decisão, sem qualquer sucesso.

Entendeu a Corte que, na hipótese, estaria caracterizada a violação ao art. 8º da Convenção Europeia, devido à falta de reconhecimento legal da mudança de sexo do peticionário. Adicionou inexistir qualquer justificativa para a negativa de tal reconhecimento, considerando a realização da operação para a mudança de sexo. Restaria, assim, configurada a afronta ao direito ao respeito à vida privada do peticionário, com fundamento nos arts. 8º e 14 da Convenção Europeia.

No caso Y.Y. *vs.* Turquia, entendeu a Corte que a recusa do Estado em autorizar a realização de cirurgia para a mudança de sexo de peticionário transexual constituiria ofensa ao artigo 8º da Convenção Europeia no que tange ao direito ao respeito à vida privada e ao direito ao pleno desenvolvimento da personalidade, sendo, ainda, uma interferência estatal considerada não necessária em uma sociedade democrática[14].

O caso Garçon e Nicot *vs.* França, decidido pela Corte Europeia em 2017, refere-se ao pleito de três transexuais de nacionalidade francesa de alterar o registro de seu sexo e nome nas certidões de nascimento – o que teria sido recusado pelo Estado. O argumento central atém-se à violação ao direito ao respeito à vida privada e familiar, em virtude da negativa de reconhecimento da nova identidade sexual, condicionando-a à realização da cirurgia para mudança de sexo. Concluiu a Corte restar configurada violação ao artigo 8º da Convenção Europeia, concernente ao direito ao respeito à vida privada,

---

[13] Caso n. 32570/03, Judgment 23-5-2006 [Section IV] (disponível em: <http://www.echr.coe.int/>).
[14] Caso Y.Y. *vs.* Turquia, n. 14793/08, de 10 de março de 2015.

por demandar o Estado a exigência de realização da aludida cirurgia a que os peticionários não desejam se submeter, o que estaria, ademais, a violar o direito à integridade física[15].

d) Casos relativos ao direito à adoção por homossexuais

No caso Fretté *versus* France[16], envolvendo adoção por homossexual, a Corte Europeia entendeu que a França, ao negar o direito de adoção por homossexual, não estaria a violar os arts. 8º e 14 da Convenção, em sentença proferida em 26 de fevereiro de 2002. Na hipótese, após ter assumido sua homossexualidade, o "Paris Social Service Department" recomendou ao peticionário que não prosseguisse no processo de adoção. Ao final, indeferiu o pleito sob o argumento de que o peticionário não ofereceria um "modelo estável de maternidade" para a criança a ser adotada, tendo ainda dificuldades em avaliar o impacto decorrente da adoção de uma criança. A Corte sustentou que tal decisão estaria amparada na doutrina da "margem de apreciação" conferida ao Estado – que não poderia, contudo, simbolizar arbitrariedade. Concluiu que o tratamento diferenciado dado pela França ao caso não representaria violação aos arts. 8º e 14 da Convenção Europeia (decisão tomada por 4 votos a 3 votos). Somente entendeu a Corte estar violado o art. 6º da Convenção, por afronta ao devido processo legal, alegando falhas no curso do processo de adoção, que teriam implicado a ofensa ao contraditório, em prejuízo do peticionário.

Já no caso E.B. *versus* France[17], sentenciado em 22 de janeiro de 2008, com base na interpretação dinâmica e evolutiva, concebendo a Convenção como um *living instrument* a ser interpretada à luz dos tempos atuais, a Corte Europeia condenou a França por indeferir a adoção por homossexual solteira, com fundamento na afronta aos arts. 8º e 14 da Convenção. Sustentou que a legislação francesa permite a adoção por pessoas solteiras, o que estaria a permitir a adoção pela peticionária. Nota-se que, no caso, o pleito de adoção foi formulado de forma individualizada e não pelo casal. Ao aludir ao precedente Salgueiro da Silva Mouta *versus* Portugal, a Corte sustentou que a negativa da adoção na hipótese significaria injustificada interferência estatal na vida privada da peticionária, com violação adicional ao princípio da igualdade e da proporcionalidade. Ressaltou, ainda, que a decisão estaria a louvar a proteção do interesse maior da criança, uma vez que estariam comprovadas as qualidades e capacidades emocionais da peticionária ao longo do processo de adoção.

---

[15] Caso Garçon e Nicot *vs*. França, n. 79885/12, de 6 de abril de 2017.
[16] Consultar caso Fretté *versus* France, Application n. 36515/97, Judgment 26-2-2002.
[17] Caso E.B. *versus* France, Application n. 43546, Judgment 22-1-2008.

e) Caso relativo ao direito de casamento de homossexuais

O caso Schalk and Kopf *versus* Austria[18] compreende o direito ao casamento de homossexuais. Na hipótese, Shalk e Kopf mantinham uma união homoafetiva estável e demandaram o direito ao casamento. O pleito foi negado pelo Estado da Áustria, sob o argumento de que o casamento envolveria um contrato entre pessoas de sexos diferentes. Em sentença proferida em 24 de junho de 2010, a Corte Europeia – ainda que tenha reconhecido que a relação homoafetiva dos peticionários estaria abrangida pelo conceito de "família" – sustentou que a Convenção Europeia não estaria a obrigar o Estado a assegurar o direito ao casamento a casais homossexuais, não restando violados os arts. 8º (direito ao respeito à vida privada e familiar), 12 (direito ao casamento) e 14 (proibição de discriminação). Adicionou que as autoridades nacionais seriam um *locus* mais adequado e apropriado para responder às necessidades sociais, considerando os aspectos culturais e sociais do casamento em diferentes sociedades.

No caso Oliari e outros *versus* Itália, três casais homossexuais submeteram denúncia de violação ao artigo 8º da Convenção Europeia, sob o argumento de que, à luz da legislação italiana, não teriam a possibilidade do casamento ou mesmo de outra espécie de união civil. Em decisão proferida em 21 de julho de 2015, sustentou a Corte restar caracterizada afronta ao artigo 8º da Convenção, concernente ao direito ao respeito à vida privada e familiar. Considerou que a proteção jurídica oferecida pelo Direito italiano às uniões homoafetivas mostra-se insuficiente para assegurar as necessidades essenciais de um casal em uma relação estável. Para a Corte, a união civil seria a forma mais apropriada para que os peticionários – casais homoafetivos – tenham a relação legalmente reconhecida. Adicionou, ainda, a tendência dos Estados-membros do Conselho de Europa (24 dos 47 Estados-membros) em ter legislação voltada a este reconhecimento, destacando que a Corte constitucional italiana tem reiteradamente demandado tal proteção e reconhecimento. Ademais, segundo a Corte Europeia, a maioria da população italiana apoia o reconhecimento jurídico das uniões homoafetivas[19].

---

[18] Consultar caso Schalk and Kopf *versus* Austria, Application n. 30141/04, Judgment 24-6-2010.
[19] Caso Oliari *vs.* Itália, 21 de julho de 2015.

II. Corte Interamericana de Direitos Humanos: casos relativos à proibição da discriminação e da violência baseada em orientação sexual

No sistema interamericano, merece destaque o *leading case* Atala Riffo y niñas *versus* Chile, decidido pela Corte Interamericana em 24 de fevereiro de 2012[20]. Este é o primeiro caso julgado pela Corte concernente à violação aos direitos da diversidade sexual, inexistindo, portanto, um universo de precedentes a permitir a criação de uma tipologia de casos — como ocorre no sistema europeu.

Ineditamente foi analisada a responsabilidade internacional do Estado em face do tratamento discriminatório e interferência indevida na vida privada e familiar da vítima Karen Atala devido à sua orientação sexual. O caso foi objeto de intenso litígio judicial no Chile, que culminou com a decisão da Corte Suprema de Justiça em determinar a custódia das três filhas ao pai, sob o argumento de que a Sra. Atala não deveria manter a custódia por conviver com pessoa do mesmo sexo, após o divórcio. No entender unânime da Corte Interamericana, o Chile violou os arts. 1º, parágrafo 1º, e 14 da Convenção Americana, por afrontar o princípio da igualdade e da proibição da discriminação.

À luz de uma interpretação dinâmica e evolutiva compreendendo a Convenção como um "living instrument", ressaltou a Corte que a cláusula do art. 1º, parágrafo 1º, é caracterizada por ser uma cláusula aberta de forma a incluir a categoria da orientação sexual, impondo aos Estados a obrigação geral de assegurar o exercício de direitos, sem qualquer discriminação.

Neste sentido, a Corte Interamericana recorreu ao caso Salgueiro da Silva Mouta *versus* Portugal, sustentando que: "Respecto a la inclusión de la orientación sexual como categoria de discriminación prohibido, el Tribunal Europeo de Derechos Humanos há señalado que la orientación sexual es 'otra condición' mencionada en el artículo 14 del Convenio Europeu para la Protección de los Derechos Humanos e de las Libertades Fundamentales, el cual prohíbe tratos discriminatórios. En particular, en el caso Salgueiro da Silva Mouta vs. Portugal, el Tribunal Europeo concluyo que la orientación sexual es un concepto que se encuentra cubierto por el articulo 14 del Convenio Europeu. Además, reiteró que el listado de categorias que se realiza en dicho artículo es ilustrativa y no exhaustiva".

---

[20] Caso Atala Riffo and daughters *versus* Chile, Inter-American Court, 24 February 2012, Series C n. 239.

Argumentou ainda a Corte que "a igualdade é inseparável da dignidade essencial de cada pessoa, frente a qual é incompatível toda situação que, por considerar superior um determinado grupo, implique tratá-lo com privilégios; ou que, a contrário senso, por considerá-lo inferior o trate com hostilidade, ou, de qualquer forma, o discrimine no gozo de direitos reconhecidos".

Enfatizou que o princípio da igualdade e da proibição de discriminação ingressou no domínio do *jus cogens* na atual etapa evolutiva do Direito Internacional, amparando a ordem pública nacional e internacional que permeia todo ordenamento jurídico. Concluiu que "nenhuma norma, decisão ou prática de direito interno, seja por parte de autoridade estatal, seja por particular, podem diminuir ou restringir direitos de pessoas com base em orientação sexual". Adicionou a Corte que "a falta de consenso no interior dos países sobre o pleno respeito a direitos de minorias sexuais não pode ser considerada como um argumento válido para negar-lhes ou restringir-lhes direitos humanos ou perpetuar ou reproduzir discriminações históricas ou estruturais que estas minorias tenham sofrido", sob pena de restar violado o art. 1º, parágrafo 1º, da Convenção.

Quanto ao argumento da Corte Suprema de Justiça do Chile de que haveria "el derecho preferente de las menores (de edad) a vivir y desarrollarse en el seno de una família estructurada normalmente y apreciada en el médio social, según el modelo tradicional que le es propio", uma vez mais a Corte Interamericana recorreu ao aludido precedente da Corte Europeia de Direitos Humanos, sob o argumento de que: "En el caso Salgueiro da Silva Mouta vs. Portugal, el Tribunal Europeo consideró que la decisión de un Tribunal nacional de retirar de un padre homosexual la custodia de sua hija menor de edad, con el argumento que la niña debería vivir em una família portuguesa tradicional, carecia de relación razonable de proporcionalidad entre la medida tomada (retirada de custodia) y el fin perseguido (protección del interes superior de la menor de edad)".

Acrescentou, ademais, o argumento do necessário respeito à vida privada, o que estaria a abarcar a identidade física, social, bem como o desenvolvimento pessoal, a autonomia pessoal e o direito de estabelecer e desenvolver relações com outras pessoas do mesmo sexo. Sustentou, na hipótese, a violação pelo Chile do direito consagrado no art. 11 da Convenção Americana concernente à proteção à honra e à dignidade, o que estaria a envolver o respeito à vida privada e a proibição de ingerência abusiva ou arbitrária na vida privada.

No caso Duque contra Colômbia, em sentença de 26 de fevereiro de 2016, a Corte Interamericana reconheceu a responsabilidade internacional do Estado da Colômbia por violação ao direito à igualdade perante a lei e à proibição de discriminação em face de Angel Alberto Duque. Na hipótese, foi negado o direito à pensão à vítima, sob o argumento de que o companheiro era do mesmo sexo. Naquele momento, a legislação colombiana previa o direito à pensão exclusivamente ao cônjuge, companheiro ou companheira permanente sobrevivente que fosse de sexo diferente.

Em 31 de agosto de 2016, a Corte Interamericana, no caso Flor Freire contra Equador, condenou o Estado por violação ao direito à igualdade perante a lei e à proibição da discriminação e aos direitos à honra e à dignidade, bem como por afronta à garantia de imparcialidade, em face de processo disciplinar militar sofrido pela vítima, culminando em sua exoneração das Forças Armadas, por supostamente haver cometido práticas sexuais homossexuais no âmbito de instalações militares – punidas de formas mais gravosas se comparadas com práticas sexuais não homossexuais, o que estaria a caracterizar discriminação[21].

Em 12 de março de 2020, a Corte Interamericana condenou o Estado do Peru no caso Azul Rojas Marín, concernente a graves atos de violência física e psicológica em face da vítima em virtude de sua orientação sexual e identidade de gênero. Para a Comissão Interamericana, o Estado teria violado a obrigação de proteção à vítima de violência sexual, tendo por agravante o preconceito em face das pessoas LGBTI. Ao condenar o Estado do Peru pela violação ao direito à integridade pessoal, enunciado no artigo 5º da Convenção Americana, dentre outros dispositivos convencionais violados, ineditamente, no âmbito das garantias de não repetição, a Corte demandou do Estado do Peru a adoção de protocolo específico de investigação e administração de justiça em casos de violência contra pessoas LGBTI; a adoção de programas de sensibilização e capacitação de agentes estatais sobre a violência contra pessoas LGBTI; e a implementação de um sistema de produção de estatísticas de violência contra pessoas LGBTI.

Em 26 de marco de 2021, no caso Vicky Hernandez e outras contra Honduras, a Corte Interamericana reconheceu a responsabilidade do Esta-

---

[21] Corte IDH. Caso Flor Freire *vs.* Ecuador. Excepción Preliminar, Fondo, Reparaciones y Costas. Sentencia de 31 de agosto de 2016. Serie C, n. 315.

do em face da execução sumaria sofrida pela vítima, mulher trans, defensora de direitos humanos, em Honduras. Afirmou a responsabilidade do Estado pela violação aos direitos à vida, à integridade pessoal, à proteção judicial e a garantias judiciais, nos termos dos artigos 4º, 5º, 8º e 25 da Convenção Americana. Ineditamente, a Corte considerou o Estado responsável pela violação das obrigações decorrentes do artigo 7º da Convenção Interamericana para Prevenir, Punir e Erradicar a Violência contra a Mulher, adotando a interpretação de que tal instrumento seria aplicável a todas as mulheres, inclusive às mulheres trans. Deste modo, a Corte consagrou o direito a uma vida livre de violência a todas as mulheres, sem qualquer discriminação. Dentre as medidas ordenadas pela Corte, cabe menção ao dever do Estado de adotar um procedimento para o reconhecimento do direito à identidade de gênero; ao dever de adotar um protocolo de investigação e administração de justiça em casos envolvendo pessoas LGBTI; e ao dever de implementar um sistema de dados desagregados vinculados aos casos de violência em face das pessoas LGBTI.

Ressalte-se que, nos termos da resolução da Assembleia Geral da OEA, de 7 de junho de 2011 (resolução AG/RES 2653 – XLI-0/11), os Estados condenam toda e qualquer discriminação e violência fundada em orientação sexual, encorajando a adoção de políticas públicas de combate à discriminação por orientação sexual e para a proteção de suas vítimas.

Por sua vez, em 3 de novembro de 2011, a Comissão Interamericana de Direitos Humanos estabeleceu uma "Unidade para los Derechos de las lesbianas, los gays y las personas trans, bisexuales e intersexuais", posteriormente transformada em Relatoria para os Direitos das Pessoas LGBTI. Para a Comissão Interamericana: "la orientación sexual y la expresión de genero son componentes fundamentales de la vida privada de las personas. La CIDH há enfatizado que el derecho a la vida privada garantiza esferas de la intimidad que el Estado ni nadie puede invadir, tales como la capacidad para desarrollar la propia personalidad y aspiración y deter su propia identidad, así como campos de actividad de las personas que son propios y autónomos de cada quién, tales como sus decisiones, sus relaciones interpersonales y familiares y su hogar".

5. Conclusões

A história de combate à discriminação fundada em orientação sexual tem como marco a década de 1990. Há uma história pré e pós-1990 no que se refere à proteção dos direitos da diversidade sexual, concentrando as últimas duas décadas avanços extraordinários.

Esses avanços têm sido obtidos, sobretudo, na arena jurisprudencial dos sistemas global e regionais – o que, por si só, vem a revelar a ausência de um consenso normativo global e regional concernente aos direitos da diversidade sexual.

O desafio maior é expandir, otimizar e densificar a força catalisadora da jurisprudência protetiva global e regional. O ponto de partida é a convergência – endossada por Comitês da ONU e pelas Cortes Europeia e Interamericana – de que a igualdade e a proibição da discriminação constituem uma cláusula aberta a abarcar o critério da orientação sexual. Consequentemente, a orientação sexual não pode justificar a restrição, limitação e redução de direitos humanos.

Considerando a força cogente e inderrogável do princípio da igualdade e da não discriminação (elevado a *jus cogens*), há que reforçar os deveres dos Estados em proibir a discriminação fundada em orientação sexual e assegurar a igualdade por meio de legislação, políticas públicas e remédios judiciais. Endossam-se as clássicas obrigações dos Estados de respeitar (não violar), proteger (obstar que terceiros violem) e implementar direitos humanos (adotando todas as medidas necessárias à sua realização).

Sob essa perspectiva, deflagra-se o processo de afirmação dos direitos da diversidade sexual, marcado por reivindicações morais distintas a compor e a ressignificar o alcance do direito à igualdade e à diferença. Nesse sentido, destacam-se os relevantes precedentes da Corte Europeia de Direitos Humanos e seu elevado impacto regional e global, ao repudiar a criminalização das práticas homossexuais, ao coibir a discriminação por orientação sexual, ao afirmar os direitos de transexuais e ao enfrentar os direitos à adoção e ao casamento por homossexuais. A esses precedentes somam-se o caso paradigmático julgado pela Corte Interamericana, em 24 de fevereiro de 2012, bem como os casos julgados em 2016, no que se refere à proibição da discriminação por orientação sexual. Adicionem-se também os casos envolvendo o combate à violência baseada em orientação sexual e identidade de gênero, julgados em 2020 e 2021.

Ao mesmo tempo que a criminalização das práticas homossexuais remanesce em quase 70 países, emerge a luta pelo combate à homofobia no plano internacional, mediante recentes iniciativas adotadas pela ONU e pela OEA, em 2011, como já destacado por este estudo. Isto é, se por um lado ainda há uma geografia mundial na qual é crime ser homossexual, por outro há o contrapoder da vertente global e regional que, ao revés, afirma ser crime violar direitos de homossexuais. Daí o desafio da transformação cultural[22].

A inovadora jurisprudência global e regional tem sido capaz de romper com a indiferença às diferenças, na afirmação do direito à igualdade com respeito às diversidades. Os direitos humanos simbolizam o idioma da alteridade: ver no outro um ser merecedor de igual consideração e profundo respeito, dotado do direito de desenvolver as potencialidades humanas, de forma livre, autônoma e plena. É a ética orientada pela afirmação da dignidade e pela prevenção ao sofrimento humano.

Para Luigi Ferrajoli[23], os direitos humanos simbolizam a lei do mais fraco contra a lei do mais forte, na expressão de um contrapoder em face dos absolutismos, advenham do Estado, do setor privado ou mesmo da esfera doméstica.

A impactante jurisprudência dos sistemas global e regionais europeu e interamericano revela a importância da justiça em assegurar que direitos triunfem, por vezes, de forma contramajoritária, no exercício de um contrapoder emancipatório radicado no princípio da prevalência da dignidade humana.

Cabe avançar na luta pela proteção dos direitos da diversidade sexual, expandindo a força catalisadora dessa importante jurisprudência que merece guiar, com sua força vinculante, os Estados no combate à homofobia e na defesa da diversidade sexual.

---

[22] Para Navi Pillay: "Laws criminalizing homosexuality pose a serious threat to the rights of lesbian, gay, bisexual and transgender individuals, exposing them to the risk of arrest, detention and, in some cases, torture and execution. (...) We also know that criminalization perpetuates stigma and contributes to a climate of homophobia, intolerance and violence (United Nations High Commissioner for Human Rights, January/2011).

[23] FERRAJOLI, Luigi. *Diritti fondamentali*: un dibattito teorico, a cura di Ermanno Vitale. Roma/Bari: Laterza, 2002, p. 338.

Capítulo 21

OS DIREITOS HUMANOS DAS CRIANÇAS E DOS ADOLESCENTES NO DIREITO INTERNACIONAL E NO DIREITO INTERNO*

Flávia Piovesan e Wilson Ricardo Buquetti Pirotta

1. Introdução

A Constituição brasileira de 1988, o Estatuto da Criança e do Adolescente (Lei n. 8.069/90) e a Convenção sobre os Direitos da Criança (ratificada pelo Brasil em 24-9-1990) introduzem, na cultura jurídica brasileira, um novo paradigma inspirado pela concepção da criança e do adolescente como verdadeiros sujeitos de direito, em condição peculiar de desenvolvimento[1].

Este novo paradigma fomenta a doutrina da proteção integral à criança e ao adolescente e consagra uma lógica e uma principiologia próprias voltadas a assegurar a prevalência e a primazia do interesse superior da criança e do adolescente. Na qualidade de sujeitos de direito em condição peculiar de desenvolvimento, à criança e ao adolescente é garantido o direito à proteção especial.

---

* O presente capítulo é baseado na palestra *Perspectivas dos direitos humanos das crianças e adolescentes no próximo milênio*, proferida pelos autores, a convite do Programa de Pós-Graduação em Saúde Pública da Faculdade de Saúde Pública da Universidade de São Paulo, em São Paulo, em 15 de junho de 2001. Wilson Ricardo Buquetti Pirotta é Juiz do Trabalho no TRT da 2ª Região.

[1] A respeito, a Constituição brasileira de 1988, em seu art. 227, estabelece que: "É dever da família, da sociedade e do Estado assegurar à criança e ao adolescente, com absoluta prioridade, o direito à vida, à saúde, à alimentação, à educação, ao lazer, à profissionalização, à cultura, à dignidade, ao respeito, à liberdade e à convivência familiar e comunitária, além de colocá-los a salvo de toda forma de negligência, discriminação, exploração, violência, crueldade e opressão".

Objetiva este capítulo enfocar a proteção dos direitos das crianças e dos adolescentes nos planos internacional e interno, sob a perspectiva dos direitos humanos.

2. A Proteção Internacional dos Direitos das Crianças e dos Adolescentes

A Convenção sobre os Direitos da Criança, adotada pela ONU em 1989 e vigente desde 1990[2], destaca-se como o tratado internacional de proteção de direitos humanos com o mais elevado número de ratificações, contando em 2024 com 196 Estados-partes[3].

Nos termos da Convenção, a criança é definida como "todo ser humano com menos de 18 anos de idade, a não ser que, pela legislação aplicável, a maioridade seja atingida mais cedo" (artigo 1)[4].

A Convenção acolhe a concepção do desenvolvimento integral da criança, reconhecendo-a como verdadeiro sujeito de direito, a exigir proteção especial e absoluta prioridade.

Os direitos previstos na Convenção incluem: o direito à vida e à proteção contra a pena capital; o direito a ter uma nacionalidade; a proteção ante a separação dos pais; o direito de deixar qualquer país e de entrar em seu próprio país; o direito de entrar e sair de qualquer Estado-parte para fins de reunificação familiar; a proteção para não ser levada ilicitamente ao exterior; a proteção de seus interesses no caso de adoção; a liberdade de pensamento, consciência e religião; o direito ao acesso a serviços de saúde, devendo o Estado reduzir a mortalidade infantil e abolir práticas tradicionais prejudiciais à saúde; o direito a um nível adequado de vida e segurança social; o direito à educação, devendo os Estados oferecer educação primária

---

[2] Segundo Steiner e Alston, "a primeira menção a 'direitos da criança' como tais em um texto reconhecido internacionalmente data de 1924, quando a Assembleia da Liga das Nações aprovou uma resolução endossando a Declaração dos Direitos da Criança, promulgada no ano anterior pelo Conselho da organização não governamental 'Save the Children International Union'. Em 1959, a Assembleia Geral das Nações Unidas promulgava a Declaração dos Direitos da Criança, cujo texto iria impulsionar a elaboração da Convenção" (STEINER, Henry J.; ALSTON, Philip. *International human rights in context*. Oxford: Oxford University Press, 2000, p. 512).

[3] Alto Comissariado de Direitos Humanos das Nações Unidas, *Status of Ratifications of the Principal International Human Rights Treaties*. Disponível em: <http://www.unhchr.ch/pdf/report.pdf>.

[4] Em decorrência de disputas tangentes ao momento de início da infância – se na concepção ou no nascimento, entendeu-se mais apropriado não mencionar esse marco inicial no artigo 1º da Convenção. Ver STEINER, Henry J.; ALSTON, Philip. *International human rights in context*, cit., p. 515.

compulsória e gratuita; a proteção contra a exploração econômica, com a fixação de idade mínima para admissão em emprego; a proteção contra o envolvimento na produção, tráfico e uso de drogas e substâncias psicotrópicas; a proteção contra a exploração e o abuso sexual. Como atentam Henry Steiner e Philip Alston: "a Convenção dos Direitos da Criança é extraordinariamente abrangente em escopo. Ela abarca todas as áreas tradicionalmente definidas como direitos humanos – civis, políticos, econômicos, sociais e culturais. Ao fazê-lo, contudo, a Convenção evitou a distinção entre essas áreas e, contrariamente, assumiu a tendência de enfatizar a indivisibilidade, a implementação recíproca e a igual importância de todos os direitos"[5].

Ao ratificarem a Convenção, os Estados-partes se comprometem a proteger a criança de todas as formas de discriminação e assegurar-lhe assistência apropriada.

Note-se que a Declaração de Viena, ao insistir no objetivo da "ratificação universal" – e sem reservas – dos tratados e protocolos de direitos humanos adotados no âmbito do sistema das Nações Unidas, urge a ratificação universal da Convenção sobre os Direitos da Criança e a sua efetiva implementação por todos os Estados-partes, mediante a adoção de todas as medidas legislativas, administrativas e de outra natureza que se façam necessárias, bem como mediante a alocação do máximo possível de recursos disponíveis. Afirma ainda a Declaração de Viena: "A não discriminação e o interesse superior das crianças devem ser princípios fundamentais em todas as atividades dirigidas à infância, levando na devida consideração a opinião dos próprios interessados. Os mecanismos e programas nacionais e internacionais de defesa e proteção da infância devem ser fortalecidos, particularmente em prol de uma maior defesa e proteção das meninas, das crianças abandonadas, das crianças de rua, das crianças econômica e sexualmente exploradas, inclusive as que são vítimas da pornografia e prostituição infantis e da venda de órgãos, das crianças acometidas por doença, entre as quais a síndrome da imunodeficiência adquirida, das crianças refugiadas e deslocadas, das crianças detidas, das crianças em situação de conflito armado, bem como das crianças que são vítimas da fome, da seca e de outras emergências. Devem-se promover a cooperação e a solidariedade internacionais com vistas a apoiar a implementação da Convenção sobre

---

[5] STEINER, Henry J.; ALSTON, Philip, *International human rights in context*, cit., p. 516.

os Direitos da Criança e os direitos da criança devem ser prioritários em todas as atividades das Nações Unidas na área dos direitos humanos".

Vale ressaltar que, no tocante à exploração econômica e sexual de crianças e no tocante à participação de crianças em conflitos armados, foram adotados, em 25 de maio de 2000, dois Protocolos Facultativos à Convenção dos Direitos da Criança, pela Resolução A/RES/54/263 da Assembleia Geral: o Protocolo Facultativo sobre a Venda de Crianças, Prostituição e Pornografia Infantis e o Protocolo Facultativo sobre o Envolvimento de Crianças em Conflitos Armados. Esses Protocolos visam a fortalecer o rol de medidas protetivas no que tange às violações sobre as quais discorrem. O Protocolo sobre a Prostituição Infantil impõe aos Estados-partes a obrigação de proibirem a venda de crianças, a prostituição e a pornografia infantis. Exige, ainda, em seu artigo 3º, que os Estados-partes promovam, como medida mínima, a criminalização dessas condutas. O Protocolo sobre Conflitos Armados estabelece, em seu artigo 1º, que os "Estados-partes devem tomar todas as medidas possíveis para assegurar que os membros de suas forças armadas, que não tenham atingido a idade de 18 anos, não participem diretamente em disputas", estendendo essa proibição, em seu artigo 4º, à participação em qualquer grupo armado.

Quanto ao mecanismo de controle e fiscalização dos direitos enunciados na Convenção, foi instituído o Comitê sobre os Direitos da Criança, o qual cabe monitorar a implementação da Convenção, por meio do exame de relatórios periódicos encaminhados pelos Estados-partes. A Convenção sobre os Direitos da Criança tão somente prevê a sistemática dos relatórios, mediante os quais devem os Estados-partes esclarecer as medidas adotadas em cumprimento à Convenção. Não inovam os Protocolos Facultativos à Convenção, na medida em que não introduzem a sistemática de petições ou de comunicações interestatais. O artigo 8º do Protocolo Facultativo sobre Conflitos Armados e o artigo 12 do Protocolo Facultativo sobre Prostituição Infantil apresentam praticamente a mesma redação, ao exigir que os Estados-partes dos Protocolos submetam relatórios ao Comitê sobre os Direitos da Criança, fornecendo informações sobre as medidas tomadas para a implementação desses Protocolos. Ainda nos moldes do artigo 44 da própria Convenção dos Direitos da Criança, o Comitê fica autorizado a requerer, também no concernente à matéria dos Protocolos, mais informações sobre aquela implementação. Apenas em 19 de dezembro de 2011 foi adotado o Protocolo Facultativo à Convenção sobre os Direitos da Criança relativo ao procedimento de comunicações. Com o objetivo de instituir *"child-sensitive procedures"* e sempre endossando o princípio do interesse superior da criança, o Protocolo habilita o Comitê de Direitos da Criança a apreciar petições individuais (inclusive no caso de violação a direitos econômicos, sociais e culturais); a adotar *"interim measures"* quando houver urgência, em situações excepcionais e para evitar danos irreparáveis às vítimas de violação; a apreciar comunicações interestatais; e a realizar investigações *in loco*, nas hipóteses de graves ou sistemáticas violações aos direitos humanos das crianças.

O Brasil ratificou a Convenção sobre os Direitos da Criança em 25 de setembro de 1990 e ratificou os Protocolos Facultativos em 27 de janeiro de 2004[6]. Ratificou, ainda, o Protocolo Facultativo à Convenção sobre os Direitos da Criança relativo ao procedimento de comunicações, em 29 de setembro de 2017.

Transita-se, neste momento, à análise da proteção dos direitos das crianças e dos adolescentes no Direito brasileiro, com especial ênfase à Constituição de 1988 e ao Estatuto da Criança e do Adolescente.

3. A Proteção dos Direitos das Crianças e dos Adolescentes no Direito Brasileiro

O processo de democratização vivido pelo Brasil na década de 80 acenou à reinvenção da sociedade civil, mediante formas de mobilização, articulação e organização, bem como propiciou a adoção de um novo pacto político-jurídico-social. Nascia, assim, a Carta de 1988, considerado o texto constitucional da história brasileira que melhor incorporou as demandas e reivindicações da sociedade civil e da pluralidade de seus atores sociais.

No caso das crianças e dos adolescentes, houve uma profunda modificação de sua situação jurídica. A Constituição Federal de 1988 introduziu diversos dispositivos que tratam da criança e do adolescente de forma consonante com as diretrizes internacionais de direitos humanos e com os padrões democráticos de organização do Estado e da sociedade.

No âmbito internacional, como acima visto, as crianças e os adolescentes vêm sendo reconhecidos como sujeitos de direitos humanos próprios, condizentes com sua especial condição de seres humanos em desenvolvimento. Além disso, são também considerados sujeitos dos direitos humanos assegurados a todos os seres humanos.

---

[6] Alto Comissariado de Direitos Humanos das Nações Unidas, *Status of Ratifications of the Principal International Human Rights Treaties*. Disponível em: <http://www.unhchr.ch/pdf/report.pdf>.

Os direitos especiais reconhecidos às crianças e aos adolescentes decorrem de sua peculiar condição de ser humano em desenvolvimento. Como consequência, o Estado e a sociedade devem assegurar, por meio de leis ou por outros meios, todas as oportunidades e facilidades, a fim de lhes facultar o pleno desenvolvimento das capacidades físicas, mentais, morais, espirituais e sociais, cuidando para que isso se dê em condições de liberdade e de dignidade.

Um dos resultados do advento da Constituição Federal de 1988 foi a promulgação do Estatuto da Criança e do Adolescente (ECA), Lei n. 8.069, de 13 de julho de 1990, revogando-se o antigo Código de Menores e adequando as normas infraconstitucionais à nova principiologia constitucional.

O ECA tem por escopo regular a situação jurídica dos indivíduos até a idade de 18 anos, definindo como criança o indivíduo até a idade de 12 anos e como adolescente o indivíduo com idade entre 12 e 18 anos.

Uma das principais inovações do ECA é aplicar-se a todos os indivíduos cuja idade seja inferior a 18 anos, ao contrário do antigo Código de Menores, que se aplicava somente aos menores em situação irregular, criando uma dicotomia jurídica entre crianças e adolescentes que se encontravam em situação regular junto de suas famílias e aqueles que se encontravam fora desses padrões considerados regulares pela legislação e pela interpretação jurisprudencial e doutrinária de tal legislação. O termo "menor" ficou de tal forma associado a essa situação de irregularidade que passou a ser considerado discriminatório, sendo banido da legislação atual.

No sistema jurídico brasileiro, as crianças e os adolescentes gozam de todos os direitos fundamentais garantidos à pessoa humana, tanto aqueles reconhecidos pelo direito interno brasileiro quanto os previstos nos tratados internacionais de que o Brasil faz parte. Além disso, gozam da proteção integral de que trata o próprio ECA.

Seguindo a proposta do ECA, serão analisados os direitos fundamentais das crianças e adolescentes presentes na legislação brasileira, dividindo-os em: direito à vida e à saúde; direito à liberdade, ao respeito e à dignidade; direito à convivência familiar e comunitária; direito à educação, à cultura, ao esporte e ao lazer; e direito à profissionalização e à proteção no trabalho.

Além do próprio Estatuto, serão verificados os dispositivos legais concernentes a cada item na Constituição Federal e, quando relevante, em outras normas infraconstitucionais.

3.1. Os principais direitos humanos garantidos às crianças e aos adolescentes pela legislação brasileira

A caracterização dos direitos das crianças e dos adolescentes como direitos humanos realça a inalienabilidade desses direitos e compromete o Estado, tanto no âmbito interno quanto internacional, a respeitá-los, defendê-los e promovê-los.

Tendo em vista que os mais recentes instrumentos internacionais de direitos humanos frisam a indivisibilidade entre os direitos civis, políticos, econômicos, culturais e sociais, ao considerarem-se os direitos das crianças e dos adolescentes como direitos humanos, eles devem ser garantidos em seu conjunto, sob uma perspectiva integral. Isso implica que o desrespeito a qualquer direito faz com que todos os direitos humanos, de um modo ou de outro, sejam violados, já que estão interligados e a garantia de um direito pressupõe a garantia dos demais direitos humanos.

Em consonância com essa diretriz, o ECA trata, de forma interligada, dos direitos das crianças e dos adolescentes, remetendo-se a outros direitos, quando cuida da proteção de determinado direito, e vinculando em um mesmo título direitos individuais e sociais. A respeito, há que se realçar a absoluta harmonia de enfoque entre o ECA e a Convenção sobre os Direitos da Criança, que, de igual modo, endossa a indivisibilidade dos direitos humanos das crianças, sua implementação recíproca e a igual importância de todos os direitos.

3.1.1. Dos direitos à vida e à saúde

No rol dos direitos sociais previstos pelo art. 6º da Constituição Federal encontra-se o direito à saúde, desdobrado nos arts. 196 a 200, dos quais constam o reconhecimento da saúde como direito de todos e dever do Estado, o acesso universal e igualitário à saúde e a criação do sistema único de saúde, entre outros aspectos.

A Organização Mundial da Saúde define saúde como "o completo bem-estar físico, mental e social, e não meramente a ausência de doença ou enfermidade"[7]. Em tal conceituação, as relações entre saúde e cidadania ficam destacadas, estendendo-se o campo da saúde para outras esferas, além da exclusivamente biológica, e indicando um alargamento da noção

---

[7] WHO. *Constitution of the World Health Organization*. New York: United Nations, 1946.

do processo saúde-doença, levando em consideração os determinantes sociais do adoecimento[8]. O texto constitucional não traz a definição de saúde, mas sua análise sistemática revela a adequação da adoção da definição acima. Ademais, o Brasil é membro da Organização Mundial da Saúde, aderindo, pois, no âmbito internacional, à definição dada por essa instituição.

Ineditamente a Constituição inaugura, no título dedicado à ordem social, um capítulo específico endereçado à família, à criança, ao adolescente e ao idoso. O art. 227 é taxativo ao tornar um dever do Estado e da sociedade civil garantir a prioridade de atendimento às necessidades das crianças e dos adolescentes. Destacam-se de seu texto alguns pontos relevantes para a saúde: "Art. 227. É dever da família, da sociedade e do Estado assegurar à criança e ao adolescente, com absoluta prioridade, o direito à vida, à saúde, à alimentação, à educação, ao lazer, à profissionalização, à cultura, à dignidade, ao respeito, à liberdade e à convivência familiar e comunitária, além de colocá-los a salvo de toda forma de negligência, discriminação, exploração, violência, crueldade e opressão. § 1º O Estado promoverá programas de assistência integral à saúde da criança e do adolescente, admitida a participação de entidades não governamentais e obedecendo aos seguintes preceitos: I – aplicação de percentual dos recursos públicos destinados à saúde na assistência materno-infantil; (...) § 2º A lei disporá sobre normas de construção dos logradouros e dos edifícios de uso público e de fabricação de veículos de transporte coletivo, a fim de garantir acesso adequado às pessoas portadoras de deficiência[9]. § 3º O direito a proteção especial abrangerá os seguintes aspectos: I – idade mínima de 14 anos para admissão ao trabalho, observado o disposto no art. 7º, XXXIII[10]; II – garantia de direitos previdenciários e trabalhistas; (...) VII – programas de prevenção e atendimento especializado à criança e ao adolescente dependente de entorpecentes e drogas afins. § 4º A lei punirá severamente o abuso, a violência e a exploração sexual da criança e do adolescente. (...)".

---

[8] PIROTTA, Wilson R. B.; PIROTTA, Katia C. M. O adolescente e o direito à saúde após a Constituição de 1988. In: SCHOR, N.; MOTA, M. S. F. T.; BRANCO, V. C. *Cadernos juventude, saúde e desenvolvimento*. Brasília: Ministério da Saúde, Secretaria de Políticas de Saúde, v. 1, p. 30-40, 1999.

[9] Ver Lei n. 7.853/89, que dispõe sobre apoio às pessoas portadoras de deficiência.

[10] Com a atual redação do art. 7º, XXXIII, a idade mínima passou a ser de 16 anos, conforme mencionado mais adiante.

O aludido dispositivo constitucional revela a decisão do legislador constituinte de inserir na agenda política nacional, como prioridade absoluta, o atendimento às necessidades básicas da criança e do adolescente, reconhecendo-lhes direitos especiais que devem ser levados em consideração quando da alocação das verbas orçamentárias, sob pena de incorrer-se em inconstitucionalidade, seja por ação, seja por omissão.

No plano infraconstitucional, o ECA dedica o Capítulo I do Título II ao direito à vida e à saúde. Comentando a opção do legislador pelo título do capítulo "Do Direito à Vida e à Saúde", Lefèvre[11] observa que tal capítulo busca assegurar juridicamente tanto a sobrevivência de todos os indivíduos na fase da infância e da adolescência, ao tratar do direito à vida, quanto seu direito a uma vida digna, ao tratar do direito à saúde.

O art. 7º do ECA especifica que a criança e o adolescente têm direito a proteção à vida e à saúde, cabendo ao Estado a efetivação de políticas públicas voltadas para seu desenvolvimento sadio e harmonioso, em condições dignas de existência. O art. 11 assegura atendimento integral à saúde da criança e do adolescente por meio do SUS, garantindo o acesso universal e igualitário às ações e serviços para promoção, proteção e recuperação da saúde. O mesmo artigo, no § 2º, torna incumbência do Poder Público o fornecimento gratuito, àqueles que necessitarem, de medicamentos, próteses e outros recursos relativos ao tratamento, habilitação ou reabilitação.

Prevê, ainda, o Estatuto, em seu art. 12, que os estabelecimentos de atendimento à saúde deverão proporcionar condições para a permanência em tempo integral de um dos pais ou responsável, nos casos de internação de criança ou adolescente. A medida tem dupla função: de um lado, permite o necessário apoio emocional para a recuperação da saúde da criança ou do adolescente; por outro, permite aos pais ou responsável o controle da qualidade do atendimento dado ao paciente.

De grande importância para a saúde da criança e do adolescente é a determinação do art. 13, no sentido de que os casos de suspeita ou confirmação de maus-tratos contra criança ou adolescente serão obrigatoriamente comunicados ao Conselho Tutelar da respectiva localidade. A determinação vem reforçada pelo art. 245, que comina pena de multa de três a

---

[11] LEFÈVRE, Fernando. Direito à educação e direito à saúde no Estatuto da Criança e do Adolescente: da letra morta à letra viva. *Revista Brasileira de Crescimento e Desenvolvimento Humano*, ano II, n. 1, jan./jun. 1992, p. 47-57.

vinte salários de referência ao médico, professor ou responsável por estabelecimento de atenção à saúde e de ensino fundamental, pré-escola ou creche que deixar de comunicar à autoridade competente os casos de que tenha conhecimento, envolvendo suspeita ou confirmação de maus-tratos contra criança ou adolescente.

O Estatuto protege o direito da criança à vida e à saúde desde antes de seu nascimento, prevendo, em seu art. 8º, o atendimento pré e perinatal à gestante, por intermédio do Sistema Único de Saúde e a preferência para que a parturiente seja atendida pelo mesmo médico que a acompanhou na fase pré-natal. Determina, ainda, que é incumbência do Poder Público propiciar apoio alimentar à gestante e à nutriz que dele necessitem. O art. 9º prevê a criação pelo Poder Público e pelos empregadores de condições adequadas ao aleitamento materno, inclusive aos filhos de mães submetidas à medida privativa de liberdade.

Observa-se que, embora a lei pretenda propiciar condições de saúde adequadas à criança, parte desses direitos tem a mãe como titular, tornando-os relevantes para as discussões acerca dos direitos da mulher e dos direitos reprodutivos, conforme mais amplamente exposto nos demais capítulos deste livro.

Ressalte-se, por fim, a importância do direito ao meio ambiente ecologicamente equilibrado, previsto no art. 225 da Constituição Federal, na promoção e manutenção da saúde.

3.1.2. Dos direitos à liberdade, ao respeito e à dignidade

A Constituição Federal de 1988 erigiu como um dos fundamentos da República Federativa do Brasil a dignidade da pessoa humana e como um de seus objetivos construir uma sociedade livre, justa e solidária. Em seu Título II, a Carta Constitucional consagra os direitos e garantias fundamentais, compreendendo direitos individuais, direitos sociais, nacionalidade, dentre outros. Tais previsões constitucionais aplicam-se às crianças e aos adolescentes, garantindo-lhes o direito à liberdade, ao respeito e à dignidade. No entanto, sua condição de seres humanos em desenvolvimento requer direitos especiais, que são previstos nos arts. 15 a 18 do ECA.

O art. 15 relembra que os indivíduos com menos de 18 anos são sujeitos de todos os direitos inerentes à pessoa humana e ainda merecem o respeito a seu processo de desenvolvimento.

O art. 16 garante o direito à liberdade de ir, vir e estar, de opinião e expressão, de crença e culto religioso, de brincar, divertir-se e praticar esportes, de participar da vida familiar e comunitária, sem sofrer discriminação, de participar da vida política, de buscar refúgio, auxílio e orientação, tendo como únicas restrições aquelas explicitamente previstas em lei.

O capítulo define direito ao respeito como inviolabilidade da integridade física, psíquica e moral da criança e do adolescente, inclusive a preservação da identidade, imagem, autonomia, valores, ideias, crenças, espaços e objetos pessoais.

No art. 18, o Estatuto torna dever de todos velar pela dignidade da criança e do adolescente, pondo-os a salvo de qualquer tratamento desumano, violento, aterrorizante, vexatório ou constrangedor.

Verifica-se, nos dispositivos acima, a preocupação do legislador em prevenir os abusos cometidos contra crianças e adolescentes, tanto pelos próprios pais ou responsáveis, sob o pretexto de educá-los dentro de determinados padrões morais, quanto pelas autoridades policiais, sob o pretexto de manutenção da ordem pública.

Observa-se que os deveres previstos na lei são dirigidos a toda a sociedade, mas deve-se acrescentar que os membros e funcionários do Estado, nas esferas executiva, legislativa e judiciária, nos âmbitos federal, estadual e municipal, têm o dever de ofício de cumprir e fazer cumprir tais determinações.

3.1.3. Do direito à convivência familiar e comunitária

A Constituição Federal, no art. 227, estabelece o direito da criança e do adolescente à convivência familiar e comunitária, sendo que o ECA, no Capítulo III do Título II, regula as relações da criança e do adolescente com sua família de origem ou com família substituta, prevendo as situações de guarda, tutela e adoção.

Em consonância com o previsto no art. 227, § 6º, da Constituição Federal, o Estatuto, em seu art. 20, estende a todos os filhos, havidos ou não da relação de casamento ou por adoção, os mesmos direitos e qualificações, vedando expressamente quaisquer designações discriminatórias relativas à filiação.

Note-se que, desde a promulgação da Constituição Federal de 1988, estão revogadas as normas que instituíam distinções de direitos entre os filhos havidos do casamento e aqueles adotados ou havidos fora do casamento, com destaque para as normas dessa natureza contidas nos arts. 337 e seguintes do então Código Civil de 1916.

A lei prevê que o poder familiar será exercido, em igualdade de condições, pelo pai e pela mãe, cabendo à autoridade judiciária competente dirimir eventuais divergências entre eles. Destaca-se que, à luz da legislação atualmente em vigor, os limites do poder familiar devem ser entendidos como balizados pelo direito da criança e do adolescente à liberdade, ao respeito e à dignidade, além de não tolerar a legislação qualquer castigo corporal ou moral que cause danos físicos ou psicológicos ao indivíduo.

A perda ou a suspensão do poder familiar podem ser decretadas judicialmente em caso de não cumprimento pelos pais dos deveres de sustento, guarda e educação dos filhos menores, bem como de cumprir e fazer cumprir, no interesse desses filhos, as determinações judiciais. Cabe, ainda, a decretação da medida em caso de castigo, abandono ou prática pelos pais de atos contrários à moral e aos bons costumes, nos termos dos arts. 22 e 24 do ECA.

A legislação atualmente em vigor explicita que a falta ou a carência de recursos materiais por parte da família natural não constitui motivo suficiente para a perda ou a suspensão do poder familiar, devendo a família, nesse caso, ser incluída obrigatoriamente em programas oficiais de auxílio.

No caso de necessidade ou contingência que determinem o afastamento da criança ou do adolescente da família natural, procede-se à colocação em família substituta, por meio dos institutos da guarda, da tutela ou da adoção, observado sempre o interesse prioritário da criança ou do adolescente e os devidos cuidados para que sua situação na nova família lhe seja adequada ao exercício dos direitos que lhes são reservados pela lei.

3.1.4. Dos direitos à educação, à cultura, ao esporte e ao lazer

A Constituição Federal, em seus arts. 205 a 217, cuida da educação, da cultura e do desporto. No art. 205, dispõe que a educação é direito de todos e dever do Estado e da família, sendo seus objetivos o pleno desenvolvimento da pessoa, seu preparo para o exercício da cidadania e sua qualificação para o trabalho.

Os princípios em que se deve basear o ensino estão alinhados no art. 206 da Constituição Federal e no art. 53 do ECA, ressaltando-se a igualdade de condições para o acesso e permanência na escola, o acesso à escola pública e gratuita, a liberdade de pensamento e criação, o direito de organização e participação em entidades estudantis e o direito de contestar critérios avaliativos.

A preocupação do legislador com a garantia aos princípios democráticos nos estabelecimentos de ensino é patente. Visa a prevenir a ocorrência de abusos que podem ser cometidos nos e pelos estabelecimentos de ensino, observando-se que a concepção de hierarquia e de disciplina vigente nas escolas, muitas vezes, propicia a prática de abusos e o desrespeito à liberdade e à dignidade das crianças e dos adolescentes. Visa, ademais, a prevenir a ocorrência de perseguição aos integrantes de entidades estudantis e de patrulhamento ideológico.

Observa-se, na legislação acerca do direito à educação, a preocupação do legislador em garantir o acesso universal à educação, entendida como o ensino regular fornecido pelos estabelecimentos escolares. Há que se discutir, no entanto, a possibilidade de outras formas de fomentar o acesso à educação, que não propriamente a ida à escola.

A implementação de programas sociais de incentivo à assiduidade escolar e prevenção da evasão é de extrema importância para que o direito à educação não seja apenas uma ficção jurídica ou seja usufruído apenas por uma parcela minoritária da população, mas se constitua efetivamente em direito garantido a todos. As dificuldades enfrentadas pelas famílias de baixa renda para manter os filhos na escola não devem tornar-se uma forma de discriminação quanto ao acesso e gozo do direito à educação.

O art. 208 da Constituição Federal estabelece que o dever do Estado com a educação será efetivado mediante a garantia de ensino fundamental obrigatório e gratuito, definindo o ensino obrigatório e gratuito como direito público subjetivo, o que dá ao indivíduo o poder de acionar diretamente o Estado, a fim de que lhe forneça gratuitamente o acesso ao ensino fundamental, não podendo o Estado recusar-se a tal prestação, independentemente da disponibilidade de recursos previstos em orçamento. O mesmo artigo, em seu § 2º, prevê que o não oferecimento do ensino obrigatório pelo Poder Público, ou sua oferta irregular, importa responsabilidade da autoridade competente. Tal previsão é reforçada no ECA.

A Constituição Federal prevê que o Estado garantirá o pleno exercício dos direitos culturais e acesso às fontes da cultura nacional, não definindo, no entanto, o que entende por *cultura*. Da análise sistemática do texto constitucional, destaca-se que o termo *cultura* deve ser entendido em sentido amplo, não se restringindo apenas às produções e manifestações da cultura erudita.

Embora o ECA seja parcimonioso ao tratar do assunto, é relevante destacar a previsão de respeito aos valores culturais da criança e do adolescente no processo de ensino e a destinação de espaço e recursos para programações culturais, esportivas e de lazer voltadas para a infância e a juventude.

A participação na comunidade e o compartilhamento dos valores culturais próprios do grupo de origem do indivíduo são fundamentais para a formação da identidade e para a inclusão social das crianças e dos adolescentes, determinando valores e opções por toda a vida.

O esporte é uma atividade básica para o desenvolvimento físico e psicológico das crianças e dos adolescentes, sendo extremamente importante que o Estado, a sociedade e a família respeitem e incentivem a prática de esportes, colaborando, assim, para a higidez física e mental do indivíduo e seu desenvolvimento pleno e harmonioso.

O lazer tem sido reconhecido cada vez mais como um direito fundamental, sendo que sua importância cresce ao ser considerada a infância e a adolescência, fases em que as atividades lúdicas e de lazer devem ser especialmente respeitadas e incentivadas.

3.1.5. Dos direitos à profissionalização e à proteção no trabalho

O art. 7º, XXXIII, da Constituição Federal cuida especificamente da proteção ao adolescente trabalhador, determinando a "proibição de trabalho noturno, perigoso ou insalubre a menores de 18 anos e de qualquer trabalho aos menores de 16 anos, salvo na condição de aprendiz, a partir de 14 anos". A redação atual deste artigo foi dada pela Emenda Constitucional n. 20/98. Pelo texto anterior, o limite mínimo de idade para contratação do adolescente como trabalhador era de 14 anos, salvo na condição de aprendiz, não determinando a partir de que idade era admissível o trabalho na condição de aprendiz. Ficava a cargo da legislação ordinária determinar esse limite, que era fixado em 12 anos pela Consolidação das Leis do Trabalho (CLT).

A modificação introduzida pela Emenda Constitucional n. 20/98 buscou contemplar as recomendações internacionais a respeito do trabalho de crianças e adolescentes. Recebeu, porém, inúmeras críticas, visto que, na realidade brasileira, o adolescente ingressa precocemente no mercado de trabalho por imposição das necessidades materiais vivenciadas por ele e por sua família. Assim, a elevação da idade mínima de admissão ao mercado de trabalho poderia incrementar o já bastante acentuado problema do trabalho informal de adolescentes, sem o devido registro e demais garantias trabalhistas e previdenciárias.

A proibição ao trabalho noturno, perigoso ou insalubre se relaciona com a proteção da saúde do adolescente. Trata-se de garantir um especial cuidado quanto à exploração da mão de obra do adolescente, protegendo-o da exposição a condições de trabalho insalubres, perigosas ou penosas, que prejudiquem seu desenvolvimento e o acesso à educação e ao lazer. As dificuldades que o adolescente encontra para inserir-se no mercado profissional colocam-no em posição menos privilegiada para a negociação de melhores condições de trabalho, cabendo ao Estado zelar por tais condições. Há que se considerar, no entanto, que o desemprego faz com que essas garantias produzam o efeito perverso de diminuir a oferta de vagas para essa faixa etária, cabendo a implementação de políticas públicas que compensem tal desvantagem.

No ECA, o direito à proteção no trabalho vem tratado em conjunto com o direito à profissionalização. Sem dúvida alguma, o acesso à educação de boa qualidade, à informação e ao aprendizado profissionalizante é essencial para que o adolescente possa inserir-se em melhores condições no mercado de trabalho, zelando por sua dignidade no exercício da profissão e preparando-o para a vida adulta, dando-lhe melhores perspectivas profissionais.

O art. 68 do ECA define como trabalho educativo aquele em que as exigências pedagógicas relativas ao desenvolvimento pessoal e social do educando prevaleçam sobre o aspecto produtivo. Determina, ainda, tal artigo que o programa social que tenha por base o trabalho educativo deverá assegurar ao adolescente, que dele participe, condições de capacitação para o exercício da atividade regular remunerada.

Ressalte-se, por fim, que as entidades filantrópicas voltadas para o atendimento de crianças e adolescentes e que desenvolvam atividades na área de trabalho educativo devem buscar pautar suas ações pelos valores e princípios contidos na legislação vigente, que reflete as opções da sociedade, democraticamente explicitadas na condição de norma jurídica. É de especial relevância evitar a inserção dos adolescentes no mercado de trabalho de maneira informal, sem vínculo com programas de estágio ou aprendizado, ou sem vínculo empregatício, para os maiores de 16 anos[12].

---

[12] PIROTTA, Wilson R. B. Ementa 63. Relação de emprego. Menor. Menor patrulheiro. *Revista Trimestral de Jurisprudência do TRT de São Paulo*, São Paulo: LTr, n. 23, p. 258-261, dez. 2000.

A integração dos adolescentes ao mercado de trabalho deve ser pautada pelos valores democráticos e pelo exercício da cidadania, propiciando a eles a oportunidade de respeitar e exigir que se lhes respeitem os direitos de cidadão, integrando-se à sociedade de forma equitativa, participativa e democrática.

4. Considerações Finais

Em absoluta consonância com os parâmetros protetivos internacionais, em particular com a Convenção sobre os Direitos da Criança, a Constituição brasileira de 1988 e o Estatuto da Criança e do Adolescente inauguram, na cultura jurídica brasileira, um novo paradigma inspirado pela concepção da criança e do adolescente como verdadeiros sujeitos de direito, em condição peculiar de desenvolvimento.

Como aqui enfocado, este novo paradigma fomenta a doutrina da proteção integral à criança e ao adolescente e consagra uma lógica e uma principiologia próprias voltadas a assegurar a prevalência e a primazia do interesse da criança e do adolescente. Na qualidade de sujeitos de direito em condição peculiar de desenvolvimento, à criança e ao adolescente é garantido o direito à proteção especial.

Sob a perspectiva dos direitos humanos, tanto a Convenção sobre os Direitos da Criança como a Constituição de 1988 e o Estatuto da Criança e do Adolescente traduzem uma visão integral dos direitos humanos das crianças e dos adolescentes, contemplando a indivisibilidade destes direitos, sua implementação recíproca e a igual importância de todos os direitos, sejam civis, políticos, sociais, econômicos ou culturais.

No entanto, apesar da clareza dos comandos normativos nacionais e internacionais em atribuir direitos às crianças e aos adolescentes, a ainda recente luta pela democratização da sociedade brasileira, as acentuadas desigualdades sociais[13] e o desafio de incorporação de novos paradigmas igualitários fazem com que persista um padrão de desrespeito aos mais elementares direitos humanos, de que são titulares as crianças e os adolescentes. Ainda remanesce no Brasil uma cultura adultocêntrica, que percebe o mundo e a vida a partir da lente dos adultos. Vislumbram-se, ademais, os

---

[13] No Brasil, crianças e adolescentes representam 61 milhões, o que corresponde a 35,9% da população nacional. Do universo de crianças e adolescentes 45% são pobres, sendo que 71% das crianças indígenas o são e 58% das crianças afrodescendentes também.

resquícios autoritários da cultura da "menorização", em que crianças e adolescentes são vistos como seres inferiores, menores, em direitos e dignidade. Atente-se que no País vigorava, até o final da década de 1980, a doutrina do "menor em situação irregular" (inspiradora do Código de Menores), que traz a marca da herança cultural correicional.

Neste contexto, são essenciais a apropriação de novos valores e a implementação dos parâmetros constitucionais e internacionais, que afirmam as crianças e adolescentes como verdadeiros e efetivos sujeitos de direito, em condição peculiar de desenvolvimento, a merecer especial proteção. Há que se romper, em definitivo, com uma cultura e prática que inibem a construção emancipatória dos direitos humanos das crianças e adolescentes, violando, sobretudo, seu direito fundamental ao respeito e à dignidade.

Capítulo 22

A PROTEÇÃO DOS DIREITOS DAS PESSOAS COM DEFICIÊNCIA NO BRASIL*

Flávia Piovesan, Beatriz Pereira da Silva
e Heloisa Borges Pedrosa Campoli

1. Introdução

O objetivo deste capítulo é apresentar uma análise sobre a proteção dos direitos das pessoas com deficiência no Brasil, no âmbito dos Poderes Legislativo, Executivo e Judiciário. Ao longo deste, verificar-se-á que, a despeito da existência de vasta legislação e inúmeros programas governamentais, este grupo ainda não consegue ver concretizados seus direitos fundamentais e, apesar de um desempenho positivo do Poder Judiciário, o acesso à justiça ainda se mostra restrito.

Este estudo inicia-se com o desenvolvimento histórico do tema nas Constituições brasileiras, com destaque à Carta de 1988, para, em seguida, dedicar-se aos instrumentos internacionais de proteção dos direitos das pessoas com deficiência. Passa-se, então, à análise da legislação federal, dos programas governamentais e da jurisprudência, para que, finalmente, sejam desvendados os principais obstáculos ao acesso deste grupo ao Poder Judiciário.

2. A Proteção dos Direitos das Pessoas com Deficiência nas Constituições Brasileiras

Organismos internacionais estimam haver hoje no mundo aproximadamente 600 milhões de pessoas com deficiência, isto é, cerca de 10% da

---

* Este capítulo é baseado na pesquisa A *Proteção dos Direitos das Pessoas com Deficiência nos Planos Interno e Internacional*, desenvolvida com o auxílio da Fundação de Amparo à Pesquisa do Estado de São Paulo (FAPESP), tendo por orientadora Flávia Piovesan e como orientandas Beatriz Pereira da Silva e Heloisa Borges Pedrosa Campoli (advogadas).

população[1]. Na América Latina e no Caribe, estima-se que sejam ao menos 50 milhões de pessoas, 82% das quais vivendo na pobreza. No Brasil, 14,5% da população tem deficiências[2]. Segundo dados do censo demográfico do IBGE de 2000, 24,5 milhões de brasileiros convivem com algum tipo de deficiência permanente, inclusive alguma dificuldade permanente de enxergar, ouvir e caminhar. Este expressivo número de brasileiros(as) vem sendo apartado da vida social e, apenas recentemente, recebeu proteção constitucional.

A história constitucional brasileira revela que dispositivos específicos acerca dos direitos das pessoas com deficiências somente puderam ser observados a partir de 1978, com a edição da Emenda Constitucional 12, que representou um marco na defesa desse grupo. Seu conteúdo pode ser considerado abrangente, uma vez que compreendia os principais direitos das pessoas com deficiência (educação, assistência e reabilitação, proibição de discriminação e acessibilidade). No entanto, a eficácia desta norma ficou comprometida pelo regime ditatorial, que limitou significativamente os direitos e garantias individuais.

A Carta de 1988, marco de transição para o regime democrático, manteve os direitos que já eram previstos na Emenda Constitucional 12/78, conferindo-lhes maior detalhamento e especificidade, bem como fixando as atribuições executivo-legislativas de cada ente federativo.

Vale destacar que o momento histórico de 1988 favoreceu a participação democrática das associações "de/para" deficientes[3] no processo de elaboração da Carta Magna, o que permitiu a ampla incorporação dos direitos então reivindicados por este grupo. Ressalte-se, ainda, que a Constituição

---

[1] UNHCHR, Disability. Disponível em: <http://www.ohchr.org/english/issues/disability>.

[2] World Bank, *Latin America: World Bank Calls for Action on Disability and Poverty, as World Celebrates International Day of Disabled Persons on Friday, Dec 2, 2004*. Disponível em: <http://web.worldbank.org/WBSITE/EXTERNAL/TOPICS/EXTSOCIALPROTECTION/EXTDISABILITY/0,content MDK:20288725~menuPK:282704~pagePK:64020865~piPK:149114~theSitePK:282699,00.html>. Sobre o tema, consultar Daniela Ikawa, *Direitos das pessoas com deficiência*, mimeo.

[3] Em outubro de 1986, uma reunião nacional preparou um documento encaminhando 14 propostas para servir de subsídio à nova Carta. O documento foi ratificado em 1987 em Brasília e encaminhado sob a forma de emenda popular, apoiada por 33 mil assinaturas e entregue em 13 de agosto de 1987 ao Congresso Nacional Constituinte. AKASHI, Lucy Tomoko. *O cidadão e a lei: o caso específico da pessoa portadora de deficiência*, tese apresentada para obtenção do título de mestrado em Psicologia Social na Pontifícia Universidade Católica de São Paulo, em 1992.

sofreu a influência e o impacto de um movimento crescente de tutela da pessoa com deficiência no âmbito internacional[4].

A Carta brasileira de 1988, ao revelar um perfil eminentemente social, impõe ao poder público o dever de executar políticas que minimizem as desigualdades sociais e é neste contexto que se inserem os sete artigos constitucionais[5] atinentes às pessoas com deficiência. Esses dispositivos devem ser aplicados de modo a consagrar os princípios da dignidade humana, da igualdade, da cidadania e da democracia. Vale dizer, a elaboração legislativa, a interpretação jurídica e o desenvolvimento das atividades administrativas devem se pautar por esses princípios, a fim de alcançar o ideal de uma sociedade mais justa, democrática e igualitária.

Destacam-se, ainda, nesta Constituição significativas inovações que são garantias adicionais para concretizar os direitos fundamentais, como a aplicabilidade imediata das normas definidoras de tais direitos[6] (que alcançaram o *status* de cláusula pétrea[7]), os instrumentos de combate à omissão dos Poderes Públicos (mandado de injunção e ação direta de inconstitucionalidade por omissão[8]); e a consagração dos direitos coletivos e difusos, com os instrumentos processuais próprios (constitucionalização da ação civil pública e mandado de segurança coletivo[9]), de forma a ampliar o alcance da tutela jurisdicional.

Com a Constituição Federal de 1988 verificam-se, portanto, relevantes avanços no plano normativo, reconhecidos, inclusive, pelos próprios interessados. Todavia, passados anos de vigência desta Carta, mesmo com a previsão especificada dos direitos das pessoas com deficiência, bem como dos instrumentos garantidores desses direitos, a violação subsiste e a concretização dos dispositivos constitucionais ainda constitui meta a ser alcançada.

O problema reside na falta de efetividade das referidas normas, pois nem o Poder Público nem a sociedade em geral possuem sensibilidade suficiente para lidar com a realização dos direitos das pessoas com deficiên-

---

[4] A Assembleia Geral das Nações Unidas proclamou o ano de 1981 como o Ano Internacional das Pessoas Portadoras de Deficiência. Em 1982, foi aprovado o Programa de Ação Mundial para as Pessoas Portadoras de Deficiência (pela Resolução n. 37/52) e o período de 1983-1992 (Resolução n. 37/53) foi considerado a Década das Nações Unidas para as Pessoas Portadoras de Deficiência.
[5] Art. 7º, XXXI; art. 23, II; art. 24, XIV; art. 37, VIII; art. 203, IV e V; art. 227, § 1º, II e § 2º e art. 244.
[6] Art. 5º, § 1º.
[7] Art. 60, § 4º.
[8] Art. 5º, LXXI, e art. 103, § 2º, respectivamente.
[9] Art. 129, III, e art. 5º, LXX, respectivamente.

cia[10]. Com efeito, a eficácia de uma Constituição depende do modo como ela é cumprida, do grau de introjeção do chamado "sentimento constitucional". A Constituição, por si própria, é tão somente um instrumento, não tendo condições de conformar a realidade social a seu modelo. Para tanto, faz-se fundamental a efetiva implementação de sua força normativa, pelos diversos atores sociais, o que compreende uma cultura vigilante e praticante da Constituição, por meio de uma cidadania popular ativa e combativa, bem como da atuação dos Poderes Legislativo, Executivo e Judiciário, um dos principais responsáveis pelo cumprimento da Lei Maior.

3. A Proteção Internacional dos Direitos das Pessoas com Deficiência

No âmbito internacional, constata-se a emergência de uma ética universal visando ao respeito, à integração e à proteção das pessoas com deficiência, tônica que marca os instrumentos gerais e especiais de proteção.

A proteção das pessoas com deficiência nesta esfera reflete o processo denominado especificação do sujeito de direitos, em que, segundo Norberto Bobbio, "o próprio homem não é mais considerado como ente genérico, ou homem em abstrato, mas é visto na especificidade ou na concreticidade de suas diversas maneiras de ser em sociedade, como criança, velho, doente, etc."[11]. São, desta forma, considerados critérios de diferenciação como sexo, idade, condição física, dentre outros, que passam a demandar um tratamento especializado[12]. É o caso, por exemplo, das Declarações dos Direitos da Criança, dos Direitos do Deficiente Mental (1971), dos Direitos das Pessoas Deficientes (1975), da Convenção 159/83 da OIT e da Convenção sobre os Direitos das Pessoas com Deficiência (2006).

Com efeito, a Declaração dos Direitos da Criança, ao consagrar dez princípios, refere-se no quinto princípio à criança "incapacitada física, moral ou socialmente", à qual devem ser garantidos tratamento, educação e cuidados especiais que sua condição exigir. A Convenção dos Direitos da

---

[10] A título ilustrativo, note-se que as calçadas estão completamente ocupadas por degraus, bancas de jornal, postes e buracos, o que evidencia a falta de planejamento racional do espaço urbano, a fim de permitir o acesso e a circulação da pessoa com deficiência pela cidade, não obstante a Constituição prever a adaptação de logradouros. Ademais, a imprensa noticia que cegos são impedidos de administrar sua própria conta bancária, surdos não podem andar de ônibus gratuitamente, nem ir à universidade por falta de intérprete (SANTIAGO, Carlos Henrique. País ainda ignora direitos dos deficientes. *Folha de S.Paulo*, São Paulo, 28-3-2000, Caderno São Paulo, p. 4).

[11] BOBBIO, Norberto. *A era dos direitos*. São Paulo: Ed. Campus, 2004, p. 69.

[12] BOBBIO, Norberto, op. cit., p. 69.

Criança, por sua vez, ratificada pelo Brasil em 1990, em seu artigo 23 trata especificamente da criança com deficiência, à qual devem-se proporcionar condições que favoreçam sua autonomia e facilitem sua plena integração na comunidade. Dentre outros, tem direito a receber cuidados especiais, educação, capacitação, preparação para o emprego.

A Declaração dos Direitos do Deficiente Mental, primeiro instrumento específico sobre pessoas com deficiência, datado de 1971, consolida um parâmetro protetivo mínimo, contendo princípios gerais a serem observados. Nela são apresentados os direitos fundamentais da pessoa com deficiência mental, a saber: direito ao tratamento isonômico, à educação e à capacitação profissional, ao atendimento médico especializado, à reabilitação, a exercer uma atividade produtiva, a viver em família, a ser protegida contra explorações, abusos ou tratamentos degradantes e a ser assistida em processos judiciais. Importa ressaltar que a Declaração dos Direitos das Pessoas Deficientes revelou pontos considerados inovadores em relação aos demais documentos já descritos. Um deles é o artigo 8º, que recomenda que as necessidades especiais deste grupo sejam levadas em consideração nas atividades de planejamento econômico e social do país. O artigo 12, explicitamente, menciona as ONGs das pessoas com deficiência como valiosa fonte de consulta no que tange aos seus direitos e o artigo 13 destaca a importância do direito à informação.

A Convenção 159/83 da OIT determina que cada país membro formule e aplique uma Política Nacional sobre Reabilitação profissional e emprego de pessoas deficientes. A reabilitação deve permitir que a pessoa com deficiência obtenha e conserve um emprego, progrida nele e consiga se integrar na vida social. Tal política deve ser fundamentada no princípio da igualdade de oportunidades entre trabalhadores portadores de deficiência e trabalhadores em geral. A Convenção recomenda ainda ações afirmativas, bem como a participação da sociedade civil no desenvolvimento/aplicação de políticas públicas.

A Convenção sobre os Direitos das Pessoas com Deficiência, adotada pela ONU em 2006, bem como a Convenção Interamericana sobre a Eliminação de todas as Formas de Discriminação contra Pessoas com Deficiência, adotada pela OEA em 1999, apresenta uma definição inovadora de deficiência, compreendida como toda e qualquer restrição física, mental ou sensorial, permanente ou temporária, que limita o exercício de direitos e que pode ser causada ou agravada pelo ambiente econômico e social. A inovação está no reconhecimento explícito de que o meio ambiente econômico e social pode ser causa ou fator de agravamento de deficiência.

Já o conceito de discriminação, inspirado em Convenções anteriores (como a Convenção sobre a Eliminação de Todas as Formas de Discriminação Racial de 1965), envolve toda distinção, exclusão ou restrição baseadas na deficiência, que tenha por efeito ou objetivo impedir ou obstar o exercício pleno de direitos. Ambas as Convenções contemplam as vertentes repressiva (atinente à proibição da discriminação) e promocional (atinente à promoção da igualdade), no que tange à proteção dos direitos das pessoas com deficiência.

O propósito maior destes instrumentos internacionais é promover, proteger e assegurar o pleno exercício dos direitos humanos das pessoas com deficiência, demandando dos Estados-partes medidas legislativas, administrativas e de outra natureza para a implementação dos direitos nela previstos.

Frisa ainda a Convenção da ONU que as pessoas com deficiência devem ter a oportunidade de participar ativamente dos processos decisórios relacionados a políticas e programas que as afetem. Os Estados estão obrigados a consultar as pessoas com deficiência, por meio de seus representantes e organizações, quando da elaboração e implementação de leis e medidas para efetivar a Convenção e outras políticas que impactem suas vidas. Oito são os princípios inspiradores desta Convenção: a) respeito à dignidade, autonomia individual para fazer suas próprias escolhas e independência pessoal; b) não discriminação; c) plena e efetiva participação e inclusão social; d) respeito às diferenças e aceitação das pessoas com deficiência como parte da diversidade humana; e) igualdade de oportunidades; f) acessibilidade; g) igualdade entre homens e mulheres; h) respeito ao desenvolvimento das capacidades das crianças com deficiência e respeito aos direitos destas crianças de preservar sua identidade.

Dentre os direitos enunciados, destacam-se os direitos à vida, ao igual reconhecimento perante a lei, ao acesso à justiça, à liberdade, à segurança e à integridade pessoal, à liberdade de movimento, à nacionalidade, à liberdade de expressão e opinião, ao acesso à informação, ao respeito à privacidade, à mobilidade pessoal, à educação, à saúde, ao trabalho, à participação política, à participação na vida cultural, a não ser submetido à tortura ou a tratamentos cruéis, desumanos ou degradantes, a não ser submetido à exploração, abuso ou violência. São, assim, consagrados direitos civis, políticos, econômicos, sociais e culturais, na afirmação da perspectiva integral dos direitos humanos.

Estes instrumentos internacionais consolidam, deste modo, parâmetros protetivos mínimos no que se refere aos direitos das pessoas com deficiência, a serem seguidos pelos Estados na ordem internacional e pelas suas respectivas ordens locais. Note-se que a Convenção para a Proteção das Pessoas com Deficiência e seu Protocolo Facultativo foram ratificados pelo Estado brasileiro em 1º de agosto de 2008, com *status* constitucional, nos termos do art. 5º, § 3º, da Constituição Federal.

Insista-se: todos estes instrumentos revelam o "processo de especificação do sujeito de direito". Não se trata apenas de proteger os direitos de uma pessoa enquanto tal, por sua dignidade inerente, mas de garantir um tratamento diferenciado e especial a todo um grupo de pessoas em iguais condições, próprias e específicas, que leve em consideração suas peculiaridades e suas necessidades essenciais.

No plano internacional, gradativamente, são elaborados parâmetros protetivos mínimos para a defesa dos direitos das pessoas com deficiência. Esses parâmetros devem ser somados aos parâmetros constitucionais, visando a mais efetiva e eficaz proteção à pessoa com deficiência. Ressalte-se que os comandos da Constituição Federal de 1988, capazes de incorporar as reivindicações das pessoas com deficiência, encontram-se em absoluta consonância com os parâmetros protetivos mínimos do campo internacional, cabendo aos operadores do direito potencializar e otimizar o uso estratégico destes instrumentos para a plena observância dos direitos das pessoas com deficiência.

Assim, se no passado a pessoa com deficiência era alijada da vida social com naturalidade[13], as transformações sociais e o desenvolvimento de novas tecnologias propiciaram a crescente participação deste grupo e, com ela, suas demandas, anseios e reivindicações.

Com efeito, a história da construção dos direitos humanos das pessoas com deficiência demarca quatro fases: a) uma fase de intolerância em relação às pessoas com deficiência, em que a deficiência simbolizava impureza, pecado ou, mesmo, castigo divino; b) uma fase marcada pela invisibilidade das pessoas com deficiência; c) uma terceira fase orientada por uma ótica assistencialista, pautada na perspectiva médica e biológica de que a deficiência era uma "doença a ser curada", sendo o foco centrado no indivíduo "portador da enfermidade"; e d) finalmente uma quarta fase orientada pelo paradigma dos direitos humanos, em que emergem os direitos à inclusão social, com ênfase na relação da pessoa com deficiência e do meio em que ela se insere, bem como na necessidade de eliminar obstáculos e barreiras

---

[13] Em Esparta, nos séculos IX a VII a.C., uma deficiência física implicava a condenação da criança à morte. No Brasil do século XVI, por exemplo, quase todos os hospitais de misericórdia mantinham a chamada Roda dos Expostos, onde recém-nascidos com deformidades podiam ser colocados para ser criados em orfanatos ou conventos, à margem da sociedade. AKASHI, Lucy, op. cit., 1992. Outro exemplo curioso aparece no art. 71 da Carta de 1891, que associa direitos do cidadão à capacidade física do indivíduo: "Art. 71. Os direitos de cidadãos brasileiros só se suspendem, ou perdem nos casos aqui particularizados: § 1º por incapacidade física ou moral". A própria Constituição "legitimava" a discriminação das pessoas com deficiência.

superáveis, sejam elas culturais, físicas ou sociais, que impeçam o pleno exercício de direitos humanos, isto é, nesta quarta fase, o problema passa a ser a relação do indivíduo e do meio, este assumido como uma construção coletiva. Nesse sentido, esta mudança paradigmática aponta aos deveres do Estado para remover e eliminar os obstáculos que impeçam o pleno exercício de direitos das pessoas com deficiência, viabilizando o desenvolvimento de suas potencialidades, com autonomia e participação.

Transita-se, agora, à análise do modo pelo qual os Poderes Legislativo, Executivo e Judiciário tutelam os direitos das pessoas com deficiência, à luz da experiência brasileira.

4. O Poder Legislativo e a Proteção dos Direitos das Pessoas com Deficiência

No âmbito infraconstitucional, a legislação federal[14] era até então satisfatória, na medida em que abarcava praticamente todos os direitos da pessoa com deficiência e previa a criação de instituições para elaborar e implementar políticas, programas, planos e projetos referentes aos seus principais direitos.

O assunto que maior atenção mereceu por parte dos legisladores brasileiros foi a inserção laboral da pessoa com deficiência, em conformidade com os comandos constitucionais pertinentes aos valores do trabalho e da dignidade humana.

Existiam, todavia, lacunas a serem preenchidas, tais como normas sobre combate à exploração, assistência à família e acessibilidade para portadores de deficiência sensorial (já que grande parte das leis existentes referiam-se à deficiência motora).

Além destas omissões, constatava-se ser a legislação federal abundante e dispersa; ter sido elaborada sem a participação da sociedade civil; e a ausência de fiscalização a limitar sua eficácia.

Neste cenário, cabe destaque às relevantes inovações introduzidas pela Lei n. 13.146, de 6 de julho de 2015, também denominada "Lei da Inclusão da Pessoa com Deficiência", que tem por base a Convenção da ONU para a Proteção das Pessoas com Deficiência, ratificada pelo Estado brasileiro, com *status* constitucional. Ao incorporar a aludida mudança de

---

[14] Foram analisadas as seguintes normas: Lei n. 7.853/89; Decreto n. 3.298/99; Lei n. 10.098/2000, Lei n. 10.048/2000; Lei n. 8.069/90; Lei n. 9.394/96; Lei n. 8.112/90; Lei n. 8.212/91; Lei n. 8.213/91; Decreto n. 129/91; Lei n. 7.070/82; Lei n. 8.686/93; Lei n. 8.742/93; Decreto n. 1.744/95; Código Civil; Lei n. 7.713/88; Lei n. 8.989/95; Lei n. 3.144/95; Lei n. 8.383/91; Lei n. 7.405/85; Lei n. 8.160/91; Lei n. 8.899/94; Decreto n. 3.691/2000; Lei n. 5.620/70; Lei n. 7.113/83; Lei n. 9.608/98; Decreto n. 2.536/98.

paradigma constante da Convenção, dentre outras inovações, a nova lei assegura o direito à igualdade e a proibição da discriminação das pessoas com deficiência; o direito ao atendimento prioritário; os direitos fundamentais à vida, à habilitação e à reabilitação; à educação; à saúde; ao trabalho; à assistência social; o direito à acessibilidade; e à participação na vida pública e política.

5. O Poder Executivo e a Proteção dos Direitos das Pessoas com Deficiência

No que tange à atuação governamental, nota-se que as esferas federal, estadual e municipal contemplam programas nas áreas de educação, saúde, trabalho e previdência, lazer e acessibilidade, o que indica a existência de uma mudança em curso. Com efeito, há alguns anos as questões relativas a este grupo sequer eram mencionadas. A previsão de programas denota uma gradual incorporação da causa das pessoas com deficiência na agenda governamental, reflexo dos avanços constitucionais.

Entretanto, títulos de programas não são indicativos de respeito aos direitos das pessoas com deficiência. A exemplo do que ocorre com a legislação, os inúmeros programas e políticas públicas existentes[15] são elaborados sem a consulta e participação da sociedade civil (ou com participação fictícia) e não são implementados. Na opinião de entidades representativas dos direitos das pessoas com deficiência[16], a falta de implementação deve-se ao abismo entre as propostas de governo e sua execução, seja por motivos

---

[15] Na esfera federal têm-se: Programa Nacional de Direitos Humanos; Programa de Qualificação de Trabalhadores para Pessoas Portadoras de Deficiência; Programa Nacional de Capacitação de Recursos Humanos; Programa Nacional de Informática na Educação; Política Nacional de Assistência Social e Política Nacional de Integração da Pessoa Portadora de Deficiência. No âmbito do Governo Estadual: Programa de Atendimento da Pessoa Portadora de Deficiência; Programa de Apoio à Pessoa Portadora de Deficiência no Mercado de Trabalho; Serviço de Apoio Pedagógico Especializado; Programa Estadual de Direitos Humanos. No Governo Municipal: Plano Municipal de Direitos Humanos e Cidadania; Serviço de Atendimento Social. Existem, ainda, os Conselhos da Pessoa Portadora de Deficiência e os Conselhos formados por portadores de deficiência nas três esferas de governo (CONADE, CEAPPD, CMPD).

[16] Ao longo desta pesquisa foram entrevistados quatro representantes de reconhecidas organizações não governamentais de caráter nacional (Fundação Dorina Nowill, Associação de Deficientes Visuais – ADEVA, Associação Brasileira de Portadores de Síndrome de Talidomida – ABPST e Centro de Informação e Documentação do Portador de Deficiência – CEDIPOD). Anote-se que foi dada preferência às entidades formadas por pessoas com deficiência, por se acreditar que estas são mais representativas para responder às questões formuladas. Foi elaborado um roteiro de questões a respeito dos principais problemas detectados em cada um dos poderes: Executivo, Legislativo e Judiciário.

políticos, seja pela ausência de capacitação e sensibilidade dos agentes estatais incumbidos de executá-las.

Além da ausência de implementação, outros problemas foram indicados pelas associações: a lentidão na regulamentação das leis; o descumprimento das decisões judiciais; a omissão e negligência com relação às pessoas com deficiência; e o jogo de "empurra-empurra" de responsabilidades entre a União, os Estados e os Municípios.

O testemunho dos entrevistados faz concluir que o maior devedor para a causa das pessoas com deficiência é o Estado, na medida em que não cumpre com as atribuições que lhe são devidas[17] e que não exerce seu poder de fiscalização.

6. O Poder Judiciário e a Proteção dos Direitos das Pessoas com Deficiência

Ao longo deste capítulo, foi estudada uma amostra de 204 julgados, proferidos pelos Tribunais Estaduais das Regiões Sul e Sudeste (com exceção do Estado de Minas Gerais) e pelos Tribunais Superiores (STF e STJ), no período de outubro de 1988 a janeiro de 2001, coletados nos *sites* oficiais destes órgãos e em revistas jurídicas especializadas[18]. A investigação acerca da proteção judicial dos direitos das pessoas portadoras de deficiência apresentou duas vertentes: uma quantitativa e uma qualitativa. Na primeira buscou-se identificar a autoria, o assunto, o tipo de ação e a decisão judicial. A pesquisa qualitativa buscou detectar os principais argumentos sustentados pelo Poder Judiciário (de São Paulo e dos Tribunais Superiores) em decisões judiciais exitosas e não exitosas concernentes à tutela dos direitos das pessoas portadoras de deficiência.

O estudo das decisões judiciais pretendeu delinear um quadro a respeito do modo pelo qual as pessoas com deficiência se relacionam com o Poder Judiciário na busca de seus direitos, os principais instrumentos utilizados, os assuntos mais pungentes, a resposta jurisdicional que têm recebido e os principais argumentos para obstar ou consagrar os seus direitos.

---

[17] É interessante observar que o art. 14 do Decreto n. 3.298/99 prevê a possibilidade de a CORDE provocar a iniciativa do Ministério Público, provendo-lhe informações sobre fatos que constituam objeto da Ação Civil de que trata a Lei n. 7.853/89, indicando-lhe os elementos de convicção.

[18] A saber: *Revista dos Tribunais; Revista de Jurisprudência do Tribunal de Justiça do Rio Grande do Sul; Jurisprudência do Tribunal de Justiça – LEX; Revista do Superior Tribunal de Justiça; Revista do Supremo Tribunal Federal; Revista Trimestral de Jurisprudência*. Note-se que foram excluídas as decisões proferidas em ações penais, que fugiam ao escopo do estudo.

A análise revelou que, com relação à autoria, a atuação do indivíduo portador de deficiência é preponderante para o ingresso de ações perante o Poder Judiciário. No Estado de São Paulo 82% das ações estudadas foram propostas por particulares. O mesmo se verificou nos Tribunais Superiores: no Superior Tribunal de Justiça, 97% das ações foram propostas em primeiro grau por particulares e no Supremo Tribunal Federal este índice corresponde a 64%.

A constatação da ínfima participação das associações na luta pelos direitos das pessoas com deficiências no Poder Judiciário foi surpreendente. Em São Paulo, por exemplo, as associações apareceram como autoras de 1% das ações analisadas. Estes dados revelam que a perspectiva dos direitos das pessoas com deficiência como direitos difusos ou coletivos é incipiente. As razões desta baixa participação estão relacionadas com a dificuldade de acesso à Justiça, como se verá adiante.

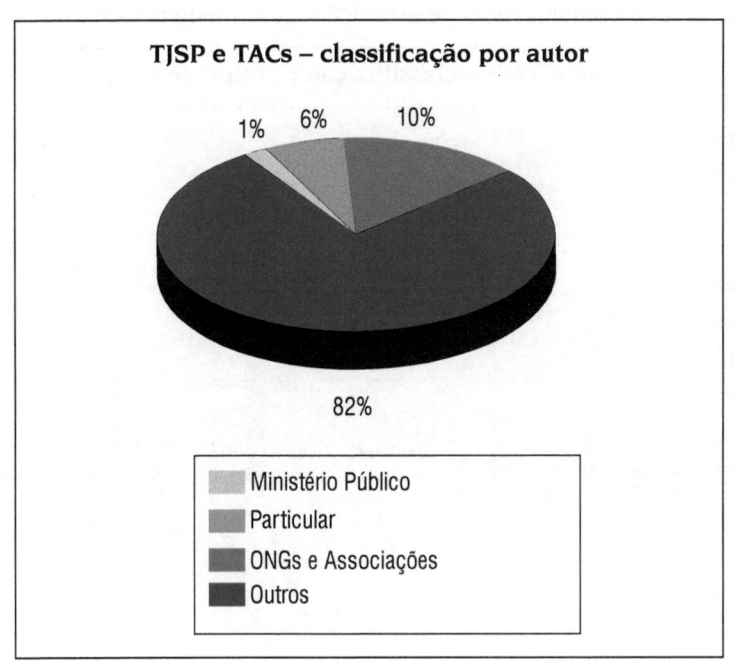

Gráfico 1 – TJSP e TACs – ações classificadas por autor.

Inesperada também foi a reduzida participação do Ministério Público no polo ativo das ações. Em São Paulo, esta instituição promoveu apenas 10% do total de ações estudadas, normalmente ações civis públicas.

Confirmando a percepção dos entrevistados, a Administração Pública[19], a quem compete promover as políticas de integração, é o ente que mais ocupa o polo passivo das ações. Apresenta, normalmente, a mesma linha de argumentação para negar os direitos das pessoas com deficiência: a) a impossibilidade de o Poder Judiciário obrigar o Poder Executivo a implementar programas, em face do princípio da autonomia dos poderes; b) o exercício das funções administrativas de acordo com os critérios de conveniência e oportunidade; c) a ausência de recursos materiais e a necessidade de previsão orçamentária para as despesas; e, por fim, d) o entendimento de que as normas constitucionais em questão são programáticas.

Quanto ao tipo de ação, as mais frequentes são as ações indenizatórias por acidente de trabalho e o mandado de segurança que, em sua maioria, versa sobre acesso aos cargos públicos. Não obstante a abrangência dos efeitos das decisões proferidas em ações civis públicas verificou-se um baixo índice deste tipo de ação em segundo grau de jurisdição[20], contrariando expectativas.

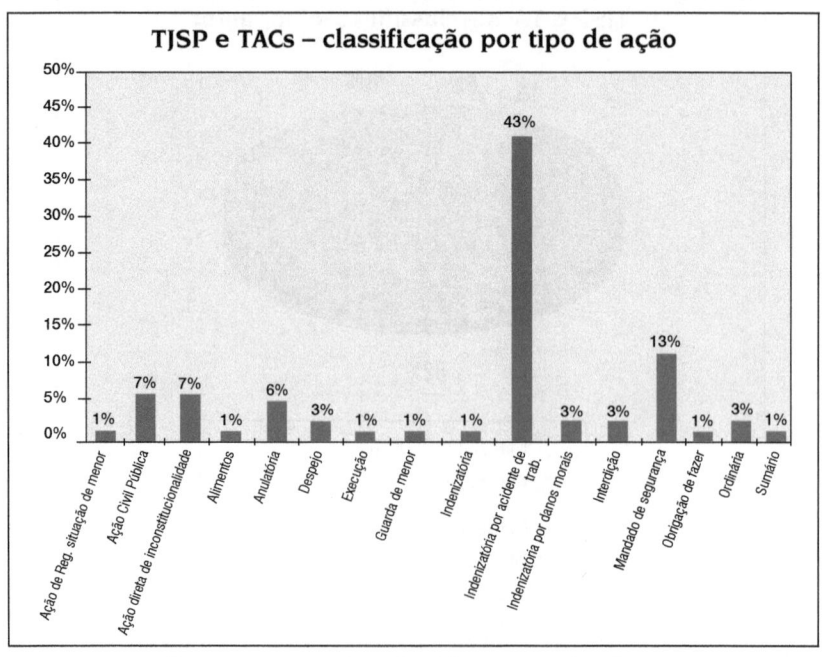

Gráfico 2 – TJSP e TACs – classificação por tipo de ação.

---

[19] Por Administração Pública entende-se, principalmente, as Fazendas Públicas Estadual e Municipal e o INSS.

[20] Em São Paulo, por exemplo, tem-se o percentual de 7%, todas propostas pelo Ministério Público.

O assunto predominante nos Tribunais Superiores é o direito ao trabalho e à previdência social. No Supremo Tribunal Federal este assunto corresponde a 55% da amostra, ao passo que no Superior Tribunal de Justiça corresponde a 58%. Em ambos os Tribunais o principal tema, dentro deste assunto, é a obtenção do benefício da renda mensal vitalícia, prevista no art. 203, V, da Constituição Federal e regulamentada pela Lei n. 8.742/93. Em São Paulo, de igual forma, o assunto predominante foi o direito ao trabalho e à previdência social (45%)[21].

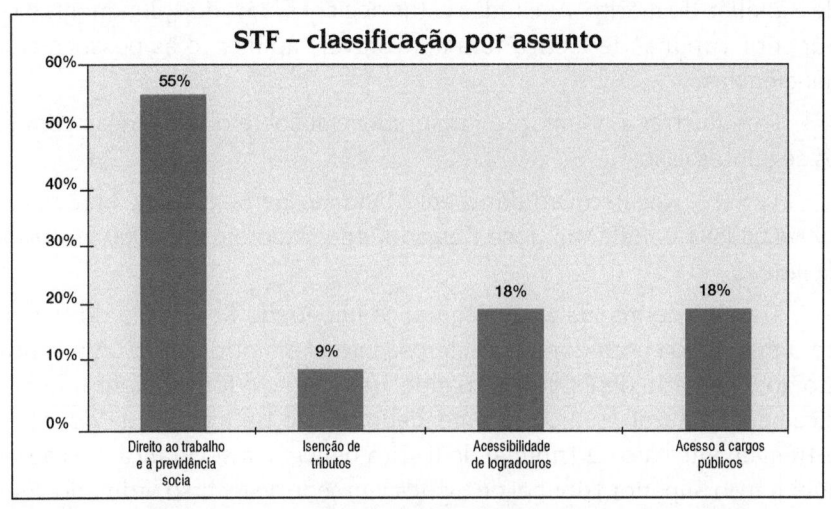

Gráfico 3 – STF – classificação por assunto.

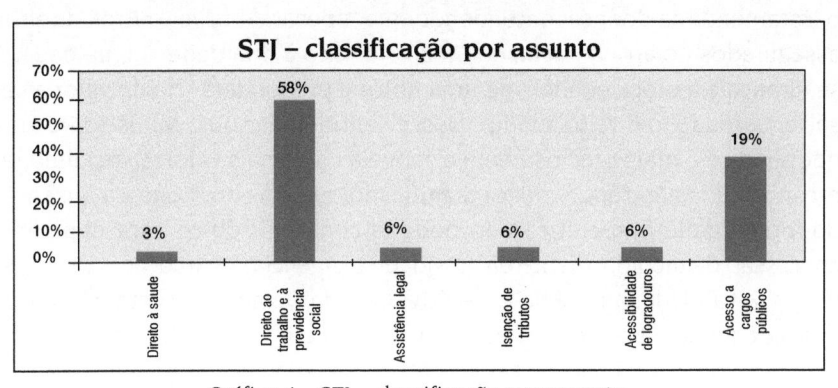

Gráfico 4 – STJ – classificação por assunto.

---

[21] O grande número de ações sobre direito ao trabalho e à previdência social compreende ações indenizatórias por acidente de trabalho. Isso pode ser reflexo do maior conhecimento destes direitos, em virtude de campanhas realizadas pelos sindicatos trabalhistas.

Quanto à resposta jurisdicional, predominam as decisões favoráveis. Em São Paulo os Tribunais Estaduais decidiram favoravelmente em 75% dos casos. No Supremo Tribunal Federal este índice é de 64%. Interessante notar que no Superior Tribunal de Justiça predominaram as decisões em que não houve análise do mérito (48%). Isto em parte se explica pelo fato de que muitas das ações que chegam a este Tribunal Superior apresentam falhas nos quesitos de admissibilidade, sem o que não se procede à análise do mérito. Afastadas estas decisões, 35% dos julgamentos no Superior Tribunal de Justiça foram favoráveis no mérito às pessoas com deficiências.

Para ilustrar a orientação jurisprudencial sobre o tema, destacam-se os seguintes casos:

1) STJ – Recurso Ordinário em Mandado de Segurança 11183/PR – 1999/0083884-0. Rel. Min. José Delgado, publicado em 4-9-2000, no *Diário da Justiça*.

Trata-se de mandado de segurança impetrado no Estado do Paraná por uma pessoa portadora de esclerose lateral amiotrófica – ELA[22], contra ato do Secretário de Estado de Saúde, que negou o fornecimento do medicamento Riluzol – único recomendado para o tratamento da doença e extremamente caro. O Tribunal de Justiça denegou a segurança e os autos subiram ao Superior Tribunal de Justiça, em sede de recurso ordinário. Este Tribunal compeliu o governo do Paraná a fornecer o remédio indicado para o tratamento da doença, entendendo que "apesar de haver outros direitos assegurados no art. 5º, *caput*, da CF 88 – direito à liberdade, à igualdade, à segurança e à propriedade – há uma notória preponderância do valor a ser salvaguardado: o direito à vida". Nesse sentido, alertou o Ministro Relator que a vida é o mais precioso bem e sem ela os demais valores socialmente reconhecidos não têm o menor significado ou proveito. Logo, "a ausência de formalidade burocrática não poderia constituir óbice para impedir a concessão da medida, diante da gravidade e urgência da situação. (...) a existência, a validade, a eficácia e a efetividade da Democracia está na prática dos atos administrativos voltados para o homem".

---

[22] A ELA é uma doença neurodegenerativa, progressiva e irreversível que conduz à atrofia muscular progressiva. Caracteriza-se pela degeneração das células da medula espinhal, causando lesões em neurônios motores superiores e inferiores e certos núcleos motores do tronco cerebral, levando à paralisia bulbar e, via de consequência, à insuficiência respiratória. Os pacientes necessitam de cuidados diários e constantes.

Sobre os argumentos do governo do Paraná – de que o fornecimento do medicamento implicaria desestabilização do Estado de Direito, quebra orçamentária, anarquia dos poderes e falência institucional –, o Superior Tribunal de Justiça os considerou inconsistentes e reveladores do total desprezo do direito à saúde por parte das autoridades públicas encarregadas no País. Segundo este Tribunal, estas seriam teses jurídicas de custosa credibilidade, utilizadas para negar à recorrente o sagrado direito de sobrevivência.

2) STJ – Recurso Ordinário em Mandado de Segurança 9613/SP – 98/00228376. Rel. Min. José Delgado, publicado em 1º-7-1999, no *Diário da Justiça*.

Trata-se de mandado de segurança impetrado pela Deputada Estadual Célia Leão, a fim de adequar a tribuna da Assembleia Legislativa de São Paulo aos deputados portadores de deficiência. O Tribunal de Justiça do Estado de São Paulo denegou a segurança sob o argumento de que "a Lei assegura o acesso a logradouros e edifícios de uso público e não especificamente a uma parte ou dependência destes locais, como no caso em tela". Os autos subiram ao Superior Tribunal de Justiça, que deu provimento ao recurso, determinando as modificações arquitetônicas necessárias.

Como bem salientado no acórdão, desde a Emenda Constitucional n. 12/78 já existia a obrigação de proceder às adaptações necessárias para permitir o acesso às pessoas com deficiência, sem embargo do art. 280 da Constituição Estadual. Por óbvio, a Assembleia Legislativa do Estado de São Paulo não estava excluída deste dever, ou "será que as regras da Constituição Estadual votadas e aprovadas pela Casa Legislativa Paulista, inquestionável espelho da vontade de inúmeros cidadãos, dentre eles aqueles que são portadores de algum tipo de deficiência, não se aplicam à própria Assembleia Legislativa? (...) não cabe prevalecer, diante da garantia constitucional, o alijamento do deficiente pela recusa de que não tenha a norma constitucional sido regulamentada pelo dispositivo da lei ordinária".

Por fim, o Superior Tribunal de Justiça refutou a ideia de que as adaptações não seriam exigíveis a edifícios já construídos, sob o argumento de tratar-se "de preceito de ordem pública, que se sobrepõe aos interesses privados e mesmo às situações jurídicas já constituídas. Todas as edificações existentes, destarte, estarão obrigadas a se adequar à nova regra, pois não há que se falar em direito adquirido diante de um preceito de ordem pública".

Da análise das decisões judiciais, cabe atentar que, lamentavelmente, não se verificou qualquer menção aos tratados internacionais que versam sobre os direitos das pessoas com deficiências nos acórdãos paulistas e dos Tribunais Superiores[23]. Por outro lado, é louvável perceber que os Tribunais recorrem com mais frequência aos artigos da Constituição do que às normas federais e estaduais para fundamentar suas decisões. Este fato revela a força e o alcance da Constituição Federal de 1988 e corrobora as considerações anteriores, de que esta representou um marco na defesa dos direitos das pessoas com deficiência. Indica, outrossim, que a argumentação de que tais normas seriam apenas programáticas é totalmente descabida, detendo o intuito de esvaziar a força normativa da Constituição e o seu potencial transformador.

Os resultados coletados com o estudo da jurisprudência vieram, ainda, a afastar a visão cética sobre o posicionamento do Poder Judiciário nestas questões, na medida em que, na significativa maioria dos casos, as demandas veiculadas são acolhidas por este Poder. Porém, para que as decisões favoráveis, como as transcritas anteriormente, sejam proferidas, é indispensável ampliar o grau de provocação deste Poder. É justamente neste aspecto que reside a maior dificuldade dos indivíduos e grupos portadores de deficiência, conforme será enfocado a seguir.

7. O Acesso à Justiça e as Pessoas com Deficiência

O acesso à justiça constitui uma das mais eficientes formas de realização dos direitos humanos e está previsto no art. 25 da Convenção Americana sobre Direitos Humanos, bem como no art. 5º, XXXV e LXXIV, da Constituição Federal da República do Brasil. Representa, ao mesmo tempo, um direito e uma garantia de direitos e sua inclusão nos textos constitucionais decorre da ideia de igualdade, mais especificamente da igualdade de oportunidades.

Habitualmente, a expressão "acesso à justiça" é utilizada como a possibilidade de acesso ao órgão judicial. O conceito, entretanto, vem evoluindo e se ampliando, incorporando aspectos de justiça social, expressando, desta forma, a "possibilidade de viver em uma ordem social que garanta a cada pessoa um mínimo necessário a sua dignidade"[24].

---

[23] Isto não significa que estes tratados não possam ter sido invocados nas petições iniciais. Mas apenas demonstra que não constituíram fundamentação das decisões destes Tribunais.
[24] SÉRVULO DA CUNHA, Sérgio. Acesso à Justiça. *Revista de Informação Legislativa*, ano 31, n. 124, p. 9-11, out./dez. 1994.

Mauro Cappelletti e Bryant Garth construíram o moderno conteúdo e significado do acesso à Justiça, assinalando que a definição serve para indicar duas finalidades do sistema jurídico: estar disponível a todos e produzir resultados favoráveis e socialmente justos[25]. Investigando a questão do acesso à justiça em vários países, os autores do Projeto Florença, apontaram obstáculos, comuns a diversos países, que impedem a plena tutela dos direitos subjetivos: a) custas judiciais (e demora agravando custas); b) possibilidades individuais dos litigantes – conhecimento, recursos e desigualdade de condições; e c) problemas especiais da proteção dos direitos difusos.

As custas judiciais constituem um dos principais fatores que desestimulam o cidadão a procurar a Justiça, uma vez que não existe proporção entre o valor da causa e o custo do processo. "Estudos revelam que a justiça civil é cara para os cidadãos em geral, mas proporcionalmente mais cara para os cidadãos economicamente mais débeis"[26].

Outro problema destacado é a morosidade da Justiça, frequentemente associada ao excesso de formalismo do Poder Judiciário, e comumente apontada como fator de descrença da população brasileira neste Poder.

O segundo aspecto apontado reside nas possibilidades individuais dos litigantes (conhecimento, recursos e desigualdade de condições). Com efeito, não há como se dissociar o acesso à justiça do direito à informação, sobretudo da informação acerca da existência de eventuais direitos. Todavia, a complexidade e dispersão das normas brasileiras acaba por dificultar o exercício deste direito, mesmo para aqueles indivíduos que possuem melhor condição socioeconômica.

Neste contexto, importante salientar as considerações de José Augusto Delgado sobre a necessidade de simplificação do direito: "As leis devem ser mais claras e concentrarem, em um só diploma, todo o regulamento da situação ou das situações de fato por ela alcançadas. Além de facilitar sua

---

[25] "A expressão acesso à justiça é reconhecidamente de difícil definição, mas serve para determinar duas finalidades básicas do sistema jurídico – o sistema pelo qual as pessoas podem reivindicar seus direitos e/ou resolver seus litígios sob os auspícios do Estado. Primeiro, o sistema deve ser igualmente acessível a todos; segundo, ele deve produzir resultados que sejam socialmente justos" (CAPPELLETTI, Mauro. *Acesso à justiça*. Porto Alegre, Fabris, 1988, p. 8).

[26] SOUZA SANTOS, Boaventura. Introdução à sociologia da administração da Justiça, *Revista de Processo*, v. 37, p. 126.

compreensão, permitirá a sua interpretação sistêmica, tudo a favorecer o ser a quem ela se destina – o cidadão"[27].

Contribuem, ainda, para afastar o cidadão da Justiça o sentimento de intimidação que os cidadãos mais humildes têm diante do Poder Judiciário, sua relutância em procurar órgãos oficiais para esclarecimento e a falta de confiança na figura do advogado. Com relação às pessoas com deficiências, somem-se a estas eventuais dificuldades adicionais de acesso físico e a necessidade de representantes ou intérpretes, em alguns casos.

Além destes pontos assinalados, Galanter, citado por Mauro Cappelletti[28], destaca as vantagens que litigantes habituais têm sobre os eventuais. Os litigantes habituais são aqueles que frequentemente utilizam o Poder Judiciário. Inicialmente, têm maior experiência com o Direito, o que lhes possibilita melhor planejamento do litígio; têm economia de escala porque têm mais casos; têm oportunidade de desenvolver relações informais com os membros da instância decisória; podem diluir os riscos da demanda; podem testar estratégias, de modo a garantir expectativa mais favorável em relação a casos futuros. A pesquisa desenvolvida permite afirmar que as pessoas com deficiência não podem se valer destas vantagens. Com efeito, são litigantes eventuais, que ingressam com ações para tutelar direitos individuais.

Finalmente, um terceiro obstáculo apontado diz respeito aos problemas especiais da proteção dos direitos difusos.

Em sua origem, os sistemas jurídicos foram pautados pelo individualismo e mostram-se inadequados para a solução de conflitos nas sociedades complexas. Nestas, os ditos direitos metaindividuais e coletivos surgem em leis especiais, e se espraiaram a ponto de não haver hoje Constituição democrática moderna que não insira, no capítulo sobre liberdades fundamentais, direitos e deveres sociais e coletivos. A estes valores coletivos devem corresponder novos tipos de tutela, não confiados exclusivamente à iniciativa individual[29]. Uma verdadeira revolução nos conceitos tradicionais do processo se faz necessária, passando por itens como a legitimação para agir, o princípio do contraditório, os efeitos da decisão, entre outros.

---

[27] DELGADO, José Augusto. Acesso à justiça – Um direito da cidadania. *Informativo Jurídico da Biblioteca Oscar Saraiva*, Brasília, v. 9, n. 1, p. 26, jan./jun. 1997.

[28] CAPPELLETTI, Mauro. *Acesso à justiça*. Trad. Ellen Grace. Porto Alegre: Sergio Antônio Fabris Editor, 1998, p. 25.

[29] Cf. CAPPELLETTI, Mauro, op. cit., 1977, p. 132.

Assim, diante desta necessidade, o direito processual viu-se obrigado a criar instrumentos eficazes para regular direitos coletivos e difusos, capazes de tutelar interesses supraindividuais, compensando o desequilíbrio das forças processuais.

No Brasil, na década de 80, foi criada a ação civil pública para tutelar interesses desta natureza. Todavia, até os dias atuais o sistema jurídico brasileiro não está totalmente preparado para absorver a cultura dos direitos difusos. Pelo menos quanto aos direitos das pessoas com deficiência, esta afirmação é corroborada pelos resultados da análise jurisprudencial, que demonstraram que o uso da ação civil pública ainda é inexpressivo.

As dificuldades de acesso à justiça apontadas pela doutrina foram confirmadas nas consultas aos representantes de associações de pessoas com deficiência. Em uníssono, os entrevistados relataram experiências que revelavam a morosidade da justiça e o descrédito geral deste Poder perante a sociedade; a ausência de recursos financeiros para as custas do processo; a ausência de assessoria jurídica; a falta de tempo em face da rotina da ONG; a negativa de apoio por parte do Ministério Público; a alta rotatividade dos promotores de justiça; a ausência de contato entre os operadores do direito e a realidade destas pessoas; o isolamento dos juízes; e a falta de consciência social.

De modo previsível, todos os entrevistados afirmaram buscar alternativas ao Poder Judiciário diante das dificuldades enfrentadas para ingressar em juízo: acordos extrajudiciais, contatos com governantes e ameaças de recorrer à imprensa foram alternativas consideradas mais efetivas e ágeis do que a via jurisdicional.

Apesar da relevância de todos os obstáculos apontados, considera-se que o aspecto mais importante revelado nas entrevistas consiste na necessidade de existir uma cultura de inclusão social, sem a qual não há possibilidade de serem consagrados os direitos das pessoas com deficiência.

8. Conclusão

Considerando a investigação desenvolvida, pode-se afirmar que o Poder Legislativo Federal cumpre com seu papel ao elaborar normas que, em sua maioria, atendem ao objetivo de proteção às pessoas com deficiência.

O Poder Executivo, por sua vez, elabora programas, mas ao mesmo tempo deixa de cumpri-los e observá-los, sendo certo que é o Poder que mais viola os direitos deste grupo.

O Poder Judiciário, por seu turno, tem acompanhado a evolução normativa e vem reconhecendo e dando efetividade a estes direitos. É ele, com sua força vinculante, um importante meio para fazer com que o Poder Executivo cumpra as obrigações constitucionais e internacionais às quais está adstrito. Contudo, este Poder só pode agir mediante provocação. O grande problema, nesta esfera, é a existência de sérios obstáculos ao acesso à justiça.

Porém, a maior dificuldade está na ausência de conscientização da sociedade, bem como no desenvolvimento de uma cultura inclusiva, os mais eficazes meios de garantir o respeito às pessoas com deficiência. Nesse sentido, a advertência de Cláudia Maximino[30]: "A luta das pessoas com deficiência não se restringe apenas às esferas de Poder, é preciso muito mais: combater o preconceito e motivar a conscientização não apenas do Poder Público, mas de toda a população".

Por fim, como realça o Ministro Fachin, no julgamento da emblemática ADI 5.337, em 9 de junho de 2016, ao reconhecer a constitucionalidade do direito ao ensino inclusivo como imperativo em todos os níveis de educação: "a Convenção Internacional sobre os Direitos das Pessoas com Deficiência concretiza o princípio da igualdade como fundamento de uma sociedade democrática que respeita a dignidade humana.(...) É somente com o convívio com a diferença e com o seu necessário acolhimento que pode haver a construção de uma sociedade livre, justa e solidária, em que o bem de todos seja promovido sem preconceitos de origem, raça, sexo, cor, idade e quaisquer outras formas de discriminação".

---

[30] Presidente da Associação Brasileira de Portadores de Síndrome da Talidomida.

Capítulo 23

PROTEÇÃO INTERNACIONAL DOS DIREITOS HUMANOS DAS PESSOAS IDOSAS*

Flávia Piovesan e Akemi Kamimura

1. Introdução

O direito à igualdade e a proibição da discriminação são endossados enfaticamente por instrumentos internacionais de proteção dos direitos humanos. Desde 1948 a Declaração Universal dos Direitos Humanos já destacava em seu artigo II.1 que "toda pessoa tem capacidade para gozar os direitos e as liberdades estabelecidos nesta Declaração, sem distinção de qualquer espécie, seja de raça, cor, sexo, língua, religião, opinião política ou de outra natureza, origem nacional ou social, riqueza, nascimento, ou qualquer outra condição".

Ainda assim persiste uma realidade em que pessoas são estigmatizadas e discriminadas por razões diversas, inclusive pela idade. O envelhecimento da população constitui uma das mais significativas mudanças demográficas no século XXI. Pela primeira vez na história haverá menos crianças do que pessoas idosas no mundo. Há cerca de 700 milhões de pessoas no mundo com mais de 60 anos (o que corresponde a aproximadamente 10% da população mundial) – até o final da década esse número atingirá 1 bilhão. Estima-se que, em 2050, o percentual global chegará a 20% de pessoas idosas no mundo, ou, aproximadamente, 2 bilhões de pessoas. Embora todas as regiões apresentem esse crescimento demográfico, dois terços das pessoas idosas no mundo vivem em países em desenvolvimento, percentual que poderá atingir 80% em 2050. Estima-se que, na América Latina e no Caribe, a proporção de pessoas acima de 60 anos mais do que duplicará

---

* Este capítulo é baseado em estudo realizado em coautoria com Akemi Kamimura, advogada, mestre em Direitos Humanos pela Faculdade de Direito da Universidade de São Paulo, especialista em Direitos Humanos das Mulheres pelo Centro de Direitos Humanos da Faculdade de Direito da Universidade do Chile.

entre 2010 e 2050, passando de 10% a 25%, atingindo 188 milhões de pessoas em nossa região[1].

Não obstante essa tendência demográfica, os direitos humanos das pessoas idosas são geralmente invisíveis nas normativas e políticas internacionais e nacionais. Ainda que homens e mulheres com mais de 60 anos enfrentem violações de direitos humanos, escassos mecanismos internacionais têm dedicado atenção às questões específicas da população idosa.

Ambiciona este estudo, de um lado, enfocar os principais mecanismos e o estágio atual da proteção internacional dos direitos humanos das pessoas idosas no âmbito das Nações Unidas e da OEA. Embora não haja um instrumento específico da ONU sobre essa temática, em que medida a normativa existente contempla a proteção de direitos humanos das pessoas idosas? Como o tema vem sendo tratado pela ONU? Quais são os avanços introduzidos pela Convenção Interamericana sobre a Proteção dos Direitos Humanos das Pessoas Idosas recentemente adotada em junho de 2015?

Por fim, serão lançadas considerações acerca dos desafios e perspectivas da proteção internacional dos direitos humanos das pessoas idosas.

2. Proteção Internacional dos Direitos Humanos das Pessoas Idosas no Sistema ONU

Em 16 de dezembro de 1991, a Assembleia Geral da ONU adotou os Princípios da ONU para Pessoas Idosas, por meio da Resolução n. 46, reconhecendo a "acentuada diversidade na situação dos idosos, não só entre países, mas também dentro dos países e entre os indivíduos, o que exige uma variedade de políticas". Em tais princípios, "convencida de que em um mundo caracterizado por um crescente número e proporção de pessoas mais velhas, as oportunidades devem ser fornecidas para idosos dispostos e capazes de participar e contribuir para as atividades em curso da sociedade", a Assembleia Geral estimulou os governos a incorporarem em seus programas nacionais os princípios de: independência[2], participação[3], cuidados[4], autorrealização[5] e dignidade[6] das pessoas idosas.

---

[1] De acordo com *Report of the United Nations High Commissioner for Human Rights* (E/2012/51), 20 April 2012.

[2] Quanto à independência, as pessoas idosas devem ter acesso à alimentação, à água, ao alojamento, ao vestuário e aos cuidados de saúde adequados, por meio da garantia de rendimentos, do apoio familiar e comunitário e da autoajuda; devem ter a possibilidade de trabalhar ou de ter acesso a outras fontes de renda; devem ter a possibilidade de participar na decisão que determina quando e a que ritmo tem lugar a retirada do mercado de trabalho; devem ter acesso a

Antes disso, em 1973, a Assembleia Geral da ONU já havia chamado a atenção para a necessidade de proteger os direitos e o bem-estar das pessoas idosas, por meio da Resolução n. 3.137 (XXVIII). Mas somente em 1982 é que a Assembleia Geral da ONU endossou o Plano de Ação Internacional de Viena sobre Envelhecimento (Resolução n. 37/51), adotado na I Conferência Internacional sobre Envelhecimento. Essa Conferência tinha por objetivo promover um fórum para debater um programa de ação internacional visando garantir segurança econômica e social das pessoas idosas e oportunidades para contribuir com o desenvolvimento nacional, de modo a resultar em sociedades mais atentas e compromissadas com implicações socioeconômicas do envelhecimento da população e necessidades específicas das pessoas idosas.

---

programas adequados de educação e formação; devem ter a possibilidade de viver em ambientes que sejam seguros e adaptáveis às suas preferências pessoais e capacidades em transformação; devem ter a possibilidade de residir no seu domicílio tanto tempo quanto possível.

[3] Em relação à participação, os princípios da ONU preveem que as pessoas idosas devem permanecer integradas na sociedade, participar ativamente na formulação e execução de políticas que afetem diretamente seu bem-estar e partilhar seus conhecimentos e aptidões com as gerações mais jovens; os idosos devem ter a possibilidade de procurar e desenvolver oportunidades para prestar serviços à comunidade e para trabalhar como voluntários em tarefas adequadas aos seus interesses e capacidades; e devem ter a possibilidade de constituir movimentos ou associações de idosos.

[4] As pessoas idosas devem beneficiar-se dos cuidados e da proteção da família e da comunidade em conformidade com o sistema de valores culturais de cada sociedade; devem ter acesso a cuidados de saúde que os ajudem a manter ou a readquirir um nível ótimo de bem-estar físico, mental e emocional e que previnam ou posterguem o surgimento de doenças; idosos devem ter acesso a serviços sociais e jurídicos que reforcem a respectiva autonomia, proteção e assistência; devem ter a possibilidade de utilizar meios adequados de assistência em meio institucional que lhes proporcionem proteção, reabilitação e estimulação social e mental numa atmosfera humana e segura; devem ter a possibilidade de gozar os direitos humanos e liberdades fundamentais quando residam em qualquer lar ou instituição de assistência ou tratamento, incluindo a garantia do pleno respeito da sua dignidade, convicções, necessidades e privacidade e do direito de tomar decisões acerca do seu cuidado e da qualidade das suas vidas.

[5] No tocante à realização pessoal, as pessoas idosas devem ter a possibilidade de procurar oportunidades com vista ao pleno desenvolvimento do seu potencial; e devem ter acesso aos recursos educativos, culturais, espirituais e recreativos da sociedade.

[6] O princípio referente à dignidade pode ser refletido na possibilidade de as pessoas idosas viverem com dignidade e segurança, sem serem exploradas ou maltratadas física ou mentalmente; as pessoas idosas devem ser tratadas de forma justa, independentemente da sua idade, gênero, origem racial ou étnica, deficiência ou outra condição, e ser valorizadas independentemente da sua contribuição econômica.

O Plano de Ação Internacional de Viena sobre Envelhecimento, de 1982, contém recomendações de ação – referentes às políticas públicas em geral, ao impacto do envelhecimento no desenvolvimento e questões específicas referentes ao envelhecimento, como saúde e nutrição, proteção ao consumidor idoso, moradia e meio ambiente, família, bem-estar social, emprego e seguridade social, educação. Contempla, ainda, recomendações específicas sobre a promoção de políticas e programas, como a coleta e a análise de dados, treinamento e capacitação, pesquisas e recomendações para sua implementação aos governos e outros atores. Uma das principais conquistas desse Plano de Ação de Viena foi introduzir na agenda internacional as questões relativas ao envelhecimento, tanto individual como da população. Nesse processo de reconhecimento do idoso como ator social com suas necessidades e especificidades, o Plano de Ação de Viena sobre Envelhecimento apontava para a independência e autonomia das pessoas idosas, entretanto, voltadas mais para a realidade dos países desenvolvidos – ao considerar a inserção no mercado e no mundo do trabalho, sem levar em consideração a necessidade de alocação de recursos para implementação das recomendações e políticas específicas[7]. Nesse sentido, "o Plano de Viena registrava que os custos em programas voltados aos jovens são mais facilmente aceitos, porque são considerados investimentos no futuro; em sentido oposto, os custos destinados a idosos são percebidos como gastos – e não investimentos – a pressionar as finanças públicas. O etarismo, portanto, é oficializado ano a ano na feitura dos orçamentos governamentais"[8].

Mas é na década de 1990 que o tema do envelhecimento passa a ganhar maior destaque nas discussões internacionais no âmbito das Nações Unidas: em 1991, a Assembleia Geral adota os Princípios da ONU para Pessoas Idosas (Resolução n. 46; em 1992, a Assembleia Geral aprova a Proclamação sobre o Envelhecimento, estabelecendo o ano de 1999 como o Ano Internacional dos Idosos e definindo parâmetros para o início da elaboração de um marco conceitual sobre a questão do envelhecimento. Em 1995 é elaborado o marco conceitual do Ano Internacional do Idoso, sob o *slogan* de promoção de uma

---

[7] Nesse sentido, ver: Ana Amélia Camarano e Maria Tereza Pasinato, O envelhecimento populacional na agenda das políticas públicas, In: CAMARANO, Ana Amélia (org.), Os *novos idosos brasileiros*: muito além dos 60? Rio de Janeiro: IPEA, 2004, p. 253-292.

[8] Anna Cruz de Araújo Pereira da Silva, O papel da ONU na elaboração de uma Cultura Gerontológica. In: A *terceira idade*: estudos sobre envelhecimento. São Paulo: Sesc, v. 18, n. 39, 2007, apud Maria Helena de Aguiar Notari e Maria Helena J. M. de Macedo Fragoso, A inserção do Brasil na política internacional de direitos humanos da pessoa idosa, *Revista DIREITO GV*, n. 13, v. 7 (1), jan.-jun. 2011, p. 264.

sociedade para todas as idades, com quatro questões principais: situação dos idosos, desenvolvimento individual continuado, relações multigeracionais e inter-relação entre envelhecimento e desenvolvimento social. Em 1999, consagrado o "Ano Internacional do Idoso", os países foram incentivados a aplicar os cinco princípios básicos consagrados em 1991: independência, participação, cuidados, autorrealização e dignidade das pessoas idosas.

Em um contexto de intensa participação da sociedade civil[9], em 2002, foi realizada a II Conferência Internacional sobre Envelhecimento, em Madri, ocasião em que foram adotadas a Declaração Política e o Plano de Ação Internacional de Madri sobre Envelhecimento. Tais documentos revigoraram o consenso na agenda sobre envelhecimento, enfatizando-se o desenvolvimento, a cooperação internacional e a assistência nessa área. Desde sua adoção, o Plano de Madri tem guiado a elaboração de políticas e programas nacionais, tem inspirado o desenvolvimento de planos nacionais e regionais, bem como tem provido um marco internacional para o diálogo.

Na Declaração Política adotada em Madri, os Estados-membros reafirmaram seu compromisso com a promoção e proteção dos direitos humanos e alertaram para a eliminação da discriminação etária, negligência, abuso e violência. No Plano de Ação de Madri sobre Envelhecimento, os Estados afirmaram compromisso com ações em todos os níveis, inclusive nacional e internacional, em três áreas prioritárias: pessoas idosas e desenvolvimento; avanços na saúde e bem-estar em idades avançadas; assegurar ambientes adequados e de apoio.

Dentre as prioridades destacadas no Plano de Ação de Madri sobre Envelhecimento, destacam-se: igualdade na oportunidade de trabalho para todas as pessoas idosas; programas que possibilitem a todos os trabalhadores adquirir proteção social e seguridade social, inclusive, quando aplicável, pensões, seguros por deficiência e assistência à saúde; e renda mínima e suficiente para todas as pessoas idosas, com particular atenção aos grupos em desvantagem social e econômica. Também foram ressaltadas a importância da formação continuada, da orientação profissional e dos serviços de contratação, dentre outras questões visando manter a capacidade funcional máxima e melhorar o reconhecimento público da produtividade e das contribuições das pessoas idosas. Outro elemento central do Plano de Ação Internacional de Madri é a saúde, abordada quanto à prevenção, à igualdade de

---

[9] Em 2002 centenas de organizações da sociedade civil tinham *status* consultivo no âmbito do Conselho Econômico e Social da ONU, quantidade muito superior à de 1982.

acesso aos serviços de saúde, à participação ativa, aos efeitos do HIV/AIDS e à plena funcionalidade dos entornos assistenciais e de apoio.

Não obstante a relevância do Plano de Ação Internacional de Madri sobre Envelhecimento e seus impactos positivos na visibilidade dessa temática, esse documento não incorporou a perspectiva de direitos humanos para as pessoas idosas. Importantes questões de direitos humanos não foram abordadas, como igualdade e não discriminação, acesso aos recursos judiciais efetivos, uma vida livre de tortura e outros tratamentos cruéis, desumanos ou degradantes, por exemplo. Ademais, na implementação do Plano nem sempre foram consideradas as obrigações correlatas assumidas pelos Estados-partes no âmbito dos instrumentos internacionais de direitos humanos; e tampouco há previsão de mecanismo independente de monitoramento e avaliação do progresso da implementação do Plano de Madri.

Em 2009, o Comitê Consultivo do Conselho de Direitos Humanos apontou para a necessidade de uma perspectiva de direitos humanos e de um mecanismo efetivo no âmbito das Nações Unidas para os direitos humanos das pessoas idosas (A/HRC/AC/4/CRP.1)[10]. Nesse documento, é ressaltada a importância de se conduzir um estudo aprofundado sobre a discriminação sob a perspectiva dos direitos humanos das pessoas idosas, considerando-se a adoção de uma convenção internacional dos direitos humanos das pessoas idosas.

Nesse documento é apontado que os Estados têm adotado medidas legislativas e políticas públicas para proteger e promover os direitos das pessoas idosas. Contudo, a maioria das legislações existentes de proteção das pessoas idosas é basicamente limitada a uma única dimensão de cuidado e manutenção no ambiente familiar. As políticas com foco na saúde, nutrição, cuidados de longo prazo, segurança social e programas de bem-estar, ainda que abordem a questão do bem-estar, não levam em consideração outros relevantes princípios da ONU adotados em 1991, como a independência, a participação, os cuidados, a autorrealização e a dignidade. Ademais, diante da ausência de parâmetros internacionais específicos, os instrumentos internacionais de direitos humanos existentes não são capazes de proteger efetivamente os direitos das pessoas idosas.

---

[10] *The necessity of a human rights approach and effective United Nations mechanism for the human rights of the older person* (A/HRC/AC/4/CRP.1), documento preparado por Chinsung Chung, membro do Comitê Consultivo do Conselho de Direitos Humanos da ONU, 2009.

Após identificar direitos específicos das pessoas idosas e lacunas na sua proteção internacional, o Comitê Consultivo do Conselho de Direitos Humanos da ONU recomendou a adoção de uma convenção internacional sobre os direitos humanos das pessoas idosas, a fim de modificar atitudes negativas, aumentar a visibilidade das pessoas idosas, conferir maior clareza às responsabilidades dos Estados, ampliar a prestação de contas e prover um marco normativo internacional para proteção dos direitos da população idosa. Esclareceu, ainda, que tal instrumento não deveria limitar-se a codificar direitos das pessoas idosas como princípios reconhecidos internacionalmente, mas sim identificar as obrigações dos Estados-membros para assegurar a plena proteção dos direitos de seus cidadãos idosos, devendo incluir a perspectiva de gênero em suas medidas legislativas e políticas públicas sobre envelhecimento[11].

Nesse sentido, em dezembro de 2010 foi criado o Grupo de Trabalho de composição aberta sobre Envelhecimento[12], de acordo com a Resolução da Assembleia Geral n. 65/182, a fim de fortalecer a proteção dos direitos humanos das pessoas idosas. Essa foi a primeira vez que um fórum internacional foi instaurado com esse propósito. Em seu mandato, o Grupo de Trabalho sobre Envelhecimento, aberto a todos os Estados-membros e demais interessados, deve considerar o marco normativo internacional existente, suas lacunas e meios para lidar com esses vazios, inclusive, se apropriado, a consideração sobre outros instrumentos e medidas.

Foi também em 2010 que o Relatório Anual da Especialista Independente sobre direitos humanos e extrema pobreza[13] foi dedicado a uma análise do papel desempenhado por sistemas de proteção social em reduzir a extrema pobreza e contribuir para a realização dos direitos humanos das pessoas idosas. Nesse Relatório, a Especialista Independente ressaltou que a tradição de muitos Estados em sistemas contributivos de pensão como a principal fonte de seguridade social em idades avançadas estava a conduzir à desproteção de parcelas significativas das pessoas idosas – problema particularmente

---

[11] *The necessity of a human rights approach and effective United Nations mechanism for the human rights of the older person* (A/HRC/AC/4/CRP.1), 2009, parágrafo 64.

[12] Para maiores informações, ver: *Open-Ended Working Group on Ageing for the purpose of strengthening the protection of the human rights of older persons*. Disponível em: <http://social.un.org/ageing-working-group/>.

[13] *Report of the independent expert on the question of human rights and extreme poverty*, Magdalena Sepúlveda Carmona (A/HRC/14/31), 31 March 2010.

sério para mulheres, já que a maioria não é coberta por pensões contributivas, embora exista a tendência de que elas vivam mais. Com isso, investimentos em pensões não contributivas podem desempenhar um relevante papel no fortalecimento dos direitos das pessoas idosas e contribuir para a realização dos direitos humanos, especialmente dos direitos econômicos, sociais e culturais.

Destaca-se também que o Relator Especial sobre direito de toda pessoa a desfrutar o mais elevado nível de saúde física e mental, em seu Relatório Anual de 2011[14], atendendo a uma solicitação do Conselho de Direitos Humanos e após um painel de discussão, divulgou um estudo temático sobre a realização do direito à saúde pelas pessoas idosas, destacando os desafios enfrentados, boas práticas e medidas para o efetivo exercício do direito à saúde das pessoas idosas. O estudo abordou quatro questões específicas: cuidados primários de saúde e doenças crônicas; cuidados de longa duração; cuidados paliativos; e consentimento informado.

Em 2011, foi apresentado o Relatório do Secretário-Geral das Nações Unidas à Assembleia Geral sobre a situação dos direitos humanos das pessoas idosas em todas as regiões do mundo, em seguimento à II Conferência sobre Envelhecimento[15]. Esse documento oferece um panorama geral dos principais problemas enfrentados por homens e mulheres de idade avançada para desfrutar seus direitos e apresenta respostas dos governos a essas questões. O Relatório do Secretário-Geral de 2011 examina os problemas e desafios no campo dos direitos humanos das pessoas idosas, assim como as tendências que derivam do envelhecimento populacional. Embora seja salientada a diversidade entre as pessoas com mais de 60 anos, enfrentando desafios variados conforme seu contexto, esse Relatório chama a atenção para a situação das mulheres idosas e identifica questões recorrentes em países desenvolvidos e em desenvolvimento, endossando que tais questões exigem uma perspectiva de direitos humanos e estratégias nacionais e internacionais para seu enfrentamento. O estudo aponta para quatro desafios principais aos direitos humanos das pessoas idosas: pobreza e condições de vida; discriminação; violência e abuso; falta de serviços; e medidas específicas.

---

[14] *Thematic study on the realisation of the right to health of older persons by the Special Rapporteur on the right of everyone to the enjoyment of the highest attainable standard of physical and mental health*, Anand Grover (A/HCR/18/37), 4 July 2011.

[15] *Follow-up to the Second World Assembly on Ageing, Report of the Secretary-General* (A/66/173), 22 July 2011.

Os estereótipos e preconceitos sobre as pessoas idosas são tolerados socialmente em diferentes países do mundo. Ademais, a discriminação por idade tende a ser conjugada com outras, como discriminação por sexo, raça ou etnia, religião, deficiência, condições socioeconômicas ou estado de saúde, impactando de forma negativa o exercício dos direitos humanos pelas pessoas idosas. Muitas pessoas idosas enfrentam situações de pobreza e falta de condições adequadas de moradia, má nutrição, falta de atenção médica para doenças crônicas, limitado acesso à água potável e ao saneamento, custos proibitivos de medicamentos e tratamento médico e insegurança quanto à renda. Mesmo em situação de pobreza, pessoas idosas continuam sendo provedoras para seus netos e outros membros da família. São denunciadas violência física, psicológica e/ou sexual contra idosos no mundo todo, seja por parte de familiares ou de pessoas de confiança. As pessoas idosas requerem serviços de cuidado e atenção, programas de cuidado de longo prazo, inclusive em seus lares, e serviços geriátricos ou outros que possibilitem o exercício dos direitos. Mas a oferta de serviços especializados e medidas específicas aos idosos é ainda insuficiente em todos os Estados.

Dentre as principais questões prioritárias a serem enfrentadas, merecem destaque: o fortalecimento do regime de proteção internacional específico às pessoas idosas; o combate à violência e abusos contra pessoas idosas, especialmente às mulheres idosas; o combate à exploração econômica das pessoas idosas; a saúde, inclusive prevenção, reabilitação e cuidados especiais às pessoas com doenças terminais ou serviços paliativos; a adequação e qualidade de cuidados de longo prazo; a participação política das pessoas idosas; e a proibição de discriminação baseada na idade no trabalho.

Em relação ao marco normativo internacional a respeito dos direitos das pessoas idosas, retomando o Plano de Ação Internacional de Viena de 1982, os Princípios da ONU sobre Pessoas Idosas de 1991 e o Plano de Ação Internacional de Madri sobre Envelhecimento de 2002, o Relatório do Secretário-Geral da ONU de 2011 (A/66/173) aponta que as diversas obrigações assumidas pelos Estados em tratados internacionais de direitos humanos abordam implicitamente a população idosa. No entanto, faltam dispositivos que enfrentem especificamente essas questões. Poucos tratados internacionais de direitos humanos fazem referências explícitas à idade: a Convenção sobre os Direitos das Pessoas com Deficiência traz referência explícita às pessoas idosas ao tratar do direito à saúde (artigo 25 (b)[16]) e do padrão de vida e proteção

---

[16] CDPD, Artigo 25 (Saúde): "Os Estados-partes reconhecem que as pessoas com deficiência têm o direito de gozar do estado de saúde mais elevado possível, sem discriminação baseada na

social adequados (artigo 28 (2) (b)[17]), além de considerar uma abordagem apropriada e adequada à idade no acesso à justiça (artigo 13) e medidas apropriadas à idade e gênero na prevenção de casos de violência, exploração ou abuso de pessoas com deficiência (artigo 16). Ademais, a Convenção para Eliminação de todas as Formas de Discriminação contra a Mulher se refere à idade avançada ao tratar da eliminação de discriminação contra mulheres na esfera do emprego e no exercício do direito à seguridade social (artigo 11. 1 (e)[18]); e a Convenção Internacional sobre a Proteção dos Direitos de todos os Trabalhadores Migrantes e membros de suas famílias inclui a "idade" na lista de bases para discriminação (artigo 7)[19]. Por fim, a Organização Internacional do Trabalho (OIT) também já abordou o tema dos trabalhadores idosos[20].

Em 2012, o Relatório Anual do Alto Comissariado da ONU para os Direitos Humanos ao Conselho Econômico e Social[21] enfocou os direitos humanos das pessoas idosas. Esse relatório apresentou um panorama dos instrumentos internacionais existentes e as lacunas do regime de proteção internacional. Embora consagrados os princípios da universalidade e não

---

deficiência. Os Estados-partes tomarão todas as medidas apropriadas para assegurar às pessoas com deficiência o acesso a serviços de saúde, incluindo os serviços de reabilitação, que levarão em conta as especificidades de gênero. Em especial, os Estados-partes: (...) (b) Propiciarão serviços de saúde que as pessoas com deficiência necessitam especificamente por causa de sua deficiência, inclusive diagnóstico e intervenção precoces, bem como serviços projetados para reduzir ao máximo e prevenir deficiências adicionais, inclusive entre crianças e idosos".

[17] CDPD, Artigo 28 (2) (b): "2. Os Estados-partes reconhecem o direito das pessoas com deficiência à proteção social e ao exercício desse direito sem discriminação baseada na deficiência, e tomarão medidas apropriadas para salvaguardar e promover a realização desse direito, tais como: (...) (b) assegurar o acesso de pessoas com deficiência, particularmente mulheres, crianças e idosos com deficiência, a programas de proteção social e de redução da pobreza".

[18] CEDAW, artigo 11 (1) (e): "Os Estados-partes adotarão todas as medidas apropriadas para eliminar a discriminação contra a mulher na esfera do emprego a fim de assegurar, em condições de igualdade entre homens e mulheres, os mesmos direitos, em particular: (...) (e) o direito à seguridade social, em particular em casos de aposentadoria, desemprego, doença, invalidez, velhice ou outra incapacidade para trabalhar, bem como o direito a férias pagas".

[19] Vale mencionar que no sistema interamericano, o Protocolo de San Salvador, em seu artigo 17, estabelece medidas específicas que os Estados-partes devem adotar a fim de pôr em prática o direito das pessoas idosas à proteção especial na velhice.

[20] Destacam-se a Convenção da OIT n. 102 sobre normas mínimas da seguridade social e a Convenção OIT n. 128 sobre prestações de invalidez, velhice e sobreviventes; além de recomendações sobre trabalhadores idosos, pisos nacionais de proteção nacional, dentre outras.

[21] *Report of the United Nations High Commissioner for Human Rights* (E/2012/51), 20 April 2012.

discriminação, o regime de proteção internacional de direitos humanos apresenta vazios na proteção das pessoas idosas. O relatório faz especial menção às lacunas relacionadas à discriminação em razão da idade; à capacidade jurídica e igual reconhecimento perante a lei; aos cuidados de longa duração; à violência e abuso; ao acesso a recursos produtivos, trabalho, alimentação e moradia em idades avançadas; à proteção social e direito à seguridade social; ao direito à saúde e cuidados em fases terminais; à idade avançada e deficiência; às pessoas idosas em situação prisional e ao acesso à justiça. Nesse relatório, foi recomendada a criação de um instrumento internacional específico para a temática e de um procedimento especial específico sobre os direitos humanos das pessoas idosas no âmbito do Conselho de Direitos Humanos.

Em 2013, foi organizada pelo Alto Comissariado das Nações Unidas para os Direitos Humanos uma consulta pública sobre promoção e proteção dos direitos humanos das pessoas idosas, a fim de receber informações e compartilhar boas práticas sobre a temática. Uma das conclusões dessa consulta foi que, embora muitos instrumentos internacionais de direitos humanos sejam aplicáveis a todos os grupos, inclusive a pessoas idosas, diversas questões de direitos humanos particularmente relevantes às pessoas idosas não recebem atenção suficiente nem no texto desses instrumentos, nem na prática dos mecanismos e organismos de direitos humanos[22].

Em setembro de 2013, o Conselho de Direitos Humanos da ONU, por meio da Resolução n. 24/20, estabeleceu o mandato, por um período de três anos, de Especialista Independente sobre o exercício de todos os direitos humanos pelas pessoas idosas[23]. Tal mandato inclui: (i) avaliar a implementação dos instrumentos internacionais existentes em relação às pessoas idosas, para identificar boas práticas na implementação de normativas para promoção e proteção dos direitos das pessoas idosas, e também lacunas nessa implementação; (ii) levar em consideração opiniões de especialistas, Estados, mecanismos regionais de direitos humanos, instituições nacionais de direitos humanos, organizações da sociedade civil e instituições acadêmicas; (iii) alertar sobre desafios enfrentados na realização de todos os direitos humanos pelas pessoas idosas, e assegurar que as pessoas idosas recebam

---

[22] *Summary report of the consultation on the promotion and protection of the human rights of older persons*, Report of the Office of the United Nations High Commissioner for Human Rights (A/HRC/24/25), 1 July 2013.

[23] Para maiores informações, ver: *Independent Expert on the enjoyment of all human rights by older persons*. Disponível em: <http://www.ohchr.org/EN/Issues/OlderPersons/IE/Pages/IEOlderPersons.aspx>.

informações sobre seus direitos; (iv) trabalhar em cooperação com os Estados, a fim de potencializar a implementação de medidas que contribuam para a promoção e a proteção dos direitos das pessoas idosas; (v) integrar a perspectiva de gênero e deficiência em seu trabalho, conferindo especial atenção às mulheres idosas, pessoas com deficiência, afrodescendentes, indivíduos pertencentes a povos indígenas, pessoas pertencentes a minorias nacionais ou étnicas, religiosas ou linguísticas, pessoas que vivem em áreas rurais, pessoas que vivem em situação de rua, refugiados, entre outros grupos; (vi) avaliar as implicações na perspectiva de direitos humanos na implementação do Plano de Ação Internacional de Madri sobre Envelhecimento; (vii) trabalhar em coordenação, evitando duplicação desnecessária, com outros atores da ONU, como o Grupo de Trabalho sobre Envelhecimento, outros procedimentos especiais do Conselho de Direitos Humanos, relevantes comitês de tratado e organismos da ONU.

Para tanto, o(a) Especialista Independente deve receber informações de diversas fontes, como Estados, ONGs e outras organizações da sociedade civil, agências da ONU, organizações regionais ou intergovernamentais; estabelecer comunicação com Estados e outros interessados em relação a casos de violações de direitos humanos de pessoas idosas e outras questões atinentes ao mandato; submeter relatórios anuais ao Conselho de Direitos Humanos sobre as atividades realizadas; realizar visitas aos países, a convite dos governos, para estudar a legislação e políticas nacionais, marco regulatório, instituições e práticas, a fim de identificar boas práticas e lacunas na implementação das normativas existentes[24].

Em abril de 2014, em atenção à Resolução n. 24/25 do Conselho de Direitos Humanos, foi organizado um Fórum Social[25] sobre direitos das pessoas idosas, inclusive boas práticas nessa temática. Assim, no âmbito das Nações Unidas[26], foram criados recentemente um Grupo de Trabalho de composição

---

[24] Em maio de 2014 foi nomeada a primeira Especialista Independente sobre exercício de todos os direitos humanos das pessoas idosas: Sra. Rosa Kornfeld-Matte, de nacionalidade chilena. Seu 1º Relatório Anual (A/HRC/27/46) foi submetido durante a 27ª Sessão do Conselho de Direitos Humanos e informa as atividades realizadas nos dois primeiros meses de mandato, assim como apresenta suas considerações preliminares sobre as bases e contexto de seu mandato e algumas considerações sobre seu trabalho durante o mandato.

[25] Para maiores informações, ver: <http://www.ohchr.org/EN/Issues/Poverty/SForum/Pages/SForum2014.aspx>.

[26] O tema vem sendo discutido também no âmbito regional: a Comissão Africana de Direitos Humanos e dos Povos estabeleceu em 2007 um Grupo de Trabalho sobre Pessoas Idosas e Pessoas

aberta sobre os direitos das pessoas idosas, assim como um mandato de Especialista Independente sobre desfrute de todos os direitos humanos pelas pessoas idosas, dentre outras iniciativas[27].

Em relação à normativa internacional de proteção dos direitos humanos das pessoas idosas, como já mencionado anteriormente, os tratados internacionais existentes podem e devem ser aplicados. Entretanto, acabam por não garantir a efetiva proteção a todas as questões específicas das pessoas idosas. A proteção genérica e abstrata é fundamental, mas não suficiente para a efetiva proteção e pleno exercício dos direitos humanos por todas as pessoas idosas. Daí a relevância e necessidade de um instrumento específico no âmbito da ONU para proteção dos direitos humanos das pessoas idosas, considerando as diversidades inerentes desse grupo e questões específicas[28].

Vale mencionar que o Comitê de Direitos Econômicos, Sociais e Culturais, em seu Comentário Geral n. 6 sobre direitos econômicos, sociais e culturais das pessoas idosas, adotado em 1995, apresentou uma interpretação detalhada sobre a obrigação específica dos Estados-partes do PIDESC em relação às pessoas idosas.

Nesse Comentário Geral n. 6, o Comitê DESC destaca que – embora o Pacto não tenha nenhuma referência explícita aos direitos das pessoas idosas – as disposições do PIDESC se aplicam plenamente a todos os membros da sociedade, o que inclui as pessoas idosas. O Comitê ressalta que os Estados-partes do PIDESC estão obrigados a prestar especial atenção à promoção e proteção dos direitos econômicos, sociais e culturais das pessoas idosas. Ademais, o Comitê ressalta que o grupo de pessoas idosas é tão heterogêneo e variado como o restante da população, dependendo da situação econômica

---

com Deficiência na África com vistas, dentre outras atribuições, a elaborar um protocolo facultativo sobre pessoas idosas e pessoas com deficiência. Na Europa, o Comitê Diretivo para os Direitos Humanos do Conselho Europeu estabeleceu um grupo de trabalho para elaborar um instrumento europeu não vinculante sobre promoção dos direitos humanos das pessoas idosas. No âmbito interamericano, também foi instaurado um Grupo de Trabalho para elaborar uma minuta de convenção interamericana para promoção e proteção dos direitos das pessoas idosas. Para maiores informações, ver: <http://www.oas.org/consejo/cajp/personas%20mayores.asp>.

[27] Para maiores informações sobre atuação da Divisão da ONU sobre Desenvolvimento e Políticas Sociais referente a Envelhecimento, ver: <http://undesadspd.org/Ageing.aspx>.

[28] Uma sugestão, resultado da III Reunião de Seguimento da Declaração de Brasília, pelos direitos das pessoas idosas, realizada em Santiago do Chile, em outubro de 2009, para uma Convenção sobre Direitos das Pessoas Idosas, pode ser acessada em: <http://www.ampid.org.br/ampid/Docs_ID/LineamentosIIIReuniaoBsb.php>.

e social do país, de fatores demográficos, ambientais, culturais e laborais, assim como do nível individual, da situação familiar, do grau de estudos, do meio urbano ou rural e da profissão dos trabalhadores e aposentados. Destaca ainda que as pessoas idosas correm maiores riscos em períodos de recessão e reestruturação da economia e que os Estados-partes devem proteger os membros mais vulneráveis da sociedade, sobretudo em situações de grave escassez de recursos.

Quanto às disposições específicas do Pacto, o Comentário Geral n. 6 ressalta ainda que, em relação à igualdade de direitos entre homens e mulheres (artigo 3 do PIDESC), os Estados-partes devem atentar para a situação crítica de desamparo das mulheres idosas que podem ter dedicado toda ou parte de sua vida a cuidar da família sem ter desempenhado uma atividade considerada produtiva no mercado de trabalho e que as torne credoras para receber pensão por idade, ou que não tenham direito a receber pensão de viuvez. Nesse contexto, o Comitê recomenda aos Estados-partes que estabeleçam pensões não contributivas, ou outros auxílios, para todas as pessoas, sem distinção de sexo, que cumprirem determinada idade fixada na legislação nacional e que careçam de recursos. Em relação aos direitos relacionados ao trabalho, o Comitê DESC ressalta que tais direitos têm particular relevância no caso dos trabalhadores idosos para permitir-lhes poder ganhar a vida mediante um trabalho livremente escolhido e aceito, trabalhar sem riscos até a aposentadoria, e também exercer os direitos sindicais.

O Comitê DESC destaca ainda que os Estados-partes devem tomar medidas adequadas para estabelecer, em caráter geral, sistemas de seguros obrigatórios por idade, a receber a partir de determinada idade fixada pelas legislações nacionais e estabelecer pensão não contributiva a idosos ou outras formas de auxílio, para as pessoas idosas que cumprirem determinada idade. Recomenda ainda que sejam estabelecidos serviços de apoio às famílias quando houver pessoas idosas dependentes no lar e que sejam aplicadas medidas especialmente destinadas a famílias de baixa renda que desejam manter no lar familiares de idade dependentes; tais auxílios devem ser outorgados também a pessoas que vivem sozinhas e casais de pessoas idosas que desejam permanecer em suas casas. Quanto ao direito à saúde das pessoas idosas, o Comitê DESC recomenda aos Estados-partes que levem em consideração uma visão integral da saúde, desde a prevenção e reabilitação, até assistência em fase terminal, considerando que manter a saúde até a velhice exige investimentos durante todo o ciclo vital dos cidadãos, basicamente por meio da promoção de estilos de vida saudáveis. O Comitê DESC salienta a necessidade de enfrentar a discriminação contra pessoas idosas desempregadas em busca de emprego e contra pessoas idosas em situação de pobreza sem acesso igualitário a pensões por idade devido a seu local de residência.

Ao observar o envelhecimento por uma lente de gênero, verifica-se a tendência das mulheres de viverem por mais tempo que os homens, e mais mulheres idosas vivem sozinhas do que os homens idosos. Enquanto há 83 homens para cada 100 mulheres com mais de 60 anos, há apenas 59 homens para cada 100 mulheres com mais de 80 anos. Dados do Departamento de Assuntos Econômicos e Sociais da ONU indicam que, em 2009, 80% dos homens com mais de 60 anos eram casados, ao passo que apenas 48% das mulheres idosas eram casadas. Isso provoca profundas implicações de direitos humanos e aumenta a urgência em lidar com a discriminação vivenciada por mulheres idosas de maneira mais ampla e sistemática. Tomando em conta que as mulheres idosas não formam um grupo homogêneo, o Comitê sobre a Eliminação da Discriminação contra a Mulher (Comitê CEDAW) chama a atenção para a múltipla discriminação enfrentada por mulheres idosas e as obrigações assumidas pelos Estados-partes em relação ao envelhecimento com dignidade e direitos das mulheres idosas.

Em sua Recomendação Geral n. 27, sobre mulheres idosas e proteção de seus direitos, adotada em 2010, o Comitê CEDAW destacou a perspectiva de gênero no envelhecimento e o impacto desproporcional da discriminação contra mulheres idosas. A Recomendação Geral n. 27 chama a atenção para a necessidade de esforços substantivos para incluir as questões referentes às mulheres idosas como prioridades nas políticas públicas; adoção de medidas especiais de caráter temporário para assegurar a participação das mulheres idosas em todas as áreas de sua vida; fortalecer os instrumentos jurídicos para a proteção dos direitos das mulheres idosas nos termos da Convenção; afastar regulamentos, normas e costumes que violam ou limitam os direitos das mulheres idosas; além de coletar, analisar e disseminar dados relevantes sobre o tema.

A discriminação múltipla enfrentada por pessoas idosas não atinge somente as mulheres idosas, mas também alcança outras características que definem a identidade das pessoas idosas, como sexo, etnia, raça, religião, deficiência, condição socioeconômica ou de saúde, nacionalidade etc. O Alto Comissariado das Nações Unidas para os Direitos Humanos já ressaltou: "The international system has a limited ability under the current framework of protection to reflect such a necessarily nuanced recognition of inter-sectional or multiple discrimination issues as they relate to older persons, not only for women, but in relation to other grounds of identity which may result in discrimination and marginalization.

The development of norms particular to the situation of older persons would facilitate such approaches to be further elaborated"[29].

Em relação à capacidade jurídica e igual reconhecimento perante a lei, as pessoas idosas são por vezes consideradas como não capazes de cuidar de si mesmas e desnecessariamente despidas de sua capacidade jurídica por medidas que retiram seu poder de decisão sobre aspectos de suas vidas. Em casos de pessoas idosas parcial ou completamente incapazes de considerar seus próprios interesses em razão de condição mental (tal como demência ou Alzheimer), ou de estado extremo de fragilidade física, deve haver a necessidade de apoio para tomada de decisão e, em último caso, se o indivíduo não tem capacidade de expressar seu desejo ou preferência, pode na prática ter que se substituir a tomada de decisão. A Convenção sobre os Direitos das Pessoas com Deficiência (CDPD), ao abordar a questão da tomada de decisão, não enfrenta a temática em relação às pessoas idosas. O artigo 12 da CDPD expressa a obrigação dos Estados-partes de reconhecer que as pessoas com deficiência gozam de capacidade legal em igualdade de condições com as demais pessoas em todos os aspectos da vida, e o dever de tomar medidas apropriadas para prover o acesso de pessoas com deficiência ao apoio que necessitem no exercício de sua capacidade legal. Ademais, o artigo 17 da CDPD destaca que toda pessoa com deficiência tem direito a que sua integridade física e mental seja respeitada, em igualdade de condições com as demais pessoas. Esses dispositivos evidenciam uma alternativa a medidas de salvaguarda ou interdição, promovendo o apoio na tomada de decisão da pessoa com deficiência, privilegiando-se sua autonomia e independência como pessoas e não a dependência ou incapacidade. Entretanto, essa normativa é relativa apenas às pessoas com deficiência, de modo que pessoas idosas sem deficiência, que tenham eventual limitação na capacidade mental para tomada de decisão, podem nem sempre se beneficiar dessa abordagem para medidas apropriadas de apoio na tomada de decisão e podem em último caso ter negado seu direito de exercer sua capacidade jurídica em razão de sua idade. Isso pode ter especial impacto no exercício do direito à saúde, na medida em que pessoas idosas tenham negados tempo, oportunidade ou apoio para dar seu consentimento livre, prévio e informado a sua escolha de tratamento, serviço ou cuidado, especialmente em situações de dependência, decisões sobre situação terminal e em diversas outras situações cotidianas de cuidados de longa duração.

---

[29] Office of the High Commissioner for Human Rights, *Normative standards in international human rights law in relation to older persons*, Analytical Outcome Paper, August 2012, p. 12.

Diversas outras questões atinentes a especificidades das pessoas idosas poderiam ser elencadas, como acesso à justiça, participação política, violência e abuso, entre outras. A proibição genérica da discriminação em razão de "outra situação", além das expressamente elencadas nos instrumentos internacionais, é de fundamental relevância para a proteção dos direitos humanos das pessoas idosas. Entretanto, as particularidades das pessoas idosas nem sempre são devidamente consideradas para a efetiva promoção de seus direitos.

3. Proteção Internacional dos Direitos Humanos das Pessoas Idosas no Sistema OEA: a Convenção Interamericana sobre a Proteção dos Direitos Humanos das Pessoas Idosas

Em 15 de junho de 2015, a OEA adotou o primeiro tratado internacional protetivo das pessoas idosas, com o objetivo de enfocar o envelhecimento sob a perspectiva dos direitos humanos. Realce também foi conferido à incorporação da perspectiva de gênero em todas as políticas e programas destinados a efetivar os direitos das pessoas idosas, com ênfase ao combate a toda forma de discriminação. Destaque ainda foi dado à *discriminação múltipla*, definida como qualquer distinção, exclusão ou restrição em relação à pessoa idosa, fundada em dois ou mais fatores de discriminação.

Para a Convenção, a pessoa idosa é aquela de 60 anos ou mais, salvo se a legislação interna determinar uma base de idade menor ou maior, sempre não superior a 65 anos.

Ao definir envelhecimento como um "processo gradual que se desenvolve durante todo o curso da vida e que envolve mudanças biológicas, fisiológicas, psicossociais e funcionais de várias consequências, associadas mediante interações dinâmicas e permanentes entre o sujeito e o seu meio", o inédito instrumento protetivo inova ao incluir definição a respeito de *cuidados paliativos*. No que se refere aos *cuidados paliativos*, compreende a atenção e o cuidado ativo, integral e interdisciplinário de pacientes cuja enfermidade não responde a um tratamento curativo ou sofrem dores evitáveis, a fim de melhorar sua qualidade de vida até o fim de seus dias, implicando uma especial atenção ao controle da dor, bem como aos problemas sociais, psicológicos e espirituais da pessoa idosa, de forma a abarcar o paciente, seu entorno e sua família, considerando a morte como um processo natural, que não deve ser acelerado e tampouco retardado.

A Convenção Interamericana também confere especial atenção à *pessoa idosa que recebe serviços de cuidado a longo prazo* compreendida como aquela residente temporária ou permanentemente em um estabelecimento público, privado ou misto a receber serviços sociossanitários integrais de qualidade, inclusive as residências de longa estadia, que oferecem esses serviços de atenção por tempo prolongado a uma pessoa idosa, com dependência moderada ou severa que não possa receber cuidados em seu domicílio.

Dentre os princípios consagrados pela Convenção, cabe menção aos princípios da dignidade, independência, protagonismo e autonomia da pessoa idosa; da igualdade e não discriminação; da participação, integração e inclusão plena e efetiva na sociedade; do bem-estar e do cuidado; da autorrealização; da equidade e da igualdade de gênero; da solidariedade; da atenção preferencial; do respeito e da valorização da diversidade cultural; e da proteção judicial efetiva.

São lançados deveres aos Estados-partes concernentes à adoção de medidas para prevenir, sancionar e erradicar violação a direitos da pessoa idosa, bem como concernentes à adoção de medidas afirmativas visando à implementação dos direitos enunciados na Convenção. Também são deveres dos Estados-partes a adoção e fortalecimento de medidas legislativas, administrativas, judiciais, orçamentárias e de qualquer outra natureza, a fim de garantir tratamento diferenciado e preferencial às pessoas idosas em todos os âmbitos, assim como a criação e promoção de instituições públicas especializadas na proteção e promoção dos direitos das pessoas idosas e seu desenvolvimento integral. Ademais, os Estados-partes devem promover a mais ampla participação da sociedade civil, especialmente das pessoas idosas, na elaboração, implementação e controle de políticas públicas e legislação a serem adotadas para a implementação da Convenção.

Quanto aos direitos protegidos, a Convenção estabelece o direito à igualdade e à não discriminação por razões de idade; o direito à vida e à dignidade; o direito à independência e à autonomia; o direito à participação e à integração comunitária; o direito à segurança e a uma vida livre de violência; o direito a não ser submetido à tortura; o direito ao consentimento livre e informado no âmbito da saúde; o direito a serviços de cuidado; o direito à liberdade pessoal; o direito à liberdade de expressão e de opinião e o acesso à informação; o direito à nacionalidade e à liberdade de circulação; o direito à privacidade e à intimidade; o direito à seguridade social; o direito ao trabalho; o direito à saúde física e mental; o direito à educação; o direito à cultura; o direito à recreação; o direito de propriedade; o direito à moradia; o direito ao meio ambiente sadio; o direito à acessibilidade e à mobilidade pessoal; os direitos políticos; o direito de reunião e de associação; o direito ao reconhecimento de sua personalidade jurídica; e o direito de acesso à justiça.

Merece destaque o direito à independência e à autonomia protegido na Convenção Interamericana, que enuncia o direito da pessoa idosa de tomar decisões sobre a definição de seu plano de vida, de desenvolver uma vida autônoma e independente, conforme suas tradições e crenças, em igualdade de condições e de dispor de mecanismos para poder exercer seus direitos. A Convenção Interamericana também prevê que toda pessoa idosa tem o direito irrenunciável de manifestar seu consentimento livre e informado no âmbito da saúde, de modo que a negação desse direito constitui uma forma de violação dos direitos humanos da pessoa idosa. Assim, o Estado-parte deve garantir o direito de toda pessoa idosa manifestar seu consentimento informado de forma prévia, voluntária, livre e expressa, assim como de exercer o direito de modificar ou revogar esse consentimento, em relação a qualquer decisão, tratamento, intervenção ou investigação, no âmbito da saúde. Os Estados-partes também se comprometem a elaborar e aplicar mecanismos adequados e eficazes para impedir abusos e fortalecer a capacidade da pessoa idosa de compreender plenamente as opções de tratamento existentes, seus riscos e benefícios.

Dentre outros direitos específicos das pessoas idosas, a Convenção Interamericana enuncia direitos da pessoa idosa que recebe serviços de cuidado a longo prazo, como o direito a um sistema integral de cuidados que disponha de proteção e promoção da saúde, cobertura de serviços sociais, segurança alimentar e nutricional, água, vestuário e moradia. Uma vez mais, a Convenção realça o direito da pessoa idosa de decidir permanecer em seu lar e manter sua independência e autonomia. Nesse sentido, os Estados-partes devem formular medidas de apoio às famílias e às pessoas que realizam atividades de cuidado da pessoa idosa, devendo desenvolver um sistema integrado de cuidados que leve em consideração a perspectiva de gênero e o respeito à dignidade e integridade física e mental da pessoa idosa, com a plena participação das pessoas idosas, respeitada sua opinião.

Por fim, a Convenção prevê mecanismos de proteção, a compreender a sistemática de relatórios periódicos submetidos pelos Estados-partes acerca do cumprimento da Convenção, bem como o sistema de direito de petição à Comissão Interamericana contemplando denúncias de violações perpetradas por Estados-partes à Convenção.

4. Considerações Finais

No âmbito das Nações Unidas, o tema do envelhecimento e da proteção dos direitos humanos das pessoas idosas vem ganhando relevância com a adoção de Planos de Ação, resoluções e relatórios temáticos. Entretanto, a realidade de homens e mulheres com mais de 60 anos no mundo todo ainda é pouco considerada até mesmo na atuação de mecanismos de proteção dos direitos humanos.

A arquitetura internacional do sistema ONU de proteção dos direitos humanos consagra implicitamente a proteção dos direitos humanos das pessoas idosas, uma vez que é aplicável a todas as pessoas sem distinção alguma. Embora esses instrumentos internacionais sejam aplicáveis aos idosos da mesma forma que a toda e qualquer pessoa, suas especificidades são invisibilizadas e por vezes desconsideradas no enfoque da promoção dos direitos humanos de forma geral e abstrata. Daí a relevância de um instrumento internacional juridicamente vinculante que trate das questões específicas dos direitos humanos das pessoas idosas no sistema ONU.

No âmbito da OEA, em 15 de junho de 2015, foi adotado o primeiro tratado internacional protetivo das pessoas idosas, com o objetivo de enfocar o envelhecimento sob a perspectiva dos direitos humanos, com realce à incorporação da perspectiva de gênero em todas as políticas e programas destinados a efetivar os direitos das pessoas idosas, bem como à problemática da discriminação múltipla. A Convenção consagra importantes deveres aos Estados e um amplo universo de direitos às pessoas idosas.

Ainda que as pessoas idosas não formem um grupo homogêneo – a experiência de envelhecimento varia entre homens e mulheres, diferentes raças ou etnias, ou entre pessoas de 60, 80 ou 90 anos – essa população enfrenta estereótipos e desvantagens sociais ou econômicas, ou ainda limitações na participação e poder de decisão. Ademais, a heterogeneidade das pessoas idosas também deve ser considerada a fim de se enfrentar a discriminação múltipla. Assim, é fundamental que essas diferenças sejam consideradas adequadamente na elaboração e implementação de normativa internacional de proteção dos direitos de todas as pessoas idosas. Somente conjugando igualdade e diferença é que a igualdade de fato para todas as pessoas poderá ser alcançada, assegurando às pessoas idosas dignidade, independência, protagonismo, autonomia e inclusão plena.

Parte IV

DIREITOS HUMANOS, ESTADO E TRANSFORMAÇÃO SOCIAL: DESAFIOS EMERGENTES

Capítulo 24

A FORÇA NORMATIVA DOS PRINCÍPIOS CONSTITUCIONAIS FUNDAMENTAIS: A DIGNIDADE DA PESSOA HUMANA*

Flávia Piovesan e Renato Stanziola Vieira

1. Introdução

A proposta deste capítulo é enfocar o especial momento que vive o constitucionalismo brasileiro, marcado pela normatização de seus princípios fundamentais, com destaque para o valor da dignidade da pessoa humana. Nesse intento, será primeiramente delineada a atual feição do Direito Constitucional brasileiro, influenciado que fora, principalmente, pelas Cartas alemã de 1949, portuguesa de 1976 e espanhola de 1978. Em seguida, será abordada a relação entre princípios e o Direito, bem como seu desenvolvimento através da recente história da ciência jurídica ocidental. Será avaliado de que modo os princípios, concebidos originariamente, sob a perspectiva privatista, como fonte subsidiária do Direito, passaram, sob a perspectiva publicista, a assumir o caráter de normas impositivas preponderantes nos principais sistemas constitucionais ocidentais.

Em um passo seguinte, em conformidade com a hermenêutica constitucional contemporânea, serão abordados os conceitos de normas, princípios e regras.

Ao fim, culminar-se-á com a análise da força normativa dos princípios constitucionais fundamentais, quer como comandos valorativos a orientar a interpretação principiológica da Constituição brasileira, quer como comandos dotados de uma função prática, norteadora do processo de aplicação do Direito Constitucional em concreto, passo último de sua implementação no

---

* Este capítulo é baseado na pesquisa A Força Normativa dos Princípios Constitucionais Fundamentais, desenvolvida com o auxílio da Fundação de Amparo à Pesquisa do Estado de São Paulo (FAPESP), tendo como orientadora Flávia Piovesan e como orientando Renato Stanziola Vieira (advogado, mestre em Direito pela PUC-SP e auxiliar de ensino voluntário na disciplina de Direito Constitucional na PUC-SP).

cotidiano como suprema norma jurídica. Neste tópico conclusivo será sustentada a absoluta preponderância do princípio da dignidade da pessoa humana no sistema constitucional brasileiro, enquanto princípio fundamental a prevalecer em relação a todos os demais, doando especial sentido e racionalidade à ordem jurídica inaugurada em 1988.

2. O Panorama Atual do Direito Constitucional Brasileiro

O Direito Constitucional ocidental, desde o fim da Segunda Guerra Mundial, tem sofrido profundas transformações quer em sua parte dogmática, quer em sua consequente aplicação, sobretudo no que concerne à proteção conferida à pessoa humana.

Ao cristalizar a lógica da barbárie, da destruição e da descartabilidade da pessoa humana, a Segunda Guerra Mundial simbolizou a ruptura com relação aos direitos humanos, significando o Pós-Guerra a esperança de reconstrução destes mesmos direitos.

É justamente sob o prisma da reconstrução dos direitos humanos que é possível compreender, no Pós-Guerra, de um lado, a nova feição do Direito Constitucional ocidental e, por outro, a emergência do chamado "Direito Internacional dos Direitos Humanos", tamanho o impacto gerado pelas atrocidades então cometidas.

Vale dizer, no âmbito do Direito Internacional, começa a ser delineado o sistema normativo internacional de proteção dos direitos humanos. É como se se projetasse a vertente de um constitucionalismo global, vocacionado a proteger direitos fundamentais e limitar o poder do Estado, mediante a criação de um aparato internacional de proteção de direitos. Note-se que estes eram exatamente os lemas do movimento do constitucionalismo instaurado no final do século XVIII, que fizeram nascer as primeiras Constituições escritas: limitar o poder do Estado e preservar direitos[1].

Por sua vez, no âmbito do Direito Constitucional ocidental, percebe-se a elaboração de textos constitucionais abertos a princípios, dotados de elevada carga axiológica, com destaque ao valor da dignidade humana. Esta será a marca das Constituições europeias do Pós-Guerra. Observa-se, desde logo, que, na experiência brasileira e mesmo latino-americana, a abertura das Constituições

---

[1] A respeito, ver o artigo 16 da Declaração francesa dos Direitos do Homem e do Cidadão de 1789, semente do movimento do constitucionalismo: "Toda sociedade, em que a garantia dos direitos não é assegurada, nem a separação dos poderes determinada, não tem Constituição".

a princípios e a incorporação do valor da dignidade humana demarcarão a feição das Constituições promulgadas ao longo do processo de democratização política – até porque tal feição seria incompatível com a vigência de regimes militares ditatoriais. A respeito, basta acenar à Constituição Brasileira de 1988, em particular à previsão inédita de princípios fundamentais, dentre eles o princípio da dignidade da pessoa humana.

Conquanto essa radical transformação date já da década de 1940, no caso brasileiro somente em 1988 é que se erigiu um sistema constitucional consentâneo com a pauta valorativa afeta à proteção ao ser humano, em suas mais vastas dimensões, em tom nitidamente principiológico, a partir do reconhecimento de sua dignidade intrínseca. Ressalte-se, ainda, a influência no constitucionalismo brasileiro das Constituições alemã (Lei Fundamental – *GrundGesetz*, 23 de maio de 1949), portuguesa (2 de abril de 1976) e espanhola (29 de dezembro de 1978), na qualidade de Constituições que primam pela linguagem dos direitos humanos e da proteção à dignidade humana.

A partir dessa nova racionalidade, passou-se a tomar o Direito Constitucional não só como o tradicional ramo político do sistema jurídico de cada nação, mas sim, notadamente, como o seu principal referencial de justiça. Cabe também anotar o verdadeiro sentido antropológico[2] constante de todos esses documentos, por conta do explícito compromisso de proteção ao ser humano e de seus valores coletivos, em suas várias possibilidades. E tal parâmetro tornou o Direito Constitucional mais abrangente, pois mediante essa renovada dimensão é que se consolidou seu ápice sobre todas as demais searas jurídicas em cada Estado organizado[3]. Com isso, o Direito Constitu-

---

[2] Aponta, a respeito, Canotilho, sobre a Constituição portuguesa, em lição perfeitamente pertinente também à Carta brasileira: "A Constituição da República não deixa quaisquer dúvidas sobre a indispensabilidade de uma base antropológica constitucionalmente estruturante do Estado de Direito. (...) pela análise dos direitos fundamentais, constitucionalmente consagrados, deduz-se que a raiz antropológica se reconduz ao homem como pessoa, como cidadão, como trabalhador e como administrado" (*Direito constitucional e teoria da Constituição*. 6. ed. Coimbra: Almedina, 1995, p. 244). Acerca, ainda, do sentido antropológico aqui mencionado, ressalte-se a contribuição da obra de Ana Paula de Barcellos (A *eficácia jurídica dos princípios constitucionais*: o princípio da dignidade da pessoa humana. Rio de Janeiro: Renovar, 2002) que, dentre outras passagens, asserta: "O Estado e todo o seu aparato, portanto, são meios para o bem-estar do homem e não fins em si mesmos ou meios para outros fins. Este é, bem entendido, o valor fundamental escolhido pelo constituinte originário, o centro do sistema, a decisão política básica do Estado brasileiro" (p. 26).

[3] Sobre tal abrangência, confira-se a disciplina, dada diretamente pela Constituição, acerca de institutos tais como o direito de família; o direito de propriedade de imóveis urbanos e rurais; o

cional converteu-se em lastro não só das ações e institutos tipicamente político-estatais, mas também no principal garantidor de direitos fundamentais, em seu sentido holístico, de todos os cidadãos[4].

Tão densas transformações ensejaram, como consequência, uma profunda reformulação na própria base e nos fundamentos do Direito Constitucional. Basta atentar, a título de exemplo, ao rol dos princípios que cada Constituição passou a elencar como fundamentais, com preponderância para o princípio da dignidade da pessoa humana[5]. E a importância desta radical

---

chamado direito de antena; o direito ambiental, dentre outros. Reconhecendo esse novo influxo, veja-se, dentre os civilistas, Gustavo Tepedino, *Temas de direito civil*, 2. ed., Rio de Janeiro: Renovar, 2001.

[4] Ver o "prefácio" da Carta de 1988 transcrito na obra de Bonavides e Paes de Andrade, *História constitucional do Brasil*, 3. ed., São Paulo: Paz e Terra, 1991, p. 496-497: "O homem é o problema da sociedade brasileira: sem salário, analfabeto, sem saúde, sem casa, portanto sem cidadania. A Constituição luta contra os bolsões de miséria que envergonham o País. Diferentemente das sete Constituições anteriores, começa com o homem. Geograficamente testemunha a primazia do homem, que foi escrita para o homem, que o homem é seu fim e sua esperança, é a Constituição cidadã. Cidadão é o que ganha, come, mora, sabe, pode se curar. A Constituição nasce do fundo de profunda crise que abala as instituições e convulsiona a sociedade. (...) É a Constituição coragem. Andou, imaginou, inovou, ousou, viu, destroçou tabus, tomou o partido dos que só se salvam pela lei. A Constituição durará com a democracia e só com a democracia sobrevivem para o povo a dignidade, a liberdade e a justiça".

[5] Na Carta brasileira, além de sua previsão expressa no art. 1º, III, veja-se a afirmação de Ana Paula de Barcellos, acerca de sua própria difusão pelo Texto, com diversos níveis de especificação (A *eficácia jurídica dos princípios constitucionais*, cit., p. 155-190). Na Lei Fundamental Alemã, vem o princípio já no pórtico: Art. 1º (Proteção da dignidade da pessoa humana) (1) A dignidade da pessoa humana é inviolável. Todas as autoridades públicas têm o dever de respeitá-la e protegê-la (2) O Povo Alemão reconhece, por isso, os direitos invioláveis e inalienáveis da pessoa humana como fundamentos de qualquer comunidade humana, da paz e da justiça no mundo. (3) Os direitos fundamentais a seguir enunciados vinculam, como direito directamente aplicável, os poderes legislativo, executivo e judicial" (A *Lei Fundamental da República Federal da Alemanha*, com um ensaio e anotações de Nuno Rogeiro, Coimbra: Coimbra Ed., 1996). Também assim, na Constituição portuguesa, de 12 de abril de 1976: "Art. 1º (República Portuguesa) Portugal é uma República soberana, baseada na dignidade da pessoa humana e na vontade popular e empenhada na construção de uma sociedade livre, justa e solidária" (*Constituição da República Portuguesa* – 2ª revisão – Coimbra: Almedina, 1989). Deve-se notar inclusive que a Constituição portuguesa teve a precaução de vedar expressamente emendas constitucionais que maculem os seus princípios fundamentais (art. 288). Por fim, destaque-se a disposição expressa da Carta espanhola de 29 de dezembro de 1978: "TÍTULO PRIMEIRO" – De los derechos y deberes fundamentales: 10.1. La dignidad de la persona, los derechos inviolables que le son inherentes, el libre desarrollo de la personalidad, el respeto a la ley y a los derechos de los demás son fundamento del orden político y de la paz social. 10.2. Las normas relativas a los derechos fundamentales y a las libertades que la Constitución reconoce, se interpretarán de conformidad con la Declaración Universal de

mudança merece ser examinada, já que não só motiva o estudo da peculiar hermenêutica constitucional – inconfundível que é com aquela inaugurada por Savigny (subdividida em lógica, histórica, gramatical, sistemática) –, como também porque o estudo dos princípios fundamentais de cada Constituição revela seu núcleo, donde extrai toda sua força normativa e, por isso, necessariamente, molda todo o cenário jurídico a ela subjacente.

3. Os Princípios e sua Relação com o Direito

Desde Aristóteles, em sua Metafísica, tomam-se os *principii* como os próprios fundamentos do objeto estudado, como causas do devir[6]. Esse, contudo, não é o único sentido que se lhes atribuiu, na filosofia, havendo sabidamente quatro acepções aceitas[7]: a) acepção ontológica, pela qual há verdadeira

---

Derechos Humanos y los tratados y acuerdos internacionales sobre las mismas materias ratificados por España" (*Constitución española*, 2. ed., Madrid: Civitas, 1997).

[6] Assim, veja-se no livro 1, item 2, 1.40-47: "... ora, os princípios e as causas são os mais cognoscíveis, porquanto é em razão deles e por meio deles que tôdas as outras coisas se tornam conhecidas, e não êles por meio do que lhes está subordinado" (Metafísica, trad. Leonel Vallandro, Porto Alegre: Globo, 1969). A respeito, leciona Fábio Konder Comparato: "na linguagem filosófica clássica, não se falava em fundamento e sim em princípio. Em conhecida passagem de sua *Metafísica*, Aristóteles, exercitando o gênio analítico e classificatório que o celebrizou, atribui a *arqué* várias acepções. Em primeiro lugar, o sentido de começo de uma linha ou de uma estrada, ou então, o de ponto de partida de um movimento físico ou intelectual (o ponto de partida de uma ciência por exemplo). É também considerado princípio, segundo Aristóteles, o elemento primeiro e imanente do futuro, ou de algo que evolui ou se desenvolve (as fundações de uma casa, o coração ou a cabeça dos animais). O filósofo lembra, igualmente, que se fala de princípio para designar a causa primitiva e não imanente da geração, ou de uma ação (os pais em relação aos filhos, o insulto em relação ao combate). Assinala, ainda, que a palavra pode ser usada para indicar a pessoa, cuja vontade racional e causa de movimento ou de transformação: como, por exemplo, os governantes no Estado, ou o regime político de modo geral. Ademais, considerou princípio, numa demonstração lógica, as premissas em relação à conclusão. Arrematando, unificou todas essas acepções da palavra, afirmando que princípio é sempre 'a fonte de onde derivam o ser, a geração, ou o conhecimento', ou seja, a condição primeira da existência de algo" (*Fundamento dos direitos humanos*, texto mimeografado, aula inaugural do Curso de Efetivação dos Direitos Humanos no Brasil, São Paulo, 1998, p. 1-2). Miguel Reale, por sua vez, assim ensina: "Princípios são, pois, verdades ou juízos fundamentais, que servem de alicerce ou de garantia de certeza a um conjunto de juízos, ordenados em um sistema de conceitos relativos a dada porção da realidade. Às vezes também se denominam *princípios* certas proposições que, apesar de não serem evidentes ou resultantes de evidências, são assumidas como fundantes da validez de um sistema particular de conhecimentos, como seus *pressupostos* necessários" (*Introdução à filosofia*. 3. ed., São Paulo: Saraiva, 1994, p. 46, grifos no original).

[7] Ver José Ferrater Mora, *Dicionário de filosofia*, 4. ed., Buenos Aires: Ed. Sulamericana, 1958; e também de Martin T. Ruiz Moreno, *Vocabulário filosófico*, 2. ed., Buenos Aires: Ed. Guillermo Kraft, 1941.

relação de dependência entre o princípio e o que dele deriva (o primeiro é o fundamento do último); b) acepção lógica, pela qual o princípio funciona como diretriz de outras proposições (seria ele o seu ponto de partida, dotado de generalidade quando em comparação com o dele surgido); c) acepção cronológica, no sentido de antecedente e posterior (*prius* e *posterius*), estritamente no que tange à sucessão temporal entre ambos; d) normativo, donde o princípio é a diretriz da norma posta, o seu fundamento de validade, de maneira a existir necessária consonância desta com aquele.

A importância da acepção normativa dos princípios, que claramente se encadeia com a acepção lógica, é a que justificadamente tem merecido ao longo da história maior detença dos juristas e tem recentemente motivado densos trabalhos na área do Direito Constitucional[8]. Pesquisas orientadas a partir do vetor que aqui se estuda são responsáveis pela preservação e busca da força normativa da Constituição, contribuintes também de uma interpretação principiológica do ordenamento jurídico nacional como um todo.

Com efeito, ao se tratar de princípio jurídico no presente panorama jurídico, não mais se está a referir aos "princípios gerais de direito" do art. 4º da Lei de Introdução às Normas do Direito Brasileiro, de 1942, como fonte subsidiária à lei escrita; mas, antes, se está a referir aos princípios constitucionais, fonte primária por excelência do Direito, elementos primeiros a serem levados em conta quer pelo legislador, quer pelo aplicador da lei ao caso concreto.

Ora, se a Carta de 1988 rege todo o ordenamento com inegável preponderância, aquilo que para ela mesma pareceu fundamental não pode,

---

[8] Veja-se, por exemplo, o ensinamento de Luis Roberto Barroso: "o ponto de partida do intérprete há que ser sempre os princípios constitucionais, que são o conjunto de normas que espelham a ideologia da Constituição, seus postulados básicos e seus fins. Dito de forma sumária, os princípios constitucionais são as normas eleitas pelo constituinte como fundamentos ou qualificações essenciais da ordem jurídica que institui. A atividade de interpretação da Constituição deve começar pela identificação do princípio maior que rege o tema a ser apreciado, descendo do mais genérico ao mais específico, até chegar à formulação da regra concreta que vai reger a espécie" (*Interpretação e aplicação da Constituição*, 2. ed., São Paulo: Saraiva, 1998, fls. 141). Pesquisem-se, ainda, os trabalhos de Ruy Samuel Espíndola (*Conceito de princípios constitucionais*, São Paulo: Revista dos Tribunais, 1999), Edilson Pereira de Farias (*Colisão de direitos*: a honra, a intimidade e a imagem *versus* a liberdade de expressão e informação, Porto Alegre: SAFE, 1996), Clémerson Merlin Cléve (A *fiscalização abstrata da constitucionalidade no direito brasileiro*. 2. ed., revista, atualizada e ampliada. São Paulo: Revista dos Tribunais, 2000), Paulo Bonavides (*Curso de direito constitucional*, 7. ed. São Paulo: Malheiros, 1997), Walter Claudius Rothenburg (*Princípios constitucionais*, Porto Alegre, SAFE, 1999), Ana Paula de Barcellos (A *eficácia jurídica dos princípios constitucionais*: o princípio da dignidade da pessoa humana, Rio de Janeiro: Renovar, 2002), dentre outros.

em hipótese alguma, pelo jurista e pelo cidadão, ser tomado como supletivo. Ao se permitir tomar como secundária a base mesma do modelo constitucional, corrompe-se como um todo o sistema jurídico que a ele necessariamente se amolda. Compartilha-se da visão de Celso Antônio Bandeira de Mello para quem: "Princípio (...) é, por definição, mandamento nuclear de um sistema, verdadeiro alicerce dele, disposição fundamental que se irradia sobre diferentes normas compondo-lhes o espírito e servindo de critério para sua exata compreensão e inteligência, exatamente por definir a lógica e a racionalidade do sistema normativo, no que lhe confere a tônica e lhe dá sentido harmônico. É o conhecimento dos princípios que preside a intelecção das diferentes partes componentes do todo unitário que há por nome sistema jurídico positivo"[9].

Compartilha-se da lição de J. J. Gomes Canotilho, na expectativa de que todo(a) estudioso(a) deva ser um principialista, "amigo de princípios"[10]. E ainda: "hoje, a subordinação à lei e ao direito por parte dos juízes reclama, de forma incontornável, a principialização da jurisprudência, ou seja, a mediação judicativo-decisória dos princípios jurídicos relevantes para a solução materialmente justa dos feitos submetidos a decisão judicial"[11].

No dizer de Canotilho: "o direito do Estado de Direito do século XIX e da primeira metade do século XX é o direito das regras dos códigos; o direito do Estado Constitucional Democrático e de Direito leva a sério os princípios, é um direito de princípios"[12].

---

[9] *Curso de direito administrativo*, 8. ed., São Paulo: Malheiros, 1996, fls. 545. De igual maneira, concorda-se na íntegra com a seguinte lição: "Violar um princípio é muito mais grave que transgredir uma norma. A desatenção ao princípio implica ofensa não apenas a um específico mandamento obrigatório, mas a todo o sistema de comandos. É a mais grave forma de ilegalidade ou inconstitucionalidade, conforme o escalão do princípio violado, porque representa insurgência contra todo o sistema, subversão de seus valores fundamentais, contumélia irremissível a seu arcabouço lógico e corrosão de sua estrutura mestra" (A eficácia das normas constitucionais de justiça social, *Revista Trimestral de Direito Público*, n. 57/8, p. 15-283). Sampaio Dória sustentava que "em direito constitucional, princípios são as bases orgânicas do Estado, aquelas generalidades do direito público, que como naus da civilização, devem sobrenadar às tempestades políticas e às paixões dos homens" (*Princípios constitucionaes*, São Paulo: São Paulo Ed., 1926, fls. 17-18).

[10] *Direito constitucional e teoria*, cit., p. 1130.

[11] A "principialização" da jurisprudência através da Constituição. *Revista de Processo*, n. 98.

[12] A "principialização" da jurisprudência através da Constituição, *Revista de Processo*, n. 98, p. 84. Para o autor: "Estado de direito é democrático e só sendo-o é que é Estado de direito; o Estado democrático é Estado de direito é só sendo-o é que é democrático". (...) Além disso: "O Estado Constitucional só é constitucional se for democrático" (Canotilho, op. cit., p. 226).

Tal percurso, marcado por profícua discussão dogmática, que envolveu vários dos cânones da ciência do Direito ocidental, inicialmente tratado somente na seara privatística, para posteriormente avançar ao âmbito publicístico, será apreciado no tópico seguinte, para que, ao final, melhor se compreenda como se alcançou o atual estágio do Direito Constitucional.

4. A Evolução da Tratativa dos Princípios Jurídicos

A contemporânea doutrina[13] aponta como marco inaugural da chamada "era das codificações" o surgimento da "Escola Histórica do Direito", que se deu na Alemanha, com a obra primeira de Gustav Hugo[14], logo superada em profundidade e divulgação, com a magistral obra de Friedrich Karl von Savigny, idealizador do sistema jurídico como algo orgânico, sumamente ligado à ideia de nação – *Volksgeist* (espírito do povo).

A chamada Escola Histórica em muito se aproximou, na análise que dela se faz atualmente, do direito positivado, já que sua ligação e suas lições eram predominantemente relativas ao ramo do Direito Civil, e ao estabelecimento de Códigos Civis disciplinadores da vida em cada sociedade organizada[15]. Nesse sentido, são palavras do próprio Savigny, membro-fundador da Universidade de Berlim, em 1810: "el objetivo de la ciencia jurídica es, por tanto, presentar históricamente las funciones legislativas de un Estado". E os princípios fundamentais da legislação, seriam os seguintes: "a. la ciencia legislativa es una ciencia histórica; b. es también una ciencia filosófica; c. ambas deben unirse, deben ser totalmente históricas y filosóficas a la vez"[16].

---

[13] Norberto Bobbio, O positivismo jurídico, in *Lições de filosofia do direito*, trad. Márcio Pugliesi, Edson Bini e Carlos E. Rodrigues, São Paulo: Ícone, 1999; Franz Wieacker, *História do direito privado moderno*, 2. ed., trad. A M. Botelho Hespanha, Lisboa: Fundação Calouste Gulbenkian, 1967; Rafael Hernández Marín, *Historia de la filosofía del derecho contemporaneo*, 2. ed., Madri: Tecnos, 1989.

[14] A referência, aqui, é de sua obra *Lehrbuch des Naturrechts als einer Philosophie des positiven Rechts*, publicada em 1798. Para a análise de seu significado e da formação de mencionada escola, ver Tércio Sampaio Ferraz Jr., *A ciência do direito*, 2. ed., São Paulo: Atlas, 1980.

[15] Não se desconhece a polêmica travada entre o próprio Savigny e Thibaut (professor em Heidelberg, a partir de 1806), em que o último visava a implementar a codificação na Alemanha, a exemplo do que já ocorrera em França, em 1804. Naquele episódio, Savigny propugnava pela não codificação (no que restou vencedor até o império de Otto von Bismarck), sob o argumento de que uma codificação seria algo inorgânico, não pautada pela vontade do povo. A respeito desse episódio, com minúcias, ver a obra de Franz Wieacker, *História do direito privado*, p. 445/446.

[16] *Metodologia jurídica*, trad. J. J. Santa-Pinter, Buenos Aires: De Palma, 1979, p. 5-6.

Do sistematismo de Savigny, ainda com a herança da Escola Histórica de Direito – que, segundo Ferraz Jr., teve o grande mérito de pôr a si a questão do caráter científico da Ciência do Direito[17] – passou-se ao conceitualismo de Georg Puchta (sucessor daquele, na cátedra da Universidade de Berlim) e, finalmente, à teoria de Rudolf von Jhering, curiosamente, aluno desse último.

Em uma primeira fase[18], Jhering passa a depurar ainda mais as noções de "conceitos" e "quase conceitos" inauguralmente postas por Puchta, e, numa última fase – que mais importa para esse estudo –, passa a tratar dos chamados princípios jurídicos. Então, não só passou o próprio Jhering a abertamente criticar os ensinamentos quer de Savigny, quer de Puchta[19], como a se preocupar com a própria finalidade do direito, o que o conduziu a uma – até então inaugural – interpretação teleológica do sistema jurídico, cunhando o paradigma da jurisprudência dos interesses. A respeito desta análise evolutiva, destacam-se as palavras de Willis Santiago Guerra Filho: "nessa mudança de paradigmas, não se pode deixar de assinalar a evolução da ideia inicial de Jhering, até chegar à atual Jurisprudência das Valorações, onde os interesses são transmutados em valores, consagrados em princípios jurídicos, positivados em geral na Constituição, um passo que, segundo G. Radbruch, faltou ser dado por Jhering, para escapar ao determinismo de sua posição original"[20].

À jurisprudência dos interesses inaugurada por Jhering, segue-se a jurisprudência dos valores, inspirada pela obra de Gustav Radbruch, entusiasta da Constituição Alemã de Weimar (efêmera, de 1919-1933), propugnando por um direito justo: "a categoria direito justo é pois a única a que devemos atribuir um valor universal; não, porém, a cada uma das aplicações que dela pudermos fazer"[21]. Enaltecia, ainda, esse jurista, que o direito natural necessitava se revigorar e, caso conflitasse com o direito positivo,

---

[17] A ciência, cit., fls. 29.
[18] A respeito das "fases" de Jhering, consultar Tércio Sampaio Ferraz Jr., A ciência do direito; ainda, do mesmo autor, A Teoria da Norma Jurídica em Rudolf von Jhering, in Jhering e o direito no Brasil, João Maurício Adeodato (coord.), Recife: Ed. Universitária, 1996.
[19] Ver A luta pelo direito, 15. ed., Rio de Janeiro: Forense, 1995, p. 4-6.
[20] Direitos subjetivos, direitos humanos e jurisprudência dos interesses, in Jhering e o direito no Brasil, cit., p. 256.
[21] Filosofia do direito, trad. Cabral de Moncada, 2. ed., São Paulo: Livraria Acadêmica Saraiva & Cia Editores, 1937, p. 27.

aquele primeiro é que deveria vingar, e que se deve partir sempre do valor, para se analisarem os fatos, e não aqueles é que fundamentam as valorações[22]. Culminando, ainda, Radbruch: "a justiça é o único princípio constitutivo da ideia de direito"[23].

Na mesma trilha, com o escopo de permear o direito positivo de preceitos valorativos, veio o professor italiano Giorgio Del Vecchio, lutando confessadamente pela infusão de preceitos de direito natural no próprio campo do direito positivo, entre outras razões, porque "as regras particulares do direito não são realmente inteligíveis se não são postas em relação aos princípios dos quais elas descendem"[24]. Aliás, tal revalorização do direito natural cumpriu a importante tarefa de realçar a constatação de que o direito positivo não é, inescapavelmente, completo, devendo, pois, socorrer-se – segundo Del Vecchio – dos princípios de direito natural quer para disciplinar todas as situações, quer para carregar-se de um substrato ético, sem o qual, nem mesmo seria Direito[25]. A Del Vecchio atribui-se ainda a colação da frase hoje célebre de Feuerbach, no sentido de que, por vezes, deve-se mesmo sair do direito positivo para que possa, novamente, ao di-

---

[22] A importância de tal afirmação parece pertinente ao cotidiano brasileiro hodierno já que fatos indesejados socialmente (*v.g.*: índices de criminalidade) têm motivado reações institucionais – e até mesmo legislativas – seguramente contrárias aos valores insculpidos em nossa Constituição. É dizer, ainda: a gravidade do fato e sua repercussão não justificam que, na ordem constitucional, sejam aviltados os valores nos quais se declarou solenemente pretender viver. A respeito, para o direito de liberdade, veja-se exemplificativamente a Lei n. 8.072/90 e as merecidas críticas proferidas por Alberto Silva Franco, em seu *Crimes hediondos*, 4. ed., revista, atualizada e ampliada, São Paulo: Revista dos Tribunais, 2000.

[23] *Filosofia do direito*, cit., fls. 49. Nesse sentido, confiram-se os apontamentos de Karl Larenz: "A ideia de Direito é o valor central a que, em última instância, todo o Direito está referido, como algo com sentido. E como a ideia de Direito outra coisa não é senão a ideia de justiça, Radbruch pode dizer que o Direito é a realidade que tem o sentido de servir a justiça. O que não significa que todo o Direito positivo seja necessariamente um Direito 'justo'. Mas, enquanto 'Direito', está, de acordo com o seu sentido, sob a exigência da justiça – 'está orientado' a essa ideia. O que, sem dúvida, Stammler já dissera, só que para ele a ideia de Direito era apenas um critério de apreciação, enquanto para Radbruch é também um princípio fundamental constitutivo, ou seja, o princípio fundamental do Direito positivo, que dá a este o seu sentido" (*Metodologia da ciência do direito*, trad. José Lamego, 3. ed., Lisboa: Fundação Calouste Gulbenkian, 1997, p. 134).

[24] *Los principios generales del derecho*, trad. e apêndice de Juan Ossorio Morales, Prólogo de Felipe Clemente de Diego, 3. ed., Barcelona: Bosch, 1979, fls. 64.

[25] Expressamente, *Supuestos, concepto y principio del derecho* (*Trilogia*), trad. Cristóbal Masso Escofet, Barcelona: Bosch, 1962, fls. 301. Para atestar com o autor, é inegável que o princípio do *neminem laedere*, provindo do Direito natural, consubstancia-se em preceito a ser observado, e valor a ser prestigiado, pelo próprio direito legislado.

reito positivo retornar – "Hier muss ich also aus dem positiven hinaus, um in das Positive wieder hineizukommen"[26].

Enaltecendo os princípios gerais de direito, em relação ao direito já positivado, destacam-se os ensinamentos de Emilio Betti, sobretudo a se considerar seu curso de Direito Civil ministrado na Universidade de Roma, entre 1947 e 1948, que deu origem à obra seminal *Interpretazione della legge e degli atti giuridici (Teoria generale e dogmatica)*[27]. Embora ainda tratando de princípios de direito na seara privatista, esse estudioso assume que possuiriam eles uma carga genética, uma característica de diretriz, um critério teleológico de interpretação. A respeito: "Ciertamente que 'principios' designa cualquier cosa que se contrapone conceptualmente a acabamiento, a consecuencia que deriva y asi a norma completa y formulada, es el pensamiento, la idea germinal, el criterio de valoración que la norma actúa poniéndola en obra, mediante una específica formulación. Lo que guarda relación con el problema práctico resuelto por la norma, inspirando su *ratio juris*, en sentido teleológico, en cuanto suministra el criterio de solución"[28].

Até esta parte logrou-se vislumbrar como a doutrina do direito privado desenvolveu a interpretação do próprio direito positivo de maneira principiológica, permeando os textos legais de preceitos éticos, valorativos, ora buscando até mesmo lastro no direito natural. No entanto, com os ensinamentos de Josef Esser, professor de Tubingen nos idos de 1956 e sua obra *Grundsatz und Norm in der richterlichen Fortbilgund des Privatrechts*[29], a tratativa dos princípios não mais como do direito, mas sim da Constituição, começa a ser delineada com maior densidade.

Ao reiterar as críticas à pretensa completude do direito positivado, ensina o autor alemão que é a jurisprudência quem "cria" o direito; e o faz mediante "decisões segundo princípios", formando-se assim uma verdadeira "jurisprudência de princípios". Tal arte, segundo ele, consistiria em transformar

---

[26] *Los principios*, cit., fls. 66. Ressalte-se, por fim, ainda, o tributo à noção supletiva de princípio, como força mediata, indireta, de legiferação, acolhida, como já mencionado neste trabalho, entre nós, pela Lei de Introdução às Normas do Direito Brasileiro, em seu art. 4º.

[27] Obra traduzida para o espanhol sob o título *Interpretación de la ley y de los actos jurídicos* (trad. e prólogo de José Luiz de los Mozos, Madrid: Revista de Derecho Privado, 1975). Para que se confirme, em curtas linhas, o que se vem a afirmar, atente-se para o próprio autor às fls. 99, 116 e 125 da obra.

[28] *Interpretación*, cit., fls. 283.

[29] Traduzida para o espanhol em 1961, sob o título *Principio y norma en la elaboración judicial del derecho privado*, trad. Eduardo Valenti Fiol, Barcelona: Bosch.

princípios, até então não escritos, em princípios positivos, procedimento pelo qual: a) reconhece-se, firmemente, a força normativa de princípios para as decisões judiciais a cada caso concreto; b) refuta-se o ensinamento de que o direito positivo necessariamente contém, *in germen*, os princípios que são pela decisão exarados. Isto é: nega-se que os princípios sejam simplesmente "descobertos" do sistema, pois tal arte consistiria em "fantasmagoria del la dialectica jurídica, en el esfuerzo de sistematización positivista, la cual pretende otorgar a lo positivo el nimbo de lo lógico, no há hecho outra cosa hasta ahora que enmascarar la función de los principios"[30]. Assim ensinando, abertamente assume o autor a possibilidade de riscos ao dogma da segurança jurídica, mas prefere aqueles, em detrimento da mantença de tal conceito, pois privilegia a adaptação à vida concreta, mutável, em nítida postura assemelhada ao direito da "common law"[31].

Merece ainda realce a seguinte lição do autor, que já significa uma aproximação com o ponto de vista hoje consolidado: "Esta questión no es uno de tantos seudoproblemas insolubles entre las posiciones jusnaturalistas y positivistas, sino que es susceptible de una contestación en todo punto realista, si en lugar de precipitarnos a dar una respuesta unitaria y prematura empezamos por establecer las pertinentes distinciones. Una solución ficticia y capciosa sería, por ejemplo, decir: Todo principio es derecho positivo dentro del ámbito en que há sido positivizado. Pues de aquí deducirían unos que lo importante es saber si há sido formulado en alguna parte, en último extremo en el texto constitucional, mientras que otros sólo considerarían como positivación su expresión pormenorizada en una norma o institución creada por la ley o la jurisprudencia. Ambas actitudes son falsas. Los princípios no escritos son los más fuertes, aun en el campo de lo positivo. Donde más evidente es esto, es en materia constitucional, donde vemos a cada paso como

---

[30] *Principio y norma*, cit., fls. 15.

[31] Nesse sentido, confira-se sua posição: "Sólo el abandono de una idea esquemática de seguridad abre el camino para estudiar las más profundas garantías del pensamiento jurídico, del autocontrol dogmático y de los principios y tradiciones formadas lege artis. Pues la eterna antinomia entre los postulados de la seguridad jurídica y de la adaptación a la vida queda así puesta en un plano más real, en el que se plantea una y otra vez la tarea concreta de poner coto a sus exageraciones, es decir, reducirlas a sus necesidades objetivas, dentro de las cuales es posible una garantía eficaz. Se trata, portanto, de un asunto totalmente realista, si uno no se deja extraviar por lo indefinido del vago concepto de la 'seguridad jurídica' y pone la atención en la manera como, bajo los presupuestos efectivos de la elaboración contemporánea del derecho, puede evitarse una nueva oleada de superficialidad y capricho en la utilización del sentencias previas, ideas directrices, opiniones doctrinales y 'teorias'" (*Principio y norma*, cit., fls. 35-36).

principios escritos son pronto desplazados por obra de la coyuntura política, mientras que las verdades elementales permanecen incólumes. (...) Por consiguiente, también en el derecho constitucional existem principios no escritos válidos, pues son presupuestos positivos y necesarios de aquél. Las bases de la organización de una determinada forma estatal son 'derecho constitucional no escrito', es más, por lo regular representan 'normas constitucionales de rango superior', que pueden convertir en 'anticonstitucionales' a otras disposiciones secundarias. Justamente el concepto 'material' de constitución descansa en la admisión de semejantes principios inmanentes y obligatorios"[32]. Culmina esse autor em esclarecer, com Goldschmidt: "un derecho sin principios no puede haber existido jamás'[33].

Com Karl Larenz, o entendimento da ciência jurídica com balanceamento, sem pendor para o jusnaturalismo ou para o juspositivismo, ou ainda com maior precisão, "para além do jusnaturalismo e do positivismo"[34], parece haver ganhado, enfim, sua maior força, ao mesmo tempo que se logrou ainda mais fortificar a ideia de uma doutrina de princípios jurídicos, indispensável para qualquer análise[35]. Aliás, tal autor, em seu *Derecho justo, fundamentos de*

---

[32] *Principio y norma*, cit., fls. 89/91. Ainda, nota de rodapé a fls. 93 da obra consultada: "las disposiciones constitucionales sobre los 'derechos fundamentales' de los ciudadanos son derecho positivo (lo serian aunque no estuvieran consignados), y además, a diferencia de la constitución de Weimar, son derecho efectivo, no una simple obligación para el legislador. Son normas substanciales, mientras no lo son los principios de organización de la democracia parlamentaria, y, sin embargo, constituyen derecho constitucional positivo lo mismo que aquellos derechos fundamentales".

[33] *Principio y norma*, cit., fls. 15.

[34] *La filosofía contemporánea del derecho y del Estado*, trad. E. Galán Gutierrez e Al Truyol Serra, Madrid: Revista de Derecho Privado, 1942, fls. 177-183.

[35] Assim, ver: "Tanto el positivismo como el iusnaturalismo destruyen, por onde, la figura concreta del Derecho, su totalidad y plenitud de sentido, encuanto que lo consideran ya solamente como algo particular contingente sin un principio unitario inmanente, ya como algo abstracto general y, por consiguiente, falto de contenido material. Por lo tanto, la ciencia jurídica sólo está en el camino recto si se aparta tanto de uno como del outro, y toma conciencia de la peculiar esencia del Derecho, que escapa así a las abstracciones del positivismo jurídico como a las del iusnaturalismo" (*La filosofía contemporánea del derecho y del Estado*, fls. 180). Também: "Nada hay más superficial que ver su esencia simplemente en la vinculación del juez a las leys o acaso en la interpretación formal literal de las mismas. Ciertamente, el positivismo jurídico se movió en esta dirección por haber coincidido con la necesidad de seguridad de la sociedad liberal burguesa. Como actitud científica, significa en primer lugar la limitación voluntaria de la ciencia jurídica a una materia que le era dada, ya consista ésta en las leyes existentes, ya en sentencias, o ya en las concepciones dominantes de la clase social eventualmente directora. Toda fundamentación metafísica del Derecho, toda valorización supraempírica del mismo, toda orientación hacia su

ética del derecho, elenca o que nomeia de princípios do direito justo, que, pelo fato de serem tais, gozam de plena vigência normativa, tal qual qualquer texto de lei[36]. Dentre eles, para o que importa nesse estudo, os princípios constitucionais avultam em magnitude e também em abrangência.

Os próprios princípios constitucionais, atente-se, são tratados por fundamentais ao sistema jurídico e, segundo Larenz, exerceriam uma função de bloqueio, na exata medida em que: "cuando un ordenamiento, como ocurre con el nuestro, há elevado determinados principios al rango constitucional, basta que se compruebe que una norma es inconciliable con tales principios para que haya que rechazar su validez"[37].

Ainda, plenamente apto a denotar a superação entre o jusnaturalismo e o juspositivismo, bem como a culminância normativa de um princípio constitucional, consagra o artigo 20, III, da Lei Fundamental de Bonn: "Art. 20:

---

idea, queda rechazada. (...) De este modo, la ciencia jurídica positivista se desintegra, de una parte, en la 'jurisprudencia' como 'ciencia pura de la norma', y de outra, en una sociología y una psicología de la vida jurídica" (*La filosofía*, cit., p. 37). Bem é de ver que tal argumentação, na exata medida em que tece essas críticas ao sistema juspositivista, vai de pleno encontro à já estudada teoria de Josef Esser, no sentido em que a função jurisprudencial não há nunca de se esgotar na mera repetição dos dizeres legais, sendo antes imperativa uma interpretação (interpretação que é sempre levada a cabo; sendo certo que ela mesma é aplicação do direito) progressiva, evolutiva, criativa, para que a letra da lei não se baste por si mesma, sendo imperativo jurídico e racional atingir o justo valor posto em discussão.

[36] Confira-se: "Las reglas jurídicas generales y los principios de un Derecho positivo tienen vigencia en el tiempo como las normas particulares y las regulaciones, aunque el comienzo de la vigencia no pueda siempre fijarse en un momento temporal determinado con precisión, como ocurre con las reglas del Derecho consuetudinario, y tienen vigencia en el interior del ámbito de este ordenamiento jurídico. Es, por tanto, como nosotros decíamos: los principios de un Derecho positivo tienen vigencia del mismo modo que éste y toman parte del modo de ser del Derecho positivo" (*Derecho justo*: fundamentos de ética jurídica, reimpressão da primeira edição, trad. Luis Diez Picaso, Madrid: Civitas, 1993, p. 195).

[37] *Derecho justo*, p. 30. Hoje, contudo, esse entendimento, que à época própria significou grande avanço, já se encontra suplantado, pois a análise dos princípios constitucionais, hodiernamente, privilegia seu nítido caráter normativo positivo; sua sindicabilidade como norma constitucional; mormente quando se trata de princípios fundamentais. Nesse sentido, compartilha-se da visão de Ana Paula de Barcellos: "Como é fácil perceber, sem a eficácia positiva ou simétrica as normas examinadas restam esvaziadas logo de início e, com elas, o próprio Estado de Direito, já que este pressupõe a submissão – exigível diante do Judiciário, caso descumprida – de governados e governantes à lei, seja esta o fruto da elaboração dos poderes públicos constituídos, seja, com muito mais razão, a Constituição Federal. Restringir a eficácia jurídica possível dos princípios constitucionais em relação às modalidades interpretativa, negativa e vedativa do retrocesso é admitir que os governantes não estão vinculados à norma constitucional de forma relevante, podendo simplesmente ignorar seus comandos sem qualquer consequência jurídica" (A *eficácia jurídica*, cit., p. 204-205).

princípios fundamentais; direito de resistência; (3): 'o poder legislativo está subordinado à ordem constitucional; os poderes executivo e judicial obedecem à lei e ao direito'". Com isso, evidentemente se ressalta a possibilidade de desencontro entre "lei" e "Direito", donde, a partir da doutrina que vem a ser analisada, a se conceber a busca por um ideal de justiça, esse penderá necessariamente para o Direito, e não necessariamente para a Lei. Por isso, vem a lição de Larenz: "nessa fórmula expressa-se que 'lei' e 'direito' não são por certo coisas opostas, mas ao direito corresponde, em comparação com a lei, um conteúdo suplementar de sentido"[38].

Formulou, também, Larenz, uma tipologia própria de princípios jurídicos, dentre os quais não se excluem os constitucionais, a saber: "princípios abertos" (*öffene Prinzipien*) e princípios normativos (*Rechtssatsförmigen Prinzipien*). Os primeiros significariam a motivação da lei, guias para a legiferação, situando-se numa etapa primeira, na concretização dos dizeres constitucionais, tais como a autodeterminação, a busca pela plena igualdade; já os segundos, gozando de maior concretude, incidiriam imediatamente, conforme as situações fáticas, tais quais o *non bis in idem; nulla poena sine lege*[39].

Deste modo, logrou-se sustentar que o norte de qualquer interpretação em matéria jurídica não pode mais simplesmente ater-se às clássicas tendências juspositivistas ou jusnaturalistas; quer porque a assunção acabada de uma teoria desconsidera totalmente os valores trazidos pela antagônica, como principalmente porque sequer há de ser essa a metodologia a ser adotada. Com efeito, não existe interpretação de lei, simples e isoladamente, em sistemas

---

[38] *Metodologia da ciência do direito*, fls. 522. Veja-se, a respeito, importante aresto do Tribunal Constitucional Alemão: "A vinculação tradicional do juiz à lei, parte integrante fundamental do princípio da separação de poderes e, portanto, do Estado de Direito, foi no entanto modificada na sua formulação na Lei Fundamental, no sentido de que a administração da justiça está vinculada à lei e ao Direito. Com isso recusa-se, segundo a opinião geral, um positivismo legal estrito. A fórmula mantém a convicção de que lei e Direito em geral se identificam facticamente, mas não sempre e necessariamente. O Direito não se identifica com a totalidade das leis escritas. Face às estatuições positivas do poder estadual, pode em certas circunstâncias existir mais de um Direito, que tem as suas fontes na ordem jurídica conforme à Constituição, como um todo de sentido e que pode operar como correctivo da lei escrita; achá-lo e realizá-lo em resoluções é tarefa da jurisprudência" (B*verf*GE 34, 269, 287, in Karl, Larenz, *Metodologia*, cit., fls. 523). O mesmo aresto encontra-se parcialmente transcrito na dissertação de mestrado de Oscar Vilhena Vieira, *Supremo Tribunal Federal*: jurisprudência política, 2. ed., São Paulo: Malheiros, 2002. Confira-se, ainda, Luis Afonso Heck, O *Tribunal Constitucional Federal e o desenvolvimento dos princípios constitucionais*, Porto Alegre: SAFE, 1995, fls. 209-210.
[39] Não comporta o presente texto a análise minudente dessa classificação. A respeito, ver *Metodologia*, cit., fls. 177-178 e também a obra de Carlos Eduardo Lopez Rodriguez, I*ntrodução ao pensamento jurídico e à obra de Karl Larenz*, Porto Alegre: Livraria do Advogado, 1995, fls. 50.

jurídicos atuais, onde avulta a hierarquia constitucional no ordenamento, a partir do remodelamento do Direito Constitucional ocidental pós-1945. Por isso, o próximo passo é uma aproximação com a atual interpretação constitucional que se entende razoável, visando, ao final, assentar as razões da defesa intransigente da força normativa dos princípios fundamentais constantes da Constituição brasileira, com destaque para a dignidade da pessoa humana.

5. A Atual Hermenêutica Constitucional: a Concretização

Foi a partir das lições de Konrad Hesse, juiz do Tribunal Constitucional da República Alemã, professor dentre outros de Friedrich Müller na Universidade de Freiburg, que surgiu a noção de concretização das normas constitucionais. Assim, o ditame hoje consagrado de que: "interpretação constitucional é concretização ('Konkretizierung'). Exatamente aquilo que, como conteúdo da Constituição, ainda não é unívoco, é o que deve ser determinado mediante a inclusão da realidade a ser ordenada. Assim, interpretação tem caráter criador: o conteúdo da norma só se torna completo com sua interpretação; a atividade interpretativa permanece vinculada à norma"[40]. Nas palavras de seu seguidor, Gomes Canotilho, a ideia de concretização, primeiramente esboçada por Konrad Hesse, pode ser assim explicada: "processo de densificação de regras e princípios constitucionais. A concretização das normas constitucionais implica um processo que vai do texto da norma (do seu enunciado) para uma norma completa – norma jurídica – que, por sua vez, será apenas um resultado intermédio, pois só com a descoberta da norma de decisão para a solução dos casos jurídico-constitucionais teremos o resultado final da concretização. Essa 'concretização normativa' é, pois, um trabalho técnico-jurídico: é, no fundo, o lado 'técnico' do procedimento estruturante da normatividade. A concretização, como se vê, não é igual à interpretação do texto da norma; é, sim, a construção de uma norma jurídica"[41].

Desde logo, bastante claro parece que tanto a compreensão da norma constitucional como a sua final concretização somente ocorrem em face de problemas concretos. É dizer: o intérprete deve relacionar a norma que se pretenda aplicável ao próprio problema posto, ou, novamente com Hesse: "não existe interpretação constitucional desvinculada de problemas concre-

---

[40] *Elementos de direito constitucional da República Federativa da Alemanha*, trad. Luis Afonso Heck, Porto Alegre: SAFE, 1998, p. 61. Há também as mesmas passagens na obra *Escritos de derecho constitucional*, seleção, tradução e introdução de Pedro Cruz Villalon, 2. ed., Madrid, Centro de Estudios Constitucionales, 1992, p. 40-41.

[41] Canotilho, *Direito constitucional*, cit., fls. 1127.

tos"⁴². Essa nova metódica constitucional vem ainda lapidada pelos ensinamentos de Friedrich Müller, ao elaborar, com inspiração na teoria da concretização, sua teoria estruturante da norma jurídica, conforme se verá em breve.

Por ora, enfatiza-se que a interpretação constitucional ganha esses específicos contornos justamente por sua especificidade, historicamente e mesmo quando cotejada com o direito infraconstitucional. Com efeito – e não se perca de vista a temática diretamente pertinente aos princípios fundamentais, genéricos que são – constrói-se o moderno Direito Constitucional na ideia de normas propositadamente abertas, sem a pretensão de abarcar tipicamente todas as hipóteses fáticas previsíveis. E assim há mesmo de ser, pois, mais que nenhuma outra lei, é da Constituição que, com primazia, se exige perenidade, ductibilidade, para fazer face às mudanças sociais e políticas em cada sociedade. E isso porque a obsolescência da norma constitucional acarreta, já se mencionou neste estudo, a derrubada de todo o substrato de qualquer ordem jurídica. Por conta dessas características, principalmente, chegou Friedrich Müller a averbar que os métodos clássicos de interpretação (*Auslegung*) concebidos por Savigny não se amoldam ao Direito Constitucional; e, em nenhuma hipótese, ao direito público, não passando de um "mal-entendido" o pretenso encaixe daquela metodologia nessa seara⁴³. Em verdade, "as regulações da Constituição não são nem completas nem perfeitas. (...) a incompletude da Constituição pode ter a sua razão nisto, que não é necessária uma regulação jurídico-constitucional. A Constituição não codifica, senão ela regula somente – muitas vezes, mais pontual e só em traços fundamentais – aquilo que aparece como importante e carente de determinação; todo o resto é tacitamente pressuposto ou deixado a cargo da configuração ou concretização pela ordem jurídica restante. Por causa disto, a Constituição de antemão não propõe a pretensão de uma ausência de lacunas ou até de unidade sistemática"⁴⁴. A ideia, enfim, de tal formulação de textos constitucionais significa que devam eles ser, em verdade, abertos ao tempo.

---

⁴² *Elementos*, cit., fls. 62; *Escritos de derecho*, cit., fls. 42.

⁴³ *Métodos de trabalho do direito constitucional*, trad. Peter Naumann, edição comemorativa dos 50 anos da Lei Fundamental da República Federal da Alemanha, Porto Alegre: Síntese, 1999, p. 33-39.

⁴⁴ *Elementos*, cit., fls. 39-40. Exemplifica ali, o autor, hipóteses em que, conscientemente, são deixadas em aberto, tais quais a parte econômica da Constituição, as atividades de partidos políticos. Tudo, em verdade, porque "... a vida que ela quer ordenar, é vida histórica e, por causa disso, está sujeita a alterações históricas. Essa alterabilidade caracteriza, em medida especial, as condições de vida reguladas pelas Constituição. Por isso, o Direito Constitucional, só em medida limitada e só pelo preço de modificações constitucionais frequentes, deixa-se especificar, tornar evidente e calculável de antemão" (*Elementos*, cit., fls. 40). Podem ser lembrados como exemplo, nesse caso, no Brasil, as previsões da Lei n. 9.709, de 18-11-1998, acerca dos institutos do plebiscito, referendo e iniciativa popular; a Lei n. 9.096, de 19-9-1995, acerca dos partidos políticos; a Lei n. 10.257, de 10-7-2001, regulamentando os arts. 182 e 183 da Carta.

Nesse mesmo sentido, as modernas Constituições impõem-se verdadeiramente como ordens moralmente imperativas, consubstanciam elas o referencial primeiro de justiça a ser buscado por uma dada sociedade. Nas Constituições se plasmam os valores, princípios e regras que se entendeu coletivamente serem prevalentes. Por tais previsões, as Constituições são, nas palavras de Hesse, "a própria ordem jurídica da comunidade"[45].

Por se construir dessa maneira a atual metodologia da norma constitucional, é que modernamente se tem distinguido, a partir da seminal obra de Friedrich Müller, entre o programa (*Normprogramm*) e o âmbito da norma (*Normbereich*), aliados ambos aos fatos que vêm a justificar ou não sua incidência. Assim, nas palavras do autor: "O texto da norma não 'contém' a normatividade e a sua estrutura material concreta. Ele dirige e limita as possibilidades legítimas e legais da concretização materialmente determinada do direito no âmago do seu quadro. Conceitos jurídicos em textos de normas não possuem 'significado', enunciados não possuem 'sentido' segundo a concepção de um dado orientador acabado. Muito pelo contrário, o olhar se dirige ao trabalho 'concretizador ativo' do 'destinatário' e com isso à 'distribuição funcional dos papéis' que, graças à ordem jurídico-positiva do ordenamento jurídico e constitucional, foi instituída para a tarefa da concretização da Constituição e do direito"[46].

Significa, enfim, a teoria de Müller, um adensamento da concretização proposta por Hesse, na medida em que, partindo-se do "programa da norma", tido como a prescrição literal do texto, caminha-se para o "âmbito da norma", onde se encontra a realidade social, que será regulamentada. Assim, em sín-

---

[45] Constitución y derecho constitucional, in *Manual de derecho constitucional* (coautoria com Ernst Benda; Werner Maihofer, Hans-Jochen Vogel; Wolfgang Heyde; tradução e apresentação de Antonio López Pina, Madrid: Instituto Vasco de Administración Pública Marcial Pons Ediciones Jurídicas y Sociales, 1996), fls. 5. Sobre serem moralmente retas, vem: "Este no constituye un fin en si mismo, no se trata de ordenar por ordenar; lo importante es el contenido de dicho ordenamiento: debe ser el moralmente recto y, por ende, legítimo. El canon de dicha rectitud en los tiempos actuales, que han cobrado conciencia de la historicidad de todo Derecho, no es inferible de un Derecho natural existente al margen del pensamiento y la acción humanos. Igualmente injustificado resulta remitirse a un positivismo escéptico, para el que, sin referencia a contenido alguno, Derecho es cualquier regulación que haya sido definida como tal por las instancias competentes.(...) La función directriz de la Constitución consiste en asumir estos cánones y – sobre todo, en los derechos fundamentales – dotarlos de fuerza vinculante para todo el ordenamiento jurídico. Por su parte, esta Constitución contribuye, sea como eslabón intemedio, sea como lazo de unión, a garantizar la existencia de un ordenamiento jurídico moralmente recto".

[46] *Métodos de trabalho do direito constitucional*, fls. 49. Noutras palavras, Canotilho, notando que toma "âmbito da norma" por "domínio da norma": *Direito constitucional*, cit., fls. 1142.

tese, da indissociável ligação entre Direito e realidade, para que, enfim, se dê a final concretização da norma constitucional: "o âmbito da norma é um fator coconstitutivo da normatividade. Ele não é uma soma de fatos, mas um nexo formulado em termos de possibilidade real de elementos estruturais, que são destacados da realidade social na perspectiva seletiva e valorativa do programa da norma"[47].

Por tal percurso, concretizando-se a norma constitucional, advém a normatividade. Assim, claro resta que a "normatividade" não está no texto em si, mas no resultado da junção entre seu teor abstrato e sua aplicação à realidade escolhida, culminando pela formulação de uma *"norma de decisão"*[48]. Somente

---

[47] Müller, *Métodos de trabalho*, cit., p. 49. Novamente, o seguimento de Canotilho, que didaticamente expõe, acerca da concretização da norma constitucional: "... não é apenas a delimitação do âmbito normativo a partir do texto da norma. O significado do texto aponta para um referente, para um universo material, cuja análise é fundamental num processo de concretização que aspira não apenas a uma racionalidade formal (como o positivismo) mas também a uma racionalidade material. Compreende-se, pois, que: (1) seja necessário delimitar um domínio ou sector de norma constituído por uma quantidade de determinados elementos de facto (dados reais); (2) os elementos do domínio da norma são de diferente natureza (jurídicos, económicos, sociais, psicológicos, sociológicos); (3) a análise do domínio da norma seja tanto mais necessária (a) quanto mais uma norma reenvie para elementos não jurídicos e, por conseguinte, o resultado de concretização da norma dependa, em larga medida, da análise empírica do domínio da norma e (b) quanto mais uma norma é aberta, carecendo, por conseguinte, de concretização posterior através dos órgãos legislativos. Por outras palavras: se a importância da análise do domínio material se move numa escala cujos limites são: (1) a determinação máxima do texto da norma nos casos de preceitos em que o imperativo linguístico do texto é forte (exs.: prazos, definições, normas de organização e de competência); (2) a determinação mínima do texto da norma, como acontece nos preceitos que reenviam para elementos não jurídicos ou que contêm 'conceitos vagos' (exs.: 'sectores básicos da economia', 'correcção das desigualdades de riqueza e de rendimentos', 'dignidade humana')" (*Direito constitucional*, cit., fls. 1145). A recepção dessa teoria no Brasil pode facilmente ser constatada a partir da leitura da obra de Clémerson Clève, que, ao abonar expressamente a teoria de Müller, expõe: "Não cabe confundir norma com o texto da norma, porque a prescrição jurídica positiva é tão somente a cabeça do 'iceberg'. No seio da montanha de gelo, na parte mais baixa, recôndita e profunda, porém invisível, é que se deve procurar a essência da normatividade, feita dos fatos e relações de natureza política e social. Essa concepção normativa permite ampla margem de atuação para o operador jurídico que, ultrapassando os métodos clássicos de interpretação, desenvolverá uma metódica concretista (não há interpretação sem problemas concretos a resolver) que deve transitar entre a norma (programa normativo mais domínio normativo) e o problema concreto a resolver. Neste caso, a norma de decisão, aquela que resolverá o problema concreto, constitui resultado da atividade (concretização) do jurista e não algo pronto desafiante de mera aplicação (execução), como querem os vários positivismos" (A *fiscalização*, cit., fls. 24/5, nota de rodapé n. 12).

[48] Assim, o próprio autor entende que a ciência do Direito passa de mera "ciência normativa" para "ciência decisória", onde a metódica jurídica constitucional é aquela de "elaborar, formular regras para a imputação (faticamente com probabilidade suficiente) bem-sucedida das

mediante a junção entre o "programa da norma", como ordem jurídica, e o "âmbito da norma", como a realidade normatizada, extrai-se sua concretude.

Em virtude das características distintas da norma constitucional, aliadas à sua própria razão de ser, justifica-se o entendimento do real significado da chamada *concretização* de suas normas – sobretudo pela densidade, generalidade e carga material contidas em textos constitucionais.

6. Os Princípios, os Valores e as Regras

Para que se atinja maior clareza na compreensão dos princípios constitucionais fundamentais, imprescindível é o estudo das concepções de Ronald Dworkin e Robert Alexy, pioneiros que foram na tratativa dos princípios.

A partir de seu *Taking Rights Seriously*, publicado ainda nos idos de 1977[49], o professor americano Ronald Dworkin, em crítica ao que nomeou de "modelo de regras", pontificou que a "norma" (*norm*), em sentido lato, alberga como espécies tanto as "regras" (*rules*) quanto os "princípios" (*principles*). Isso porque, em sua concepção, com a qual se concorda, dentro do esquema das normas, a *regra* segue o sistema do "tudo-ou-nada" (*all or nothing fashion*), sendo que a sua incidência ou não a cada caso concreto liga-se puramente a uma questão de vigência. Com isso, a incidência de uma dada regra ao caso concreto, por si, exclui a de outras, que não se amoldam perfeitamente àquela situação. Com os princípios, por outro lado, normas que também eles são, a dimensão é já de valor, de peso, donde a incidência de um deles não necessariamente afasta a incidência de outro.

Por tal diversidade, é que se solidifica a noção de que enquanto a convivência de regras é antinômica, a de princípios é necessariamente conflitual; enquanto as regras se autoexcluem, os princípios coexistem; enquanto no modelo estrito das regras há relação de exclusão total de uma, em face da incidência de uma outra, com os princípios ocorre algo diverso, pois que se configura um balanceamento, uma harmonização entre ambos, um juízo de ponderação[50].

---

normas de decisão estabelecidas no caso individual às normas jurídicas gerais indicadas como existentes por trás dessas normas de decisão" (Müller, *Direito, linguagem, violência, elementos de uma teoria constitucional*, I, trad. Peter Naumann; revisão de Paulo Bonavides e Willis Santiago Guerra Filho, Porto Alegre; SAFE, 1995, p. 28.

[49] Consultou-se a 16. ed., Cambridge, Massachusetts: Harvard University Press, 1997.

[50] Essa é a síntese de Canotilho, que também referenda os ensinamentos de Dworkin, a fls. 1087/1088 de seu *Direito constitucional*. Repise-se, ainda, não só o autor português acata as lições

De sua sorte, Robert Alexy, em seu *Theorie der Grundrechte*[51], não só corroborou a lição de Dworkin, encarecendo o aspecto deontológico dos princípios, como bastante contribuiu para a diferenciação deles, em face dos *valores*. Assim, num primeiro momento: "tanto las reglas como los principios son normas porque ambos dicen lo que debe ser. Ambos pueden ser formulados con la ayuda de las expresiones deónticas básicas del mandato, la permisión y la prohibición. Los principios, al igual que las reglas, son razones para juicios concretos de deber ser, aun cuando sean razones de un tipo muy diferente. Las distinción entre reglas y principios es pues una distinción entre dos tipos de normas"[52].

Enfatizou ainda mencionado professor que, enquanto o conflito de regras deve ser resolvido por uma "cláusula de exceção" – o que é facilmente inteligível, com arrimo novamente em Dworkin, pois se imagina tal cláusula facilmente como regra de especialidade, temporalidade, superioridade da norma –, a colisão de princípios resolve-se por um critério de "precedência condicionada", dependente exclusivamente do peso, da importância, maior ou menor de cada um dos princípios em cotejo[53]. Ainda relacionando-se ao conflito de princípios, encareceu Alexy, unicamente por critérios de proporcionalidade, ponderação entre um e outro, é que se atinge a adequada aplicação da norma[54].

---

do jusfilósofo americano, como o toma como "um dos mais criativos cultores da filosofia e metodologia jurídica contemporâneas" (apud Edilson Pereira de Farias, *Colisão de direitos*, cit., nota de rodapé n. 24).

[51] Traduzido para o espanhol, sob o título *Teoría de los derechos fundamentales*, trad. Ernesto Garzón Valdez, Madrid: Centro de Estudios Constitucionales, 1997.

[52] *Teoría de los derechos*, cit., fls. 83.

[53] *Teoría de los derechos*, cit., p. 92. Nas palavras de Ana Paula de Barcellos, nesse ponto, o que importa é a "fundamentalidade social" de cada um dos princípios em cotejo (A *eficácia jurídica*, cit., p. 86).

[54] Assim: "como la aplicación de principios válidos, cuando son aplicables, está ordenada y como para la aplicación en el caso de collisión se requiere una ponderación, el carácter de principio de las normas iusfundamentales implica que, cuando entran en colisión con principios opuestos, está ordenada una ponderación. Pero, esto significa que la máxima de la proporcionalidad en sentido estricto es deducible del carácter de principio de las normas de derecho fundamental" (*Teoría de los derechos*, cit., p. 94). No desenvolvimento da análise das normas principiológicas, Alexy estabelece íntima conexão com a máxima de proporcionalidade, trasladada entre nós também por "razoabilidade" (ver, a respeito, Luís Roberto Barroso, *Interpretação e aplicação da Constituição*, 4. ed., São Paulo: Saraiva, 2001), assim, sucintamente: "entre la teoría de los principios y la máxima de la proporcionalidad existe una conexión. Esta conexión no puede ser más estrecha; el carácter de principio implica la máxima de la proporcionalidad, y ésta implica aquélla. Que el caracter de principio implica la máxima de la proporcionalidad significa que la máxima de la proporcionalidad, con sus tres

Quanto à distinção por ele sustentada, entre princípio e valor, vem que, se é certo que os princípios possuem carga deontológica, no sentido de proibição, facultatividade ou permissão de condutas, os valores expressam somente um critério axiológico, donde são os últimos passíveis de análise como algo métrico, o que não se dá com os princípios. Assim, a Constituição brasileira é "boa", ou a Constituição é "melhor do que a que tínhamos"; o valor, diferentemente dos princípios, em conclusão, pode ser neutro, positivo ou negativo[55].

Assim, sintetiza-se: "La diferencia entre principios y valores se reduce así a un punto. Lo que en el modelo de los valores es *prima facie* el mejor es, en modelo de los principios, *prima facie* debido; y lo que en el modelo de los valores es definitivamente lo mejor es, en el modelo de los principios, definitivamente debido. Así, pues, los principios y los valores se diferencian sólo en virtud de su carácter deontológico y axiológico"[56].

Aponte-se, ainda, com fulcro nessa distinção, que, por meio dos estudos sobretudo de Ronald Dworkin, parece haver se solidificado definitivamente a noção de que, nos casos de vagueza da lei, de conceitos indeterminados, de colidência de normas de igual hierarquia, particularmente em questões constitucionais – os chamados *"hard cases"* –, não se soluciona a questão com base na "discricionariedade judicial", e sim com supedâneo nos princípios elencados no texto constitucional[57].

---

máximas parciales de la adequación, necesidad (postulado del medio más benigno) y de la proporcionalidad en sentido estricto (el postulado de ponderación propiamente dicho) se infiere lógicamente del carácter de principio, es decir, es deducible de él" (*Teoría de los derechos*, cit., p. 112-113).

[55] Ainda acerca da análise dos valores, especificamente sobre o texto de 1988, veja-se a crítica ponderação de Eduardo Silva Costa, Os valores e a Constituição de 1988, *Revista de Informação Legislativa* do Senado Federal n. 109, Brasília, 1991.

[56] É bem verdade que Eros Roberto Grau, em seu O *direito posto e o direito pressuposto* (2. ed., São Paulo: Malheiros, 1988), tratando da mesma distinção, prefere, seguindo Habermas, tratar de valores como algo guiado por critérios teleológicos, e não axiológicos (ver fls. 78-79). De igual maneira, ressalte-se a contribuição a esse estudo dos ensinamentos de Antonio Enrique Pérez Luño, ao enfocar três funções de valores, a saber: *fundamentadora; orientadora; crítica* (ver: *Derechos humanos, Estado de Derecho y Constitución*, 2. ed., Madrid: Tecnos, 1986, fls. 288). Doutro lado relevante contribuição ainda traz o mesmo autor, na distinção entre princípios e valores, ao enaltecer que: "Los principios, por su parte, entrañan un grado mayor de concreción y especificación que los valores respecto a las situaciones a que pueden ser aplicados y a las consecuencias jurídicas de su aplicación, pero sin ser todavia normas analíticas. De outro lado, los principios ya posean un significado hermenêutico (metodológicos), ya actúen como fuentes del derecho (ontológicos) o como determinaciones de valor (axiológicos), reciben su peculiar orientación de sentido de aquellos valores que especifican o concretan" (*Derechos humanos*, cit., p. 292).

[57] Note-se que tal ideia já veio sendo construída vagarosamente pela doutrina neste trabalho

E, nessa convivência conflitual, vejam-se, no texto brasileiro, os exemplos de colisão entre o art. 5º, IV, com o 5º, X; o art. 5º, XXII, com os arts. 182 e 191[58]; o art. 5º, XXIV, com os arts. 182 e 184[59]; o art. 5º, LXVII, com o mesmo artigo, em seus §§ 1º e 2º[60]; o art. 170, *caput* com seus incisos II, IV e também o parágrafo único[61]; colisão interna do próprio art. 5º, X[62].

---

referenciada, merecendo novamente a menção a Karl Larenz: "además, la concreción de un principio en reglas de derecho y decisiones de casos es un proceso que nunca se cierra. A pesar de ello, âlgunos resultados de este proceso los vemos ya y hay que suponer que irá adelante. El principio no es, pues, sólo un simple 'asunto intelectual', sino que es también un facto real en el proceso de modernización y del perfecionamiento del Derecho" (*Derecho justo*, cit., fls. 66).

[58] Há decisão, nesse sentido, proferida pelo Tribunal de Justiça do Estado de São Paulo, que parece adequadamente orientada pelo princípio fundamental da dignidade da pessoa humana, como o determinante à solução da questão ali suscitada. A respeito: *Revista Justiça e Democracia*, n. 1, fls. 239-246.

[59] Sobre esse conflito e a determinação dos princípios fundamentais da dignidade da pessoa humana e do Estado Democrático de Direito, vejam-se os apontamentos de Gustavo Tepedino, em *Temas*, cit., Capítulo 12, principalmente fls. 274.

[60] Por fim, em adendo à discussão acerca dos tratados internacionais de direitos humanos, enfocada por Flávia Piovesan (*Direitos humanos e o direito constitucional internacional*, 20. ed., São Paulo: Saraiva, 2022), veja-se também a posição de Gustavo Tepedino, que inclusive demonstra a dubiedade com a qual vem ainda tratado o tema, em nossos pretórios (*Temas*, cit., Capítulo 4, principalmente fls. 78-90). Além disso, ressalte-se a publicação da *Revista do Instituto Brasileiro de Ciências Criminais*, n. 22, com ementário de jurisprudência.

[61] Em Ação Direta de Inconstitucionalidade promovida pela Confederação Nacional dos Estabelecimentos de Ensino, questionando a validade da Lei n. 8.039, de 30 de maio de 1990 – que dispõe sobre critérios de reajuste das mensalidades escolares, em face do artigo constitucional referido –, entendeu o Pretório Excelso, por maioria de votos, que "para conciliar o fundamento da livre-iniciativa e do princípio da livre-concorrência com os da defesa do consumidor e da redução das desigualdades sociais em conformidade com os ditames da justiça social, pode o Estado, por via legislativa, regular a política de preços e bens e de serviços, abusivo que é o poder econômico que visa ao aumento arbitrário dos lucros". Fundamentou a Corte ainda, com expresso supedâneo no próprio princípio constitucional fundamental constante do art. 1º, IV, que "esta Corte, no desempenho de suas altas funções político-jurídicas, não pode desconhecer e nem permanecer insensível ante a exigência de preservar a intangibilidade desses pressupostos de ordem axiológica, que devem nortear e condicionar, enquanto referenciais de compulsória observância, a atividade estatal de regulamentação e de controle das práticas econômicas. (...)". E ainda se argumentou naquela oportunidade: "... Portanto, embora um dos fundamentos da ordem econômica seja a livre iniciativa, visa aquela a assegurar a todos existência digna, em conformidade com os ditames da justiça social (...)" (ADIn 319-DF, *Revista Trimestral de Jurisprudência* do Supremo Tribunal Federal n. 149, fls. 666 e s.).

[62] Tratou-se, aqui, de decisão proferida recentemente (em 21-2-2002) pelo Supremo Tribunal Federal, quando da apreciação da Reclamação n. 2.040-DF, no rumoroso "Caso Glória Trevi". Estando essa cantora mexicana custodiada, no aguardo do término de seu procedimento de extradição, veio a engravidar e acusou haver sido vítima de estupro cometido pelos próprios

Percebe-se, sem qualquer dificuldade, que a aplicação da norma constitucional pautada por seus princípios é determinante na prática que se queira implementar ao Direito Constitucional presente no Brasil. Ademais, decisões assim carreadas, se porventura se defrontarem com normas constitucionais aparentemente antinômicas, ou prestigiadoras de resoluções antagônicas, têm seu lastro mais seguro no cume do texto, em seu primeiro título, relativo aos princípios constitucionais fundamentais. Inegável, assim, seu importantíssimo papel como norte para a compreensão da teleologia constitucional, o que, por sua vez, possibilita sua desejada concretização.

Argumenta-se, contudo, ainda hoje, que a principal distinção entre os princípios e as regras encontra-se somente na generalidade dos primeiros, em relação à concretude das últimas[63]. Ora, esse critério não serve ao atual Direito Constitucional brasileiro, quer porque já se comprovou facilmente sua limitação de análise, pelo que nesse tópico se demonstrou, quer pela natureza mesma da norma constitucional, genérica por excelência – chame-se de regra ou de princípio –, pois é nutrida do escopo de perenidade e abrangência. Repisando: a Constituição é repleta de normas propositalmente abertas, que não descem a minúcias, e nem por isso se lhe retira a *vis* normativa que detém. A coerência argumentativa, ao lado da intransigente defesa da normatividade e supremacia da Constituição como um todo, impede peremptoriamente que se tomem, a partir da "concepção fraca dos princípios", como não impositivos, justamente os comandos que foram o norte da própria Constituição Federal; os que são reconhecidos pelo próprio texto como fundamentais.

Ressalte-se, ainda, que há importantíssimas consequências no campo prático-decisório do Direito Constitucional, conforme se familiarize o jurista

---

Policiais Federais. Havendo sido deferido um pedido de retirada de placenta da gestante, após o parto, para o fim de se certificar da paternidade, contra isso insurgiu-se a extraditanda, com lastro em seu direito de privacidade e intimidade. O Excelso Pretório assim decidiu a questão: "Fazendo a ponderação dos valores constitucionais contrapostos, quais sejam, o direito à intimidade e à vida privada da extraditanda, e o direito à honra e à imagem dos servidores e da Polícia Federal como instituição – atingidos pela declaração de a extraditanda haver sido vítima de estupro carcerário, divulgada pelos meios de comunicação –, o Tribunal afirmou a prevalência do esclarecimento da verdade quanto à participação dos policiais federais na alegada violência sexual, levando em conta, ainda, que o exame de DNA acontecerá sem invasão da integridade física da extraditanda ou de seu filho. (...)".

[63] Tal discussão é lembrada por Edilson Farias, que a toma por "concepção fraca dos princípios", em contraposição à "concepção forte dos princípios", adotada a última por Dworkin, Alexy, Canotilho, o autor, e no presente texto (*Colisão de direitos*, cit., p. 23).

contemporâneo, com as distinções aqui estudadas[64]. Com efeito, de posse dessas noções, há de se concluir que "afirmar que princípio constitucional é norma jurídica imperativa significa que o efeito por ele pretendido deverá ser imposto coativamente pela ordem jurídica caso não se realize espontaneamente, como se passa com as demais normas jurídicas"[65].

7. O Princípio Constitucional Fundamental da Dignidade da Pessoa Humana

Se, no atual cenário do Direito Constitucional ocidental, pode-se depreender que a hermenêutica que mais contribui para a efetividade das Constituições é aquela que privilegia e potencializa a força normativa de seus princípios fundamentais (a serem levados em conta desde o primeiro vislumbre da norma abstrata até o momento da decisão dos casos concretos), imperioso é ressaltar que, dentre eles, com força deontológica predominante, está o princípio da dignidade da pessoa humana. Aliás, sua importância chega mesmo a transcender os limites do positivismo, conforme já restou assentado neste texto, a respeito da evolução doutrinária relacionada aos princípios jurídicos[66].

---

[64] Essa imprescindível lembrança é trazida por Ana Paula de Barcellos, na obra já citada às fls. 45. Notar ainda que a autora toma por "eficácia jurídica" o "atributo associado às normas e consiste naquilo que se pode exigir, judicialmente se necessário, com fundamento em cada uma delas" (p. 59). O termo, nesse texto, vem sendo utilizado por força normativa.

[65] Ana Paula de Barcellos, A *eficácia jurídica*, cit., fls. 56. Sustenta a autora que os princípios jurídicos – entre eles, os constitucionais por excelência –, a despeito de sua generalidade; de sua indeterminação quanto aos efeitos e meios para atingi-los, possuem necessariamente um "núcleo básico determinado". E, nessa esfera, segundo a opinião da autora, chegam eles mesmos a se assemelhar às próprias regras, e o consectário lógico do "tudo-ou-nada". A partir do núcleo, é que a indeterminação e generalidade avultam-se, e que passa então a valer a regra propriamente principiológica, da ponderação, do balanceamento (ver p. 46-53). Importante ainda encarecer: no núcleo básico dos princípios constitucionais fundamentais – com privilégio indisfarçado para o princípio fundamental da dignidade da pessoa humana – é a própria ponderação que tem limites: "não é possível ponderar um princípio, especialmente o da dignidade da pessoa humana, de forma irrestrita, ao ponto de não sobrar coisa alguma que lhe confira substância; também a ponderação tem limites" (A *eficácia jurídica*, cit. p. 253).

[66] Com todas as letras, consultar Cármen Lúcia Antunes Rocha (O *princípio da dignidade da pessoa humana e a exclusão social*, texto mimeografado, em palestra proferida na XVII Conferência Nacional da Ordem dos Advogados do Brasil, Rio de Janeiro, 29-8-1999): "Dignidade é o pressuposto da ideia de justiça humana, porque ela é que dita a condição superior do homem como ser de razão e sentimento. Por isso é que a dignidade humana independe de merecimento pessoal ou social. Não se há de ser mister ter de fazer por merecê-la, pois ela é inerente à vida e, nessa contingência, é um direito pré-estatal" (p. 4). Aliás, para a mesma autora, a dignidade humana consubstancia verda-

Em face da vertente constitucionalista surgida após a Segunda Guerra Mundial, passa o Direito Constitucional, por suas características aqui já tratadas, a tutelar esse valor absoluto, na forma de princípio fundamental[67]. Trata-se, o princípio em tela, pela prevalência que lhe concedem os ordenamentos constitucionais que vêm sendo estudados, de verdadeiro princípio fundamental da ordem jurídica[68].

Por tamanha envergadura, afirma-se, no entendimento mais engajado com a ordem constitucional implantada, que "princípio constitucional que é, o respeito à dignidade da pessoa humana obriga irrestrita e incontornavelmente o Estado, seus dirigentes e todos os atores da cena política governamental, pelo que tudo que o contrarie é juridicamente nulo"[69]. Já, no âmbito estritamente constitucional, "nenhum princípio é mais valioso para compendiar a unidade material da Constituição que o princípio da dignidade da pessoa humana"[70].

A positivação dessa esfera de intangibilidade ética, que se consubstancia na dignidade da pessoa humana, como característica imanente ao ser humano e sua racionalidade, segundo a quase unanimidade da doutrina, deu-se inau-

---

deiro "superprincípio constitucional" (p. 10); "norma-princípio matriz do constitucionalismo contemporâneo" (p. 8). Reconhece também esse caráter de conceito apriorístico, José Afonso da Silva em seu *Poder constituinte e poder popular*. São Paulo: Malheiros, 2000, no capítulo específico intitulado "A dignidade da pessoa humana como valor supremo da democracia", fls. 146; também assim, Ana Paula de Barcellos, encarecendo que se trata de "axioma da civilização ocidental, e talvez a única ideologia remanescente" (A *eficácia jurídica*, cit., p. 103-104).

[67] Ver Ana Paula de Barcellos, A *eficácia jurídica*, cit., p. 112. Acerca do entendimento da dignidade da pessoa humana como um valor absoluto, vêm as lições de José Afonso da Silva (*Poder constituinte e poder popular*), adotando os discrímens entre os valores relativos e absolutos, de Immanuel Kant. Assim, aquele relativo, atribui-se-lhe um "preço" (*Wert*), pode-se substituí-lo por algo equivalente; o que é relativo existe apenas como meio, e submete-se a um "preço de mercado". Já o valor absoluto, só esse é que possui "dignidade" (*Wurde*), na medida em que supera qualquer preço, inadmite substituição, é um fim em si (p. 146).

[68] Ana Paula de Barcellos, A *eficácia jurídica*, cit., p. 206. De sua sorte, afirma José Afonso da Silva: "não é apenas um princípio da ordem jurídica, mas o é também da ordem política, social, econômica e cultural. Daí sua natureza de valor supremo, porque está na base de toda a vida nacional" (A *eficácia jurídica*, cit., p. 147).

[69] Cármen Lúcia, O *princípio da dignidade*, cit., p. 13.

[70] Paulo Bonavides, *Teoria constitucional da democracia participativa*, Malheiros, 2001, fls. 233. Ressalte-se ainda que esse autor, ao tratar justamente da força normativa dos princípios fundamentais da Constituição, acerca do princípio da dignidade humana, leciona: "Sua densidade jurídica no sistema constitucional há de ser, portanto, máxima, e se houver reconhecidamente um princípio supremo no trono da hierarquia das normas, esse princípio não deve ser outro senão aquele em que todos os ângulos éticos da personalidade se acham consubstanciados" (p. 233).

guralmente com a *GrundGesetz* de 1949[71]. E, sobre aquele documento normativo histórico, o entendimento que evidentemente se construiu em favor de sua incondicionalidade, de sua culminância como norma impositiva, deve valer para a Carta brasileira, moldada naquele modelo, conforme é já cediço. Por conta disso, tão imprescindível quanto a colação das lições de Konrad Hesse nesse aspecto, é seu acatamento para o cenário jurídico-constitucional que – inauguralmente – aqui se firmou em 1988: "O artigo de entrada da Lei Fundamental normaliza o princípio superior, incondicional e, na maneira da sua realização, indisponível, da ordem constitucional: a inviolabilidade da dignidade do homem e a obrigação de todo o poder estatal, de respeitá-la e protegê-la. Muito distante de uma fórmula abstrata ou mera declamação, à qual falta significado jurídico, cabe a esse princípio o peso completo de uma fundação normativa dessa coletividade histórico-concreta, cuja legitimidade, após um período de inumanidade e sob o signo da ameaça atual e latente à 'dignidade do homem', está no respeito e na proteção da humanidade. A imagem do homem, da qual a Lei Fundamental parte no artigo 1º, não deve, nisso, nem individual nem coletivamente, ser mal entendida, ou dada outra interpretação. Para a ordem constitucional da Lei Fundamental, o homem não é nem partícula isolada, indivíduo despojado de suas limitações históricas, nem sem realidade da 'massa' moderna. Ele é entendido, antes, como 'pessoa': de valor próprio indisponível, destinado ao livre desenvolvimento, mas também simultaneamente membro de comunidades, de matrimônio e família, igrejas, grupos sociais e políticos, das sociedades políticas, não em último lugar, também do Estado, com isso, situado nas relações inter-humanas mais diversas, por essas relações em sua individualidade concreta essencialmente moldado, mas também chamado a coconfigurar responsavelmente convivência humana. Somente assim, entendido não só como barreira ou obrigação de proteção do poder estatal, o conteúdo do artigo 1º da Lei fundamental e os direitos do homem, dos quais o povo alemão por causa deste conteúdo, 'como base de cada comunidade humana', declara-se partidário (artigo 1º, alínea 2, da Lei Fundamental), convertem-se em pressuposto da livre autodeterminação, sobre a ordem constituída, pela Lei Fundamental, da vida estatal deve assentar-se"[72].

---

[71] Com efeito, todos os autores aqui estudados isso afirmam com segurança, à exceção de Edilson Pereira de Farias, que parece entender como texto inaugural a positivar tal mandamento a Constituição de Weimar, de 1919 (*Colisão de direitos*, cit. p. 51).

[72] HESSE, Konrad, *Elementos*, cit., p. 109-111. A mesma trilha seguiu a Carta Portuguesa, já se viu aqui, sendo que, para aquele contexto, veja-se Canotilho (*Direito constitucional*, cit., p. 221); em referência à Carta de Espanha e seus dispositivos também nesse estudo já referenciados, con-

Como se tem percebido, para além de se configurar em princípio constitucional fundamental, a dignidade da pessoa humana possui um *quid* que a individualiza de todas as demais normas dos ordenamentos aqui estudados, dentre eles o brasileiro. Assim, deitando seus próprios fundamentos no ser humano em si mesmo, como ente final, e não como meio[73], em reação à sucessão de horrores praticados pelo próprio ser humano, lastreado no próprio direito positivo, é esse princípio, imperante nos documentos constitucionais democráticos, que unifica e centraliza todo o sistema; e que, com prioridade, reforça a necessária doutrina da força normativa dos princípios constitucionais fundamentais.

A dignidade humana simboliza, deste modo, um verdadeiro superprincípio constitucional, a norma maior a orientar o constitucionalismo contemporâneo, dotando-lhe especial racionalidade, unidade e sentido[74].

8. Conclusões

Conclui-se, por conta do estágio em que se encontra o constitucionalismo brasileiro, motivado que fora pelas transformações experimentadas pelo contemporâneo Direito Constitucional ocidental, destacando-se nesse contexto as Cartas alemã, portuguesa e espanhola, que não há possibilidade de se estudar e aplicar o Direito Constitucional sem que se confira prevalência à tônica principiológica que este detém, com especial realce ao princípio da dignidade humana – princípio que nutre todo o sistema jurídico.

Nesse sentido, há que se ater aos comandos constitucionais consagrados nos arts. 1º ao 4º da Carta de 1988, com nítida prevalência para o postulado da dignidade da pessoa humana, não só como critérios definitivos de interpretação da Carta, no que se constituem em parâmetro para aferimento de inconstitucionalidades; como, principalmente, norte e exigência da aplicação da Consti-

---

sulte-se Francisco Fernández Segado, El sistema constitucional español, in *Los sistemas constitucionales iberoamericanos*, Garcia Belaunde, Fernández Segado e Hernandez Valle (organizadores), Madrid: Editorial Dykinson, 1992.

[73] É essa, expressamente, a doutrina de Kant, apontada por José Afonso da Silva (*Poder constituinte*, cit., p. 145); tido o primeiro, por Carmen Lúcia, aliás, como *"o grande filósofo da dignidade"* (O *princípio da dignidade*, cit., p. 5).

[74] No dizer de Ana Paula de Barcellos, "as normas-princípios sobre a dignidade da pessoa humana são, por todas as razões, as de maior grau de fundamentalidade na ordem jurídica como um todo, a elas devem corresponder as modalidades de eficácia jurídica mais consistentes" (A *eficácia jurídica*, cit., p. 202-203).

tuição aos casos concretos. Ressalte-se, nesse passo, que, fundamentais que são os princípios ali elencados, espraiam-se por toda a Constituição. Assim, percebam-se, dentre muitas outras passagens, os ditames dos arts. 18, *caput*; 19; 25, *caput*; 29, *caput*; 34 a 36; 37, *caput*; 60; 85, *caput*; 134, *caput*; 170; 182 a 186; 194; 196; 205; 225, *caput*; 226, §§ 5º e 7º; 227, *caput* e § 6º; 228; 230. Tanto é verdade que os princípios fundamentais encontram-se refletidos ao longo de todo o texto, com nítido caráter de prevalência, que, ainda que não se admita, majoritariamente entre nós, a tese de inconstitucionalidade de normas constitucionais originárias[75], seguramente servem eles mesmos de óbice a emendas à Constituição, quando atentatórias aos valores neles consagrados.

Nessa análise, opta-se por conceber como princípios fundamentais aqueles contemplados nos arts. 1º ao 4º da Constituição, não somente porque foram os mesmos rotulados como tais pela Carta, mas sim porque se foi atingida a necessária e desejada segurança em sua tratativa puramente dogmática, a tipologia usualmente referida pela doutrina nesse tema é ainda movediça. Assim, não se estabeleceu ainda uma unânime *opinio doctorum* acerca do tema ora versado. Nesse mesmo aspecto, no entanto, a tábua de unanimidade, como não poderia ser diverso, encontra-se na específica fundamentalidade da dignidade da pessoa humana.

Com isso, repise-se: o presente estudo tem a pretensão de trazer contribuição ao implemento de uma prática constitucional obrigatoriamente vinculada ao que se encareceu no Texto como substrato fundamental ao sistema jurídico. Afinal, somente assim se celebra a verdadeira racionalidade do sistema em que hoje se vive. Em tal intento, parece, dentro das classificações aventadas em que variaram bastante os enfoques e as terminologias de

---

[75] Desde a ADIn 815-3, ajuizada pelo Governo do Rio Grande do Sul, em face dos critérios de proporcionalidade estampados no art. 45, §§ 1º e 2º, da Constituição, sedimentaram-se nossas jurisprudência e doutrina majoritárias em negar a possibilidade de uma norma originariamente constante da Constituição, ela mesma, ser inconstitucional. Sem prejuízo disso, cabe aqui ressalvar as importantes posições de Oscar Vilhena Vieira e Leda Pereira Mota, ao lado de Celso Spitscovski. O primeiro deles, em seu A *Constituição e sua reserva de justiça*, São Paulo: Malheiros, 1999, p. 136; os últimos em seu *Direito constitucional*. São Paulo: Terra Editora, 1994, especificamente no momento em que tratam, em capítulo especialmente dedicado ao tema, das "normas constitucionais inconstitucionais", a fls. 78-89. Merece, ainda, atenção, a tese alvitrada por Zaffaroni e Pierangeli, que incide diretamente no campo dos direitos fundamentais, ao sustentarem que o próprio art. 5º, XLIII, do Texto Maior é em si inconstitucional, na medida em que afronta os postulados de presunção de inocência (art. 5º, LVII), igualdade (art. 5º, *caput*), e, por fim, humanidade e racionalidade da pena (art. 5º, XLVI e XLVII, *e*). Confira-se a opinião dos autores em *Manual de direito penal brasileiro*: parte geral, 3. ed., revista e atualizada, São Paulo: Revista dos Tribunais, 2001, fls. 138-139.

cada autor, que o substrato mais seguro até o presente, para que sejam analisados os chamados princípios constitucionais fundamentais, é mesmo aquele desenhado no texto maior, atendida a importante e indiscutível prevalência da dignidade do ser humano.

A relevância, finalmente, do entendimento dos princípios fundamentais de nossa Constituição, como efetivas normas constitucionais, parece ser irretorquível. Mais genéricos que muitas das demais normas insertas dentro do mesmo corpo legislativo, têm eles, assim, a máxima abrangência no ordenamento. Além disso, são o maior substrato quer do texto, quer, por consequência, da ordem jurídica que à vista dele se implementa. Por essas razões, cabe ao exegeta, a quem se confere a contínua missão de fazer concretos os preceitos constitucionais, deles partir em suas ações e exigências, sob pena de incorrer em inconstitucionalidades e, pior, macular o que de mais caro contém o sistema jurídico.

Ao concordar com a mais atualizada doutrina brasileira e estrangeira, no sentido de que "não há dispositivo constitucional despido de normatividade"[76], e que a própria normatividade não vem no texto mesmo, sendo antes o resultado de um complexo procedimento que envolve a minudente análise quer do caso concreto, quer da norma que se lhe julgue aplicável, a imperatividade – a força normativa – que se reclama da Constituição depende umbilicalmente do seguimento e aplicação de seus princípios fundamentais; dentre eles, principalmente, da intangibilidade do respeito à dignidade da pessoa humana.

O que deve, então, vingar, a bem da efetiva implementação de todos os ditames constitucionais, é mesmo o entendimento de que seus princípios constitucionais fundamentais valem como lei – lei constitucional. Possuem "eficácia jurídica positiva ou simétrica"[77], pois criam, sim, direito subjetivo ao cidadão, possibilitando-lhe exigir judicialmente a produção daqueles efeitos. E para tanto é que se reclama a hermenêutica concretizadora, que culmine por prestigiar a força normativa dos princípios constitucionais fundamentais, otimizando a força expansiva do princípio da dignidade humana.

---

[76] Entre nós: Clémerson Cléve, A *fiscalização*, cit., p. 42-43; na doutrina alienígena, principalmente, Canotilho, *Direito constitucional*, cit.

[77] Na linguagem de Ana Paula de Barcellos, "a modalidade de eficácia jurídica simétrica descreve a perfeita identificação entre os efeitos desejados pela norma e a eficácia jurídica que lhe é reconhecida, na mesma imagem de dois triângulos simétricos opostos" (A *eficácia jurídica*, cit., p. 61, nota de rodapé n. 105). Notar que, dentre as diversas modalidades de eficácia tratadas pela autora, essa é que possui maior consistência.

Afirma o Ministro Celso de Mello que: "Todos os atos estatais que repugnem à Constituição expõem-se à censura jurídica – dos Tribunais especialmente – porque são írritos, nulos e desvestidos de qualquer validade. A Constituição não pode submeter-se à vontade dos poderes constituídos e nem ao império dos fatos e das circunstâncias. A supremacia de que ela se reveste – enquanto for respeitada – constituirá a garantia mais efetiva de que os direitos e as liberdades não serão jamais ofendidos. Ao Supremo Tribunal Federal incumbe a tarefa, magna e eminente, de velar para que essa realidade não seja desfigurada"[78]. Se assim o é, não se pode negar que a supremacia da Constituição inicia-se por seus princípios fundamentais, tendo ao centro a dignidade do ser humano. Não como critérios somente interpretativos, e sim como normas constitucionais, incondicionalmente determinantes no sistema brasileiro.

O moderno constitucionalismo ocidental, inegavelmente, assume essa feição peculiar; o brasileiro, inauguralmente o faz em 1988.

Esta é a vertente contemporânea do Direito do Pós-Guerra, tanto no âmbito internacional como no âmbito local. Vale dizer, o Pós-Guerra demandou o resgate do fundamento ético da experiência jurídica, pautado pelo valor da dignidade humana. Se no plano internacional, o impacto desta vertente se concretizou com a emergência do "Direito Internacional dos Direitos Humanos" (todo ele fundamentado no valor da dignidade humana, como valor inerente à pessoa), no plano dos constitucionalismos locais, esta vertente se concretizou com a abertura das Constituições à força normativa dos princípios, com ênfase ao princípio da dignidade humana. Pontue-se, ainda, a interação entre o Direito Internacional dos Direitos Humanos e os Direitos locais, na medida em que aquele passa a ser parâmetro e referência ética a inspirar o constitucionalismo ocidental[79].

---

[78] STF, ADIn 293-7/600, RT, 700/221, 1994.

[79] Para Canotilho: "Se ontem a conquista territorial, a colonização e o interesse nacional surgiam como categorias referenciais, hoje os fins dos Estados podem e devem ser os da construção de 'Estados de Direito Democráticos, Sociais e Ambientais', no plano interno e Estados abertos e internacionalmente amigos e cooperantes no plano externo. Estes parâmetros fortalecem as imbricações do direito constitucional com o direito internacional. (...) Os direitos humanos articulados com o relevante papel das organizações internacionais fornecem um enquadramento razoável para o constitucionalismo global. O constitucionalismo global compreende não apenas o clássico paradigma das relações horizontais entre Estados, mas no novo paradigma centrado: nas relações Estado/povo, na emergência de um Direito Internacional dos Direitos Humanos e na tendencial elevação da dignidade humana a pressuposto ineliminável de todos os constitucionalismos. Por isso, o Poder Constituinte dos Estados e, consequentemente, das respectivas

Aos operadores do Direito resta, assim, o desafio de recuperar no Direito seu potencial ético e transformador, doando máxima efetividade aos princípios constitucionais fundamentais, com realce ao princípio da dignidade humana – porque fonte e sentido de toda experiência jurídica.

Constituições nacionais, está hoje cada vez mais vinculado a princípios e regras de direito internacional. É como se o Direito Internacional fosse transformado em parâmetro de validade das próprias Constituições nacionais (cujas normas passam a ser consideradas nulas se violadoras das normas do *jus cogens* internacional). O Poder Constituinte soberano criador de Constituições está hoje longe de ser um sistema autônomo que gravita em torno da soberania do Estado. A abertura ao Direito Internacional exige a observância de princípios materiais de política e direito internacional tendencialmente informador do Direito interno" (José Joaquim Gomes Canotilho, *Direito constitucional*, p. 1217).

Capítulo 25

PODER JUDICIÁRIO E DIREITOS HUMANOS

1. Introdução

Objetiva este capítulo enfocar o papel do Poder Judiciário na proteção dos direitos humanos, considerando a experiência brasileira, sob a ótica do Direito Internacional dos Direitos Humanos.

Inicialmente será apreciado o direito à proteção judicial no marco dos direitos humanos, à luz do crescente processo de internacionalização desses direitos. O sistema internacional de proteção dos direitos humanos constitui o legado maior da chamada "Era dos Direitos", que tem permitido a internacionalização dos direitos humanos e a humanização do Direito Internacional contemporâneo[80].

É a partir deste contexto que se transitará à análise dos principais desafios e perspectivas para avançar no fortalecimento da proteção judicial como garantia e instrumento de distribuição de justiça e da efetiva proteção de direitos.

2. O Direito à Proteção Judicial no Marco dos Direitos Humanos

Os direitos humanos refletem um construído axiológico, a partir de um espaço simbólico de luta e ação social. No dizer de Joaquín Herrera Flores[81], compõem uma racionalidade de resistência, na medida em que traduzem

---

[80] Thomas Buergenthal, no prólogo do livro de Antônio Augusto Cançado Trindade, A *proteção internacional dos direitos humanos*: fundamentos jurídicos e instrumentos básicos. São Paulo: Saraiva, 1991, p. XXXI. No mesmo sentido, afirma Louis Henkin: "O Direito Internacional pode ser classificado como o Direito anterior à 2ª Guerra Mundial e o Direito posterior a ela. Em 1945, a vitória dos aliados introduziu uma nova ordem com importantes transformações no Direito Internacional" (Louis Henkin et al. *International law*: cases and materials, 3. ed., Minnesota: West Publishing, 1993, p. 3).

[81] Joaquín Herrera Flores, *Direitos humanos, interculturalidade e racionalidade de resistência*, mimeo, p. 7.

processos que abrem e consolidam espaços de luta pela dignidade humana. Invocam uma plataforma emancipatória voltada à proteção da dignidade humana.

Nesse contexto, a Declaração de 1948 vem inovar gramática dos direitos humanos, ao introduzir a chamada concepção contemporânea de direitos humanos, marcada pela universalidade e indivisibilidade desses direitos.

Universalidade porque clama pela extensão universal dos direitos humanos, sob a crença de que a condição de pessoa é o requisito único para a titularidade de direitos, considerando o ser humano como um ser essencialmente moral, dotado de unicidade existencial e dignidade, esta como valor intrínseco à condição humana. Isso porque todo ser humano tem uma dignidade que lhe é inerente, sendo incondicionada, não dependendo de qualquer outro critério, senão ser humano. O valor da dignidade humana, incorporado pela Declaração Universal de 1948, constitui o norte e o lastro ético dos demais instrumentos internacionais de proteção dos direitos humanos.

Além de afirmar a universalidade dos direitos humanos, a Declaração Universal acolhe a ideia da indivisibilidade dos direitos humanos, a partir de uma visão integral de direitos. A garantia dos direitos civis e políticos é condição para a observância dos direitos sociais, econômicos e culturais e vice-versa. Quando um deles é violado, os demais também o são. Os direitos humanos compõem, assim, uma unidade indivisível, interdependente e inter-relacionada, capaz de conjugar o catálogo de direitos civis e políticos com o catálogo de direitos sociais, econômicos e culturais.

A partir da Declaração de 1948, começa a se desenvolver o Direito Internacional dos Direitos Humanos, mediante a adoção de diversos instrumentos internacionais de proteção. O sistema internacional de proteção dos direitos humanos é integrado por tratados internacionais de proteção que refletem, sobretudo, a consciência ética contemporânea compartilhada pelos Estados, na medida em que invocam o consenso internacional acerca de temas centrais aos direitos humanos, na busca da salvaguarda de parâmetros protetivos mínimos – do "mínimo ético irredutível".

Ao lado do sistema normativo global, surgem os sistemas regionais de proteção, que buscam internacionalizar os direitos humanos nos planos regionais, particularmente na Europa, América e África. Adicionalmente, há um incipiente sistema árabe e a proposta de criação de um sistema regional asiático. Consolida-se, assim, a convivência do sistema global da ONU com instrumentos do sistema regional, por sua vez, integrado pelo sistema americano, europeu e africano de proteção aos direitos humanos.

Os sistemas global e regional não são dicotômicos, mas complementares. Inspirados pelos valores e princípios da Declaração Universal, compõem o universo instrumental de proteção dos direitos humanos, no plano internacional. Nessa ótica, os diversos sistemas de proteção de direitos humanos interagem em benefício dos indivíduos protegidos. O propósito da coexistência de distintos instrumentos jurídicos – garantindo os mesmos direitos – é, pois, no sentido de ampliar e fortalecer a proteção dos direitos humanos. O que importa é o grau de eficácia da proteção, e, por isso, deve ser aplicada a norma que, no caso concreto, melhor proteja a vítima. Ao adotar o valor da primazia da pessoa humana, esses sistemas se complementam, interagindo com o sistema nacional de proteção, a fim de proporcionar a maior efetividade possível na tutela e promoção de direitos fundamentais. Esta é inclusive a lógica e a principiologia próprias do Direito Internacional dos Direitos Humanos, todo ele fundado no princípio maior da dignidade humana.

Tendo em vista a historicidade dos direitos humanos e considerando a fixação de parâmetros protetivos mínimos afetos à dignidade humana, com destaque à Declaração Universal de Direitos Humanos de 1948, ao Pacto Internacional dos Direitos Civis e Políticos e à Convenção Americana de Direitos Humanos, no que se refere ao direito à proteção judicial destacam-se três dimensões:

a) o direito ao livre acesso à justiça;

b) a garantia da independência judicial (direito de toda pessoa ser ouvida, com as devidas garantias e dentro de um prazo razoável, por um juiz ou Tribunal competente, independente e imparcial, nos termos do art. 8º da Convenção Americana de Direitos Humanos; do art. 14 do Pacto Internacional dos Direitos Civis e Políticos e do art. 10 da Declaração Universal); e

c) o direito à prestação jurisdicional efetiva, na hipótese de violação a direitos (direito a remédios efetivos).

Essas três dimensões – o direito ao livre acesso à justiça; a garantia de independência judicial; e o direito à prestação jurisdicional efetiva – devem ser conjugadas, mantendo uma relação de interdependência, condicionalidade e indissociabilidade. Note-se que no Estado Democrático de Direito há o monopólio da função jurisdicional pelo Poder Judiciário, que, enquanto poder desarmado, tem a última palavra. O direito à prestação jurisdicional efetiva tem por base a garantia da independência judicial, celebrando a prevalência do primado do direito, em detrimento do direito da força. Isso porque a mais importante ideia do *rule of law* é que *power is constrained by means of law*[82]. Observe-se que a independência judicial é fundamental ao *rule of law*, que requer o estabelecimento de um complexo de instituições e procedimentos, destacando um Poder Judiciário independente e imparcial. O *rule of law* enfatiza a importância das Cortes não apenas pela sua capacidade decisória (pautada no primado do Direito), mas por *institucionalizar a cultura do argumento* como medida de respeito ao ser humano.

Considerando o direito à proteção judicial sob a ótica do Direito Internacional dos Direitos Humanos com realce aos parâmetros protetivos mínimos enunciados nos instrumentos internacionais, transita-se à reflexão acerca dos desafios e perspectivas para o fortalecimento do papel do Poder Judiciário na proteção dos direitos humanos, considerando a experiência brasileira.

3. Desafios e Perspectivas para o Fortalecimento do Poder Judiciário na Proteção dos Direitos Humanos

Destacam-se sete desafios e perspectivas para avançar no fortalecimento do Judiciário como garantia e instrumento de distribuição de justiça e de efetiva proteção de direitos na experiência brasileira.

1) *Ampliar e democratizar o acesso ao Poder Judiciário*

No Brasil, pesquisas apontam que apenas 30% da população tem acesso à justiça.

Segundo dados oficiais, produzidos pela Fundação IBGE, apenas 30% dos indivíduos envolvidos em disputas procuram a Justiça estatal. Como explica Maria Teresa Sadek, "as razões para isso são inúmeras, indo desde a descrença na lei e nas instituições até a banalização da violência. (...) Por outro lado, ainda que em menor grau que no passado, é baixa a conscientização da população tanto sobre seus direitos, como sobre os canais institucionais disponíveis para a solução de seus litígios".

---

[82] Consultar "Promotion of truth, justice, reparation and guarantees of non-recurrence", UN, General Assembly, 13 de setembro de 2012. O *rule of law* é definido como: "A principle of governance in which all persons, institutions and entities, public and private, including the State itself, are accountable to laws that are publicly promulgated, equally enforced and independently adjudicated, and which are consistent with international human rights norms and standards. It requires, as well, measures to ensure adherence to the principles of supremacy of law, equality before the law, accountability to the law, fairness in the application of the law, separation of powers, participation in decision making, legal certainty, avoidance of arbitrariness and procedural and legal transparency" (Report of the Secretary-General to the Security Council on the rule of law and transitional justice, S/2004/616, paragraph 6).

Se apenas 30% dos indivíduos envolvidos em disputas procuram a Justiça estatal, há que se indagar qual é o perfil desses agentes que acionam a esfera jurisdicional. Se forem avaliadas a justiça e as variações regionais, pode-se concluir que quanto mais alto é o IDH melhor é a relação entre processos entrados e população, ou seja, é acentuadamente maior a utilização do Judiciário nas regiões do país que apresentam índices mais altos de desenvolvimento humano[83].

Essa questão, por sua vez, suscita um outro questionamento: como qualificar o universo de demandas que é submetido ao Poder Judiciário?

Ainda na avaliação de Maria Tereza Sadek: "Temos hoje uma Justiça muito receptiva a um certo tipo de demandas, mas pouco atenta aos pleitos da cidadania. (...) O que parece inquestionável é que temos um sistema muito mais comprometido com um excesso de formalismos e procedimentos do que com a garantia efetiva de direitos"[84]. Nesse sentido, o Judiciário deixa de ser utilizado para a garantia de direitos e passa a ser procurado principalmente para se obter vantagens. Compartilha-se da hipótese de que a utilização do Poder Judiciário está estreitamente relacionada a um grupo específico da sociedade, exatamente aquele que dispõe de mais recursos econômicos, sociais e intelectuais. À luz desse diagnóstico, o Poder Judiciário vê-se repleto de demandas que pouco têm a ver com a garantia de direitos.

---

[83] Maria Tereza Sadek, Fernão Dias de Lima e José Renato de Campos Araújo, O Judiciário e a Prestação da Justiça. In: Maria Teresa Sadek (org.), *Acesso à Justiça*. São Paulo: Fundação Konrad Adenauer, 2001, p. 20-21. Acrescenta Maria Tereza Sadek: "A região Sudeste apresenta um maior número de processos do que faria supor o tamanho de sua população: possui, em média, 64% de todos os processos entrados no país, enquanto a sua população corresponde a 43% do total de habitantes do país. Da mesma forma, a região Sul abriga uma parcela de 15% da população brasileira e tem, em média, 20% dos processos entrados. Em contraste, a região Nordeste, contribuindo com 29% da população brasileira, participa, em média, com somente 6% dos processos entrados; a região Norte possui 7% da população e responde, em média, por somente 3% dos processos. Já a região Centro-Oeste apresenta uma participação equitativa no que se refere à população e aos processos – uma média de 6%" (op. cit., p. 20-21).

[84] Maria Tereza Sadek, Fernão Dias de Lima e José Renato de Campos Araújo, O Judiciário e a Prestação da Justiça. In: Maria Teresa Sadek (org.), *Acesso à Justiça*. São Paulo: Fundação Konrad Adenauer, 2001, p. 41. Adicionam os autores: "Tornou-se lugar-comum afirmar que sem uma Justiça acessível e eficiente coloca-se em risco o Estado de Direito. O que poucos ousam sustentar, completando a primeira afirmação, é que, muitas vezes, é necessário que se qualifique de que acesso se fala. Pois a excessiva facilidade para um certo tipo de litigante ou o estímulo à litigiosidade podem transformar a Justiça em uma Justiça não apenas seletiva, mas sobretudo inchada. Isto é, repleta de demandas que pouco têm a ver com a garantia de direitos – esta sim uma condição indispensável ao Estado Democrático de Direito e às liberdades individuais" (op. cit., p. 41).

Em 2012, pesquisa do Conselho Nacional de Justiça revelou que "o setor público federal e os bancos respondem por 76% dos processos em tramitação"[85]. O terceiro maior litigante – após o setor público e os bancos – corresponde às empresas de telefonia.

Nesse quadro, é fundamental ampliar e fortalecer o acesso à justiça por parte das populações mais vulneráveis.

2) *Reduzir a distância entre a população e o Poder Judiciário*

O incipiente grau de provocação do Poder Judiciário para demandas envolvendo a tutela dos direitos humanos no Brasil reflete ainda um "estranhamento recíproco" entre a população e o Poder Judiciário, tendo em vista que ambos apontam o distanciamento como um dos maiores obstáculos para a prestação jurisdicional. De acordo com pesquisa realizada pela IUPERJ/ABM, 79,5% dos juízes entendem que uma dificuldade do Judiciário considerada essencial está radicada no fato de ele se encontrar distante da maioria da população. No mesmo sentido, pesquisas conduzidas não apenas no Brasil, mas na Argentina, Peru e Equador, evidenciam que 55% a 75% da população apontam para o problema da inacessibilidade do Judiciário[86].

Esse "estranhamento recíproco" tem implicado um reduzido universo de demandas submetidas ao Poder Judiciário a respeito dos direitos humanos.

Além disso, no contexto da globalização econômica, as propostas de reforma do Poder Judiciário no Brasil e na América Latina buscam responder prioritariamente aos desafios lançados pela globalização econômica, que demandam maior "estabilidade" e "previsibilidade" do sistema judicial a menor custo, de forma a atrair o capital internacional. As massas excluídas não figuram como foco de atenção prioritária nesse debate, tampouco a expansão de serviços de assistência judiciária à população pobre, na medida em que se vive a redefinição do papel do Estado e a dramática redução dos gastos públicos. Como afirma Jorge Correa Sutil: "Pode-se apresentar uma descrição geral das mais importantes reformas dos sistemas judiciais na América Latina, analisando suas causas e objetivos, sem que se refira à população excluída como um ator relevante. Uma conclusão preliminar e não muito otimista

---

[85] Consultar: Órgãos federais e estaduais lideram 100 maiores litigantes da Justiça. Disponível em: <http://www.cnj.jus.br>, acesso em 4 set. 2013.

[86] Ver Alejandro M. Garro, Access to Justice for the poor in Latin America. In: Juan E. Méndez, Guillermo O'Donnel e Paulo Sérgio Pinheiro (orgs.), *The (Un)rule of Law & the Underprivileged in Latin America*. Notre Dame: University of Notre Dame Press, 1999, p. 293.

seria a de que as reformas judiciais na América Latina estão definitivamente relacionadas mais com a abertura dos mercados do que com qualquer outro fator. Não foram elas provocadas pelos grupos despossuídos e nem tampouco foram eles os seus beneficiários"[87].

Neste contexto, é urgente o fortalecimento das Defensorias Públicas[88], como instituições que concretizam o direito ao acesso à justiça das populações mais vulneráveis, além de outras medidas, como a advocacia *pro-bono*, a criação de centros integrados de cidadania e a justiça itinerante e descentralizada.

3) *Otimizar a litigância como uma estratégia jurídico-política de proteção dos direitos humanos*

No caso brasileiro, a Constituição Federal de 1988 simboliza o marco jurídico da transição democrática e da institucionalização dos direitos humanos no país. O texto constitucional demarca a ruptura com o regime autoritário militar instalado em 1964, refletindo o consenso democrático "pós-ditadura". Após 21 anos de regime autoritário, objetiva a Constituição resgatar o Estado de Direito, a separação dos poderes, a Federação, a Democracia e os direitos fundamentais, à luz do princípio da dignidade humana. O valor da dignidade da pessoa humana, como fundamento do Estado Democrático de

---

[87] Ver Jorge Correa Sutil, Judicial Reforms in Latin America: Good news for the Underprivileged? In: Juan E. Méndez, Guillermo O'Donnel e Paulo Sérgio Pinheiro (orgs.), The (Un)rule of Law & the Underprivileged in Latin America. Notre Dame: University of Notre Dame Press, 1999, p. 268. A respeito, cabe acrescentar que a reforma do Judiciário há de ser contextualizada no âmbito da reforma do Estado, que, segundo Luis Carlos Bresser Pereira, compreende 4 macrotemas: a) um problema econômico-político – a delimitação do tamanho do Estado (o que envolve a terceirização, privatização, publicização, ou seja, a transferência para o setor público não estatal de tarefas que outrora eram do Estado); b) um problema também econômico-político, mas que merece tratamento especial, que é a redefinição do papel regulador do Estado (o que envolve problemas como o grau e as estratégias de regulação); c) um problema econômico-administrativo – a recuperação da governança ou capacidade financeira e administrativa de implementar as decisões políticas tomadas pelo governo (o que envolve problemas de natureza financeira – superação da crise fiscal; estratégica – redefinição das formas de intervenção no plano econômico-social; administrativa – superação da forma burocrática de administrar o Estado); d) um problema político – o aumento da governabilidade ou capacidade política de o governo intermediar interesses, garantir legitimidade e governar (o que envolve problemas como a legitimidade do governo perante a sociedade, a adequação das instituições políticas para a intermediação de interesses) (In: A Reforma do Estado dos anos 90: Lógica e mecanismos de controle, p. 7-8, apud Ronaldo Porto Macedo e Ana Cristina Braga Martes, A *reforma do Judiciário e suas propostas*, texto apresentado no XXIV Encontro Anual da ANPOCS, outubro de 2000).

[88] Note-se que, em 2013, havia um universo de 5.294 Defensores Públicos a alcançar apenas 44% das Comarcas brasileiras.

Direito (art. 1º, III, da Constituição), impõe-se como núcleo básico e informador de todo o ordenamento jurídico, como critério e parâmetro de valoração a orientar a interpretação do sistema constitucional.

Introduz a Carta de 1988 um avanço extraordinário na consolidação dos direitos e garantias fundamentais, situando-se como o documento mais avançado, abrangente e pormenorizado sobre a matéria, na história constitucional do país. É a primeira Constituição brasileira a iniciar com capítulos dedicados aos direitos e garantias, para, então, tratar do Estado, de sua organização e do exercício dos poderes. Ineditamente, os direitos e garantias individuais são elevados a cláusulas pétreas, passando a compor o núcleo material intangível da Constituição (art. 60, § 4º). Há a previsão de novos direitos e garantias constitucionais, bem como o reconhecimento da titularidade coletiva de direitos, com alusão à legitimidade de sindicatos, associações e entidades de classe para a defesa de direitos.

De todas as Constituições brasileiras, foi a Carta de 1988 a que mais assegurou a participação popular em seu processo de elaboração, a partir do recebimento de elevado número de emendas populares. É, assim, a Constituição que apresenta o maior grau de legitimidade popular.

A Constituição de 1988 acolhe a ideia da universalidade dos direitos humanos, na medida em que consagra o valor da dignidade humana como princípio fundamental do constitucionalismo inaugurado em 1988. O texto constitucional ainda realça que os direitos humanos são tema de legítimo interesse da comunidade internacional, ao ineditamente prever, dentre os princípios a reger o Brasil nas relações internacionais, o princípio da prevalência dos direitos humanos. Trata-se, ademais, da primeira Constituição Brasileira a incluir os direitos internacionais no elenco dos direitos constitucionalmente garantidos, conferindo aos tratados de proteção de direitos humanos o privilegiado *status* de norma constitucional, nos termos do art. 5º, §§ 2º e 3º, do Texto[89].

Quanto à indivisibilidade dos direitos humanos, há que se enfatizar que a Carta de 1988 é a primeira Constituição que integra ao elenco dos direitos fundamentais os direitos sociais e econômicos, que nas Cartas anteriores restavam pulverizados no capítulo pertinente à ordem econômica e social. Observe-se que, no direito brasileiro, desde 1934, as Constituições passaram

---

[89] Sobre o tema da hierarquia, incorporação e impacto dos tratados de direitos humanos na ordem jurídica brasileira, ver Flávia Piovesan, D*ireitos humanos e o direito constitucional internacional*, 17. ed. São Paulo: Saraiva, 2017, p. 113-180.

a incorporar os direitos sociais e econômicos. Contudo, a Constituição de 1988 é a primeira a afirmar que os direitos sociais são direitos fundamentais, tendo aplicabilidade imediata.

A agenda de direitos humanos tem sido lançada com intensidade na esfera do STF, apontando para a extraordinária responsabilidade do Poder Judiciário na promoção desses direitos, por vezes trunfos de minorias em face do arbítrio de conjunturas majoritárias, como atenta Ronald Dworkin[90]. A título de exemplo, merecem destaque emblemáticas decisões proferidas pelo STF a respeito: a) da constitucionalidade do uso de células-tronco embrionárias para fins de pesquisa científica, em maio de 2008; b) do reconhecimento constitucional das uniões homoafetivas, em maio de 2011; c) da constitucionalidade da Lei "Maria da Penha" de prevenção e combate à violência contra a mulher, em fevereiro de 2012; d) da constitucionalidade de leis instituidoras de cotas raciais, em abril de 2012; e e) da possibilidade de antecipação terapêutica do parto em casos de anencefalia fetal, em 2012, entre outros temas.

Como bem sustentou o Ministro Celso de Mello, "o Poder Judiciário constitui o instrumento concretizador das liberdades constitucionais e dos direitos fundamentais. (...) É dever dos órgãos do Poder Público – e notadamente dos juízes e dos Tribunais – respeitar e promover a efetivação dos direitos humanos".

Historicamente as Cortes Constitucionais têm assumido a relevante missão de fomentar a cultura e a consciência de direitos e a supremacia constitucional, tendo seus julgados a força catalisadora de transformar legislações e políticas públicas, contribuindo para o avanço na proteção dos direitos humanos.

É nesse contexto que há que se ampliar a litigância orientada por casos emblemáticos de elevado impacto social, capaz de fomentar transformações sociais na esfera das políticas públicas e da reforma legislativa, com o intenso envolvimento dos movimentos sociais.

Há, ainda, que se introjetar a consciência social de que o Poder Judiciário não tem apenas por vocação proteger direitos, mas também expandi-los e ampliá-los, vivificando os direitos fundamentais consagrados na Constituição Federal, e não fossilizando-os. Para tanto, ressalta-se a relevância da in-

---

[90] Ronald Dworkin, Rights as trumps. In: Jeremy Waldron, *Theories of rights*. NY: Oxford University Press, 1984, p. 153-167.

terpretação evolutiva e dinâmica, que leve em consideração as transformações sociais, os novos fatos e os novos valores.

Nesse sentido, devem ser estimulados programas de capacitação e sensibilização a respeito do uso do Direito em prol do interesse público, sob a perspectiva dos direitos humanos, aos operadores do Direito (advogados, defensores, promotores, juízes), com especial atenção aos membros do Poder Judiciário, para que este se torne um poder mais aberto, próximo e socialmente responsável, transformando-se em um *locus* de afirmação de direitos, em defesa do interesse público.

Outra estratégia é estimular e encorajar organizações não governamentais a redefinir e ampliar estratégias, a partir de um exercício de reavaliação crítica de sua atuação, de forma a também incluir a estratégia jurídica de litigância em prol do interesse público. É fundamental que a sociedade civil, mediante suas múltiplas organizações e movimentos, acione de forma crescente o Poder Judiciário, otimizando o potencial emancipatório e transformador que o direito pode ter.

4) Democratizar os órgãos do Poder Judiciário e fortalecer o controle social quanto à composição de seus órgãos de cúpula

Em 2008, o relatório das Nações Unidas sobre independência judicial registrou forte preocupação com a composição do Poder Judiciário brasileiro, formado, fundamentalmente, por pessoas brancas e do sexo masculino, destacando ser notória a discriminação contra a mulher, cuja representação é de somente 5% nos altos cargos do Poder Judiciário – índice que é agravado no caso dos afrodescendentes e indígenas, que não alcançam nem sequer 1%.

Para enfrentar esse quadro discriminatório, o relatório recomenda a implementação de ações afirmativas para favorecer uma melhor representação de mulheres, afrodescendentes e indígenas no Poder Judiciário. No caso das mulheres, ressalte-se que, até 2000, não havia nenhuma mulher na composição dos Tribunais Superiores. A expressiva participação de mulheres na 1ª instância jurisdicional – que alcança a média nacional de 30% – explica-se pelo fato de esses cargos serem ocupados por concurso e não por indicação política, como ocorre nas instâncias superiores. Daí outra relevante recomendação endossada no relatório, concernente ao fortalecimento do controle social quanto à indicação de membros dos órgãos de cúpula do Judiciário, em particular do STF.

Outro tema de especial importância diz respeito à composição do órgão de cúpula do Judiciário: quem deve ser o guardião da Constituição? É razoável atribuir ao Poder Executivo a prerrogativa exclusiva de indicar os integrantes desse órgão?

O STF é um órgão de extraordinária relevância no Estado Democrático de Direito. Tem como competência maior ser o guardião da Constituição e profere importantes decisões com eficácia contra todos e efeito vinculante relativamente aos demais órgãos do Poder Judiciário e à administração pública. De acordo com o art. 101 da Constituição Federal, os membros do STF são nomeados pelo Presidente da República, depois de aprovada a escolha pelo Senado Federal.

Sustenta-se não ser adequado atribuir o monopólio da prerrogativa de composição do STF ao chefe do Poder Executivo. Isso por três razões: a) o legado de hipertrofia do Poder Executivo, que remanesce como o poder agigantado da República (reflexo do regime autoritário militar vigente nas últimas décadas); b) o insatisfatório controle exercido pelo Senado Federal das nomeações feitas pelo presidente da República, que ainda parece não ter se dado conta da importância dessa atribuição (note-se que a sabatina deve ser um processo transparente, responsável e aberto); e c) o incipiente controle efetuado pela sociedade civil, que, gradativamente, passa a participar desse processo.

Embora o modelo brasileiro inspire-se no norte-americano, pondera-se que o êxito daquele sistema decorre precisamente da eficaz atuação do Senado (a história registra 26 indicações não confirmadas pelo Senado), somada ao efetivo controle social das indicações.

Considerando o processo de democratização brasileiro e a premente exigência de fortalecimento institucional, não há o que justifique que o Poder Executivo tenha o monopólio da indicação dos membros do órgão guardião da Constituição. Eis o paradoxo do modelo brasileiro: o Poder Executivo, na qualidade de maior violador da Constituição (basta atentar ao universo de casos apreciados pelo STF), é que tem o monopólio de indicar os integrantes do órgão que o controla. O que importa é descentralizar e democratizar as fontes de indicação, retirando do chefe do Executivo o monopólio dessa prerrogativa – por exemplo, atribuindo a cada qual dos Poderes um terço das indicações, como ilustra o Direito Comparado, com a fixação de mandato, entre outras medidas. Com isso, se minimiza um indesejado poder de influência do Poder Executivo no exercício da jurisdição constitucional, o que só pode contribuir para a configuração de uma Corte mais independente, plural e republicana. A garantia da independência judicial não pode restar comprometida com o risco de uma "politização" ou até "partidarização" dos integrantes da Corte máxima.

A Constituição tem como vocação domesticar o domínio político, fazendo com que o Direito possa prevalecer sobre a vontade de poder. Repensar o atual modelo de composição do STF, visando ao seu aprimoramento, é um passo decisivo, estratégico e necessário à consolidação democrática brasileira.

5) *Sistematizar dados estatísticos visando aprimorar a prestação jurisdicional*

Demanda-se aqui maior racionalização e planejamento do aparato jurisdicional, sendo essencial a elaboração de indicadores para avaliar o funcionamento da justiça e a eficácia da prestação jurisdicional, bem como a adoção de metodologia adequada para a coleta de dados estatísticos, como sugere o relator da ONU sobre independência judicial. Nesse ponto, a própria ONU dispõe-se a prestar assistência técnica e organizar iniciativas de cooperação internacional, abrangendo a identificação de experiências exitosas suscetíveis de serem reproduzidas.

6) *Assegurar a observância de* standards *jurisdicionais no âmbito federativo brasileiro*

Não bastando tais desafios, há a necessidade de assegurar a observância de *standards* jurisdicionais no âmbito federativo brasileiro, porque o Poder Judiciário é um Poder nacional, que deve alcançar as diversas regiões do país com um certo grau de unidade e uniformidade. Daí o desafio de garantir a unidade no quadro da diversidade regional que marca a realidade brasileira. A respeito, merece destaque instigante pesquisa[91] que aponta o prazo médio (em dias) relativo às distintas fases do processo na esfera trabalhista nas 24 regiões judiciárias do país. A título de exemplo, na 2ª Região (São Paulo) o tempo de execução na esfera trabalhista corresponde a 121 dias, enquanto na 19ª Região (Alagoas) corresponde a 1003 dias. As profundas oscilações de tempos processuais nas diferentes regiões comprometem a expressão de um Poder Judiciário nacional, ao parecer não fazer parte de um mesmo contexto, em afronta ao direito à boa governança judicial, com transparência e responsividade.

Ressalte-se, ademais, o direito à presteza jurisdicional como paradigma da administração da Justiça, sob inspiração das inovações introduzidas pelos princípios constitucionais da eficiência e da razoável duração do processo à luz das Emendas Constitucionais n. 19/98 e n. 45/2004. O tema ganhou espe-

---

[91] Antônio Ernani Pedroso Calhao, A *presteza jurisdicional como paradigma da administração da justiça*, tese de doutorado defendida na PUC-SP, em 19 de junho de 2009, sob a orientação da autora.

cial destaque na agenda brasileira, em face da determinação do Conselho Nacional de Justiça atinente à denominada "meta 2", ao instar que todas as ações iniciadas antes de dezembro de 2005 fossem concluídas até 2009. Na experiência europeia, critérios foram fixados para delimitar a razoável duração do processo, compreendendo desde a complexidade do caso, a conduta dos litigantes e do próprio juízo. Como regra geral, é considerada razoável a duração de um processo até dois anos.

Outro desafio concernente ao caso brasileiro refere-se à racionalização dos "tempos neutros". Estudo realizado pelo STF constatou que 70% do tempo processual é consumido com atos que nenhum valor agregam ao processo, eis que do tempo total de um processo, desde a sua distribuição até o final com o arquivamento, o juiz utiliza apenas 11% com atos decisórios. Relativamente ao cômputo geral, os demais atores processuais – advogados e partes – utilizam 20% do tempo, e os outros quase 70% são despendidos com atividades burocráticas.

No dizer de Antônio Ernani Pedroso Calhao[92], a morosidade na prestação jurisdicional constitui uma patologia estrutural do sistema judicial, a ser enfrentada nos moldes preconizados pela reforma do Estado e pela reforma do Poder Judiciário brasileiro. A morosidade constitui, ainda, um ilícito, uma violação a direitos perpetrada pelo Estado-juiz, que se soma à violação do agente público ou privado causador do litígio, em afronta aos parâmetros constitucionais e internacionais, obstando a concretização de direitos. Afinal, *right delayed is right denied*.

7) *Encorajar a aplicação dos instrumentos internacionais de proteção dos direitos humanos*

Desde o processo de democratização e em particular a partir da Constituição Federal de 1988, os mais importantes tratados internacionais de proteção dos direitos humanos foram ratificados pelo Brasil. Além dos significativos avanços decorrentes da incorporação, pelo Estado Brasileiro, da normatividade internacional de proteção dos direitos humanos, o pós-1988 apresenta a mais vasta produção normativa de direitos humanos de toda a história legislativa brasileira. A maior parte das normas de proteção aos direitos humanos foi elaborada após a Constituição de 1988, em sua decorrência e sob a sua inspiração. A Constituição Federal de 1988 celebra, desse modo,

---

[92] Antônio Ernani Pedroso Calhao, A *presteza jurisdicional como paradigma da administração da justiça*, tese de doutorado defendida na PUC-SP, em 19 de junho de 2009, sob a orientação da autora.

a reinvenção do marco jurídico normativo brasileiro no campo da proteção dos direitos humanos.

Ao fim da extensa Declaração de Direitos enunciada pelo art. 5º, a Carta de 1988 estabelece que os direitos e garantias expressos na Constituição "não excluem outros decorrentes do regime e dos princípios por ela adotados, ou dos tratados internacionais em que a República Federativa do Brasil seja parte". À luz desse dispositivo constitucional, os direitos fundamentais podem ser organizados em três distintos grupos: a) o dos direitos expressos na Constituição; b) o dos direitos implícitos, decorrentes do regime e dos princípios adotados pela Carta constitucional; e c) o dos direitos expressos nos tratados internacionais subscritos pelo Brasil. A Constituição de 1988 inova, assim, ao incluir, entre os direitos constitucionalmente protegidos, os direitos enunciados nos tratados internacionais de que o Brasil seja signatário. Ao efetuar tal incorporação, a Carta está a atribuir aos direitos internacionais uma hierarquia especial e diferenciada, qual seja, a de norma constitucional.

Logo, por força do art. 5º, §§ 1º e 2º, a Carta de 1988 atribui aos direitos enunciados em tratados internacionais a hierarquia de norma constitucional, incluindo-os no elenco dos direitos constitucionalmente garantidos, que apresentam aplicabilidade imediata.

Em 3 de dezembro de 2008, ao julgar o Recurso Extraordinário n. 466.343, o STF, por unanimidade, convergiu em conferir aos tratados de direitos humanos um regime especial e diferenciado, distinto do regime jurídico aplicável aos tratados tradicionais. Todavia, divergiu no que se refere especificamente à hierarquia a ser atribuída aos tratados de direitos humanos, remanescendo dividido entre a tese da supralegalidade (a ordem jurídica como uma pirâmide em que a Constituição assume o ponto mais elevado) e a tese da constitucionalidade dos tratados de direitos humanos (a ordem jurídica como um trapézio em que a Constituição e os tratados de direitos humanos assumem o ponto mais elevado), sendo a primeira tese a majoritária.

A decisão proferida pelo STF constitui uma decisão paradigmática, tendo a força catalisadora de impactar a jurisprudência nacional, a fim de assegurar aos tratados de direitos humanos um regime privilegiado no sistema jurídico brasileiro, propiciando a incorporação de parâmetros protetivos internacionais no âmbito doméstico. A emblemática decisão do STF introduz no Brasil a exigência do controle de convencionalidade das leis – isto é, a interpretação de toda e qualquer norma jurídica deve considerar não apenas os parâmetros constitucionais, mas também os parâmetros protetivos internacionais afetos aos direitos humanos, o que compreende os tratados e a jurisprudência internacional.

A partir da Constituição de 1988 intensificam-se a interação e a conjugação do Direito internacional e do Direito interno, que fortalecem a sistemática de proteção dos direitos, com uma principiologia e lógica próprias, fundadas no princípio da primazia dos direitos humanos. Testemunha-se o processo de internacionalização do Direito Constitucional somado ao processo de constitucionalização do Direito Internacional.

Faz-se premente a necessidade de aplicação dos tratados internacionais de proteção dos direitos humanos ratificados pelo Brasil por parte do Judiciário, por meio da realização do controle da convencionalidade das leis. Note-se que, em 10 de dezembro de 2013, o prêmio de direitos humanos conferido pela ONU foi entregue ineditamente à Suprema Corte de Justiça do México, em virtude de seu vigoroso papel no controle da convencionalidade das leis, mantendo uma dinâmica interação e um efetivo diálogo jurisdicional com a Corte Interamericana de Direitos Humanos e com sua jurisprudência[93].

Nesse sentido, há que se estimular a inclusão da disciplina de Direitos Humanos nos concursos de ingresso à magistratura, bem como há que se fomentar programas de capacitação de operadores do direito quanto à importância da implementação dos parâmetros protetivos internacionais afetos aos direitos humanos[94].

Em 12 de janeiro de 2021, o Conselho Nacional de Justiça, mediante a Resolução n. 364, criou a Unidade de Monitoramento e Fiscalização de Decisões da Corte Interamericana de Direitos Humanos (UMF/CNJ). Dentre suas finalidades, destaca-se a adoção de medidas para fomentar o diálogo interinstitucional e federativo visando à implementação das sentenças e medidas provisórias proferidas pela Corte Interamericana envolvendo o Estado brasileiro. Também tem por finalidade fomentar a cultura de direitos humanos no Poder Judiciário.

Em 22 de março de 2022, foi lançado o "Pacto Nacional do Judiciário pelos Direitos Humanos", tendo por objetivo central o fortalecimento da cultura de Direitos Humanos no Poder Judiciário, com especial enfoque no controle de convencionalidade. A iniciativa se inspira na Recomendação CNJ n.123, de 7 de janeiro de 2022, que recomenda aos órgãos do Poder Judiciário a observância dos tratados internacionais de Direitos Humanos e o uso da jurisprudência da Corte Interamericana de Direitos Humanos, bem como a necessidade de controle de convencionalidade.

---

[93] A respeito, ver artigo de Diego García-Sayan, presidente da Corte Interamericana, "A Justiça, ferramenta da democracia", publicado no jornal El País, em 10 de dezembro de 2013.

[94] Observe-se que em decisão histórica o Conselho Federal da Ordem dos Advogados do Brasil decidiu pela inclusão da disciplina de Direitos Humanos no exame nacional da OAB, em outubro de 2009.

Com a criação da UMF, o CNJ inaugurou estrutura especializada no diálogo institucional com o Sistema Interamericano de Proteção dos Direitos Humanos (SIDH), visando a contribuir para a plena implementação das decisões do sistema interamericano, bem como para o fortalecimento de uma cultura jurídica orientada para proteção dos Direitos Humanos, conforme os termos de cooperação já firmados com a Corte Interamericana e a Comissão Interamericana de Direitos Humanos.

O Pacto Nacional do Judiciário pelos Direitos Humanos compreende dentre suas ações iniciais: 1) lançar um "Concurso Nacional de Decisões Judiciais e Acórdãos em Direitos Humanos", com ênfase no controle de convencionalidade e na jurisprudência interamericana; 2) fomentar a inclusão da disciplina de Direitos Humanos nos editais dos concursos públicos para ingresso na carreira da magistratura em todas as esferas do Poder Judiciário nacional, com destaque ao sistema interamericano, jurisprudência da Corte Interamericana, controle de convencionalidade, jurisprudência do STF em matéria de tratados de Direitos Humanos e diálogos jurisdicionais; 3) fomentar programas de capacitação em Direitos Humanos e controle de convencionalidade em todas as esferas federativas, em cooperação com as Escolas Judiciais Estaduais e Federais; e 4) lançar publicação "Cadernos de Jurisprudência do STF: concretizando Direitos Humanos", com volumes específicos dedicados a relevantes temas da agenda de direitos humanos, como direitos humanos das mulheres, das pessoas LGBTI, dos povos indígenas, da população afrodescendente, das pessoas privadas de liberdade, liberdade de expressão, dentre outros[95].

Diante desses desafios resta concluir pela crença na implementação dos direitos humanos, como a racionalidade de resistência e única plataforma emancipatória de nosso tempo[96].

Se no Estado Democrático de Direito é o Poder Judiciário que, enquanto poder desarmado, tem a última palavra, faz-se imperativa a busca por uma justiça mais acessível, independente, efetiva e democrática, que exerça sua jurisdição inspirada na proteção dos direitos humanos.

---

[95] A respeito do Pacto Nacional do Judiciário pelos Direitos Humanos e da execução destas ações, consultar <http://www.cnj.jus.br>.

[96] No dizer de Benoni Belli: "A antiga razão iluminista parece ter dado lugar, ao menos na prática, à razão instrumental, como tão bem demonstra a volta da tortura como meio tolerado para obter confissões e informações valiosas para o combate ao terrorismo. A consequência mais imediata do abandono dos direitos humanos é a renúncia à experiência histórica que demonstrou ser esta a via mais rápida para o colapso moral das sociedades" (Benoni Belli, A *politização dos direitos humanos*. São Paulo: Perspectiva, 2009, p. 256).

Capítulo 26

LEIS DE ANISTIA, DIREITO À VERDADE E À JUSTIÇA: IMPACTO DO SISTEMA INTERAMERICANO E PERSPECTIVAS DA JUSTIÇA DE TRANSIÇÃO NO CONTEXTO SUL-AMERICANO*

1. Introdução

Como compreender o impacto do sistema interamericano no processo de *transitional justice* no contexto sul-americano? Como interpretar as leis de anistia em face das obrigações jurídicas assumidas na esfera internacional? Qual é o alcance dos deveres internacionais contraídos pelos Estados relativamente aos direitos à justiça e à verdade? Qual tem sido a experiência sul-americana quanto à proteção do direito à verdade e do direito à justiça no marco da justiça de transição? Como enfrentar as violações de direitos humanos perpetradas no passado? Como ritualizar a passagem de um regime militar ditatorial ao regime democrático? Quais são os principais desafios e perspectivas da justiça de transição no contexto sul-americano?

São estas as questões centrais a inspirar este capítulo, que tem como objetivo maior enfocar as leis de anistia, o direito à verdade e o direito à justiça no marco da justiça de transição sul-americana, considerando o especial impacto do sistema interamericano e particularmente as experiências da Argentina e do Brasil. Sob o prisma da justiça de transição, emerge o desafio de assegurar o fortalecimento do Estado de Direito, da democracia e dos direitos humanos, aliando a luta por justiça e paz no contexto sul-americano.

2. Impacto do Sistema Interamericano no Processo de Justiça de Transição no Contexto Sul-Americano

Dois períodos demarcam o contexto latino-americano: o período dos regimes ditatoriais e o período da transição política aos regimes democráticos,

---

* Este capítulo é baseado na palestra "Leis de anistia e impacto do sistema interamericano", proferida no Colóquio Ibero-Americano, no Max-Planck Institute for Comparative Public Law and International Law, em Heidelberg (Alemanha), em 9 de junho de 2010.

marcado pelo fim das ditaduras militares na década de 80, na Argentina, no Chile, no Uruguai e no Brasil.

Em 1978, quando a Convenção Americana de Direitos Humanos entrou em vigor, muitos dos Estados da América Central e da América do Sul eram governados por ditaduras. Dos 11 Estados-partes da Convenção à época, menos da metade tinha governos eleitos democraticamente, ao passo que hoje quase a totalidade dos Estados latino-americanos na região tem governos eleitos democraticamente[1]. Diversamente do sistema regional europeu, que teve como fonte inspiradora a tríade indissociável Estado de Direito, Democracia e Direitos Humanos[2], o sistema regional interamericano tem em sua origem o paradoxo de nascer em um ambiente acentuadamente autoritário, que não permitia qualquer associação direta e imediata entre Democracia, Estado de Direito e Direitos Humanos. Ademais, neste contexto, os direitos humanos eram tradicionalmente concebidos como uma agenda contra o Estado. Diversamente do sistema europeu, que surge como fruto do processo de integração europeia e tem servido como relevante instrumento para fortalecer este processo de integração, no caso interamericano havia tão somente um movimento ainda embrionário de integração regional.

A região latino-americana tem sido caracterizada por elevado grau de exclusão e desigualdade social ao qual se somam democracias em fase de consolidação. A região ainda convive com as reminiscências do legado dos regimes autoritários ditatoriais, com uma cultura de violência e de impunidade, com a baixa densidade de Estados de Direito e com a precária tradição de respeito aos direitos humanos no âmbito doméstico. A América Latina tem o mais alto índice de desigualdade do mundo, no campo da distribuição de renda[3]. No que se refere à densidade democrática, segundo a pesquisa Lati-

---

[1] Como observa Thomas Buergenthal: "O fato de hoje quase a totalidade dos Estados latino--americanos na região, com exceção de Cuba, terem governos eleitos democraticamente tem produzido significativos avanços na situação dos direitos humanos nesses Estados. Estes Estados ratificaram a Convenção e reconheceram a competência jurisdicional da Corte" (prefácio da obra *The practice and procedure of the Inter-American Court on Human Rights* (de Jo M. Pasqualucci), Cambridge: Cambridge University Press, 2003, p. XV). Em 2009, 22 Estados haviam reconhecido a competência da Corte Interamericana de Direitos Humanos. De acordo com: <http://www.cidh.oas.org/Basicos/English/Basic4.Amer.Conv.Ratif.htm>, acesso em 6 abr. 2009.

[2] A respeito, ver Clare Ovey e Robin White, *European Convention on Human Rights*, 3. ed., Oxford: Oxford University Press, 2002, p. 1 e Flávia Piovesan, *Direitos humanos e justiça internacional*, 10. ed., São Paulo: Saraiva, 2024, p. 135.

[3] De acordo com o ECLAC: "Latin America's highly inequitable and inflexible income distribution has historically been one of its most prominent traits. Latin American inequality is not only

nobarômetro, no Brasil apenas 47% da população reconhece ser a democracia o regime preferível de governo; ao passo que no Peru este universo é ainda menor, correspondendo a 45%; no México, a 43%[4].

É neste cenário que o sistema interamericano se legitima como importante e eficaz instrumento para a proteção dos direitos humanos, quando as instituições nacionais se mostram falhas ou omissas. Com a atuação da sociedade civil, a partir de articuladas e competentes estratégias de litigância, o sistema interamericano tem a força catalisadora de promover avanços no regime de direitos humanos. Permitiu a desestabilização dos regimes ditatoriais; exigiu justiça e o fim da impunidade nas transições democráticas; e agora demanda o fortalecimento das instituições democráticas com o necessário combate às violações de direitos humanos e proteção aos grupos mais vulneráveis.

Considerando a atuação da Corte Interamericana no processo de justiça de transição no contexto sul-americano, destaca-se, como emblemático, o caso Barrios Altos *versus* Peru[5] – massacre que envolveu a execução de catorze pessoas por agentes policiais. Em virtude da promulgação e aplicação de leis de anistia (uma que concede anistia geral aos militares, policiais e civis, e outra que dispõe sobre a interpretação e alcance da anistia), o Peru foi condenado a reabrir investigações judiciais sobre os fatos em questão, relativos ao "massacre de Barrios Altos", de forma a derrogar ou a tornar sem efeito as leis de anistia mencionadas. O Peru foi condenado, ainda, à repara-

---

greater than that seen in other world regions, but it also remained unchanged in the 1990s, then took a turn for the worse at the start of the current decade" (ECLAC, *Social panorama of Latin America* 2006, chapter I, page 84. Disponível em: <http://www.eclac.org/cgibin/getProd.asp?xml=/publicaciones/xml/4/27484/P27484.xml&xsl=/dds/tpli/p9f.xsl&base=/tpl-i/top-bottom.xslt>, acesso em 30 jul. 2007. No mesmo sentido, afirmam Cesar P. Bouillon e Mayra Buvinic: "(...) In terms of income, the countries in the region are among the most inequitable in the world. In the late 1990s, the wealthiest 20 percent of the population received some 60 percent of the income, while the poorest 20 percent only received about 3 percent. Income inequality deepened somewhat during the 1990s (...) Underlying income inequality, there are huge inequities in the distribution of assets, including education, land and credit. According to recent studies, the average length of schooling for the poorest 20 percent is only four years, while for the richest 20 percent is 10 years" (*Inequality, exclusion and poverty in Latin America and the Caribbean*: implications for development, Background document for EC/IADB "Seminar on Social Cohesion in Latin America", Brussels, June 5-6, 2003, p. 3-4, par. 2.8). Disponível em: <http://www.iadb.org/sds/doc/soc-idb-socialcohesion-e.pdf>, acesso em jul. 2007. Consultar ainda ECLAC, *Social panorama of Latin America* 2000-2001, Santiago de Chile: Economic Commission for Latin America and the Caribbean, 2002.

[4] Ver Democracy and the downturn: the latinobarometro poll, *The Economist*, 13 nov. 2008.

[5] Caso Barrios Altos *vs.* Peru. Fondo. Sentença de 14 de março de 2001. Série C, n. 75. Disponível em: <http://www.corteidh.or.cr/docs/casos/articulos/Seriec_75_esp.pdf>.

ção integral e adequada dos danos materiais e morais sofridos pelos familiares das vítimas[6].

A Corte Interamericana realçou que, ao estabelecer excludentes de responsabilidade e impedir investigações e punições de violações de direitos humanos como tortura, execuções extrajudiciais e desaparecimentos forçados, leis de anistia são incompatíveis com a Convenção Americana de Direitos Humanos. No entender da Corte: "La Corte, conforme a lo alegado por la Comisión y no controvertido por el Estado, considera que las leyes de amnistía adoptadas por el Perú impidieron que los familiares de las víctimas y las víctimas sobrevivientes en el presente caso fueran oídas por un juez, conforme a lo señalado en el artículo 8.1 de la Convención; violaron el derecho a la protección judicial consagrado en el artículo 25 de la Convención; impidieron la investigación, persecución, captura, enjuiciamiento y sanción de los responsables de los hechos ocurridos en Barrios Altos, incumpliendo el artículo 1.1 de la Convención, y obstruyeron el esclarecimiento de los hechos del caso. Finalmente, la adopción de las leyes de autoamnistía incompatibles con la Convención incumplió la obligación de adecuar el derecho interno consagrado en el artículo 2 de la misma".

Conclui a Corte que as leis de "autoanistia" perpetuam a impunidade, propiciam uma injustiça continuada, impedem às vítimas e aos seus familiares o acesso à justiça e o direito de conhecer a verdade e de receber a reparação correspondente, o que constituiria uma manifesta afronta à Convenção Americana. As leis de anistia configurariam, assim, um ilícito internacional, e sua revogação, uma forma de reparação não pecuniária.

Esta decisão apresentou um elevado impacto na anulação de leis de anistia e na consolidação do direito à verdade, pelo qual os familiares das vítimas e a sociedade como um todo devem ser informados das violações, realçando o dever do Estado de investigar, processar, punir e reparar violações aos direitos humanos. Foi a primeira vez, no Direito Internacional contemporâneo, que um Tribunal internacional (no caso, a Corte Interamericana) determinou que leis de anistia eram incompatíveis com tratados de direitos humanos, carecendo de efeitos jurídicos.

No mesmo sentido, destaca-se o caso Almonacid Arellano *versus* Chile[7], cujo objeto era a validade do Decreto-Lei n. 2.191/78 – que perdoava os crimes

---

[6] Caso Barrios Altos (Chumbipuma Aguirre and others *vs.* Peru). Julgado em 14 mar. 2001.
[7] Ver caso Almonacid Arellano y otros *vs.* Chile. Sentença de 26 de setembro de 2006. Série C, n. 154. Disponível em: <http://www.corteidh.or.cr/docs/casos/articulos/seriec_154_esp.pdf>. Acesso

cometidos entre 1973 e 1978 durante o regime Pinochet – à luz das obrigações decorrentes da Convenção Americana de Direitos Humanos. Para a Corte Interamericana: "La adopción y aplicación de leyes que otorgan amnistía por crímenes de lesa humanidad impide el cumplimiento de las obligaciones señaladas. El Secretario General de las Naciones Unidas, en su informe sobre el establecimiento del Tribunal Especial para Sierra Leona, afirmó que [a]unque reconocen que la amnistía es un concepto jurídico aceptado y una muestra de paz y reconciliación al final de una guerra civil o de un conflicto armado interno, las Naciones Unidas mantienen sistemáticamente la posición de que la amnistía no puede concederse respecto de crímenes internacionales como el genocidio, los crímenes de lesa humanidad o las infracciones graves del derecho internacional humanitario. (...) Leyes de amnistía con las características descritas conducen a la indefensión de las víctimas y a la perpetuación de la impunidad de los crímenes de lesa humanidad, por lo que son manifiestamente incompatibles con la letra y el espíritu de la Convención Americana e indudablemente afectan derechos consagrados en ella. Ello constituye *per se* una violación de la Convención y genera responsabilidad". Acrescenta a Corte: "En consecuencia, dada su naturaleza, el Decreto Ley n. 2.191/78 carece de efectos jurídicos y no puede seguir representando un obstáculo para la investigación de los hechos que constituyen este caso, ni para la identificación y el castigo de los responsables, ni puede tener igual o similar impacto respecto de otros casos de violación de los derechos consagrados en la Convención Americana acontecidos en Chile".

Por fim, por unanimidade, concluiu a Corte pela invalidade do mencionado decreto-lei de "autoanistia", por implicar denegação de justiça às vítimas, bem como por afrontar os deveres do Estado de investigar, processar, punir e reparar graves violações de direitos humanos que constituem crimes de lesa-humanidade.

---

em 27 dez. 2008. Ver ainda as sentenças proferidas nos seguintes casos: a) caso Velásquez Rodríguez *vs.* Honduras. Fundo. Sentença de 29 de julho de 1988. Série C, n. 4. Disponível em: <http://www.corteidh.or.cr/docs/casos/articulos/seriec_04_esp.pdf>; b) caso Bámaca Velásquez *vs.* Guatemala. Fundo. Sentença de 25 de novembro de 2000. Série C, n. 70. Disponível em: <http://www.corteidh.or.cr/docs/casos/articulos/Seriec_70_esp.pdf>; c) caso La Cantuta *vs.* Peru. Fundo, reparações e custos. Sentença de 29 de novembro de 2006. Série C, n. 162. Disponível em: <http://www.corteidh.or.cr/docs/casos/articulos/seriec_162_esp.pdf>; d) caso Comunidad Moiwana *vs.* Suriname. Exceções preliminares, fundo, reparações e custos. Sentença de 15 de junho de 2005. Disponível em: <http://www.corteidh.or.cr/docs/casos/articulos/seriec_124_esp1.pdf>; e) caso Castillo Páez *vs.* Peru. Reparações e custos. Sentença de 27 de novembro de 1998. Disponível em: <http://www.corteidh.or.cr/docs/casos/articulos/seriec_43_esp.pdf>.

Em direção similar, adicione-se o caso La Cantuta *versus* Peru[8], referente à execução sumária de um professor e nove estudantes da Universidade de La Cantuta, em 1992, perpetrada por um "esquadrão da morte" denominado "Grupo Colina", também responsável pelo assassinato de catorze vítimas no caso Barrios Altos, em 1991. Neste caso, sustentou a Corte Interamericana que "o aparato estatal foi indevidamente utilizado para cometer crimes de Estado, constituindo inadmissível violação ao *jus cogens*, para, depois, encobrir tais crimes e manter seus agentes impunes. (...) O *jus cogens* resiste aos crimes de Estado, impondo-lhe sanções".

Na mesma orientação, em 2011, no caso Gelman *versus* Uruguai, a Corte Interamericana decidiu que a "Lei de Caducidade da Pretensão Punitiva" carecia de efeitos jurídicos por sua incompatibilidade com a Convenção Americana e com a Convenção Interamericana sobre o Desaparecimento Forçado de Pessoas, não podendo impedir ou obstar a investigação dos fatos, a identificação e eventual sanção dos responsáveis por graves violações a direitos humanos[9].

Ressalte-se que, à luz dos parâmetros protetivos mínimos estabelecidos pela Convenção Americana de Direitos Humanos, destacam-se quatro direitos:

a) o direito a não ser submetido à tortura;

b) o direito à justiça (o direito à proteção judicial);

c) o direito à verdade; e

d) o direito à prestação jurisdicional efetiva, na hipótese de violação a direitos (direito a remédios efetivos).

Os instrumentos internacionais de proteção dos direitos humanos estabelecem um núcleo inderrogável de direitos, a serem respeitados em tempos de guerra, instabilidade, comoção pública ou calamidade pública, como atestam o artigo 4º do Pacto Internacional de Direitos Civis e Políticos, o artigo 27 da Convenção Americana de Direitos Humanos e o artigo 15 da Convenção Europeia de Direitos Humanos[10]. A Convenção contra a Tortura, de igual modo, no artigo 2º, consagra a cláusula da inderrogabilidade da proibição da tortura, ou seja, nada pode justificar a prática da tortura (seja ameaça ou estado de guerra, instabilidade política interna ou qualquer outra emer-

---

[8] Caso La Cantuta *vs.* Peru, sentença de 29 de novembro de 2006.

[9] Caso Gelman *vs.* Uruguai, Judgment of 24 February 2011.

[10] Ver também a Recomendação Geral n. 29 do Comitê de Direitos Humanos, que esclareceu acerca dos direitos inderrogáveis e identificou os elementos que não podem estar sujeitos à suspensão.

gência pública). Todos estes tratados convergem ao endossar a absoluta proibição da tortura. Isto é, o direito a não ser submetido à tortura é um direito absoluto, que não permite qualquer exceção, suspensão ou derrogação.

A racionalidade adotada pela Corte Interamericana é clara: a) as leis de anistia violam parâmetros protetivos internacionais; b) constituem um ilícito internacional; e c) não obstam o dever do Estado de investigar, julgar e reparar as graves violações cometidas, assegurando às vítimas os direitos à justiça e à verdade.

Note-se que, no sistema global de proteção, cabe menção à Recomendação Geral n. 20, de abril de 1992, adotada pelo Comitê de Direitos Humanos, a respeito do artigo 7º do Pacto de Direitos Civis e Políticos, concernente à proibição da tortura e outros tratamentos ou penas cruéis, desumanos ou degradantes, que ressalta: "As anistias são geralmente incompatíveis com o dever dos Estados de investigar tais atos; para garantir a não ocorrência de tais atos dentro de sua jurisdição; e para assegurar que não ocorram no futuro. Os Estados não podem privar os indivíduos de seu direito a um recurso eficaz, inclusive a possibilidade de compensação e plena reabilitação"[11].

No mesmo sentido, destaca-se a Recomendação Geral n. 31, adotada pelo Comitê de Direitos Humanos, em 2004, ao afirmar: "O artigo 2, parágrafo 3, requer que os Estados-partes proporcionem a reparação aos indivíduos cujos direitos do Pacto forem violados. Sem reparação aos indivíduos cujo direito foi violado, a obrigação de fornecer um recurso eficaz, que é central à eficácia do artigo 2, parágrafo 3, não é preenchida. (...) O Comitê ressalta que, quando apropriada, a reparação deve abranger a restituição, a reabilitação e as medidas da satisfação, tais como pedidos de desculpas em público, monumentos públicos, garantia de não repetição e mudanças em leis e em práticas relevantes, assim como conduzir à justiça os agentes de violações dos direitos humanos. (...) Os Estados-partes devem assegurar que os responsáveis por violações de direitos determinados no Pacto, quando as investigações assim revelarem, sejam conduzidos aos tribunais. Como fracasso na investigação, o fracasso em trazer os agentes violadores à Justiça poderia causar uma ruptura do Pacto. (...) Dessa forma, onde os agentes públicos ou estatais cometeram violações dos direitos do Pacto, os Estados-partes envolvidos não podem aliviar os agressores da responsabilidade pessoal, como

---

[11] Recomendação Geral n. 20, do Comitê de Direitos Humanos da ONU, sobre o artigo 7 do Pacto Internacional de Direitos Civis e Políticos. Disponível em: <http://www.unhchr.ch/tbs/doc.nsf/(Symbol)/6924291970754969c12563ed004c8ae5?Opendocument>.

ocorreu com determinadas anistias e as imunidades e indenizações legais prévias. Além disso, nenhuma posição oficial justifica que pessoas que poderiam ser acusadas pela responsabilidade por tais violações permaneçam imunes de sua responsabilidade legal. Outros impedimentos à determinação da responsabilidade legal também devem ser removidos, como a defesa por devido cumprimento do dever legal ou aos períodos absurdamente curtos da limitação estatutária nos casos onde tais limitações são aplicáveis. Os Estados partes devem também ajudar a conduzir à Justiça os suspeitos de cometimento de atos de violação ao Pacto, os quais são puníveis sob a legislação doméstica ou internacional"[12].

3. Proteção dos Direitos à Justiça e à Verdade no Marco da Justiça de Transição no Contexto Sul-Americano

A análise da experiência sul-americana quanto à proteção dos direitos à justiça e à verdade no marco da *transitional justice* será concentrada no estudo de casos envolvendo a experiência da Argentina e do Brasil. Três são os fatores a justificar este critério seletivo:

a) ambos os países transitaram de regimes autoritários ditatoriais para regimes democráticos, adotando leis de anistia – no caso argentino, as leis de ponto final (Lei n. 23.492/86) e obediência devida (Lei n. 23.521/87); no caso brasileiro, a Lei n. 6.683/79;

b) adotaram novos marcos normativos (a reforma de 1994 na Constituição argentina e a Constituição brasileira de 1988); e

c) conferem aos tratados de direitos humanos um *status* privilegiado na ordem jurídica (nos termos do artigo 75, inciso 22, da Constituição argentina e do artigo 5º, parágrafos 2º e 3º, da Constituição brasileira).

Nesta análise comparativa, o foco será avaliar:

a) a incorporação da jurisprudência da Corte Interamericana por decisões judiciais relativas às leis de anistia[13];

---

[12] Recomendação Geral n. 31, do Comitê de Direitos Humanos da ONU, sobre a natureza da obrigação geral imposta aos Estados-partes do Pacto Internacional de Direitos Civis e Políticos. Disponível em: <http://www.unhchr.ch/tbs/doc.nsf/(Symbol)/CCPR.C.21.Rev.1.Add.13. En?Opendocument>.

[13] Como enfatiza a Corte Interamericana de Direitos Humanos: "Quando um Estado ratifica um tratado internacional como a Convenção Americana, seus juízes, como parte do aparato do Estado, também estão submetidos a ela, o que lhes obriga a zelar para que os efeitos dos dispositivos da Convenção não se vejam mitigados pela aplicação de leis contrárias a seu objeto, e que

b) o alcance de proteção dos direitos à justiça e à verdade nas experiências da Argentina e do Brasil.

3.1. Argentina

A ditadura na Argentina estendeu-se pelo período de 1976 a 1983. Estima-se que houve o desaparecimento forçado de 18.000 pessoas (dados oficiais da Secretaria de Direitos Humanos) a 30.000 pessoas (de acordo com estimativas de organizações não governamentais, como Las Madres de la Plaza de Mayo).

Quanto ao direito à justiça, decisão da Corte Suprema de Justiça de 2005 no caso Simón, Héctor e outros anulou as leis de ponto final (Lei n. 23.492/86) e obediência devida (Lei n. 23.521/87) – ambas obstavam o julgamento das violações ocorridas de 1976 a 1983, durante a "guerra suja" – adotando como precedente o caso Barrios Altos. A jurisprudência desenvolvida pela Corte Suprema de Justiça argentina expressamente reconhece que: "a jurisprudência da Corte Interamericana deve servir de guia para a interpretação dos preceitos convencionais, sendo uma imprescindível diretriz de interpretação dos deveres e das obrigações decorrentes da Convenção Americana"[14].

No caso Mazzeo, Julio Lilo e outro, decidido em 2007, a Corte Suprema argentina invalidou decreto adotado pelo presidente Menem em 1989, que concedeu indulto a 30 ex-militares acusados de crimes de lesa-humanidade, amparando-se na jurisprudência da Corte Interamericana, em especial nos casos Velásquez Rodrigues e Barrios Altos.

Quanto ao direito à verdade, em 6 de janeiro de 2010, a presidente da Argentina determinou a abertura dos arquivos confidenciais referentes à atuação das Forças Armadas na ditadura militar no país, no período de 1976 a 1983. O fundamento do decreto é que "a atuação das Forças Armadas du-

---

desde o início carecem de efeitos jurídicos. (...) o Poder Judiciário deve exercer uma espécie de 'controle da convencionalidade das leis' entre as normas jurídicas internas que aplicam nos casos concretos e a Convenção Americana sobre Direitos Humanos. Nesta tarefa, o Poder Judiciário deve ter em conta não somente o tratado, mas também a interpretação que do mesmo tem feito a Corte Interamericana, intérprete última da Convenção Americana" (Corte Interamericana de Direitos Humanos, caso Almonacid Arellano e outros vs. Chile, sentença de 26 de setembro de 2006).

[14] Ver casos Giroldi H. s/ recurso de cassação, CSJN, julgados: 318:514 (1995); Acosta, Claudia Beatriz y otros/*habeas corpus*, CSJN, julgados 321:3555 (1998); e Simon, Julio Hector y otros s/ privação ilegítima de liberdade, CSJN, julgados, S.17768, XXXVIII (2005).

rante a vigência do terrorismo de Estado demonstra que a informação e a documentação classificadas como confidenciais não estiveram destinadas à proteção dos interesses legítimos próprios de um Estado Democrático, mas, ao contrário, servira para ocultar a ação ilegal do governo. Manter o sigilo dos documentos é contrário à política da memória, verdade e justiça". Observe-se que o decreto destaca expressamente, em seus considerandos, o caso Simón, Julio Héctor e outros, que determinou a reabertura de causas de violações de direitos humanos durante o "terrorismo de Estado", demandando uma grande quantidade de informação e documentação sobre a atuação das Forças Armadas. Adiciona que limitar o acesso à informação e à documentação, de forma a impedir uma investigação completa e o esclarecimento de fatos, com o julgamento e a sanção dos responsáveis, seria atentar às obrigações assumidas pelo Estado Argentino no plano do Direito Internacional dos Direitos Humanos.

À luz da experiência argentina, conclui-se que há: a) a plena incorporação da jurisprudência da Corte Interamericana e dos parâmetros protetivos internacionais pela Corte Suprema argentina; b) uma explícita e firme política de Estado em prol da memória, verdade e justiça; e c) a devida proteção dos direitos à verdade e à justiça.

3.2. Brasil

A ditadura no Brasil estendeu-se pelo período de 1964 a 1985. Estima-se que houve o desaparecimento forçado de 150 pessoas, o assassinato de 100 pessoas, ao que se soma a denúncia de mais de 30.000 casos de tortura.

Quanto ao direito à justiça, decisão proferida pelo Supremo Tribunal Federal na Arguição de Descumprimento de Preceito Fundamental (ADPF) n. 153, em 29 de abril de 2010, manteve a interpretação de que a Lei de Anistia (Lei n. 6.683/79) teria assegurado anistia ampla, geral e irrestrita, alcançando tanto as vítimas como os algozes. O argumento central é o de que a Lei de Anistia teria sido expressão de um acordo político, de uma conciliação nacional, envolvendo "diversos atores sociais, anseios de diversas classes e instituições políticas". Acrescentou o Supremo Tribunal Federal que não caberia ao Poder Judiciário "reescrever leis de anistia", não devendo o Supremo "avançar sobre a competência constitucional do Poder Legislativo", tendo em vista que "a revisão da Lei de Anistia, se mudanças do tempo e da sociedade a impuserem, haverá de ser feita pelo Poder Legislativo e não pelo Poder Judiciário". Observou, contudo, a necessidade de assegurar "a possibilidade de acesso aos documentos históricos, como forma de exercício fundamental à verdade, para que, atento às lições do passado, possa o Brasil prosseguir na construção madura do futuro democrático". Concluiu afirmando que "é necessário não esquecermos, para que nunca mais as coisas voltem a ser como foram no passado".

Com esta decisão, o Supremo Tribunal Federal denegou às vítimas o direito à justiça – ainda que tenha antecipado seu endosso ao direito à verdade. Não apenas denegou o direito à justiça, como também reescreveu a história brasileira mediante uma lente específica, ao atribuir legitimidade político-social à Lei de Anistia em nome de um acordo político e de uma reconciliação nacional.

Contudo, como realça Paulo Sérgio Pinheiro, prevaleceu uma contrafação histórica, "a Lei de Anistia não foi produto de acordo, pacto, negociação alguma, pois o projeto não correspondia àquele pelo qual a sociedade civil, o movimento de anistia, a OAB e a heroica oposição parlamentar haviam lutado. Houve o Dia Nacional de Repúdio ao projeto de anistia do governo e manifestações e atos públicos contrários à lei – que, ao final, foi aprovada por 206 votos da Arena (partido da ditadura) contra 201 votos do MDB (oposição)"[15].

Em 24 de novembro de 2010, no caso Gomes Lund e outros *versus* Brasil, a Corte Interamericana de Direitos Humanos condenou o Brasil em virtude do desaparecimento de integrantes da guerrilha do Araguaia durante as operações militares ocorridas na década de 1970. O caso foi submetido à Corte pela Comissão Interamericana, ao reconhecer que ele "representava uma oportunidade importante para consolidar a jurisprudência interamericana sobre leis de anistia em relação aos desaparecimentos forçados e às execuções extrajudiciais, com a consequente obrigação dos Estados de assegurar o conhecimento da verdade, bem como de investigar, processar e punir graves violações de direitos humanos".

Em sua histórica sentença, a Corte realçou que as disposições da Lei de Anistia de 1979 são manifestamente incompatíveis com a Convenção Americana, carecem de efeitos jurídicos e não podem seguir representando um obstáculo para a investigação de graves violações de direitos humanos, nem para a identificação e punição dos responsáveis. Enfatizou a Corte que leis de anistia relativas a graves violações de direitos humanos são incompatíveis com o direito internacional e as obrigações jurídicas internacionais contraídas pelos Estados. Respaldou sua argumentação em vasta e sólida jurisprudência

---

[15] Paulo Sérgio Pinheiro, O STF de costas para a humanidade, *Folha de S.Paulo*, 30 abr. 2010.

produzida por órgãos das Nações Unidas e do sistema interamericano, destacando também decisões judiciais emblemáticas invalidando leis de anistia na Argentina, no Chile, no Peru, no Uruguai e na Colômbia. A conclusão é uma só: as leis de anistia violam o dever internacional do Estado de investigar e punir graves violações a direitos humanos.

A respeito da decisão proferida pelo Supremo Tribunal Federal, entendeu a Corte que "afeta o dever internacional do Estado de investigar e punir graves violações a direitos humanos", afrontando, ainda, o dever de harmonizar a ordem interna à luz dos parâmetros da Convenção Americana. Adicionou a Corte Interamericana: "Quando um Estado ratifica um tratado internacional como a Convenção Americana, seus juízes, como parte do aparato do Estado, também estão submetidos a ela, o que lhes obriga a zelar para que os efeitos dos dispositivos da Convenção não se vejam mitigados pela aplicação de leis contrárias ao seu objeto, e que desde o início carecem de efeitos jurídicos. (...) o Poder Judiciário deve exercer uma espécie de 'controle da convencionalidade das leis' entre as normas jurídicas internas que aplicam nos casos concretos e a Convenção Americana sobre Direitos Humanos. Nesta tarefa, o Poder Judiciário deve ter em conta não somente o tratado, mas também a interpretação que dele tem feito a Corte Interamericana, intérprete última da Convenção Americana"[16]. Concluiu a Corte que "não foi exercido o controle de convencionalidade pelas autoridades jurisdicionais do Estado brasileiro", tendo em vista que o Supremo Tribunal Federal confirmou a validade da interpretação da Lei de Anistia sem considerar as obrigações internacionais do Brasil decorrentes do direito internacional, particularmente aquelas estabelecidas nos arts. 1º, 2º, 8º e 25 da Convenção Americana de Direitos Humanos.

No que se refere ao direito à verdade, até então, estava em vigor a Lei n. 11.111/2005, ao prever que o acesso aos documentos públicos classificados "no mais alto grau de sigilo" poderia ser restringido por tempo indeterminado, ou até permanecer em eterno segredo, em defesa da soberania nacional. Esta lei violava os princípios constitucionais da publicidade e da transparência democrática, negando às vítimas o direito à memória e às gerações futuras a responsabilidade de prevenir a repetição de tais práticas[17].

---

[16] Este entendimento já havia sido firmado pela Corte Interamericana de Direitos Humanos no caso Almonacid Arellano e outros vs. Chile, sentença de 26 setembro de 2006.

[17] A respeito, ver parecer que, na qualidade de perita, elaborei sobre a inconstitucionalidade da Lei n. 11.111/2005, no caso Gomes Lund e outros *versus* Brasil (abril de 2010). Para o Alto Comissariado de Direitos Humanos das Nações Unidas: "O direito à verdade abrange o direito de ter um conhecimento pleno e completo dos fatos ocorridos, das pessoas que deles participaram,

Para a Comissão Interamericana de Direitos Humanos é fundamental respeitar e garantir o direito à verdade para o fim da impunidade e para a proteção dos direitos humanos. Acentua a Comissão: "Toda sociedad tiene el irrenunciable derecho de conocer la verdad de lo ocurrido, así como las razones y circunstancias en la que aberrantes delitos llegaram a cometerse, a fin de evitar que esses echos vuelvam a ocurrir en el futuro". É, assim, dever do Estado assegurar o direito à verdade, em sua dupla dimensão – individual e coletiva – em prol do direito da vítima e de seus familiares (o que compreende o direito ao luto) e em prol do direito da sociedade à construção da memória e da identidade coletivas.

Atente-se que, em 21 de dezembro de 2009, foi lançado o 3º Programa Nacional de Direitos Humanos, que, dentre suas metas, ineditamente estabelece a criação de uma Comissão Nacional de Verdade, com o objetivo de resgatar as informações relativas ao período da repressão militar. Tal proposta foi causa de elevada tensão política entre o Ministério da Defesa (que acusa a proposta de revanchista) e a Secretaria Especial de Direitos Humanos e o Ministério da Justiça (que defendem a proposta em nome do direito à memória e à verdade), culminando inclusive com exoneração do general chefe do departamento do Exército, por ter se referido à "comissão da calúnia".

À luz da experiência brasileira, até 2011, conclui-se que: a) não havia incorporação da jurisprudência da Corte Interamericana e dos parâmetros protetivos internacionais pelo Supremo Tribunal Federal[18]; b) havia uma tensão

---

das circunstâncias específicas e, em particular, das violações perpetradas e sua motivação. O direito à verdade é um direito individual que assiste tanto às vítimas como aos seus familiares, apresentando ainda uma dimensão coletiva e social. No último sentido, o direito à verdade está estritamente relacionado ao Estado de Direito e aos princípios de transparência, responsabilidade e boa gestão dos assuntos públicos em uma sociedade democrática. Constitui, com a justiça, a memória e a reparação, um dos pilares da luta contra a impunidade das violações graves aos direitos humanos e das infrações ao Direito Internacional Humanitário" (Alto Comissariado de Direitos Humanos das Nações Unidas, El *derecho a la verdad*, Conselho de Direitos Humanos, quinto período de sessões, A/HRC/5/7, 7 de junho de 2007).

[18] Escassa ainda é a jurisprudência do Supremo Tribunal Federal que implementa a jurisprudência da Corte Interamericana, destacando-se até março de 2010 apenas e tão somente dois casos: a) um relativo ao direito do estrangeiro detido de ser informado sobre a assistência consular como parte do devido processo legal criminal, com base na Opinião Consultiva da Corte Interamericana n. 16, de 1999 (ver decisão proferida pelo Supremo Tribunal Federal em 2006, na Extradição n. 954/2006); e b) outro caso relativo ao fim da exigência de diploma para a profissão de jornalista, com fundamento no direito à informação e na liberdade de expressão, à luz da Opinião Consultiva da Corte Interamericana n. 5, de 1985 (ver decisão proferida pelo Supremo Tribunal Federal em 2009, no RE 511.961). Levantamento realizado acerca das decisões do Supremo Tri-

intragovernamental a respeito da política de Estado em prol da memória, verdade e justiça; e c) havia afronta aos direitos à verdade e à justiça.

Finalmente, em 18 de novembro de 2011, foram adotadas duas leis de profunda relevância para a justiça transicional brasileira: a) a Lei n. 12.527, que regula o acesso à informação; e b) a Lei n. 12.528, que cria a Comissão Nacional da Verdade. É evidente o elevado impacto da decisão da Corte Interamericana de Direitos Humanos (no caso Gomes Lund *versus* Brasil) para o advento destes dois avanços democráticos.

A Lei n. 12.527, que regula o acesso à informação, limita o prazo de sigilo de documentos classificados como "ultrassecretos". Inova ao estabelecer que tais documentos sejam mantidos em segredo até 25 anos, renováveis por, no máximo, mais 25 anos. A proposta sofreu forte resistência de parlamentares que defendem o sigilo eterno destes documentos.

Com efeito, a questão central atinha-se aos documentos considerados "ultrassecretos" e ao poder da autoridade pública de decidir o que é "ultrassecreto", impondo tal classificação, com a prerrogativa de prorrogar e estender o sigilo de informações eternamente. O ato de classificar permite à autoridade pública atribuir o grau de sigilo a documento, culminando, na prática, com a delegação ao Executivo do poder de definir o núcleo essencial do direito constitucional à informação. O risco é que tal sistemática fomentasse a discricionariedade e o arbítrio do Estado no ímpeto abusivo de classificar como "ultrassecretos" documentos públicos, privando-os do acesso à sociedade, sobretudo quando se referem a graves violações a direitos humanos.

À luz dos parâmetros constitucionais e internacionais, ao direito à informação corresponde o dever do Estado de prestá-la de forma ampla e efe-

---

bunal Federal baseadas em precedentes judiciais de órgãos internacionais e estrangeiros constata que 80 casos aludem à jurisprudência da Suprema Corte dos EUA, ao passo que 58 casos aludem à jurisprudência do Tribunal Constitucional Federal da Alemanha – enquanto, reitere-se, somente 2 casos amparam-se na jurisprudência da Corte Interamericana. Nesse sentido, Virgilio Afonso da Silva, Integração e diálogo constitucional na América do Sul, in Armin von Bogdandy, Flávia Piovesan e Mariela Morales Antoniazzi (Coord.), *Direitos humanos, democracia e integração jurídica na América do Sul*, Rio de Janeiro: Lumen Juris, 2010, p. 529. Apenas são localizados julgados que remetem à incidência de dispositivos da Convenção Americana – nesta direção, foram localizados 79 acórdãos versando sobre: prisão do depositário infiel; duplo grau de jurisdição; uso de algemas; individualização da pena; presunção de inocência; direito de recorrer em liberdade; razoável duração do processo, entre outros temas especialmente afetos ao garantismo penal. Observa-se, gradativamente, maior permeabilidade do Supremo Tribunal Federal aos estândares e à jurisprudência interamericana, com a intensificação do diálogo entre o Supremo e o sistema interamericano de proteção dos direitos humanos.

tiva, sob pena de responsabilidade. No regime democrático a regra é assegurar a disponibilidade das informações com base no princípio da máxima divulgação das informações; as exceções são o sigilo e o segredo. As limitações ao direito de acesso à informação devem se mostrar necessárias em uma sociedade democrática para satisfazer um interesse público imperativo.

No atual contexto brasileiro, o interesse público imperativo não é o sigilo eterno de documentos públicos, mas, ao contrário, o amplo e livre acesso aos arquivos. O direito ao acesso à informação é condição para o exercício dos demais direitos humanos, como o direito à verdade e o direito à justiça, sobretudo em casos de graves violações de direitos humanos perpetradas em regimes autoritários do passado.

Não há como conciliar o direito à verdade com o sigilo eterno. A luta pelo dever de lembrar merece prevalecer em detrimento daqueles que insistem em esquecer. Não há como conciliar os princípios constitucionais da publicidade e da transparência com o sigilo eterno. Para Norberto Bobbio, a opacidade do poder é a negação da democracia, que é idealmente o governo do poder visível, ou o governo cujos atos se desenvolvem em público, sob o controle democrático da opinião pública.

O sigilo eterno afrontava o direito à informação, o direito à verdade, bem como os princípios da publicidade e da transparência essenciais à consolidação do Estado Democrático de Direito.

Na mesma data de 18 de novembro de 2011 foi adotada a Lei n. 12.528, que cria a Comissão Nacional da Verdade, com a finalidade de elucidar as graves violações de direitos humanos ocorridas entre 1946 e 1988. Caberá à Comissão promover o esclarecimento circunstanciado de casos de torturas, mortes, desaparecimentos forçados, ocultação de cadáveres e sua autoria, identificando e tornando públicas as estruturas, os locais e as instituições envolvidas.

A proposta contou com o apoio do Ministério da Defesa, tendo o aval dos comandantes das três Forças. Em julho de 2011, o Ministério da Justiça já havia garantido a um grupo de 12 familiares de mortos e desaparecidos políticos o acesso irrestrito a todos os documentos do Arquivo Nacional. A esta conjuntura nacional adicione-se a histórica condenação do Brasil pela Corte Interamericana no caso Gomes Lund. Reitere-se: para a Corte as disposições da Lei de Anistia de 1979 são incompatíveis com a Convenção Americana, carecem de efeitos jurídicos e não podem seguir representando um obstáculo para a investigação de graves violações de direitos humanos, nem para a identificação e punição dos responsáveis.

Em 16 de maio de 2012 foram empossados os sete integrantes da Comissão Nacional da Verdade, em cerimônia que contou com a presença de todos os ex-Presidentes da República.

Nesse contexto, a instituição da Comissão da Verdade simboliza um extraordinário avanço na experiência brasileira, ao consagrar o direito à memória e à verdade, permitindo a reconstrução histórica de graves casos de violações de direitos humanos.

4. Desafios e Perspectivas da Justiça de Transição no Contexto Sul--Americano

A justiça de transição lança o delicado desafio de como romper com o passado autoritário e viabilizar o ritual de passagem à ordem democrática.

Nas lições de Kathryn Sikkink e Carrie Booth Walling[19], a justiça de transição compreende: o direito à verdade; o direito à justiça; o direito à reparação; e reformas institucionais[20].

Como evidenciado por este artigo, a jurisprudência do sistema interamericano e do sistema global de proteção reconhece que leis de anistia violam obrigações jurídicas internacionais no campo dos direitos humanos, adotando como perspectiva a proteção aos direitos das vítimas (*victim centric approach*).

Estudos demonstram que a justiça de transição tem sido capaz de fortalecer o Estado de Direito, a democracia e o regime de direitos humanos, não representando qualquer ameaça ou instabilidade democrática, tendo, ainda, um valor pedagógico para as futuras gerações. Como atentam Kathryn Sikkink e Carrie Booth Walling: "O julgamento de violações de direitos humanos pode também contribuir para reforçar o Estado de Direito, como ocorreu na Argentina. (...) os cidadãos comuns passam a perceber o sistema legal como mais viável e legítimo se a lei é capaz de alcançar os mais poderosos antigos líderes do país, responsabilizando-os pelas violações de direitos humanos do passado. O mais relevante componente do Estado de Direito é a ideia de que ninguém está acima da lei. Desse modo, é difícil construir um Estado de Direito ignorando graves violações a direitos civis e políticos e

---

[19] Ver o artigo The effect of trials on human rights in Latin America, de Kathryn Sikkink e Carrie Booth Walling.

[20] As reformas institucionais devem ser sobretudo endereçadas ao aparato de segurança e Forças Armadas, sendo inaceitável que perpetradores de atrocidades no passado permaneçam com o monopólio das armas no país.

fracassando ao responsabilizar agentes governamentais do passado e do presente. (...) Os mecanismos de justiça de transição não são apenas produto de idealistas que não compreendem a realidade política, mas instrumentos capazes de transformar a dinâmica de poder dos atores sociais"[21].

Constata-se na experiência de transição brasileira um processo aberto e incompleto, na medida em que – até maio de 2012 – tão somente foi contemplado o direito à reparação, com o pagamento de indenização aos familiares dos desaparecidos no regime militar, nos termos da Lei n. 9.140/95. Diversamente dos demais países da região, como concluía Anthony Pereira em 2010, "a justiça de transição no Brasil foi mínima. Nenhuma Comissão de Verdade foi instalada, nenhum dirigente do regime militar foi levado a julgamento e não houve reformas significativas nas Forças Armadas ou no Poder Judiciário"[22]. Emergencial é avançar na garantia do direito à verdade, do direito à justiça e em reformas institucionais. Na experiência argentina, os direitos à justiça e à verdade têm sido plenamente assegurados.

Ao endossar a relevante jurisprudência internacional sobre a matéria, a inédita decisão da Corte Interamericana no caso Gomes Lund *versus* Brasil irradia extraordinário impacto na experiência brasileira. Traduz a força catalisadora de avançar na garantia dos direitos à verdade e à justiça na experiência brasileira. De um lado, contribuiu para a criação da Comissão Nacional da Verdade, com a finalidade de resgatar as informações relativas ao período da repressão militar, em defesa do direito à memória coletiva (tal como prevê o PNDH III). Por outro lado, garantirá o direito à justiça, combatendo a impunidade de graves violações de direitos humanos, que alimenta um continuísmo autoritário na arena democrática.

Com efeito, em resposta à condenação sofrida pela Corte Interamericana, são aprovados pelo Estado brasileiro dois marcos normativos essenciais à luta pela justiça de transição: a Lei n. 12.527, que regula o acesso à informação, e a Lei n. 12.528, que cria a Comissão Nacional da Verdade (ambas adotadas em 18 de novembro de 2011). Como já mencionado, em 16 de maio de 2012 foram empossados os integrantes da Comissão Nacional da Verdade, dando início às atividades da Comissão.

Em 10 de dezembro de 2014, foi lançado o relatório da Comissão Nacional da Verdade, compreendendo 4 (quatro) conclusões e 29 (vinte e nove)

---

[21] Kathryn Sikkink e Carrie Booth Walling, *The emergence and impact of human rights trials*, p. 20-21.
[22] Pereira, Anthony. *Political (in)justice*: authoritarianism and the rule of law in Brazil, Chile and Argentina. Pittsburgh: University of Pittsburgh Press, 2010, p. 172.

recomendações. Dentre as conclusões, a Comissão sustenta a comprovação: a) das graves violações de direitos humanos entre 1946 e 1988, confirmando 434 mortes e desaparecimentos de vítimas do regime militar (identificados de forma individualizada no volume III do relatório); b) do caráter generalizado e sistemático das graves violações (eis que na ditadura militar a repressão e a eliminação de opositores políticos se converteram em política de Estado); c) da ocorrência de crimes contra a humanidade (concernentes à prática de detenções ilegais e arbitrárias, tortura, execuções, desaparecimentos forçados e ocultação de cadáveres por agentes do Estado); e d) da persistência do quadro de graves violações de direitos humanos (resultante em grande parte da não responsabilização dos perpetradores das violações do passado, o que fomentaria a perpetuação de tais violações no presente).

Um dos desafios centrais da justiça de transição no Brasil é assegurar o direito à verdade em sua dupla dimensão individual e coletiva – o que, em muito, foi contemplado pelo êxito do trabalho da Comissão Nacional da Verdade. Outro desafio será como lidar com a verdade e em que medida a efetivação deste direito demandará a luta pelo direito à justiça e por reformas institucionais, mediante a implementação das relevantes recomendações do relatório conclusivo da Comissão Nacional da Verdade lançado em dezembro de 2014.

Sob a ótica republicana e democrática, considerando ainda as obrigações internacionais do Estado em matéria de direitos humanos, implementar os mecanismos da justiça de transição é condição para romper com uma injustiça permanente e continuada, que compromete e debilita a construção democrática. A absoluta proibição da tortura, o direito à verdade e o direito à justiça estão consagrados nos tratados internacionais, impondo aos Estados-partes o dever de investigar, processar, punir e reparar graves violações a direitos humanos, especialmente em se tratando de crime internacional. Leis de anistia não podem autorizar a manifesta violação a *jus cogens*, como a absoluta proibição da tortura, no plano internacional. Assegurar os direitos à memória, à verdade e à justiça é condição essencial para fortalecer o Estado de Direito, a democracia e o regime de direitos humanos na região sul-americana.

Capítulo 27

A ERA (PÓS)DIGITAL: O PAPEL DOS SISTEMAS DE JUSTIÇA COMO GARANTIDORES DE DIREITOS HUMANOS NO CONTEXTO DAS NOVAS E EMERGENTES TECNOLOGIAS*

Flávia Piovesan e Letícia Quixadá**

1. Introdução

A sociedade vive, hoje, a era digital (ou pós-digital[1]). Se, ainda na virada do século, o mundo gradativamente avançava em relação à conectividade e ao desenvolvimento e utilização dessas ferramentas[2], em 2023, há mais de 5,4 bilhões de pessoas conectadas à internet, cerca de 67% da população mundial[3], sendo que o número de dispositivos conectados simboliza mais do que o triplo da população global, atingindo a marca de 29,3 bilhões, e 3,6 dispositivos per capita[4]. Não só o número de conexão crescerá, como a sua qualidade. Em três anos, estima-se que a velocidade da

---

* O presente texto foi base para a participação de Flávia Piovesan no painel "Novas Tecnologias e Sistemas de Justiça à luz dos Direitos Humanos", no III Congresso Mundial de Justiça Constitucional, na Universidade de Bologna, em 13 de outubro de 2017, tendo sido atualizado a partir do artigo de Internet, Direitos humanos e sistemas de justiça, de 2019/2020.

** Letícia Quixada é Advogada em São Paulo. Bacharel em Direito pela Pontifícia Universidade Católica de São Paulo (PUC/SP). Pós-Graduada em Propriedade Intelectual e Novos Negócios pela Escola de Direito de São Paulo da Fundação Getulio Vargas (FGV). Research Grant for Foreign Scholar no Max Planck Institute for Comparative Public Law and International Law (Heidelberg – 2017). Gestora Geral da ONG Crea+ Brasil.

[1] *Accenture Technology Vision* 2019 (<https://www.accenture.com/_acnmedia/PDF-94/Accenture-TechVision-2019-Tech-Trends-Report.pdf>), acesso em 29 nov. 2020.

[2] No ano de 2000, o mundo detinha pouco mais de 400 milhões de usuários. Ver <https://ourworldindata.org/internet>, acesso em 29 nov. 2020.

[3] *Digital* 2020: Global Digital Overview (<https://datareportal.com/reports/digital-2020-global-digital-overview>), acesso em 29 nov. 2020.

[4] *Cisco Annual Internet Report* (2018–2023) White Paper.

banda larga dobrará, e que a de dispositivos móveis (celulares) mais que triplicará. A sociedade interligada com o impacto das novas e emergentes tecnologias invoca um mundo disruptivo, em constante e rápida transformação, baseado na produção, distribuição e uso, em massa e em alta velocidade, da informação.

No Brasil, o impacto não é diferente. Em 2019, o país contabilizou 134 milhões de usuários de internet, 74% da população nacional com dez ou mais anos[5], número que alcança 89% entre crianças e adolescentes de 9 a 17 anos, ou o total de 24 milhões[6]. Nas áreas rurais, pela primeira vez na série histórica, mais da metade da população (53%) declarou estar conectada[7]. Em relação ao ano de 2018, o número de domicílios brasileiros com acesso à internet aumentou 5,2 milhões, atingindo 71% do total, ou 50,5 milhões. No final de 2019, a média de uso diário da internet pelo brasileiro foi de 9 horas e 17 minutos[8]. Soma-se a isso o fato de que o Brasil detém, hoje, uma das maiores presenças em número de usuários nas redes sociais. Em 2020, estimavam-se mais de 141 milhões de contas em todo o país[9].

Com efeito, nessa sociedade redesenhada, as novas e emergentes tecnologias, englobando desde os dispositivos móveis e a computação em nuvem até os sistemas de inteligência artificial (AI) e os aparelhos de realidade aumentada, as quais são capitaneadas e possibilitadas pela internet, exercem um significativo impacto em um mundo, cada vez mais, interconectado, proporcionando um amplo leque de infinitas oportunidades de desenvolvimento e crescimento econômico, social e cultural. Da mesma forma, a massiva conectividade global potencializa diferentes e inúmeros problemas para os indivíduos e para os seus governos, pois as novas e emergentes tecnologias são, também, ferramentas de exclusão e de violação de direitos.[10]

---

[5] TIC Domicílios 2019, Resumo Executivo, Comitê Gestor da Internet no Brasil – CGI.br (publicado em nov. 2020).

[6] TIC Kids Online Brasil, Resumo Executivo, Comitê Gestor da Internet no Brasil – CGI.br (publicado em nov. 2020).

[7] TIC Domicílios 2019, Resumo Executivo, Comitê Gestor da Internet no Brasil – CGI.br (publicado em nov. 2020).

[8] Ver <https://www.statista.com/statistics/694090/brazil-daily-online-minutes/#statisticContainer>, acesso em 29 nov. 2020.

[9] Ver <https://www.statista.com/statistics/278408/number-of-social-network-users-in-brazil/>, acesso em 29 nov. 2020.

[10] Sobre a dualidade do impacto da era digital nos direitos humanos, ver <https://www.un.org/en/un75/impact-digital-technologies>, acesso em 29 nov. 2020. Apresenta-se, adicionalmente,

Nesse sentido, emerge relevante desafio aos sistemas de justiça, nacionais e internacionais, em assegurar a satisfatória proteção aos direitos humanos *on line*, tendo como parâmetro a proteção conferida aos direitos humanos *off-line*. Dentro desse cenário, essencial considerar e analisar, do mesmo modo, o papel do Supremo Tribunal Federal (STF), enquanto guardião da Constituição Federal e demais normativas internacionais, na promoção e proteção dos direitos humanos, assim como na consolidação de uma governança global para a era (pós)digital. O presente artigo ambiciona, portanto, a partir de breve reflexão sobre as potencialidades das novas e emergentes tecnologias e seu impacto nos direitos humanos, analisar os desafios de regulação e o papel dos sistemas de justiça. Por fim, enfocará as propostas de enfrentamento dos desafios contemporâneos e as perspectivas de atuação do STF, sob a ótica dos direitos humanos na era (pós)digital.

2. As Novas e Emergentes Tecnologias e os Impactos nos Direitos Humanos

Os avanços trazidos pela internet, e por subsequentes tecnologias de informação e conhecimento, são inegáveis. O espectro de inovações e desenvolvimento foi, radicalmente, ampliado, possibilitando o fortalecimento de direitos, como o da liberdade de expressão e opinião[11] a discussão de novos direitos, como o de acesso à internet[12] e ao esquecimento[13], e a

---

fala, de 2019, da Alta Comissária da ONU para os Direitos Humanos, Michelle Bachelet: "Digital technology already delivers many benefits. Its value for human rights and development is enormous. (...) But we cannot ignore the dark side. I cannot express it more strongly than this: The digital revolution is a major global human rights issue. Its unquestionable benefits do not cancel out its unmistakable risks. Neither can we afford to see cyberspace and artificial intelligence as an ungoverned or ungovernable space –a human rights black hole. The same rights exist online and offline. The UN General Assembly and the Human Rights Council have affirmed this." (Disponível em: <https://www.ohchr.org/EN/NewsEvents/Pages/DisplayNews.aspx?NewsID=25158&LangID=E>, acesso em 29 nov. 2020).

[11] Ver discussão sobre criptografia e anonimato como essenciais ao exercício da liberdade de expressão e opinião na era digital, no relatório do Relator Especial sobre a promoção e proteção do direito à liberdade de opinião e expressão da ONU: <https://www.undocs.org/A/HRC/29/32>, acesso em 29 nov. 2020.

[12] Ver <https://www.vice.com/en/article/3kxmm5/the-case-for-internet-access-as-a-human-right>, acesso em 29 nov. 2020.

[13] Emergem novos direitos em face da era digital, cabendo menção inclusive ao direito de manter-se *off-line* considerando as relações na esfera trabalhista, como revela instigante debate na Espanha e França ("Apagar el móvil en la playa, un derecho laboral: las empresas empiezan a regular el derecho a la desconexión digital en los convênios colectivos", El País, 23 de julho de 2018). Ainda, em relação ao direito ao esquecimento ou de ser esquecido, como um novo direito da agenda

adoção de ferramentas e estratégias para a prevenção e proteção de direitos humanos[14].

No entanto, e quase que diametralmente, as novas e emergentes tecnologias ampliam, também, os meios para violação dos direitos humanos, bem como têm apresentado novos riscos e ameaças, antes impensados, aos direitos e garantias dos indivíduos[15]. Além disso, em atenção às vantagens que podem proporcionar e às dificuldades, ainda latentes, de garantia do acesso universal, as novas tecnologias acabam por reforçar exclusões e desigualdades de oportunidades e recursos[16], ainda mais em contextos inéditos e extremos, como o panorama instaurado pela pandemia[17].

Assim sendo, é possível identificar que conflitos e tensões emergem no desafio de delimitar o alcance de direitos na era (pós)digital, marcada pelas constantes inovações que desconhecem fronteiras de tempo e espaço, e que são criadas e desenvolvidas em ambientes ainda incipientes de regulamentações e *enforcement*. Com especial destaque, as novas e emergentes tecnologias introduzem significativos desafios para:

a) o direito ao desenvolvimento (as novas tecnologias emergem como mecanismos para a promoção de diferentes direitos econômicos, sociais e culturais, como o direito à educação e à saúde, de modo que o acesso à internet resta configurado como vital ao pleno desenvolvimento humano);

---

contemporânea, destaca-se a decisão do Tribunal de Justiça da União Europeia no caso Costeja Gonzalez *versus* Google, proferida em 2014.

[14] Ver *Responding to human rights abuses in the digital era new tools old challenges*, em <https://www.researchgate.net/publication/326551216> e *Machine learning and human rights: how to maximize the impact and minimize the risk*, em <https://www.newtactics.org/conversation/machine-learning-and-human-rights-how-maximize-impact-and-minimize-risk>, acessos em 29 nov. 2020.

[15] *As pedras angulares para a promoção de sociedades do conhecimento inclusivas*, Unesco, 2017, p. 15, e *Digital disruption of human rights*, disponível em <https://www.justsecurity.org/30225/digital-disruption-human-rights/>, acesso em 29 nov. 2020.

[16] A exclusão digital é um dos mais significativos efeitos da era digital nos direitos humanos. Ver mais em <https://news.un.org/en/story/2019/09/1045572>, acesso em 19 ago. 2018.

[17] Em relação ao Brasil, ver <https://forbes.com.br/forbes-insider/2020/05/negros-e-pobres-sofrem-com-exclusao-digital-durante-a-pandemia/>, <https://www1.folha.uol.com.br/mercado/2020/05/cerca-de-70-milhoes-no-brasil-tem-acesso-precario-a-internet-na-pandemia.shtml> e <https://noticias.uol.com.br/ultimas-noticias/afp/2020/10/01/pandemia-revela-desigualdades-da-educacao-no-brasil.htm>, acessos em 29 nov. 2020. No contexto mundial, ver <https://www.internetsociety.org/news/press-releases/2020/covid-19-magnifies-inequality-in-internet-accessibility/>, <https://cmr.berkeley.edu/2020/07/covid-education/>, <https://news.un.org/en/story/2020/06/1065672> e <https://www.un.org/press/en/2020/sgsm20118.doc.htm>, acessos em 29 nov. 2020.

b) o direito à liberdade de expressão (em atenção à concepção original da internet como uma forma singular de comunicação e compartilhamento, novas tecnologias devem assegurar o exercício da liberdade de expressão de forma livre, pluralista e democrática, tendo como princípios orientadores o pluralismo e a não discriminação)[18];

c) o direito à privacidade (a respeito, reforça-se Resolução do Conselho de Direitos Humanos sobre O *Direito à Privacidade na Era Digital*, de 2016, em que se afirma a obrigação dos Estados de proteger a privacidade em conformidade com o Direito Internacional dos Direitos Humanos); e

d) o direito ao tratamento igualitário (tecnologias são formatadas dentro de contextos sociais de desigualdades de raça, étnica, gêneros e outras, não sendo, portanto, neutras ou objetivas, e tendo impacto na promoção e perpetuação de tratamentos discriminatórios[19]).

No tocante ao direito ao desenvolvimento, em consideração ao potencial das tecnologias de ampliar as possibilidades de usufruto e gozo de direitos culturais, sociais e econômicos[20], defende-se o acesso à internet como direito humano, inclusive, como essencial ao pleno exercício do direito à educação[21]. Nesse passo, necessário observar que as novas tecnologias são reconhecidas, igualmente, como meios imprescindíveis para que, mais rapidamente, sejam

---

[18] Sobre a matéria, destaca-se o Protocolo Adicional à Convenção de Budapest de 2017 acerca do *cybercrime*, especialmente no enfrentamento do racismo, xenofobia e crimes de intolerância. No mesmo sentido, cabe menção à Resolução n. 2.144, de 25 de janeiro de 2017, do Conselho da Europa intitulada *Ending Cyberdiscrimination and online hate*.

[19] Ver <https://www.ohchr.org/EN/NewsEvents/Pages/DisplayNews.aspx?NewsID=26101&LangID=E>, acesso em 29 nov. 2020.

[20] *Global Information Society Watch* 2016 *Economic, social and cultural rights and the internet*, Association for Progressive Communications (APC) and International Development Research Centre (IDRC): "While most closely associated with freedom of expression, the internet can impact positively on most articles in the ICESCR, such as the right to education (Article 13), to take part in cultural life and to enjoy the benefits of scientific progress and its applications (Article 15), to work (Article 6), to health (Article 12) and to food (Article 11). The internet helps people find work, and unions to organise; it enables small farmers to access competitive market information; it is a powerful enabler of cultural participation, innovation and artistic expression; it allows online learning resources to be shared easily, and facilitates access to information on health and medical advice. (...) Therefore, increasing access to the internet is an important consideration for states in fulfilling their obligations under the ICESCR".

[21] Ver *Report of the Special Rapporteur on the right to education*, Kishore Singh – Issues and challenges to the right to education in the digital age, disponível em <https://documents-dds-ny.un.org/doc/UNDOC/GEN/G16/070/33/PDF/G1607033.pdf?OpenElement>, acesso em 29 nov. 2020.

alcançados os Objetivos de Desenvolvimento Sustentável (ODSs)[22]. Contudo, em um quadro no qual parcela significativa da população mundial ainda não tem acesso às tecnologias, e que esta carência, ainda, é amplificada em uma análise interseccional de desigualdade sociais[23], é percebida a *digital divide* (ou, simplesmente, exclusão digital), uma problemática disparidade entre as pessoas com acesso efetivo às tecnologias e aquelas com acesso limitado ou inexistente[24], que talha oportunidades de desenvolvimento e exercício de direitos, assim como exclui das vivências positivas da era (pós)digital[25].

Por sua vez, em relação à liberdade de expressão e opinião, as novas e emergentes tecnologias, em especial a internet[26], permitindo o debate global e imediato, proporcionam um ambiente no qual os indivíduos podem exercer amplamente o seu direito de se expressar e manifestar. No entanto, as mesmas tecnologias atuam, igualmente, como propulsoras de violações de direitos, como percebido, por exemplo, no aumento do discurso de ódio (*hate speech*)[27],

---

[22] *Fast-forward progress Leveraging tech to achieve the global goals*, International Telecommunications Union (ITU), 2017.

[23] Em comparação, em países menos desenvolvidos, apenas 1 entre 5 pessoas tem acesso à internet, comparado com 4 entre 5 nos países desenvolvidos. No tocante ao gênero, em dois terços de todos os países, a proporção de uso da internet por mulheres é menor que a dos homens. Dados do *Digital Economy Report*, 2019, disponível em <https://unctad.org/system/files/-official--document/der2019_en.pdf>, acesso em 29 nov. 2020.

[24] *Report of the Special Rapporteur on the promotion and protection of the right to freedom of opinion and expression*, Frank La Rue (A/HRC/17/2), 2011: "The term 'digital divide' refers to the gap between people with effective access to digital and information technologies, in particular the Internet, and those with very limited or no access at all. (...) Furthermore, even where Internet connection is available, disadvantaged groups, such as persons with disabilities and persons belonging to minority groups, often face barriers to accessing the Internet in a way that is meaningful, relevant and useful to them in their daily lives".

[25] Novamente, ver <https://www.un.org/en/un75/impact-digital-technologies, e, adicionalmente, https://undocs.org/A/HRC/35/9>, <https://euromedrights.org/publication/for-equal-access-to-human--rights-we-must-close-the-digital-divide/ e https://undocs.org/A/74/493>, acessos em 29 nov. 2020.

[26] Como levantado pelo relator especial das Nações Unidas, Frank La Rue, "(v)ery few if any developments in information technologies have had such a revolutionary effect as the creation of the Internet. (...) More generally, by enabling individuals to exchange information and ideas instantaneously and inexpensively across national borders, the Internet allows access to information and knowledge that was previously unattainable. This, in turn, contributes to the discovery of the truth and progress of society as a whole" (A/HRC/17/27, 2011).

[27] *Social media is driving the rise of hate crime, but it can also stop it*, The Telegraph (https://www.telegraph.co.uk/news/uknews/crime/11925950/Social-media-is-driving-the-rise-of-hate-crime-but-it-can--also-stop-it.html, acesso em 19 de agosto de 2018); Brasil cultiva discurso de ódio nas redes sociais, mostra pesquisa, O *Globo* (https://oglobo.globo.com/sociedade/brasil-cultiva-discurso-

do compartilhamento de notícias falsas (*fake news*)[28] e, inclusive, como meio facilitador para concretização de crimes contra a humanidade (genocídio dos *rohingyas*)[29]. Da mesma forma, as tecnologias são utilizadas como ferramentas para violar o próprio direito de liberdade de expressão e opinião. Nos últimos anos, são diversos os exemplos de países e regimes ditatoriais que se utilizam das novas tecnologias para promover censura, por meio do bloqueio de acesso a conteúdos ou da vigilância estatal[30].

Em referência ao direito à privacidade, cumpre destacar que as novas e emergentes tecnologias, como a internet das coisas e a *big data*, possibilitam melhorias na economia[31], na ciência[32], na saúde[33], e na vida social[34]. No

---

-de-odio-nas-redes-sociais-mostra-pesquisa-19841017, acesso em 19 de agosto de 2018); '*Massive rise' in hate speech on Twitter during presidential election*, USA Today (https://www.usatoday.com/story/tech/news/2016/10/21/massive-rise-in-hate-speech-twitter-during-presidential-election-donald--trump/92486210/, acesso em 19 de agosto de 2018); e, *Children see 'worrying' amount of hate speech online*, BBC (https://www.bbc.com/news/technology-37989475, acesso em 19 de agosto de 2018).

[28] *Com avanço tecnológico, fake news vão entrar em fase nova e preocupante*, Folha de São Paulo (https://www1.folha.uol.com.br/ilustrissima/2018/04/com-avanco-tecnologico-fake-news-vao-entrar-em--fase-nova-e-preocupante.shtml, acesso em 19 de agosto de 2018); *Fake News: Lies spread faster on social media than truth does*, NBC News (https://www.nbcnews.com/health/health-news/fake-news--lies-spread-faster-social-media-truth-does-n854896, acesso em 19 de agosto de 2018); *EU piles pressure on social media over fake news*, Reuters (https://www.reuters.com/article/us-eu-internet-fake-news/eu-piles-pressure-on-social-media-over-fake-news-idUSKBN1HX15D, acesso em 19 de agosto de 2018); e, *2017 Was a Terrible Year for Internet Freedom*, Wired (https://www.wired.com/story/internet-freedom-2017/, acesso em 19 de agosto de 2018).

[29] *Facebook foi crucial para limpeza étnica do século XXI em Myanmar*, El País (https://brasil.elpais.com/brasil/2018/04/12/internacional/1523553344_423934.html, acesso em 19 de agosto de 2018).

[30] Como apontado por Frank La Rue, em 2011, "(...) *any restriction to the right to freedom of expression must meet the strict criteria under international human rights law. A restriction on the right of individuals to express themselves through the Internet can take various forms, from technical measures to prevent access to certain content, such as blocking and filtering, to inadequate guarantees of the right to privacy and protection of personal data, which inhibit the dissemination of opinions and information*" (A/HRC/17/27, 2011).

[31] Até 2025, a projeção é de que a internet das coisas, por exemplo, tenha um impacto na economia de US$ 6.2 trilhões até 2025. Ver também <https://www.mckinsey.com/business-functions/digital-mckinsey/our-insights/the-internet-of-things-the-value-of-digitizing-the-physical-world>, acesso em 19 ago. 2018.

[32] *Big Data to Transform Social Science Research*, Northwestern News (<https://www.northwestern.edu/newscenter/archives/special/data-science/day-3.html>, acesso em 19 ago. 2018).

[33] *How Big Data Is Changing Healthcare*, Forbes (<https://www.forbes.com/sites/bernardmarr/2015/04/21/how-big-data-is-changing-healthcare/#1d2928ae2873>, acesso em 19 ago. 2018).

[34] *IoT for economic and social good: how the internet of things makes our world better*, Forbes (<https://www.forbes.com/sites/forbestechcouncil/2018/06/14/iot-for-economic-and-social-good-how-the-internet-of-things-makes-our-world-better/#1acbaf90100f>, acesso em 19 ago. 2018).

mesmo passo, contribuem para uma coleta e tratamento maciços de dados, com os números dos últimos anos correspondendo a mais de 90% de toda a produção histórica da humanidade[35]. Contudo, em um ambiente de ubiquidade na coleta de dados, de onisciência tecnológica e de compartilhamento desenfreado de dados pessoais, invariavelmente, a proteção ao direito à privacidade é comprometida[36]. Em 2018, o caso do Cambridge Analytica[37] evidenciou essa nova realidade. Em 2020, no contexto da pandemia, uma falha de segurança do Ministério da Saúde expôs informações pessoais e de saúde de ao menos 16 milhões de brasileiros[38]. Frente a isso, a fim de assegurar o usufruto dos benefícios dessas tecnologias, evidente a importância da proteção adequada do direito à privacidade, uma vez que é imprescindível ao gozo e exercício dos demais direitos humanos, tanto *online* como *off-line*[39].

Sobre o direito ao tratamento igualitário, relevante considerar o papel das novas e emergentes tecnologias na construção de um espaço para fortalecimento da representatividade e da diversidade cultural, como meios de disseminação e ampliação da luta de minorias e grupos em situação de alta vulne-

---

[35] Até 2025, a projeção é de criação diária global de 463 exabytes, equivalente a 212.765.957 DVDs por dia. Ver mais em <https://www.weforum.org/agenda/2019/04/how-much-data-is-generated-each-day-cf4bddf29f/>, acesso em 29 nov. 2020.

[36] *Toward defining privacy expectations in an age of oversharing*, The Economist (<https://www.economist.com/open-future/2018/08/16/toward-defining-privacy-expectations-in-an-age-of-oversharing?cid1=cust/ddnew/email/n/n/20180817n/owned/n/n/ddnew/n/n/n/nLA/Daily_Dispatch/email&etear=dailydispatch&utm_source=newsletter&utm_medium=email&utm_campaign=Daily_Dispatch&utm_term=20180817>, acesso em 19 ago. 2018).

[37] O caso demonstrou como a utilização não regulamentada de dados pode influenciar de forma negativa as interações sociais *off-line* (Eleições de 2016, nos E.U.A, e o Brexit, no Reino Unido). Ver mais em <https://www.reuters.com/article/us-facebook-cambridge-analytica-britain/lawmakers-publish-evidence-that-cambridge-analytica-work-helped-brexit-group-idUSKBN1HN2H5>, acesso em 19 ago. 2018.

[38] Ver <https://g1.globo.com/bemestar/coronavirus/noticia/2020/11/26/vazamento-de-senhas-do-ministerio-da-saude-expoe-informacoes-de-pessoas-que-fizeram-testes-de-covid-19-diz-jornal.ghtml>, acesso em 29 nov. 2020.

[39] A/HRC/39/29, 2018: "Is central to the enjoyment and exercise of human rights online and offline. It serves as one of the foundations of a democratic society and plays a key role for the realization of a broad spectrum of human rights, ranging from freedom of expression (…) and freedom of association and assembly (…) to the prohibition of discrimination and more. Interference with the right to privacy can have a disproportionate impact on certain individuals and/or groups, thus exacerbating inequality and discrimination".

rabilidade social pela emancipação de direitos[40]. Em contrapartida, na arquitetura atual, as mesmas tecnologias, como *big data* e inteligência artificial (AI)[41], estão possibilitando a adoção e perpetuação de diferentes práticas discriminatórias[42], por entes privados e públicos, como na área de segurança pública, no mercado de trabalho, no setor de bens de consumo e na oferta de serviços *online*[43]. Ademais, reforça-se que esse ambiente torna mais fortes preconceitos e desigualdades sistêmicas, desempenhando papel, por exemplo, na consolidação da desigualdade racial, discriminação e intolerância[44].

Isto posto, com base no trabalhado por Benedek et al.[45], interessante lembrar que as novas e emergentes tecnologias não alteraram o nível de proteção que os direitos humanos devem receber. Entretanto, em consideração ao discutido acima, essas tecnologias impactam, sim, como os direitos são ameaçados e violados, bem como no modo como são protegidos. O entendimento da relevância da discussão dos direitos humanos, em relação aos impactos da era (pós)digital, é essencial para que se encontre respostas para os desafios atualmente impostos. E o enfrentamento dessas violações passa pela regulação desse ambiente e contexto cibernéticos, e pela atuação de sistemas de justiça, em uma governança cooperativa global, conforme será explorado no próximo item.

---

[40] Ver mais em <https://www.researchgate.net/publication/258173881_The_Internet_for_Empowerment_of_Minority_and_Marginalized_Users> e <https://en.unesco.org/creativity/sites/creativity/files/exchange_session_digital_issues_en.pdf>, acesso em 29 nov. 2020.

[41] Ver mais em <https://papers.ssrn.com/sol3/papers.cfm?abstract_id=3259344>, acesso em 29 nov. 2020.

[42] Ver mais em <https://news.un.org/en/story/2020/07/1068441>, acesso em 29 nov. 2020.

[43] Estudo do Conselho da Europa, *Discrimination, artificial intelligence, and algorithmic decision-making*, 2018, disponível em https://rm.coe.int/discrimination-artificial-intelligence-and-algorithmic-decision-making/1680925d73, acesso em 29 de novembro de 2020. Sobre segurança pública, mercado de trabalho e serviços *online*, ver também respectivamente <https://www.nytimes.com/2020/06/24/technology/facial-recognition-arrest.html>, <https://core.ac.uk/download/pdf/217213176.pdf> e <https://www.wired.com/story/best-algorithms-struggle-recognize--black--faces-equally/>, acesso em 29 nov. 2020.

[44] A/HRC/44/57: *Racial discrimination and emerging digital technologies*: a human rights analysis – Report of the Special Rapporteur on contemporary forms of racism, racial discrimination, xenophobia and related intolerance, disponível em <https://undocs.org/en/A/HRC/44/57>, e noticiada em <https://www.ohchr.org/EN/NewsEvents/Pages/DisplayNews.aspx?NewsID=26101& LangID=E>, acessos em 29 nov. 2020.

[45] BENEDEK, Wolfgang; KETTEMANN, Matthias C.; and SENGES, Max, *The humanization of internet governance*: a roadmap towards a comprehensive global (human) rights architecture for the internet, Third Annual GigaNet Symposium, 2008.

3. Os Desafios de Regulação e o Papel dos Sistemas de Justiça

Em 2006, Lawrence Lessig, ao discutir as possibilidades, e necessidades, de regulação da internet, esclareceu que "(w)hether cyberspace can be regulated depends upon its architecture. The original architecture of the Internet made regulation extremely difficult. But that original architecture can change. And there is all the evidence in the world that it is changing. Indeed, under the architecture that I believe will emerge, cyberspace will be the most regulable space humans have ever known. The 'nature' of the Net might once have been its unregulability; that 'nature' is about to flip". Lessig, a partir disso, explica, posteriormente, que essa arquitetura pode e será baseada em valores, cabendo a escolha, por nós, de quais serão esses que permearão e definirão a estrutura e funcionamento desse ambiente cibernético[46].

Em vista do discutido acima, percebe-se que a era cibernética, (pós) digital impõe desafios expressivos para a consecução de uma proteção eficaz de direitos, e que a superação dessa circunstância depende, necessariamente, de escolhas que serão feitas no sentido de regular as novas e emergentes tecnologias, e sobre quais valores será guiada essa regulação.

Nesse panorama, a construção de uma governança global apresenta-se como uma oportuna e interessante resposta. Conforme o Conselho da Europa, esta é entendida e caracterizada por "governance principles have been put forward (...) that stress the need to apply public international law and international human rights law equally online and offline, and to respect the rule of law and democracy on the Internet. These principles recognize and promote the multiple stakeholders in Internet governance and urge all public and private actors to uphold human rights in all their operations and activities, including the design of new technologies, services and applications. And they call on states to respect the sovereignty of other nations, and to refrain from actions that would harm persons or entities outside their territorial jurisdiction"[47].

Outrossim, a concretização de uma governança global das novas e emergentes tecnologias, com a adequada e satisfatória participação de diferentes atores (*stakeholders*), tem a ganhar se realizada, na linha do mencionado acima, esteando-se nos parâmetros internacionais existentes de promoção e proteção dos direitos humanos. Tendo em mente que essas tecnologias afetam,

---

[46] LESSIG, Lawrence, *Code – version* 2.0, Basic Books, 2006, p. 32, 78 e 79.
[47] *Internet Governance Strategy* 2016-2019, União Europeia, 2016.

consideravelmente, os direitos humanos, a abordagem dessa governança fundamentada no próprio Sistema Internacional possibilita o emprego de instrumentos já estabelecidos para o combate imediato, e mais efetivo, das violações *online*.

E, partindo dessa premissa, busca-se demonstrar que os tribunais, como o STF, enquanto necessários atores da governança global, são imprescindíveis na emancipação e concretização dos direitos humanos frente às referidas tecnologias. Isso porque, numa perspectiva multinível de proteção dos direitos humanos nas esferas global, regional e local, importa avaliar a resposta integral do direito e dos sistemas de justiça a violações de direitos ocorridas na era (pós)digital, seus limites e possibilidades.

Diante desse recente contexto, e tendo em vista a fixação de parâmetros protetivos mínimos afetos à dignidade humana, no que se refere ao direito à proteção judicial, essencial o destaque a suas três dimensões:

a) o direito ao livre acesso à justiça (no Estado de Direito toda lesão ou ameaça a direito merece a proteção do Poder Judiciário; os instrumentos internacionais de proteção de direitos humanos asseguram a toda e qualquer pessoa o direito a um recurso simples, rápido e efetivo perante juízes e tribunais competentes, independentes e imparciais, que a proteja contra atos que violem direitos[48]);

b) a garantia da independência judicial (direito de toda pessoa ser ouvida, com as devidas garantias e dentro de um prazo razoável, por um juiz ou Tribunal competente, independente e imparcial[49]); e

c) o direito à prestação jurisdicional efetiva, na hipótese de violação a direitos (direito a remédios efetivos, que não podem ser ilusórios ou retóricos, demandando dos Estados a adoção de *due diligences*, conforme jurisprudência internacional).

Estas três dimensões devem ser conjugadas, mantendo uma relação de interdependência, condicionalidade e indissociabilidade. No Estado Democrático de Direito há o monopólio da função jurisdicional pelo Poder Judiciário, que, enquanto poder desarmado, tem a última palavra. O direito à prestação jurisdicional efetiva tem por base a garantia da independência judicial,

---

[48] Como disposto no artigo 10 da Declaração Universal de Direitos Humanos; no artigo 14 do Pacto Internacional dos Direitos Civis e Políticos; e nos artigos 8º e 25 da Convenção Americana de Direitos Humanos.

[49] Nos termos do artigo 10 da Declaração Universal; artigo 14 do Pacto Internacional dos Direitos Civis e Políticos; e do artigo 8º da Convenção Americana de Direitos Humanos.

celebrando a prevalência do primado do direito, em detrimento do direito da força. A mais importante ideia do *rule of law* é que "power is constrained by means of law"[50], o que pode ser traduzido, na presente discussão, na necessidade de regulação das novas e emergentes tecnologias, e do correspondente *enforcement*, com o fim de combater os efeitos desenfreados de uma estrutura que, enquanto totalmente livre, torna-se arbitrária.

O *rule of law* enfatiza a importância das Cortes não apenas pela sua capacidade decisória (pautada no primado do direito), mas por *"institucionalizar a cultura do argumento"*, como medida de respeito ao ser humano.

Por isso a sua absoluta relevância no Estado de Direito, e, igualmente, no quadro de construção de um ambiente virtual regulado, promotor e garantidor de direitos. Historicamente, tem assumido a relevante missão de fomentar a cultura e a consciência de direitos e a supremacia constitucional, tendo seus julgados a força catalizadora de transformar legislações e políticas públicas, contribuindo para o avanço na proteção dos direitos humanos, predicado que se manifesta como imperativo no debate dos conflitos que surgem na era (pós)digital, no qual, inevitavelmente, há a colisão de diferentes direitos na busca por uma adequada resposta às violações.

Apesar disso, apoiada nas complexas discussões enfrentadas, recentemente, pelos tribunais no mundo[51], verifica-se que os sistemas de justiça enfrentam, além do mais, outro desafio em razão da estrutura particular desse ambiente e contextos cibernéticos. Assim, ao tratar das novas e emergentes tecnologias, e de direitos humanos e sistemas de justiça, constata-se que as violações de direitos humanos *online* desafiam o padrão tradicional de violações de direitos, em que há o violador; há a vítima; e há o sistema de justiça. Dessa forma, indaga-se: Como compreender a violação de direitos

---

[50] Consultar *Promotion of truth, justice, reparation and guarantees of non-recurrence*, UN, General Assembly, 13 de setembro de 2012. O *rule of law* é definido como: "A principle of governance in which all persons, institutions and entities, public and private, including the State itself, are accountable to laws that are publicly promulgated, equally enforced and independently adjudicated, and which are consistent with international human rights norms and standards. It requires, as well, measures to ensure adherence to the principles of supremacy of law, equality before the law, accountability to the law, fairness in the application of the law, separation of powers, participation in decision making, legal certainty, avoidance of arbitrariness and procedural and legal transparency." (report of the Secretary-General to the Security Council on the rule of law and transitional justice, S/2004/616, para.6).

[51] Ver caso LICRA *versus* Yahoo (2000); caso Costeja Gonzalez *versus* Google (supramencionado); caso Governo dos E.U.A. *versus* Apple (2015); e casos Justiça brasileira *versus* WhatsApp (2016).

humanos *online*? Quem é o agente violador? Quem é a vítima? Como criar um sistema de responsabilização (*accountability*) na era (pós)digital? Como assegurar o direito a uma prestação jurisdicional efetiva por parte de um Poder Judiciário independente e imparcial em casos de violação de direitos humanos *online*?

Estas perguntas devem ser lançadas considerando a natureza global e aberta das tecnologias de informação e conhecimento, e sobretudo sua vocação transnacional, que transcende limites de tempo e espaço. Dessa maneira, crucial o *human rights approach*, a perspectiva de que os direitos humanos são universais, indivisíveis e interdependentes, decorrentes da dignidade humana, com observância da cláusula da igualdade e proibição da discriminação, uma vez que, para fortificação da governança da internet, parâmetros internacionais mínimos existentes oferecem a base indispensável para o melhor enfrentamento dessas questões.

Quanto a isso, em atenção à necessidade de regulação e de apropriada resposta aos desafios postos pelas novas tecnologias, importante reforçar o fundamental papel dos Estados, enquanto um dos principais atores na criação e aplicação das regulações. Assim, importa relembrar os deveres dos Estados no campo dos direitos humanos, aos quais a jurisprudência internacional aponta três obrigações clássicas: a obrigação de respeitar direitos (isto é, o próprio Estado não pode ser agente violador de direitos); a obrigação de proteger direitos (vale dizer, o Estado deve adotar todas as medidas para evitar que terceiros violem direitos); e a obrigação de implementar (*"fulfill"*, demandando dos Estados a adoção de todas as medidas necessárias para a plena implementação dos direitos humanos). Do mesmo modo, enfatiza a jurisprudência internacional caber aos Estados não apenas obrigações negativas em matéria de direitos humanos – pautadas na não ingerência indevida no exercício de direitos –, mas, também, obrigações positivas, no sentido de prover um efetivo sistema de proteção de direitos assegurador da dignidade humana.

Se o acesso à justiça, a independência judicial e a prestação jurisdicional efetiva são os três componentes essenciais dos sistemas de justiça sob o *human rights approach*, na era (pós)digital há elevada complexidade no desafio de proteger direitos em face de violações *online*, ao qual é somado, ainda, a insuficiência atual de normas regulatórias que considerem pelas características próprias da arquitetura de redes e tecnologias.

Com efeito, gradativamente, marcos jurídicos têm sido aprovados com a ambição de estabelecer parâmetros, princípios, garantias, direitos e deveres no mundo digital[52]. Nesse ponto, singular ênfase é conferida aos termos da Resolução do Conselho de Direitos Humanos, das Nações Unidas, acerca dos Direitos Humanos e Internet, intitulada The Promotion, protection and enjoyment of human rights on the Internet, adotada em 27 de junho de 2016, a qual proclama que os direitos humanos off-line devem ser também protegidos online, e demanda dos Estados que "(...) to address security concerns on the Internet in accordance with their international human rights obligations to ensure protection of freedom of expression, freedom of association, privacy and other human rights online, including through national democratic, transparent institutions, based on the rule of law, in a way that ensures freedom and security on the Internet so that it can continue to be a vibrant force that generates economic, social and cultural development". As recentes normativas nascem como uma recente resposta do direito, ainda em processo de construção. E, nesse cenário, as Cortes constitucionais, como o STF, emergem como atores determinantes, tanto na liderança do diálogo necessário entre os sistemas de justiça e os desenvolvedores de tecnologias, como na interpretação, aplicação e *enforcement* de normativas nacionais e internacionais em proteção e promoção dos direitos humanos na era (pós)digital, como será abordado no item seguinte.

4. Desafios Contemporâneos do STF e Perspectivas de Atuação

Diante do discutido, visível que os desafios impostos pelas novas e emergentes tecnologias aos direitos humanos passam, sim, pela necessidade de se construir uma governança global, a partir de uma abordagem de direitos humanos para as regulações, alcançando, desse jeito, todos os atores envolvidos no desenho dessa estrutura, com eminente papel para os sistemas de

---

[52] A título exemplificativo, no Brasil, a Constituição Federal de 1988 estabelece que o Estado promoverá e incentivará o desenvolvimento tecnológico, a pesquisa, a capacitação científica e tecnológica e a inovação. O Marco Civil da Internet foi aprovado por meio da Lei n.12.965, de 23 de abril de 2014, que estabelece princípios, garantias, direitos e deveres para o uso da internet no Brasil. Adota como fundamento o respeito à liberdade de expressão, os direitos humanos, a pluralidade, a diversidade e a finalidade social da rede. Entre os princípios, ressalta-se tanto a garantia da liberdade de expressão como a proteção à privacidade e aos dados pessoais. Na Itália, por exemplo, a *Internet Bill of Rights* foi adotada em agosto de 2015, estabelecendo o acesso à internet como um serviço público e como um direito humano, sendo condição para o desenvolvimento individual e social. Além disso, recentemente, no campo da proteção da privacidade e dos dados pessoais, merecido destaque deve ser conferido à Lei de Proteção de Dados Pessoais, do Brasil (Lei n. 13.709), e ao Regulamento Geral sobre a Proteção de Dados 2016/679 (GDPR), na União Europeia, ambos adotados em 2018.

justiça em razão das ferramentas de que dispõe, hoje, para a promoção e proteção de direitos, liderados pelas Cortes constitucionais, como guardiãs nacionais de direitos, as quais detêm função chave e estratégica no fomento de um debate técnico e em prol das garantias fundamentais.

Assim sendo, considerando o direito à proteção judicial sob a ótica do Direito Internacional dos Direitos Humanos com realce aos parâmetros protetivos mínimos enunciados no marco de um sistema jurídico multinível, identificam-se sete desafios contemporâneos para a proteção dos direitos humanos na era (pós)digital, que devem pautar a atuação dos sistemas de justiça:

a) enfrentar as profundas desigualdades digitais, desenvolvendo sociedades do conhecimento, de forma a assegurar o acesso mais includente e igualitário na era (pós)digital, sob a perspectiva de gênero, raça, etnia e outras interseccionalidades (fomentar a incorporação do *human rights approach to development* e do *development approach to human rights*, visando a assegurar o direito à inclusão digital e o acesso à internet como um direito humano, superando o *digital divide*);

b) incorporar o enfoque de direitos humanos por meio de uma educação e cidadania digitais inspiradas nos valores da liberdade, igualdade, sustentabilidade, pluralismo e respeito às diversidades (fundamental é identificar ações, programas e políticas inovadoras e estratégicas para utilizar o potencial digital para a promoção de direitos como resposta às violações de direitos humanos);

c) adotar e difundir parâmetros jurídicos globais, regionais e locais para que direitos humanos *off-line* sejam, também, protegidos *online*, no sistema jurídico multinível (até o momento, na esfera global, só há "*soft law*", amparada em recentes Resoluções do Conselho de Direitos Humanos e demais Diretrizes da ONU e na Agenda 2030);

d) estabelecer princípios, garantias, direitos e deveres para o uso nas novas e emergentes tecnologias, tendo como fundamento os direitos humanos, a pluralidade, a diversidade e a finalidade social dessas ferramentas;

e) consolidar o patrimônio jurisprudencial concernente aos conflitos envolvendo violações aos direitos humanos *online*, que já avançam no enfrentamento dos diferentes direitos em jogo, fomentando o importante diálogo entre sistemas e cortes do direito comparado; e

f) fortalecer um sistema de responsabilização na hipótese de graves violações a direitos humanos pelas novas e emergentes tecnologias (assegurando a *accountability*, o combate à impunidade e o direito à prestação jurisdicional efetiva na era [pós]digital).

De encontro aos apontamentos acima, essencial, ainda, destacar iniciativas recentes do STF no sentido de elevar e democratizar o debate em torno das novas e emergentes tecnologias e seus efeitos na sociedade. Em 2019 e 2020, a Corte brasileira convocou audiências públicas para discutir casos afetos à era (pós)digital[53]. Sobre o tema, a Min. Rosa Weber pontuou: "(F)aço questão de enfatizar a importância da audiência pública realizada para o devido equacionamento, neste Supremo Tribunal Federal, de questão complexa e de tamanha relevância. O diálogo entre esta Casa e diferentes setores da sociedade, atuando como cointérpretes da Constituição, qualifica e legitima a jurisdição constitucional, beneficiando os jurisdicionados como um todo, além de cumprir ditame da Constituição brasileira ao ressaltar o caráter democrático do Estado de Direito por ela instituído. Em casos de relevância institucional, como o presente, compreendo que a realização de audiências públicas constitui um dos pilares centrais do efetivo acesso à justiça"[54]. Além disso, atento à produção de conhecimento e debate internacionais, o Supremo segue realizando trabalho necessário de diálogo transnacional, pautado na aplicação de normativas internacionais e no direito comparado[55]. A efetiva promoção e a proteção dos direitos humanos dependem do reconhecimento dos desafios existentes na era (pós) digital e de iniciativas que advogam por um mundo digital que fortalece direitos e impulsiona a paz[56].

5. Considerações Finais

Frente ao apresentado neste capítulo, constata-se que as extraordinárias transformações decorrentes da era (pós)digital e de suas novas e emergentes tecnologias, e toda complexidade decorrente de sua natureza aberta e transnacional, foram mais céleres que a resposta do próprio direito.

---

[53] Audiências públicas sobre o direito ao esquecimento (RE 1.010.606), criptografia (ADI 5.527 e ADPF 403), e sobre o Marco Civil da Internet (REs 1.037.396 e 1.057.258).

[54] Voto ADI 5.527, disponível em <http://www.stf.jus.br/arquivo/cms/noticiaNoticiaStf/anexo/ADI5527voto.pdf>, acesso em 29 nov. 2020.

[55] *Boletim de Jurisprudência Internacional sobre Direito ao Esquecimento*, disponível em <http://www.stf.jus.br/arquivo/cms/jurisprudenciaInternacional/anexo/BJI5DIREITOAOESQUECIMENTO.pdf>, acesso em 29 nov. 2020.

[56] Ver mais em <https://news.un.org/en/story/2020/09/1073292>, acesso em 29 nov. 2020.

Em uma primeira fase, esse novo contexto, protagonizado pela internet, invocava um *Wild West* no âmbito jurídico, inexistindo diretrizes, parâmetros ou limites. Trata-se da fase do *unrule of law*, pautado em um território virtual insuscetível de regulação. E isso decorreu, em parte, da própria natureza da internet, na sua criação pensada como um espaço livre e irregulável, como depreende-se da *Declaration of the Independence of Cyberspace*, proclamada em 1996.

Sucessivamente, com oscilações, há a emergência de parâmetros jurídicos nas esferas global, regional e local, a fim de estabelecer o alcance de direitos humanos na era (pós)digital, sob o lema (ainda que amparado em *soft law*): *direitos humanos off-line devem ser também protegidos online*. Para tanto, há que se avançar para assegurar o direito a remédios efetivos, em casos de violações de direitos – o que, por sua vez, demanda sistemas de justiça caracterizados por jurisdição transnacional, observadas a independência judicial, *expertise* e cooperação internacional.

Igualmente, requer seja devidamente aclarado o alcance dos deveres e obrigações jurídicas dos Estados decorrentes dos direitos protegidos *online*, considerando as clássicas obrigações de proteger, respeitar e implementar direitos humanos, e o papel protagonista a ser desenvolvido pelos tribunais como guardiões das normas protetivas.

Posto esse cenário, de que o ambiente das novas e emergentes tecnologias prescindem da atuação estatal, em conjunto com outros significativos atores, nesta segunda fase o desafio central é consolidar o *Rule of Law* na era (pós)digital, fortalecendo os elementos de maior responsabilização (*accountability*); previsibilidade; transparência; igualdade; efetividade; independência judicial; e observância dos parâmetros protetivos internacionais do Direito Internacional dos Direitos Humanos na arquitetura virtual. O desafio maior é criar uma regulação adequada ao ecossistema digital centrada na promoção dos valores dos direitos humanos, democracia e Estado de Direito, nas esferas global, regional e local.

Que o gradativo processo de pavimentação da governança global seja inspirado pelos componentes do *rule of law*, visando assegurar um ambiente virtual aberto, seguro, estável, acessível, ético e responsável, orientando pela promoção e proteção dos direitos humanos na era (pós) digital.

Capítulo 28

O IMPACTO DOS DIREITOS HUMANOS NAS NOVAS TECNOLOGIAS: INTERNET, INTELIGÊNCIA ARTIFICIAL E NEUROTECNOLOGIA

Flávia Piovesan e Luiz Eduardo Camargo Outeiro Hernandes*

1. Introdução

A relação entre direitos humanos e novas tecnologias (como a internet, a inteligência artificial e a neurotecnologia) compõe o vértice maior a inspirar este estudo.

Em um primeiro momento, o foco será compreender o impacto das novas tecnologias em relação aos direitos humanos, com destaque ao seu impacto multidimensional, ao *digital divide* e ao uso da tecnologia como instrumento com a potencialidade de promover direitos, mas também de violar direitos.

Em um segundo momento, o foco será compreender o impacto dos direitos humanos em relação às novas tecnologias, avaliando, sob a perspectiva multinível, as respostas no âmbito global (ONU), regional e local. Será realçado o desafio da incorporação dos valores dos direitos humanos, democracia e Estado de Direito no cyberspace, considerando o experimentalismo multinível, a criação de marcos regulatórios, bem como de uma governança pautada pelos princípios da independência, transparência e *accountability*.

---

* Doutor em Direito pela Pontifícia Universidade Católica de São Paulo (São Paulo –SP, Brasil). Pesquisador do Grupo de Pesquisa Hermenêutica e Justiça Constitucional: STF da Pontifícia Universidade Católica de São Paulo – PUC/SP. Pesquisador do Centro Internacional de Direitos Humanos de São Paulo. Visiting Scholar no Max-Planck-Institute for Comparative Public Law and International Law (Heidelberg, 2023). Visiting Researcher convidado no Research Department International Law and Dispute Resolution do Max Planck Institute Luxembourg for Procedural Law (2023). Procurador da República. Max Planck Institute for Comparative and International Private Law Scholarship (Hamburgo, 2024).

Por fim, será analisada a contribuição das ciências das humanidades para fortalecer a incorporação do *human rights approach* em relação às novas tecnologias.

2. Como Compreender o Impacto das Novas Tecnologias em Relação aos Direitos Humanos?

Em abril de 2024, cerca de 5,44 bilhões de pessoas eram usuárias da Internet em todo o mundo, o que representa 67,1% da população global. Desse total, 5,07 bilhões de pessoas, ou 62,6% da população mundial, eram usuários efetivos de redes sociais[2]. Por si só, os números apresentados são um indicador do impacto significativo das novas tecnologias nos direitos humanos.

Ao lado dos desafios clássicos afetos aos direitos humanos – como o combate à tortura, à execução sumária e ao desaparecimento forçado – emergem novos temas, novos direitos e novos desafios decorrentes das novas tecnologias. Dentre eles, destacam-se o acesso à internet como um direito humano; o direito à proteção de dados no ambiente digital; o direito à privacidade digital; o combate à vigilância cibernética; o combate ao *hate speech on line*; o combate à discriminação *on line* e à discriminação algorítmica; o combate às *fakes news*; a proteção aos direitos das crianças no cyberspace; os neurodireitos e os desafios da neurotecnologia; bem como o impacto multidimensional da inteligência artificial.

Nas sociedades complexas contemporâneas, as novas tecnologias promovem mudanças profundas nas relações sociais, em razão do dinamismo e da velocidade em que surgem e são desenvolvidas, em um processo de contínua transformação social. O impacto multidimensional das novas tecnologias em relação aos direitos humanos é dinâmico, complexo, veloz e em constante transformação.

O impacto multidimensional das novas tecnologias nos direitos humanos significa a potencialidade de as novas tecnologias serem, ao mesmo tempo, fonte de novos direitos humanos e fonte de novos riscos e ameaças a direitos.

Quando as novas tecnologias surgem como fonte de riscos de violações aos direitos humanos, faz-se urgente e necessário ao Estado e às plataformas digitais a adoção de medidas de avaliação de riscos visando à proteção dos direitos humanos, em respeito aos princípios da prevenção e precaução.

---

[2] PETROSYAN, Ani. *Worldwide digital population* 2024. Disponível em: <https://www.statista.com/statistics/617136/digital-population-worldwide/#statisticContainer>, acesso em: 22 jul. 2024.

Por outro lado, as novas tecnologias podem ser também fonte de novos direitos humanos. Os novos direitos compreendem o consentimento informado, a transparência, a neutralidade tecnológica, a *accountability*, a inclusividade, a equidade, a participação significativa (*meaningful participation*), a acessibilidade, o respeito ao princípio democrático, a liberdade de expressão e de informação, a proteção contra as *fake news*, a tutela contra o *hate speech*, a privacidade, a proteção de dados, a especial proteção para crianças e adolescentes, a prevenção, a precaução e a efetividade dos remédios para a tutela e para a reparação dos direitos humanos violados.

Neste cenário, destaca-se como desafio de especial relevância o fenômeno da exclusão digital ou *digital divide*. Além do *gender gap* no que se refere ao acesso às novas tecnologias, enquanto nos países da Europa[3], mais de 80% da população está *on line*, a penetração da Internet na África em 2021 foi de apenas 33%, inferior à taxa observada para a Europa e as Américas nos 16 anos anteriores em 2005[4].

Não bastando o *digital divide*, outro desafio atém-se ao acesso das crianças no *cyberspace* e sobretudo à proteção de seus direitos. Essa foi uma das preocupações do Comitê dos Direitos da Criança das Nações Unidas ao editar recomendações sobre os direitos das crianças em relação aos ambientes digitais, em 02 de março de 2021[5]. Para o Comitê dos Direitos da Criança das Nações Unidas, a internet impacta significativamente os direitos das crianças e dos adolescentes nos espaços digitais, devendo os direitos de cada criança ser respeitados e protegidos. Isso porque as inovações das tecnologias digitais podem afetar a vida das crianças e os seus direitos de forma abrangente e interdependente, mesmo quando as próprias crianças não acessem a internet. O Comitê dos Direitos da Criança compreende que o acesso significativo às tecnologias digitais pode concretizar toda a gama dos direitos civis, políticos, culturais, econômicos e sociais das crianças. No entanto, adverte o Comitê que se a inclusão digital não for alcançada, as desigualdades existentes poderão aumentar e novas poderão surgir.

---

[3] UNIÃO EUROPEIA. Comissão Europeia. Estatísticas da economia e da sociedade digital – agregados familiares e indivíduos. Disponível em: <https://ec.europa.eu/eurostat/statistics-explained/index.php?title=Archive:Estat%C3%ADsticas_da_economia_e_da_sociedade_digital_-_agregados_familiares_e_indiv%C3%ADduos&oldid=503099#Acesso_.C3.A0_Internet> Acesso em: 25 jul. 2024.

[4] GILLWALD, Alison Gillwald; PARTRIDGE, Andrew. *Gendered Nature of Digital Inequality*: Evidence for Policy Considerations. Disponível em: <https://www.unwomen.org/sites/default/files/2022-12/BP.1_Alison%20Gillwald.pdf>, acesso em: 25 jul. 2024.

[5] UNITED NATIONS. Committee on the Rights of the Child. General comment n. 25 (2021) on children's rights in relation to the digital environment, 02 mar. 2021.

Se as novas tecnologias podem promover direitos humanos, mas também violar direitos, é fundamental um enfoque interdisciplinar e multidisciplinar na relação entre novas tecnologias e direitos humanos.

Cabe, assim, às ciências das humanidades incorporar o *human rights approach* no *cyberspace*, considerando que a ausência de regulação adequada tem implicado por vezes graves riscos, ameaças e violações a direitos.

Transita-se, assim, à segunda questão que inspira este estudo, no sentido de avaliar o impacto dos direitos humanos em relação às novas tecnologias.

3. Como Compreender o Impacto dos Direitos Humanos em Relação às Novas Tecnologias?

A dignidade da pessoa humana deve guiar a forma como são desenvolvidas, gerenciadas, utilizadas e governadas as novas tecnologias[6], de modo a reduzir seus impactos negativos[7] sobre a sociedade. É preciso analisar as novas tecnologias sob a perspectiva dos direitos humanos (*through a human-rights lens*[8]).

Iniciativas internacionais abordam as novas tecnologias através das lentes primárias[9] dos direitos humanos ou como uma das várias lentes[10] para analisar o desenvolvimento e uso das novas tecnologias. As novas tecnologias são uma nova vertente de incidência e de aplicação dos direitos humanos e um campo jurídico em pleno desenvolvimento nos sistemas de proteção dos direitos humanos[11].

---

[6] UNITED NATIONS. Office of the High Commissioner of Human Rights. *Human Rights Business and Human Rights in Technology Project* (B-Tech): Applying the UN Guiding Principles on Business and Human Rights to digital technologies, p. 1-9, nov. 2019, p. 2.

[7] UNITED NATIONS. Our Common Agenda Policy Brief 5. A Global Digital Compact — an Open, Free and Secure Digital Future for All, maio 2023; RASO, Filippo A.; HILLIGOSS, Hannah; KRISHNAMURTHY, Vivek; BAVITZ, Christopher; LEVIN, Kim. *Artificial intelligence & human rights*: Opportunities & risks. Berkman Klein Center Research Publication, n. 2018-6, p. 1-62, 2018.

[8] DONAHOE, Eileen; METZGER, Megan MacDuffee. Artificial intelligence and human rights. *Journal of Democracy*, v. 30, n. 2, p. 115-126, 2019, p. 122.

[9] UNITED NATIONS. Office of the High Commissioner of Human Rights. *Human Rights Business and Human Rights in Technology Project* (B-Tech): Applying the UN Guiding Principles on Business and Human Rights to digital technologies, p. 1-9, nov. 2019.

[10] IEEE. Institute of Electrical and Electronics Engineers. *Ethically Aligned Design*: A Vision for Prioritizing Human Well-being with Autonomous and Intelligent Systems (A/IS), 2019.

[11] AUSTRALIA. Australian Human Rights Commission. *Human Rights and Technology*: Final Report 2021, p. 1-238, 2021, p. 10.

Sob a perspectiva multinível, o sistema global de proteção dos direitos humanos com relação às novas tecnologias articula-se com os sistemas regionais de proteção de direitos humanos e com as ordens nacionais. Dessa forma, cria-se uma rede de tutela dos direitos humanos no plano internacional baseada no *human rights approach*[12], que redimensiona a soberania estatal e o âmbito de aplicação da jurisdição nacional[13], por meio de diálogos, interações, impactos e incidências mútuas e recíprocas[14], guiados pelo princípio da prevalência da dignidade humana. A pessoa humana apresenta-se como sujeito de proteção da rede dos direitos humanos, sendo fundamental neste processo dinâmico potencializar o exame das novas tecnologias através do enfoque dos direitos humanos[15].

O impacto dos direitos humanos nas novas tecnologias se revela por meio de um conjunto articulado de normas, princípios e *standards* internacionais, os quais são frutos de um experimentalismo multinível quanto à proteção dos direitos humanos em resposta aos desafios das novas tecnologias. Tais desafios geram a necessidade de incorporar valores no âmbito regulatório para a adequada proteção dos direitos humanos.

Esse conjunto de normas jurídicas internacionais assumiu a natureza *soft law*, por meio de recomendações internacionais. No sistema global de proteção dos direitos humanos, foi instituído o Projeto B-*Tech* (UN *Human Rights Business and Human Rights in Technology Project* – B-*Tech*[16]), que tem por propósito aplicar os Princípios Orientadores sobre Empresas e Direitos Humanos das Nações Unidas (UN *Guiding Principles on Business and Human Rights*[17]) às tecnologias digitais. O Projeto B-*Tech* pretende contribuir para a prevenção

---

[12] PIOVESAN, Flávia. Direitos humanos e diálogo entre jurisdições. *Revista Brasileira de Direito Constitucional* – RBDC, São Paulo, n.19, p. 67-93, 2012, p. 71.

[13] SIKKINK, Kathryn. Human Rights, Principled Issue-Networks, and Sovereignty in Latin America. *International Organization*, v. 47, n. 3, p. 411-441, 1993, p. 413.

[14] Sobre o tema: HERNANDES, Luiz Eduardo Camargo O. *Transconstitucionalismo e justiça de transição*: diálogo entre cortes no caso "Gomes Lund". Rio de Janeiro: Editora Lumen Juris, 2018.

[15] Sore a análise das redes de proteção dos direitos humanos e da democracia ver: HERNANDES, Luiz Eduardo Camargo Outeiro; PIOVESAN, Flavia. *Democracia*: proteção constitucional e internacional. São Paulo: Saraiva Educação SA, 2022.

[16] UNITED NATIONS. Office of the High Commissioner of Human Rights. *Human Rights Business and Human Rights in Technology Project* (B-*Tech*): Applying the UN Guiding Principles on Business and Human Rights to digital technologies, p. 1-9, nov. 2019.

[17] UNITED NATIONS. Human Rights Council. *Guiding Principles on Business and Human Rights*: Implementing the United Nations 'Protect, Respect and Remedy' Framework, endorsed by A/HRC/RES/17/4, 6 jul. 2011.

e para a responsabilização por danos aos direitos humanos decorrentes do desenvolvimento de tecnologias digitais e da sua utilização por empresas, órgãos governamentais e não governamentais, bem como pelos usuários. A premissa do Projeto B-*Tech* é utilizar a lógica dos três pilares Proteger, Respeitar, Remediar, que informam os Princípios Orientadores da ONU sobre Empresas e Direitos Humanos[18], com o fim de identificar, prevenir, mitigar e remediar os danos aos direitos humanos relacionados com as tecnologias digitais. Os três pilares – Proteger, Respeitar, Remediar – visam esclarecer as responsabilidades dos Estados e das empresas em relação aos direitos humanos, cabendo ao Estado o dever de proteger direitos humanos (evitando a violação por atores não estatais), às empresas a responsabilidade de respeitar direitos humanos, restando assegurado às vítimas o acesso à reparação e remédios adequados em casos de violação. Os três pilares contribuem ainda para: a) orientar qual deve ser uma conduta empresarial responsável na prática em relação ao desenvolvimento, aplicação, venda e uso de tecnologias digitais; b) orientar os órgãos reguladores sobre a aplicação de uma combinação inteligente de regulamentação, incentivos e ferramentas de políticas públicas, proporcionando salvaguardas dos direitos humanos e responsabilização sem prejudicar o potencial das tecnologias digitais para enfrentar desafios sociais, ecológicos etc.; c) e desenvolver modelos viáveis para a reparação e para a responsabilização em caso de danos.

Para as tecnologias digitais, as Nações Unidas propõem também o Pacto Global Digital (*Global Digital Compact*) composto por objetivos e ações com a visão de promover uma governança compartilhada, cooperativa e dialógica entre partes interessadas (*multi-stakeholder*) para alcançar um futuro digital aberto, livre e seguro centrado no ser humano e nos propósitos e princípios da Carta das Nações Unidas, da Declaração Universal de Direitos Humanos e da Agenda 2030[19].

Atentos aos riscos e desafios regulatórios da inteligência artificial, o Órgão Consultivo de Alto Nível sobre Inteligência Artificial, convocado pelo Secretário-Geral das Nações Unidas, teve a responsabilidade de analisar e de apresentar recomendações sobre a governança internacional da inteli-

---

[18] Para uma análise mais profunda do tema: HERNANDES, Luiz Eduardo Camargo Outeiro. Meio ambiente, empresas e direitos humanos no sistema das Nações Unidas: uma análise econômica da adoção de normas vinculantes sobre obrigações de direitos humanos das empresas. *Homa Publica-Revista Internacional de Derechos Humanos y Empresas*, v. 3, n. 2, p. 049-049, 2019.
[19] UNITED NATIONS. Our Common Agenda Policy Brief 5. *A Global Digital Compact — an Open, Free and Secure Digital Future for All*, maio 2023, p. 11.

gência artificial. Em 2024, o Órgão Consultivo de Alto Nível sobre Inteligência Artificial elaborou os seguintes princípios orientadores para a inteligência artificial: a IA deve ser governada de forma inclusiva, para o benefício de todos; a IA deve ser governada com base na primazia do interesse público; a governança da IA deve ser construída em sintonia com a governança de dados e a promoção de dados comuns; a governança da IA deve ser universal, interligada e radicada na colaboração adaptativa de múltiplas partes interessadas; e a governança da IA deve estar ancorada na Carta das Nações Unidas, no Direito Internacional dos Direitos Humanos e em outros compromissos internacionais acordados, como os Objetivos de Desenvolvimento Sustentável[20].

Em 21 de março de 2024, as Nações Unidas adotaram a primeira Resolução sobre inteligência artificial[21]. A Resolução reconhece que sistemas de inteligência artificial seguros, protegidos e confiáveis têm o potencial de acelerar e permitir o progresso com o fim de alcançar os 17 Objetivos de Desenvolvimento Sustentável, que compõem a Agenda 2030 das Nações Unidas. A Resolução compreende por sistemas de inteligência artificial os sistemas de inteligência artificial não militares, cujo ciclo de vida inclui as etapas: pré-projeto, projeto, desenvolvimento, avaliação, teste, implantação, uso, venda, aquisição, operação e desmantelamento.

No que se refere à Europa, em 24 de janeiro de 2024, o Parlamento e o Conselho Europeus aprovaram o Regulamento que estabelece regras harmonizadas em matéria de inteligência artificial (Regulamento Inteligência Artificial[22]) da União Europeia. O Regulamento estabelece as regras harmonizadas para a colocação no mercado, a colocação em serviço e a utilização de sistemas de inteligência artificial na União; proibições de certas práticas de inteligência artificial; requisitos específicos para sistemas de IA de risco elevado e obrigações para os operadores desses sistemas; regras de transparência harmonizadas para sistemas de IA concebidos para interagir com pessoas singulares, sistemas de reconhecimento de emoções e sistemas de categorização biométrica, bem como para sistemas de IA usados para gerar ou mani-

---

[20] UNITED NATIONS. AI Advisory Body. *Interim Report*: Governing AI for Humanity, dez. 2023, p. 15 e ss.

[21] UNITED NATIONS. General Assembly. Resolution. A/78/L.49, adotad on 11 mar. 2024.

[22] EUROPEAN UNION. Council of the European Union. *Proposal for a Regulation of the European Parliament and of the Council laying down harmonised rules on artificial intelligence (Artificial Intelligence Act) and amending certain Union legislative acts*, 26 jan. 2024.

pular conteúdos de imagem, áudio ou vídeo; e regras relativas à fiscalização e vigilância do mercado.

Em 17 de maio de 2024, o Conselho da Europa adotou a primeira norma juridicamente vinculante em matéria de inteligência artificial. Trata-se da convenção internacional *Council of Europe Framework Convention on artificial intelligence and human rights, democracy, and the rule of law*[23], que tem por objetivo garantir o respeito aos direitos humanos, ao Estado de Direito e aos *standards* democráticos no uso de sistemas de inteligência artificial.

No que tange ao cyberspace e sobretudo ao mercado digital, também a União Europeia adotou a "Lei dos Serviços Digitais" (*The Digital Services Act*) composta pelo Regulamento dos Mercados Digitais[24] e pelo Regulamento dos Serviços Digitais[25]. O Regulamento dos Mercados Digitais entrou em vigor em 1º de novembro de 2022 e as suas regras começaram a ser aplicadas a partir de 02 de maio de 2023. Já o Regulamento dos Serviços Digitais entrou em vigor a 16 de novembro de 2022 e se tornou aplicável em toda a União Europeia a partir de 17 de fevereiro de 2024.

O Regulamento dos Mercados Digitais tem por finalidade regulamentar a atividade econômica no mercado digital. O Regulamento dos Mercados Digitais normatiza as práticas de empresas denominadas como "controladoras de acesso". Uma empresa será considerada controladora de acesso se: a) tiver um impacto significativo no mercado interno; b) prestar um serviço essencial de plataforma que constitui uma porta de acesso importante para os utilizadores profissionais chegarem aos utilizadores finais; e c) beneficiar de uma posição enraizada e duradoura nas suas operações ou se for previsível que possa vir a beneficiar de tal posição num futuro próximo. Tais condutas podem inclusive ser presumidas pelo Regulamento dos Mercados Digitais.

O Regulamento dos Serviços Digitais disciplina a proteção do espaço digital contra a propagação de conteúdos ilegais e a proteção dos direitos fundamentais dos usuários. As regras abrangem as redes sociais, os mercados online, as plataformas online de grande dimensão (*very large online platforms* – VLOPs) e as ferramentas de pesquisa online de grande dimensão (*very large*

---

[23] EUROPEAN UNION. *Council of the European Union*. Council of Europe Framework Convention on artificial intelligence and human rights, democracy, and the rule of law, 17 may. 2024.

[24] EUROPEAN UNION. *Regulation (EU) 2022/1925 of the European Parliament and of the Council*, 14 sep. 2022.

[25] EUROPEAN UNION. *Regulation (EU) 2022/2065 of the European Parliament and of the Council*, 19 oct. 2022.

online search engines — VLOSEs). As regras são concebidas de forma assimétrica, ou seja, os serviços intermediários de maior dimensão com impacto social significativo (VLOPs e VLOSEs) estão sujeitos a regras mais rigorosas.

O Regulamento dos Serviços Digitais estabelece regras de transparência para as plataformas digitais, como também regras de responsabilização condicionada (regime de "isenção condicional de responsabilidade dos prestadores de serviços intermediários" ou *framework for the conditional exemption from liability of providers of intermediary services*) pelo seu papel na difusão de conteúdos ilegais e prejudiciais. Dessa forma, as isenções de responsabilidade estabelecidas no regulamento não serão aplicáveis nos casos em que o prestador de serviços intermediários viole o princípio da neutralidade nas prestações dos serviços digitais (neutralidade das redes) e, por exemplo, desempenhe um papel ativo que lhe permita ter conhecimento ou controle dessas informações.

Dentre outras regras, o Regulamento dos Serviços Digitais estabelece obrigações especiais para os mercados digitais, a fim de combater a venda de produtos e serviços ilegais; introduz medidas para combater os conteúdos ilegais e obrigações para as plataformas reagirem rapidamente, respeitando os direitos fundamentais; introduz normas de proteção de crianças e adolescentes, proibindo as plataformas de utilizarem publicidade direcionada baseada na utilização de dados pessoais de crianças e adolescentes, conforme definido na legislação da UE; impõe limites à apresentação de publicidade e à utilização de dados pessoais sensíveis para publicidade direcionada, incluindo gênero, raça e religião; proíbe interfaces enganosas conhecidas como "padrões obscuros" (*dark patterns*) e práticas destinadas a enganar.

Para as plataformas online e para as ferramentas de pesquisa de grandes dimensões (VLOPs e VLOSEs), a "Lei dos Serviços Digitais" (*The Digital Services Act*) impõe as obrigações de oferecer aos usuários um sistema de recomendação de conteúdo que não seja baseado em perfis; e analisar os riscos sistêmicos que criam, tais como riscos relacionados com a difusão de conteúdos ilegais, efeitos negativos nos direitos fundamentais, nos processos eleitorais e na violência baseada no gênero ou na saúde mental.

O debate sobre o desenvolvimento do marco regulatório das novas tecnologias passa ainda pela necessidade de criação de um órgão regulatório independente. Por exemplo, o artigo 68.º do Regulamento Geral sobre a Proteção de Dados (RGPD) do Parlamento e do Conselho Europeus, em 27 de abril de 2016, criou o Comitê Europeu para a Proteção de Dados. Trata-se de um órgão independente europeu, dotado de personalidade jurídica, que assegura a aplicação coerente das regras de proteção de dados em toda a União Europeia. O Comitê é composto por representantes das autoridades nacionais de proteção de dados dos Estados-Membros da União Europeia e da Autoridade Europeia para a Proteção de Dados. A Comissão Europeia participa nas atividades e reuniões do Comitê, sem direito de voto. Dentre as funções do Comitê Europeu para a Proteção de Dados, destaque-se emitir orientações gerais sobre conceitos-chave do RGPD e da Diretiva relativa à Aplicação da Lei, aconselhando a Comissão Europeia sobre questões relacionadas com a proteção dos dados pessoais e com a nova legislação a ser proposta no âmbito da União Europeia, e adotando decisões vinculativas em litígios entre as autoridades nacionais de supervisão. Exemplos de normas emitidas em cumprimento às suas funções são a Diretiva sobre a Proteção de Dados na Aplicação da Lei e o Regulamento (UE) 2018/1725. As recomendações do Comitê dos Ministro dos Estados-Membros da União Europeia[26] esclareceram o alcance do direito à privacidade na internet quanto à proteção dos dados.

Ressalte-se que o Conselho Europeu, por meio do Comitê de Ministros, editou também os Princípios para os direitos humanos dos usuários da internet (*Guide to human rights for Internet users*). Trata-se de uma recomendação no plano europeu que não se propõe a criar direitos humanos novos, mas fortalecê-los e criar mecanismos de cumprimento. A recomendação fortalece os direitos de acesso, de não discriminação, de se reunir, associar e participar pacificamente, de liberdade de expressão e de informação, de privacidade e de proteção de dados, de educação e de alfabetização, especial proteção para crianças e adolescentes e efetividade dos remédios para a tutela dos direitos humanos restringidos ou violados[27].

Se o modelo europeu é orientado pela salvaguarda de valores, por obrigações especiais às plataformas digitais e por uma governança cibernética, o modelo adotado pelos EUA, a partir da jurisprudência da Corte Suprema, aponta para a direção oposta, assegurando absoluta imunidade às plataformas, sob o argumento de assegurar o avanço econômico e a natureza plural das redes.

---

[26] EUROPEAN UNION. Guide to Human Rights for Internet Users. *Recommendation of the Committee of Ministers to member States on a Guide to human rights for Internet users*, adopted by the Committee of Ministers, 16 apri. 2014.

[27] EUROPEAN UNION. Guide to Human Rights for Internet Users. *Recommendation of the Committee of Ministers to member States on a Guide to human rights for Internet users*, adopted by the Committee of Ministers, 16 apri. 2014.

Com efeito, nos EUA, após mais de vinte e cinco anos de evolução dos precedentes da Suprema Corte dos Estados Unidos delimitando o âmbito de proteção da liberdade de expressão, os discursos, que antes não encontravam a proteção da Primeira Emenda, passaram a ser amparados constitucionalmente. Isso ocorreu a partir do caso New York Times v. Sullivan em que a Suprema Corte Americana rejeitou os testes de conteúdo e efeito e declarou a validade do discurso em si, independentemente do seu conteúdo, como um valor vital da democracia. Ainda que o discurso contenha falsidades, este possui função no contínuo mercado de ideias[28].

A Seção 230 da Lei de Telecomunicações de 08 de fevereiro de 1996 (Telecommunications Act of 1996[29]) buscou regulamentar a responsabilização dos intermediários na internet em nível federal. A Seção 230 é conhecida como a Lei da Decência das Comunicações (Communication Decency Act) e a normativa reconhece que os serviços de internet disponíveis aos cidadãos podem gerar avanços extraordinários na disponibilidade de recursos educacionais, culturais e informativos. Dentre os diversos objetivos políticos da Seção 230 da Lei da Decência das Comunicações estão promover o desenvolvimento contínuo da Internet e de outros serviços interativos, preservar a competitividade da liberdade de mercado na internet livre de regulamentações federais ou estaduais, incentivar o controle do usuário sobre as informações pessoais e garantir a aplicação das leis criminais federais para dissuadir e punir o tráfico de obscenidade, perseguição e assédio por meio de computador. A Seção 230 (c) (1) e (2) estabelece que nenhum fornecedor ou usuário de um serviço informático interativo será tratado como editor ou orador de qualquer informação fornecida por outro fornecedor de conteúdos de informação, bem como que nenhum fornecedor ou usuário de um serviço de computador interativo será responsabilizado por qualquer ação tomada voluntariamente e de boa-fé para restringir o acesso ou a disponibilidade de material que o provedor ou o usuário considere obsceno, lascivo, imundo, excessivamente violento, asse-

---

[28] Stanley Fish, The first: How to think about hate speech, campus speech, religious speech, fake news, post-truth, and Donald Trump. New York: Atria, 2020. e-book, posição 4.38. "De fato, a distinção entre fato e falsidade é borrada, e essa indefinição é oficializada quando em Gertz v. Robert Welch, o Tribunal declara: "De acordo com a Constituição, não existe uma ideia falsa", o que não significa que não existam ideias falsas, mas que a falsidade de uma ideia não a desqualifica da participação no diálogo público. (Como argumentarei no capítulo 5, é essa lógica que abre caminho para as notícias falsas e para o mantra moderno: "Minha opinião é tão boa quanto a sua".)

[29] UNITED STATES OF AMERICA. Telecommunications Act of 1996. Public Law n.104-104, of 02 feb. 1996.

diante ou de outra forma censurável, seja esse material constitucionalmente ou não protegido.

A Seção 230 da Lei de Decência nas Comunicações isenta de responsabilidade as plataformas digitais quanto às possíveis responsabilidades civis pelo conteúdo postado nas redes digitais por seus usuários, em que pese autorizar as plataformas digitais a moderarem o conteúdo das mensagens ou mesmo excluí-las. Foi nessa linha a decisão da Suprema Corte americana no caso *Gonzalez v. Google*, de 18 de maio de 2023, quando a Corte se recusou a abordar a aplicação da Seção 230 da Lei de Decência nas Comunicações no referido caso. A Corte deliberou que a queixa parecia "indicar pouca ou nenhuma reivindicação plausível de reparação" (caso *Gonzalez v. Google*). Por essa razão, a Corte anulou a decisão da Corte de Apelação do 9º Circuito para que esta analisasse a reclamação dos demandantes à luz da nossa decisão no caso Twitter Inc. v. Taamneh.

No caso Twitter Inc. v. Taamneh, de 18 de maio de 2023, a Suprema Corte americana entendeu que a plataforma digital não poderia ser responsabilizada por não fazer "o suficiente" para moderar e para excluir mensagens de seus usuários contendo conteúdos relacionados a grupos terroristas. Isso porque para a Suprema Corte americana era necessário estar provado que as plataformas digitais contribuíram ou forneceram uma assistência, uma ajuda ou uma cumplicidade substancial ao ataque terrorista, não se caracterizando como tal o fato dos usuários receberem partilhas de receitas das plataformas digitais.

Dessa forma, a Suprema Corte americana vem analisando as questões relativas à responsabilidade civil das plataformas digitais, no que se refere à moderação e à exclusão de mensagens de seus usuários contendo conteúdos relacionados aos grupos terroristas à luz da Seção 230 da Lei de Decência nas Comunicações, não ao abrigo da liberdade de expressão absoluta, mas sim a partir dos estritos requisitos da responsabilidade civil, especialmente o nexo de causalidade entre o fato e o resultado danoso, bem como a configuração da culpa.

Além da internet e da inteligência artificial, as novas tecnologias compreendem os desafios da neurotecnologia. Neste caso, as respostas iniciais advieram da Organização dos Estados Americanos, sendo que o primeiro marco normativo do mundo sobre a matéria foi adotado no Chile.

Atenta aos riscos, aos avanços da neurociência e ao desenvolvimento das neurotecnologias, bem como aos desafios regulatórios e as preocupações éticas e jurídicas sobre os direitos humanos, a Organização dos Estados Americanos adotou no Nonagésimo Nono Período Ordinário de Sessões, realizado de 2 a 11 de agosto de 2021, a Declaração sobre Neurociência, Neurotecnologias e Direitos Humanos: Novos Desafios Jurídicos para as Américas.

A Declaração sobre Neurociência, Neurotecnologias e Direitos Humanos traz diversas recomendações para os Estados, o setor privado, o meio acadêmico e o mundo científico. Dentre elas, podem ser destacadas o apelo aos Estados para: a) antecipar-se a essas preocupações e prestar atenção especial ao desenvolvimento dessas tecnologias mediante regulamentações que ofereçam salvaguardas suficientes para que seu desenvolvimento e implementação progressiva não constituam ameaças aos direitos e liberdades protegidos no marco jurídico interamericano; b) adotar medidas que evitem impactos negativos dessas tecnologias em grupos vulneráveis ou desfavorecidos, bem como promover condições iguais de acesso às neurotecnologias que gerem benefício para a saúde e para a qualidade de vida das pessoas; c) promover ações de política pública que gerem consciência e educação sobre os benefícios e os riscos das neurotecnologias, enfatizando o papel nessa matéria dos ministérios ou entidades responsáveis pela promoção e fortalecimento da ciência, da tecnologia, da inovação e da educação, sem prejuízo do envolvimento de outras entidades estatais; d) e estabelecer que o uso de tecnologias baseadas em interfaces cérebro-computador só deve perseguir finalidades legítimas, proibindo seu uso para fins de controle social, vigilância em massa dos cidadãos ou pontuação social.

Ainda, a Organização dos Estados Americanos aprovou no Centésimo Segundo Período Ordinário de Sessões, realizado de 6 a 10 de março de 2023, a Declaração de Princípios Interamericanos sobre Neurociências, Neurotecnologias e Direitos Humanos. A Declaração reconhece princípios a serem respeitados pelas neurociências e pelas neurotecnologias para a proteção dos direitos humanos nas Américas. Dentre os princípios previstos estão: Princípio 1: Identidade, autonomia e privacidade da atividade neural; Princípio 2: Proteção dos Direitos Humanos a partir do desenho de neurotecnologias; Princípio 3: Dados neurais como dados pessoais confidenciais; Princípio 4: Consentimento expresso e informado para dados neurais; Princípio 5: Igualdade, Não Discriminação e Acesso Equitativo às Neurotecnologias; Princípio 6: Aplicação terapêutica exclusiva no que diz respeito ao aumento das capacidades cognitivas; Princípio 7: Integridade neurocognitiva; Princípio 8: Governança transparente das neurotecnologias; Princípio 9: Supervisão e controle de neurotecnologias; e Princípio 10: Acesso a proteção eficaz e acesso a remédios associados ao desenvolvimento e uso de neurotecnologias.

Quanto aos neurodireitos, o Chile foi o primeiro país a prever na Constituição neurodireitos, com a reforma constitucional promulgada em 25 de outubro de 2021, por meio da Lei n. 21.383, que "modifica a Carta Fundamental, para estabelecer o desenvolvimento científico e tecnológico ao serviço das pessoas". O artigo 19, 1º, da Constituição chilena passou a prever que a Constituição assegura a todas as pessoas o direito à vida e à integridade física e mental da pessoa, estabelecendo que o desenvolvimento científico e tecnológico estará a serviço das pessoas e será realizado com respeito pela vida e pela integridade física e mental. A lei regulamentará os requisitos, condições e restrições para o seu uso nas pessoas, devendo proteger especialmente a atividade cerebral, bem como as informações dela provenientes[30].

No âmbito das experiências nacionais concernentes à neurotecnologia, cabe ainda destacar que a Espanha editou a Carta de Direitos Digitais[31] em 14 de julho de 2021, a qual foi elaborada a partir do trabalho realizado pelo Grupo Consultivo de Peritos constituído pelo Secretário de Estado da Digitalização e Inteligência Artificial do Ministério da Economia e da Transformação Digital. Apesar de a Carta não possuir conteúdo normativo, introduz princípios e políticas para a interpretação e aplicação dos novos direitos no ambiente digital. A Carta de Direitos Digitais da Espanha prevê no seu artigo XXVI os direitos digitais no uso de neurotecnologias. Segundo o artigo XXVI, as condições, limites e garantias de implementação e utilização das neurotecnologias nas pessoas podem ser reguladas por lei com a finalidade de: a) garantir o controle de cada pessoa sobre a sua própria identidade; b) garantir a autodeterminação individual, a soberania e a liberdade na tomada de decisões; c) garantir a confidencialidade e segurança dos dados obtidos ou relacionados com os seus processos cerebrais e total controle e disposição sobre eles; d) regular o uso de interfaces ser humano-máquina que possam afetar a integridade física ou mental; e e) garantir que as decisões e processos baseados em neurotecnologias não sejam condicionados pelo fornecimento de dados, programas ou informações incompletas, indesejadas, desconhecidas ou tendenciosas.

Estabelece ainda a Carta de Direitos Digitais da Espanha que, para garantir a dignidade da pessoa, a igualdade e a não discriminação, de acordo com os tratados internacionais, a lei poderá regular os pressupostos e con-

---

[30] CHILE. *La Constitución Política de la República de Chile*. Disponível em: <https://www.bcn.cl/leychile/navegar?idNorma=242302>, acesso em: 18 maio 2024.
[31] ESPANHA. *Carta de Derechos Digitales*, de 14 de julho de 2021. Disponível em: <https://www.lamoncloa.gob.es/presidente/actividades/Documents/2021/140721-Carta_Derechos_Digitales_RedEs.pdf>, acesso em: 18 maio 2024.

dições de utilização das neurotecnologias que, para além da sua aplicação terapêutica, visem ao aumento cognitivo ou à estimulação ou melhoria das capacidades das pessoas.

Em 17 de novembro de 2022, o Ministério do Ensino Superior e Pesquisa da França publicou a *Carta para o Desenvolvimento Responsável de Neurotecnologias* (*Charte de développement responsable des neurotechnologies*[32]). A Carta representa um compromisso moral, de livre adesão e dinâmico, para o desenvolvimento ético e responsável das neurotecnologias. Os compromissos previstos dizem respeito à proteção de dados cerebrais pessoais, à garantia da confiabilidade, da segurança e da proteção de dispositivos médicos e não médicos, a desenvolver uma comunicação ética e transparente com relação às neurotecnologias, prevenir usos abusivos, aplicações e manipulações maliciosas e sempre levar em conta as expectativas da sociedade no domínio da neurotecnologia.

No plano europeu, a "Declaração de León sobre a neurotecnologia europeia: uma abordagem centrada na pessoa e baseada nos direitos humanos"[33] foi adotada em 24 de outubro de 2023. Segundo a Declaração de León, os Estados-Membros se comprometem a: a) promover a cooperação entre os setores público e privado para o desenvolvimento de neurotecnologias orientadas para a proteção de direitos, baseadas em evidências e cibersegurança; b) alimentar um ecossistema dinâmico que permita fechar a lacuna entre investigação, inovação e mercado, passar de protótipos a produtos em conformidade com os direitos fundamentais, bem como com as normas de cibersegurança; c) considerar medidas de acompanhamento e investimento em neurotecnologias através de incubadoras e aceleradores de neurotecnologias na UE, bem como através de investimentos de capital de risco ou fundos de garantia na fase inicial e de crescimento; d) que a Comissão Europeia, em estreita colaboração com o recém-criado Centro Europeu de Transparência Algorítmica, facilite discussões especializadas de alto nível para avaliar até que ponto os quadros regulamentares e políticos existentes, incluindo propostas

---

[32] FRANCE. Charte de développement responsable des neurotechnologies, de 17 de novembro de 2022. Disponível em: <https://www.enseignementsup-recherche.gouv.fr/sites/default/files/2023-01/charte-de-d-veloppement-responsable-des-neurotechnologies-25237.pdf>, acesso em: 18 maio 2024.

[33] EUROPEAN UNION. *Declaración de León sobre la Neurotecnología Europea*: un enfoque Centrado en la Persona y Basado en los Derechos Humanos, de 24 de outubro de 2023. Disponível em: <https://spanish-presidency.consilium.europa.eu/media/5azj0e2h/declaraci%C3%B3n-de-le%C3%B3n.pdf>, acesso em: 18 maio 2024.

legislativas a serem adotadas em breve, salvaguardam direitos individuais e coletivos no contexto das neurotecnologias, possivelmente no contexto do trabalho da Comissão sobre a Web 4.0 e os mundos virtuais. Com base nesta avaliação, propõe-se delinear possíveis próximos passos para fornecer orientações adicionais; e) promover o diálogo com a Comissão Europeia e entre os Estados-Membros em face dos debates internacionais sobre questões importantes de interesse comum no domínio das neurotecnologias; f) obrigar os líderes europeus de inovação em neurotecnologia a tomarem consciência e aderirem a uma abordagem centrada no ser humano e orientada para os direitos, por intenção e por defeito, no desenvolvimento dos seus produtos; g) a União Europeia deve informar ativamente e envolver o público no debate sobre as oportunidades e os riscos da neurotecnologia, por exemplo através da realização de consultas públicas; h) criar um ecossistema fiável, transparente e responsável para que os cidadãos da UE utilizem a neurotecnologia; e i) a Comissão Europeia colaborará com organismos de normalização para estudar a necessidade de criar padrões para neurotecnologias, incluindo padrões de segurança cibernética centrados na defesa dos direitos humanos.

4. Como Fortalecer a Incorporação do *Human Rights Approach* em Relação às Novas Tecnologias?

Por fim, três são as conclusões centrais deste estudo acerca da relação entre os direitos humanos e as novas tecnologias.

A primeira conclusão se atém ao impacto multidimensional das novas tecnologias nos direitos humanos, por meio de um processo dinâmico, veloz, complexo e em constante transformação, do qual emergem novos direitos e também novos riscos. Observa-se, ainda, a relevância de adotar um enfoque pautado em vulnerabilidades, considerando não apenas o chamado *digital divide* e o *gender gap* no acesso às novas tecnologias, mas ainda o impacto desproporcionalmente lesivo do uso das novas tecnologias em relação a crianças e adolescentes, bem como em relação a grupos raciais vítimas de *on line discrimination*, discriminação algorítmica ou do *hate speech on line*.

Considerando que as novas tecnologias têm a potencialidade de promover direitos, mas também de violar direitos, a segunda conclusão aponta para a urgência das ciências das humanidades responderem a situações em que o vácuo ou déficit regulatório e de governança implicam na perpetuação de graves violações decorrentes do uso abusivo e arbitrário das novas tecnologias. Daí a necessidade de compreender o experimentalismo multinível em sua ânsia de adotar princípios, diretrizes, marcos regulatórios e modelos de governança para disciplinar as novas tecnologias, compreendendo a internet, a inteligência artificial e a neurotecnologia.

No âmbito global, a ONU desde 2019 avança com o *Projeto B-Tech* (UN *Human Rights Business and Human Rights in Technology Project* – B-Tech), que tem por propósito aplicar os Princípios Orientadores sobre Empresas e Direitos Humanos das Nações Unidas (UN *Guiding Principles on Business and Human Rights*) às tecnologias digitais. Propõe também o Pacto Global Digital (*Global Digital Compact*) composto por objetivos e ações com a visão de promover uma governança compartilhada, cooperativa e dialógica entre partes interessadas (*multi-stakeholder*) para alcançar um futuro digital aberto, livre e seguro centrado no ser humano e nos propósitos e princípios da Carta das Nações Unidas, da Declaração Universal de Direitos Humanos e da Agenda 2030. Convocado pelo Secretário-Geral da ONU, em 2024, o Órgão Consultivo de Alto Nível sobre Inteligência Artificial elaborou ainda princípios orientadores para a inteligência artificial, reiterando que a governança da inteligência artificial deve estar ancorada na Carta das Nações Unidas, no Direito Internacional dos Direitos Humanos e em outros compromissos internacionais acordados.

No âmbito regional, merecem destaque importantes avanços adotados pela União Europeia, compreendendo a aprovação do Regulamento que estabelece regras harmonizadas em matéria de inteligência artificial (Regulamento da Inteligência Artificial da União Europeia), em 24 de janeiro de 2024, bem como a adoção da primeira norma juridicamente vinculante em matéria de inteligência artificial – *Council of Europe Framework Convention on artificial intelligence and human rights, democracy, and the rule of law* – em 17 de maio de 2024, com a finalidade de garantir o respeito aos direitos humanos, ao Estado de Direito e aos *standards* democráticos no uso de sistemas de inteligência artificial. No que tange ao *cyberspace* e sobretudo ao mercado digital, também a União Europeia adotou a "Lei dos Serviços Digitais" (*The Digital Services Act*) composta pelo Regulamento dos Mercados Digitais e pelo Regulamento dos Serviços Digitais. Ressalte-se que o Conselho Europeu, por meio do Comitê de Ministros, editou também os Princípios para os direitos humanos dos usuários da internet (*Guide to human rights for Internet users*).

Além da internet e da inteligência artificial, as novas tecnologias compreendem ademais os desafios da neurotecnologia. Neste caso, as respostas iniciais advieram da Organização dos Estados Americanos, por meio da adoção da Declaração de Princípios Interamericanos sobre Neurociências, Neurotecnologias e Direitos Humanos, sendo que o primeiro marco normativo do mundo sobre a matéria foi introduzido no Chile, mediante reforma constitucional, em 2021. Iniciativas regulatórias recentes no campo da neurotecnologia despontam em países como a Espanha em 2021 e a França em 2022, adicionando a aprovação pela União Europeia da "Declaração de León sobre a neurotecnologia europeia: uma abordagem centrada na pessoa e baseada nos direitos humanos", em 24 de outubro de 2023.

Por fim, à luz do experimentalismo multinível concernente à incorporação do *human rights approach* às novas tecnologias, a terceira conclusão invoca um urgente apelo às Ciências das Humanidades a fim de identificar, sob o enfoque comparado, as *best practices* para avançar e fortalecer a densificação dos valores dos direitos humanos, da democracia e do Estado de Direito às novas tecnologias emergentes controladas por poderosos atores privados transnacionais, por vezes imunes a qualquer *accountability* e controle. Faz-se essencial compensar o déficit de marcos normativos e de governança regulatória, que tem permitido perpetuar graves violações a direitos humanos decorrentes do uso abusivo e arbitrário das novas tecnologias.

O desenvolvimento e a implementação das novas tecnologias devem respeitar um conjunto de princípios que englobam o respeito aos direitos humanos, o bem-estar, a *accountability*, a transparência, a prevenção, a precaução e conscientização sobre uso indevido, demandando a necessária avaliação de risco (*risk assessment*) para prevenir violações a direitos.

O *human rights approach* há de impactar as novas tecnologias de forma a estabelecer um marco regulatório no qual estejam previstas normas vinculantes de responsabilização e de governança compartilhada, cooperativa e dialógica entre os diversos atores envolvidos (*multi-stakeholder*). O regime jurídico do marco regulatório das novas tecnologias há de ser guiado por princípios inspirados no *human rights approach*, compreendendo o consentimento informado, a transparência, a neutralidade tecnológica, a *accountability*, a inclusividade, a equidade, a participação significativa (*meaningful participation*), a acessibilidade, o respeito ao princípio democrático, a liberdade de expressão e de informação, a privacidade, a proteção de dados, a especial proteção para crianças e adolescentes, a prevenção, a precaução e a efetividade de remédios para a reparação dos direitos humanos violados.

Enfrentar o desafio de incorporar os valores democráticos e dos direitos humanos para regular adequadamente as novas tecnologias, de modo a garantir um ambiente digital aberto, seguro, transparente, inclusivo e pacífico, surge como medida imperativa para salvaguardar a democracia e os direitos humanos nas sociedades contemporâneas marcadas pela disrupção tecnológica, em um processo dinâmico, veloz, complexo e em constante transformação.

Capítulo 29

DIREITOS HUMANOS E JUSTIÇA CLIMÁTICA: PERSPECTIVAS E DESAFIOS EM UM SISTEMA MULTINÍVEL

Flávia Piovesan e Isabelle Magalhães[*]

1. Introdução

A proposta deste capítulo é enfocar a temática de justiça climática à luz do recente desenvolvimento jurisprudencial e normativo relacionado à matéria, em uma perspectiva multinível de proteção dos direitos humanos.

A justiça climática surge como tema de especial centralidade na agenda contemporânea dos direitos humanos, diante do dramático impacto que o câmbio climático tem provocado em relação aos seres humanos, às demais espécies que habitam o planeta Terra e aos ecossistemas.

Nesse sentido, primeiramente serão apresentadas as especificidades do sistema global de proteção de direitos humanos, a partir de um desenvolvimento progressivo na construção de normativas e espaços de governança global voltados ao combate à mudança climática.

Em um segundo momento, será analisada a temática do câmbio climático sob a ótica regional de proteção dos direitos humanos, com enfoque na emergente jurisprudência sobre o tema.

Finalmente, ambiciona este estudo destacar os principais desafios ao enfrentamento do câmbio climático, sob a perspectiva multinível de proteção dos direitos humanos.

---

[*] Doutoranda e Mestra em Direito pela Universidade de Brasília (UnB). Bacharel em Direito pela UnB, com período sanduíche na Université du Québec à Montréal. Assistente de Ações Transversais no Programa Fazendo Justiça, atuando na interface com a Unidade de Monitoramento e Fiscalização das decisões do Sistema Interamericano de Direitos Humanos do Conselho Nacional de Justiça (UMF/CNJ).

2. A Proteção ao Meio Ambiente e o Enfrentamento à Emergência Climática sob a Perspectiva Multinível dos Direitos Humanos

Diante da crescente emergência climática, faz-se necessária a proteção ambiental baseada em uma perspectiva dialógica e multinível[1], inspirada no *human rights approach*. Trata-se de um tema complexo e multidimensional, que tem impactado diretamente a fruição de diversos direitos humanos[2], tendo como cerne principal o direito ao meio ambiente saudável[3], afetando não apenas os direitos relacionados às gerações presentes e futuras, como também os ecossistemas e todas as espécies planetárias[4]. Nesse contexto, constata-se uma dimensão social e ambiental das matérias relacionadas ao câmbio climático, sendo fundamental, portanto, uma aproximação cada vez mais intensa entre a proteção ambiental e a proteção humana[5].

O enfrentamento das causas e consequências relacionadas ao câmbio climático demanda o desenvolvimento progressivo de normativas adequadas, capazes de fomentar a construção de um espaço de governança global[6] e

---

[1] Sobre a perspectiva multinível e os diálogos jurisdicionais, Piovesan dispõe: "É sob esta perspectiva multinível que emergem quatro vertentes do diálogo jurisdicional, a compreender o diálogo com o sistema global (mediante a incorporação de parâmetros protetivos de direitos humanos); o diálogo com os sistemas regionais (a envolver a "europeicização" do sistema interamericano e a "interamericanização" do sistema europeu); o diálogo com os sistemas nacionais (a abranger o controle da convencionalidade); e o diálogo com a sociedade civil (a emprestar ao sistema interamericano crescente legitimação social)". PIOVESAN, Flávia. *Temas de direitos humanos*. 12 ed., São Paulo: SaraivaJur, 2023, p. 46.

[2] Nesse sentido já dispôs a Corte Interamericana de Direitos Humanos: "destaca que os efeitos adversos da mudança climática atingem o desfrute efetivo dos direitos humanos." CORTE IDH. *Parecer Consultivo 23 sobre Meio Ambiente e Direitos Humanos*, 2017, p. 6. Disponível em: https://www.corteidh.or.cr/sitios/libros/todos/docs/infografia-por.pdf . Acesso em: 20 jun. 2024.

[3] Nesse sentido, ver: COMISSÃO INTERAMERICANA DE DIREITOS HUMANOS. RESOLUCIÓN n. 3/2021. *Emergencia Climática*: Alcance de Las Obligaciones Interamericanas en Materia de Derechos Humanos. Adoptada por la CIDH el 31 de diciembre de 2021, p. 5-6. Disponível em: <https://www.oas.org/es/cidh/decisiones/pdf/2021/Resolucion_3-21_SPA.pdf>, acesso em 20 jul. 2024.

[4] COMISSÃO INTERAMERICANA DE DIREITOS HUMANOS. RESOLUCIÓN No. 3/2021. *Emergencia Climática*: Alcance de Las Obligaciones Interamericanas en Materia de Derechos Humanos. Adoptada por la CIDH el 31 de diciembre de 2021, p. 8. Disponível em: <https://www.oas.org/es/cidh/decisiones/pdf/2021/Resolucion_3-21_SPA.pdf>, acesso em 20 jul. 2024.

[5] CANÇADO TRINDADE, Antônio Augusto. *Direitos humanos e meio-ambiente*: paralelo dos sistemas de proteção internacional. Porto Alegre: Sergio Antonio Fabris Editor, 1993, p. 23.

[6] Sobre o conceito de governança global e seus desdobramentos, ver: TORELLY, Marcelo. Do direito internacional à governança global: mudanças estruturais do espaço transnacional. *Revista de Direito Brasileira*, v. 15, n. 6, p. 20-46, 2016.

efetivo[7], a partir do reconhecimento do nexo entre câmbio climático e direitos humanos. Transita-se, assim, à análise do desenvolvimento progressivo da proteção ambiental nos sistemas protetivos global e regional[8].

2.1. Emergência climática e direitos humanos no âmbito do sistema global

A matéria relacionada ao câmbio climático vem se inserindo, no âmbito global, por meio da proteção internacional ao meio ambiente. Esta, por sua vez, está se desenvolvendo, nas últimas décadas, a partir da construção progressiva da inter-relação com os direitos humanos. Tal inter-relação não aconteceu desde o início da internacionalização dos direitos humanos. Observa-se, porém, que vem sendo intensificada nos últimos anos, conforme se demonstrará a seguir.

O processo de internacionalização e universalização dos direitos humanos desencadeou a sistematização de normativas internacionais de proteção de tais direitos, desde o início do século XX. Assim, o período de internacionalização foi impulsionado pelas contribuições da Organização Internacional do Trabalho, da Liga das Nações e do Direito Humanitário[9]. Perpassa, de igual modo, pela construção de um novo paradigma emergen-

---

[7] Em relação à efetividade jurídica, Gabriela Garcia dispõe que está relacionada com a fidelidade e a constância do cumprimento da norma, referente à "realização do direito no desempenho concreto de sua função social". LIMA, Gabriela Garcia Batista. O *conceito de governança global do desenvolvimento sustentável no estudo da efetividade da norma jurídica*: reflexões epistemológicas. Nomos (Fortaleza), v. 32.2, p. 157-178, 2012. Disponível em: <https://repositorio.ufc.br/bitstream/riu-fc/12189/1/2012_art_ggblima.pdf>, acesso em: 05 maio 2024. No mesmo sentido, ver: VARELLA, Marcelo Dias, A efetividade do direito internacional ambiental: análise comparativa entre as convenções da CITES, CDB, Quioto e Basiléia no Brasil. In: BARROS-PLATIAU, Ana Flávia; VARELLA, Marcelo Dias (orgs.). A *efetividade do direito internacional ambiental*. Brasília: UNICEUB, UNITAR e Unb, 2009, p. 34-35.

[8] Nesse sentido: "international climate change law [...] includes not only the UN regime, but also rules and principles of general international law relevant to climate change; norms developed by other treaty regimes and international bod-ies; regulations, policies, and institutions at the regional, national and sub-national levels; and judicial decisions of national, regional and international courts". BODANSKY, Daniel; BRUNNÉE, Jutta; RAJAMANI, Lavanya. *International Climate Change Law*. Oxford: Oxford University Press, 2017. p. 10-11.

[9] Nesse sentido: "Apresentado o breve perfil da Organização Internacional do Trabalho, da Liga das Nações e do Direito Humanitário, pode-se concluir que tais institutos, cada qual ao seu modo, contribuíram para o processo de internacionalização dos direitos humanos". PIOVESAN. Flávia. *Direitos humanos e o Direito Constitucional Internacional*. 20. ed. São Paulo: SaraivaJur, 2022, p. 216.

te após a Segunda Guerra Mundial, relacionado ao Tribunal de Nuremberg[10], à Carta das Nações Unidas de 1945[11] e à Declaração Universal dos Direitos Humanos de 1948. Este último instrumento é uma grande referência para a internacionalização e para a consolidação dos direitos humanos, tendo em vista que é marcado pela adoção dos princípios fundamentais dos direitos humanos, objetivando, em síntese, "delinear uma ordem pública mundial fundada no respeito à dignidade humana, ao consagrar valores básicos universais"[12]. O artigo 25[13] do referido instrumento traz uma proteção indireta ao meio ambiente ao dispor sobre o direito a um padrão de vida suficiente para assegurar saúde, bem-estar, dentre outros direitos essenciais à dignidade e à qualidade de vida humanas. Observa-se, dessa forma, que a Declaração Universal dos Direitos Humanos consagra uma proteção implícita ao meio ambiente.

Especificamente em relação ao Direito ambiental, este vem se consolidando no âmbito internacional, a partir de 1972[14]. No referido ano, foi adotada a Declaração da Conferência das Nações Unidas sobre o Meio Ambiente Humano (Declaração de Estocolmo), sendo o primeiro documento *soft law* sobre a matéria ambiental, considerado um ponto inicial para a governança global. Apesar do documento não reconhecer diretamente o direito

---

[10] Sobre as contribuições do Tribunal de Nuremberg à internacionalização dos direitos humanos: "O significado do Tribunal de Nuremberg para o processo de internacionalização dos direitos humanos é duplo: não apenas consolida a ideia da necessária limitação da soberania nacional como reconhece que os indivíduos têm direitos protegidos pelo Direito Internacional". PIOVESAN. Flávia. *Direitos humanos e o Direito Constitucional Internacional*. 20. ed. São Paulo: SaraivaJur, 2022, p. 226-227.

[11] Em relação às diversas contribuições da criação das Nações Unidas e de suas agências especializadas, ver PIOVESAN. Flávia. *Direitos humanos e o Direito Constitucional Internacional*. 20. ed. São Paulo: SaraivaJur, 2022, p. 228-238.

[12] ". PIOVESAN. Flávia. *Direitos humanos e o Direito Constitucional Internacional*. 20. ed. São Paulo: SaraivaJur, 2022, p. 241.

[13] Artigo 25 da Declaração Universal dos Direitos Humanos: "Artigo 25 – 1. Todo ser humano tem direito a um padrão de vida capaz de assegurar a si e à sua família saúde, bem-estar, inclusive alimentação, vestuário, habitação, cuidados médicos e os serviços sociais indispensáveis e direito à segurança em caso de desemprego, doença invalidez, viuvez, velhice ou outros casos de perda dos meios de subsistência em circunstâncias fora de seu controle. 2. A maternidade e a infância têm direito a cuidados e assistência especiais. Todas as crianças, nascidas dentro ou fora do matrimônio, gozarão da mesma proteção social". ORGANIZAÇÃO DAS NAÇÕES UNIDAS. *Declaração Universal dos Direitos Humanos*. 1948. Disponível em: <https://www.un.org/en/about-us/universal-declaration-of-human-rights>, acesso em: 20 jul. 2024.

[14] SILVA. José Afonso da. *Direito ambiental constitucional*. 5. ed. São Paulo: Malheiros, 2004, p. 58.

ao meio ambiente saudável, seu Princípio 1 dispõe que o ser humano possui o direito fundamental "ao desfrute de condições de vida adequadas em um meio ambiente de qualidade"[15]. Assim, a declaração inova ao introduzir, de forma implícita, o direito humano ao meio ambiente saudável e dispor, de forma direta, sobre a responsabilidade intergeracional[16], como um princípio central a guiar o Direito ambiental internacional, sendo constantemente incorporado pela jurisprudência dos sistemas regionais de proteção de direitos humanos. Passa-se, deste modo, ao início de uma fase de associação do meio ambiente com a humanidade[17].

Por sua vez, em Copenhagen, em 1986, é adotada a Declaração da ONU sobre o Direito ao Desenvolvimento, concebendo o direito ao desenvolvimento a partir de três dimensões centrais: a justiça social; a participação e a *accountability* (o componente democrático); e a cooperação internacional. Inova a Declaração ao incorporar o *human rights approach to development* e o *development approach to human rights*, como analisado detidamente no capítulo 8 desta obra.

Em 1992, sob a inspiração da Declaração de Estocolmo e da Declaração de Copenhagen, foi realizada a Conferência das Nações Unidas sobre Meio Ambiente e Desenvolvimento, momento em que foi aprovada a Declaração do Rio, como "consagradora do diálogo entre meio ambiente e direitos humanos"[18]. Trata-se de um momento singular em que foi reconhecida a conexão

---

[15] ORGANIZAÇÃO DAS NAÇÕES UNIDAS. *Declaração da Conferência das Nações Unidas sobre o Meio Ambiente Humano*. Estocolmo, 1972, Princípio 1. Disponível em: https://www.un.org/en/conferences/environment/stockholm1972. Acesso em: 28 jul. 2024.

[16] Princípio 1 da Declaração de Estocolmo: "O homem tem o direito fundamental à liberdade, à igualdade e ao desfrute de condições de vida adequadas em um meio ambiente de qualidade tal que lhe permita levar uma vida digna e gozar de bem-estar, tendo a solene obrigação de proteger e melhorar o meio ambiente para as gerações presentes e futuras". ORGANIZAÇÃO DAS NAÇÕES UNIDAS. *Declaração da Conferência das Nações Unidas sobre o Meio Ambiente Humano*. Estocolmo, 1972, Princípio 1. Disponível em: https://www.un.org/en/conferences/environment/stockholm1972. Acesso em: 28 jul. 2024.

[17] Nesse sentido: "Antes da Conferência de Estocolmo, o meio ambiente era tratado, em plano mundial, como algo dissociado da humanidade. A Declaração de Estocolmo de1972 conseguiu, portanto, modificar o foco do pensamento ambiental do planeta [...]". MAZZUOLI, Valério de Oliveira. A proteção internacional dos direitos humanos e o direito internacional do meio ambiente. In: *Argumenta Journal Law*, [S. l.], v. 9, n. 9, p. 168, 2013. DOI: 10.35356/argumenta.v9i9.117. Disponível em: <https://seer.uenp.edu.br/index.php/argumenta/article/view/712>, acesso em: 28 jul. 2024.

[18] SILVA, Bianca Guimarães; DE OLIVEIRA, Carina Costa; TONETTO, Fernanda Figueira. A atuação vanguardista da Corte Interamericana de Direitos Humanos em matéria ambiental (2017-2020). *Espaço Jurídico: Journal of Law*, n. 2, p. 214, 2022.

entre direitos humanos e a proteção do meio ambiente, juntamente com os princípios a ele inerentes[19]. Ademais, teve como fruto a Convenção-Quadro das Nações Unidas sobre Mudança do Clima, o primeiro instrumento internacional sobre mudanças climáticas, a estabelecer princípios e objetivos gerais sobre a matéria.

Cinco anos depois foi adotado o Protocolo de Kyoto, voltado à complementação da Convenção-Quadro, prevendo metas concretas e vinculantes em relação à emissão de gases de efeito estufa. Adicionalmente, foi adotado o Acordo de Paris, no ano de 2015, durante a Conferência das Partes (COP21). Buscou-se, em suma, a redução de emissão de dióxido de carbono a partir de 2020, diante das mudanças climáticas. Estabelece, dentre outros pontos, obrigações e objetivos coletivos, além de obrigações aos países desenvolvidos relacionados à temática em análise. Nesse sentido, no contexto do acordo, foram apresentados, por diversos Estados, os planos nacionais de ação voltados à redução de emissões, a partir das Contribuições Nacionalmente Determinadas (NDCs)[20].

Ademais, um importante avanço no âmbito global foi o reconhecimento pela Assembleia Geral da Organização das Nações Unidas do direito ao meio ambiente seguro, limpo, saudável e sustentável – *the human right to a safe, clean, healthy and sustainable environment* – como um direito humano autônomo. Trata-se de resolução aprovada pela Assembleia Geral da Organização das Nações Unidas em 2022[21], que reforça os princípios do Direito ambiental internacional, além de incentivar a realização da cooperação internacional e a adoção de boas práticas voltadas à garantia do meio ambiente seguro, limpo, saudável e sustentável para todos.

---

[19] MAZZUOLI, Valério de Oliveira. A proteção internacional dos direitos humanos e o direito internacional do meio ambiente. In: *Argumenta Journal Law*, [S. l.], v. 9, n. 9, p. 161, 2013. DOI: 10.35356/argumenta.v9i9.117. Disponível em: <https://seer.uenp.edu.br/index.php/argumenta/article/view/712>, acesso em: 28 jul. 2024.

[20] De acordo com o artigo 4(2) do Acordo de Paris, "2. Cada Parte deve preparar, comunicar e manter sucessivas contribuições nacionalmente determinadas que pretende alcançar. As Partes devem adotar medidas de mitigação domésticas, com o fim de alcançar os objetivos daquelas contribuições". ORGANIZAÇÃO DAS NAÇÕES UNIDAS. *Paris Agreement*. Paris: United Nations, 2015. Disponível em: <https://unfccc.int/sites/default/files/english_paris_agreement.pdf>, acesso em: 26 jul. 2024.

[21] ORGANIZAÇÃO DAS NAÇÕES UNIDAS. A/RES/76/300, 1º de agosto de 2022. Disponível em: <https://documents.un.org/doc/undoc/gen/n22/442/81/pdf/n2244281.pdf?token=VQ4otoWPr7qggoRGnG&fe=true>, acesso em: 30 jul. 2024.

Por fim, destaca-se que tais normativas reforçam os Objetivos de Desenvolvimento Sustentável (ODS) da Agenda 2030 da ONU, lançados durante a Cúpula das Nações Unidas sobre o Desenvolvimento Sustentável, em setembro de 2015. Em especial, os documentos adotados na esfera global reforçam o Objetivo de Desenvolvimento Sustentável n. 13, relacionado à "Ação contra a mudança global do clima", a partir da adoção de "medidas urgentes para combater as alterações climáticas e os seus impactos"[22].

Considerando o desenvolvimento normativo afeto à proteção ambiental em uma perspectiva global, sob o *human rights approach*, os Estados passam gradativamente a adquirir obrigações positivas e negativas voltadas à proteção do meio ambiente e ao enfrentamento ao câmbio climático, sob o prisma do Direito Internacional dos Direitos Humanos e do Direito Internacional Ambiental.

2.2. Emergência climática e direitos humanos no âmbito dos sistemas regionais

O desafio do enfrentamento ao câmbio climático também tem sido invocado no âmbito dos sistemas regionais de proteção de direitos humanos, sobretudo mediante a crescente litigância climática. Com a expansão do direito ambiental a nível internacional, observa-se uma tendência de justiciabilidade de matérias climáticas perante os tribunais regionais de proteção de direitos humanos (*climate change litigation*)[23], em especial nas Cortes Europeia e Interamericana. Diversos fatores impulsionam estes movimentos, cabendo destaque à busca de uma litigância estratégica voltada à construção de soluções jurídicas efetivas relacionadas ao tema climático[24]; ao aumento de demandas em processos estruturais, ligados a uma coletividade; às limitações internas relacionadas ao reconhecimento

---

[22] NAÇÕES UNIDAS. Objetivo de Desenvolvimento Sustentável 13: Ação contra a mudança global do clima. Disponível em: https://brasil.un.org/pt-br/sdgs/13. Acesso em: 20 de jul. de 2024.

[23] Nesse sentido, ver: FERIA-TINTA, Monica. Climate Change as a Human Rights Issue: Litigating Climate Change in the Inter-American System of Human Rights and the United Nations Human Rights Committee. In: ALOGNA, Ivano; BAKKER, Christine; GAUCI, Jean-Pierre (Eds.). Climate Change Litigation: Global Perspectives. Leiden: The Netherlands: Brill, 2021, p. 310. No mesmo sentido: ALOGNA, Ivano; BAKKER, Christine; GAUCI, Jean-Pierre. Climate Change Litigation: Global Perspectives— An Introduction. In: ALOGNA, Ivano; BAKKER, Christine; GAUCI, Jean-Pierre (Eds.). Climate Change Litigation: Global Perspectives. Leiden: The Netherlands: Brill, 2021, p. 10.

[24] Nesse sentido, ver: CAVEDON-CAPDEVILLE, Fernanda Salles; SERRAGLIO, Diogo Andreolla. Vidas em movimento: os sistemas de proteção dos direitos humanos como espaços de justiça para os migrantes climáticos. Revista de Direito Internacional, v. 19, 2022, p. 104-125.

autônomo dos Direitos socioambientais, ao reconhecimento da sua justiciabilidade[25]; bem como ao reconhecimento dos espaços internacionais como ambientes de governança global[26], em que os sujeitos de Direito internacional podem pleitear demandas complexas relacionadas ao meio ambiente e aos direitos humanos.

Ressalte-se que, de forma complementar ao âmbito global, nos sistemas regionais, há uma intersecção direta entre a temática dos Direitos humanos e do Direito ambiental, por meio da tendência ao chamado esverdeamento dos sistemas regionais, que ocorre em diferentes níveis, a depender da região[27]. Tal alinhamento é notado nos três sistemas de proteção de Direitos Humanos e revelado nas próprias manifestações e documentos dos órgãos dos respectivos sistemas ao reconhecer, de modos diferentes, a interdependência entre as temáticas ambientais e sociais, abordando, inclusive, as questões climáticas. Trata-se da chamada "humanização das mudanças climáticas" ou "climatização dos direitos humanos"[28], baseada em uma interpretação evolutiva dos documentos que alicerçam os sistemas regionais de proteção de direitos humanos, com fundamentação principal na dignidade da pessoa humana[29]. Nesse contexto, o presente tópico abordará a litigância climática nos três sistemas regionais de proteção de direitos humanos.

---

[25] Nesse sentido, ver: SILVA, Bianca Guimarães; DE OLIVEIRA, Carina Costa; TONETTO, Fernanda Figueira. A atuação vanguardista da Corte Interamericana de Direitos Humanos em matéria ambiental (2017-2020). *Espaço Jurídico: Journal of Law*, n. 2, 2022, p. 214.

[26] Sobre governança global, ver: LIMA, Gabriela Garcia Batista. Conceitos de relações internacionais e teoria do Direito diante dos efeitos pluralistas da globalização: governança global, regimes jurídicos, Direito Reflexivo, pluralismo jurídico, corregulação e autorregulação. *Revista de Direito Internacional*, v. 11, n. 1 2014, p. 216-228. Ver, também: TORELLY, Marcelo. Do direito internacional à governança global: mudanças estruturais do espaço transnacional. *Revista de Direito Brasileira*, v. 15, n. 6, p. 20-46, 2016.

[27] Nesse sentido, ver: SAMPAIO, José Adércio Leite. O "esverdeamento" da Convenção Europeia de Direitos Humanos: vícios e virtudes. *Revista de Direitos Fundamentais & Democracia*, Curitiba, v. 22, n. 3, p. 169-196, set./dez., de 2017. Ver também: MAZZUOLI, Valério de Oliveira; TEIXEIRA, Gustavo de Faria Moreira. O direito internacional do meio ambiente e o greening da Convenção Americana sobre Direitos Humanos. *Anuario mexicano de derecho internacional*, v. 13, 2013 p. 156.

[28] Nesse sentido, ver: COURNIL, Christel; PERRUSO, Camila. "Réflexions sur 'l'humanisation' des changements climatiques et la 'climatisation' des droits de l'Homme. Émergence et pertinence. *La Revue des droits de l'homme*, 2018, Disponível em: <http://journals.openedition.org/revdh/3930>, acesso em: 25 jun. 2024.

[29] SILVA, Bianca Guimarães; DE OLIVEIRA, Carina Costa; TONETTO, Fernanda Figueira. A atuação vanguardista da Corte Interamericana de Direitos Humanos em matéria ambiental (2017-2020). *Espaço Jurídico: Journal of Law*, n. 2, p. 215, 2022.

2.2.1. A litigância climática no Sistema Europeu de Proteção dos Direitos Humanos

O Sistema Europeu de Proteção de Direitos Humanos é marcado por uma interpretação evolutiva, diante de um recente avanço em matéria de mudanças climáticas. Diversas demandas sobre a temática têm chegado à Corte Europeia de Direitos Humanos[30]. Trata-se, em sua maioria, de demandas de grande repercussão, relacionadas a diferentes impactos em relação aos direitos humanos.

Um dos momentos cruciais para a análise do caso relativo à litigância climática diz respeito à admissibilidade da petição. Nesse contexto, um dos requisitos essenciais para a análise dos casos envolvendo litigância climática perante o Sistema Europeu de Direitos Humanos diz respeito à afetação dos requerentes em relação à violação alegada, diretamente relacionada ao critério *ratione personae*. Nesse sentido, cita-se o caso *Humane Being e Outros v. Reino Unido*, em que a organização não governamental *Humane Being* peticionou a demanda no Tribunal Europeu com fundamento na violação dos artigos 2º (direito à vida), 3º (proibição da tortura) e 8º (direito ao respeito pela vida privada e familiar) da Convenção Europeia de Direitos Humanos. Argumentou, em síntese, que houve falha de regulamentação, por parte do Estado, em relação às atividades que são desenvolvidas em fazendas industriais, além da adoção de medidas insuficientes voltadas à proteção da saúde populacional. Argumentou, ademais, que as atividades desempenhadas nas fazendas impactam no número de mortes em decorrência das mudanças climáticas, além de aumentar os efeitos provocados pelas emissões de metano agrícola[31]. O Tribunal Europeu, por sua vez, declarou inadmissível a petição, em 2022, tendo em vista que não restou comprovado que os requerentes haviam sido suficientemente afetados pelas violações apontadas[32]. No mesmo ano, em outro caso sobre litigância climática, *caso Plan B. Earth e Outros v. Reino Unido*, o

---

[30] Nesse sentido, cita-se, por exemplo, os seguintes casos: Duarte Agostinho e outros v. Portugal e outros; KlimaSeniorinnen v. Suíça; Greenpeace Nordic e outros v Noruega; Carême v. França.

[31] CLIMATE LITIGATION DATABASE. Humane Being v. the United Kingdom. Disponível em: <https://climaterightsdatabase.com/2022/12/01/humane-being-v-the-united-kingdom/>, acesso em: 20 jul. 2024.

[32] EUROPEAN COURT OF HUMANS RIGHTS. Press Release ECHR 046, 2023. Disponível em: <https://hudoc.echr.coe.int/eng- press#{%22fulltext%22:[%22Humane%20Being%20and%20Others%20v.%20the%20United%20Kingdom%22]}:~:text=Status%20of-,climate,-applications%20before%20the>, acesso em: 20 jul. 2024.

Tribunal Europeu inadmitiu a petição inicial, com os mesmos fundamentos do precedente apresentado pela *Humane Being*.

Merecem destaque, ainda, outras três decisões em matéria climática, proferidas recentemente pela Corte Europeia de Direitos Humanos, em 9 de abril de 2024. A Grande Câmara do Tribunal emitiu decisão de rejeição de admissibilidade em relação ao *caso Carême v. França*. Trata-se de um litígio em que o peticionário alegou que o Estado francês, ao adotar medidas insuficientes voltadas a mitigar as mudanças climáticas, violou o direito à vida (art. 2º da CEDH) e o direito ao respeito pela vida privada e familiar (art. 8º da CEDH). Com fundamentação baseada no não cumprimento do critério *ratione personae*, o Tribunal Europeu declarou a petição inadmissível por unanimidade, além do fundamento que o peticionário não residia mais na França, local relacionado à demanda[33]. Na mesma data, o Tribunal Europeu emitiu decisão em relação ao Caso Duarte Agostinho e outros v. Portugal e outros, o qual foi peticionado por seis jovens contra 33 Estados-Membros do Conselho da Europa, sob o argumento de que os Estados não estavam cumprindo as obrigações previstas nos artigos 2º e 8º da Convenção Europeia, em relação aos compromissos por eles assumidos no âmbito do Acordo de Paris. O caso foi inadmitido pela Corte Europeia de Direitos Humanos. Dentre os fundamentos elencados pelo Tribunal, destaca-se que não houve o esgotamento dos recursos internos no âmbito do Estado português[34] e, em relação aos demais Estados, em interpretação da jurisdição extraterritorial, a Corte considerou que os requerentes estão sob jurisdição de Portugal[35]. Portanto, só podem alegar violações de direitos humanos em relação aos Estados em que residem.

---

[33] EUROPEAN COURT OF HUMANS RIGHTS. *Case of Carême v. France*. Application n. 7189/22. Decision. 9 April 2024. Disponível em: <https://hudoc.echr.coe.int/eng#{%22itemid%22:[%22001-233174%22]}>, acesso em: 20 jul. 2024.

[34] Importa destacar que um dos requisitos de admissibilidade de um caso perante a jurisdição do TEDH é o esgotamento de sentenças. Nesse sentido dispõe o Art. 35 (1) da Convenção Europeia: "1. O Tribunal só pode ser solicitado a conhecer de um assunto depois de esgotadas todas as vias de recurso internas, em conformidade com os princípios de direito internacional geralmente reconhecidos e num prazo de seis meses a contar da data da decisão interna definitiva". CONSELHO DA EUROPA. *Convenção Europeia dos Direitos Humanos*. Roma, 1950. Disponível em: <https://www.echr.coe.int/documents/convention_por.pdf>, acesso em: 26 jul. 2024.

[35] Nesse sentido, ver: EUROPEAN COURT OF HUMANS RIGHTS. *Case of Duarte Agostinho and Others against Portugal and 32 others*. Application n. 39371/20. Decision. 9 April 2024. Disponível em: <https://hudoc.echr.coe.int/eng#{%22languageisocode%22:[%22ENG%22],%22appno%22:[%2239371/20%22],%22documentcollectionid2%22:[%22DECGRANDCHAMBER%22],%22itemid%22:[%22001-233261%22]}>, acesso em: 20 jul. 2024.

Por fim, ainda em abril de 2024, o Tribunal Europeu de Direitos Humanos condenou o Estado Suíço em uma decisão emitida pela Grande Câmara do órgão. Trata-se de um precedente peticionado pela organização Suíça *Senior Women for Climate Protection Switzerland* e por quatro mulheres, argumentando, em síntese, que o Estado suíço não teria tomado medidas suficientes voltadas à mitigação de consequências climáticas na região. Assim, argumentou-se que o Estado violou as obrigações previstas nos artigos 2º e 8º da Convenção Europeia, relacionados ao direito à vida e ao direito ao respeito pela vida privada e familiar, respectivamente. Em decisão histórica, a Grande Câmara do Tribunal Europeu de Direitos Humanos considerou violado o direito ao respeito pela vida privada e familiar da CEDH, bem como o direito a um julgamento justo, conforme previsto no art. 6º, §1º, da Convenção[36]. O Tribunal deliberou no sentido de que está diretamente relacionado com o artigo 8º da Convenção Europeia o direito à proteção efetiva dos Estados em relação aos efeitos adversos das mudanças climáticas sobre a vida, a saúde, o bem-estar e a qualidade de vida[37]. Porém, conforme fundamentado na decisão, trata-se de uma análise que deve ser realizada à luz de cada caso concreto[38]. Em rela-

---

[36] Assim dispõe o artigo 6º, §1º, da CEDH: "1. Qualquer pessoa tem direito a que a sua causa seja examinada, equitativa e publicamente, num prazo razoável por um tribunal independente e imparcial, estabelecido pela lei, o qual decidirá, quer sobre a determinação dos seus direitos e obrigações de carácter civil, quer sobre o fundamento de qualquer acusação em matéria penal dirigida contra ela. O julgamento deve ser público, mas o acesso à sala de audiências pode ser proibido à imprensa ou ao público durante a totalidade ou parte do processo, quando a bem da moralidade, da ordem pública ou da segurança nacional numa sociedade democrática, quando os interesses de menores ou a proteção da vida privada das partes no processo o exigirem, ou, na medida julgada estritamente necessária pelo tribunal, quando, em circunstâncias especiais, a publicidade pudesse ser prejudicial para os interesses da justiça". CONSELHO DA EUROPA. *Convenção Europeia dos Direitos Humanos*. Roma, 1950. Disponível em: <https://www.echr.coe.int/documents/convention_por.pdf>, acesso em: 26 jul. 2024.

[37] Nesse sentido: "519. Drawing on the above considerations, and having regard to the causal relationship between State actions and/or omissions relating to climate change and the harm, or risk of harm, affecting individuals (see paragraphs 435, 436 and 478 above), Article 8 must be seen as encompassing a right for individuals to effective protection by the State authorities from serious adverse effects of climate change on their life, health, well-being and quality of life". EUROPEAN COURT OF HUMANS RIGHTS. *Case of Verein Klimaseniorinnen Schweiz and others V. Switzerland*. Application n. 53600/20. Decision. 9 April 2024. Disponível em: <https://hudoc.echr.coe.int/eng/#{%22languageisocode%22:[%22ENG%22],%22appno%22:[%2253600/20%22],%22documentcollectionid2%22:[%22GRANDCHAMBER%22],%22itemid%22:[%22001-233206%22]}>, acesso em: 20 jul. 2024.

[38] EUROPEAN COURT OF HUMANS RIGHTS. *Case of Verein Klimaseniorinnen Schweiz and others V. Switzerland*. Application n. 53600/20. Decision. 9 April 2024, pár. 488. Disponível em: <https://hudoc.echr.coe.int/eng/#{%22languageisocode%22:[%22ENG%22],%22appno%22:[%2253600/20%22],%2

ção às quatro requerentes individuais, a Corte decidiu que elas não cumprem os critérios previstos no artigo 34 da Convenção Europeia[39]. Nesse contexto, foi considerado que o Estado suíço não cumpriu com as obrigações positivas diante das mudanças climáticas ao não elaborar, desenvolver e implementar as medidas suficientes sobre a matéria. Considerou, ademais, que, no âmbito interno, o sistema de justiça suíço não foi capaz de fornecer razões suficientes que justifiquem a desnecessidade de examinar o mérito apresentado pela organização[40].

Diante dos precedentes apresentados, observa-se que a Corte Europeia de Direitos Humanos tem analisado diversos casos em matéria climática. Há, porém, critérios específicos relacionados principalmente à doutrina da margem de apreciação estatal e ao critério *ratione personae*, os quais obstaram a análise de diferentes casos peticionados perante o Sistema Europeu. Contudo, diante do paradigmático *caso Verein Klimaseniorinnen Schweiz e outros V. Suíça*, observa-se uma tendência de maior abertura para a análise da temática, principalmente a partir do reconhecimento, pela Grande Câmara, do *locus standi* da organização suíça na representação de seus membros diante das consequências provenientes de mudanças climáticas, bem como do reconhecimento da obrigação dos Estados adotarem medidas positivas, no escopo da Convenção Europeia, em se tratando da matéria climática. Ademais, observa-se que, conquanto não haja uma previsão convencional expressa em relação à proteção ambiental no Sistema Europeu de Direitos Humanos, há o reconhecimento da matéria da justiça climática a partir de dois principais direitos: o direito à vida (art. 2º da CEDH) e o direito ao respeito pela vida privada e familiar (art. 8º da CEDH). Trata-se, portanto, de um reconhecimento realizado de forma indireta[41], sob o argumento de que ambos os direitos demandam obrigações positivas e negativas por parte dos Estados.

2documentcollectionid2%22:[%22GRANDCHAMBER%22],%22itemid%22:[%22001-233206%22]}>, acesso em: 20 jul. 2024.

[39] Nesse sentido dispõe o art. 34: "O Tribunal pode receber petições de qualquer pessoa singular, organização não governamental ou grupo de particulares que se considere vítima de violação por qualquer Alta Parte Contratante dos direitos reconhecidos na Convenção ou nos seus protocolos. As Altas Partes Contratantes comprometem-se a não criar qualquer entrave ao exercício efectivo desse direito". CONSELHO DA EUROPA. *Convenção Europeia dos Direitos Humanos*. Roma, 1950. Disponível em: <https://www.echr.coe.int/documents/convention_por.pdf>, acesso em: 26 jul. 2024.

[40] EUROPEAN COURT OF HUMAN RIGHTS. *Factsheet – Climate change*, April 2024. Disponível em: <https://prd-echr.coe.int/documents/d/echr/fs_climate_change_eng>, acesso em: 25 jul. 2024.

[41] MAGALHÃES, Isabelle Cristine Rodrigues; BARROS, Lívia Cristina dos Anjos. *Litigância climática nos Sistemas Regionais de Direitos Humanos*: As diferentes formas de exame de admissibilidade para a efetividade de direitos humanos face à emergência climática. No prelo.

2.2.2. A litigância climática no Sistema Interamericano de Proteção dos Direitos Humanos

Em se tratando de matéria ambiental, o Sistema Interamericano de Proteção de Direitos Humanos tem desenvolvido uma jurisprudência vanguardista[42]. A partir de uma interpretação evolutiva da Convenção Americana de Direitos Humanos, o Sistema Interamericano passou a conferir autonomia ao direito ao meio ambiente saudável, reconhecendo a possibilidade de danos transfronteiriços em se tratando da matéria ambiental[43].

Passa-se à análise do desenvolvendo do *corpus juris* interamericano em matéria ambiental, com enfoque nas mudanças climáticas.

Um dos marcos para a atuação da Corte Interamericana em matéria ambiental diz respeito à Opinião Consultiva n. 23 de 2017 (OC 23/17). Três são os relevantes avanços interpretativos decorrentes da emblemática OC 23/17 para a pavimentação do *corpus juris* interamericano em matéria ambiental. Um primeiro avanço refere-se à ênfase conferida à inter-relação entre meio ambiente e direitos humanos[44]. O Sistema Interamericano traduz, de forma direta, por meio da dimensão individual e coletiva, a interdependência e a indivisibilidade entre a proteção do meio ambiente, o desenvolvimento sustentável e os direitos humanos, a partir da adoção do enfoque de direitos humanos (*human rights approach*) com relação à temática ambiental[45]. Reconhece a Corte que as violações ambientais constituem violações em si mesmas, mas afetam ainda diversos outros direitos humanos, como os direitos à vida,

---

[42] Nesse sentido: SILVA, Bianca Guimarães; DE OLIVEIRA, Carina Costa; TONETTO, Fernanda Figueira. A atuação vanguardista da Corte Interamericana de Direitos Humanos em matéria ambiental (2017-2020). *Espaço Jurídico: Journal of Law*, n. 2, p. 213-237, 2022.

[43] Nesse sentido: SILVA, Bianca Guimarães; DE OLIVEIRA, Carina Costa; TONETTO, Fernanda Figueira. A atuação vanguardista da Corte Interamericana de Direitos Humanos em matéria ambiental (2017-2020). *Espaço Jurídico: Journal of Law*, n. 2, p. 213-237, 2022.

[44] Nesse sentido, cita-se que a OC 23/17 destaca que: "Em concordância com resoluções, pronunciamentos e declarações internacionais sobre a matéria, a CoIDH ressalta a relação de interdependência e indivisibilidade entre a proteção do meio ambiente, o desenvolvimento sustentável e os direitos humanos.". CORTE IDH. *Infográfico do Parecer Consultivo 23 sobre Meio Ambiente e Direitos Humanos*, 2017, p. 6. Disponível em: <https://www.corteidh.or.cr/sitios/libros/todos/docs/infografia-por.pdf>, acesso em: 03 jan. 2024.

[45] Nesse sentido, ver: CORTE INTERAMERICANA DE DIREITOS HUMANOS. *Opinião Consultiva OC-23/17 de 15 de novembro de 2017 solicitada pela República da Colômbia*. Disponível em: <corteidh.or.cr/docs/opiniones/seriea_23_esp.pdf>, acesso em: 1º jan. 2024, par. 59.

à integridade pessoal, à saúde e à propriedade, dentre outros. Um segundo avanço aponta para a adoção de um enfoque diferenciado em relação aos grupos em situação de vulnerabilidade, destacando a Corte que tais grupos estariam a sofrer impactos desproporcionalmente mais lesivos decorrentes de danos ambientais[46]. Um terceiro avanço atém-se à afirmação das obrigações estatais em matéria ambiental, como destaque ao dever de prevenir danos ambientais significativos (princípio da prevenção); ao dever de regular, supervisionar e fiscalizar atividades que possam produzir danos ambientais; ao dever de proceder à realização de estudos de impacto ambiental em situações de risco ao meio ambiente; ao dever de atuar em conformidade com o princípio da precaução; bem como ao dever de cooperar para a proteção ambiental. A estes deveres estatais substantivos, somam-se deveres estatais procedimentais a compreender a garantia do direito ao acesso à informação, à participação e ao acesso à justiça[47] em matéria ambiental.

Reforçando o *corpus juris* interamericano em matéria ambiental baseada na Opinião Consultiva 23/17, em 2020, a Corte Interamericana analisou o caso das Comunidades Indígenas Miembros de la Asociación Lhaka Honhat (Nuestra Tierra) contra o Estado da Argentina. Trata-se de um precedente pioneiro em que a Corte IDH "reconheceu a responsabilidade internacional do Estado por violação autônoma dos direitos econômicos, sociais, culturais e ambientais de comunidades indígenas, [...] tendo por fundamento o art. 26 da Convenção Americana"[48].

Na mesma direção, no sentido de fortalecer a tendência jurisprudencial voltada à justiciabilidade direta dos direitos econômicos, sociais, culturais e ambientais, destaca-se o caso Habitantes de La Oroya contra o Peru. Em sentença proferida em 27 de novembro de 2023, ineditamente a Corte Interamericana considerou o Estado responsável por violar o direito ao meio ambiente saudável, com fundamento nos artigos 26 e 1 e 2 da Convenção Americana, tanto em sua dimensão de exigibilidade imediata, como de proibição de regressividade, em sua dimensão individual e coletiva. Declarou ainda a

---

[46] Nesse sentido, ver: CORTE INTERAMERICANA DE DIREITOS HUMANOS. *Opinião Consultiva OC-23/17 de 15 de novembro de 2017 solicitada pela República da Colômbia*, par. 67. Disponível em: <corteidh.or.cr/docs/opiniones/seriea_23_esp.pdf>, acesso em: 1º jan. 2024.

[47] Nesse sentido, ver: CORTE INTERAMERICANA DE DIREITOS HUMANOS. *Opinião Consultiva OC-23/17 de 15 de novembro de 2017 solicitada pela República da Colômbia*, par. 242. Disponível em: <corteidh.or.cr/docs/opiniones/seriea_23_esp.pdf>, acesso em: 1º jan. 2024.

[48] PIOVESAN. Flávia. *Direitos humanos e o Direito Constitucional Internacional*. 20. ed. São Paulo: SaraivaJur, 2022, p. 398.

responsabilidade do Estado por afrontar o direito à saúde, também com fundamento nos artigos 26 e 1 e 2 da Convenção Americana, o direito à vida digna e à integridade pessoal, direitos das crianças, bem como o direito ao acesso à informação e à participação política e a um recurso judicial efetivo. Este caso aponta para um quadro de graves violações de direitos humanos sofridas por um grupo de habitantes de La Oroya, decorrentes de contaminação ocorrida no complexo metalúrgico de La Oroya, restando configurada a omissão do Estado no que se refere ao dever de atuar com a devida diligência na regulação, fiscalização e controle das atividades do complexo metalúrgico com respeito aos direitos ao meio ambiente saudável, à vida e à integridade pessoal. Ressalte-se, ademais, que o Estado tampouco teria assegurado o direito à participação pública das vítimas e o acesso ao direito de informação relevante sobre medidas que afetaram seus direitos. Dentre os pontos resolutivos da sentença, a Corte Interamericana ordenou o dever do Estado em realizar um diagnóstico de "línea base" e um plano de ação para remediar os danos ambientais ocorridos, compatibilizando, ainda, sua legislação ambiental à luz da efetiva proteção ao meio ambiente e à saúde. Determinou também ao Estado o dever de garantir a efetividade de um sistema de estados de alerta em La Oroya e o dever de adotar medidas para garantir que as operações do complexo metalúrgico sejam realizadas conforme os estandares ambientais internacionais, à luz dos Princípios Rectores sobre Empresas e Direitos Humanos. Endossou que o Estado tem o dever de evitar violações de direitos humanos perpetradas por empresas, cabendo às empresas a responsabilidade de evitar violações causadas por suas atividades empresariais.

Quanto à Comissão Interamericana, observa-se que foram mapeados três casos sobre mudanças climáticas que tramitam ou tramitaram no órgão[49]. O primeiro caso foi peticionado em nome de mais de 62 *Inuits* contra os Estados Unidos. Observa-se que o caso foi considerado inadmitido, com base no elemento extraterritorial e diante da constatação de ausência de nexo de causalidade entre as emissões de gases de efeito estufa pelos Estados Unidos e a violação dos direitos dos povos do Ártico[50]. Em 2013, por sua vez, foi pe-

---

[49] Importa destacar, neste momento, que, diferentemente do Sistema Europeu de Proteção de Direitos Humanos, o Interamericano é composto por dois órgãos: a Comissão e a Corte Interamericanas. Nesse contexto, de acordo com os artigos 45 e seguintes da CADH, a Comissão Interamericana procederá à admissibilidade de uma petição submetida ao Sistema Interamericano de Direitos Humanos.

[50] Nesse sentido, ver: COURNIL, Christel; PERRUSO, Camila. Réflexions sur «l'humanisation» des changements climatiques et la «climatisation» des droits de l'Homme. Émergence et pertinence.

ticionado um caso em relação ao Estado canadense. Trata-se de uma petição apresentada pelo povo de *Athabaskan*, em que sustenta que o Estado canadense não regulou as emissões de carbono negro, de forma a violar vários direitos da comunidade local, incluindo os direitos à saúde, subsistência, propriedade e cultura[51]. Registra-se que não foram localizados, no sítio eletrônico da CIDH, posicionamentos oficiais do órgão. Por fim, em 2021, foi apresentada a petição das crianças da cidade de Soleil. Argumentou-se, em síntese, que o governo não realiza o descarte adequado de lixo tóxico na cidade de Porto Príncipe, situado próximo ao centro comunitário SAKALA, onde as crianças vivem. Em relação à matéria climática, argumentam que os eventos climáticos adversos agravam a situação em que as crianças vivem[52]. A CIDH ainda não se pronunciou oficialmente sobre este terceiro caso. Porém, observa-se que demandas jurídicas têm chegado ao Sistema Interamericano e que tem relação direta com justiça climática.

Em 2021, a Comissão Interamericana adotou um documento paradigma em relação à matéria climática. Trata-se da Resolução n. 3/2021, em que são delineados deveres estatais e os alcances das obrigações interamericanas, baseado no reconhecimento realizado pela Corte Interamericana[53] do direito ao meio ambiente saudável como um direito humano. Assim, a resolução "Reconhece que a mudança climática é uma emergência de direitos humanos, constituindo uma das maiores ameaças para o pleno gozo dos direitos humanos das gerações presentes e futuras, para a saúde dos ecossistemas e de

---

La Revue des droits de l'homme. *Revue du Centre de recherches et d'études sur les droits fondamentaux*, n. 14, 2018.

[51] CLIMATE LITIGATION DATABASE. *Arctic Athabaskan Council v. Canada*, 2013. Disponível em: <https://climaterightsdatabase.com/2013/04/23/arctic-athabaskan-council-v-canada/>, acesso em: 25 jul. 2024.

[52] CLIMATE LITIGATION DATABASE. Petition of Children of Cité Soleil and SAKALA, 2023. Disponível em: <https://climaterightsdatabase.com/2023/08/02/petition-of-children-of-cite-soleil-and-sakala/>, acesso em: 25 jul. 2024.

[53] "Se trata del primer documento del sistema interamericano de derechos humanos específicamente dedicado a la cuestión del cambio climático. En su elaboración se han considerado tanto los desarrollos normativos y jurisprudenciales del sistema interamericano, como del universal; entre ellos, la Opinión Consultiva 23 de la Corte Interamericana de Derechos Humanos, que desarrolla el derecho humano a un medio ambiente sano". COMISSÃO INTERAMERICANA DE DIREITOS HUMANOS. CIDH y REDESCA publican *Resolución sobre Emergencia climática y derechos humanos en las Américas*, 2022. Disponível em: <https://www.oas.org/es/CIDH/jsForm/?File=/es/cidh/prensa/comunicados/2022/045.asp>, acesso em: 14 jul. 2024.

todas as espécies que habitam o hemisfério"⁵⁴ . Parte-se do pressuposto de que há um consenso, tanto em nível internacional, quanto em nível regional, da relação entre direitos humanos e câmbio climático, além de que este pressupõe "a ampliação dos riscos para as sociedades, as pessoas e os sistemas naturais"⁵⁵. Destaca-se, ainda, que a Resolução traz diretrizes e recomendações aos Estados da Organização dos Estados Americanos em matéria climática.

Por fim, cumpre pontuar que, em 2023, a Corte foi instada pela República do Chile e pela República da Colômbia a se pronunciar, no âmbito de sua competência consultiva, sobre o "alcance das obrigações estatais, em suas dimensões individual e coletiva, para responder à emergência climática no âmbito do Direito Internacional dos Direitos Humanos"⁵⁶. No primeiro semestre de 2024, foram realizadas audiências públicas nos Estados de Barbados e Brasil⁵⁷ a respeito da opinião consultiva, ocasião em que vítimas, organizações da sociedade civil e Estados foram ouvidos sobre a temática solicitada. Considera-se ser este um relevante momento para Corte Interamericana se pronunciar especificamente sobre a emergência climática sob o enfoque de direitos humanos, fortalecendo assim o *corpus juris* interamericano em matéria ambiental⁵⁸.

---

⁵⁴ COMISSÃO INTERAMERICANA DE DIREITOS HUMANOS. CIDH *expressa preocupação com impactos da mudança climática sobre os direitos humanos*. Disponível em: <https://www.oas.org/es/CIDH/jsForm/?File=/es/cidh/prensa/comunicados/2022/045.asp>, acesso em: 25 jul. 2024.

⁵⁵ Nesse sentido, ver: COMISSÃO INTERAMERICANA DE DIREITOS HUMANOS. RESOLUCIÓN n. 3/2021. Emergencia climática: alcance de las obligaciones interamericanas en materia de derechos humanos. Adoptada por la CIDH el 31 de diciembre de 2021, p. 4. Disponível em: <https://www.oas.org/es/cidh/decisiones/pdf/2021/Resolucion_3-21_SPA.pdf>, acesso em: 20 jul. 2024.

⁵⁶ CORTE IDH. *Pedido de Parecer Consultivo da República da Colômbia e da República do Chile à Corte Interamericana de Direitos Humanos sobre Emergência Climática e Direitos Humanos*, 2023. Disponível em: <https://www.corteidh.or.cr/docs/opiniones/soc_1_2023_pt.pdf>, acesso em: 28 jul. 2024.

⁵⁷ Sobre a audiência pública realizada pela Corte IDH no Brasil, cumpre destacar que "Durante los cuatro días de audiencia en Brasilia y Manaos, la Corte escuchó a 116 delegaciones entre las que se encuentran representantes de Estados – Brasil, Costa Rica, Honduras y Paraguay–, organismos internacionales, órganos nacionales, representantes de pueblos indígenas y tribales, instituciones académicas, científicos, organizaciones no gubernamentales y sociedad civil". CORTE IDH. Comunicado – Corte IDH_CP-36/2024 Español. Sesiones históricas en Brasil: concluye la audiencia sobre la emergencia climática. Disponível em: <https://www.corteidh.or.cr/docs/comunicados/cp_36_2024.pdf>, acesso em: 30 jul. 2024.

⁵⁸ Observa-se que também foram realizadas solicitações de opiniões consultivas sobre a temática da mudança climática e alcance dos deveres estatais à Corte Internacional de Justiça e ao Tribunal Internacional sobre o Direito do Mar. Em 21 de maio de 2024, o Tribunal Internacional de Direito do Mar emitiu a Opinião Consultiva n.31 sobre mudanças climáticas e o Direito Inter-

2.2.3. A litigância climática no Sistema Africano de Proteção dos Direitos Humanos

O Sistema Africano de Proteção dos Direitos Humanos possui um grande diferencial em relação à matéria ambiental, em comparação com os demais sistemas regionais. Trata-se do único sistema que possui uma previsão, de forma convencional e expressa, da proteção ao meio ambiente no contexto de proteção dos direitos humanos. De acordo com o artigo 24 da Carta Africana dos Direitos Humanos e dos Povos: "Todos os povos têm o direito a um meio ambiente geral satisfatório, propício ao seu desenvolvimento"[59].

Ainda, ressalte-se que, em relação à matéria ambiental, o Sistema Africano é marcado pela inclusão de tradições e valores intrínsecos ao povo africano correlacionados ao meio ambiente saudável, traduzidos no direito à autodeterminação dos povos, livre disposição de recursos da natureza, dentre outros valores regionais[60]. Além disso, tem institucionalizado o Grupo de Trabalho para as Indústrias Extractivas, Meio Ambiente e Violações dos Direitos humanos, voltado, inclusive, a pesquisar temas relativos ao direito de todos os povos de dispor livremente das suas riquezas e recursos naturais, bem como o direito a um ambiente favorável e satisfatório para o seu desenvolvimento[61].

No âmbito jurisdicional, observa-se que não foram mapeados, até 2024, casos relacionados à litigância climática no Sistema Africano. Algumas possíveis causas são apontadas pela literatura, quais sejam: "estruturas legislativas frágeis, processos judiciais lentos ou recursos financeiros limitados"[62]. Tais fatores podem obstar a submissão de casos que demandam por justiça

---

nacional, acerca das obrigações internacionais dos Estados para mitigar os efeitos das mudanças climáticas.

[59] ORGANIZAÇÃO DA UNIDADE AFRICANA. *Carta Africana dos Direitos Humanos e dos Povos*. Disponível em: <http://www.dhnet.org.br/direitos/sip/africa/banjul.htm>, acesso em: 5 jan. 2024.

[60] Nesse sentido, ver: SILVA, Bianca Guimarães; DE OLIVEIRA, Carina Costa; TONETTO, Fernanda Figueira. A atuação vanguardista da Corte Interamericana de Direitos Humanos em matéria ambiental (2017-2020). *Espaço Jurídico: Journal of Law*, n. 2, 2022, p. 220.

[61] Nesse sentido, ver: COMISSÃO AFRICANA DOS DIREITOS HUMANOS E DOS POVOS. *Resolution on the Establishment of a Working Group on Extractive Industries, Environment and Human Rights Violations in Africa* – ACHPR/Res.148(XLVI)09. Disponível em: <https://achpr.au.int/index.php/en/node/756>, acesso em: 3 jan. 2023.

[62] SUEDI, Yusra; FALL, Marie. Climate change litigation before the African human rights system: prospects and pitfalls. In: *Journal of Human Rights Practice*, 16 (1), 2024, p. 2. tradução própria. Disponível em: <http://eprints.lse.ac.uk/119698/1/huad024.pdf>, acesso em: 24 jul. 2024.

climática no Sistema Africano. Porém, diante dos impactos globais causados pela emergência climática, acredita-se que tão logo esses casos chegarão ao Tribunal Africano.

Nesse sentido, conclui-se que, conquanto ainda não haja casos sobre litigância climática, o Sistema Africano possui um aparato normativo e institucional favorável à construção de uma jurisprudência consolidada em matéria de câmbio climático. Trata-se de uma possibilidade concreta de "revisar diretamente o cumprimento de um Estado com suas obrigações de respeitar e proteger o direito humano a um ambiente saudável"[63].

Considerando o enfrentamento à mudança climática sob a perspectiva multinível de proteção dos direitos humanos, passa-se, por fim, à análise dos principais desafios da emergência climática à luz do Direito internacional dos direitos humanos.

3. Desafios e Perspectivas da Emergência Climática à Luz do Direito Internacional dos Direitos Humanos

Conforme demonstrado anteriormente, a normativa e a jurisprudência sobre câmbio climático vêm sendo desenvolvidas, tanto no sistema global quanto nos sistemas regionais de proteção de direitos humanos, de modos diversos e com diferentes intensidades, a depender do contexto, do protagonismo dos atores sociais e das necessidades regionais. Contudo, há desafios comuns a serem enfrentados em todos os âmbitos concernentes à temática da emergência climática e dos direitos humanos.

Nesse sentido, destacam-se sete desafios centrais à justiça climática sob a perspectiva multinível de proteção dos direitos humanos.

3.1. Fortalecer a universalidade dos direitos humanos

A concepção contemporânea dos direitos humanos é marcada por dois principais processos: internacionalização e a universalização[64]. Destaca-se que, fundamentada na dignidade da pessoa humana, a Declaração Universal

---

[63] SUEDI, Yusra; FALL, Marie. Climate change litigation before the African human rights system: prospects and pitfalls. In: *Journal of Human Rights Practice*, 16 (1), 2024, p. 2. Tradução própria Disponível em: <http://eprints.lse.ac.uk/119698/1/huad024.pdf>, acesso em: 24 jul. 2024.

[64] PIOVESAN, Flávia. Proteção dos direitos sociais: desafios do ius commune sul-americano. *Revista de Estudos Constitucionais, Hermenêutica e Teoria do Direito* (RECHTD), v. 3, n. 2, 2011, p. 209.

de 1948 reconhece expressamente valores básicos de caráter universal. O seu preâmbulo estabelece que "todas as pessoas nascem livres e iguais em dignidade e direitos"[65]. Ainda, a Declaração de Viena de 1993, em seu parágrafo 5º, reforça tal entendimento ao afirmar que "Todos os direitos humanos são universais, interdependentes e inter-relacionados. A comunidade internacional deve tratar os direitos humanos globalmente de forma justa e equitativa, em pé de igualdade e com a mesma ênfase"[66].

Nesse contexto, é necessário o fortalecimento da universalidade dos direitos humanos para a crescente judicialização, no âmbito internacional, da temática do câmbio climático. Trata-se de um tipo de litigância que envolve impactos transfronteiriços, afetando, especialmente, países em desenvolvimento, com um maior impacto nas populações em situação de vulnerabilidade. Nesse sentido, faz-se essencial o fortalecimento da universalidade dos direitos humanos, em especial do direito humano ao meio ambiente, a fim de que os direitos impactados pelas mudanças climáticas sejam garantidos de um modo equitativo e abrangente. É imprescindível que tal fortalecimento se concretize a partir da construção de parâmetros protetivos mínimos em direitos humanos e justiça climática aplicáveis universalmente, mediante "a abertura do diálogo entre as culturas, com respeito à diversidade e com base no reconhecimento do outro"[67].

3.2. Fortalecer a justiciabilidade do direito ao meio ambiente saudável

Conforme observado anteriormente, os Estados passam gradativamente a adquirir obrigações positivas e negativas voltadas à proteção do meio ambiente e ao enfrentamento ao câmbio climático, considerando o desenvolvimento normativo e jurisprudencial afeto à proteção ambiental. Nesse sentido, observa-se que a justiça climática tem ganhado cada vez mais relevância nos espaços de governança global, diante do dramático impacto causado pela emergência climática.

---

[65] ORGANIZAÇÃO DAS NAÇÕES UNIDAS. *Declaração Universal dos Direitos Humanos*. 1948. Disponível em: <https://www.un.org/en/about-us/universal-declaration-of-human-rights>, acesso em: 20 jul. 2024.
[66] ORGANIZAÇÃO DAS NAÇÕES UNIDAS. *Declaração Final e Plano de Ação*. Conferência Mundial sobre os Direitos Humanos. Viena, 1993.
[67] PIOVESAN. Flávia. *Direitos humanos e o Direito Constitucional Internacional*. 20. ed. São Paulo: SaraivaJur, 2022, p. 259.

A partir de uma visão integral dos direitos humanos, marcada pela indivisibilidade, interdependência e inter-relação, dois impactos são gerados: "a) a inter-relação e interdependência das diversas categorias de direitos humanos; e b) a paridade em grau de relevância de direitos sociais, econômicos e culturais e de direitos civis e políticos"[68]. Assim, diante do reconhecimento da autonomia do direito ao meio ambiente saudável, bem como de seu necessário alinhamento com os direitos humanos, acrescenta-se a tais consequências a paridade em grau de relevância dos direitos ambientais.

Nesse panorama, é necessário que se assegure, em uma perspectiva multinível, o desenvolvimento progressivo da justiciabilidade direta do direito ao meio ambiente saudável, em nível de paridade com os demais direitos humanos, com vistas a fortalecer, consequentemente, a litigância climática nos diferentes níveis jurisdicionais.

3.3. Proteger direitos das gerações futuras à luz do princípio da equidade geracional

As mudanças climáticas impactam profundamente a fruição de diversos direitos humanos. Além de provocar impactos transfronteiriços, as mudanças climáticas impactam ainda a garantia de direitos das gerações futuras, incluindo o direito à vida, à integridade pessoal, os direitos das crianças, dentre outros.

Nesse contexto, com vistas a garantir a fruição dos direitos humanos para as gerações futuras, incluindo a viabilidade de vida aos anos seguintes[69], sem a diminuição de garantias em decorrência das mudanças climáticas, é necessário que, nos espaços de governança, inserindo os níveis global, regional e local, seja observado o princípio da equidade geracional. Trata-se de tema central constante em diversos instrumentos internacionais, incluindo o

---

[68] PIOVESAN, Flávia. Proteção dos direitos sociais: desafios do *ius commune* sul-americano. *Revista de Estudos Constitucionais, Hermenêutica e Teoria do Direito* (RECHTD), v. 3, n. 2, 2011, p. 208.

[69] A título exemplificativo, cita-se que a Corte Interamericana de Direitos Humanos, ao analisar o Caso Habitantes de Oroya vs. Peru, pontuou a relação entre o princípio da precaução ambiental e o dever que os Estados possuem de preservar o meio ambiente não somente para as gerações presentes, mas também, às gerações futuras. CORTE IDH. *Caso Habitantes de La Oroya Vs. Perú*. Sentencia de 27 de noviembre de 2023. Excepciones Preliminares, Fondo, Reparaciones y Costas. Disponível em: <https://www.corteidh.or.cr/docs/casos/articulos/seriec_511_esp.pdf>, acesso em: 28 abr. 2024.

Princípio 3 da Declaração do Rio[70] e o artigo 4º (2)[71] da Declaração de Princípios Éticos em relação à mudança climática da UNESCO.

3.4. Proteger a natureza como sujeito de direitos

Um outro desafio acerca da justiça climática diz respeito ao reconhecimento da natureza como sujeito de direitos. Nesse sentido, a Corte Interamericana de Direitos Humanos já reconheceu o direito ao meio ambiente saudável como um direito autônomo. Na opinião consultiva 23/17, a Corte enfatizou que a proteção à natureza decorre "não apenas por sua conexão com uma utilidade para o ser humano ou pelos efeitos que sua degradação poderia causar em outros direitos das pessoas". Deve haver a proteção à natureza "por sua importância para os demais organismos vivos com os quais compartilhamos o planeta, que também são merecedores de proteção em si mesmos"[72]. Ao tratar do direito ao meio ambiente saudável como um direito autônomo, a Corte Interamericana avança ao reconhecer a natureza como sujeito de direitos, cabendo este avanço substancial ser observado nas diferentes perspectivas jurisdicionais, sob a ótica multinível.

3.5. Adotar enfoques diferenciados

Conforme destacado anteriormente, os impactos das mudanças climáticas tomam níveis transfronteiriços e intergeracionais. Porém, eles possuem uma intensidade maior em se tratando de populações em situações de vulnerabilidade acrescida ou que estão inseridas em um contexto de discrimi-

---

[70] "Princípio 3: O direito ao desenvolvimento deve ser exercido de tal forma que responda equitativamente às necessidades de desenvolvimento e ambientais das gerações presentes e futuras". UNITED NATIONS. *United Nations Conference on Environment and Development – Rio Declaration*, 12 de agosto de 1992.

[71] "Artigo 4: Equidade e Justiça [...] 2. É importante que todos tomem medidas para salvaguardar e para proteger os ecossistemas terrestres e marinhos para as gerações presentes e futuras. A interação das pessoas com os ecossistemas é particularmente importante, dada a alta dependência daquelas em relação a estes". UNESCO. *Declaração de Princípios Éticos em relação à mudança climática*. Aprovada 39ª sessão da Conferência Geral da UNESCO, em Paris, e, 13 de novembro de 2017. Disponível em: <https://unesdoc.unesco.org/ark:/48223/pf0000260129_por>, acesso em: 27 jul. 2024.

[72] Nesse sentido, ver: CORTE INTERAMERICANA DE DIREITOS HUMANOS. *Opinião Consultiva OC-23/17 de 15 de novembro de 2017 solicitada pela República da Colômbia*, par. 62. Disponível em: <corteidh.or.cr/docs/opiniones/seriea_23_esp.pdf>, acesso em: 1º jan. 2024, tradução própria.

nação histórica[73]. Mulheres, crianças, adolescentes, povos indígenas, povos afrodescendentes, pessoas que vivem em situação de pobreza, dentre outras vulnerabilidades, tendem a enfrentar maiores consequências decorrentes das mudanças climáticas, tais como: insegurança alimentar, cerceamento do direito à moradia, migração forçada, dentre outros direitos fortemente impactados. Trata-se da chamada vulnerabilidade climática[74].

É necessário, portanto, que se adote medidas de prevenção, minimização e mitigação em relação às mudanças climáticas que considerem uma perspectiva de enfoques diferenciados. Nesse sentido, já pontuou a Comissão Interamericana de Direitos Humanos: "Los Estados deben adoptar de forma inmediata medidas que tengan en cuenta las perspectivas de igualdad de género e interseccionalidad, además de enfoques diferenciados, que hacen visibles los riesgos agravados sobre los derechos humanos contra personas, grupos y colectividades en especial situación de vulnerabilidad y exclusión histórica en el hemisferio"[75]. Deve, portanto, haver uma prioridade e um olhar diferenciado aos vulneráveis climáticos, em consonância com as particularidades de cada tipo de vulnerabilidade, nas diferentes esferas jurisdicionais, demandando um dever reforçado de proteção por parte dos Estados.

---

[73] "Neste sentido, a CIDH e a REDESCA chamam a considerar o fato de que os efeitos das mudanças climáticas e da degradação ambiental são particularmente graves para as populações que se encontram em uma situação de especial vulnerabilidade ou que sofreram discriminação histórica, que ao mesmo tempo contribuem muito pouco para a emissão de gases causadores do efeito estufa, tais como mulheres, crianças e adolescentes, povos indígenas, afrodescendentes e pessoas que vivem em áreas rurais ou que vivem na pobreza". COMISSÃO INTERAMERICANA DE DIREITOS HUMANOS. *No marco da COP 26 da Convenção Quadro sobre Mudança do Clima, a CIDH e a REDESCA chamam os Estados Membros da OEA a colocar a proteção dos direitos humanos no centro de suas políticas e ações climáticas*. 4 de novembro de 2021, disponível em: <https://www.oas.org/pt/cidh/jsForm/?File=/pt/cidh/prensa/notas/2021/291.asp>, acesso em: 29 jul. 2024.

[74] Sobre a vulnerabilidade climática, ver: BROOKS, Nick. *Vulnerability, Risk and Adaptation*: A Conceptual Framework. Tyndall Centre for Climate Change Research, v. 38, pp. 1-16, 2003. Disponível em: <https://www.ipcc.ch/apps/njlite/srex/njlite_download.php?id=5463>, acesso em: 29 jul. 2024. Ver também: ADGER, Neil. Social Vulnerability to Climate Change and Extremes in Coastal Vietnam. World Development, v. 27, n.2, pp. 249-269, 1999. Disponível em: <https://www.start.org/Projects/AIACC_Project/meetings/Norwich_02/Norwich_CD/APPENDICES/ARTICLES_VULN_ADAPTCAP/VULN_VIETNAM.PDF>, acesso em: 29 jul. 2024.

[75] COMISSÃO INTERAMERICANA DE DIREITOS HUMANOS. RESOLUCIÓN N. 3/2021. *Emergencia Climática: Alcance de las Obligaciones Interamericanas en Materia de Derechos Humanos*. Adoptada por la CIDH el 31 de diciembre de 2021, p. 15. Disponível em: <https://www.oas.org/es/cidh/decisiones/pdf/2021/Resolucion_3-21_SPA.pdf>, acesso em: 20 jul. 2024.

3.6. Fortalecer os deveres estatais em matéria ambiental

Os danos ambientais, incluindo os decorrentes das mudanças climáticas, constituem violações em si mesmos, mas afetam ainda diversos outros direitos humanos. Cita-se, a título exemplificativo, o direito à vida, à saúde, à integridade pessoal e à moradia[76].

Nesse sentido, visando prevenir, minimizar as causas, ou, ainda, mitigar os efeitos das mudanças climáticas, os Estados devem fortalecer a implementação de seus deveres em matéria ambiental. Nesse sentido, com base no princípio da prevenção, os Estados devem utilizar todos os meios que estejam disponíveis com a finalidade de evitar danos ambientais, dentro e fora de seus territórios[77]. De igual modo, devem agir em consonância com o princípio da precaução[78], além de garantir a observância dos direitos procedimentais, como o direito à informação ambiental, à participação e ao acesso à justiça.

3.7. Fortalecer o dever de cooperação internacional a partir do princípio da solidariedade

Em se tratando de mudanças climáticas, é necessário o fortalecimento do dever de cooperação internacional a partir do princípio da solidariedade. Isso se dá por dois principais fatores: (i) as mudanças climáticas são provenientes de um conjunto de ações de diferentes países; (ii) os efeitos das mudanças climáticas são traduzidos em danos transfronteiriços. Desafios globais demandam respostas globais, fundadas no dever de cooperação internacional.

---

[76] Nesse sentido, ver: CORTE INTERAMERICANA DE DIREITOS HUMANOS. *Opinião Consultiva OC-23/17 de 15 de novembro de 2017 solicitada pela República da Colômbia*, pár. 64. Disponível em: <corteidh.or.cr/docs/opiniones/seriea_23_esp.pdf>, acesso em: 1º jan. 2024, par. 64.

[77] Para mais detalhes sobre o princípio da prevenção, ver: CORTE INTERAMERICANA DE DIREITOS HUMANOS. *Opinião Consultiva OC-23/17 de 15 de novembro de 2017 solicitada pela República da Colômbia*, pár. 174. Disponível em: <corteidh.or.cr/docs/opiniones/seriea_23_esp.pdf>, acesso em: 1º jan. de 2024.

[78] Sobre o princípio da precaução, assim dispõe a Declaração do Rio: "Princípio 15 : Com a finalidade de proteger o meio ambiente, os Estados deverão aplicar amplamente o critério de precaução conforme suas capacidades. Quando houver perigo de dano grave ou irreversível, a falta de certeza científica absoluta não deverá ser utilizada como razão para que seja adiada a adoção de medidas eficazes em função dos custos para impedir a degradação ambiental". ORGANIZAÇÃO DAS NAÇÕES UNIDAS. *United Nations Conference on Environment and Development – Rio Declaration*, 12 de agosto de 1992.

Trata-se, portanto, de uma "preocupação comum da humanidade"[79] e, como tal, há de ser enfrentada de maneira conjunta. Importa destacar que a cooperação internacional, a partir do princípio da solidariedade, há de ser observada em uma perspectiva multinível, diante da complementaridade das esferas jurisdicionais. Nesse sentido, cita-se que o referido princípio está previsto em diversos instrumentos internacionais, a exemplo no artigo 1 (3), da Carta das Nações Unidas[80] e na emblemática resolução da Assembleia Geral da ONU acerca do reconhecimento do direito ao meio ambiente seguro, limpo, saudável e sustentável como um direito humano. Tal resolução exorta atores internacionais e demais interessados a "aumentar a cooperação internacional, reforçar a capacitação e continuar compartilhando boas práticas, com o objetivo de intensificar os esforços para garantir um meio ambiente limpo, saudável e sustentável para todos"[81].

4. Considerações Finais

A emergência climática ganha cada vez maior centralidade na agenda contemporânea internacional com impactos dramáticos em relação aos seres humanos, às demais espécies que habitam o planeta Terra e aos ecossistemas.

Como enfocado por este estudo, sob a perspectiva multinível, há a gradativa proteção ao direito ao meio ambiente saudável como direito humano autônomo no sistema global e nos sistemas regionais. Como demonstrado, foi a partir da década de 70, que o direito ambiental começou a se consolidar no panorama internacional, com a Declaração de Estocolmo. Desde então, a proteção ambiental, em sua intersecção com os direitos humanos, tem avançado significativamente, tanto no âmbito jurisprudencial, quanto no âmbito normativo.

---

[79] ORGANIZAÇÃO DAS NAÇÕES UNIDAS. *Paris Agreement*. Paris: United Nations, 2015. Disponível em: <https://unfccc.int/sites/default/files/english_paris_agreement.pdf>, acesso em: 26 jul. 2024.

[80] Nesse sentido: "ARTIGO 1 – Os propósitos das Nações unidas são: [...] 3. Conseguir uma cooperação internacional para resolver os problemas internacionais de caráter econômico, social, cultural ou humanitário, e para promover e estimular o respeito aos direitos humanos e às liberdades fundamentais para todos, sem distinção de raça, sexo, língua ou religião". ORGANIZAÇÃO DAS NAÇÕES UNIDAS. *Carta das Nações Unidas*. São Francisco: Organização das Nações Unidas, 1945. Disponível em <https://www.oas.org/dil/port/1945%20Carta%20das%20Na%C3%A7%C3%B5es%20Unidas.pdf>, acesso em: 31 jul. 2024.

[81] ORGANIZAÇÃO DAS NAÇÕES UNIDAS. A/RES/76/300, 1 de agosto de 2022. Disponível em: <https://documents.un.org/doc/undoc/gen/n22/442/81/pdf/n2244281.pdf?token=VQ4otoWPr7qggoRGnG&fe=true>, acesso em: 30 jul. 2024.

Consequentemente, consideradas as especificidades regionais, com intensidades distintas, emerge a justiciabilidade do direito ao meio ambiente saudável, bem como a crescente litigância climática (*climate change litigation*) perante as Cortes regionais de proteção de direitos humanos, sob o *human rights approach*. Nos sistemas regionais, observou-se uma tendência crescente voltada ao fortalecimento da litigância climática, principalmente perante a Corte Europeia de Direitos Humanos e a Corte Interamericana de Direitos Humanos. O Sistema Africano, por sua vez, destaca-se por sua abordagem normativa única, a partir da previsão convencional da proteção ao meio ambiente no contexto de proteção dos direitos humanos. Observou-se, ademais, que a aplicabilidade e o impacto dessas decisões e normativas variam a depender do contexto, do protagonismo dos atores sociais e das necessidades regionais, refletindo a diversidade de contextos regionais e desafios específicos.

Neste cenário, foram identificados sete principais desafios ao enfrentamento da emergência climática à luz do Direito Internacional dos Direitos Humanos: 1) fortalecer a universalidade dos direitos humanos; 2) fortalecer a justiciabilidade do direito ao meio ambiente saudável; 3) proteger os direitos de gerações futuras à luz do princípio da equidade geracional; 4) proteger a natureza como sujeito de direitos; 5) adotar enfoques diferenciados; 6) fortalecer os deveres estatais em matéria ambiental; e 7) fortalecer o dever de cooperação internacional a partir do princípio da solidariedade.

Considerando a emergência climática e o seu impacto multidimensional, faz-se fundamental fortalecer o enfoque de direitos humanos (o *human rights approach*) no enfrentamento à emergência climática, a partir de ações coordenadas e articuladas, nas esferas global, regional e local, fomentando a cooperação internacional baseada no valor da solidariedade e o imenso potencial da justiça climática em proteger direitos e transformar realidades.

Referências

ACNUR. *Conclusiones sobre la Protección Internacional de los Refugiados*, aprobadas por el Comité Ejecutivo del Programa del ACNUR, Genebra, 1990.

_____. *Protegendo refugiados*: perguntas e respostas, p. 6-7.

ALEXY. *Teoría de los derechos fundamentales*. Trad. Ernesto Garzón Valdez. Madrid: Centro de Estudios Constitucionales, 1997 (Col. El derecho y justicia, dirigida por Elías Díaz).

ALMEIDA, Paulo Roberto de. As relações internacionais na ordem constitucional. *Revista de Informação Legislativa*, Brasília, n. 101, p. 47-70, jan./mar. 1989.

ALSTON, Philip; QUINN, Gerard. The nature and scope of Staties Parties' obligations under the ICESCR, 9 Human Rights, Quarterly 156, 1987, p. 187. In: STEINER, Henry; Alston, Philip. *International human rights in context*: law, politics and morals. 2nd edition. Oxford: Oxford University Press, 2000.

AMIN, Nasser. As 60 Approaches, Decisions in remaining regions will affect influence. *The International Criminal Court Monitor*, n. 19, dez. 2001.

ANDRADE, José Henrique Fischel de. O Brasil e a proteção internacional dos direitos humanos. *Pensando o Brasil*, São Paulo, n. 2, mar. 1993.

_____. *Direito internacional dos refugiados*: evolução histórica (1921-1952). Rio de Janeiro: Renovar, 1996.

ANISTIA INTERNACIONAL. *Respeten mis derechos*: los refugiados hablan. Madrid, 1997.

ANKER, Deborah E. Discritionary asylum: a protection remedy for refugees under the Refugee Act of 1980. *Virginia Journal of International Law*, Charlottesville, v. 28, n. 1, p. 3, 1987.

AN-NA IM, Abdullah A. Proteção legal dos direitos humanos na África: como fazer mais com menos. In: BALDI, Cesar. Augusto. *Direitos humanos na sociedade cosmopolita*. Rio de Janeiro: Renovar, 2004.

ANNAN, Kofi; MOUSAVIZADEH, Nader. *Interventions*: a life in war and peace. London: Allen Lane/Penguin Books, 2012.

ANTUNES, Eduardo Muylaert. Natureza jurídica da Declaração Universal de Direitos Humanos. *Revista dos Tribunais*, São Paulo, n. 446, p. 35, dez. 1972.

ARDAILLON, Danielle; DEBERT, Guita. *Quando a vítima é a mulher*: análise de julgamentos de crimes de estupro, espancamento e homicídio. Brasília: CEDAC, 1987.

ARENDT, Hannah. *As origens do totalitarismo*. Trad. Roberto Raposo. Rio de Janeiro: Documentário, 1979; São Paulo: Cia. das Letras, 1989.

ARISTÓTELES. *Metafísica*. Trad. Leonel Vallandro. Porto Alegre: Ed. Globo, 1969.

ÁVILA, Maria Betânia de Melo. Modernidade e cidadania reprodutiva. In: ÁVILA, Maria Betânia de Melo; BERQUÓ, Elza. *Direitos reprodutivos*: uma questão de cidadania. Brasília: Centro Feminista de Estudos e Assessoria – CFEMEA, 1994.

BACHOF, Otto. *Normas constitucionais inconstitucionais?* Trad. e nota prévia de José Manuel Cardoso da Costa. Coimbra: Almedina, 1994.

BANDEIRA DE MELLO, Celso Antônio. *Curso de direito administrativo*. 8. ed. São Paulo: Malheiros, 1996.

_____. A eficácia das normas constitucionais sobre justiça social. *Revista Trimestral de Direito Público*, São Paulo: Revista dos Tribunais, n. 57/58, 1981.

BARCELLOS, Ana Paula de. *A eficácia jurídica dos princípios constitucionais*: o princípio da dignidade da pessoa humana. Rio de Janeiro: Renovar, 2002.

BARROSO, Luís Roberto. *Interpretação e aplicação da Constituição*. 4. ed. São Paulo: Saraiva, 2001.

BARTLETT, Katharine T. *Gender and law*. Boston: Little Brown, 1993.

BARTLETT, Katharine T.; KENNEDY, Rosanne. *Feminist legal theory*: reading in law and gender. Boulder: Westview Press, 1991.

BASSIOUNI, Cherif Bassiouni. The time has come for an International Criminal Court. *Indiana International and Comparative Law Review*, n. 1, 1991.

BASTOS, Celso Ribeiro. *Curso de direito constitucional*. 12. ed. São Paulo: Saraiva, 1990.

_____. *Dicionário de direito constitucional*. São Paulo: Saraiva, 1994.

BASTOS, Celso Ribeiro; MARTINS, Ives Gandra da Silva. *Comentários à Constituição do Brasil* (promulgada em 5 de outubro de 1988). São Paulo: Saraiva, 1988-1989. v. 1-2.

BAYEFSKY, Anne F. Making the human rights treaties work. In: HENKIN, Louis; HARGROVE, John Lawrence (Editors). Human rights: an agenda for the next century. *Studies in Transnational Legal Policy*, Washington, n. 26, p. 265, 1994.

BEDJAOUI, Mohammed. The right to development. In: BEDJAOUI, Mohammed (Org.). *International Law*: achievements and prospects. Paris-Dordrecht: Unesco/Martinus Nijhoff Publishers, 1991.

BENITO, Elizabeth Odio. Protección de los derechos humanos de las mujeres. In: *Protección internacional de los derechos humanos de las mujeres*. San José: IIDH/CLADEM, 1997. p. 26-27.

BILCHITZ, David. *Poverty and fundamental rights*: The justification and enforcement of socio-economic rights. Oxford/NY: Oxford University Press, 2007.

BILDER, Richard B. An overview of international human rights law. In: HANNUM, Hurst (Editor). *Guide to international human rights practice*. 2. ed. Philadelphia: University of Pennsylvania Press, 1992. p. 3-5.

_____. Possibilities for development of new international judicial mechanisms. In: HENKIN, Louis; HARGROVE, John Lawrence (Editors). Human rights: an agenda for the next century. *Studies in Transnational Legal Policy*, Washington, n. 26, p. 326-327 e 334, 1994.

BINGHAM, Tom. *Rule of Law*. London: Penguin Books, 2010.

BOBBIO, Norberto. *Dicionário de política*. Brasília: UnB, 1986.

_____. A era dos direitos. Trad. Carlos Nelson Coutinho. Rio de Janeiro: Campus, 2004.

_____. *Liberalismo e democracia*. Trad. Marco Aurélio Nogueira. São Paulo: Brasiliense, 1988.

_____. *Democracy and dictatorship*: the nature and limits of State Power. Trad. Peter Kennealy. Minneapolis: University of Minnesota Press, 1989.

BOGDANDY, Armin von; ANTONIAZZI, Mariela Morales; PIOVESAN, Flávia. *Direitos humanos, democracia e integração jurídica na América do Sul*. Rio de Janeiro: Lumen Juris, 2010.

_____. *Direitos humanos, democracia e integração jurídica*: avançando no diálogo constitucional e regional. Rio de Janeiro: Lumen Juris, 2011.

_____. *Democracia e integração jurídica*: emergência de um novo direito público. Rio de Janeiro: Elsevier, 2013.

_____. *Ius Constitutionale Commune na América Latina – Marco Conceptual*, vol. I. Curitiba: Juruá, 2016.

_____. *Ius Constitutionale Commune na América Latina – Pluralismo e inclusão*, vol. II. Curitiba: Juruá, 2016.

_____. *Ius Constitutionale Commune na América Latina – Diálogos jurisdicionais e controle de convencionalidade*, vol. III. Curitiba: Juruá, 2016.

_____. *Constitucionalismo transformador, inclusão e direitos sociais*. Salvador: JusPodivm, 2019.

BOGDANDY, Armin von; ANTONIAZZI, Mariela Morales; FERRER, Eduardo MacGregor; PIOVESAN, Flávia; SOLEY, Ximena (coords.). *Transformative Constitutionalism in Latin America*. Oxford: Oxford University Press, 2017.

BOGDANDY, Armin von; PIOVESAN, Flávia; FERRER, Eduardo MacGregor; ANTONIAZZI, Mariela Morales (coords.). *The Impact of the Inter-American System*: transformations on the ground. Oxford: Oxford University Press, 2024.

BONAVIDES, Paulo. *Curso de direito constitucional*. 7. ed. São Paulo: Malheiros, 1997.

_____. *Do estado liberal ao estado social*. 5. ed. Belo Horizonte: Del Rey, 1993.

BUERGENTHAL, Thomas. *International human rights*. Minnesota: West Publishing, 1988.

BUERGENTHAL, Thomas; NORRIS, Robert; SHELTON, Dinah. *La protección de los derechos humanos en las Américas*. Madrid: IIDH-Civitas, 1990.

BUNCH, Charlotte. Transforming human rights from a feminist perspective. In: *Women's rights human rights*. Routledge, 1995, p. 11-17.

BUSINESS UNITED NATIONS ASSOCIATION OF THE UNITED STATES OF AMERICA AND THE BUSINESS COUNCIL FOR THE UNITED NATIONS. A UNA-USA *Advocacy Agenda 2000 Fact Sheet: The American Servicemembers' Protection Act of 2000: Implications for US Cooperation with the* ICC. Disponível em: <http://www.unausa.org/issues/icc/servicefact.htm>. Acesso em: 7 fev. 2002.

BYRNES, Andrew. The "other" human rights treaty body: the work of the Committee on the Elimination of Discrimination against Women. *Yale Journal of International Law*, v. 14, 1989.

CANÇADO TRINDADE, Antônio Augusto. *El agotamiento de los recursos internos en el sistema interamericano de protección de los derechos humanos*. San José, Costa Rica: Instituto Interamericano de Derechos Humanos, 1991.

_____. Direitos econômicos e sociais. In: CANÇADO TRINDADE, Antônio Augusto (Editor). *A incorporação das normas internacionais de proteção dos direitos humanos no direito brasileiro*. San José da Costa Rica/Brasília: Instituto Interamericano de Direitos Humanos,1996.

_____. Direito internacional dos direitos humanos, direito internacional humanitário e direito internacional dos refugiados: aproximações e convergências. In: CANÇADO TRINDADE, Antônio Augusto; PEYTRIGNET, Gérard; RUIZ DE SANTIAGO, Jaime. *As três vertentes da proteção internacional dos direitos da pessoa humana*: direitos humanos, direito humanitário, direito dos refugiados. San José da Costa Rica/Brasília: Instituto Interamericano de Direitos Humanos/ Comitê Internacional da Cruz Vermelha/Alto Comissariado das Nações Unidas para os Refugiados, 1996.

_____. A interação entre o direito internacional e o direito interno na proteção dos direitos humanos. Arquivos do Ministério da Justiça, Brasília, v. 46, n. 182, p. 27-54, jul./dez. 1993.

_____. A proteção dos direitos humanos nos planos nacional e internacional: perspectivas brasileiras (Seminário de Brasília de 1991). Brasília/San José da Costa Rica: IIDH, 1992.

_____. A proteção internacional dos direitos humanos: fundamentos jurídicos e instrumentos básicos. São Paulo: Saraiva, 1991.

_____. A proteção internacional dos direitos humanos no limiar do novo século e as perspectivas brasileiras. In: Temas de política externa brasileira, 1994. v. 1, t. II.

CANOTILHO, José Joaquim Gomes. Constituição dirigente e vinculação do legislador: contributo para a compreensão das normas constitucionais programáticas. Coimbra: Coimbra Ed., 1982.

_____. Direito constitucional. 6. ed. rev. Coimbra: Almedina, 1993.

_____. Direito constitucional e teoria da Constituição. Coimbra: Almedina, 1998.

_____. Estudos sobre direitos fundamentais. Coimbra: Coimbra Ed., 2008.

_____. A "principialização" da jurisprudência através da Constituição. Revista de Processo, São Paulo: Revista dos Tribunais, 2000.

CARLINER, David et al. The rights of aliens and refugees. Illinois: Southern Illinois University Press, 1990.

CARRION, Valentin. Comentários à Consolidação das Leis do Trabalho. 18. ed. São Paulo: Revista dos Tribunais, 1994.

CASSESSE, Antonio. Human rights in a changing world. Philadelphia: Temple University Press, 1990.

CASSIN, René. El problema de la realización de los derechos humanos en la sociedad universal. In: Veinte años de evolución de los derechos humanos. México: Instituto de Investigaciones Jurídicas, 1974.

CASTILHO NETO, Arthur de. A revisão constitucional e as relações internacionais. Revista da Procuradoria-Geral da República, São Paulo, p. 51-78, 1993.

CHAPMAN, A.; RUSSELL, S. (eds.). Core obligations: building a framework for economic, social and cultural rights. Antwerp: Intersentia, 2002.

CHIAROTTI, Susana. Comité de América Latina y el Caribe para la Defensa de los Derechos de la Mujer. In: Protección internacional de los derechos humanos de las mujeres. San José: IIDH/CLADEM, 1997.

CHIAROTTI, Susana; MATUS, Veronica. *Guia para capacitação*: dos direitos humanos aos direitos das humanas. São Paulo: Instituto para Promoção da Equidade – IPÊ, 1997.

CHOUKR, Fauzi Hassan; AMBOS, Kai (Orgs.). *Tribunal Penal Internacional*. São Paulo: Revista dos Tribunais, 2000.

CLADEM (Comitê Latino-Americano e do Caribe para a Defesa dos Direitos da Mulher). *Declaração dos Direitos Humanos desde uma perspectiva de gênero*: contribuições ao 50º Aniversário da Declaração Universal dos Direitos Humanos. São Paulo: CLADEM/BRASIL, 1997.

CLAUDE, Richard Pierre; WESTON, Burns H. (Editors). *Human rights in the world community*: issues and action. Philadelphia: University of Pennsylvania Press, 1989.

CLEMENTS, Luke; SIMMONS, Alan. European Court of Human Rights: sympathetic unease. In: LANGFORD, Malcolm (ed.). *Social rights jurisprudence*: emerging trends in international and comparative law. Cambridge: Cambridge University Press, 2008.

CLÈVE, Clémerson Merlin. *Temas de direito constitucional (e de teoria do direito)*. São Paulo: Acadêmica, 1993.

_____. *A fiscalização abstrata da constitucionalidade no direito brasileiro*. 2. ed. rev., atual. e ampl. São Paulo: Revista dos Tribunais, 2000.

COLIVER, Sandra. International reporting procedures. In: HANNUM, Hurst (Editor). *Guide to international human rights practice*. 2. ed. Philadelphia: University of Pennsylvania Press, 1992.

COMISIÓN INTERNACIONAL DE JURISTAS. *Derecho internacional de los derechos humanos*. Uruguay, Comisión Internacional de Juristas – Colegio de Abogados del Uruguay, 1993.

COMPARATO, Fábio Konder. Fundamento dos direitos humanos. In: *Cultura dos direitos humanos*. São Paulo: LTr, 1998, p. 53-74.

_____. *Afirmação histórica dos direitos humanos*. São Paulo: Saraiva, 1999.

COOK, Rebecca. Reservations to the Convention on the Elimination of All Forms of Discrimination against Women. *Vanderbilt Journal of International Law*, v. 30, 1990.

_____. Women's international human rights law: the way forward. In: COOK, Rebecca (Editor). *Human rights of women*: national and international perspectives. Philadelphia: University of Pennsylvania Press, 1994.

Corte Internacional de Justiça. *Democratic Republic of Congo v. Belgium*. Disponível em: <http://www.icj-cij.org/icjwww/idocket/iCOBE/icobejudgment/icobe_ijudgment_20020214.PDF>. Acesso em: 14 fev. 2002.

CRAVEN, M. *The International Covenant on Economic, Social and Cultural Rights*: a perspective on its development. Oxford: Clarendon Press, 1995.

DALLARI, Pedro. *Constituição e relações exteriores*. São Paulo: Saraiva, 1994.

DEAK, Istvan. The Fifth Annual Ernst C. Stiefel Symposium 1945-1995: Critical Perspectives on the Nuremberg Trials and State Accountability. Painel II: Comparative Analysis of International and National Tribunals. *New York Law School Journal of Human Rights*, Symposium, 1995.

DEL VECCHIO, Giorgio. *Los principios generales del derecho*. 3. ed. Trad. e apêndice de Juan Ossorio Morales, Prólogo de Felipe Clemente de Diego. Barcelona: Bosch, 1979.

_____. *Supuestos, concepto y principio del derecho (Trilogia)*. Trad. Cristóbal Masso Escofet. Barcelona: Bosch, 1962.

DOLINGER, Jacob (Org.). *A nova Constituição e o direito internacional*. Rio de Janeiro: Freitas Bastos, 1987.

DONNELLY, Jack. International human rights: a regime analysis. In: *International organization*. Massachusetts Institute of Technology, Summer 1986. p. 599-642.

_____. *Universal human rights in theory and practice*. Ithaca, NY: Cornell University Press, 1989.

_____. *International human rights*. Colorado: Westview Press, 1998.

DWORKIN, Ronald. *Taking rights seriously*. Cambridge: Harvard University Press, 1977.

_____. *Levando os direitos a sério*. São Paulo: Martins Fontes, 2002.

EIDE, Asbjorn. Social rights. In: SMITH, Rhona K. M.; ANKER, Christien van den. *The essentials of human rights*. London: Hodder Arnold, 2005.

_____. Economic, social and cultural rights as human rights. In: EIDE, A.; Krause, C; ROSAS, A. (eds.). *Economic, social and cultural rights*: a textbook. 2nd revised edition. Dordrecht: Martinus Nijhoff Publisers, 2001.

ESPIELL, Hector Gross. El derecho internacional de los refugiados y el artículo 22 de la Convención Americana sobre Derechos Humanos. In: *Estudios sobre derechos humanos*. Madrid: Civitas/IIDH, 1988. v. 2.

_____. *Los derechos económicos, sociales y culturales en el sistema interamericano*. San José: Libro Libre, 1986.

FACIO, Alda. *Cuando el genero suena cambios trae*. San José da Costa Rica: ILANUD – Proyecto Mujer y Justicia Penal, 1992.

FARER, T. Looking at Nicaragua: the problematique of impartiality in human rights inquiries. *Human Rights Quarterly*, v. 10, 1988.

FARMER, Paul. *Pathologies of Power*. Berkeley: California University Press, 2003.

FARIA, José Eduardo (Org.). *Direitos humanos, direitos sociais e justiça*. São Paulo: Malheiros, 1994.

FERRAJOLI, Luigi. *Diritti fondamentali* – un dibattito teorico, a cura di Ermanno Vitale. Roma, Bari: Laterza, 2002.

FERRARA, Maria Flávia de Siqueira. *O aborto em caso de gravidez resultante de estupro*. São Paulo: Faculdade de Direito da Universidade de São Paulo, 1996. (Dissertação de mestrado).

FERREIRA FILHO, Manoel Gonçalves. *Comentários à Constituição brasileira de 1988*. São Paulo: Saraiva, 1990. v. 1.

FIGUEIREDO, Lucia Valle. *Direitos difusos e coletivos*. São Paulo: Revista dos Tribunais, 1989. (Coleção Primeira Leitura).

FITZPATRICK, Joan. Flight from asylum: trends toward temporary "Refuge" and local responses to forced migration. *Virginia Journal of International Law*, Charlottesville, v. 35, n. 13, p. 70, 1994.

FIX-ZAMUDIO, Hector. La evolución del derecho internacional de los derechos humanos en las Constituciones latino-americanas. *Boletim da Sociedade Brasileira de Direito Internacional*, Brasília, v. 45/46, n. 84/86, p. 37-46, dez./92-maio/93.

_____. *Protección jurídica de los derechos humanos*. México: Comisión Nacional de Derechos Humanos, 1991.

FLORES, Joaquín Herrera. Direitos humanos, interculturalidade e racionalidade da resistência. In: WOLKMER, Antônio Carlos (Org.). *Direitos humanos e filosofia jurídica na América Latina*. Rio de Janeiro: Lumen Juris, 2004.

_____. *El vuelo de Anteo*: derechos humanos y crítica de la razón liberal. Bilbao: Desclée, 2000.

FRASER, Nancy. Repensando a questão do reconhecimento: superar a substi-tuição e a reificação na política cultural. In: BALDI, César Augusto (Org.). *Direitos humanos na sociedade cosmopolita*. Rio de Janeiro: Renovar, 2004.

FREEDOM HOUSE. Freedom in the World 2016: Anxious Dictators, Wavering Democracies. Disponível em: <https://freedomhouse.org/report/freedom-world-2016/overview-essay-anxious-dictators-wavering-democracies>.

GARCIA DE ENTERRÍA, Eduardo. *La Constitución como norma y el tribunal constitucional*. Madrid: Civitas, 1991.

GOLDSTONE, Justice Richard. The United Nations' War Crimes Tribunals: an assessment. *Connecticut Journal of International Law*, n. 122, 1997.

GOMES, Luiz Flavio. A questão da obrigatoriedade dos tratados e convenções no Brasil: particular enfoque da Convenção Americana sobre Direitos Humanos. *Revista dos Tribunais*, São Paulo, v. 710, dez. 1994.

GOODWIN-GILL, Guy. Non-refoulement and the new asylum seekers. *Virginia Journal of International Law*, v. 26, n. 4, p. 898, 1986.

_____. *The refugee in international law*. Oxford: Clarendon Press, 1996.

GORDILLO, Agustin. *Derechos humanos*: doctrina, casos y materiales – parte general. Buenos Aires: Fundación de Derecho Administrativo, 1990.

GRAU, Eros Roberto. *O direito posto e o direito pressuposto*. 2. ed. São Paulo: Malheiros, 1988.

HANNUM, Hurst (Org.). *Guide to international human rights practice*. 2. ed. Philadelphia: University of Pennsylvania Press, 1992.

HATHAWAY, James C. *The law of refugee status*. Toronto/Vancouver: Butterworths, 1992.

HENKIN, Louis (Editor). *The age of rights*. New York: Columbia University Press, 1990.

_____.*The international bill of rights*: the Covenant on Civil and Political Rights. New York: Columbia University Press, 1981.

_____. *The rights of man today*. New York: Columbia University Press, 1988.

_____. *International law*: politics, values and functions. Boston: Martinus Nijhoff, 1999.

HENKIN, Louis et al. *International law*: cases and materials. 3. ed. Minnesota: West Publishing, 1993.

HENKIN, Louis; HARGROVE, John Lawrence (Orgs.). Human rights: an agenda for the next century. *Studies in Transnational Legal Policy*, Washington, n. 26, 1994.

HESSE, Konrad. A *força normativa da Constituição*. Trad. Gilmar Ferreira Mendes. Porto Alegre: Sergio Antonio Fabris Editor, 1991.

_____. *Elementos de direito constitucional da República Federal da Alemanha*. Trad. Luis Afonso Heck. Sergio Antonio Fabris Editor, 1998.

_____. *Escritos de derecho constitucional*. Seleção, tradução e introdução de Pedro Cruz Villalon. 2. ed. Madrid: Centro de Estudios Constitucionales, 1992.

HEYMANN, Philip B. *Civil liberties and human rights in the aftermath of September 11*. Committee of Ministers of the Council of Europe. *Guidelines on Human Rights and the Fight Against Terrorism*. Strasbourg: Council of Europe, 2002.

HILF, Meinhard. General problems of relations between constitutional law and international law. In: STARCK, Christian (Editor). *Rights, institutions and impact of international law according to the German Basic Law*. Baden-Baden, 1987.

HOBSBAWM, Eric J. *A era dos impérios*: 1875-1914. 2. ed. Rio de Janeiro: Paz e Terra, 1989.

HUMAN DEVELOPMENT REPORT. UNDP, New York/Oxford: Oxford University Press, 2010.

HUMAN RIGHTS WATCH. *Human Rights Watch World Report* 1997: events of 1996. New York, 1997.

HUNGTINGTON, Samuel. *The clash of civilizations and the remaking of world order*. New York: Simon & Schuster, 2003.

HURRELL, Andrew. Power, principles and prudence: protecting human rights in a deeply divided world. In DUNNE, Tim; WHEELER, Nicholas J. *Human rights in global politics*. Cambridge: Cambridge University Press, 1999.

HYNDMAN, P. Refugees under internacional law with a reference to the concept of asylum. *Australian Law Journal*, v. 60, n. 148, p. 153, 1986.

JACKSON, Ivor C. The 1951 Convention relating to the Status of Refugees: a universal basis for protection. *International Journal of Refugee Law*, Oxford University Press, v. 3, n. 3, p. 411-412, 1991.

KANT, Immanuel. *Foundations of the metaphysics of morals*. Indianapolis: Bobbs--Merrill Educational Publishing, [s.d.].

KRAUS, Don. Waging law: building support for a global law-based approach to combating terrorism. *The International Criminal Court Monitor*, n. 19, dez. 2001.

LAFER, Celso. *A reconstrução dos direitos humanos*: um diálogo com o pensamento de Hannah Arendt. São Paulo: Cia. das Letras, 1988.

_____. *Comércio, desarmamento, direitos humanos*: reflexões sobre uma experiência diplomática. São Paulo: Paz e Terra, 1999.

_____. Resistência e realizabilidade da tutela dos direitos humanos no plano internacional no limiar do século XXI. In: AMARAL JR., Alberto do; PERRONE-MOISÉS, Claudia (Orgs.). *O cinquentenário da Declaração Universal dos Direitos do Homem*. São Paulo: Editora da Universidade de São Paulo, 1999.

_____. *Hannah Arendt*: pensamento, persuasão e poder. 2. ed. São Paulo: Paz e Terra, 2003.

_____. *A internacionalização dos direitos humanos*: Constituição, racismo e relações internacionais. São Paulo: Manole, 2005.

LARENZ, Karl. *La filosofía contemporánea del derecho y del Estado*. Trad. E. Galán Gutierrez e Al Truyol Serra. Madrid: Revista de Derecho Privado, 1942.

_____. *Derecho justo, fundamentos de etica jurídica*. Reimpressão da primeira edição. Madrid: Civitas, 1993.

_____. *Metodologia da ciência do direito*. Trad. José Lamego. 3. ed. Lisboa: Fundação Calouste Gulbenkian, 1997.

Lawyers Committee for Human Rights. The Rome Treaty for an International Criminal Court – a brief summary of the main issues. *International Criminal Court Briefing Series*, v. 2, n. 1, ago. 1998.

_____. Frequently Asked Questions about the International Criminal Court. Disponível em: <gopher://gopher.igc.apc.org:70/00/orgs/icc/ngodocs/faq_lchr.txt>. Acesso em: 14 abr. 1999.

LEARY, Virginia. *International labour conventions and national law*: the effectiveness of the automatic incorporation of treaties in national legal systems. Boston: Martinus Nijhoff, 1982.

LEWANDOWSKI, Enrique Ricardo. *Proteção dos direitos humanos na ordem interna e internacional*. Rio de Janeiro: Forense, 1984.

LILLICH, Richard B. The role of domestic courts in enforcing international human rights law. In: HANNUM, Hurst (Editor). *Guide to international human rights practice*. 2. ed. Philadelphia: University of Pennsylvania Press, 1992.

LINDGREN ALVES, José. Augusto. *Os direitos humanos como tema global*. São Paulo: Perspectiva/Fundação Alexandre de Gusmão, 1994; 2. ed. Perspectiva, 2003.

_____. O significado político da Conferência de Viena sobre os direitos humanos. *Revista dos Tribunais*, n. 713, mar. 1985.

_____. O sistema internacional de proteção dos direitos humanos e o Brasil. *Arquivos do Ministério da Justiça*, Brasília, v. 46, n. 182, p. 89. jul./dez. 1993.

_____. *A arquitetura internacional dos direitos humanos*. São Paulo: FTD, 1997.

_____. *Relações internacionais e temas sociais*: a década das conferências. Brasília: Instituto Brasileiro de Relações Internacionais e Fundação Alexandre de Gusmão, 2001.

LINHARES, Leila. As Conferências das Nações Unidas influenciando a mudança legislativa e as decisões do Poder Judiciário. In: *Seminário Direitos Humanos: Rumo a uma Jurisprudência da Igualdade*. Belo Horizonte, de 14 a 17 de maio de 1998.

MACKINNON, Catharine. Toward feminist jurisprudence. In: SMITH, Patricia (Editor). *Feminist jurisprudence*. New York: Oxford University Press, 1993.

MACPHERSON, Bryan. Building an International Criminal Court for the 21st Century. *Connecticut Journal of International Law*, n. 13 (1998).

MAHONEY, Kathleen E.; MAHONEY, Paul (Editors). *Human rights in the Twenty--First Century*: a global challenge. Boston: Martinus Nijhoff, 1993.

MARKS, Stephen P. (Ed.). *Implementing the right to development*: The role of International Law. Genebra: Friedrich-Ebert-Stiftung, 2008.

MARSHALL, T. H. *Cidadania, classe social e* status. Rio de Janeiro: Zahar, 1967.

MARTIN, Ian. *The new world order*: opportunity or threat for human rights? A lecture by the Edward A. Smith Visiting Fellow presented by the Harvard Law School Human Rights Program, 1993.

MARTINS, Luciano. The liberalization of authoritarian rule in Brazil. In: O'DONNELL, Guillermo; SCHMITTER, Philippe C.; WHITEHEAD, Laurence. *Transitions from authoritarian rule*: Latin America. Baltimore: The John Hopkins University Press, 1986.

MÉNDEZ, Juan E. Instituto Interamericano de Derechos Humanos. In: *Protección internacional de los derechos humanos de las mujeres*. San José: IIDH/CLADEM, 1997.

MELLO, Celso D. de Albuquerque. *Curso de direito internacional público*. 6. ed. Rio de Janeiro: Freitas Bastos, 1979.

_____. O direito constitucional internacional na Constituição de 1988. *Contexto Internacional*, Rio de Janeiro, p. 9-21, jul./dez 1988.

_____. O parágrafo 2º do art. 5º da Constituição Federal. In: *Teoria dos direitos fundamentais*. Rio de Janeiro: Renovar, 1999.

_____. *Direitos humanos e conflitos armados*. Rio de Janeiro: Renovar, 1996.

_____. A sociedade internacional: nacionalismo *versus* internacionalismo e a questão dos direitos humanos. *Arquivos do Ministério da Justiça*, Brasília, v. 46, n. 182, p. 115-127, jul./dez. 1993.

MERON, Theodor. Enhancing the effectiveness of the prohibition of discrimination against women. *American Journal of International Law*, v. 84, 1990.

_____. *Human rights law-making in the United Nations*: a critique of instruments and process. Oxford: Clarendon Press, 1986.

_____. Rape as a crime under international humanitarian law. *American Journal of International Law*, p. 87, 1993.

_____. Teaching human rights: an overview. In: MERON, Theodor (Editor). *Human rights in international law*: legal and policy issues. Oxford: Clarendon Press, 1984.

MERON, Theodor (Editor). *Human rights in international law*: legal and policy issues. Oxford: Clarendon Press, 1984.

MIRANDA, Jorge. *Manual de direito constitucional*. 3. ed. Coimbra: Coimbra Ed., 1991. v. 2.

_____. *Manual de direito constitucional*. Coimbra: Coimbra Ed., 1988. v. 4.

MÜLLER, Friedrich. Tesis acerca de la estructura de las normas jurídicas. *Revista Española de Derecho Constitucional*, n. 27, Madrid: Centro de Estudios Constitucionales, septiembre/diciembre, 1989.

_____. *Métodos de trabalho do direito constitucional*. Trad. Peter Naumann. Edição comemorativa dos 50 anos da Lei Fundamental da República Federal da Alemanha. Porto Alegre: Síntese, 1999.

_____. *Direito, linguagem, violência, elementos de uma teoria constitucional*, I. Porto Alegre: Sergio Antonio Fabris Editor, 1995.

MUTUA, Makau Wa. The Banjul Charter and the african cultural fingerprint: an evaluation of the language of duties. *Virginia Journal of International Law*, v. 35, p. 339-380, 1995.

NAÇÕES UNIDAS. ICTY. *Case Information Sheet*: Milosevic Case (07/02/2002). Disponível em: <http://www.un.org/icty/glance/milosevic.htm>. Acesso em: 18-2-2002.

NASCIMENTO, Amauri Mascaro. *Iniciação ao direito do trabalho*. 21. ed. São Paulo: LTr, 1995.

NOVELLI, Mario; CELEYTA, Berenice. Latin America: the reality of human rights. In: SMITH, H.; Rhona, K. M.; ANKER, Christien van den (Editors). *The essentials of human rights*. London: Hodder Arnold, 2005.

O'DONNEL, Guillermo. Transitions, continuities and paradoxes. In: MAINWARING, Scott; O'DONNEL, Guilhermo; VALENZUELA, J. Samuel (Orgs.). *Issues in democratic consolidation*: the new South American democracies in comparative perspective. Notre Dame: University of Notre Dame Press, 1992.

OTHMAND-CHANDE, M. The emerging international law: norms for refugee repatriation. *Revue Hellenique de Droit Internacional*, Atenas, v. 46, p. 104, 1993.

PARREIRA, Jaira Grandisoli. *Aspectos legais da esterilização voluntária do homem e da mulher*. São Paulo: Faculdade de Direito da USP, 1985. (Dissertação de mestrado).

PASQUALUCCI, Jo M.; BUERGENTHAL, Thomas. *The practice and procedure of the Inter-American Court on Human Rights*. Cambridge: Cambridge University Press, 2003.

PEJIC, Jelena. The Tribunal and the ICC: do precedents matter? *Albany Law Review*, n. 60, 1997.

PEREA, Juan Guillermo Figueroa. Algunos problemas de investigación sobre derechos reproductivos. *Perinatologia*, v. 10, n. 2, p. 111-120, abr./jun. 1996.

PEREIRA, André Gonçalves; QUADROS, Fausto de. *Manual de direito internacional público*. 3. ed. Coimbra: Almedina, 1993.

PEREIRA, Anthony. *Political (In)justice*: authoritarianism and the rule of law in Brazil, Chile, and Argentina. Pittsburgh: University of Pittsburgh Press, 2010.

PÉREZ LUÑO, Antonio Enrique. *Los derechos fundamentales*. Madrid: Tecnos, 1988.

_____. *Derechos humanos, Estado de derecho y Constitución*. 4. ed. Madrid: Tecnos, 1991.

PIMENTEL, Silvia; DI GIORGI, Beatriz; PIOVESAN, Flávia. *A figura/personagem mulher em processos de família*. Porto Alegre: Sergio Antonio Fabris Editor, 1993.

PINHEIRO, Paulo Sérgio. Direitos humanos no ano que passou: avanços e continuidades. In: *Os direitos humanos no Brasil*. São Paulo: Universidade de São Paulo, Núcleo de Estudos da Violência e Comissão Teotônio Vilela, 1995.

_____. *Escritos indignados*: polícia, prisões e política no Estado autoritário (no 20º Aniversário do Regime de Exceção, 1964-1984). São Paulo: Brasiliense, 1984.

PINTO, Monica. Derecho internacional de los derechos humanos: breve visión de los mecanismos de protección en el sistema interamericano. In: *Derecho internacional de los derechos humanos*. Montevideo: Comisión Internacional de Juristas/Colegio de Abogados Del Uruguay, 1993.

PIOVESAN, Flávia. *Direitos humanos e o direito constitucional internacional*. 22. ed. rev. ampl. e atual. São Paulo: Saraiva, 2024.

_____. *Direitos humanos e justiça internacional*: um estudo comparativo dos sistemas regionais europeu, interamericano e africano. 10. ed. São Paulo: Saraiva, 2023._____. *Proteção judicial contra omissões legislativas*: ação direta de inconstitucionalidade por omissão e mandado de injunção. São Paulo: Revista dos Tribunais, 1995; 2. ed. 2003.

_____. A atual dimensão dos direitos difusos na Constituição de 1988. *Revista da Procuradoria-Geral do Estado de São Paulo*, n. 38, p. 75-89, dez. 1992.

_____. Constituição e transformação social: a eficácia das normas constitucionais programáticas e a concretização dos direitos e garantias fundamentais. *Revista da Procuradoria-Geral do Estado de São Paulo*, n. 37, p. 63-74, jun. 1992.

_____. O caso Márcia Barbosa e a imunidade parlamentar. In: LIMA JR., Jayme Benvenuto (Org.). *Direitos humanos internacionais*: avanços e desafios do século XXI. Programa DH Internacional. Recife, 2001.

_____. O impacto dos instrumentos internacionais de proteção dos direitos humanos no direito interno brasileiro. Anais do I Encontro do Ministério Público da União, Brasília, 2001.

_____. Implementation of economic, social and cultural rights: practices and experiences. In: Klein, Berma; BASPINEIRO, Adalid Contreras; Carbonari, Paulo César (Editors). Dignity and human rights – the implementation of economic, social and cultural rights. Antwerp-Oxford-New York: Intersentia Transnational Publishers, 2002.

_____. Direitos sociais, econômicos, culturais e direitos civis e políticos. Revista Internacional de Direitos Humanos – SUR, ano 1, n. 1, 1º semestre 2004.

_____. A mulher e o debate sobre direitos humanos no Brasil. In: Direitos humanos: atualização do debate. Ministério das Relações Exteriores e UNDP, 2003.

_____. (Coord.). Direitos humanos, globalização econômica e integração regional: desafios do direito constitucional internacional. São Paulo: Max Limonad, 2002.

_____. Código de Direito Internacional dos Direitos Humanos anotado. São Paulo: Dpj, 2008.

_____. Triunfo do Estado de Direito ante a barbárie. O Estado de S.Paulo, 2 jul. 2006.

_____. SOUZA, Douglas Martins (Coords.). Ordem jurídica e igualdade étnico-racial. Brasília: SEPPIR, 2006.

PIROTTA, Katia Cibelle Machado. A mulher e a esterilização: do mito da emancipação ao desvelamento da subalternidade. São Paulo: Faculdade de Saúde Pública da USP, 1998 (Dissertação de mestrado).

POGGE, Thomas. Para erradicar a pobreza sistêmica: em defesa de um Dividendo dos Recursos Globais. Sur – Revista Internacional de Direitos Humanos, São Paulo, n. 6, 2007.

_____. World poverty and human rights. Cambridge: Polity Press, 2002.

PROGRAMME OF ACTION OF THE UN ICPD. A reproductive rights and reproductive health: basis for action, item 7.2. Disponível em: <http://www.iisd.ca/linkages/Cairo/program/p07002.html>, p. 1.

RADBRUCH, Gustav. Filosofia do direito. Trad. Cabral de Moncada. 2. ed. São Paulo: Livraria Acadêmica Saraiva & Cia. Editores, 1937.

REALE, Miguel. Introdução à filosofia. 3. ed. São Paulo: Saraiva, 1994.

Rede Nacional Feminista de Saúde e Direitos Reprodutivos. Saúde materna: componente essencial dos direitos reprodutivos. 84 p.

REZEK, José Francisco. *Direito internacional público*: curso elementar. São Paulo: Saraiva, 1989.

RHODE, Deborah L. Feminist critical theories. In: BARTLETT, Katharine T.; KENNEDY, Rosanne. *Feminist legal theory*: reading in law and gender. Boulder: Westview Press, 1991.

RISSE, Thomas; ROOP, Stephen C.; SIKKINK, Kathryn (Editors). *The power of human rights*: international norms and domestic change. Cambridge: Cambridge University Press, 1999.

RODAS, João Grandino. Tratados internacionais: sua executoriedade no direito interno brasileiro. *Revista do Curso de Direito da Universidade Federal de Uberlândia*, n. 21, p. 311-323, dez. 1992.

RODOTÀ, Stefano. *Perchè laico*. Bari: Editori Laterza, 2009.

ROTHENBURG, Walter Claudius. *Princípios constitucionais*. Porto Alegre: Sergio Antonio Fabris Editor, 1999.

RUIZ DE SANTIAGO, Jaime. Atualidade do direito internacional dos refugiados. In: CANÇADO TRINDADE, Antônio Augusto (Editor). A *incorporação das normas internacionais de proteção dos direitos humanos no direito brasileiro*. San José: IIDH, ACNUR, CIVC, CUE, 1996. p. 120.

_____. O direito internacional dos refugiados em sua relação com os direitos humanos e em sua evolução histórica. In: CANÇADO TRINDADE, Antônio Augusto; PEYTRIGNET, Gérard; RUIZ DE SANTIAGO, Jaime. *As três vertentes da proteção internacional dos direitos da pessoa humana*: direitos humanos, direito humanitário, direito dos refugiados. San José, Costa Rica/Brasília: Instituto Interamericano de Direitos Humanos/Comitê Internacional da Cruz Vermelha/Alto Comissariado das Nações Unidas para os Refugiados, 1996.

SABÓIA, Gilberto Vergne. A criação do Tribunal Penal Internacional. *Revista CEJ*, Brasília, n. 11, maio/ago. 2000.

SACHS, Ignacy. Desenvolvimento, direitos humanos e cidadania. In: *Direitos humanos no século XXI*, Brasília: Instituto de Pesquisas de Relações Internacionais e Fundação Alexandre de Gusmão, 1998.

SACHS, Jeffrey. *The end of poverty*: economic possibilities for our time. New York: The Penguin Press, 2005.

_____. *Common wealth*: economics for a crowed planet. London: Penguin Books, 2008.

SACHS, Ignacy. *Caminhos para o desenvolvimento sustentável*. Rio de Janeiro: Garamond, 2009.

SALDANHA, Nelson. O *Estado moderno e a separação dos poderes*. São Paulo: Saraiva, 1987.

SANTIAGO NINO, Carlos. *Fundamentos de derecho constitucional*: análisis filosófico, jurídico y politológico de la prática constitucional. Buenos Aires: Astrea, 1992.

SÃO PAULO (Estado). Procuradoria-Geral do Estado de São Paulo. *Instrumentos internacionais de proteção dos direitos humanos*. São Paulo: Centro de Estudos da Procuradoria-Geral do Estado, 1996.

SARLET, Ingo Wolfgang. A *eficácia dos direitos fundamentais*. Porto Alegre: Livraria do Advogado, 2006.

SARMENTO, Daniel; IKAWA, Daniela; PIOVESAN, Flávia. *Direitos humanos, igualdade e diferença*. Rio de Janeiro: Lumen Juris, 2008.

SAVIGNY, Friedrich Karl von. *Metodologia jurídica*. Trad. J. J. Santa-Pinter. Buenos Aires: De Palma, 1979.

SCALES, Ann. The emergence of feminist jurisprudence: an essay. In: SMITH, Patricia (Editor). *Feminist jurisprudence*. New York: Oxford University Press, 1993.

SCHABAS, William A. *An introduction to the International Criminal Court*. Cambridge: Cambridge University Press, 2001.

SEN, Amartya. *Developments as freedom*. New York: Alfred A. Knopf, 1999.

_____. *The idea of justice*. Cambridge: Harward University Press, 2009.

_____. What's the point of democracy? *Bulletin of the American Academy of Arts and Sciences*. Cambridge, v. 57, n. 3, Spring 2004. Disponível em: <http://www.jstor.org/stable/3824528>.

_____. *Desenvolvimento como liberdade*. São Paulo: Cia. das Letras, 2000.

_____. *Identity and violence*: the illusion of destiny. New York-London: W. W. Norton & Company, 2006.

SHELTON, Dinah L. *Regional protection of human rights*. Oxford: Oxford University Press, 2008.

SICSÚ, João; PAULA, Luiz Fernando; RENAUT, Michel. *Por que um novo desenvolvimentismo?*. Jornal dos Economistas, n. 186, jan. 2005.

SIEGHART, Paul. *The international law of human rights*. Oxford: Clarendon Press, 1983.

_____. International human rights law: some current problems. In: BLACKBURN, Robert; TAYLOR, John (Editors). *Human rights for the* 1990: legal, political and ethical issues. London: Mansell Publishing, 1991.

SIKKINK, Kathryn. Human rights: principled issue-networks, and sovereignty in Latin America. In: *International Organizations*. Massachusetts: IO Foundation/Massachusetts Institute of Technology, 1993.

SILVA, José Afonso da. *Aplicabilidade das normas constitucionais*. 3. ed. São Paulo: Revista dos Tribunais, 1999.

_____. *Curso de direito constitucional positivo*. 13. ed. São Paulo: Malheiros, 1997.

SIMMA, Bruno; ALSTON, Philip. The sources of human rights law: custom, jus cogens, and general principles. *The Australian Year Book of International Law*, Faculty of Law, The Australian National University, v. 12, p. 82, 1992.

SMYSER, W. R. Refugees: a never ending story. In: CLAUDE, Richard Pierre; WESTON, Burns H. (Editors). *Human rights in the world community*: issues and action. Philadelphia: University of Pennsylvania Press, 1989.

SOHN, Louis B. The Universal Declaration of Human Rights, a common standard of achievement?: the *status* of the Universal Declaration in International Law. *Journal of the International Commission of Jurists*, Geneva, International Commission of Jurists, 1967.

SOHN, Louis B.; BUERGENTHAL, Thomas. *International protection of human rights*. Indianapolis: Bobbs-Merrill, 1973.

SOUSA SANTOS, Boaventura. *Se Deus fosse um ativista de direitos humanos*. 2. ed. São Paulo: Cortez, 2014.

STEINER, Henry J. A gloomy view of enforcement. In: BRAIBANT, Marcou (Editors). *Les droits de l'homme*: universalité et renouveau. 1990.

_____. Book review: the youth of rights – review of Henkin: the age of rights. *Harvard Law Review*, 1991.

_____. *Diverse partners*: non-governmental organizations in the human rights movement, the report of a retreat of human rights activits. Co-sponsored by Harvard Law School Human Rights Program and Human Rights Internet, 1991.

_____. *Note on periodic reports of States*. Cambridge: Harvard Law School, Spring 1994 (Material do Curso International Law and Human Rights).

STEINER, Henry; ALSTON, Philip. *International human rights in context*: law, politics and morals. Second edition. Oxford: Oxford University Press, 2000.

STEINER, Henry; TRUBEK, David. *Brazil*: all power to the generals. New York, 1971.

STIGLITZ, Joseph E. *Globalization and its Discontents*. New York/London: ww Norton Company, 2003.

_____. *Making globalization work*. New York/London: Penguin Books, 2007.

SUSSEKIND, Arnaldo. *Direito internacional do trabalho*. São Paulo: LTr, 1983.

TANAKA, Ana Cristina d'Andretta. *Maternidade*: dilema entre nascimento e morte. São Paulo/Rio de Janeiro: Hucitec-Abrasco, 1995.

TEMER, Michel. *Elementos de direito constitucional.* 10. ed. São Paulo: Malheiros, 1993.

TEPEDINO, Gustavo. *Temas de direito civil.* 2. ed. Rio de Janeiro: Renovar, 2001.

THOMAZ, Dan. *Social movements and the strategic use of human rights norms*: a comparison of East European cases, 1995.

TOBIN, Jack; GREEN, Jennifer. *Guide to human rights research.* Cambridge: Harvard Law School – Human Rights Program, 1994.

TRAVIESO, Juan Antonio. *Derechos humanos y derecho internacional.* Buenos Aires: Heliasta, 1990.

TRUBEK, David. Economic, social and cultural rights in the third world: human rights law and human needs programs. In: MERON, Theodor (Ed.). *Human rights in international law*: legal and policy issues. Oxford: Clarendon Press, 1984.

UNGER, Roberto Mangabeira. *What should legal analysis become?* Cambridge: Harvard Law School, 1995.

US Department of State. *Country reports on human rights practices for* 1991, 1992.

VALDES, Teresa; GOMARIS, Enrique (Coords.). *Mulheres latino-americanas em dados*: Brasil. Trad. Florencia Galán. Madrid/Santiago de Chile: Instituto de la Mujer/FLACSO, 1993.

VANOSSI, Reinaldo. *La Constitución Nacional y los derechos humanos.* 3. ed. Buenos Aires: Eudeba, 1988.

VASAK, Karel (Editor). *The international dimensions of human rights.* Revised and edited for the English edition by Philip Alston. Connecticut: Greenwood Press, 1982. v. 1.

VERUCCI, Florisa. *Análise dos projetos de lei em tramitação no Congresso Nacional diante do documento "Estratégias da Igualdade".* s.l.p., s.d. (mimeo.).

VIEIRA, Oscar Vilhena. *A Constituição e sua reserva de justiça.* São Paulo: Malheiros, 1999.

YASUAKI, Onuma Yasuaki. Beyond Victors' Justice. *Japan Echo*, v. XI, Special Issue, 1984.

WALLACE, Rebecca M. M. *International law*: a student introduction. London: Sweet & Maxwell, 1992.

_____. Making the Refugee Convention Gender Sensitive: the Canadian guidelines. *International and Comparative Law Quarterly*, v. 45, p. 702, 1996.

WEISSBRODT, David. The contribution of international non-governmental organizations to the protection of human rights. In: MERON, Theodor (Editor). *Human rights in international law*: legal and policy issues. Oxford: Clarendon Press, 1984.

WEST, Robin. Jurisprudence and gender. In: SMITH, Patricia (Editor). *Feminist jurisprudence*. New York: Oxford University Press, 1993, p. 493-530.

WESTON, Burns H. Human rights. In: CLAUDE, Richard Pierre; WESTON, Burns H. (Editors). *Human rights in the world community*: issues and action. Philadelphia: University of Pennsylvania Press, 1989. p. 16-17.

WEXLER, Leila Sadat. The proposed Permanent International Criminal Court: an appraisal. *Cornell International Law Journal*, 1996.

WOMEN, LAW & DEVELOPMENT INTERNATIONAL, HUMAN RIGHTS WATCH/ WOMEN'S RIGHTS PROJECT. *Women's human rights step by step*: a practical guide to using International Human Rights Law and mechanisms to defend women's human rights. Washington: Women, Law & Development International/Human Rights Watch, 1997.

ZYLBERSZTAJN, Joana. O *princípio da laicidade na Constituição Federal de* 1988. 2012. Tese (Doutorado em Direito do Estado) – Faculdade de Direito, Universidade de São Paulo. São Paulo, 2012. Disponível em: <http://www.teses.usp.br/teses/disponiveis/2/2134/tde-11102012-11

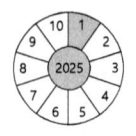